KURZLEHRBÜCHER
FÜR DAS JURISTISCHE STUDIUM

———

Zippelius
Allgemeine Staatslehre

Allgemeine Staatslehre

Politikwissenschaft

EIN STUDIENBUCH

von

Dr. Dr. h. c. Reinhold Zippelius

em. o. Professor an der Universität
Erlangen-Nürnberg

16., neubearbeitete Auflage

Verlag C. H. Beck München 2010

Übersetzungen:
ins Portugiesische (1974, 1984 und 1997)
ins Spanische (1985 und 1989)
und ins Lettische (1998)

Verlag C.H. Beck im Internet:
beck.de

ISBN 978 3 406 603426

© 2010 Verlag C.H. Beck oHG
Wilhelmstraße 9, 80801 München
Druck und Bindung: Nomos Verlagsgesellschaft
In den Lissen 12, 76547 Sinzheim

Satz: Druckerei C.H. Beck, Nördlingen

Gedruckt auf säurefreiem, alterungsbeständigem Papier
(hergestellt aus chlorfrei gebleichtem Zellstoff)

Vorwort zur 16. Auflage

I.

Die Allgemeine Staatslehre soll Orientierungswissen vermitteln. In einer Welt, die technisch, sozial und rechtlich fortschreitend komplexer wird, gewinnt neben spezialisiertem „Fachwissen" solches „Orientierungswissen" an Bedeutung: Man benötigt Begriffe, mit denen man eine Übersicht über die Mannigfaltigkeit gewinnen kann.

Hierbei verleitet das Streben nach einer griffigen Orientierung immer wieder dazu, die Dinge zu sehr zu vereinfachen. So sind wir für solche Vorstellungen empfänglich, die den Staat und seine Probleme auf einen oder wenige Begriffe bringen. Gerade die wirksamsten Denker, wie Rousseau und Marx, haben versucht, dies zu tun. Und doch ist das Denken immer wieder mit simplifizierenden Begriffen und Ideen gescheitert.

Demgegenüber ist es ein Leitgedanke des folgenden Buches, das politische Gemeinwesen als einen komplexen Tatbestand zu begreifen, der sich nicht aus einem oder wenigen Gesichtspunkten zureichend erfassen läßt, dessen Vorgänge nicht auf einen einfachen Erklärungsgrund zurückführbar sind, dessen Zwecke nicht auf eine simple Vorstellung gebracht werden können und den man insgesamt nicht in einen einfachen „Begriff vom Staate" pressen kann. Vielmehr gilt es, komplexe Tatbestände Schritt für Schritt in der Vielfalt ihrer begrifflichen Aspekte zu erfassen.

Auch die politische Praxis muß unterschiedlichen, oft einander widerstreitenden Zwecken und Bedürfnissen gerecht werden und hierbei immer das richtige Maß finden, etwa für privaten Entfaltungsspielraum und lenkende Eingriffe, für Dezentralisation und zentrale Regelung, für öffentliche Daseinsvorsorgen und private Versorgung. Für eine solche Betrachtungsweise erscheint Politik als lebendiger Prozeß, in dem es fortwährend darauf ankommt, Systemzustände angemessen „einzuregulieren" – ähnlich wie in einem lebenden Organismus, im Wechselspiel antagonistischer Faktoren, bestimmte Systemzustände (wie Körpertemperatur und Blutdruck) so eingeregelt werden müssen, wie das dem Gesamtsystem am zuträglichsten ist, zum mindesten aber eine Weiterexistenz dieses Systems gestattet.

II.

Um sich bei der Suche nach Problemlösungen zu orientieren, braucht man „problemerschließende" Begriffe, die es erlauben, komplexe Fragen – wie etwa die Beziehungen zwischen Freiheit und Gleichheit – rational zu erörtern (§§ 29 III; 34 I 3, II 4, 5). Oder, um ein anderes Beispiel zu nennen: Man spürt die Nachteile der Bürokratisierung und weiß doch um die Unentbehrlichkeit von Bürokratien (§ 37 II 5); hier geht es insbesondere um Wege, die aus dem bürgerfernen, bürokratischen Zentralismus herausführen (§§ 3 III 2; 17 I 3; 23 III 2; 25 III 3; 30 III 2; 35 IV).

Die Begriffe, deren wir uns in solchen Diskussionen bedienen, bieten selber oft keine eindeutigen Problemlösungen. Wir müssen uns im Recht und in der Staatstheorie immer wieder mit solchen „Schlüsselbegriffen" bescheiden, d.h. mit Begriffen, die zwar einen rationalen Zugang zu einem Problem und seiner Erörterung eröffnen, dann aber zu Punkten führen, an denen gewertet und entschieden werden muß: Das Leben entzieht sich immer wieder dem Versuch, seine Probleme lückenlos rational zu lösen.[1] Problemerschließender „Schlüsselbegriffe" bedarf es insbesondere in dem fortwährenden Prozeß von „trial and error", in dem nicht nur unsere Erkenntnis voranschreitet, sondern auch unsere Verhaltensmuster sich bilden.

Die Begriffe und Denkmodelle der Staatstheorie, die dazu dienen, eine sinnvolle Orientierung zu gewinnen, Entwicklungen vorherzusehen und womöglich zu steuern, verlieren nie ihren hypothetischen Charakter. Das heißt, sie bleiben fortwährend der Kritik ausgesetzt und müssen korrigiert werden, wenn sich herausstellt, daß sie der Erfahrung nicht angemessen sind.[2]

Die ideengeschichtliche Ergänzung zu diesem Band liegt gesondert vor (R. Zippelius, Geschichte der Staatsideen).

Für das Lesen der Korrekturen habe ich wieder Frau Brigitte Schulze sehr zu danken.

Erlangen, im Januar 2010   *Reinhold Zippelius*

Aus dem Vorwort zur 1. Auflage (1969)

Die Wissenschaft vom Staate kann nicht ein glattes, widerspruchsfreies System bieten, aus dem sich auf alle Fragen, die den Staat betreffen, ein für alle Male die richtige Antwort ergäbe. Die Komplexität des Konkreten läßt sich nicht auf ein vorweggenommenes Prinzip oder eine vorweggenommene einfache Grundtatsache zurückführen. Immer wieder stößt man auch auf die Unvermeidlichkeit des Kompromisses, darauf, daß viele Antinomien, die den Staat betreffen, sich nicht auflösen lassen, sondern der „Vermittelung" bedürfen, daß sie nicht eine Frage des Entweder – Oder, sondern eine solche des richtigen Maßes sind. Eine solche Vermittelung, etwa zwischen den Grundsätzen der Freiheit und der Gleichheit oder zwischen den Prinzipien der Ordnung und der Freiheit, ist immer wieder von neuem zur Entscheidung aufgegeben und nicht durch ein starres, für alle Zeiten gültiges Schema lösbar. Daß nicht alles schon im voraus gewiß ist, daß Raum bleibt für Wagnis und Entscheidung, ist Bedingung und Zeichen lebendiger Freiheit.

---

[1] Dazu (bezogen auf rechtliche Schlüsselbegriffe) Zippelius ML, §§ 3 I c, 10 VII, mit Nachweisen.

[2] Zippelius RuG, Kap. 1–3.

Inhaltsverzeichnis

Abkürzungs- und Literaturverzeichnis

AöR	Archiv des öffentlichen Rechts
APuZ	Aus Politik und Zeitgeschichte
Arnim StL	H.H. v. Arnim, Staatslehre der Bundesrepublik Deutschland, 1984
Badura	P. Badura, Die Methoden der neueren Allg. Staatslehre, 1959, [2]1998
Berber	F. Berber, Lehrb. d. Völkerrechts, Bd. I 1960, [2]1975, Bd. II 1962, [2]1969, Bd. III 1964, [2]1977
– StI	F. Berber, Das Staatsideal im Wandel der Weltgeschichte, 1973, [2]1978
Bleckmann	A. Bleckmann, Allg. Staats- und Völkerrechtslehre, 1995
BVerfGE	Amtl. Sammlung der Entscheidungen des Bundesverfassungsgerichts
Dahm	G. Dahm, J. Delbrück, R. Wolfrum, Völkerrecht, Bd. I 1 [2]1989, Bd. I 2 [2]2002, Bd. I 3 [2]2002, Bd. II 1961
di Fabio	U. di Fabio, Die Staatsrechtslehre und der Staat, 2003
Doehring AStL	K. Doehring, Allg. Staatslehre, 1991, [3]2004
– VR	K. Doehring, Völkerrecht, 1999, [2]2004
DÖV	Die öffentliche Verwaltung
DVBl	Deutsches Verwaltungsblatt
Ermacora	F. Ermacora, Allg. Staatslehre, 1970
– Grdr	F. Ermacora, Grundriß einer Allg. Staatslehre, 1979
EvStL	Evang. Staatslexikon, 1966, [3]1987
Federalist	A. Hamilton, J. Madison, J. Jay, The Federalist, 1788, dt. 1958
F. f.	Festschrift (Festgabe) für
Fleiner	Th. Fleiner, L. Basta-Fleiner, Allg. Staatslehre, 1980, [3]2004
Fraenkel DwD	E. Fraenkel, Deutschland und die westlichen Demokratien, 1964, [8]1991 (hg. v. A. v. Brünneck)
Friedrich VfSt	C.J. Friedrich, Der Verfassungsstaat der Neuzeit, 1953
Geiger	R. Geiger, Grundgesetz und Völkerrecht, 1985, [4]2008
GG	Grundgesetz für die Bundesrepublik Deutschland
GGb	Geschichtliche Grundbegriffe, Histor. Lexikon zur polit.-sozialen Sprache, 1972 ff.
Haller/Kölz/Gächter	W. Haller, A. Kölz, Th. Gächter, Allg. Staatsrecht, 1996, [4]2008
Hatschek	J. Hatschek, Allg. Staatsrecht, Bd. I–III, 1909
Haverkate VL	G. Haverkate, Verfassungslehre, 1992
HdGR	D. Merten, H.J. Papier (Hg) Handbuch der Grundrechte, 2004 ff.
HdStR	J. Isensee, P. Kirchhof (Hg), Handbuch des Staatsrechts, 1987 ff., Bd I [3]2003, Bd. II [3]2004, Bd. III [3]2005, Bd. IV [3]2006, Bd. V [3]2007
HdSW	Handwörterbuch der Sozialwissenschaften, 1956 ff.
Heller StL	H. Heller, Staatslehre, 1934 (Neudr. 1963)
Herzog	R. Herzog, Allg. Staatslehre, 1971
Hg	Herausgeber
Hösle	V. Hösle, Moral und Politik, 1997
HRG	Handwörterbuch zur Deutschen Rechtsgeschichte, 1971 ff.
Huber Aufs	H. Huber, Rechtstheorie, Verfassungsrecht, Völkerrecht, Ausgew. Aufsätze, 1971
HwPh	Historisches Wörterbuch der Philosophie, 1971 ff.
Ipsen VR	K. Ipsen, Völkerrecht, begrd. v. E. Menzel, 1962, [5]2004
Jellinek	G. Jellinek, Allg. Staatslehre, 1900, [3]1914 (Neudr. 1960)
JöR	Jahrbuch des öffentlichen Rechts der Gegenwart
JuS	Juristische Schulung
JZ	Juristenzeitung

Kelsen AStL	H. Kelsen, Allg. Staatslehre, 1925 (Neudr. 1966)
– RR	H. Kelsen, Reine Rechtslehre, 1934, ²1960
Klein Aufs.	H. H. Klein, Das Parlament im Verfassungsstaat, 2006
Koja	F. Koja, Allg. Staatslehre, 1993
Kriele	M. Kriele, Einführung in die Staatslehre, 1975, ⁶2003
Krüger	H. Krüger, Allg. Staatslehre, 1964, ²1966
KZfSS	Kölner Zeitschr. f. Soziologie u. Sozialpsychologie
LAW	W. I. Lenin, Ausgewählte Werke, 1947, ²1963, Bd. I–III
Leibholz StP	G. Leibholz, Strukturprobleme der modernen Demokratie, 1958, ³1967
Loewenstein VL	K. Loewenstein, Verfassungslehre, 1959, ³1975
Luhmann RS	N. Luhmann, Rechtssoziologie, 1972, ²1983
Mastronardi	Ph. Matronardi, Verfassungslehre, 2007
MEW	Marx, Engels, Werke, 1957 ff.
Mitteis/Lieberich	H. Mitteis, H. Lieberich, Deutsche Rechtsgeschichte, 1949, ¹⁹1992
v. Mohl	R. v. Mohl, Die Geschichte und Literatur der Staatswissenschaften, Bd. I 1855, Bd. II 1856, Bd. III 1858 (Neudr. 1960)
Nawiasky	H. Nawiasky, Allg. Staatslehre, Bd. I 1945, Bd. II 1 1952, Bd. II 2 1955, Bd. III 1956, Bd. IV 1958
NJW	Neue Juristische Wochenschrift
Pernthaler	P. Pernthaler, Allg. Staatslehre und Verfassungslehre, 1986, ²1996
PVS	Politische Vierteljahresschrift
Radbruch	G. Radbruch, Rechtsphilosophie, 1913, ³1932, Studienausgabe 1999
Rehm Gesch	H. Rehm, Geschichte der Staatsrechtswissenschaft, 1896 (Neudr. 1967)
Schachtschneider	K. A. Schachtschneider, Res publica, res populi, 1994
Scheuner St	U. Scheuner, Staatstheorie und Staatsrecht, 1978
C. Schmitt VA	C. Schmitt, Verfassungsrechtl. Aufsätze, 1958
– VL	C. Schmitt, Verfassungslehre, 1928, ⁹2003
Schöbener	B. Schöbener, M. Knauff, Allgemeine Staatslehre, 2009
Schuppert	G. F. Schuppert, Staatswissenschaft, 2003
Seidl-Hohenveldern IO	I. Seidl-Hohenveldern, G. Loibl, Das Recht der Internationalen Organisationen, 1967, ⁷2000
Smend StA	R. Smend, Staatsrechtliche Abhandlungen, 1955, ³1994
Stephenson/Marcham	C. Stephenson, F. C. Marcham, Sources of English Constitutional History, 1937, ²1972
StL	Staatslexikon der Görres-Gesellschaft, 1889–1897, ⁷1985 ff.
Stein/v. Buttlar	T. Stein, Ch. v. Buttlar, Völkerrecht, ¹²2009
L. v. Stein GsB	L. v. Stein, Geschichte der sozialen Bewegung in Frankreich, 1850, Einleitung
Stern	K. Stern, Das Staatsrecht der Bundesrepublik Deutschland, Bd. I 1977, ²1984, Bd. II 1980, Bd. III 1 1988, Bd. III 2 1994, Bd. IV 1, 2006, Bd V 2000
Stolleis	M. Stolleis, Geschichte des öffentlichen Rechts in Deutschland, Bd. I 1988, Bd. II 1992, Bd. III 1999
Tocqueville DA	A. de Tocqueville, Über die Demokratie in Amerika, (frz. 1835/1840) dt. 1976
Verdroß/Simma	A. Verdroß, B. Simma, Universelles Völkerrecht, 1976, ³1984
VVDStRL	Veröffentl. der Vereinigung der Dt. Staatsrechtslehrer
M. Weber PolSchr	Max Weber, Gesammelte Politische Schriften, 1922, ²1958
– WL	Max Weber, Ges. Aufsätze zur Wissenschaftslehre, 1920, ⁵1982
– WuG	Max Weber, Wirtschaft u. Gesellschaft, 1922, ⁵1976 (Studienausgabe)
Wolff/Bachof/Stober	H. J. Wolff, O. Bachof, R. Stober, W. Kluth, Verwaltungsrecht, Bd. I ¹²2007, Bd. II ⁶2000, Bd. III ⁵2004

ZfPol	Zeitschrift für Politik
Zippelius Gesch	R. Zippelius, Geschichte der Staatsideen, 1971, [10]2003
– ML	R. Zippelius, Juristische Methodenlehre, [10]2006
– RPh	R. Zippelius, Rechtsphilosophie, 1982, [5]2007
– RS	R. Zippelius, Grundbegriffe der Rechts- und Staatssoziologie, 1980, [2]1991
– RuG	R. Zippelius, Recht und Gerechtigkeit in der offenen Gesellschaft, 1994, [2]1996
– VSt	R. Zippelius, Verhaltenssteuerung durch Recht und kulturelle Leitideen, 2004
– WdR	R. Zippelius, Das Wesen des Rechts, 1965, [5]1997
Zippelius/ Würtenberger	R. Zippelius, Th. Würtenberger, Deutsches Staatsrecht, [32]2008
ZParl	Zeitschrift für Parlamentsfragen
ZRP	Zeitschrift für Rechtspolitik

Auch die zu einem einzelnen Paragraphen zusammengestellte Literatur wird im Text dieses Paragraphen nur abgekürzt zitiert.

Die Literatur ist in zeitlicher Reihenfolge geordnet, und zwar nach dem Jahr der Erstauflage; Aufsätze aus Sammelwerken werden regelmäßig nach dem Erscheinungsjahr des Aufsatzes eingeordnet.

Um die Literaturnachweise knapp zu halten, werden Aufsätze, die in einem zitierten Sammelband enthalten sind, in der Regel nicht gesondert aufgeführt. Sind von demselben Verfasser mehrere Schriften zum gleichen Thema erschienen, so wurde regelmäßig nur die jüngste zitiert, wenn diese ausreichende Bezugnahmen auf die früheren Schriften enthält.

Erster Teil. Allgemeine Probleme des Staates

Kapitel I. Fragestellungen und Methoden

§ 1. Tatsachen, Leitbilder, Normen

Literatur: *Heller* StL, 51 ff.; *Nawiasky* I; *H. Schneider* (Hg), Aufgabe und Selbstverständnis der politischen Wissenschaft, 1967, 133 ff., 277 ff.; *Herzog*, 16 ff.; *K. v. Beyme*, Die politischen Theorien der Gegenwart, 1972, [8]2000.

I. Grundsätzliches

Der Staat, dieses uns vielfältig umgebende, beanspruchende und beschützende Gefüge menschlichen Zusammenlebens, hat immer wieder das Nachdenken herausgefordert und Fragen aufgegeben: Was für Gebilde sind Gemeinschaften (§§ 4–7), und wodurch unterscheiden sich die spezifisch staatlichen Gemeinschaften von anderen (§§ 8–12)? In welchen historischen Prozessen oder nach welchen soziologischen Gesetzmäßigkeiten sind solche staatlichen Gemeinschaften entstanden (§ 15)? Welche Zwecke erfüllen sie, und rechtfertigen diese Zwecke es, die Einrichtung „Staat" zu erhalten (§§ 16–18)? Welche typischen Organisationsformen und Machtstrukturen haben sich herausgebildet, und welche Vorzüge und Nachteile verbinden sich mit ihnen (§§ 20–43)?

Eine Wissenschaft, die sich mit diesen Fragen beschäftigt, darf sich nicht als reine „Normwissenschaft" begreifen. Sie hat sich nicht nur für Leitbilder und normative Konstruktionen, sondern auch für die realen Faktoren der politischen Gemeinschaft zu interessieren, nicht zuletzt dafür, ob und wie jene Leitbilder und Normen in der Wirklichkeit „funktionieren".

Andererseits darf eine Staatslehre sich nicht als bloße „Tatsachenwissenschaft" verstehen, schon deshalb nicht, weil die „Staatswirklichkeit" normative Komponenten hat; denn eine Gemeinschaft läßt sich nur als Gefüge sinnorientierten, insbesondere normenorientierten Verhaltens begreifen (§§ 1 IV 1; 7; 8). Dazu kommt etwas Zweites: Eine Staatslehre, die sich den Problemen des politischen Alltags stellen will, muß die Beschreibung politischer Tatbestände oft durch die Frage nach der besseren Alternative ergänzen; denn die Praxis des Lebens fragt nicht nur: „Wie sind die Dinge beschaffen?", sondern immer auch: „Wie kann es besser gemacht werden?" Daß auch Fragen der zweiten Art Gegenstand wissenschaftlicher Erörterung sein können, beruht auf der Annahme, auch Probleme richtigen Handelns und Entscheidens seien in konsensfähiger und konsensbegründender Weise diskutierbar (Zippelius RPh, §§ 11 II 4, III 3; 20), eine Annahme, die hier vorausgesetzt und nicht noch einmal ausführlich begründet werden soll.

In summa: Eine Staatslehre paßt nicht über den Leisten der „Methodeneinheit und Methodenreinheit". Gleichwohl sind aber, wo immer man Themen des Staates aufgreift, die Fragen nach den wirklichen und nach den anzustrebenden Zuständen gedanklich zu trennen. Stets sollte also klar sein, ob eine Aussage die tatsächlichen Gegebenheiten beschreibt oder sie kritisch bewertet und eine bessere Alternative vorschlägt, kurz, ob man von dem spricht, was ist, oder von dem, was sein soll.

Die Trennung dieser Fragen ist erst im Laufe der Zeit zum wissenschaftlichen Programm geworden, und auch heute noch wird darüber diskutiert, ob und in welchen Hinsichten die Frage nach der Wirklichkeit sich völlig von wertenden Stellungnahmen trennen läßt.

II. Die Frage nach der Staatswirklichkeit

Literatur: *K. Acham, H. Albert,* in: E. Topitsch (Hg), Logik der Sozialwissenschaften, [10]1980, 165 ff.; *H. Albert, E. Topitsch* (Hg), Werturteilsstreit, [2]1979; *H. Keuth,* Wissenschaft und Werturteil, 1989.

Zu 1: *N. Machiavelli,* Il principe, 1513/1532; *ders., Discorsi,* 1531; *A. Comte,* Cours de philosophie positive, 1830 ff.; *ders., Discours sur l'esprit positif,* 1844; *Zippelius* Gesch, Kap. 11, 18; *R. Schnur* (Hg), Staatsräson, 1975; *R. Wolf,* Machiavelli und der Mythos des Principe, in: Der Staat 1997, 596 ff.

Zu 2: Wie zu § 7 II; *K. Mannheim,* Ideologie und Utopie, 1929, [5]1969; *M. Horkheimer,* Zur Kritik der instrumentellen Vernunft, (engl. 1947) dt. 1967; *J. Habermas,* Erkenntnis und Interesse, 1968; *Zippelius* RS, § 2 II, III m. w. Nachw.; *F. H. Tenbruck,* Die unbewältigten Sozialwissenschaften, 1985, 93 ff., 182 ff., 267 ff.; *R. Boudon,* Ideologie, (frz. 1986) dt. 1988.

1. Die Isolierung der „Wirklichkeit". Es stehen sich also zwei Fragen gegenüber: einerseits die Frage nach der wirklichen Beschaffenheit der politischen Gegebenheiten und Geschehensabläufe, andererseits die Frage, wie der Staat ausgestaltet sein solle und, damit zusammenhängend, welchen Zwecken er dienen solle und worin er seine Rechtfertigung finde. In der Geschichte der Staatstheorien sind diese Fragen nicht immer klar voneinander geschieden. Bei Platon und Augustinus steht das Problem der sittlichen oder theologischen Aufgabe des Staates und der ihr am besten entsprechenden Staatsform im Vordergrund. Aristoteles untersucht den Staat in vorwiegend empirischer Weise, aber auch er stellt die Frage nach der Staatswirklichkeit nie in völliger Isoliertheit, sondern immer in Verbindung mit der Frage nach der erstrebenswerten Gestaltung eines politischen Gemeinwesens.

Eine bewußte Trennung des Wirklichkeitsstandpunkts von theologischen und ethischen Fragen finden wir zu Beginn der Neuzeit bei Machiavelli (1469–1527), der in seiner Schrift vom Fürsten die Mittel – gleichsam die technischen Bedingungen – untersucht, deren es bedarf, um an die Macht zu kommen oder an der Macht zu bleiben (Kap. 12). „Da ich vorhabe", so sagt er in seinem Principe, „etwas Nützliches für den zu schreiben, der etwas versteht, so scheint es mir richtiger, die Wahrheit so darzustellen, wie sie sich in der Wirklichkeit findet, und nicht Wunschvorstellungen zu folgen; manche haben sich Republiken und Monarchien ausgedacht, die es in Wirklichkeit nie gegeben hat; es besteht aber ein großer Unterschied zwischen dem, was wirklich geschieht, und dem, was geschehen sollte, so daß jemand, der die Wirklichkeit vernachlässigt und sich nur nach dem richtet, was geschehen soll, eher an seinem Untergang als an seiner Erhaltung arbeitet. Wer in allen Dingen nach der Moral handeln will, muß in dem großen Haufen, der sich nicht nach ihr richtet, zugrunde gehen. Ein Herrscher, der sich behaupten will, muß daher auch verstehen, außerhalb der Moral zu handeln, und von dieser Einsicht je nach der Notwendigkeit Gebrauch machen" (Kap. 15). Die Loslösung der technischen Frage von derjenigen nach den erstrebenswerten Zwecken wird besonders augenfällig an einer Stelle der Discorsi (I 40), wo Machiavelli gewisse Einsichten für nützlich erklärt „sowohl für die, welche die Freiheit einer Republik erhalten wollen, wie auch für jene, welche die Absicht haben, sie zu unterdrücken".

Freilich liefert Machiavelli noch keine theoretische Grundlegung seiner wirklichkeitswissenschaftlichen Betrachtungsweise. Seine Originalität liegt in seinem in aller Unmittelbarkeit praktizierten Denkstil, technische Fragen der Politik zu isolieren und aus den herkömmlichen theologischen und moralischen Verflechtungen herauszulösen; sie liegt in der methodisch geübten Verengung des Blickfeldes auf technische Probleme der Politik. Wenig später sollte sich Galilei für das Gebiet der Naturwissenschaft solch einer isolierenden Betrachtungsweise bedienen; mit seiner experimentellen Methode löste er einzelne Naturvorgänge aus der Komplexität des Ganzen heraus und deckte hierdurch einzelne, eng umrissene naturgesetzliche Verkettungen auf; auch hier lag der entscheidende Schritt in der Beschränkung der Fragestellung auf die schlichte Gesetzmäßigkeit bestimmter Zusammenhänge (W. Heisenberg, Das Naturbild der heutigen Physik, 1955, 59f., 74ff.).

Mit der Herauslösung des politischen Denkens aus theologischen, ethischen und insbesondere naturrechtlichen Bindungen war auch der Boden bereitet für einen säkularisierten und rein politischen Begriff der Staatsräson. Er bezeichnet schlicht die Zweckdienlichkeit für die politische Gewalt, für die Selbsterhaltung und das Wachstum des Staates als Institution. Dieser Zweck wird also verselbständigt. Hinter ihn fragt man nicht weiter zurück. Ob und worin er selber eine (ihn transzendierende) Rechtfertigung oder Grenze finde, bleibt außer Betracht.

Zum Prinzip erhoben wurde die auf das faktisch Gegebene, auf das Positive beschränkte Fragestellung durch Auguste Comte (1798–1857), den Begründer des Positivismus und der modernen Soziologie. Er glaubte, entdeckt zu haben, daß der Weg des menschlichen Geistes vom theologischen zum metaphysischen Zeitalter und von da zum positivistischen führe. Nachdem sich erwiesen habe, daß die theologischen und die metaphysischen Spekulationen auf unklaren Prinzipien beruhten, die keinen hinreichenden Beweis zuließen, verzichte der menschliche Geist fortan auf absolute Forschungen und erkenne nun als Grundregel an, „daß keine Behauptung, die nicht genau auf die einfache Aussage einer besonderen oder allgemeinen Tatsache zurückführbar ist, einen wirklichen und verständlichen Sinn enthalten kann". Aufgabe der Philosophie sei fortan die Koordination der beobachtbaren Tatsachen. Sie habe alle Phänomene zu betrachten als solche, die unabänderlichen Naturgesetzen unterworfen sind. Ziel aller ihrer Anstrengungen sei die präzise Entdeckung dieser Gesetze und ihre Zurückführung auf eine geringstmögliche Zahl. Es gehe um „die Analyse der Phänomene, um deren wirksame Gesetze zu entdecken, d.h. die konstanten Relationen ihrer Aufeinanderfolge oder ihrer Ähnlichkeit" (Cours, Lekt. 1 und 28; Discours, Nrn. 12, 15, 18).

Auf die menschliche Gesellschaft angewendet entstand so das Programm einer „sozialen Physik", einer „Soziologie" (diesen Begriff führte Comte in Lekt. 47 seines Cours ein), nämlich einer Erfahrungswissenschaft vom Gesellschaftsleben. Auch bei diesem Gegenstand gehe es um die „notwendige und dauernde Unterordnung der Einbildungskraft unter die Beobachtung". Auch hier habe die Einbildungskraft lediglich „alle beobachtbaren Tatsachen genau zu verknüpfen oder die Mittel für erfolgreiche neue Untersuchungen zu entdecken oder zu verbessern". „Die soziale Physik, welche die politischen Tatsachen weder bewundert noch verdammt, sondern in ihnen wie bei jeder anderen Wissenschaft im wesentlichen bloße Gegenstände der Beobachtung sieht, ... sucht soweit wie möglich die wirklichen allgemeinen Beziehungen zu entdecken, die alle sozialen Tatsachen miteinander verknüpfen; jede von ihnen gilt ihr in der wahrhaft wissenschaftlichen Bedeutung des Wortes für erklärt, sobald sie diese in angemessener Weise entweder mit der jeweiligen Gesamtsituation oder mit dem gesamten vorausgehenden Geschehensablauf in Zusammenhang hat bringen können, wobei sie stets sorgsam jede nutzlose und unzugängliche Erforschung der inneren Natur und wesentlichen Entstehungsgründe einer Erscheinung vermeidet" (Cours, Lekt. 48).

Die Forderung, wirklichkeitswissenschaftliche und ethische Fragen voneinander zu trennen, fand einen einprägsamen Ausdruck in Max Webers Programm einer wertfreien Wissenschaft. Die grundsätzliche Berechtigung und der Geltungsbereich dieser Formel sind zentrale Fragen der sozialwissenschaftlichen Diskussion geblieben. Offensichtlich hat aber das Programm „wertfreier" Untersuchung seine Grenzen, und zwar auch schon aus der Sicht Max Webers selbst (s. u. 2, IV 1 und § 5):

2. Erkenntnisinteresse, Vorverständnis und „Wirklichkeit". Das Programm einer wertfreien Wissenschaft ist, wie schon Max Weber gesehen hat, nur auf instrumentale Fragen anwendbar: Eine so begrenzte „Wissenschaft" kann nur herausfinden, welche Ursachen zu welchen Wirkungen führen, insbesondere mit welchen Mitteln man einen vorausgesetzten Zweck erreichen kann. Die Aufstellung der Zwecke selbst und deren Abwägung wäre also keine mögliche Aufgabe einer solchen Wissenschaft (M. Weber WL, 149 f., 500 f.).

Gegen diese Verengung des Erkenntnisfeldes auf instrumentale Zusammenhänge und gegen die Herausnahme der Handlungszwecke aus dem Feld des Erkenntnisbemühens erheben sich aber Einwände: Dieses Wissenschaftsprogramm verleitet dazu, bei den Fragen nach Zweck und Gerechtigkeit menschlichen und insbesondere politischen Handelns zu resignieren. Man versucht dann gar nicht erst, in diesen Fragen wenigstens das erreichbare Maß an konsensfähiger Einsicht auszuschöpfen, und überläßt die Antwort auf diese Fragen kurzerhand und vielleicht über das unvermeidliche Maß hinaus einem erkenntnisblinden Dezisionismus (§ 17 IV 1; demgegenüber Zippelius RPh, § 11).

Aber auch dort, wo die soziologischen Untersuchungen sich auf das Sammeln von Erfahrungsdaten und auf bloß „instrumentale", gesetzmäßige Zusammenhänge der Erfahrungswelt beschränken, sind sie nicht radikal „wertfrei": Schon die Auswahl des Fragen- und Erfahrungsbereiches, dem sie sich zuwenden, ist von den Interessen und dem Vorverständnis des Untersuchenden mitbestimmt (M. Weber WL, 184, 511 f.): Man untersucht solche sozialen Erfahrungszusammenhänge, für deren Folgen man sich interessiert, weil es als möglicher Handlungszweck erscheint, diese Folgen herbeizuführen oder zu vermeiden.

Bei dieser Auswahl und bei der Einordnung der Erfahrungsdaten spielt neben vordergründigen Erkenntnisinteressen auch ein umfassenderes, „weltanschauliches" Vorverständnis eine Rolle: Angesichts der überwältigenden Komplexität unserer Erfahrungswelt brauchen wir Vorstellungsschemata, mit denen wir uns diese Welt faßlich machen, d.h. sie „begreifen" können, z.B. mit Hilfe eines religiösen „Weltbildes" oder der marxistischen „Weltanschauung". So erblickte Emile Durkheim (1857–1917) eine wesentliche soziale Funktion der Religionen darin, daß sie umfassende Weltorientierungen bereitstellen (Les formes élémentaires de la vie religieuse, 1912, dt. 1981, S. 28, 560 f., 571 ff.). Auf solche Weise bemühen wir uns, die Vielfalt gedanklich beherrschbar zu machen: auch durch Vorstellungen über den gesetzmäßigen Ablauf historisch-politischer Prozesse (§ 7 II 1) und über die Weltordnung und die sie bewegenden Kräfte insgesamt. Insbesondere solche umfassenderen „Weltanschauungen" oder „Ideologien" haben die Funktion, dem Bewußtsein eine Weltorientierung und damit auch ein „Vorverständnis" der Ereignisse zu vermitteln (§ 7 II 2). Nach den je vorherrschenden Weltdeutungen wählen wir die für wichtig gehaltenen Erfahrungsdaten aus, in sie ordnen wir diese ein.

Diese Weltanschauungen und Mentalitäten, welche die vorherrschenden Erkenntnisinteressen und die Beurteilungen der Ereignisse leiten, haben neben rationalen auch irrationale Komponenten. Insbesondere stehen sie in Wechselbeziehungen zu veränderlichen Interessen und Machtverhältnissen, auch zu wandelbaren Eingestimmtheiten, etwa zu nationalen, schichtspezifischen, rassischen oder religiösen Überlegenheitsgefühlen oder Ressentiments, zu Machtgelüsten, Lebensängsten und Zukunftserwartungen. So fließen auch von daher Wertungen in unsere Deutung der Sachverhalte ein. Die Werthaltung wurde vielleicht am augenfälligsten in jenen Weltbildern, welche die Menschheit oder wesentliche Teile von ihr nach manichäischem Muster in ein „Reich des Lichtes" und ein „Reich der Finsternis" aufspalteten: z.B. in Gläubige und Ungläubige oder in ein marxistisches und ein kapitalistisches Lager; von hier aus wurden dann äußerlich gleichartige Vorgänge, etwa kriegerische Expansionsbestrebungen, ganz verschieden interpretiert, je nachdem, ob sie von dieser oder jener Seite ausgingen: hier ein gottwohlgefälliger Kreuzzug, dort die kulturbedrohende „Türkengefahr", oder: hier die menschheitsbeglückende Weltrevolution, dort ein repressiver Imperialismus. Die Tötung von Menschen aus religiösen Gründen konnte man als aztekische Untat oder als christlichen „Glaubensakt" (Auto-da-fé) auffassen.

Wir stecken also in einem Dilemma: Wollen wir uns nicht damit begnügen, in banaler Weise fragmentarische Kausalzusammenhänge zu registrieren, bleibt uns nur die Wahl, unsere Vorstellung der politischen Zusammenhänge in ein umfassenderes Weltverständnis einzubeziehen. Dieses ist aber unvermeidlich situations- und interessenbedingt und mit Wertungen befrachtet. Diese Situationsbedingtheit, also Relativität (oder auch: Relationalität) des Weltverständnisses gilt für jedes Bewußtsein, mithin auch für das eigene (K. Mannheim). Aber die eigene Brille sieht man nicht.

So betrachtet sind unsere Weltanschauungen also offenbar bloße Versuche sinnhafter Weltorientierung. Sie sind nur Etappen eines Prozesses von „trial and error", in dem die Menschheit versucht, sich und ihre Welt zu begreifen (§ 7 II 2). Eine der „Staatswirklichkeit" gewidmete Untersuchung, die in dieser Weise über die Unvermeidlichkeit ihrer eigenen Voreingenommenheit reflektiert, wird also ihre Erklärungsschemata und ihren Erfahrungsbereich variabel halten. Vor allem wird sie sich für bisher unbeachtet gelassene Tatsachen stets offenhalten.

III. Leitbilder der Politik

Literatur: Wie zu § 7 II–IV; 17 IV; *v. Mohl* I, 165 ff.; *A. Voigt*, Die sozialen Utopien, 1906; *Radbruch*, §§ 7, 8; *H. Girsberger*, Der utopische Sozialismus des 18. Jh. in Frankreich, 1924, ²1973; *E. Bloch*, Das Prinzip Hoffnung, 1959, Kap. 15, 18, 36; *K. J. Heinisch* (Hg), Der utopische Staat, 1960; *Th. Nipperdey*, Die Funktion der Utopie im polit. Denken der Neuzeit, Archiv f. Kulturgesch., 1962, 357 ff.; *A. Neusüß* (Hg), Utopie, 1968, ³1986 (Lit.); *F. Seibt*, Utopica, 1972; *H. Swoboda* (Hg), Der Traum vom besten Staat, 1972; *R. Saage*, Politische Utopien der Neuzeit, 1991; *Zippelius* VSt, Kap. 1.

Der Beschreibung der politischen Wirklichkeit steht das Aufstellen von Leitbildern gegenüber. An ihnen wird diese Wirklichkeit kritisch gemessen, nach ihnen wird sie bewertet. Solche Leitbilder werden im Vergleich mit der Wirklichkeit als die besseren Alternativen vorgestellt. Sie dienen als Zielvorstellungen, d.h. als Vorstellungen mit pragmatisch-regulativer Funktion, denen die Wirklichkeit durch menschliches Handeln angenähert werden soll.

Leitbilder dafür, wie die Ordnung menschlichen Zusammenlebens beschaffen sein und in welchen Hinsichten sie daher verbessert oder auch erhalten werden soll, finden sich schon in den aktuellen politischen Zielsetzungen, vor allem in den Programmen der politischen Parteien. Solche Leitbilder sollen durch das politische Handeln verwirklicht werden. Hinter den politischen Zielvorstellungen stehen, wie Radbruch gezeigt hat, letztlich ganz prinzipielle Fragen: ob und in welchem Maße der Staat individuellen Zwecken zu dienen habe, etwa der Entfaltungsfreiheit, der Sicherheit und der Wohlfahrt der Einzelnen, oder ob er überindividuelle Zwecke habe, z.B. die Ausbreitung einer Religion oder die Entfaltung nationaler Macht und Größe. Mit der Antwort auf Fragen dieser Art entscheidet man sich etwa für liberalistische, sozialistische, religiöse oder nationalistische Staatszwecke und ihnen entsprechende Staatsmodelle.

In den Utopien sind politische Wunschvorstellungen zu umfassenden Entwürfen eines besseren Staates verarbeitet (§ 35 II). Ihr literarisches Modell finden sie in Thomas Mores Werk „De optimo reipublicae statu deque nova insula Utopia" (1516). Hier tritt allerdings schon im Titel des Werkes (Utopia = Nirgendland) auch ein resignativer Zug zutage. Die bekanntesten Nachfahren dieses Buches waren Tommaso Campanellas „Civitas solis" (1620), Francis Bacons „Nova Atlantis" (1638) und James Harringtons „The Commonwealth of Oceana" (1656).

Vorstellungen über das Staatsideal, über die beste Form des Staates oder einzelner staatlicher Institutionen, können machtvoll in die Staatswirklichkeit eingehen: als Leitbilder und Motive, die schon das gegenwärtige politische Handeln bestimmen und koordinieren und damit zu wichtigen Integrationsfaktoren der realen Gemeinschaft werden (§ 7 II). Als gedankliche Entwürfe und Vorwegnahmen eines besseren Verfassungszustandes werden sie insbesondere zu Programmen und Antrieben staatlicher Veränderungen. In diesem Sinne hat etwa Ernst Bloch (1959, 163 ff., 275) von der Möglichkeit und der Neigung gesprochen, Vorstellungen zu entwickeln, die auf Grundlage der gegebenen Situation und ihrer Tendenzen eine real mögliche bessere Situation in Gedanken vorwegnehmen. Solche Vorstellungen können das Handeln motivieren und so den Gang der Ereignisse wirksam beeinflussen. Dadurch wird aber nicht der gedankliche Unterschied zwischen der ethischen und der wirklichkeitswissenschaftlichen Frage aufgehoben. Jener geht es um den Bedeutungsinhalt und die Berechtigung solcher politischen Ziele, dieser dagegen um deren soziologische Funktion, nämlich um ihre tatsächliche Motivationskraft und Wirksamkeit.

IV. Tatsachen und Normen als Elemente der Staatswirklichkeit

Literatur: Wie zu §§ 5; 6; 7 I; *Jellinek,* 10 ff., 136 ff.; *H. Kelsen,* Der soziologische und der juristische Staatsbegriff, 1922, ²1928; *Heller* StL, 37 ff.; *M. Drath,* Rechts- und Staatslehre als Sozialwissenschaft, 1977, 84 ff.; *K. Hesse,* Die normative Kraft der Verfassung, 1959; *Zippelius* RS, §§ 6, 8.

Das Begriffspaar „Norm" und „Tatsache" begegnet uns aber nicht nur, wenn wir die politische Wirklichkeit mit idealen Leitbildern vergleichen. Es spielt auch schon bei der Konstruktion der „Staatswirklichkeit" eine Rolle. Diese kann, wie sich zeigen wird, überhaupt nicht zureichend als normfreie Tatsache erfaßt werden. Ebensowenig läßt sich der Staat aber als „reines", d.h. von allen soziologischen Tatsachen freies Normensystem konstruieren, wie Kelsen dies vorschlug. Er meinte, man könne den Staat aus dem Aspekt der Rechtswissenschaft als reine Normenordnung und aus dem Aspekt der Soziologie als bloße Tatsache begreifen (Kelsen 1928, 105 f., 114 ff.). Dies läßt sich indessen nicht durchführen.

1. Die normative Komponente der Staatswirklichkeit. Einerseits kann die Soziologie die „Staatswirklichkeit" nur dann angemessen verstehen, wenn sie auch die Sinnorientiertheit des menschlichen Verhaltens in Betracht zieht, insbesondere den Umstand, daß menschliches Handeln auch durch Normen geleitet wird.

Schon Max Weber hatte erkannt, daß auch für die „wertfreie" soziologische Betrachtung nicht jeder normative Gehalt aus dem Blickfeld verschwindet: Sie muß

– ohne selbst zu bewerten – jene Wertvorstellungen, Ziele, Leitbilder, Normen mit in Rechnung stellen, die das beobachtete Verhalten leiten: Vorstellungen dieser Art motivieren und koordinieren das Handeln der in Gemeinschaft lebenden Menschen. Sie sind also wirksame Faktoren des sozialen Geschehens und somit Gegenstand soziologischer Beschreibung (§ 5).

Handlungsmaximen, die das Verhaltensgefüge einer Gemeinschaft mitkonstituieren, sind aber nicht zureichend als bloß psychische Tatbestände zu begreifen: Es bedarf einer gemeinsamen „objektiven" Normenordnung (d.h. eines intersubjektiven normativen „Orientierungsplans"), um das Verhalten der Menschen zu jenem Verhaltensgefüge zu koordinieren, das wir als Gemeinschaft bezeichnen (§ 6). Insofern sind Normen also schon Elemente der Staatswirklichkeit.

Charakteristisch für die spezifisch staatliche Gemeinschaft sind hierbei die Normen des garantierten Rechts. Neben ihnen haben aber auch andere Normen daran Anteil, die soziale Wirklichkeit einer staatlichen Gemeinschaft hervorzubringen (§ 7 I).

2. Die faktische Komponente der staatlichen Rechtsordnung. Andererseits läßt sich die staatliche Rechtsordnung nicht als „reines" System normativer Sinngehalte begreifen. So läßt sich z.B. der Wandel von einer vorrevolutionären zu einer nachrevolutionären Rechtsordnung nicht „rein" normativ erfassen.

Die Staatslehre richtet von vornherein den Blick vorwiegend auf die gemeinschaftsbildende Funktion und damit auf die Wirksamkeit einer Normenordnung. Ein reiner Sinngehalt, etwa der utopische Entwurf einer Rechtsordnung, läßt für sich allein noch keine staatliche Gemeinschaft entstehen. Normen erlangen ihre gemeinschaftsbildende Funktion erst durch die „Tatsache", daß sie befolgt werden. Das Verhaltensgefüge einer lebendigen staatlichen Gemeinschaft kommt erst dadurch zustande, daß Normen wirklich als Richtschnur des Handelns dienen und eine fortwährende Chance ihrer Realisierung besitzen (§ 6). Der Sache wird also nur eine Betrachtungsweise gerecht, die das Zusammenspiel von Norm und Normverwirklichung erfaßt (§ 7). Kurz, eine faktische Komponente der Rechtsordnung liegt schon in dem Tatbestand ihres Vollzugs, ihrer „Aktualisierung" und ihrer Durchsetzungschance (§ 8 I 1). Diese Komponente gehört schon zum Begriff des garantierten Rechts.

Daß die Realitäten darüber hinaus auch den Inhalt des staatlichen Rechts mitbestimmen, sei hier nur am Rande vermerkt (Zippelius RS, § 12).

§ 2. Methodische Ansätze einer empirischen Staatstheorie

Literatur: *K. D. Opp*, Methodologie der Sozialwissenschaften, ⁶2005.

I. Funktion und Wege der Begriffsbildung

Literatur: *K. R. Popper*, Logik der Forschung, 1934, ⁹1989; *H. Albert* (Hg), Theorie und Realität, 1964, ²1972; *Zippelius* RPh, §§ 1, 11 III; *ders.*, Die experimentierende Methode im Recht, 1991 (auch in RuG Kap. 1).

Wer die Staatswirklichkeit untersucht, steht vor einer Vielgestaltigkeit politischer Tatbestände. Um das Komplexe begrifflich zu erfassen, gilt es, solche Unterschiede und Gemeinsamkeiten herauszufinden, die einem Erkenntnisinteresse dienen. So hat man etwa in der Staatenvielfalt Monokratien und repräsentative Demokratien, totalitäre und liberale Staaten, dirigistische Funktionärsregime und pluralistische Staaten unterschieden und nach ihren wesentlichen Merkmalen dargestellt.

Mit erklärenden Theorien sucht man darüber hinaus regelmäßige Wirkungszusammenhänge zu erfassen, also Aussagen darüber zu gewinnen, welche Ursachen stets oder mit einer angebbaren Wahrscheinlichkeit zu bestimmten Wirkungen führen. Nach einer Formulierung Karl Poppers (1989, 31) bilden wir Theorien, „um ‚die Welt' einzufangen – sie zu rationalisieren, zu erklären und zu beherrschen".

Solche Theorien haben also zunächst eine Erkenntnisfunktion: Sie sollen die Welt „erklären", d.h. Ursachen dafür angeben, warum ein bestimmter Zustand eintritt oder ein bestimmtes Ereignis stattfindet. Diese Wirkungszusammenhänge müssen, wenn sie unsere Welt „transparent" machen sollen, in generellen Aussagen dargestellt werden.

Zu der theoretischen kommt eine praktische Funktion: Die Theorien sollen es ermöglichen, die Ereignisse zu „beherrschen". Sie gestatten es, die Einsichten in die gesetzmäßigen Zusammenhänge zwischen Ursachen und Folgen „instrumental" in den Dienst bestimmter Zwecke zu stellen: Sie sagen, was zu tun ist, wenn ein bestimmtes Ziel erreicht werden soll, welcher Mittel man sich also bedienen kann, um bestimmte Zwecke zu verwirklichen.

Die begriffliche Erfassung der Wirklichkeit vollzieht sich in einem tentativen Denken. Dieses setzt dort an, wo wir ein Problem, eine offene Frage, entdecken. Auf diese versuchen wir eine Antwort zu geben. Solche Problemlösungen, mit denen wir unsere Welt zu begreifen suchen, sind zu überprüfen und, soweit nötig, zu verbessern. Zeigt die Erfahrung z.B., daß bestimmte Faktoren für den untersuchten Wirkungszusammenhang unerheblich sind, so sind diese aus dem Erklärungsmodell auszuscheiden. Erweisen sich bisher unberücksichtigte Faktoren als erheblich, so sind sie in das Modell aufzunehmen. Ist dieses der Erfahrungswirklichkeit insgesamt unangemessen, so ist es aufzugeben und durch ein besseres zu ersetzen. So stellte sich z.B. heraus, daß das marxistische Modell des historischen Entwicklungsprozesses wichtige Determinanten des historisch-politischen Geschehens nicht ausreichend berücksichtigte und daher berichtigt werden mußte (§ 25 II 7).

Kurz, wir müssen die Begriffe, mit denen wir unsere Welt erklären, als variable Denkmuster nehmen, mit denen „experimentiert" wird, das heißt: als versuchsweise angenommene, konstruktive Entwürfe, die ergänzt, eingeschränkt oder auch ganz verworfen werden müssen, soweit sie im Widerspruch zur Erfahrung stehen. Nur wenn sie in konsensfähiger Weise einer kritischen Überprüfung standhalten, dürfen sie als mehr oder minder bewährte Versuche rationaler Welterklärung aufrecht erhalten werden.

II. Analytisches Denken

Dieses Bemühen um eine begriffliche Erfassung der Staatswirklichkeit bedient sich auch eines analytischen Denkens, in der Weise, daß man aus der komplexen Wirklichkeit relevante Momente und Zusammenhänge gedanklich herauszulösen versucht. Auch die dabei vermuteten Gesetzmäßigkeiten sind zunächst nur versuchsweise zu akzeptieren und auf ihre Übereinstimmung mit der Erfahrung, insbesondere auf ihre Tragweite, zu überprüfen. Unkritisches Denken läßt sich leicht dazu verleiten, auf einen einmal isolierten und für erheblich befundenen Faktor (z.B. die ökonomischen Bedingungen, die Rasse, den Willen zur Macht) allzu viel zurückzuführen, ihn also für ein umfassenderes Erklärungsprinzip zu halten, als er in Wahrheit ist. Das ist das Kennzeichen und der Fehler zumal des ideologischen Denkens.

Demgegenüber wird kritisches, auf die Grenzen der gewonnenen Einsicht bedachtes Denken die bloß partielle Wirksamkeit oder die begrenzte Reichweite der herausgehobenen Momente und Zusammenhänge im Auge behalten. Kurz, die analytisch herausgehobenen Einzelfaktoren dürfen nicht überschätzt, insbesondere nicht zur Grundlage „eindimensionaler" Konstruktionen sozialer Lebenszusammenhänge gemacht werden. Die Analyse darf nicht dazu verleiten, die Vielfalt der Determinanten, die das soziale Geschehen bestimmen, und die wechselseitige Abhängigkeit dieser Determinanten aus dem Blick zu verlieren.

III. Typisierendes Denken

Literatur: *Jellinek*, 30 ff.; *H.J. Wolff, J.E. Heyde, B. Zittel*, in: Studium Generale, 1952, 195 ff., 235 ff., 378 ff.; *H. Stachowiak* (Hg), Modelle – Konstruktionen der Wirklichkeit, 1983.
 Zu 1: *Zippelius* RuG, Kap. 37.
 Zu 2: *M. Weber* WuG, 1 ff.; *ders.* WL, 190 ff.
 Zu 3: *Zippelius* RS, § 4 m. Nachw.

1. Grundsätzliches. Wir bedienen uns typisierenden Denkens, um Erfahrungsregeln (3) und Deutungsmodelle (2) für die soziale Wirklichkeit zu gewinnen. Von Interesse sind insbesondere Erfahrungsregeln über typische Geschehensabläufe, d.h. Abläufe, die von einer typischen Ausgangssituation regelmäßig zu typischen Folgen führen. Typisierenden Denkens bedient man sich aber auch sonst, z.B. dann, wenn man bestimmte Staatstypen als erstrebenswerte Muster entwirft.

„Typus" ist ein Begriff, der eine „Struktur" (ein Merkmalsgefüge) anschaulich erfaßter Tatbestände wiedergibt. Die Anthropologie redet z.B. vom Typus des Pyknikers oder des Phlegmatikers. In der Staatstheorie sprechen wir etwa von unterschiedlichen Staatstypen oder von Typen der Staatenverbindungen.

Ein Typus kann „intuitiv", aus der Anschauung, als „Kongruenztypus" gebildet werden: indem man solche Merkmale heraushebt, die in verschiedenen Tatbeständen wiederkehren und sich decken, und andererseits Eigenschaften wegläßt, die nur vereinzelt auftreten (Kant, Kritik der Urteilskraft, § 17; ähnlich E. Husserl, Erfahrung und Urteil, 1939, § 81).

Auf solch intuitive Weise lassen sich auch typische Geschehensabläufe erfassen. Die Kunst des Staatsmannes beruht weitgehend auf der Fähigkeit, aus Erfahrungen zu lernen, nämlich typische Abläufe des politischen Geschehens und daraus ableitbare Erwartungen in einem intuitiven Zugriff zu erkennen.

Das Denken bedient sich indessen nicht nur intuitiv gefundener, sondern auch konstruierter Typen. Solche Konstruktionen können dazu benutzt werden, um etwa das Wunschbild einer bestimmten Staatsform zu entwerfen. Wichtiger ist aber ihr Gebrauch zu erfahrungswissenschaftlichen Zwecken, vor allem, um Hypothesen über Geschehensabläufe aufzustellen. Hier geht es um ein versuchsweise antizipierendes Denken, wie es Popper (1989, 7 f., 71 ff., 221 ff.) an den Anfang der Theorienbildung rücken will.

2. Idealtypen (empirische Deutungsmodelle). Typisierung hebt bestimmte Merkmale aus der Fülle des Konkreten heraus und hat hierdurch zugleich eine analytische Funktion. Max Weber hat in seiner Lehre vom Idealtypus die Typisierung geradezu als strukturanalytische Methode gebraucht: Aus den komplexen soziologischen Tatbeständen werden charakteristische Merkmale zu „reinen", das heißt unvermischten Idealtypen zusammengefaßt. In ihnen werden Eigenschaften herausgehoben, denen sich ein spezifisches Erkenntnisinteresse zuwendet. Solche Idealtypen können insbesondere dazu dienen, die konkreten Tatbestände durchsichtig zu machen, indem man angibt, welche typischen Merkmale in welchem Maße in ihnen zu finden sind. Der Idealtypus gehört also nicht zu den idealen Typen im Sinne erstrebenswerter Muster, sondern zu den deskriptiven Typen.

„Die gleiche historische Erscheinung kann z. B. in einem Teil ihrer Bestandteile ,feudal', im anderen ,patrimonial', in noch anderen ,bureaukratisch', in wieder anderen ,charismatisch' geartet sein. Damit mit diesen Worten etwas Eindeutiges gemeint sei, muß die Soziologie ihrerseits ,reine' (,Ideal'-)Typen von Gebilden jener Art entwerfen, welche je in sich die konsequente Einheit möglichst vollständiger Sinnadäquanz zeigen, eben deshalb aber in dieser absolut idealen reinen Form vielleicht ebensowenig je in der Realität auftreten wie eine physikalische Reaktion, die unter Voraussetzung eines absolut leeren Raums errechnet ist." Auf die historische Wirklichkeit angewandt werden solche Typen in der Weise, „daß durch Angabe des Maßes der Annäherung einer historischen Erscheinung an einen oder mehrere dieser Begriffe diese eingeordnet werden kann" (M. Weber WuG, 10).

Zum Beispiel sind in der politischen Wirklichkeit verschiedene Motive wirksam, aus denen ein Regime für gerechtfertigt gehalten wird: Teils respektiert man das Herkommen, teils glaubt man an die Berufung eines Herrschers zur Führung, teils leuchtet die Notwendigkeit der Herrschaft aus Vernunftgründen ein. In aller Regel werden diese Beweggründe in der konkreten politischen Situation zusammenwirken, um ein bestimmtes Regime als legitim erscheinen zu lassen. Gerade um aber das Zusammenspiel der einzelnen Momente überhaupt greifbar zu machen und um insbesondere auch verdeutlichen zu können, in welchem Maße das eine oder das andere Moment in einer bestimmten politischen Situation eine Rolle spielt, ist es dienlich, diese einzelnen Momente in Gedanken zu isolieren und als reine Typen zu konstruieren. So würde man sich im vorliegenden Beispiel drei reine Typen der Legitimation von Herrschaft denken können: die traditionale, die charismatische und die rationale (s. u. § 16 I 2). Die konkrete politische Situation ließe sich dann durch Vergleich mit diesen reinen Typen legitimer Herrschaft näher bestimmen, also dadurch, daß man angibt, in welchem Maße die vorliegende Staatsgewalt eine traditionale, eine charismatische und eine rationale Legitimation hat.

Auch etwa die Idealtypen des totalitären und des liberalen Staates sind in den konkreten Staaten nur in mehr oder minder hohem Maße realisiert: Sie bezeichnen widerstreitende Tendenzen (§ 29), die sich in den historischen Staaten in sehr unterschiedlichem Mischungsverhältnis finden. Hier dienen die Idealtypen also dazu, die politische Wirklichkeit nach ihren verschiedenen Momenten und Polaritäten zu analysieren.

3. Typisierende Erfahrungsregeln. Unter den Hilfsmitteln einer empirischen Staatstheorie stehen Erfahrungsregeln über typische Geschehensabläufe an wichtiger Stelle. Schon Thukydides wollte Geschichte schreiben für den, der „das Gewesene klar erkennen will und damit auch das Künftige, das wiederum, der menschlichen Natur gemäß, gleich oder ähnlich sein wird" (Geschichte des Peloponnesischen Krieges, I 22). Später hat dann Machiavelli das Augenmerk auf solche Erfahrungsregeln gelenkt, wenn er lehrte, „daß jemand, der Zukünftiges voraussehen will, auf die Vergangenheit achten muß; denn alle Geschehnisse in der Welt haben eine Entsprechung in früheren Ereignissen. Sie werden nämlich von Menschen bewirkt, die immer die gleichen Leidenschaften besitzen und besaßen, so daß auch immer das Gleiche herauskommen muß" (Discorsi, III 43). „Betrachten wir die neuen und die alten Ereignisse, so erkennen wir unschwer, daß in allen Städten und Völkern seit je die gleichen Wünsche und Stimmungen herrschten. Wer also sorgfältig die Vergangenheit untersucht, kann leicht das zukünftige Geschehen in jedem Staat vorhersehen und die selben Mittel gebrauchen, die von den Alten benützt wurden, oder kann, wenn er sie nicht angewandt findet, aus der Ähnlichkeit der Geschehnisse neue Mittel ersinnen" (Discorsi, I 39). Im wesentlichen den gleichen Gedanken finden wir auch bei Jellinek (S. 41) wieder: „Nur weil unter ähnlichen Bedingungen Ähnliches sich wiederholt, kann überhaupt die Geschichte zur Lehrmeisterin werden." Dabei stellte auch Jellinek auf typische Vorgänge ab: Aus ihnen lassen sich „im Einzelfalle mit großer Wahrscheinlichkeit bestimmte Folgerungen für das Leben des individuellen staatlichen Phänomens ableiten. Gleicher Typus deutet auf analoge Gestaltung der so beschaffenen Bildungen auch für die Zukunft hin. Wenn man von den Lehren der Geschichte spricht, so hat man damit – bewußt oder unbewußt – das typische Element in den menschlichen Dingen vor Augen."

Die damit vorgeschlagene typisierende Betrachtungsweise präpariert nicht einzelne Kausalitäten eng gefaßter, isolierter Bedingungen heraus. Sondern sie knüpft an typische Situationen an, die mit Wahrscheinlichkeit einen bestimmten Geschehensablauf erwarten lassen. In dem Bemühen, wahrscheinliche (und in diesem Sinne regelmäßige) Abläufe im politischen Geschehen herauszufinden, muß man also versuchen, die komplexen Ausgangsbedingungen bestimmter, politisch relevanter Folgen – möglichst vollständig und zugleich möglichst einfach – zu erfassen.

Hingegen wäre das Herauslösen eng umrissener, exakt feststellbarer Kausalitäten für eine empirische Staatstheorie nicht sehr ergiebig. Es bliebe schon wegen der großen Vielfalt und der fortwährenden Neukombination der je zusammentreffenden Einzelbedingungen allzu fragmentarisch. So muß versucht werden, Prognosen über die Wiederholung komplexer, typischer Vorgänge aufzustellen. Solche komplexen Vorgänge lassen sich aber nicht vollständig und exakt aus einzelnen Kausalitäten konstruieren: Das konkrete politische Geschehen wird nicht nur durch die sich wiederholenden typischen Ausgangsbedingungen bestimmt, sondern auch durch eine Vielzahl von je verschiedenen „Nebenbedingungen", die sich nie restlos erfassen und in ihrer Auswirkung auf den Geschehensablauf berechnen lassen. Als verunsicherndes Moment kommt hinzu, daß im politischen Geschehen immer auch menschliches Handeln eine Rolle spielt, das durch wandelbare Sinn- und Wertvorstellungen motiviert und insgesamt kein streng determiniertes Geschehen ist. Darum muß es genügen, Prognosen über die Wiederholung komplexer Geschehensabläufe mit mehr oder minder großer Wahrscheinlichkeit zu stellen.

Typisierendes Denken lenkt also das Augenmerk auf gleichartige politische Situationen und läßt hier gewisse Regelmäßigkeiten erkennen. Oft machen sich aber auch Unterschiede der Gesamtsituation geltend, die als „Störfaktoren" die glatte Anwendung der Regel hindern. Dafür ein Beispiel:

Man hat festzustellen geglaubt, daß eine repräsentative Demokratie, in der die oberste Gewalt bei einer Versammlung zusammengefaßt ist („Konventsregierung"), in hohem Maße dafür anfällig sei, in eine Herrschaft weniger Machthaber oder in eine Einmannherrschaft umzuschlagen (Loewenstein VL, 75 ff.). Das leuchtet schon nach der alltäglichen Erfahrung ein: Eine Menschenmenge (auch eine Versammlung) ist gewöhnlich unfähig, zu regieren, weil ihr eine klare politische Konzeption, die Fähigkeit zu planmäßigem Handeln und rasche Entschlußkraft abzugehen pflegen. So liegt es nahe, daß sich in einer Versammlung, die regieren soll, eine Führungsgruppe herausbildet. In dieser können sich dann entweder die Mitglieder einigermaßen die Waage halten oder es kann sich unter ihnen eine Persönlichkeit befinden, der es gelingt, die Macht innerhalb der Führungsgruppe und damit die diktatorische Gewalt im Staat an sich zu reißen. Den Modellfall dieses Vorganges findet man in Ereignissen der Französischen Revolution, in welcher die Herrschaft des 1792 gewählten Nationalkonvents in das Regime des Wohlfahrtsausschusses umschlug.

Auch in der Sowjetunion waren von Anfang an Delegiertenversammlungen formell die höchsten Organe im Staat und in der mit ihm verflochtenen Partei. Faktisch konzentrierte sich aber auch hier die Führung in den Händen von „Exekutivorganen", „Büros" und „Sekretariaten" dieser Versammlungen; und in der Hand eines starken „Generalsekretärs" wie Stalin konnte sie sich zu einer diktatorischen Gewalt zusammenballen (vgl. § 44).

Andererseits hat sich z.B. in der Schweiz eine liberale repräsentative Demokratie erhalten, obgleich auch hier einige der erwähnten typischen Ausgangsbedingungen für eine Machtkonzentration vorlagen: Auch in der Schweiz ist eine Versammlung, nämlich die aus dem Nationalrat und dem Ständerat bestehende Bundesversammlung, Inhaber der obersten Gewalt (Art. 148, 163 ff. der Bundesverfassung von 1999). Aber andere Nebenbedingungen – insbesondere das Mehrparteiensystem, die Stärke des föderativen Elements, die Referendumspraxis und die politische Tradition – haben die Entwicklung (trotz der auch hier bestehenden starken Position der Bundesregierung) insgesamt in andere Bahnen gelenkt als im revolutionären Frankreich oder in der Sowjetunion.

§ 3. Systemtheoretische Aspekte

I. Zum Begriff des sozialen Systems

Literatur: *T. Parsons*, Das System moderner Gesellschaften, dt. 1972, 12 ff.; *ders.*, Zur Theorie sozialer Systeme, 1976; *A. W. Gouldner*, Die westliche Soziologie in der Krise, (engl. 1970) dt. 1974, 259 ff.; *R. Kurzrock* (Hg), Systemtheorie, 1972; *A. Görlitz*, Politikwissenschaftliche Theorien, 1980, 105 ff.; *N. Luhmann*, soziale Systeme, 1984, ⁴1994; *H. Willke*, Systemtheorie, I ⁴1993, II 1994, III 1995.

Der Systemtheorie kommt es vor allem darauf an, die sozialen Tatbestände als Zusammenhänge („Systeme" oder „Netzwerke") mannigfaltiger Faktoren („Variablen") in ihren wechselseitigen Abhängigkeiten und Bedingtheiten zu beschreiben. Eine Gemeinschaft stellt sich jener Betrachtungsweise als ein „Interaktionensystem" dar. Damit ist gemeint: ein Zusammenhang zwischen Menschen, der dadurch zustande kommt, daß deren Handlungen nach bestimmten Verhaltensmustern in Wechselbeziehungen stehen und so ein vielfältig verflochtenes Verhaltensgefüge (eine komplexe „Verhaltensstruktur") bilden. Anknüpfungspunkte findet diese Betrachtungsweise in einigen Organismustheorien (§ 4 III) und besonders in der Beziehungssoziologie (§ 5). Vor allem aber ist eine funktionale Betrachtungsweise von den Naturwissenschaften her geläufig: Hier beschreibt die Physiologie das Zusammenspiel der verschiedenartigen chemischen und physikalischen Vorgänge in einem biologischen Organismus. In ähnlicher Weise kann man in den Sozialwissenschaften die grundlegenden (selbstverständlich andersartigen) Vorgänge, die sich innerhalb eines sozialen Gefüges vollziehen, analysieren und in ihren Zusammenhängen untersuchen.

Soziale Systeme können in Subsysteme untergliedert sein, ein Bundesstaat etwa in Gliedstaaten und diese in kommunale Körperschaften verschiedener Stufen. Die Struktur eines politischen Systems wird juristisch in der Kompetenzenordnung greifbar. Die Kompetenzen zur Regelung des Gemeinschaftslebens können entweder bei Zentralinstanzen zusammengefaßt sein oder weitgehend auch bei den Subsystemen liegen. Die Frage, in welchem Maße den Gliedern einer politischen Ordnung die Regelung ihrer Angelegenheiten zu überlassen ist, stellt sich auf allen Stufen einer Kompetenzenordnung: bei der Verteilung der Kompetenzen zwischen supranationalen Organisationen und ihren Mitgliedstaaten, sodann im Bundesstaat bei der Kompetenzaufteilung zwischen Bundesorganen und Bundesländern; innerhalb der Länder stellt sie sich bei der Zuteilung von Selbstverwaltungsrechten an kommunale Gebietskörperschaften und andere Selbstverwaltungseinrichtungen. Eine letzte, aber wichtige Stufe ist die Bemessung der Privatautonomie, also des Rechtes der Bürger, ihre rechtlichen Beziehungen entweder mehr oder weniger selbst zu gestalten (§ 29 II 1).

Auf all diesen Stufen spielt die doppelte Funktion der Kompetenzen eine Rolle: Als Ermächtigungen haben die Kompetenzen ihren wesentlichen Sinn darin, den Ermächtigten einen Spielraum zu eigenverantwortlichen Entscheidungen zu gewähren. Zugleich aber bilden sie das Rückgrat rationaler Strukturierung staatlicher und supranationaler Ordnungen (III 3).

Die Soziologie hebt auch das fortwährende Wechselspiel zwischen dem „System" und dessen Gliedern hervor: Die Teile eines sozialen Systems streben danach, den Bereich ihrer funktionalen Autonomie zu verteidigen und auszuweiten, und leisten einer umfassenden Integration in das größere System Widerstand. Dem gegenüber steht das Bestreben des Systems selbst (genauer: der Funktionäre, denen die Systemregulierung übertragen wurde), eine möglichst umfassende Integration herbeizuführen und die Autonomie der Teile einzuschränken. So wird die Integration des Systems zu einem „Balanceakt", zum Ergebnis eines sich fortwährend wandelnden Ausgleichs zwischen den Beteiligten; für ihn müssen immer wieder die Modelle ausgehandelt werden, nach denen Konformität hergestellt wird und Autonomien definiert werden (Gouldner 1974, 266 ff.). Dieses Schema eines Wechselspiels zwischen Autonomie- und Konformitätsbestrebungen findet sich insbesondere in föderativen Verhältnissen (§ 23 III), in den Beziehungen zwischen Staat und Gemeinden und in dem Verhältnis zwischen den Selbststeuerungswünschen der Wirtschaft und dem Streben nach einer gesamtwirtschaftlichen Steuerung.

II. Rechtliche Regelungsprozesse im Staat

Literatur: *Luhmann* RS, 132 ff., 207 ff., 294 ff.; *F. Hufen,* Verfassungstheorie und Systemtheorie, AöR 1975, 193 ff.; *R. Damm,* Systemtheorie und Recht, 1976; *Zippelius* RS, §§ 6 I, 8 III.
Zu 2: *Zippelius* RS, § 11; *H. H. v. Arnim,* Steuerung durch Recht, in: Probleme der staatlichen Steuerung und Fehlsteuerung in der BRD, 1986, 51 ff.

1. Regelungen. Daß staatliche Instanzen „Regelungen" treffen, ist altvertraut. Eine lenkende, „kybernetische" Funktion hat im sozialen Geschehen vor allem das Recht: Das Handeln der Rechtsgenossen wird durch mitteilbare normative Verhaltensrichtlinien (allgemeine Rechtsvorschriften und individuelle Verpflichtungen) gelenkt. Dadurch wird es zu jenem Verhaltensgefüge koordiniert, das wir als Rechtsgemeinschaft bezeichnen (§ 7). Diese koordinierende Verhaltenssteuerung hat eine „integrierende" und „sozialisierende" Funktion. Sie wählt aus der Vielzahl faktisch möglicher Verhaltensalternativen jene aus, die mit den Bedürfnissen und Toleranzen gerade der vorliegenden Gesamtstruktur der Gemeinschaft vereinbar sind. Durch Sanktionen und Sanktionsdrohungen hält das funktionierende Rechtssystem abweichendes Verhalten in engen Grenzen und stellt, soweit möglich, den durch das abweichende Verhalten gestörten Regelzustand wieder her. Die Rechtsordnung erfüllt die wichtige Funktion, Interessenkonflikte in (begrenzt) rationaler, gemeinverträglicher Weise zu lösen, indem sie gesetzgeberische und gerichtliche Kompetenzen und Verfahren bereithält, innerhalb deren die Konflikte in kontrollierter und moderierter Weise ausgetragen und reguliert werden. Im Zeitablauf erfüllt das Rechtssystem eine stabilisierende Funktion, auch insofern, als die Umständlichkeit und Rationalität des Gesetzgebungsverfahrens es hindert, daß alle Wandlungen der Interessen- und Meinungskonstellationen sogleich auch das Recht verändern. Nicht zuletzt dient das Recht als Instrument zweckmäßiger Sozialgestaltung, eines „social engineering", dessen der moderne Industriestaat in besonderem Maße bedarf (§ 35 I).

Rechtsnormen und andere rechtliche Verhaltensrichtlinien entstehen ihrerseits unter dem Einfluß mannigfaltiger sozialer Gegebenheiten: insbesondere der je vorhandenen Interessen, herrschenden Wertvorstellungen und Machtpositionen. Besonders augenfällig wird die Rolle solcher Faktoren im parlamentarischen Gesetzgebungsprozeß.

Man kann sich also das Rechtssystem, seine Kompetenzen, Verfahren und Normierungen, als ein Regelungssystem vorstellen, das zu seiner sozialen Umwelt in funktionalen Beziehungen steht, und zwar in zwei Richtungen: Einerseits kommen aus der Umwelt Bedürfnisse, Wertvorstellungen, Forderungen und andere Einflüsse („Inputs") auf das Regelungssystem zu, das sie zu regulieren hat. – Diese Regulierung geschieht auf Grund und innerhalb eines rechtlichen Kompetenzenschemas in rechtlich geordneten Verfahren (der Gesetzgebung, der Verwaltung und der Rechtsprechung) durch rechtsverbindliche Verhaltensnormen und Einzelanordnungen. – Diese wirken dann wieder auf die soziale Umwelt zurück („Output"): Sie treffen unter den faktisch möglichen Verhaltensalternativen eine verbindliche Auswahl und dienen auf diese Weise den Mitgliedern der Gemeinschaft als Richtschnur für die Koordinierung ihres Verhaltens (§§ 7; 26 IV). In dieser Weise werden also Sozialstrukturen nicht zuletzt auch durch das Recht bestimmt. Da von ihnen wiederum Einflüsse auf das Regelungssystem ausgehen, finden fortwährend Wechselwirkungen zwischen diesem und seiner sozialen Umwelt statt.

Selbstverständlich gibt es im staatlichen Geschehen nicht nur normative Regelungen, sondern auch Steuerungen anderer Art, etwa faktische Einflußnahmen auf die Konjunktur durch Ausweitung oder Einschränkung staatlicher Investitionen.

2. Bedingungen der Wirksamkeit. Daß die rechtlichen Verhaltenssteuerungen die erstrebten Wirkungen herbeiführen, hängt erstens davon ab, daß sie das gebotene Verhalten (z.B. im Straßenverkehr das Beachten einer Geschwindigkeitsbegrenzung) bewirken, zweitens davon, daß dieses Verhalten sich als geeignetes Mittel erweist, um den damit bezweckten weiteren Erfolg (z.B. eine Verminderung der Verkehrsunfälle) zu erreichen.

Hier interessiert vor allem der erstgenannte Faktor der Rechtswirksamkeit, also die verhaltenssteuernde Kraft des Rechts. Sie hängt nur zum Teil von der organisierten Rechtsgewährleistung ab, also davon, daß die Erfüllung der Rechtspflichten zuverlässig durch rechtliche Sanktionen durchgesetzt wird (§ 8 I, II). In beträchtlichem Ausmaß bedarf das Recht, um wirksam zu sein, auch des bereitwilligen Gehorsams, muß also im großen und ganzen von den Bürgern akzeptiert werden (§ 9 I 2).

Diese Akzeptanz und die von ihr ausgehende Motivationskraft des Rechts ist zu einem erheblichen Teil dadurch bedingt, daß es als eine überwiegend nützliche Regelung angesehen wird; so hielt Helvetius es mit Recht für das Kennzeichen einer weisen Gesetzgebung, daß sie das natürliche Interessenstreben der Menschen nicht unterdrücke, sondern verständig lenke (§ 17 III 2). Auch andere Motivationen spielen eine Rolle (§ 16 I 2). Nicht zuletzt muß das Recht als eine gerechte, mit dem Rechtsempfinden vieler übereinstimmende Regelung erscheinen, um von der Mehrheit akzeptiert zu werden (§§ 16 I 3; 28 III).

III. Charakteristische Eigenschaften politischer Systeme

Literatur: Zu 1: *K. W. Deutsch,* Politische Kybernetik, (engl. 1963, ²1966) dt. 1969, Kap. 9 ff.; *M. L. Cadwallader, A. Etzioni,* in: W. Zapf (Hg), Theorien des sozialen Wandels, 1969, 141 ff., 147 ff. *A. Waschkuhn,* Politische Systemtheorie, 1987.
    Zu 2: *W. E. Oates,* Fiscal Federalism, 1972; *D. Sauerland,* Föderalismus zwischen Freiheit und Effizienz, 1997; *R. Eichenberger, G. Färber,* in: H. H. v. Arnim u. a. (Hg), Föderalismus – Hält er noch, was er verspricht?, 2000, S. 101 ff.; *Th. Würtenberger,* Äquivalenzprinzip und Staatsfinanzierung, 2001; *Th. Würtenberger,* Auf dem Weg zu lokaler und regionaler Autonomie in Europa, in: F. f. H. Maurer, 2001, 1053 ff.; *A. Leisner-Egensperger,* Vielfalt – ein Begriff des Öffentlichen Rechts, 2004, 107 ff.
    Zu 3: *W. Brohm,* Alternative Steuerungsmöglichkeiten, in: H. Hill (Hg), Zustand und Perspektiven der Gesetzgebung, 1989, 217 ff.; *G. F. Schuppert,* Selbstverwaltung, Selbststeuerung, Selbstorganisation, AöR 114 (1989), 127 ff.; *W. Berg* u. a. (Hg), Regulierte Selbstregulierung als Steuerungskonzept des Gewährleistungsstaates, Die Verwaltung, Beih. 4, 2001; *Zippelius* VSt, Kapl. 7 II, 9.
    Zu 4: *A. Benz,* Kooperative Verwaltung, 1994; *Zippelius/Würtenberger,* § 10 II 3.

Auch typische Eigenschaften politischer Systeme lassen sich in Begriffen der Systemregulierung darstellen.

1. Übersicht. Wichtige Charakteristika des politischen Systems ergeben sich aus den organisatorischen Strukturen, nach denen Funktionsbereiche, vor allem Regelungsbefugnisse, verteilt und zu einem Regelungssystem koordiniert werden: So können die Kompetenzen in höherem oder geringerem Maße dezentralisiert sein (I). Und sie können vor allem in solcher Weise geordnet sein, daß sie sich ausbalancieren und wechselseitig kontrollieren (§ 31 II).

Auch die Dichte der staatlichen Steuerung – der rechtlichen Regelungen, der Wirtschaftslenkung, der staatlichen Meinungsbeeinflussung usw. – ist von Bedeutung: Je nachdem, wie stark dieses Moment ausgeprägt ist, ist ein Staat mehr dem totalitären oder dem liberalistischen Typus zuzuordnen (§ 29).

Wichtiges Charakteristikum eines politischen Systems ist auch dessen Neigung zu Immobilismus oder zu Wandlung und Anpassung. Hier geht es also um die Fähigkeit und Bereitschaft des politischen Systems, einen Wandel der faktischen Lebensumstände, der vorherrschenden Bedürfnisse und Zielvorstellungen zu „verarbeiten". Die Verarbeitungs- und Anpassungsbereitschaft eines Systems bemißt sich nach der Fähigkeit und Bereitschaft der regelnden Instanzen, sich vielseitig und umfassend zu informieren, insbesondere die je vorhandenen Meinungen und Interessen zutreffend zu erfassen und zu berücksichtigen. Eine Rolle spielen ferner die Bereitschaft und Beweglichkeit, auch unkonventionelle Lösungen zuzulassen, und die Fähigkeit, neue, konstruktive Antworten auf offene Probleme zu finden. Von diesen Faktoren hängt die Überlebensfähigkeit des politischen Systems ab: Dieses muß rechtzeitig erfassen, wo einen erheblichen Teil der Regierten „der Schuh drückt", in welchen Hinsichten die Unzufriedenheit mit den Regierenden wächst und daher die Bereitschaft der Bürger schwindet, sich mit ihnen zu identifizieren, kurz, wo ein Legitimationsverlust eintritt. Für diese Probleme müssen funktionsfähige Lösungen gefunden werden, die auf längere Sicht den Gesamtzustand des Systems nach überwiegender Ansicht verbessern.

Diese Anpassungsbereitschaft eines Systems kann institutionell gefördert werden. Eine Rolle spielen hierbei demokratische Rückkoppelungen, welche die Regierenden nötigen, vorherrschende Interessen und Meinungen zu berücksichtigen (§§ 23 II 5; 41 III 1). Um die Problemverarbeitungskapazität des Gesamtsystems zu optimieren, ist dieses in „Subsysteme" zu gliedern, die mit einer ausreichenden Selbstregelungskapazität (d.h. mit ausreichender Autonomie und finanzieller Autarkie) ausgestattet sind. Eine relativ hohe Innovationsbereitschaft weist der pluralistische Staat auf. Er ist durch seine Gliederung in Subsysteme und durch seinen Lebensstil darauf angelegt, den politischen Prozeß „offenzuhalten", wenn nötig auch Reformen in Gang zu setzen, dies unter Aufrechterhaltung bestimmter Grundregeln des Zusammenlebens und der Konfliktsbereinigung (§ 26 II 2).

Die Forderung nach Anpassung gilt aber nicht uneingeschränkt: Einerseits besteht zwar ein Interesse daran, das Regelungssystem variabel zu halten und es laufend dem Wandel der äußeren Lebensumstände und der herrschenden Vorstellungen über die optimale Gesellschaftsstruktur anzupassen. Andererseits existiert aber auch ein Bedürfnis nach Rechtssicherheit, nach Verläßlichkeit der sozialen Dispositionsgrundlagen, nach Stabilität der sozialen Ordnungsstrukturen. So ist zwischen den widerstreitenden Bedürfnissen nach Anpassung und nach Orientierungssicherheit abzuwägen – eine wichtige und mitunter schwierige Aufgabe (§ 17 IV 2).

Charakteristika des pluralistischen Systems sind nicht zuletzt durch jene sozialen Mechanismen bestimmt, durch welche im Vorfeld der staatlichen Regelungen Bedürfnisse und Meinungen organisiert, artikuliert, mit Nachdruck versehen und oft auch verzerrt werden, wie das durch Verbände und Massenkommunikationsmittel geschieht (§§ 26 II, III, V 2; 28 IV).

Von Bedeutung sind auch solche Faktoren, die eine Belastung des Regelungssystems vermehren: extreme Interessen- und Meinungsgegensätze; geringe Kompromißbereitschaft der Gruppen; mangelnde Bereitschaft der Einzelnen und der Gruppen, sich bei der Austragung von Konflikten an die Spielregeln dieses Systems zu halten; nicht zuletzt auch die Instabilität der sozialen, insbesondere der ökonomischen und der weltanschaulichen Situationen und der Interessen- und Meinungsgruppierungen (§ 26 IV 2).

2. Die Aufgliederung der Kompetenzen. Dafür, die Regelungsbefugnisse in politischen Gemeinwesen aufzuteilen, sprechen viele Gründe. Schon wegen der unüberschaubaren Vielfalt der zu regelnden Lebensverhältnisse könnten gar nicht alle verhaltensregelnden Normen von einer einzigen Zentralinstanz erlassen werden. – Die Aufgliederung der Regelungsmacht dient auch der Gewaltenteilung und Gewaltenkontrolle und verhindert die Bildung einer übermächtigen Zentralgewalt (§ 31 I 1, II 2).

Diese Aufgliederung schafft zudem Spielräume für eigenverantwortliches Handeln. Auf diese Weise wird die Lebendigkeit, insbesondere die Innovationskraft eines politischen Systems gestärkt. Denn ein Höchstmaß gemeinverträglicher Initiativen läßt sich nur dadurch wecken, daß selbstverantwortliches Handeln möglichst vieler herausgefordert wird. Überläßt man den Subsystemen eine weitreichende Kompetenz, Angelegenheiten, die sie betreffen, selbst zu regeln, dann nützt man ihre Fähigkeit und Findigkeit, ihre Probleme selbst zu lösen (§ 39 I 4). Oft werden sie unterschiedliche Problemlösungen finden, z.B. in verschiedenen Staaten unterschiedliche Sozialleistungssysteme, in verschiedenen Ländern unterschiedliche Schulformen oder in verschiedenen Städten unterschiedliche Methoden der Müllbeseitigung entwickeln. Die so gefundenen Lösungen kann man dann auf ihre Vorzüge und Nachteile prüfen. Durch solche Experimentier- und Vergleichsmöglichkeiten erhöht sich die Lernfähigkeit des Gesamtsystems. Zudem wird auf den unteren Ebenen die Eigenverantwortlichkeit der Bürger mobilisiert. Auf der anderen Seite werden die übergeordneten Instanzen von Aufgaben entlastet; sie haben dann nur, soweit nötig, zu koordinieren und richtungweisend und korrigierend auf ein erwünschtes Gesamtergebnis hinzuwirken, insbesondere die Rahmenbedingungen festzulegen, innerhalb deren sich nachgeordnete Regelungsbefugnisse entfalten können.

Nicht nur sachliche Erfahrungen können in den kleineren politischen Einheiten erprobt und zum Vergleich gestellt werden. Auch in personeller Hinsicht können sie als „Schule der Politik" dienen, in welcher Politiker Verwaltungs- und Regierungserfahrung sammeln und in der sie auf ihre Eignung geprüft werden können (§ 39 I 4).

Ferner entspricht eine „gegliederte Demokratie" dem demokratischen Ideal (BVerfGE 52, 111f.; 79, 148ff.); denn je mehr Kompetenzen bei den kleineren Gemeinschaften liegen, desto größer ist der relative Anteil des Einzelnen an der Bildung des gemeinschaftlichen Willens. Dieses bürgernahe demokratische Selbstbestimmungsrecht wird geschmälert, wo Kompetenzen übergeordneter Gemeinschaften an seine Stelle treten (§ 23 III).

Der Forderung, in einer Gemeinschaft so viel an gemeinverträglicher Autonomie wie möglich zu verwirklichen, entspricht nicht nur das Modell einer gegliederten Demokratie. Mehr noch entspricht es ihr, wenn die Interessenregelung unter den Bürgern diesen selbst, d.h. ihrer Privatautonomie überlassen wird, so weit das gemeinverträglich ist.

Auch aus der Sicht der Nationalökonomie erscheint es erstrebenswert, bei den Bürgern selbst, durch deren Privatautonomie, ein hohes Maß an Selbstverantwortung, Leistungswillen und Innovationsbereitschaft zu wecken. Aber auch wo Gemeinschaftseinrichtungen tätig werden, sind Vielfalt, Situationsgemäßheit und Anpassungsfähigkeit öffentlicher Leistungsangebote bei dezentraler Versorgung regelmäßig höher als bei zentral gesteuerter Versorgung. In kleinen politischen Einheiten kommt in der Regel auch das Äquivalenzprinzip stärker zur Geltung. Nach diesem soll der Beitrag, den die Bürger zur Finanzierung des Staates und anderer öffentlicher Institutionen leisten, der Interessenbefriedigung entsprechen, die ihnen selbst aus dem Wirken dieser Institutionen erwächst.

Wirtschaftliche Dispositionen sind in kleineren politischen Einheiten zumeist eher zu durchschauen als in großen, hochkomplexen, zentral verwalteten Staaten. Und nur soweit die Zusammenhänge zwischen Nutzen und Kosten öffentlicher Leistungen und zwischen deren Empfängern und Zahlern für die Bürger überschaubar und kalkulierbar sind, können diese über die Verteilung der öffentlichen Güter und Lasten verständig mitbestimmen. Das gilt nicht zuletzt auch für sozialstaatliche Umverteilungen; über diese entscheiden im zentralisierten Staat oft nicht die Bürger mehrheitlich selbst in einer für sie unmittelbar fühlbaren und durchschaubaren Weise, sondern die Repräsentanten, oft aus taktischen Erwägungen (Beispiel: „Wahlgeschenke") oder unter dem Druck einflußreicher Gruppen. Kurz, je zentralistischer die öffentliche Finanzwirtschaft gestaltet ist, desto undurchschaubarer ist sie weitgehend für die Bürger, desto mehr entzieht sie sich daher auch einer lebendigen, demokratischen Finanzkontrolle.

3. Steuerung der Selbststeuerung (Regelung der Selbstregelung). Die Kompetenzenordnung hat die Regelungsbefugnisse nicht nur aufzuteilen, sondern sie auch zu steuern und zu koordinieren: Es müssen die verschiedenen Regelungsfunktionen aufeinander abgestimmt werden und sich zweckentsprechend ergänzen, so daß auch widersprechende Normen und Entscheidungen vermieden werden (Zippelius RPh, § 28 II).

Diese „Einheit" des Rechts wird vor allem durch einen „Stufenbau der Kompetenzen" gewährleistet: Die Kompetenzen zur rechtsverbindlichen Verhaltensregelung sind das Rückgrat rationaler Strukturierung staatlicher und supranationaler Ordnungssysteme (§§ 8 I 2; 9 III 3): So ergehen Gesetze auf Grund der Verfassung, Rechtsverordnungen der Exekutive auf Grund von Gesetzen, und auch autonome Satzungen zur Regelung von Selbstverwaltungsangelegenheiten auf Grund einer Ermächtigung. Selbst konkrete Pflichten können innerhalb einer staatlichen Rechtsordnung (also mit staatlicher Rechtsgewährleistung) nur auf Grund einer rechtlichen Ermächtigung begründet oder modifiziert werden: Insbesondere bedürfen pflichtbegründende Verwaltungsakte (§ 30 I 2) und private Rechtsgeschäfte einer rechtlichen Grundlage.

Um die Widerspruchsfreiheit der Rechtsordnung zu gewährleisten, korrespondiert der Rangordnung der Kompetenzen eine Rangordnung der Vorschriften, die auf Grund dieser Kompetenzen erlassen werden. Und auch Verwaltungsakte und Rechtsgeschäfte müssen inhaltlich in Einklang mit der Rechtsordnung stehen.

In der Kompetenzenordnung liegen wichtige rationale Steuerungen: in der Bestimmung des Ermächtigten, in der Regelung des Verfahrens, in dem von der Ermächtigung Gebrauch gemacht werden kann, und vor allem in Begrenzungen und inhaltlichen Vorgaben. Zum Beispiel liegen sie für die Gesetzgebung in der Bestimmung der Gesetzgebungsorgane und des Gesetzgebungsverfahrens, sodann in den Begrenzungen und inhaltlichen Vorgaben, die mit den Ermächtigungen verbunden sind, insbesondere in den Grundrechtsnormen und rechtsstaatlichen Grundsätzen. Hier kommen wichtige Elemente der Gerechtigkeit mit zur Geltung.

Enger als für die Gesetzgebung pflegen die Entscheidungsspielräume für Rechtsverordnungen begrenzt zu sein. So sind nach dem Bonner Grundgesetz (Art. 80 Abs. 1 Satz 2) Inhalt, Zweck und Ausmaß von Verordnungsermächtigungen im Gesetz zu bestimmen. Für autonome Satzungen, die gleichfalls auf gesetzlicher Grundlage ergehen, sind weniger „steuernde" Vorgaben am Platz, weil hier Selbstverwaltungskörperschaften ihre eigenen Angelegenheiten regeln (BVerfGE 33, 156 ff.).

Noch deutlicher stehen Gesetzgebung und Gesetzesvollzug in einem Verhältnis programmierender und programmierter Entscheidungen zueinander. Doch sind auch der Exekutive für den Gesetzesvollzug in vielen Fällen Ermessens- und Beurteilungsspielräume zu belassen, damit die Entscheidungen die Besonderheiten der Einzelfälle berücksichtigen können. Ein zu weit getriebener gesetzlicher Schematismus, der die Kompetenz der Behörden zu selbstverantwortlichen Entscheidungen zu stark beschränkt, nimmt diesen damit auch die Fähigkeit zu situationsgerechten Entscheidungen (§ 30 III 2).

Selbst innerhalb eines „monokratischen" Behördenaufbaues, in dem der Ermessensgebrauch durch ein zentrales Weisungsrecht des Behördenleiters gesteuert werden kann, strebt man wenigstens als organisatorischen „Stil" eine weitgehende Dezentralisation der Sacherledigung und der Verantwortung an; auch hierdurch läßt sich die Problemlösungskapazität des Behördenapparates erhöhen und seine Anpassungsfähigkeit an veränderte Situationen verbessern (§ 14 IV 1).

Eine „Regelung von Selbstregelung" findet auch dort statt, wo die staatliche Rechtsordnung den Einzelnen oder privaten Zusammenschlüssen „Privatautonomie" einräumt, d. h. den Interessenausgleich der Selbstgestaltung durch die Beteiligten überläßt. Wo Privatpersonen ihre Rechtsbeziehungen durch Rechtsgeschäfte und Satzungen selbst regeln können, haben sie beträchtliche Gestaltungsspielräume. Doch auch diese existieren nur „im Rahmen der Gesetze": Wo sich im freien Spiel der Kräfte ein angemessener Interessenausgleich nicht herstellt oder wo die Wahrung öffentlicher Interessen es erfordert, muß die steuernde Hand des Staates eingreifen und insbesondere die Rahmenbedingungen festlegen, innerhalb deren sich Privat- und Verbandsautonomie entfalten können. So wird der rechtsgeschäftliche Gestaltungswille teils durch zwingendes, teils durch dispositives Recht weitgehend in mehr oder minder feste Bahnen der gegenwärtigen Rechtskultur gelenkt.

Kurz, die Kompetenzenordnung regelt die Selbstregelung. Sie bringt im politischen Gefüge rationale Ordnung und lebendige Vielfalt miteinander in Einklang, indem sie einerseits Entscheidungsspielräume gewährt und andererseits in der Stufenfolge der Ermächtigungen Schritt für Schritt auch steuernde Elemente enthält, durch welche die Einheit und Funktionsfähigkeit des Rechts gewahrt wird.

Auf diese Weise wird eine Hauptaufgabe der Staatsorganisation erfüllt, Ordnung und lebendige Vielfalt „unter ein Dach" zu bringen. Fortwährende Aufgabe bleibt dabei die Sorge für ein ausgewogenes Zusammenwirken zwischen partikulären Kräften und zentral regulierenden Instanzen, die jenen Kräften ordnend und als Repräsentanten sozialer Gerechtigkeit und staatsmännischer Vernünftigkeit mit überlegener Entscheidungsmacht gegenübertreten (§ 27).

4. Modelle stufenweiser Konfliktsbereinigung. Interessenregelung geschieht weitgehend in einem abgestuften Zusammenspiel von „Subsystemen" verschiedener Ebenen.

a) Im Gefüge der gegliederten Demokratie. Ein Schema stufenweiser Konfliktsbereinigung findet sich in der *territorialen Gliederung*, deren Reichweite sich von den kommunalen Selbstverwaltungskörperschaften bis hinauf zu den supranationalen Organisationen erstreckt. Hier werden kommunale, regionale, gliedstaatliche, nationale und supranationale Interessen in abgestufter Weise geklärt, in Beziehung zueinander gesetzt und zu einem Kompromiß gebracht (§§ 38 I, IV 1; 40 I).

Wo eine umfassende Gemeinschaft territorial gegliedert ist, sollten zentralen Institutionen nur solche Entscheidungen vorbehalten sein, die mit Rücksicht auf überwiegende Interessen an Rechtseinheit, Effizienz und überregionalem Interessenausgleich von diesen getroffen werden müssen (§ 38). „Steuernd" für die nachgeordneten territorialen Einheiten wirken dabei insbesondere die auf höheren Ebenen erlassenen Vorschriften. Und nicht zuletzt liegt in der Verteilung des Steueraufkommens ein bedeutendes Steuerungspotential (§ 39 I 3).

Dabei darf die Forderung nach regionaler Dezentralisation nicht überspannt werden (§ 23 III). Ihr steht oft schon das Bedürfnis entgegen, im Staat und auch international für den Handelsverkehr und auf anderen Sachgebieten ein einheitliches Recht zu schaffen. Auch können viele öffentliche Leistungsangebote, etwa Verkehrswege oder Universitäten, nicht in beliebiger Dezentralisation bereitgestellt werden. Ferner müssen örtliche und überörtliche Leistungsangebote, etwa von Orts- und Fernstraßennetzen oder von Bildungseinrichtungen verschiedener Stufen, koordiniert werden. Zahlreiche Aufgaben, wie etwa die Bekämpfung des organisierten Verbrechens, lassen sich effektiv nur überregional bewältigen. Schließlich können Gründe der Gerechtigkeit und der politischen Klugheit es gebieten, für eine überregionale Angleichung der Lebensbedingungen zu sorgen.

Das Bedürfnis nach verbindlichen, überregionalen Regelungen reicht heute über den einzelstaatlichen Bereich hinaus und hat zur Schaffung Internationaler Organisationen geführt, die mit supranationalen Kompetenzen ausgestattet wurden. Dies hat die Mitgliedstaaten in ein überstaatliches System einer „Steuerung der Selbststeuerung" eingefügt. Hier steht eine Anzahl von Staaten, deren Interessen sich vielfältig berühren, in einer institutionalisierten Ordnung, die einer „kooperativen" Zielbestimmung, Konfliktsbereinigung und Interessenregelung dient (§ 40 I). Obgleich dadurch die Einheit der „Staatsgewalt" aufgebrochen wird (§ 10 III), ist auch hier die Einheit der rechtlichen Ordnung zu wahren (§ 9 III 3).

In einer gegliederten Demokratie finden sich neben den Gebietskörperschaften auch Organisationen, die in *funktionaler Selbstverwaltung* Gemeinschaftsaufgaben wahrnehmen: Industrie- und Handelskammern, Handwerkskammern, Ärzte- und Rechtsanwaltskammern und Träger der Sozialversicherung. Sie sind als Einrichtungen demokratischer Betroffenen-Selbstverwaltung konzipiert und gewähren ihren Mitgliedern unter staatlicher Rechtsaufsicht eine partizipatorische Mitwirkung an der Erfüllung öffentlicher Aufgaben, von denen gerade sie betroffen sind.

b) Im pluralistischen Parteienstaat werden relevante Interessenkonflikte unter Mitwirkung gesellschaftlicher „Subsysteme" geregelt: Die individuellen Interessen und Meinungen kommen hier regelmäßig nicht „unvermittelt" zu gesamtgesellschaftlicher, politischer Wirkung. Vielfach werden sie in Verbänden organisiert und artikuliert; dabei werden oft auch schon interne Gegensätze abgearbeitet und extreme Forderungen durch Kompromisse gemildert. Die politischen Parteien haben in einem breiteren Spektrum Einflüsse und Konflikte von Interessen und Meinungen aufzuarbeiten, vor allem auch solche, die von den Verbänden und durch die – von Massenmedien artikulierte – „öffentliche Meinung" an sie herangetragen werden. Das geschieht von Partei zu Partei mit etwas unterschiedlichen Ergebnissen, je nachdem, welche Interessen und Meinungen mit welchem Gewicht in ihnen zum Zuge kommen. Über die verbleibenden Interessen- und Meinungskonflikte wird schließlich im Parlament verhandelt und rechtsverbindlich entschieden (§ 26 II 1). In dieser stufenweisen Abarbeitung des pluralistischen Widerstreites der Interessen verwirklicht sich, wenn man so will, die „ungesellige Geselligkeit" des Menschen (I. Kant).

Allgemein läßt sich das Schema „stufenweiser" Konfliktsbereinigung also wie folgt beschreiben: Auf verschiedenen Ebenen existieren organisatorische Gefüge, die Interessen und Meinungen sichten und artikulieren und Kompromisse zwischen ihnen anbahnen. Konflikte, die auf niedrigeren organisatorischen Stufen keine oder nur eine unvollständige Bereinigung finden, sind auf höheren organisatorischen Ebenen zu regeln. Dieser Prozeß spielt sich teilweise so ab, daß die Konfliktsregelung auf niedrigeren Ebenen vorbereitet und partiell vollzogen, die ungelösten Probleme dann aber zur weiteren Verarbeitung in die nächsthöhere Ebene eingebracht werden.

IV. Systemwettbewerb

Literatur: *F. A. v. Hayek,* Die drei Quellen der menschlichen Werte, 1979; *M. Dreher,* Wettbewerb oder Vereinheitlichung der Rechtsordnungen in Europa? JZ 1999, 108 ff.; *L. Gerken,* Der Wettbewerb der Staaten, 1999; *M. E. Streit, M. Wohlgemut* (Hg), Systemwettbewerb als Herausforderung in Politik und Theorie, 1999; *O. Issing,* Globalisierung ..., in: H. Hesse (Hg), Zukunftsfragen der Gesellschaft, 2001, 17 ff.; *R. Vaubel,* Europa-Chauvinismus, 2001, 36 ff.; *V. Mehde,* Wettbewerb zwischen Staaten, 2005; *Th. Würtenberger,* Verfassungsrecht im Wettbewerb, in: F. f. R. Schmidt, 2006, 645 ff.

In den Rechtsgemeinschaften bilden sich eine bestimmte Verfassungsordnung und vielfältige Ausgestaltungen des Staatsrechts, des Strafrechts, des Wirtschafts-

und des Arbeitsrechts, ein spezifisches Familienrecht und anderes mehr. Man kann nun etwa das Wahlsystem (§ 24 II) oder das Strafvollzugsrecht verschiedener Rechtsgemeinschaften – also Regelungsmodelle für je einen bestimmten Sachbereich – miteinander vergleichen und sich hierzu den „Experimentierfeldern" der Rechts- und Verfassungsgeschichte und der Verfassungs- und Rechtsvergleichung zuwenden. Und man kann versuchen, jene Regelungsmodelle herauszufinden, die sich unter vergleichbaren Bedingungen besser bewähren als andere (Zippelius RuG, Kap. 1). Auch dieser Ansatz bleibt offen für „trial and error": Was zu einem bestimmten Zeitpunkt als „einstweilen beste Lösung" erscheint, kann im Fortgang der Geschichte wieder in Frage gestellt und durch vorziehenswertere soziale Ordnungsmuster verdrängt werden.

Auch die Volkswirtschaftslehre hat den Gedanken des Systemwettbewerbs in die Debatte geworfen und hat darauf hingewiesen, daß die nationalen Rechts- und Wirtschaftsordnungen in einem regionalen und globalen Wettbewerb miteinander stehen, in dessen Verlauf Kapital, Arbeitsplätze, Wissenschaft und Technologien heute zu den Systemen abwandern, in denen sie die besten Entfaltungsbedingungen und Ertragschancen haben. Weil das so ist und in einer Welt, in der weitgehend gewerbliche Freizügigkeit herrscht, Staaten mit günstigen Ertragschancen ceteris paribus eine beträchtliche Anziehungskraft auf produzierende Industrien ausüben, führt das zumal in engeren Wirtschaftsgemeinschaften zu der Tendenz, diese Entfaltungsbedingungen und Ertragschancen und insbesondere das Niveau der Soziallasten und der Steuern langfristig nach den Gesetzen des Marktes anzugleichen. Kurz, in lernfähigen Systemen löst der Systemwettbewerb notgedrungen einen Lern- und Anpassungsprozeß (III) aus.

In den internationalen Wettbewerb der Volkswirtschaften, der Bildungssysteme und der Forschung werden also auch die rechtlichen Rahmenbedingungen hineingezogen, innerhalb deren sich Wirtschaft, Bildung und Forschung entwickeln. Das gilt insbesondere für das Wirtschafts-, Arbeits-, Sozial- und Steuerrecht, für das Bildungs- und Hochschulrecht und für die Gewährleistungen und Begrenzungen wissenschaftlicher Forschung. In das Verfassungsgebot, ein gesamtwirtschaftliches Gleichgewicht zu gewährleisten, ist heute auch die Sorge für internationale Konkurrenzfähigkeit einzubeziehen, da von ihr, unter den Bedingungen der Globalisierung, auch ein hoher Beschäftigungsstand, das außenwirtschaftliche Gleichgewicht und die ökonomischen Grundlagen für eine ausgewogene Sozialpolitik wesentlich abhängen (Würtenberger).

In der Föderalismusdiskussion spielt zunehmend der Gedanke eines föderativen Wettbewerbs eine Rolle. In ihm solle es sich erweisen, welches Teilsystem in seiner konkreten politischen Ausformung die besseren Ergebnisse insbesondere auf den Gebieten der Wirtschaft, des Arbeitsmarktes, der Staatsfinanzen und der Kultur hervorbringt (§ 39 I 3, 4).

Noch umfassender ist die These v. Hayeks: Im großen und ganzen hätten sich solche Moral- und Verhaltensregeln durchgesetzt, die besser funktionierten als andere, nämlich den Gruppen, die sie befolgten, im Vergleich zu anderen Gruppen bessere Überlebens- und Vermehrungschancen boten (1979, S. 21 f., 25, 31).

Kapitel II. Die Grundstruktur von Gemeinschaften

§ 4. Gemeinschaft als Organismus?

Literatur: *E. Kaufmann,* Über den Begriff des Organismus in der Staatslehre des 19. Jh., 1908; *O. Kimminich,* Der Staat als Organismus, in: F. f. A. Gasser, 1983, 319 ff.

I. Die Gemeinschaft als Ganzheit

Literatur: *J. G. Fichte,* Grundlage des Naturrechts, 1796; *F. W. Schelling,* Ideen zu einer Philosophie der Natur, 1797, ²1803, Einleitg.; *ders.,* Vorlesungen über die Methode des akademischen Studiums, 1802; *A. Müller,* Die Elemente der Staatskunst, 1809; *L. v. Stein* GsB.

Es entsprach dem Individualismus und Rationalismus der Aufklärungszeit, daß man die Entstehung menschlicher Verbände – oder wenigstens deren Begriff und Rechtfertigung – auf vertragliche oder vertragsähnliche Beziehungen zwischen den Mitgliedern dieser Gemeinschaften zurückführte (§§ 15 II; 17 II, III 1, 2; 33 I).

Demgegenüber sahen die Organismustheorien der Romantik in menschlichen Verbänden ein „lebendiges Ganzes". Solche Verbände seien Ganzheiten, seien mehr, als eine bloße Summe ihrer Teile. Sie seien selber Träger eigener Zwecke, eigener sittlicher Aufgaben und eigener Werte. Damit stellte man sich zugleich in Gegensatz zu einer Individualethik, die nur die Einzelnen als Träger sittlicher Werte aufzufassen vermochte.

Eine ganzheitliche Betrachtungsweise fand sich schon in der Staatslehre Fichtes. In dem rechtlichen Grundverhältnis zwischen dem Bürger und seinem Staat sei der Bürger Teil eines Ganzen, in das sein Beitrag verwoben sei. Fichte erläuterte diesen Begriff eines „organisierten und organisierenden Ganzen" durch das Beispiel eines natürlichen Organismus, etwa eines Baumes: Hier wird jeder einzelne Teil nur erhalten, wenn der Baum als Ganzes erhalten wird. Dadurch, daß hier das Ganze und die Teile aufeinander angewiesen sind, unterscheidet sich ein solcher Organismus z. B. von „einem Sandhaufen, wo es jedem Teile gleichgültig sein kann, daß der andere abgetrennt, zertreten, verstreut werde" (1796, § 17 B IV). „In dem organischen Körper erhält jeder Teil immerfort das Ganze, und wird, indem er es erhält, dadurch selbst erhalten; ebenso verhält sich der Bürger zum Staat" (§ 17 Coroll.).

Schelling belebte das ganzheitlich-organische Denken vor allem für die Naturphilosophie. „Jede Organisation ist … ein Ganzes; ihre Einheit liegt in ihr selbst, es hängt nicht von unsrer Willkür ab, sie als Eines oder als Vieles zu denken". Die Organisation ist „ein durch sich selbst bestehendes, in sich selbst ganzes, unteilbares Objekt" (1803). Schon Schelling selbst wandte diese Idee auch auf die sozialen Gegebenheiten an, wenn er den Staat einem „objektiven Organismus der Freiheit" gleichsetzte und wenn er es für angebracht hielt, „den Staat wieder als reale Organisation zu konstruieren" (1802, 10. Vorlesung).

Auch sonst setzte sich in der Staatstheorie die Vorstellung durch, der Staat sei eine lebendige Ganzheit. Er sei, so formulierte es Adam Müller, die innige Verbindung „des gesamten inneren und äußeren Lebens einer Nation zu einem großen, energischen, unendlich bewegten und lebendigen Ganzen" (1809, 2. Vorlesung). Er sei zu begreifen „als ein großes, all die kleinen Individuen umfassendes Individuum" (9. Vorlesung).

Lorenz von Stein (GsB, II 1) lehrte, die Gemeinschaft sei etwas Persönliches, etwas Lebendiges, sie sei „als Voraussetzung für das Persönliche und das Persönliche enthaltend und umfassend, selber ein Persönliches, ein Lebendiges". Genauer gesagt, sei das überindividuell Persönliche, Selbstbestimmende in der menschlichen Gemeinschaft „der Staat, der persönliche Organismus des allgemeinen Willens".

II. Das Problem eines überindividuellen realen Zusammenhanges

Literatur: *O. v. Gierke,* Genossenschaftstheorie, 1887; ders., Das Wesen der menschlichen Verbände, 1902, Nachdr. 1962.

Das Kernproblem einer „realistischen" Organismustheorie mußte die Frage werden, welche realen Gegebenheiten den überindividuellen Zusammenhang herstellen sollten. Es lag nahe, die Gemeinschaft als Willensverband aufzufassen. So betrachtete Otto von Gierke „das menschliche Gemeinleben als ein Leben höherer Ordnung …, dem sich das Einzelleben eingliedert" (1962, 13). Die „Gemeinschaft sei ein Ganzes, dem eine reale Einheit innewohnt" (S. 14). Gierke erkannte „das soziale Ganze gleich dem Einzelorganismus als ein Lebendiges" und ordnete „die Gemeinwesen zusammen mit den Einzelwesen dem Gattungsbegriff des Lebewesens unter" (S. 18).

Das reale Substrat der Einheit sollte letztlich in einem transpersonalen psychischen Tatbestand liegen. „Wir empfinden uns als ein in sich geschlossenes Selbst, aber wir empfinden uns auch als Teil eines in uns wirkenden lebendigen Ganzen". Es gibt „psychische Zusammenhänge, die in unser Innerstes hineinreichen und integrierende Bestandteile unseres geistigen Wesens bilden … Wir werden uns bewußt, daß wir Gemeinschaftsleben mitleben. Schöpfen wir daher aus unserer inneren Erfahrung die Gewißheit der Realität unseres Ich, so erstreckt sich diese Gewißheit nicht nur darauf, daß wir individuelle Lebenseinheiten bilden, sondern zugleich darauf, daß wir Teileinheiten höherer Lebenseinheiten sind". Es gebe also höhere Lebenseinheiten, die fähig sind, einen überindividuellen Willen, z.B. einen Volkswillen, einen Corpsgeist, einen Familiengeist zu haben und hervorzubringen (S. 24ff.). Das ist auch die Grundlage für die Lehre von der Rechts- und Handlungsfähigkeit realer Verbandspersonen (§ 13 I 2).

Theorien, die von transpersonalen „psychischen Zusammenhängen" reden, unterschieben jedoch den nur im Individuum unmittelbar erfaßbaren Tatbestand lebendigen Willens und Bewußtseins unkritisch den Gemeinschaften als solchen. Solche Unterschiebungen verzerren die Erfahrungswirklichkeit und haben keinen Erkenntniswert.

III. Der natürliche Organismus als bloßes Modell

Literatur: *H. Spencer,* Principles of Sociology, 1855, [2]1877/1896, §§ 212ff., 268ff.; *A. Schäffle,* Bau und Leben des socialen Körpers, 1875/78, [2]1896, Bd. I, 18ff.

Nicht diesem rigorosen Einwand sind solche Lehren ausgesetzt, die den individuellen Organismus bewußt nur als Bild nehmen oder auch als Arbeitshypothese, also als heuristisches Hilfsmittel, um die tatsächlichen Strukturen der Gesellschaft erst noch zu erforschen. So verwandte Albert Schäffle das Bild des Organismus, um soziale Strukturen und Prozesse anschaulich darzustellen. Herbert Spencer zeigte, daß Organismen und Gesellschaften gewisse Ähnlichkeiten der Struktur aufweisen: In beiden Fällen gibt es Arbeitsteilung und damit eine funktionelle Spezialisierung der einzelnen Teile, eine wechselseitige Abhängigkeit der Teile voneinander und eine Beeinflußbarkeit der Gesamtheit durch äußere oder innere Einwirkungen. Der Vergleich läßt sich weiterführen: In beiden Fällen gibt es systemimmanente Regelungen. Und in beiden bleibt der strukturelle Zusammenhang, das „Rollengefüge", erhalten, wenn (dort) Zellen oder (hier) Menschen ausgetauscht werden. Verschiedentlich hat man auch das Darwinsche Ausleseprinzip jedenfalls als Arbeitshypothese auf Gemeinschaften projiziert (Sozialdarwinismus).

Der heuristische Ertrag solcher Analogien ist aber gering. Diese bergen andererseits die Gefahr in sich, daß bloße Modellvorstellungen doch gelegentlich für Tatsachenaussagen genommen werden. Auch kann das Denken in Analogien dazu verleiten, aus der Gemeinsamkeit bestimmter Eigenschaften ohne zureichenden Beweis vorschnell auf das Vorhandensein weiterer Gemeinsamkeiten zu schließen, die gar nicht vorhanden sind.

§ 5. Gemeinschaft als Beziehungsgefüge?

Literatur: *G. Simmel,* Soziologie, 1908, Neudr. 1992; *M. Weber* WuG, 1 ff.; *L. v. Wiese,* Allgemeine Soziologie, 1924/29, [4]1966; *Nawiasky* I, 14 ff., 39 ff., 88 ff.

Eine Gegenposition zu jenen Organismuslehren, die in den Verbänden überindividuelle Realitäten entdecken wollten, nahm die Beziehungssoziologie ein. Sie wollte die Gemeinschaften in Individuen und in Bündel zwischenmenschlicher Relationen auflösen.

Unbestreitbar ist die Gemeinschaft keine bloße Summe isoliert nebeneinander stehender Menschen. Aber wodurch wird eine Vielzahl zu einer Gemeinschaft? Simmel meinte: durch Wechselwirkung, also dadurch, daß man miteinander, füreinander und gegeneinander handelt, auf die anderen einwirkt und von anderen Einwirkungen empfängt. Jeder Augenblick finde uns von Beziehungen zu Menschen umfaßt (1992, 51). Man spricht, wird gehört, erhält eine Antwort, man singt und lacht miteinander, der eine verkauft und übereignet eine Sache dem anderen, der andere kauft sie, nimmt sie entgegen und zahlt den Kaufpreis. So bilde sich durch Zusammenwirken und Wechselwirkungen die Gemeinschaft.

Für Simmel war die Soziologie deshalb die Wissenschaft von den Beziehungsformen der Menschen untereinander: Gesellschaft besteht in den Wechselwirkungen von Individuen, Wechselwirkungen, die aus bestimmten Trieben heraus oder um bestimmter Zwecke willen begonnen werden (1992, 17 f.). Sie ist der Komplex vergesellschafteter Individuen und die Summe ihrer sozialen Beziehungsformen. Diese Wechselwirkungen haben eine psychische Komponente in dem Bewußtsein, daß man mit den anderen eine Einheit bilde (S. 43 f.). Insofern tragen die sozialen Verbindungen einen psychischen Charakter (S. 35), haben ihren Sitz also in den Köpfen der Individuen. Dieser Grundtatbestand wird nicht durch Typisierungen und Verallgemeinerungen aufgehoben, also z. B. nicht durch die Tatsache, daß wir „den anderen nicht schlechthin als Individuum, sondern als Kollegen oder Kameraden oder Parteigenossen" (S. 50) sehen, auch nicht dadurch, daß wir uns als ein Glied der Gesellschaft wissen, das mit seinem Lebensprozeß unselbständig in jenes Nebeneinander verwoben ist (S. 55). Zwar werden wir durch die Vergesellschaftung seelisch beeinflußt, das rechtfertige es aber noch nicht, einen transpersonalen Gesamtgeist anzunehmen (S. 627 f., 632).

Auch für die Beziehungslehre Leopold v. Wieses gab es als einzige Realitäten der Gesellschaft Individuen und soziale Prozesse: Die gesellschaftlichen Zusammenhänge haben weder eine körperliche noch eine psychische Substanz. Sie sind nichts anderes als „ein fließender Strom von Ereignissen" (1966, 105). „Das Soziale besteht aus einer relativ endlosen Kette von Geschehnissen, die sich in der Zeit abspielen. Geschehnisse ..., Vorgänge, Prozesse allein; nicht Substanzen, Dinge, Gebilde sind in dieser Sphäre vorhanden" (S. 102). Wenn wir den Staat oder andere soziale Gebilde als Substanzen bezeichnen, so beruht das auf einer vereinfachenden Umdichtung der Wirklichkeit: „Geschehnisse, die sich in Milliarden ähnlichen Verläufen wiederholen, faßt der stets vereinfachende und abkürzende menschliche Geist als Einheiten zusammen, womit die Vorstellung von Substanzen erreicht ist. Wie gegenüber dem Staate, so verfährt der menschliche Geist gegenüber allen sich oft wiederholenden Vorgängen der Sozialsphäre; sie werden zu Substanzen umgedichtet" (S. 104 f.).

Das berührt sich mit der Formulierung Max Webers: für die verstehende Soziologie seien soziale Gebilde, wie Staaten und Genossenschaften, „lediglich Abläufe und Zusammenhänge spezifischen Handelns *einzelner* Menschen, da diese allein für uns verständliche Träger von sinnhaft orientiertem Handeln sind". Für die Soziologie gebe es „keine ,handelnde' Kollektivpersönlichkeit. Wenn sie von ,Staat' oder von ,Nation' oder von ,Aktiengesellschaft' oder von ,Familie' oder von ,Armeekorps' oder von ähnlichen ,Gebilden' spricht, so meint sie damit vielmehr *lediglich* einen bestimmt gearteten Ablauf tatsächlichen, oder als möglich konstruierten sozialen Handelns Einzelner" (WuG, 6). Für die Entstehung eines solchen sozialen Verhaltensgefüges haben zwei Tatsachen eine zentrale Funktion: die Sinnorientiertheit des Verhaltens und die Verhaltenschance. Das bedeutet:

Menschliches Handeln unterscheidet sich von anderen Ereignissen dadurch, daß es durch verständliche Sinngehalte motiviert und in seinem Ablauf an ihnen orientiert ist. So ist es Aufgabe der Soziologie, das soziale Handeln in seiner Sinnorientiertheit zu verstehen und dadurch in seinem Ablauf und in seinen Wirkungen ursächlich zu erklären (WuG, 1 ff.). Insbesondere lenken Leitbilder und Sollensvorstellungen unser Zusammenleben. Dadurch unterscheidet sich soziales Geschehen von bloßen Naturereignissen. Soziologie ist darum nicht, wie Comte meinte, „soziale Physik", sondern „verstehende" Soziologie. Eine koordinierende Funktion haben auch die Leitbilder, die wir uns von den Gemeinschaften selbst machen. An solchen „*Vorstellungen* von etwas teils Seiendem, teils Geltensollendem in den Köpfen realer Menschen" orientiert sich deren Handeln, und sie besitzen oft eine „beherrschende kausale Bedeutung für die Art des Ablaufs des Handelns der realen Menschen". „Ein moderner ,Staat' besteht zum nicht unerheblichen Teil deshalb in dieser Art: – als Komplex eines spezifischen Zusammenhandelns von Menschen, – weil bestimmte Menschen ihr Handeln an der *Vorstellung* orientieren, *daß* er bestehe oder so bestehen *solle*" (WuG, 7).

Gemeinschaften, z.B. Staaten, Kirchen, Genossenschaften, sind aber erst dann vorhanden, wenn auch die Chance solcher sinnorientierten Koordination des Handelns de facto besteht. Ein soziales Gebilde besteht also „ausschließlich und lediglich in der *Chance*, daß ein seinem Sinngehalt nach in angebbarer Art aufeinander eingestelltes Handeln stattfand, stattfindet, oder stattfinden wird" (WuG, 13). Nicht aber lassen sich solche Gemeinschaften auf irgendwelche Substanzen zurückführen. Ihre „Existenz" bedeutet nur, daß „in einer einem *durchschnittlich gemeinten* Sinn nach angebbaren Art *gehandelt* wird, und sonst gar nichts" (WuG, 14). „Ein ,Staat' hört z.B. soziologisch zu ,existieren' dann auf, sobald die *Chance*, daß bestimmte Arten von sinnhaft orientiertem sozialen Handeln ablaufen, geschwunden ist" (WuG, 13).

§ 6. Gemeinschaft als Normenkonstruktion?

Literatur: *H. Kelsen,* Der soziologische und der juristische Staatsbegriff, 1922, ²1928; *ders.,* AStL, §§ 4 f.; *ders.,* Der Staat als Integration, 1930; *ders.,* RR; *G. Winkler,* Rechtstheorie und Erkenntnislehre, 1990; *ders.,* Rechtswissenschaft und Rechtserfahrung, 1994, S. 14 ff., 55 ff.; *R. Walter,* Hans Kelsens Rechtslehre, 1999; *M. Jestaedt* (Hg), in: H. Kelsen, RR, Studienausgabe der 1. Aufl. (1934) 2008, S. XI–LXVI (Lit.).

Der Versuch der Organismustheorien, eine überindividuelle reale Substanz der Gemeinschaft anzugeben, war gescheitert. Aber auch die kritische Gegenposition der Beziehungssoziologie bleibt unbefriedigend, weil sie nichts Gemeinsames übrigläßt, nichts, an dem eine Mehrheit von Menschen als an etwas Identischem Anteil haben kann. In bloß psychischen Vorgängen, die in den Köpfen der Einzelnen ablaufen, läßt sich noch keine die Individuen zusammenfassende Einheit finden, auch darin nicht, daß die Einzelnen das Bewußtsein ihrer Gemeinsamkeit haben können (Kelsen 1928, 15 ff.).

Was also kann für eine Mehrzahl von Menschen überhaupt identisch sein, wenn es weder ein realer Zusammenhang ist, noch ein individual-psychischer Vorgang sein kann? Nach Kelsens Auffassung ist es eine objektive Normenordnung. Wenn Gesellschaft als Gemeinschaft bezeichnet wird, so ist „im wesentlichen die das gegenseitige Verhalten der Menschen regelnde Ordnung das diesen Menschen Gemeinsame" (RR, 90).

Kelsen unterscheidet also psychische Vorgänge und objektive Sinngehalte. Die psychischen Akte des Denkens und Fühlens sind anderen nie unmittelbar zugänglich. Wohl aber können mehrere Menschen dieselben Sinngehalte erfassen, so z. B. einen mathematischen Lehrsatz, ein logisches Gesetz oder ein ethisches oder rechtliches Gebot. Solche objektiven Sinngehalte sind daher auch mögliche identische Grundlage gemeinsamer Orientierung und somit dafür, daß das Verhaltensgefüge entsteht, das wir als Gemeinschaft bezeichnen.

Nur dadurch, daß wir uns z. B. an ein und denselben Straßenverkehrsvorschriften orientieren, entsteht das Gefüge eines geordneten Straßenverkehrs. Der mitteilbare Sinn der bürgerlichrechtlichen Normen ist die objektive Grundlage dafür, daß das Verhaltensgefüge von Kaufverträgen, Dienstverhältnissen, Werkverträgen und überhaupt einer bürgerlichen Rechtsgemeinschaft zustande kommt. Wenn in einem Zivilprozeß alle Beteiligten zusammenwirken und dadurch eine Prozeßgemeinschaft bilden, so hat das seinen Grund darin, daß sie sich an die Normenordnung des Zivilprozeßrechts halten und ihre Handlungen nach dieser Prozeßordnung aufeinander abstimmen. Es ist ähnlich wie in einem Konzert, das dadurch zustande kommt, daß sich alle Musikanten an einem objektiven Ordnungsplan orientieren, den sie im Notenblatt vor sich liegen haben.

Das, was die Einzelnen zu einer Rechtsgemeinschaft zusammenordnet, sind also Normen, ist ein Normenkomplex. Eine bestimmte Gesellschaft wird also „durch eine normative, das gegenseitige Verhalten einer Vielheit von Menschen regelnde Ordnung konstituiert". Menschen „bilden eine Rechtsgemeinschaft, sofern sie ein und derselben Rechtsordnung unterworfen sind, das heißt: sofern ihr gegenseitiges Verhalten von ein und derselben Rechtsordnung geregelt ist" (RR, 90). Nach der Auffassung Kelsens besteht die Gemeinschaft geradezu „in der das Verhalten einer Mehrheit von Individuen regelnden normativen Ordnung … Ordnung und Gemeinschaft sind nicht zwei verschiedene Gegenstände. Eine Gemeinschaft von Individuen, das heißt: das, was diesen Individuen gemein ist, besteht nur in dieser ihr

Verhalten regelnden Ordnung" (RR, 154). Auch die staatliche Gemeinschaft wird „nur durch eine normative Ordnung konstituiert", nämlich durch die staatliche Rechtsordnung (RR, 290). So ist also der Staat wesentlich Normenordnung und besitzt als solche eine geistige, ideelle Wirklichkeit (Kelsen 1930, 11). Auf das Konzert übertragen würde dieser Gedanke lauten: Das eigentlich Konstitutive im Konzert sei die Komposition, also die Ordnung der Töne, die im Notenblatt niedergelegt ist, ja das Konzert bestehe geradezu in der Komposition.

Die staatliche Gemeinschaft wird also durch eine spezifische Normenordnung konstituiert, nämlich durch die staatliche Rechtsordnung. Zu deren wesentlichen Merkmalen gehört ihre hierarchische Struktur. Das heißt, die Rechtsordnung besteht aus Normen verschiedenen Ranges, wobei die niedrigeren Normen ihren Geltungsgrund in jeweils höheren Normen haben (Stufenbau der Normenordnung). Der Regreß auf eine jeweils höhere Norm kann aber nicht ins Endlose gehen. Er muß bei einer letzten, höchsten Norm enden, die ihrerseits aber nicht gesetzt, sondern nur vorausgesetzt sein kann: daß man sich so verhalten solle, wie es die Verfassung und das ihr gemäß erzeugte oder fortgeltende Recht vorschreibt. Diese als höchste vorausgesetzte Norm einer Rechtsordnung bezeichnet Kelsen als Grundnorm (RR, 203 ff.). Sie begründe die Einheit der staatlichen Rechtsordnung und damit die Einheit des Staates: „Alle Normen, deren Geltung auf ein und dieselbe Grundnorm zurückgeführt werden kann, bilden ein System von Normen, eine normative Ordnung" (RR, 197, ähnl. 32). „Da die Grundnorm der Geltungsgrund aller zu einer und derselben Rechtsordnung gehörigen Normen ist, konstituiert sie die Einheit in der Vielheit dieser Normen" (RR, 209).

Aber die machtvolle Existenz eines Staates läßt sich nicht auf einen rein normlogischen Begründungszusammenhang zurückführen. Sie läßt sich überhaupt nicht aus irgendeinem Sinngehalt von Normen herauspressen. Es handelt sich um gar keine Frage des Bedeutungsinhaltes und seiner Berechtigung, sondern um eine solche der Wirksamkeit von Normen. Erst die faktische Wirksamkeit, das heißt die „Tatsache", daß sie fortlaufend vollzogen wird und eine permanente Chance des Vollzugs hat, verleiht einer Normenordnung ihre gemeinschaftsbildende Funktion. So gewiß ein Unterschied besteht zwischen der bloßen Komposition als musikalischem „Ordnungsschema" und dem gespielten Konzert, so gewiß konstituiert nicht schon eine abstrakte Normenordnung als „reines" Ordnungsschema, sondern erst die vollzogene, wirksame Normenordnung eine Rechtsgemeinschaft.

So sah sich auch die Reine Rechtslehre genötigt, die soziologische Wirksamkeit in das Recht aufzunehmen, weil eben nicht geleugnet werden kann, „daß eine Rechtsordnung als Ganzes ebenso wie eine einzelne Rechtsnorm ihre Geltung verliert, wenn sie aufhört, wirksam zu sein", weil eben von einer geltenden Rechts- und Verfassungsordnung nur gesprochen werden kann, wenn ihre Normen „im großen und ganzen angewendet und befolgt werden" (RR, 216, 214).

Damit kommt aber ein ganz neuer Faktor ins Blickfeld, mit dem in Wahrheit die rein normative Theorie verlassen wird: die Tatsache, daß die Normenordnung von den Mitgliedern der Rechtsgemeinschaft verwirklicht und durchgesetzt wird. Die staatliche Gemeinschaft konstituiert sich durch fortgesetzte Verwirklichung normativer Sinngehalte. Diese sind zwar ein Moment des lebendigen Staates. Aber es wäre ein Mißgriff, dieses Element herauszureißen, zu isolieren, für sich allein zu nehmen, wie es dem Programm einer „reinen", d. h. von allen nichtnormativen Bestandteilen befreiten Rechtslehre entspräche: Der Staat ist mehr als eine bloß abstrakte Normenordnung. Er ist auch die soziale Wirklichkeit, in der Menschen jenen Normen durch lebendigen Vollzug Wirksamkeit verleihen. Mit dieser Einsicht ist aber der

Boden einer „reinen" Rechtslehre und die Theorie einer bloß ideellen Wirklichkeit des Staates bereits verlassen.

§ 7. Gemeinschaft als Gefüge sinnorientierten Verhaltens

I. Normengesteuertes Verhalten

Literatur: Zu 1: Wie zu § 1 IV; *Smend* StA, 119 ff. (Verfassung und Verfassungsrecht), 475 ff., 482 ff.; *Heller* StL, 41 ff., 83 ff., 184 f.; *D. Schindler,* Verfassungsrecht und soziale Struktur, 1932, ⁴1967.
Zu 2: *H. de Bracton,* De legibus et consuetudinibus Angliae, (um 1250) hg. v. G. E. Woodbine, 1968; *T. Parsons,* Soziologische Theorie, (engl. 1949) dt. ³1973; *N. Luhmann,* Soziale Systeme, 1984, ⁴1994; *G. Teubner,* Das Recht als autopoietisches System, 1989; *W. Martens,* Die Autopoiesis sozialer Systeme, KZfSS 1991, 625 ff.

1. Der dialektische Ansatz. Die bisherigen Überlegungen gebieten, die Mängel einer bloßen Beziehungssoziologie, aber auch diejenigen eines reinen Normativismus zu vermeiden:

Gemeinschaften bilden sich in der Weise, daß Menschen ihr Denken und Handeln nach mitteilbaren („transsubjektiven", „objektiven") Orientierungen aufeinander einstellen und dadurch ihr Verhalten koordinieren (zu diesen Begriffen: Zippelius RPh, § 2 II 2). Das gilt nicht nur für staatliche, sondern auch für kulturelle Gemeinschaftsbeziehungen (§ 11 II 2). So wird der Einzelne in eine bestimmte Kulturgemeinschaft hineingeboren und eignet sich wesentliche Elemente ihrer Gedankenwelt und Verhaltensweisen an, angefangen von der Sprache, durch die er sich mit anderen zu verständigen lernt; schon Herder hat das dargestellt (Ideen zur Philosophie der Geschichte der Menschheit, 1784/91, Buch 9 III). Und wie in einem Konzert die Musikanten ihr Verhalten nach dem „objektiven Orientierungsplan" der Komposition aufeinander einstellen, so bildet sich auch das Verhaltensgefüge anderer Gemeinschaften in der Weise, daß Menschen ihr Handeln nach ein und denselben verhaltensleitenden („normativen") Orientierungsmustern richten. In diesen, nicht in psychischen Tatbeständen liegt also das einheitstiftende Element (§ 6); denn psychische Vorgänge sind immer höchstpersönlich, anderen Menschen nicht unmittelbar zugänglich und können daher nicht mehreren Menschen als gemeinsame (identische) Richtschnur des Handelns dienen.

Damit ist aber zugleich gesagt, daß Gemeinschaften sich nicht einfach mit den „objektiven" Verhaltensordnungen gleichsetzen lassen. Das Verhaltensgefüge einer Gemeinschaft entsteht erst dadurch, daß „objektive" Regeln, die das Verhalten koordinieren, wirklich vollzogen, befolgt, angewendet werden, kurz, Gemeinschaften bilden sich als Gefüge normen- und damit sinnorientierten Verhaltens. Der wesentliche Gehalt dieser Einsicht wurde unterschiedlich ausformuliert, so etwa bei Hegel, dann auch im institutionellen Rechtsdenken und in der Integrationslehre:

Bei Hegel findet sich – eingehüllt in eine Vernunftmetaphysik – der Gedanke, die Geschichte der Völker vollziehe sich in der Verwirklichung „objektiven Geistes"; das heißt: indem sie die „Bestimmtheit(en) ihres sittlichen Lebens, ihrer Verfassung, ihrer Kunst, Religion und Wissenschaft", also „objektive" Sinngehalte realisieren (Zippelius Gesch, Kap. 17 b). Diese Vorstellungsinhalte prägen das Denken und Empfinden der Einzelnen und leiten ihr Handeln (§§ 1 III; 11 II 2; 28 IV 1, 2). Dieser Bestand der je in einer Kultur lebendigen Vorstellungsinhalte ist der eigentliche Träger und Mittler der Menschheitsgeschichte, durch die sich die Aufeinanderfolge der Menschengeschlechter von der Aufeinanderfolge der Tiergeschlechter unterscheidet (N. Hartmann, Hegel, 1929, 300 ff.).

Bei Savigny erscheint das Recht als lebendig verwirklichte Ordnung: „Das Recht nämlich hat kein Dasein für sich, sein Wesen vielmehr ist das Leben der Menschen selbst, von einer besonderen Seite angesehen" (Vom Beruf unserer Zeit für Gesetzgebung und Rechtswissenschaft, 1814, 8, 30). Und Puchta schrieb: „Eine Realität können wir dem Recht seiner Natur nach nur dann zuschreiben, wenn die Lebensverhältnisse wirklich nach seinen Vorschriften geordnet werden" (Cursus der Institutionen, Bd. I, ¹⁰1893, § 11). Bezeichnet man Familien, Vereine, Gemeinden und andere, durch Normen geordnete Gefüge des Zusammenlebens als „Institutionen", so findet man hier frühe Formen eines „institutionellen Rechtsdenkens". Das Zusammenleben in solchen „Institutionen" richtet sich nicht nur nach staatlichem Recht, sondern auch nach Anstandspflichten, Loyalitäten und Normen gegenseitiger Rücksichtnahme, die nicht staatlich gewährleistet sind (§ 8 I 1). Das institutionelle Rechtsdenken hat später, von unterschiedlichen theoretischen Prämissen aus, Neubelebungen erfahren, so etwa durch Santi Romano, Maurice Hauriou und Ota Weinberger.

Die Einsicht in das Zusammenspiel von Sinn und Sinnverwirklichung steckt auch in der Integrationslehre Rudolf Smends. Neben unklaren, psychologisierenden Redeweisen von einem „Einheitsgefüge der Sinnerlebnisse" und einem „Gesamterlebnis" (StA, 126, 132) findet sich etwa die aufschlußreiche Aussage, man dürfe „den Einzelnen, die Gemeinschaft, den objektiven Sinnzusammenhang nicht als isolierte Elemente, Faktoren, Träger oder Gegenstände des geistigen Lebens auffassen ..., sondern nur als Momente einer dialektischen Zusammenordnung" (StA, 126, 139). Der Staat ist hiernach „nicht ein ruhendes Ganzes, das einzelne Lebensäußerungen, Gesetze, diplomatische Akte, Urteile, Verwaltungshandlungen von sich ausgehen läßt. Sondern er ist überhaupt nur vorhanden in diesen einzelnen Lebensäußerungen, sofern sie Betätigungen eines geistigen Gesamtzusammenhanges sind", und in den Erneuerungen und Fortbildungen dieses Zusammenhanges selbst (StA, 136).

Kurz, Recht, Sitte, Sozialmoral, all das kommt im menschlichen Wissen, Wollen und Handeln zu seiner Existenz. Es besteht also eine Wechselbeziehung zwischen jenen objektiven Sinngehalten und der lebendigen, vollziehenden und gestaltenden Teilhabe der Einzelnen an ihnen (Zippelius RPh, §§ 4 III, 5 III). In ihrer ständigen Verwirklichung existiert die Gemeinschaft.

2. Der systemtheoretische Ansatz. Auf verwandten Einsichten beruht der Vorschlag, die Gemeinschaft als ein System vielfältig miteinander verflochtener Handlungsstrukturen zu begreifen (§ 3): Als Grundeinheiten solcher sozialen Systeme erscheinen, wie in der Beziehungssoziologie, handelnde Individuen (Parsons 1973, 52). Zwischen diesen bilden sich mehr oder minder stabile (z.B. „familiäre") Beziehungsmuster heraus. An diesen Beziehungsformen sind die Einzelnen in bestimmten „Rollen" (hier als Familienvater, dort als Gemeinderatsmitglied usw.) beteiligt. In ihrem Zusammenhang ergeben diese Beziehungsmuster die Struktur des sozialen Systems (aaO., 54 f.).

Ein Schlüsselfaktor ist auch hier die normative Ausrichtbarkeit und damit auch die Kulturbedingtheit menschlichen Handelns. Der Einzelne nimmt im Laufe eines Sozialisationsprozesses die Verhaltensmaßstäbe seiner Gruppe an. Sie stellen sich ihm dar als Erwartungsmuster für richtiges Verhalten in dieser Gemeinschaft. Die institutionalisierten Verhaltensmuster erfassen den Einzelnen in seinen verschiedenen Rollen und integrieren ihn so in die verschiedenen Subsysteme einer Gemeinschaft. Hierbei erbringen sie eine wichtige Selektionsleistung: Aus der Vielzahl faktisch möglicher Handlungsalternativen wählen sie jene Verhaltensweisen aus, die mit den Bedürfnissen und Toleranzen gerade des vorliegenden sozialen Strukturmusters vereinbar sind (aaO., 52 f., 55 f.).

Auch Luhmann (1994) verband den Gedanken der Beziehungssoziologie – daß Gemeinschaften sich in sozialen Prozessen bilden und erhalten – und die Idee einer sinnhaften Steuerung menschlichen Handelns: Die Handlungen der Einzelnen werden mit Hilfe sinnvoller Kommunikation dauerhaft miteinander verknüpft. Dabei wird das System verhaltensleitender Sinngehalte auf der Grundlage schon bestehender normativer Strukturen („reflexiv") weiter gestaltet. So werden z.B. auf der Grundlage der Verfassungsordnung die schon bestehenden Rechtsnormen (als verhaltensleitende Sinngehalte) geändert oder aufgehoben, werden auch neue Normen geschaffen und durch Kommunikation weitergegeben.

Daß das normative System auf normativer Grundlage gestaltet wird, hatte im wesentlichen schon Bracton erfaßt, wenn er den vordergründigen Satz „rex facit legem" durch den Satz ergänzte: „. . . lex facit regem. Attribuat igitur rex legi, quod lex attribuit ei" (Bracton 1968, 33). Der König solle also dem Recht eine Kraft verleihen, die er seinerseits vom Recht empfangen habe. Luhmann nennt den Vorgang, durch den sich die sozialen Beziehungssysteme auf „reflexive" Weise bilden und weiterbilden „Autopoiesis". Vollständig läßt sich der Prozeß der Rechtsbildung auf diese „autopoietische" Weise aber nicht erfassen. Vielmehr kommen auch „systemfremde" – nicht in das bestehende Normensystem eingebundene – Faktoren zur Wirkung. Sehr nachdrücklich geschieht das in Revolutionen und den durch sie ausgelösten Akten einer Verfassunggebung.

II. Sinnorientiertheit als menschliche Lebensbedingung

Literatur: Wie zu §§ 1 II 2, III; 28 III 1, IV 1; *J. Burckhardt,* Weltgeschichtliche Betrachtungen, 1905, Kap. III 3; *M. Weber,* Ges. Aufsätze zur Religionssoziologie, 3 Bde, 1920–21, UTB 1488–1490, 1980; *G. Lenski,* Religion und Realität, (engl. 1961, ²1963) dt. 1967; *P. L. Berger, Th. Luckmann,* Die gesellschaftliche Konstruktion der Wirklichkeit, (engl. 1966) dt. ⁵1977; *E. E. Lau,* Interaktion und Institution, 1978; *F. H. Tenbruck,* Die unbewältigten Sozialwissenschaften, 1985, 53 ff., 138 ff.; *Zippelius* RS, § 6; *ders.* VSt, Kap. 1–3; *M. Fuchs,* Fremde Kultur und soziales Handeln, KZfSS 1987, 669 ff.; *T. Eagleton,* Ideologie, (engl. 1991) dt. 1993; *S. P. Huntington,* Kampf der Kulturen, (engl. 1996) dt. 2002.

Die Problematik der Sinnorientiertheit menschlichen Verhaltens erfährt eine Vertiefung durch die moderne anthropologische Soziologie.

Das gesellschaftliche Verhalten ist, wie das menschliche Verhalten überhaupt, nicht ausreichend und verläßlich durch Instinkte reguliert. Deshalb müssen Verhaltensmuster künstlich geschaffen werden, nach denen die Menschen ihr Handeln in sozial erträglicher, voraussehbarer und verläßlicher Weise aufeinander einstellen können. Erst die im Laufe der Kulturentwicklung entstandenen „Institutionen", d.h. die normativen Verhaltensordnungen für die verschiedenen Lebensbereiche, ergänzen die ererbten Verhaltensdispositionen zu den Verhaltensmustern komplexer Gesellschaften. Erst die normativen Verhaltensordnungen schaffen jene Orientierungsgewißheit, die für ein gedeihliches Zusammenleben unentbehrlich ist. Ohne sie gibt es keine soziale Stabilität. Ihr Fehlen beunruhigt die Einzelnen auch psychisch (III).

Darüber hinaus müssen wir uns in einer komplizierten Welt gedanklich zurechtfinden. Wir brauchen Vorstellungsschemata, mit denen wir die unendlich komplexe Welt „begreifen" können, um uns mit unserem Verhalten auf die so begriffene Welt einzurichten (§ 1 II 2). Fortwährend finden wir uns herausgefordert, die Vielfalt unserer Welt, ihrer Fakten und Ordnungsprobleme, gedanklich beherrschbar zu machen, indem wir sie auf überschaubare Vorstellungen zurückführen. Darauf ist jetzt näher einzugehen.

1. Gesetzmäßigkeiten, Leitbegriffe, Leitbilder. Wir sind nicht nur bestrebt, uns das Naturgeschehen begreifbar und beherrschbar oder wenigstens vorhersehbar zu machen, indem wir versuchen, in der Vielfalt der Sinneserfahrungen naturgesetzliche Zusammenhänge zu entdecken. Wir bilden uns auch mehr oder minder zutreffende Vorstellungen über Gesetzmäßigkeiten im Ablauf des historisch-politischen Geschehens. Einen – freilich gescheiterten – Versuch, solche Gesetzmäßigkeit aufzuzeigen, bot die Doktrin des historischen Materialismus (§ 25 II 2, 7). Darüber hinaus bringen wir die zentralen ethisch-politischen Forderungen eines Zeitalters auf eine Formel, die politisches Handeln legitimiert und motiviert, möge diese Formel etwa lauten „Freiheit, Gleichheit, Brüderlichkeit" oder „Überwindung der Klassengesellschaft" oder „Umweltschutz und Lebensqualität". Und wir schaffen uns Leitbilder über das Grundgefüge der sozialen Ordnung. Auch sie können zu erheblicher praktischer Wirkung gelangen. So war z. B. die Vorstellung vom Charisma des angestammten Herrscheramtes, das auf Grund königlichen Geblüts erlangt werde, jahrhundertelang ein politischer Faktor, den auch eine nüchterne Realpolitik in Rechnung zu stellen hatte, während heute mit dieser Vorstellung „kein Staat mehr zu machen" ist.

Zusammenhänge, Bedürfnisse und Stimmungen in solcher Weise „auf den Begriff zu bringen", kann eine beträchtliche politische Wirkung haben. Das zeigt sich insbesondere dann, wenn verbreitete, aber noch latente Bedürfnisse und Stimmungen in einen bestimmten Begriff gefaßt, ins allgemeine Bewußtsein gehoben und dadurch wirksam werden. Ein historisches Beispiel bieten etwa Luthers Thesen. Sie brachten das Unbehagen an der Kommerzialisierung der Sündenvergebung auf theologische Begriffe und kamen rasch zu einer breiten Wirkung. Die großen Parolen der Französischen Revolution „Liberté, Égalité, Fraternité" brachten das Aufbegehren gegen ein absolutistisches Herrschaftssystem, gegen eine mit ungerechtfertigten Privilegien durchsetzte und als unsozial empfundene politische Ordnung auf eine einprägsame Formel und zu politischer Wirksamkeit. Oder, um ein Beispiel aus unserer Zeit zu nehmen: Die längst empfundene Malaise einer Gefährdung der natürlichen Umwelt wurde erst dann zum Politikum, als sie durch Publikationen wie Rachel Carsons „Silent Spring" auf den Begriff der Umweltgefährdung gebracht und in einen einprägsamen Ausdruck gefaßt wurde. Auch der Begriff der „Parteiverdrossenheit" wurde ein Signal für die öffentliche Unzufriedenheit mit manchen Fehlentwicklungen (§§ 23 II 5; 37 IV 4), das nicht überhört werden sollte.

Das elementare Bedürfnis nach Orientierung, Verständnis und Verständigung bedient sich mit Vorliebe vereinfachender Vorstellungen. Diese scheinen sogar eine besondere Faszination dann auszuüben, wenn sie das Weltgeschehen umfassend auf eine einfache Formel bringen, mögen sie die Weltereignisse z. B. vorstellen als Heilsgeschehen („Christianisierung der Welt", „Ausbreitung des Islam"), als Kampf um Weltmärkte und Rohstoffquellen, als Klassenkampf oder als sozialdarwinistisch-rassischen Daseins- und Hegemonialkampf. Die „offene", pluralistische Gesellschaft begegnet solchen dogmatischen Formeln, wie auch den oft zugrunde liegenden umfassenderen Weltanschauungen, mit Skepsis (2).

Aber auch wo die öffentliche Meinung sich in einem „offenen" Meinungsbildungsprozeß entwickelt, versucht man doch immer wieder, die gesellschaftlich-politische Gegenwart und die historischen Abläufe mit Hilfe möglichst elementarer Denkmuster zu begreifen und mit Hilfe solcher Denkfiguren Problemlösungen zu finden. Diese können auch das politische Handeln leiten und vor allem eine breite Suggestivwirkung ausüben. Immer wieder begegnet man vorherrschenden Ideen und Stereotypen. Nicht nur Lieder, auch Gedanken und Begriffe „gehen um die Welt", werden zu Denkmoden, die dann wiederum von anderen, oft gegenläufigen Vorstellungen abgelöst werden. Eine Denkmode von gestern z. B., deren Hauptsorge es war, von der Wiege bis zur Bahre niemanden durch „soziale Zwänge" zu „frustrieren", kann sich wenig später als Irrweg darstellen, etwa als eine übertriebene „Libertinage", die das fundamentale Bedürfnis nach Orientierungsgewißheit und Führung, nach Einbindung und „Beheimatung" in bestimmten Ordnungen, übersah. So entwickelt sich das öffentliche Denken in einem großen Prozeß von „trial and error" fort (§ 28 IV 1).

2. Weltanschauungen. Unser Denken ist nicht nur in einzelnen Leitbegriffen, sondern auch in umfassenderen „Weltanschauungen" befangen, aus denen sich oft auch die eben genannten Leitbilder und Leitbegriffe herleiten. Religiöse und nicht-religiöse Weltbilder vermitteln uns eine Gesamtorientierung und damit auch ein Vorverständnis der Ereignisse und der einzelnen Verhaltensnormen (§ 1 II 2). Nicht selten ergänzen unsere Weltbilder die Erfahrungsgegebenheiten durch Illusionen, etwa über das Walten von Göttern und Dämonen oder über die göttliche Einsetzung und Legitimierung einer Herrschaftsgewalt.

Menschen verschiedener Kulturen leben in unterschiedlichen „Vorstellungswelten", in welchen versucht wird, die Erscheinungen und Ereignisse mit unterschiedlichen gedanklichen Strukturen zu erfassen und zu verknüpfen. So spielt etwa im Weltbild von Naturvölkern die Vorstellung magischer Kräfte und Beziehungen eine bedeutende, auch das Verhalten leitende Rolle, die im aufgeklärten, naturwissenschaftlich geprägten Weltbild fehlt. Selbst innerhalb des westlichen Kulturkreises werden die Leitbilder und Deutungsmodelle verschiedenen Weltanschauungen entnommen, teils z. B. der christlichen Religion, teils auch einem naturwissenschaftlichen Weltbild oder dem dialektischen Materialismus, teils in synkretistischer Weise verschiedenen Weltbildern.

In den je vorherrschenden Weltanschauungen finden auch die Staatsordnung und andere rechtliche und soziale Institutionen ihren Platz, vom Gottesgnadentum des Monarchen bis zur christlichen Verantwortung des Hausvaters. Die moderne, säkularisierte „Religion" der marxistischen Welt bezog die staatlichen und gesellschaftlichen Institutionen gleichfalls in ihr Gedankengebäude ein; sie erschienen hier als Ergebnisse des Klassenkampfes und überhaupt des historischen Entwicklungsgesetzes der Gesellschaft (§ 25 II 2); in dessen Vollzug sollten insbesondere die obersten Parteiinstanzen die Generallinie der Politik bestimmen.

Weltanschauliche Erklärungs- und Deutungsschemata dienen nicht nur dem Weltverständnis. Sie werden zugleich zu „Leitbildern", an denen sich das Handeln ausrichtet. Dadurch können sie insbesondere die Sozialstruktur und die ökonomische Entwicklung mitbestimmen. Christliche, islamische und marxistische Ideen und der aus ihnen hervorgehende Missionierungswille haben sichtbare Spuren in der Weltgeschichte hinterlassen. Es betraf nur ein Detail solcher historischen Wirksamkeit, wenn Max Weber den Einfluß der protestantischen Ethik auf den Geist und die Praxis des Kapitalismus beschrieb: vor allem den Einfluß der puritanischen Vorstellungen von christlicher Selbstzucht, von Rechtschaffenheit, Genügsamkeit, Arbeitsamkeit und Streben nach Erfolg, in welchem der Einzelne eine Bestätigung seiner Gottwohlgefälligkeit suchte. Andererseits haben die hinduistischen Kastenvorstellungen in Indien die Umstellung der Gesellschaftsstrukturen auf die Bedingungen des industriellen Zeitalters verzögert. Mehr noch: Der ganze gesellschaftliche und politische Prozeß läuft unter dem Leitbild der hinduistischen Lebensordnung anders ab als etwa unter dem Leitbild der stark ökonomisch ausgerichteten, pluralistischen Konkurrenzgesellschaft, und unter dem Leitbild der pluralistischen, liberalen Demokratie anders als unter dem marxistischen Leitbild eines gesetzmäßigen Geschehens, das sich nach den Prinzipien des historischen Materialismus vollziehe.

Als Sinn- und Verhaltensorientierungen bilden „Weltanschauungen" also mächtige Integrations- und Wirkungsfaktoren. Historisch waren es zuerst religiöse Weltbilder, die umfassende Weltorientierungen lieferten und es damit erleichterten, wenn nicht überhaupt ermöglichten, Menschen zu größeren Organisationseinheiten zusammenzufassen, in denen sich dann eine höhere Zivilisation entwickeln konnte. So hängt wohl der kulturelle Aufstieg der Menschheit mit der Anlage des Menschen zur Bildung von – religiösen oder religionsähnlichen – Weltanschauungen zusammen.

Die „offene", pluralistische Gesellschaft steht dogmatischen Weltanschauungen skeptisch gegenüber. Alle Bemühungen, die Weltereignisse in Begriffe zu fassen, gelten hier als bloße Denkversuche, die kritisierbar, korrigierbar und insbesondere durch andere Aspekte ergänzbar sind (§§ 1 II 2; 28 II 1).

III. Auflösung und Wandel kulturbedingter Sinn- und Verhaltensorientierungen

Literatur: *Zippelius* RuG, Kap. 15.
    Zu 1: *Th. Meyer* (Hg), Fundamentalismus in der modernen Welt, 1989; zum modernen Fundamentalismus auch: *G. Küenzlen u.a.,* in: APuZ 1992, B 33; *P. Häberle,* Der Fundamentalismus als Herausforderung des Verfassungsstaates, in: F.f.J. Esser, 1995, 49ff.
    Zu 2: *Zippelius* RuG, Kap. 5.
    Zu 3: *F. Tönnies,* Gemeinschaft und Gesellschaft, 1887, ⁸1935; *E. Durkheim,* Über die Teilung der sozialen Arbeit, (frz. 1893) dt. 1977, I, Kap. 6; *Zippelius* RS, § 16.
    Zu 4: *G. Sorel,* Über die Gewalt, (frz. 1908) dt. 1981; *S. Moscovici,* Das Zeitalter der Massen, (frz. 1981) dt. 1984; *W. Leisner,* Der Führer, 1983, 28ff.; *M.R. Lepsius,* Demokratie in Deutschland, 1993, 95ff.; *N. Bolz,* Die neuen Götter des Marktes, Universitas 1997, 613ff.; *A. Dörner,* Medien als politische Identitätsgeneratoren, PVS 1998, 3ff.; *Y. Bizenl* (Hg), Politische Mythen und Rituale in Deutschland, Frankreich und Polen, 2000; *L. Fritze,* Verführung und Anpassung. Zur Logik der Weltanschauungsdiktatur, 2004.

Die Funktion kulturbedingter Sinn- und Verhaltensorientierungen zeigt sich deutlich in Zeiten, in denen sie unsicher werden: Das Fragwürdigwerden der überkommenen Weltanschauungen und Institutionen und auch schon ihr allzu rascher Wandel führen oft zu Verunsicherung und Reizbarkeit, zu einer Freisetzung des „Chaotischen im Menschen". Zeiten, in denen die altüberkommenen normativen Ordnungen zerbrechen, sind Zeiten der „Exzesse", d.h. des Heraustretens aus normativen Bindungen, es sind Zeiten der Exaltiertheit und der Gewalttätigkeiten (Zippelius RPh, § 8 II, III).

1. Die Auflösung integrierender Weltanschauungen. Heute liegt ein Grund der Verunsicherung im Verlust der Einheit des Weltbildes, nicht zuletzt im Verlust einer gemeinschaftlichen Religion, wie sie, samt ihren moralischen Normen, einst zu den nicht hinterfragten „Selbstverständlichkeiten" eines Kulturbereichs gehörte.
    Viele halten umfassende autoritative Verhaltensorientierungen für unentbehrlich: „Bleibt weder im Religiösen, noch im Politischen eine Autorität bestehen, so er-

schrecken die Menschen bald ob der unbegrenzten Unabhängigkeit. Das ständige Aufrühren aller Dinge beunruhigt und ermüdet sie … Was mich betrifft, so bezweifle ich, daß der Mensch jemals eine völlige religiöse Unabhängigkeit und eine vollkommene politische Freiheit ertragen kann", schrieb Tocqueville (DA, 2. Tl., I Kap. 2, 5). Diese Ansicht hat das politische Handeln immer wieder geleitet. Als Konstantin der Große sich bemühte, auf dem Konzil zu Nicäa eine Glaubensspaltung der sich durchsetzenden, staatstragenden Religion abzuwenden, hat den damals ungetauften Kaiser schwerlich Glaubenseifer, sondern ein staatsmännischer Kalkül bewegt. Die Wahrung der Glaubenseinheit war später nicht nur religiöses, sondern auch politisches Programm des christlichen Mittelalters. Und als am Abschluß dieser Epoche der konfessionelle Konflikt in einer Folge von Bürgerkriegen aufgebrochen war, riet noch Thomas Hobbes, aus Sorge um staatliche Ordnung und Rechtsfrieden, man solle von Staats wegen die Meinungen lenken und über Streitfragen der Religion mit Autorität entscheiden (§ 28 I). Ergänzend zu solcher zentralen Verfügung über die maßgebenden Dogmen gibt es verschiedene Mittel, um das Monopol einer Weltanschauung in einer bestimmten Gesellschaft zu sichern und Abweichungen auszuschalten oder unschädlich zu machen: die Liquidierung konkurrierender Weltanschauungen, ihre Einschmelzung (ein Beispiel bietet die Christianisierung heidnisch-religiösen Brauchtums) und gelegentlich auch die Ghettoisierung weltanschaulicher Minderheiten.

Hier wird aber auch die Kehrseite der weltanschaulichen Orientierungsgewißheit sichtbar: Die Integrationskraft und Stabilisierungsfunktion wird mit Intoleranz gegenüber andersdenkenden Mitgliedern der Gemeinschaft erkauft. Dazu kommt die Brisanz weltanschaulicher Selbstgewißheit: Im Zusammentreffen verschiedener Weltanschauungen, die keine Alternative dulden, liegt ein beträchtliches Konfliktspotential. Keine Kriege und Bürgerkriege pflegen unerbittlicher geführt zu werden, als Weltanschauungs- und Religionskriege. Auch im Haß entfalten die Symbolwelten eine mächtige Integrationskraft. Angesichts der Konfliktsträchtigkeit weltanschaulicher Voreingenommenheiten erfordert es die Befriedung der Welt, daß weltanschauliche Selbstgewißheit einer Bereitschaft zu kritischer Prüfung weicht, d.h. dem Bewußtsein, daß alle Vorstellungen, mit denen man die Welt begreifen will, bloße Versuche des Erkenntnisbemühens sind, die prinzipiell kritisierbar sind und nur eine vorläufige Geltung beanspruchen dürfen. Aus dieser Sicht erscheinen Weltanschauungen als unentbehrlich und überholbar zugleich.

Die „Einheit des Weltbildes" und die weltanschauliche Selbstgewißheit in einer Gemeinschaft ist also ambivalent: Sie ist ein bedeutender Integrationsfaktor, und mit ihrem Schwinden geht eine oft tiefe Verunsicherung einher, die von vielen schwer ertragen wird (§ 28 I). Zugleich verleitet jene Selbstgewißheit aber zu Intoleranz gegenüber andersdenkenden Gruppenmitgliedern und zu Konflikten mit andersdenkenden Gemeinschaften. So hängen Einsicht in die Überprüfungsbedürftigkeit des eigenen Denkens, Toleranz und Verunsicherung unentrinnbar zusammen.

2. Die Herstellung von Orientierungsgewißheit in der „offenen Gesellschaft".
Wo die Selbstverständlichkeit und Verläßlichkeit einer weltanschaulich fundierten Verhaltensorientierung schwindet, muß die Verhaltensordnung auf andere Grundlagen gestellt werden:

Der eine Lösungsvorschlag geht auf Thomas Hobbes zurück: Wenn eine verläßliche und friedliche Ordnung menschlichen Zusammenlebens nicht durch Einsicht gewährleistet ist, muß sie durch autoritative Entscheidung geschaffen werden

(§ 17 II). Die Ersetzung des Naturrechts durch ein „positives" Recht, das in staatlichen Gesetzgebungsverfahren hervorgebracht wird, war der folgerichtige historische Vollzug dieses Gedankens: Die Verhaltensrichtlinien werden auf Grund bestimmter Kompetenzen durch Entscheidung gesetzt. In gewissem Ausmaß tritt, damit verbunden, eine „Legitimation durch Verfahren" (N. Luhmann) an die Stelle einer Legitimation durch vermeintliche „Wahrheiten" (§ 16 II). Allerdings läßt sich auch in der pluralistischen Gesellschaft das „Produzieren von Orientierungsgewißheit" nicht nur auf Kompetenzen und Verfahren zurückführen. Sondern die in den staatlichen Verfahren zu treffenden Entscheidungen haben sich stets auch daran zu orientieren, ob sie ihrem Inhalt nach einen Konsens des überwiegenden Teils der Rechtsgemeinschaft finden können (§ 28 III 2).

Hier kommt die zweite Antwort zum Zuge, die man auf den Verlust einer gemeinschaftlich anerkannten Weltanschauung gegeben hat: Haben die autoritativ vorgegebenen Antworten auf Fragen der Gerechtigkeit und insgesamt der anzustrebenden sozialen und politischen Ordnung ihre Überzeugungskraft verloren, dann muß in solchen Fragen die Richtigkeitsüberzeugung jedes Menschen prinzipiell gleich viel gelten. Für die Ethik hat Kant diesen Gedanken zu Ende gedacht: daß jeder eine dem anderen gleich zu achtende moralische Instanz sei. Für den Bereich des Staates und insbesondere des Rechts führt diese Vorstellung zu dem Anspruch auf Mitbestimmung und Mitentscheidung aller in einem freien Wettbewerb der Überzeugungen (§ 26 II 2). Der breitestmögliche Konsens wird dann zur Legitimationsgrundlage für die richtige Gemeinschaftsordnung (§§ 16 I 3; 17 III; 28 II 1).

In der Idee des demokratischen Verfassungsstaates treffen beide Vorstellungen zusammen: daß die verbindlichen Verhaltensrichtlinien auf Grund von Kompetenzen und Verfahren zu schaffen und daß die staatlichen Entscheidungen hierbei an die Grundlage des breitestmöglichen Konsenses gebunden seien. In der rechtsstaatlichen repräsentativen Demokratie wird mühsam und mit vielfältigen Kontrollen danach getrachtet, mehrheitlich konsensfähige Verhaltensnormen zu schaffen, deren eine Gemeinschaft bedarf, um funktionsfähig zu bleiben (Zippelius RPh, §§ 20 III, IV; 21 I). Zu einer sozialethischen Stabilisierung kann unter diesen Bedingungen auch die Herausbildung einer Rechtskultur beitragen, in der ein Teil der für konsensfähig befundenen Grundsätze sozialen Verhaltens zu „Selbstverständlichkeiten" werden, die nicht ständig in Frage gestellt werden.

Auf diesem Wege kann zwar eine verläßliche Verhaltensordnung produziert werden. Das weiterreichende Bedürfnis nach weltanschaulicher Orientierungsgewißheit und geistiger „Beheimatung" kann auf diese Weise aber nicht durchwegs befriedigt werden. Die Zumutung konkurrierender Weltanschauungen und der Verzicht auf definitive weltanschauliche „Gewißheit", das Sich-Bescheiden mit der Vorläufigkeit des eigenen Weltbildes, überfordert viele; dies tritt in der fortbestehenden weltanschaulichen Fanatisierbarkeit und der damit verbundenen Neigung zu weltanschaulicher Intoleranz vieler zutage. Beispiele finden sich mancherorts. In nicht ferner Vergangenheit ließen sich viele vom Nationalsozialismus zu blinder Gläubigkeit und unheilvoller Mittäterschaft verführen. Später fanden nicht wenige „Achtundsechziger" im Marxismus ihr weltanschauliches Leitbild, für das es zu kämpfen gelte. Heute wird in dem allenthalben auflodernden weltanschaulichen Fundamentalismus – nicht nur in der muslimischen Welt – ein Hunger nach charismatischer Weltorientierung und Gewißheit sichtbar, den der von der Aufklärung geprägte Staat unbefriedigt läßt. So erscheint es fraglich, ob politische Gemeinschaften sich dauerhaft auf die anspruchsvolle Erwartung gründen lassen, daß jeder seine eigene Weltanschauung nur für ein Ergebnis seines persönlichen Erkenntnisbemühens halte und gegenteilige Anschauungen respektiere (§ 28 I).

3. Die Auflösung integrierender Lebensgemeinschaften. Nicht nur die weltanschauliche Orientierungsgewißheit, sondern auch die sinnhafte, verhaltensleitende Eingebundenheit in ein festes Institutionengefüge löst sich auf. Dieser Prozeß betrifft vor allem jene kleineren Lebensordnungen, die den Einzelnen „beheimaten", ihn dabei auch in seinem Verhalten steuern und kontrollieren, wie es ehedem die Großfamilie tat oder z.B. die Handwerkerzunft oder auch die Dorfgemeinschaft, die zugleich Kirchen- und Festgemeinde, moralische Instanz, Feuerwehr und Träger der Armenfürsorge war. Heute lassen – um nur wenige Beispiele zunehmender Entwurzelung und schwindender sozialer Einbindung zu nennen – isolierte Kleinfamilien, oft mit berufstätigen Müttern, die Anonymität der Millionenstädte mit ihrer Hochhauszivilisation oder der universitäre Massenbetrieb eine Geborgenheit in der Familie, in der Nachbarschaft oder in einem studentischen Freundeskreis nicht mehr in altüberkommener Selbstverständlichkeit entstehen.

Henry S. Maine, Ferdinand Tönnies (1887) und Emile Durkheim (1893) beschrieben (mit etwas unterschiedlichen Begriffen und mit Blick auf unterschiedliche Entwicklungsstadien) diesen Wandel von den „gewachsenen" Gemeinschaften, die den Einzelnen vielfältig einbinden und kontrollieren, zu einer zunehmend arbeitsteiligen, komplexen, hochorganisierten Gesellschaft: Die Bereiche der Familie, der Arbeit, der Freizeitbeschäftigung, des religiösen und des gesellschaftlich-politischen Engagements, Bereiche, die ursprünglich nahe beieinanderlagen, sich vielfach auch überschnitten, rücken funktionell und räumlich auseinander und erfassen den Einzelnen nurmehr selektiv in unterschiedlichen „Rollen". An die Stelle einer kompakten Bindung an einen überschaubaren Lebensbereich, mit seinen integrierenden Verhaltensmustern und -kontrollen, tritt so eine Vielzahl bloß partieller, oft nur nützlichkeitsbestimmter Bindungen in verschiedenen gesellschaftlichen Bereichen. Solche Bindungen sind auch leichter auflösbar, was wiederum die Mobilität, aber auch die emotionale und institutionelle Heimatlosigkeit erhöht.

Ganz zu den alten Ordnungen zurückzukehren, ist kaum möglich und auch gar nicht wünschenswert. Sucht man die Lösung auch nicht im Modell einer „Brave New World", deren Bewohner entwurzelt und manipuliert in einer vordergründigen happiness dahinleben, so stellt sich die Aufgabe, auch in der Industriegesellschaft die alten Institutionen, soweit sie noch integrierend wirken können, nach Möglichkeit mit neuem Leben zu erfüllen und neue Institutionen zu schaffen, welche die „beheimatenden", integrierenden und auch kontrollierenden Funktionen der alten Institutionen so gut wie möglich übernehmen können. Das bedeutet die Aufgabe, dezentralisierte, überschaubare Lebensbereiche zu erhalten und neu zu schaffen, die eine Vielfalt von Beziehungschancen und sozialen Kontrollen eröffnen. So sind die Herausbildung und Neubelebung engerer religiöser, sportlicher und anderer gesellschaftlicher Gruppierungen auch Versuche, ein soziales „Zuhause" zu finden. Vor allem wollen die Einzelnen in einem für sie wichtigen Lebensbereich in einer für sie fühlbaren Weise mitwirken können. Dem dient auch die Stärkung des Eigenlebens von Gemeinden überschaubarer Größe, von Universitäten und Fakultäten und von Selbstverwaltungseinrichtungen des Wirtschaftslebens. Angelegt ist diese Forderung nach einer Selbstorganisierung kleinerer Lebensbereiche schon im Subsidiaritätsprinzip (§§ 17 I 3; 23 III), vor allem in der Vorstellung des Aristoteles, das Gemeinwesen bilde sich aus anderen Gemeinschaften und solle diese Gliederung bewahren; der Staat sei „seiner Natur nach eine Vielheit" und solle eine Vielfalt bleiben (Politik, 1261 a).

4. Charismatische Elemente in der Massengesellschaft. Es ist kein Zufall, daß eine Zeit, in der sich die überkommen beheimatenden und disziplinierenden Lebensgemeinschaften auflösen, in der auch die integrierenden Weltanschauungen ihre Selbstverständlichkeit und Leitfunktion verlieren, kurz eine Epoche unstrukturierter Massen, zugleich eine Epoche charismatischer Führer ist. Man hat behauptet, die Masse habe eine tiefe Sehnsucht, in ihren Anschauungen und Handlungen geleitet zu werden, sich einem Führer und seinen Suggestionen zu unterwerfen, heiße er Hitler, Mao Tse Tung oder Khomeini. In Wahrheit stecke „für die meisten Menschen eine unwiderstehliche Süße im Gehorsam, in der Leichtgläubigkeit, in der gleichsam verliebten Willfährigkeit gegenüber dem ›Führer‹" (Tarde; s. Moscovici 1984, 216 ff., 363 ff.). Ob dies als generelle Diagnose zutrifft, mag dahingestellt bleiben. Jedenfalls lehrt die historische Erfahrung, daß suggestive Doktrinäre, Persönlichkeiten, die oft monomane Züge tragen, in diffusen und weltanschaulich orientierungslosen Massengesellschaften eine politische Wirkungsmacht entfalten können, die rational nicht erklärbar ist; dies zeigt an, daß jene Führer in ein massenpsychologisches Vakuum stoßen, daß sie ein Grundbedürfnis nach Führung, Orientierungsgewißheit und weltanschaulichem Engagement befriedigen, welches die pluralistische Massengesellschaft unbefriedigt läßt. So beruhte z.B. das Charisma Hitlers nicht zuletzt darauf, daß dieser die Masse „aus dem von ihr selbst dauernd erzeugten Meinungschaos", aus „dem hilflosen Umherstrudeln zwischen den Meinungen und der Überzeugung, … daß alles Quatsch sei," erlöste, indem er ihr eine Weltanschauung mit eiserner Konsequenz indoktrinierte (differenzierend Arendt, wie zu § 29 I 2, S. 455, 522 ff.).

Die politische Anziehungs- und Durchschlagskraft charismatischer Weltorientierungen liegt nicht in deren sachlicher Richtigkeit, sondern darin, daß hier eine den menschlichen Sehnsüchten entgegenkommende, kompromißlose und volles Engagement fordernde (wenn auch illusionistische) Weltanschauung präsentiert wird. Dies entspricht einem verbreiteten und elementaren Bedürfnis nach einem Mythos (G. Sorel), nach Objekten der Devotion, nach ritualisierter Darstellung von Gesinnungsgemeinschaft, nach Orientierungsgewißheit und Führung (vgl. § 28 I). Ihm gegenüber kann der verunsichernde weltanschauliche Relativismus offenbar kein vergleichbares, breites und entschiedenes Engagement wecken. Auch die Einsatzbereitschaft der weltanschaulich nicht engagierten Staatsgewalt erscheint oft, verglichen mit einer charismatisch engagierten, merkwürdig schwach.

Selbst in pluralistisch bleibenden Gemeinwesen tauchen Züge charismatischer Einflußnahme auf. In organisatorisch begrenztem Rahmen ereignet sich dies in manchen religiösen und weltanschaulichen Sekten. In einem offeneren Wirkungsfeld können bestimmte (z.B. sozialpolitische) Heilslehren auch zur intellektuellen Denkmode werden und können durch vielgelesene Schriftsteller, populäre Hochschullehrer, Fernsehredakteure, -moderatoren und -kommentatoren, Journalisten und andere „Sinn- und Weltbildproduzenten" eine erhebliche, auch politisch relevante Breitenwirkung erhalten (§ 28 IV 1, 2). Elemente einstiger religiöser Kulte findet man in der von Massenmedien manipulierten Vorstellungs- und Gefühlswelt als säkularisierte und oft banale Bruchstücke wieder: Manche Repräsentanten des Sports oder moderner Musik werden zu Idolen und Kultobjekten erhoben, denen mehr Weihrauch gespendet wird als der heiligen Agatha. Auch der Sehnsucht nach

Paradiesen kommt man auf irdische Weise entgegen und bietet statt eines Türken-
himmels verfilmte und vermarktete Traumreisen an.

Ein Teil der „Demokratiekritik" gilt geradezu dem verbleibenden weltanschaulichen und charismatischen Defizit pluralistischer Demokratien. Auf dem Felde der
Politik erscheinen ihr der Kompromiß (§ 26 II) und der nüchterne Pragmatiker als
zu dürftig. Auch hier kommt das Unbehagen an jener geistigen Verunsicherung und
Entscheidungslast zum Ausdruck, welche die Kehrseite beliebiger Freiheit sind.

So bleibt die charismatische Versuchung. Die historischen Chancen, ihr auf Dauer zu entgehen, hängen von der Bereitschaft der Völker ab, Freiheit und damit Verunsicherung zu ertragen. Die dargestellten Erfahrungen lassen vermuten, daß die
Grenzen dieser Bereitschaft früher erreicht werden, als das Ideal vom mündigen
Bürger dies wahrhaben möchte (vgl. auch § 28 I). Der Ruf nach einem pauschalen
Abbau der Autoritäten beruht allem Anschein nach auf einer falschen Anthropologie. Der Aufbau maßvoller Autoritäten könnte eine wichtige Vorsorge darstellen,
um nicht jenes Vakuum an Führung, Vor- und Leitbildern entstehen zu lassen, das
maßlosen Autoritäten eine Chance gibt.

IV. Sinnfällige Darstellungen der Gemeinschaft

Literatur: *G. Simmel,* Soziologie, 1908, Neudr. 1992, 588 ff.; *Smend* StA, 142 ff., 148 ff., 160 ff.;
J. A. Ponsioen, Symboliek in de Samenleving, 1952; *K. Loewenstein,* Beiträge zur Staatssoziologie,
1961, 289 ff.; *P. E. Schramm* (Hg), Herrschaftszeichen und Staatssymbolik, 3 Bde., 1954–1956;
E. Fehrenbach, Über die Bedeutung der polit. Symbole im Nationalstaat, Hist. Zeitschr., 1971,
296 ff.; *H. Pross,* Polit. Symbolik, 1974, insbes. S. 106 ff.; *H. Quaritsch* (Hg), Die Selbstdarstellung
des Staates, 1977; *ders.,* Probleme der Selbstdarstellung des Staates, 1977; *W. Leisner,* Der Triumph,
1985; *J. Hartmann,* Staatszeremoniell, 1988, ⁴2007; *R. Voigt* (Hg), Symbole der Politik, Politik der
Symbole, 1989; *J. D. Gauger, J. Stagl* (Hg), Staatsrepräsentation, 1992; *W. Leisner,* Der unsichtbare
Staat, 1994, 20 ff., 37 ff., 195 ff.; *H. Wefing,* Parlamentsarchitektur. Zur Selbstdarstellung der Demokratie in ihren Bauwerken, 1995; *J. Jurt,* Die Rolle der Nationalsymbole in Deutschland und Frankreich, in: ders. u. a. (Hg), Wandel von Recht und Rechtsbewußtsein, 1999, 67 ff.; *U. Krüdewagen,*
Die Selbstdarstellung des Staates, 2002; *Th. Würtenberger,* Die Verfassungssymbolik der Revolution von 1848/49, in: F. f. J. Jurt, 2005, 627 ff.; *P. Häberle,* Nationalhymnen als kulturelle Identitäts-
elemente des Verfassungsstaates, 2007; *Zippelius/Würtenberger,* § 8.

Die sinnhafte Verhaltensorientierung vollzieht sich also nach Verhaltensnormen
und normativen Leitbildern (etwa über das Zusammenleben in der Familie), die oft
in umfassendere, „weltanschauliche", zumal religiöse Vorstellungsschemata integriert werden. Das Bedürfnis nach „griffigen" Orientierungen drängt, wie gesagt (II),
nicht selten auch nach einfachen, leicht zu handhabenden Deutungsmodellen der
Weltereignisse (z.B. als „Klassenkampf") und nach einprägsamen Leitvorstellungen,
Zielformeln und „Grundwerten" (wie z.B.: „Freiheit, Gleichheit, Solidarität").

Größeres Engagement als solche Leitvorstellungen und Formeln lösen oft aber
die sinnfälligen Manifestationen von Zusammengehörigkeit und gemeinsamer
Handlungsorientierung aus. Hierzu zählen vor allem: die Demonstration von Solidarität, die Identifikation einer Gemeinschaft mit ihren Repräsentanten und die
sächlich-symbolische Darstellung einer Gemeinschaft und ihrer Ideale, auch in der
Verfassungssymbolik. Die Religionsgemeinschaften und viele charismatische Politiker haben sich der Symbolwelten bedient, um Macht über das Bewußtsein und vor
allem über die Gemüter der Menschen und damit überhaupt Macht zu gewinnen
und zu erhalten. Auch dies gehört zu den Realien der Staatsgewalt.

In religiösen Festlichkeiten und bei nationalen Feierlichkeiten, etwa nach dem
Modell der „Reichsparteitage" Hitlers, wurden und werden alle Register gezogen:
gemeinsamer Vollzug religiöser oder quasireligiöser Riten, Prozessionen, Aufmär-
sche, mit Hymnen und einem solidarisierungsfähigen „Imponiergehabe" charisma-

tischer oder weltlicher Art (letzteres z.B. durch Prunkentfaltung oder Demonstration militärischer Macht und Disziplin), dies alles zelebriert von und vor den hohen Repräsentanten der Gemeinschaft, unter ausgiebiger Verwendung der sächlichen Weihe- und Identifikationssymbole, insbesondere der heiligen Bilder und Fahnen dieser Gemeinschaft, vollzogen in oder vor einer Kathedrale, auf einem „Reichsparteitagsgelände", einem „Roten Platz" oder vor einem „Tor des himmlischen Friedens", mithin an einem Ort, der seinerseits eine Weihe hat und als ein architektonisches Symbol für diese Gemeinschaft steht.

Zumeist treten die Elemente einer Selbstdarstellung der Gemeinschaft dem Einzelnen nicht in dieser Bündelung, sondern gesondert gegenüber, sei es z.B. in der repräsentativen Würde eines Amtes und seines Inhabers oder eines Bauwerks, sei es in einer „uniformen", eindrucksvollen Tracht, in Priestertalaren und Richterroben. Überall hier wird die Existenz der Gemeinschaft, ihrer Funktionen, ihrer Macht und ihres Ansehens einprägsam vor Augen gestellt und in Erinnerung gebracht. Auf diese Weise wird die Integration einer durch Sinnbezüge koordinierten Gemeinschaft durch „Bilder" gefestigt.

Sinnfällige Selbstdarstellungen der Gemeinschaft stärken also das Zusammengehörigkeitsgefühl. Sie befriedigen nicht nur ein intellektuelles Bedürfnis nach orientierenden Bildern, sondern wecken vor allem auch emotionale Bindungen. Religiöse, politische oder auch sportliche „Schauspiele" lassen das Gefühl der Solidarität entstehen, und wo sie die Selbstschätzung der Gruppe zum Ausdruck bringen, heben sie zugleich das Selbstwertgefühl der Einzelnen, oft bis zum Überschwang. Militärische Triumphe, Fußballmeisterschaften, Olympiasiege, aber auch spektakuläre wissenschaftliche und technische Erfolge, die eine politische Gemeinschaft sich zurechnet, lassen deren Mitglieder am Erfolgserlebnis teilhaben. Nicht selten sucht das Selbstwertgefühl einer Gemeinschaft seinen Ausdruck in Symbolen solcher Erfolge: in den Triumphbogen der Römer, im Nurmi der Finnen oder im „Sputnik" der Russen.

Kapitel III. Besonderheiten der staatlichen Gemeinschaft

§ 8. Der Staat als rechtlich verfaßte Gemeinschaft

I. Koordination durch eine wirksame und homogene Normenordnung

Literatur: *Heller* StL, 228 ff., 242 ff.; *Th. Geiger,* Vorstudien zu einer Soziologie des Rechts, 1947, ⁴1987; *V. Petev,* Der Staat als politische Organisation der Gesellschaft, in: F. f. H. U. Scupin, 1983, 391 ff.

Zu 2: *K. Engisch,* Die Einheit der Rechtsordnung, 1935; *M. Baldus,* Die Einheit der Rechtsordnung, 1995; *D. Felix,* Einheit der Rechtsordnung, 1998.

Die staatliche Gemeinschaft ist eine Gesamtheit von Menschen, deren Verhalten in spezifischer Weise koordiniert ist: Gemeinschaft überhaupt bildet sich als ein Gefüge sinnorientierten Verhaltens (§ 7 I 1), speziell staatliche Gemeinschaft als rechtlich organisiertes Wirkungsgefüge. Diesem Verständnis des Staates kommt eine der ursprünglichen Wortbedeutungen von „status" nahe, die einen Zustand, eine bestimmte „Verfaßtheit" des Zusammenlebens bezeichnet.

1. Koordination durch eine wirksame rechtliche Normenordnung. Das Verhalten in einer Gemeinschaft orientiert sich an sehr unterschiedlichen Normen, sozialethischen Vorstellungen, Zwecken, „Leitbildern". Die sozialen Lebensverhältnisse werden in weitem Umfang nicht durch Rechtsnormen, sondern durch Normen der Sitte und der Sozialmoral geregelt. Der Alltag enger Lebensbeziehungen, etwa in der Familie oder in freundschaftlichen oder in gutnachbarlichen Verhältnissen wird weitgehend durch außerrechtliche Anstandsgebote, durch Pflichten zu wechselseitiger Rücksichtnahme und gegenseitiger Hilfe reguliert. Die Befolgung solcher außerrechtlichen Normen wird, wenn überhaupt, nur durch gesellschaftlichen Druck erzwungen. Jemand, der die Normen des Anstandes und der guten Sitten verletzt, läuft etwa Gefahr, gesellschaftlich, mitunter auch geschäftlich isoliert zu werden.

Um aber die notwendige Verhaltenssicherheit zu bieten, müssen Normen, die für ein geordnetes Gemeinschaftsleben unverzichtbar und nicht schon auf andere Weise gewährleistet sind, als durchsetzbares Recht verläßlich garantiert sein. Dieses unterscheidet sich von außerrechtlichen Normen vor allem dadurch, daß seine Befolgung (auch) in rechtlich organisierten und normierten Durchsetzungsverfahren erzwungen werden kann, etwa nach den Bestimmungen von Straf- und Zivilprozeßordnungen. Die in einem solchen „Erzwingungsverfahren" zu beachtenden Rechtspflichten – z.B. die Pflicht des Staatsanwalts, den Beschuldigten nicht zu begünstigen, oder die Pflicht des Richters, das Recht nicht zu beugen – stehen ihrerseits unter rechtlich geregelten Sanktionen, deren Anwendung wiederum rechtlich gewährleistet ist. Auf diese Weise bildet die Rechtsordnung ein „vermaschtes" Regelungs- und Kontrollsystem, dessen Elemente, wie die Maschen eines Strickwerkes, sich gegenseitig abstützen und aneinander Halt finden. Hierdurch werden ihre Normen zu „garantiertem Recht". Kurz, es besteht ein Gefüge miteinander verwobener und einander absichernder Normen und Durchsetzungsmittel. – Die Bereithaltung eines rechtlich institutionalisierten Erzwingungsverfahrens bedeutet übrigens nicht, daß in jedem Falle, in dem eine Rechtsnorm anzuwenden ist, diese Garantie auch in die bare Münze aktuellen Zwanges eingelöst würde. Für die meisten Fälle genügt schon der freiwillige Normengehorsam oder wenigstens die bloße Sanktionsdrohung, also die bloße Durchsetzungschance, um die Rechtsordnung als allgemeines Verhaltensschema funktionieren zu lassen (Zippelius RS, § 11 I–IV).

Das Verhalten der zu einem Staat vereinten Rechtsgenossen ist also dadurch koordiniert, daß es sich nach Normen richtet, die eine sichere Chance haben, in einem rechtlich organisierten Erzwingungsverfahren durchgesetzt zu werden. Diese Chance ist im durchorganisierten Staat durch ein arbeitsteilig gegliedertes Gefüge staatlicher Institutionen (Gerichte, Staatsanwaltschaften, Verwaltungsbehörden usw.) gewährleistet, die sich auch gegenseitig in ihrem geordneten Funktionieren kontrollieren.

Ein „garantiertes Recht", also eine Normenordnung, deren Befolgung in normierter und institutionalisierter Weise zuverlässig gewährleistet ist, entstand Hand in Hand mit jenem institutionalisierten Herrschaftssystem, das wir als „Staat" bezeichnen; beide gehören zusammen wie zwei Seiten einer Medaille: Einerseits ist der Staat eine rechtlich verfaßte Gemeinschaft, d.h. eine Gemeinschaft, deren Macht in rechtlich geordneter Weise ausgeübt wird, andererseits ist eben diese rechtliche Ordnung durch staatliches Handeln wirksam gewährleistet (Geiger 1987, 90 ff., 309 ff.). Der Staat und das mit ihm gewachsene, staatlich gewährleistete Recht sind Ergebnisse einer historischen Entwicklung, Produkte fortschreitender Zivilisation im Prozeß der „Selbstdomestikation" der Menschheit (Zippelius RPh, § 5 IV 2).

2. Koordination durch eine homogene Normenordnung. Um Rechtsfrieden und Rechtssicherheit in einer Rechtsgemeinschaft zu gewährleisten, müssen die verhaltensregelnden Normen nicht nur effizient sein. Sie müssen sich auch widerspruchsfrei zu einer funktionsfähigen Gemeinschaftsordnung zusammenfügen (§ 9 III 3). Bezeichnet man den widerspruchsfrei geordneten Zusammenhang einzelner Elemente als „System", so sollen die Rechtsnormen also ein System von Verhaltensregelungen (ein „sozialkybernetisches System") bilden. Das durch sie angestrebte Handlungsgefüge soll eine Ordnung aufeinander abgestimmten menschlichen Verhaltens (ein „Interaktionensystem") sein.

Innerhalb dieses Regelungssystems unterscheiden wir zwischen den Verhaltensgeboten, die ein bestimmtes Tun oder Unterlassen vorschreiben, und den Kompetenznormen. Diese legen Regelungsbefugnisse („Kompetenzen") und Regelungsverfahren fest; d.h. sie bestimmen, wer – allgemeine oder individuelle – Verhaltenspflichten begründen kann und welches Verfahren hierzu einzuhalten ist. Sie weisen etwa einem Parlament die Befugnis zu, allgemeinverbindliche Rechtsnormen in einem näher bestimmten Verfahren zu beschließen. Oder sie geben einem Polizeibeamten die Befugnis, den Straßenverkehr zu regeln, d.h. durch seine Anweisungen die Verkehrsteilnehmer zu einem bestimmten Verhalten zu verpflichten.

Gerade auf die Kompetenzen kommt es an, wenn es darum geht, den Staat von anderen rechtlich geordneten Gemeinschaften (etwa von Gemeinden oder Aktiengesellschaften) zu unterscheiden. Bodin sah das wesentliche Merkmal des Staates darin, daß er in höchster Instanz über die Rechtssetzung (§ 9 III 1), nach heutigem Sprachgebrauch also über die „Kompetenzenhoheit" (§ 9 III 2) verfüge. Dahinter steht der zutreffende Gedanke, daß der Rechtsfrieden in einer politischen Gemeinschaft nur durch eine widerspruchsfreie Rechtsordnung gesichert werden kann. Diese setzt voraus, daß ein durchorganisiertes Regelungssystem besteht und in dem selben Rechtsgebiet nicht mehrere Regelungsinstanzen auf gleichem Rang miteinander konkurrieren. Kurz, die „Einheit des Rechts" wird vor allem durch den schon dargestellten „Stufenbau" der Kompetenzen gewährleistet (§ 3 III 3).

Auch dann, wenn Regelungsbefugnisse der staatlichen Kompetenzhoheit entgleiten, wie das im Laufe zwischenstaatlicher Integrationsprozesse geschehen kann, muß für eine widerspruchsfreie rechtliche Ordnung gesorgt werden: dann durch eine koordinierte Verteilung der Kompetenzen (§ 9 III 3).

Nicht nur für ein widerspruchsfreies Ineinandergreifen der Regelungsfunktionen muß gesorgt werden. Auch Widersprüchen zwischen den ergangenen Normen selbst ist vorzubeugen. Dem dienen Regeln über die Normenkonkurrenzen: Insbesondere macht eine höherrangige, d.h. auf einer höheren Kompetenzebene erlassene Norm eine ihr widersprechende, im Rang unter ihr stehende Norm ungültig; ungültig ist daher ein der Verfassung widersprechendes Gesetz und eine dem Gesetz (oder der Verfassung) widersprechende Rechtsverordnung. Im Bundesstaat besteht eine Konkurrenzregel auch für das Verhältnis zwischen Bundesrecht und Landesrecht. Gleichrangige Normen, die in einem nicht ausräumbaren Widerspruch zueinander stehen, berauben sich gegenseitig der Wirksamkeit (der Anwendbarkeit oder, nach anderer Ansicht, sogar der Gültigkeit).

II. Verfassungen

Literatur: Zu 1: *N. Achterberg*, Die Verfassung als Sozialgestaltungsplan, in: F.f. H.U. Scupin, 1983, 293 ff.; *Stern*, §§ 3, 61 (Lit.); *J. Isensee*, in: HdStR, § 15 E; *Koja*, 105 ff.; *H. Mohnhaupt, D. Grimm*, Verfassung, 1995, ²2002; *D. Grimm*, in: HdStR, § 1; *H. Vorländer*, Die Verfassung. Idee und Geschichte, 1999, ²2004; *Schuppert*, 743 ff.; *K.-Th. zu Guttenberg*, Verfassung und Verfassungsvertrag, 2009.

Zur Geschichte der Lehren vom Vorrang der Verfassung: *G. Stourzh*, in: Ch. Starck, Rangordnung der Gesetze, 1995, 13 ff.; *Th. Würtenberger*, in: F.f. E. Benda, 1995, 445 ff.; *Ch. H. Schmidt*, Vorrang der Verfassung und konstitutionelle Monarchie, 2000.

Zu 2: *D. Grimm*, Braucht Europa eine Verfassung?, JZ 1995, 581 ff.; *I. Pernice, P. M. Huber, G. Lübbe-Wolff, Ch. Grabenwarter*, Europäisches und nationales Verfassungsrecht, VVDStRL 60 (2001), 148 ff., 194 ff., 246 ff., 290 ff.; *A. Peters*, Elemente einer Theorie der Verfassung Europas, 2001; *R. Uerpmann*, Internationales Verfassungsrecht, JZ 2001, 565 ff.; *F. Cromme*, Verfassungsvertrag der Europäischen Union, DÖV 2002, 593 ff.; *Th. Giegerich*, wie zu § 40 V 2, S. 304 ff.; *A. v. Bogdandy*, Konstitutionalisierung des europäischen öffentlichen Rechts in der europäischen Republik, JZ 2005, 529 ff.

1. Staatsverfassungen. „Staatsverfassung im materiellen Sinn" ist die Gesamtheit der grundlegenden rechtlichen Regeln, nach denen Menschen als staatliche Gemeinschaft zusammenleben, mögen diese Regeln schriftlich niedergelegt sein oder nicht. Was zu diesen Normen gehört, läßt sich nicht exakt, sondern nur annähernd abgrenzen. Zu ihnen zählen nach heutigem Verfassungsverständnis die grundlegenden Normen über die Staatsorganisation (Staatsstrukturbestimmungen): vor allem Bestimmungen darüber, welches die obersten Staatsorgane sind, wie sie bestellt werden, welche Regelungsaufgaben und -befugnisse jedes von ihnen hat, welchen Begrenzungen und Kontrollen diese unterliegen und wie die Staatsorgane verfahren und zusammenwirken; ferner Normen über andere grundlegende Strukturen der Gemeinschaftsordnung, z.B. über den bundesstaatlichen Aufbau. Zur Verfassung gehören auch die Grundbestimmungen über die Stellung der Bürger im Staat, insbesondere über ihre politischen Rechte und ihre Grundrechte, vor allem ihre Grundfreiheiten. Schließlich zählen zur Verfassung die wesentlichen Rechtsgrundsätze, politischen Prinzipien und Staatszielbestimmungen, die diesen organisatorischen Vorschriften und Rechtsgarantien zugrunde liegen (wie die Prinzipien der Rechtsstaatlichkeit und der Gewaltenteilung), darüber hinaus aber auch dem staatlichen Handeln als Richtschnur dienen: so folgt z.B. aus der Menschenwürdegarantie nicht nur ein Grundrecht, sondern auch eine darüber hinausreichende, fortwährende Aufgabe, Achtung und Schutz der Menschenwürde so weit wie möglich zu verwirklichen, und aus dem Grundsatz der Sozialstaatlichkeit die Aufgabe, für soziale Gerechtigkeit zu sorgen.

In diesem Sinne hat man sich schon im Altertum mit den Verfassungen politischer Gemeinwesen beschäftigt: mit der Ordnung der Ämter und besonders des höchsten Amtes, d.h. der Regierung (Aristoteles, Politik, 1278 b). Zur politischen Ordnung zählte man aber auch die Festsetzung, „welches das Ziel der jeweiligen politischen Gemeinschaft ist" (1289 a), also in unserem Verfassungsverständnis: die Bestimmung der fundamentalen Staatszwecke.

Seit dem 18. Jahrhundert wurde in vielen Staaten Europas und Amerikas der „Verfassung" durch die „konstitutionelle Bewegung" eine spezifische Funktion zugewiesen: die Staatsgewalt rechtsstaatlich zu begrenzen und insbesondere Grundfreiheiten der Bürger zu sichern. Dabei wurde auch darüber diskutiert, wer berufen sei, die Verfassung zu geben: nur das Volk (dazu § 9 III 2) oder der Monarch (durch eine „oktroyierte" Verfassung; § 21 I 2) oder der Monarch und die Volksvertretung zusammen (durch einen Verfassungsvertrag, eine „paktierte" Verfassung; § 21 I 2). Mit diesem Ziel der Freiheitsgewährleistung entstand im Jahre 1776 die Verfassung des Staates Virginia und im Jahre 1787 die Unionsverfassung der Vereinigten Staaten von Amerika (dazu § 42 I). In Frankreich erging 1789 die Erklärung der Menschen- und Bürgerrechte, 1791 trat eine erste Verfassung in Kraft, der andere Verfassungen folgten, im Jahre 1791 gab sich auch Polen eine Verfassung, 1809 folgte Schweden, 1814 Norwegen, 1831 Belgien. In Anlehnung an die französische Verfassung von 1814 gaben sich zahlreiche deutsche Staaten eine Verfassung, so Sachsen-Weimar-Eisenach (1816), Bayern und Baden (1818), Württemberg (1819), das Großherzogtum Hessen (1820), erst verhältnismäßig spät, nämlich erst nach den Aufständen von 1848, Preußen (1848/1850) und Österreich (1849/1867).

Die in einer Verfassungsurkunde niedergelegten Normen bezeichnet man als „Verfassung im formellen Sinn". Deren Inhalt wird sich weitgehend, wenn auch nicht in allen Einzelheiten mit der Verfassung im materiellen Sinn decken. Es gibt Staaten, die sehr wohl eine Verfassung im materiellen Sinn, aber keine die tragenden Verfassungsgrundsätze zusammenfassende Verfassungsurkunde besitzen; geläufigstes Beispiel ist Großbritannien. Auch können sich neben einer geschriebenen Verfassung grundlegende, verbindliche Regeln des Verfassungslebens entwickeln, die man der Verfassung im materiellen Sinn zuzurechnen hat. Andererseits können Verfassungsurkunden außer fundamentalen Normen auch nebensächliche Vorschriften enthalten, die nicht zu den politischen Grundentscheidungen des Staates, also nicht zur Verfassung im materiellen Sinn gehören; zu denken ist etwa an die Vorschrift, daß die Abgeordneten die staatlichen Verkehrsmittel unentgeltlich benützen dürfen (Art. 48 Abs. 3 Satz 2 des Bonner Grundgesetzes).

Die Verfassungsurkunden pflegen sich auf die großen Linien der politischen Ordnung zu beschränken. Das macht sie in weitem Umfang auslegungs- und ausfüllungsbedürftig und verleiht ihnen dadurch ihre Anpassungsfähigkeit an den Wandel der tatsächlichen Umstände und der vorherrschenden Vorstellungen. Diese Anpassungsfähigkeit macht es erträglich und möglich, die Grundzüge eines bestimmten politischen Ordnungsmodells im Wandel der historischen und politischen Verhältnisse über eine längere Zeitspanne beizubehalten. Nur das Grundsätzliche hat sachliche Bestands- und Integrationskraft.

Wo die Verfassung den Gesetzgeber bindet, bedeutet das auch eine Einschränkung des demokratischen Prinzips: Nach diesem soll die einfache Mehrheit der jeweils Lebenden die Kompetenz haben, über den Normenbestand zu verfügen und diesen auch dem Wandel der Umstände, der mehrheitlichen Gerechtigkeitsvorstellungen und der politischen Anschauungen anzupassen. Wenn eine Verfassung lebendig bleiben und nicht früh verkrusten und veralten soll, muß sie Gestaltungs- und Auslegungsspielräume (Zippelius ML, §§ 1 II, 10 VII, 13) für eine lebendige Rechtsentwicklung offenhalten, sich also darauf beschränken, nur das Notwendigste zu sagen, und darf insbesondere nicht tagespolitische Forderungen festschreiben wollen.

Neben den Begriffen der Verfassung im materiellen und im formellen Sinn hat die Staatstheorie noch andere Verfassungsbegriffe geprägt. Damit hat man einzelne, sich oft ergänzende Aspekte des komplexen Sachverhalts hervorgehoben, als welcher die Verfassung sich darstellt.

So hebt man die Stellung der Verfassung innerhalb der rechtlichen Normenordnung heraus, wenn man als Verfassung die Gesamtheit der ranghöchsten Rechtsnormen im Staat bezeichnet, auf die sich alle anderen innerstaatlichen Rechtsnormen zurückführen lassen (§ 6). Der Vorrang der Verfassung gegenüber dem sonstigen Recht ergibt sich schon aus ihrer Ordnungsfunktion: Um eine widerspruchsfreie Rechtsordnung und damit Orientierungssicherheit zu gewährleisten, bedarf es eines geordneten Kompetenzengefüges (§ 3 III 3). Dessen höchstrangige Kompetenzen (und im Rechtsstaat auch deren Grenzen) werden durch die Verfassung bestimmt. Deren Vorrang gründet sich aber nicht nur auf diese elementare Ordnungsfunktion, sondern auch darauf, daß in ihr Grundfragen des politischen Zusammenlebens in einer den politischen Tagesfragen vorweggenommenen Weise in gewollter Grundsätzlichkeit geregelt werden (Zippelius WdR, Kap. 11 c). Schon deshalb sind in eine Verfassungsurkunde nur Normen aufzunehmen, die ganz elementare Grundfragen des politischen Zusammenlebens betreffen.

Man kann auch das Entscheidungsmoment betonen, das im Akt der Verfassunggebung, also im Erlaß einer Verfassung im formellen Sinn steckt. Dann erscheint die Verfassung als Ausdruck einer Grundentscheidung, welche die verfassunggebende Gewalt über die Art und Weise des politischen Zusammenlebens in einem Staat getroffen hat (C. Schmitt VL, 23).

Andere Lehren heben den programmatischen Charakter der Verfassung, also den Gestaltungswillen des Verfassunggebers hervor. Hier stellt sich die Verfassung als ein Entwurf und Plan der Staatsgestaltung und damit des Zusammenlebens der Menschen in einer politischen Gemeinschaft dar. In diesem Sinn enthalten Verfassungen normative Verhaltensrichtlinien, die in der Regel einem – wenn auch vagen – Leitbild eines erstrebten politisch-gesellschaftlichen Gesamtzustandes entspringen (§ 1 III) und sich daher auch wieder zu einem solchen Leitbild zusammenfügen lassen: zu – mehr oder minder deutlichen – Geboten, auf den vorgestellten Gesamtzustand hinzuwirken (§ 36 I). Dies tritt insbesondere in Staatsstruktur- und Staatszielbestimmungen (s. o.) einer Verfassung zutage. So kann das Leitbild von Verfassungen stärker liberalistisch oder stärker sozial- und wohlfahrtsstaatlich, mehr marktwirtschaftlich oder mehr dirigistisch geprägt sein. Und es kann sich im Lauf der Geschichte im Spielraum dieser Polaritäten wandeln (§ 29 III).

Sieht man auf die Funktion der Verfassung im Verhaltensgefüge einer lebendigen staatlichen Gemeinschaft, dann erscheint die Verfassung als die grundlegende normative Ordnung und Sinnorientierung, in deren fortlaufendem Vollzug sich die politische Gemeinschaft herstellt und erhält („integriert"), sich als rechtlich organisierte Macht- und Wirkungseinheit bildet (Smend StA, 187 ff.; Heller StL, 249 ff.).

Die schon genannte konstitutionelle Bewegung hob die Freiheitssicherung durch Machtbeschränkung als eine Hauptfunktion der Verfassung hervor. Hier erscheint die Verfassung als das grundlegende Instrument der Machtkontrolle, das die Staatsaufgaben auf verschiedene Organe verteilt, deren Zusammenwirken und gegenseitige Kontrolle regelt und individuelle Grundfreiheiten gegen die Inhaber der Staatsgewalt sichert (§ 30 I 2; Loewenstein VL, 127 ff.). – Andererseits haben oder hatten aber auch Despotien, wie das Stalinistische System, eine „Verfassung" (§ 44).

2. „Verfassungen" supranationaler Organisationen. Man hat vorgeschlagen, den Begriff der „Verfassung" auch auf die organisatorischen Grundnormen, die elementaren Freiheitsgewährleistungen und Mitwirkungsrechte der Bürger und die grundlegenden Zweckbestimmungen supranationaler Organisationen anzuwenden. Dagegen ist nichts einzuwenden, wenn man aus der bloßen Terminologie keine sachlichen Schlüsse zieht, wenn also klar ist, daß die terminologische Ausweitung des Verfassungsbegriffes allein nicht die „Staatlichkeit" jener Organisation begründet, m.a.W. wenn man den Begriff der „Verfassung" nicht kurzerhand mit dem der „Staatsverfassung" gleichsetzt.

In der Sache wird die Schwelle zur Staatlichkeit eines Staatenverbundes erst dadurch überschritten, daß die Letztentscheidungskompetenz endgültig ganz oder zum Teil von den Mitgliedstaaten auf ihn übergeht (§ 10 III). Überschreitet aber die supranationale Organisation diese Schwelle zur Staatlichkeit, dann geht die Verbandsverfassung ohnedies in eine (bundes-)staatliche Verfassung über (zur europäischen Integrationsstufe s. u. §§ 10 IV; 40 V).

§ 9. Die Staatsgewalt

Literatur: *H. Quaritsch,* Staat und Souveränität, 1970; *ders.,* Souveränität, 1986; *A. Randelzhofer,* in: HdStR, § 17.

I. Gewaltmonopol und Akzeptanz

Literatur: Zu 1: Wie zu §§ 15 IV, 17 II; *M. Weber* WuG, 28 ff., 541 ff.; *K. Engisch,* Auf der Suche nach der Gerechtigkeit, 1971, 113 ff.; *Herzog,* 155 ff.; *Luhmann* RS, 106 ff.; *D. Merten,* Rechtsstaat und Gewaltmonopol, 1975; *M. L. Hofmann,* Die Wiederkehr der Gewalt, in: Der Staat, 2005, 251 ff.; *B. Kneihs,* Verfassungsfragen des sog. staatlichen Gewaltmonopols, in: Der Staat, 2005, 265 ff.
Zu 2: Wie zu § 16 I 2; *Th. Würtenberger,* Akzeptanz von Recht und Rechtsfortbildung, in: P. Eisenmann, B. Rill (Hg), Jurist und Staatsbewußtsein, 1987, 79 ff.; *J. W. Pichler, K. J. Giese,* Rechtsakzeptanz, 1993; *Th. Würtenberger,* Die Akzeptanz von Verwaltungsentscheidungen, 1996, 61 ff.; *ders.,* Die Akzeptanz von Gesetzen, in: J. Friedrichs u. a. (Hg) Soziale Integration, 1999, 380 ff.; *P. Badura,* Verfassung und Verfassungsrecht in Europa, AöR 131 (2006), 423 ff.

1. Das Monopol legitimer physischer Gewalt. Als organisiertes Macht- und Wirkungsgefüge hat der Staat die Funktion, ein widerspruchsfrei und verläßlich geordnetes Zusammenleben von Menschen zu garantieren, insbesondere Rechtsfrieden und Rechtssicherheit zu gewährleisten (§ 17 II). Diese Aufgabe kann nur eine wirksame und homogene Verhaltensordnung erfüllen. Die spezifische Wirksamkeit der rechtlichen Verhaltensordnung liegt, wie gesagt, in der verläßlichen Chance, die Befolgung ihrer Normen in einem rechtlich organisierten Erzwingungsverfahren durchzusetzen (§ 8 I 1). Als wesentliche Bedingung für die Widerspruchsfreiheit der rechtlichen Verhaltensordnung erschien eine zentrale Ordnungsgewalt, die über das normative Steuerungsinstrument verfügt (§ 8 I 2).

Um die ordnung- und friedenstiftende Funktion erfüllen zu können, sind also die Inhaber staatlicher Rollen mit „Staatsgewalt" auszustatten: mit der Befugnis, (im Rahmen ihrer Zuständigkeiten) das Verhalten in dieser Gemeinschaft verbindlich zu regeln, und mit den Machtmitteln, das vorgeschriebene Verhalten zu erzwingen, äußerstenfalls auch durch den Einsatz physischer Gewalt. Die Inschrift „ultima ratio regum" auf alten Kanonen führt diesen Anspruch der Staatsgewalt unmißverständlich vor Augen. So wurde 1923 der erste Versuch Hitlers, die Macht zu ergreifen, mit Maschinengewehren zum Stehen gebracht. Gewiß bleibt im Alltag anstandsloser, weitgehend auch vom allgemeinen Konsens getragener Rechtsbefolgung der Knüppel im Schrank. Aber die Sanktionen, die den Normübertretungen folgen, sichern zugleich den Normen für die viel zahlreicheren Fälle gehorsamer Normenbefolgung ihre Motivationskraft und Wirksamkeit. (Darum schadet der Staat durch laxes Reagieren auf Rechtsbrüche mittelbar auch dem normalen Funktionieren der Rechtsordnung.)

Die Aufgabe, Rechtsfrieden und Rechtssicherheit zu gewährleisten, verlangt, daß die Inhaber staatlicher Rollen (im Rahmen ihrer Kompetenzen) das Monopol legitimer physischer Gewalt gegen Gewalttätigkeiten energisch und wirksam behaupten. Wenn die Ausgestaltung oder die Ausübung der staatlichen Kompetenzen dieser Aufgabe nicht genügt, wird eines der fundamentalen Bedürfnisse der Rechtsgemeinschaft enttäuscht. Dann verliert die Staatsgewalt ihre Glaubwürdigkeit und wird mit der Verläßlichkeit der staatlichen Ordnung auch deren Fortbestand aufs Spiel gesetzt, wie bereits Hobbes gesehen hat (Leviathan, Kap. 21). In das Machtvakuum brandet dann oft eine Herrschaftsgewalt mit um so größerer Wucht zurück, meist herbeigesehnt von dem Bedürfnis nach einer starken, ordnungstiftenden Hand. So folgte auf die Wirren der römischen Republik die Diktatur Sullas und später die Herrschaft der Cäsaren, in Frankreich ging aus den inneren Unruhen des 16. Jahrhunderts zunächst die Theorie und später die Praxis des Absolutismus hervor, in Deutschland nahm der Absolutismus der Landesherren den Platz der zerfallenden Reichsgewalt ein, in der Weimarer Republik folgte die Gewaltherrschaft Hitlers auf das Versagen der Staatsgewalt gegenüber dem politischen Radikalismus (vgl. § 26 IV 2). Übermäßiger Abbau von Staatsgewalt bereitet also den Boden, aus dem allzuleicht ein Übermaß an staatlicher Gewalt hervorwächst. Kurz, es bedarf der kontrollierten, aber energischen Durchsetzung des staatlichen Rechts, auch um Tyrannen den Weg zu versperren.

Gerade auch als Rechtsstaat kann ein Gemeinwesen nur funktionieren, wenn in ihm die Staatsgewalt zur Durchsetzung des Rechts bereitsteht und eingesetzt wird (Zippelius RPh, § 28 III). Das Recht ist nur so lange verläßliches Orientierungsmuster, wie es zuverlässig angewandt und durchgesetzt wird: Keine Rechtsstaatlichkeit ohne Rechtssicherheit, d. h. ohne Orientierungsgewißheit; keine Orientierungsgewißheit ohne Realisierungsgewißheit (Zippelius RPh, § 23 II). Aber die Staatsgewalt ist ambivalent. Ein Staat, der die Macht hat, seine Bürger wirksam zu schützen, ist auch mächtig genug, sie zu bedrücken. Daher verbindet sich mit der Notwendigkeit einer effizienten Staatsgewalt die Forderung, daß die staatlichen Aktivitäten als ein kontrolliertes Geschehen ablaufen, das mit ausgewogenen Rollenverteilungen und nach gesicherten Spielregeln funktioniert (§§ 30 I; 31).

Zwangsbewehrte Verhaltensgebote sind nicht die alleinigen Instrumente staatlicher Lenkung und Einflußnahme. Wesentlich und der Staatsgewalt eigentümlich ist es nur, daß sie nach Bedarf dieses Mittel der Verhaltenssteuerung zur Verfügung hat. Daneben kann sie sich zahlreicher anderer Lenkungsmittel bedienen: Für manches Handeln wird nur ein Anreiz geboten, beispielsweise durch Steuervorteile, staatliche Prämien oder das Angebot staatlicher Subventionen. Durch eine gezielte Investitions- und Kreditpolitik kann staatliches Handeln insbesondere auf die Konjunktur einwirken. Nicht zuletzt stehen der Staatsgewalt im Zeitalter der Massenmedien bedeutende Möglichkeiten zu Gebote, das Handeln durch Informationen zu leiten und die öffentliche Meinung zu lenken. (Ob sie sich all dieser Mittel auch legitimerweise bedienen darf, ist eine andere Frage.)

2. Die Akzeptanz. Alle Herrschaft über Menschen hat letztlich ihr Korrelat im – so oder so motivierten – Gehorsam; oboedientia facit imperantem. „Näher besehen ruht die ganze Staatsgewalt auf dem Gehorsam der Untertanen, all ihre Tätigkeit ist verwandelter Gehorsam" (Jellinek, 426). Oder mit den Worten Hellers (StL, 239): „Die objektive Wirkung der Staatsgewalt kann weder den Machtunterworfenen allein noch irgend einem Machthaber, und sei er auch der unbeschränkteste Diktator, zugerechnet werden. Immer verdankt sie ihr Entstehen und Bestehen erst dem Zusammenwirken beider." Der Gehorsam der Machtunterworfenen mag für den engen und beherrschbaren Bereich eines Konzentrationslagers ausschließlich oder doch vorwiegend auf die Sanktionsdrohungen gegründet sein, die hinter den Anordnungen der Machthaber stehen. Herrschaft im gesamten Staat hat aber nur dann Aussicht auf Bestand, wenn sie wenigstens zu einem guten Teil auch von willigem Gehorsam getragen ist (§§ 3 II 2; 19 I 2; 28 III 1). „Auch der Stärkste ist nicht stark genug, seine Herrschaft auf Dauer zu behaupten, wenn er nicht die Gewalt in Recht und den Gehorsam in Pflicht verwandelt" (Rousseau, Contrat social, I 3; ähnlich schon Locke, Two Treatises of Government, II § 224).

Wichtige Mechanismen und Gründe des faktischen Akzeptierens von Herrschaft hat Max Weber genannt: das gewohnheitsmäßige Hinnehmen einer überlieferten Herrschaftsform; die Faszination durch einen Machthaber und den Glauben an seine Sendung; sodann auch die Fügsamkeit gegenüber der in einem geordneten Verfahren formal korrekt erlassenen Satzung (§ 16 I 2).

Mit der faktischen Akzeptanz einer Herrschaftsordnung verbindet sich eine legitimierende Komponente, wenn die staatlichen Regelungen als gerechte, mit dem Rechtsempfinden der Mehrheit übereinstimmende Regelungen akzeptiert werden, auch als Regelungen, die das natürliche Interessenstreben nicht unnötig unterdrücken, sondern in vernünftige Bahnen lenken (§ 3 II 2). Vernunftgründe für die Hinnahme einer Staatsgewalt können auch in der Einsicht liegen, daß eine Herrschaftsordnung unentbehrlich ist, um das elementare Bedürfnis nach Ordnung, Rechtssicherheit und sozialer Befriedung erfüllen zu können (§ 17 II).

Demokratischem Staatsverständnis genügt jedoch nicht schon ein durch solche Gründe motivierter „williger Gehorsam" der Herrschaftsunterworfenen. Vielmehr soll nach demokratischer Legitimitätsvorstellung in der Staatsgewalt die Selbstbestimmung der Bürger zur Wirkung kommen (§§ 16 I 1 und 2; 17 III).

II. Die historische Entwicklung einer homogenen Staatsgewalt

Literatur: *Ph. de Beaumanoir*, Coutumes de Beauvaisis, 1280/83, ed. A. Salmon, 1899/1900, Neudr. 1970; *O. v. Gierke*, Genossenschaftsrecht, III 1881, 381 ff., 635 ff.; *F. Hartung*, Deutsche Verfassungsgeschichte, 1914, ⁸1964, §§ 18, 20, 22, 24, 26; *F. A. v. d. Heydte*, Die Geburtsstunde des souveränen Staates, 1952; *H. Kämpf* (Hg), Herrschaft und Staat im Mittelalter, 1956; *R. Schnur*, Die französischen Juristen im konfessionellen Bürgerkrieg des 16. Jh., 1962; *J. Dennert*, Ursprung und Begriff der Souveränität, 1964; *H. H. Hoffmann* (Hg), Die Entstehung des modernen souveränen Staates, 1967; *P. L. Weinacht*, Staat, 1968 (zur Geschichte dieses Wortes); *W. Quint*, Souveränitätsbegriff und Souveränitätspolitik in Bayern, 1971; *C. F. Menger*, Deutsche Verfassungsgeschichte der Neuzeit, 1975, ⁷1990, 30 f., 36 ff., 54 ff.; *D. Wyduckel*, Princeps legibus solutus, 1979, 97 ff., 138 ff.; *W. Reinhard*, Geschichte der Staatsgewalt, 1999, ²2001; *D. Thürer*, Der „zerfallene Staat" und das Völkerrecht, in: Die Friedens-Warte, 1999, 275 ff.

Der Gedanke staatlicher Souveränität – daß alle Regelungsbefugnisse (Kompetenzen) im politischen Gemeinwesen unter der Verfügungsmacht einer höchsten staatlichen Instanz stehen (§ 8 I 2) – findet sich am Ende einer wechselvollen historischen

Entwicklung. Es gibt z. B. lange Epochen der deutschen Geschichte, in denen Adel, Kirche und Städte eigenständige Herrschaft ausübten. Es gab eine autogene, nicht vom Königtum abgeleitete Gerichtsbarkeit, die historisch älter war als die königliche. Sie wurde durch Immunitätsprivilegien bewahrt und wiederbelebt. Dem Reich entglitten auch eigene hoheitliche Befugnisse dadurch, daß sie als Ämterlehen ausgegeben wurden und das Recht auf diese Ämter erblich wurde (Mitteis/Lieberich, Kap. 17 II 2; 27 I 6).

In den einzelnen Territorien waren im ausgehenden Mittelalter die Hoheitsbefugnisse zwischen den Fürsten einerseits und Kirche, Rittern und Städten andererseits geteilt. Es standen sich „vielfach geradezu zwei Staaten im Staate gegenüber, ein fürstlicher und ein ständischer Apparat; Fürst und Stände haben gesonderte Truppen, Behörden, Kassen, diplomatische Vertretungen. Regieren ist jetzt ein ständiges Verhandeln von Kompromiß zu Kompromiß" (Mitteis/Lieberich, Kap. 35 III 5).

Freilich bahnte sich schon im Mittelalter auch die Idee einer Konsolidierung der öffentlichen Gewalt bei den Landesherren an, nach dem in Frankreich formulierten Gedanken, „que li rois est souverains par dessus tous" (Beaumanoir, Nr. 1043). Die fürstliche Gewalt sollte unabhängig sein, päpstliche und kaiserliche Gewalt sollten keinen Vorrang haben. Wohl aber sollte die fürstliche Gewalt ihrerseits Vorrang vor den Befugnissen der Stände besitzen. Die Lossagung von der kaiserlichen auctoritas – die aus der mittelalterlichen Vorstellung eines fortdauernden römischen Universalreiches stammen sollte – vollzog sich ohne ernsthafte Schwierigkeiten. Daß der Territorialstaat sich am Ausgang des Mittelalters auch aus päpstlicher Bevormundung zu emanzipieren wußte, bewiesen Philipp der Schöne von Frankreich und Heinrich VIII. von England ebenso nachdrücklich wie überzeugend.

Langwieriger war der innerstaatliche Konsolidierungsprozeß, der in einzelnen Territorien, wie Frankreich, früher abgeschlossen war, in anderen sich bis in das 19. Jahrhundert hinzog (Quaritsch 1970, 197 ff., 395 ff.): Die Landesherren gewannen allmählich die Oberhand und gestalteten die lose zusammenhängenden Polyarchien zu straff organisierten Machteinheiten um, mit einem einzigen Heer, einer Beamtenhierarchie und einer mehr und mehr vereinheitlichten, zuletzt oft landesrechtlich kodifizierten Rechtsordnung (Heller StL, 129). Die anderen Gewalten im Staat, die Stände, wurden in oft jahrhundertelangem Ringen zurückgedrängt. Aus solchen Auseinandersetzungen stammen die bekannten Worte Friedrich Wilhelms I.: „Ich komme zu meinem Zweck und stabilire die Souveränität und setze die Krone fest wie einen rocher de bronce und lasse den Herren Junkers den Wind vom Landtag." Der Staat, so schilderte Georg Jellinek (S. 431) diesen Vorgang, „wird der große Leviathan, der alle öffentliche Macht in sich verschlingt. Selbst da, wo er sie äußerlich bestehen läßt, eignet er sie sich dennoch in der Form an, daß er sich als ursprünglicher Eigner der untergeordneten, wenn auch ihm gegenüber relativ unabhängigen Macht setzt. Das zeigt sich darin, daß er sich das Recht zumißt, über alle Herrschergewalt auf seinem Gebiete durch sein Gesetz zu disponieren."

Annähernd parallel zur Entwicklung dieses politischen Tatbestandes setzte sich auch das Wort „Staat" durch. In der Renaissancezeit tauchten zur Bezeichnung von Herrschaftsverbänden, Herrschaftsgebieten und der Herrschaftsgewalt die Wörter stato, estado, status, état und Staat auf und fanden zunehmend Eingang in die wissenschaftliche Literatur und die Diplomatensprache, bis dann vom 19. Jahrhundert an dieses Wort „Staat" allgemein dem mit oberster Gewalt ausgestatteten Herrschaftsverband zugeordnet wurde (vgl. Quaritsch 1970, 33 f.).

Staatsdenker wie Jean Bodin (III) und Thomas Hobbes (§ 17 II) lieferten die Theorie zu jenem Konsolidierungsprozeß. Der französische Jurist Jean Bodin hat den neuen Wesenszug des modernen Staates durch den Begriff der Souveränität gekennzeichnet. In den Hugenottenkriegen mußte er eine Zeit tiefer innerer Zerrissenheit seines Vaterlandes erleben. In ihr wurde der Gedanke staatlicher Souveränität zu einem Ruf nach staatlicher Unabhängigkeit und staatlicher Einheit und Ordnung. – Das Prinzip einer homogenen Herrschaftsgewalt im Staat ist also eine Idee, die aus politischer Erfahrung geboren ist. Es beruht auf der Annahme, daß nur eine konsolidierte Staatsgewalt hinreichend die Schutz- und Ordnungsfunktion erfülle, die man von der politischen Gewalt erwartet (§ 17 II). Eine Bestätigung findet diese Annahme immer wieder dann, wenn nach einem Zerfall der Staatsgewalt das Land durch chaotische Machtkämpfe verheert wird, wie das einst in den Hugenottenkriegen und im Dreißigjährigen Krieg geschehen ist und sich mitunter noch bis in die Gegenwart wiederholt hat: nach 1916 in den chinesischen Bürgerkriegen und im letzten Viertel des 20. Jahrhunderts in den Bürgerkriegen im Libanon, in Somalia, in Kambodscha und in Liberia.

„Souveränität" – als Herrschaftsgewalt, die jeder im Staatsgebiet wirkenden Gewalt überlegen ist – bezeichnet also einen historisch gewachsenen Tatbestand. Sie ist ein Begriff, der in seiner historischen Bedingtheit zu sehen ist, und bezeichnet kein schlechthin unentbehrliches Merkmal politischer Gemeinwesen. Auch zwingt nichts dazu, sie als schlechthin unentbehrliches Merkmal in den Begriff des „Staates" aufzunehmen, wie dies Bodins berühmte Definition nahelegt.

Ließen einst Bürgerkriege für Bodin und Hobbes die Frage nach einer friedensichernden politischen Ordnung entstehen, so gaben die Weltkriege des zwanzigsten Jahrhunderts den Anstoß, auch über verbindliche supranationale Konfliktsregelungen nachzudenken. Heute üben internationale Organisationen mit bescheidener Wirksamkeit Interventionsrechte zum Schutz des Weltfriedens und der Menschenrechte aus (§ 10 I 2). Darüber hinaus eröffnen zwischenstaatliche Integrationsprozesse supranationalen Organisationen die Möglichkeit, im Gebiet der Mitgliedstaaten eine eigene Regelungsgewalt auszuüben, ein Vorgang, bei dem ein „point of no return" zu Lasten der staatlichen Kompetenzenhoheit erreicht werden kann (§ 10 III).

III. Staatliche Souveränität und „Einheit der Rechtsordnung"

Literatur: *J. Bodin,* Les six livres de la république, 1576, dt. v. B. Wimmer, 1981/1986; *Jellinek,* 435 ff.; *C. Schmitt,* Politische Theologie, 1922, ²1934; *Kelsen* AStL, 102 ff.; *H. Heller,* Die Souveränität, 1927; *Krüger,* 847 ff.; *Ermacora,* 350 ff., 371 ff.; *H. Kurz* (Hg), Volkssouveränität und Staatssouveränität, 1970; *Herzog,* 312 ff.; *Ch. Link,* Herrschaftsordnung und bürgerl. Freiheit, 1979, 67 ff., 89 ff., 178 ff.; *L. Wildhaber,* Entstehung und Aktualität der Souveränität, in: F. f. K. Eichenberger, 1982, 131 ff.; *D. Klippel, H. Boldt,* in: GGb VI (1990), 98 ff.; *Doehring* AStL, Rdn. 258 ff.; *Koja,* 32 ff.; *Schuppert,* 157 ff.; *U. Haltern,* Was bedeutet Souveränität? 2007; *W. Mäder,* Vom Wesen der Souveränität, 2007.

Zu 1: *M. Imboden,* Johannes Bodinus und die Souveränitätslehre, 1963; *H. Denzer* (Hg), Bodin, 1973.

Zu 2: *Hatschek,* II § 3; *E. Zweig,* Die Lehre vom Pouvoir Constituant, 1909; *C. Schmitt* VL, 75 ff.; *U. Steiner,* Verfassunggebung und verfassunggebende Gewalt des Volkes, 1966; *Stern,* §§ 5, 25 II 2 (Lit.); *E.- W. Böckenförde,* Die verfassunggebende Gewalt des Volkes, 1986; *W. Henke,* Ausgewählte Aufsätze, 1994, 131 ff. 161 ff.; *W. Leisner,* Staat, 1994, 150 ff.; *H. Quaritsch,* Souveränität im Ausnahmezustand, in: Der Staat 1996, 1 ff.; *H. J. Boehl,* Verfassunggebung im Bundesstaat, 1997, 24 ff.; *Zippelius/Würtenberger,* § 6 I, III; *Ch. Winterhoff,* Verfassung-Verfassunggebung-Verfassungsänderung, 2006.

Zu 3: Wie zu § 8 I 2; *Rehm* Gesch, 226 ff., 240; *Jellinek,* 496 ff.; *Kelsen* RR, 228 ff.

1. Die Lehre Bodins. Zur Zeit Jean Bodins (1530–1596) führten vor allem die Hugenottenkriege zu der Forderung nach einer friedensichernden, übergeordneten

Regelungsmacht. So sah er in der Souveränität das wesentliche Merkmal der res publica: „République est un droit gouvernement de plusieurs ménages, et de ce qui leur est commun, avec puissance souveraine" (Bodin 1576, Buch I 1). Er gab dieser souveränen Gewalt eine rechtliche Fassung. Der Angelpunkt („le poinct principal") der souveränen Majestät und absoluten Gewalt sollte in der Befugnis liegen, für die Rechtsunterworfenen ohne deren Zustimmung Recht zu setzen (Bodin, I 8). Wesentlich war auch die Zusammenfassung der Einzelrechte, welche die mittelalterliche Hoheitsgewalt ausmachten, in einer einzigen, maßgebenden Kompetenz: „Diese Gewalt, Gesetze zu erlassen oder aufzuheben, umfaßt zugleich alle anderen Rechte und Kennzeichen der Souveränität, so daß es streng genommen nur dieses eine Merkmal der Souveränität gibt. Alle anderen Souveränitätsrechte sind darunter subsumierbar" (Bodin, I 10).

Diese Souveränität sollte in doppelter Hinsicht unabhängig („absolut") sein: Die Unabhängigkeit von innerstaatlichen Mächten sollte darin liegen, daß die rechtliche Regelung ohne die Zustimmung der Rechtsunterworfenen („sans leur consentement") wirksam werde, insbesondere ohne die Mitwirkung der Stände. Aber auch von äußeren Mächten sollte die Regelungsbefugnis des Souveräns unabhängig sein. Sie sollte nur beschränkt sein durch die göttlichen Gebote, die natürlichen Gesetze und gewisse allgemeine Rechtsgrundsätze („plusieurs loix humaines communes à tous peuples"); die Souveränität sollte auch nicht so weit reichen, daß sie eine Bindung an Verträge ausschlösse (Bodin, I 8; s.u. § 10 II 1). Mit dieser Souveränitätslehre war also einerseits Stellung bezogen gegen die Macht- und Mitwirkungsansprüche der Stände, andererseits gegen die faktisch schon überholten Ansprüche päpstlicher oder kaiserlicher Oberhoheit (s.o. II).

In diesen Überlegungen Bodins ist eine wichtige Einsicht enthalten: Ein wesentliches Merkmal staatlicher Souveränität ist die von inner- und außerstaatlichen Mächten unabhängige Verfügungsmacht über die Gesamtheit der rechtlichen Regelungen, die in einem Staate gelten. Durch die umfassende Verfügung über das normative Steuerungsinstrument soll das Handeln der Menschen rechtswirksam zu einem widerspruchsfreien Verhaltensgefüge koordiniert und der soziale Frieden dauerhaft gesichert werden (s.o. § 8 I 2). Dazu gehört auch, daß in Interessenkonflikten über das rechtlich Gebotene mit überlegener und durchsetzungsfähiger Kompetenz entschieden wird.

Vom Begriff einer zentralen, höchsten Entscheidungsgewalt ausgehend, behauptete Bodin die Unteilbarkeit der Souveränität und bestritt die Möglichkeit gemischter Verfassungen. Wer einen „imperii socium" habe, entbehre der höchsten Gewalt (Bodin, I 10; II 1). Da aber z.B. jeder Bürger einer Demokratie „imperii socios" hätte, müsse man sich hier „als Träger der Souveränität ... eine Körperschaft ... aus dem Volk vorstellen"; indessen fehle dann „doch ein Oberhaupt mit souveräner Gewalt, um alle miteinander zu einen". So neigt Bodin letztlich zu einer rigorosen Lösung: „Das hervorstechende Merkmal des Staates, das Souveränitätsrecht, kann es im strengen Sinn nur in einer Monarchie geben; denn niemand als nur ein einziger kann im Staat souverän sein" (Bodin, VI 4). Daran anknüpfend schrieb die Souveränitätslehre des absolutistischen Zeitalters dem Herrscher persönlich die Souveränität zu. Man stellte dann etwa den Monarchen und den Staat als Subjekt und Objekt der Herrschaft gegenüber. Oder man identifizierte den Herrscher mit dem Staat, nach der Parole „L'état c'est moi" (vgl. Quaritsch 1970, 214, 501). Die Frage, wie ein demokratischer Staat überhaupt möglich sei, war auf diesem Wege nicht zu lösen.

Hierzu mußte der von Bodin angedeutete Korporationsgedanke weitergedacht werden: Die Souveränität ist dem Staat als rechtlich organisierter Macht- und Wirkungseinheit oder auch als „juristischer Person" zuzuschreiben (§ 8 I; Quaritsch 1970, 471 ff.). Zwar läuft auch dies darauf hinaus, daß bestimmte, von der Rechtsordnung näher bezeichnete Menschen einzeln oder im Zusammenwirken Befugnisse haben (§ 13 II). Doch macht erst diese Betrachtungsweise die Äußerungen der Staatsgewalt begreiflich als Produkte eines Systems rechtlich koordinierten Zusammenwirkens, als Ausfluß eines Systems von Befugnissen, die erst in ihrem Zusammenhang die ganze Staatsgewalt ausmachen. Aus dieser Sicht ist es dann auch ohne weiteres vorstellbar, daß selbst über die Kompetenzenhoheit nicht nur durch einen einzelnen Menschen, sondern ebensogut durch das koordinierte Zusammenwirken mehrerer Beteiligter verfügt werden kann (s. u. 3). Die Einheit der Staatsgewalt ist gewahrt, wenn durch das Rechtssystem alle Regelungsbefugnisse eindeutig, widerspruchsfrei und wirksam zugeordnet sind.

2. Organsouveränität und verfassunggebende Gewalt. Die konsolidierte Staatsgewalt ist nicht nur ein machtpolitischer Tatbestand, sondern sie ist zugleich eine zu einem System rechtlicher Regelungsbefugnisse ausgeformte, „rechtlich organisierte politische Macht" (Heller StL, 243). Die staatliche Machtfülle läßt sich rechtlich nicht einfach als Summe nebeneinanderstehender Kompetenzen darstellen. Die Staatsgewalt ist nicht ein Bündel einzelner Regelungsbefugnisse, sondern schließt auch die Rechtsmacht ein, diese Kompetenzen auszuweiten oder einzuschränken. So kann z.B. die allgemeine Wehrpflicht eingeführt oder abgeschafft und im Zusammenhang damit kann eine Fülle einzelner Kompetenzen begründet oder aufgehoben werden. Zur Staatsgewalt gehört also auch die Kompetenz, über den Umfang der staatlichen Kompetenzen zu befinden, also die Kompetenzenhoheit oder Kompetenzkompetenz. Die rechtliche „Allgewalt des Staates" liegt nicht in der Summe der untergeordneten Kompetenzen, sondern in dieser Kompetenzenhoheit.

Unter den Staatsorganen hat dasjenige den entscheidenden Vorrang, das die Kompetenzenhoheit (die „Organsouveränität") wirksam ausübt. Diese bildet auch den Anknüpfungspunkt der Lehre von den organisatorischen Staatstypen: Kommt nach der Staatsverfassung diese höchste Kompetenz z.B. einem Einzelnen zu, handelt es sich um eine absolute Monarchie oder Diktatur, steht sie der Gesamtheit der stimmberechtigten Bürger zu, liegt eine unmittelbare Demokratie vor (§§ 20 ff.).

Dieser Begriff der Organsouveränität bezeichnet also die legale, d.h. in der Staatsverfassung begründete Verfügungsmacht des obersten Staatsorgans über den Normen- und Kompetenzenbestand, nicht jedoch über die Grundentscheidungen der (geschriebenen oder ungeschriebenen) Verfassung, insbesondere nicht über jene höchsten Kompetenznormen, die das höchste Staatsorgan erst konstituieren. In ähnlicher Weise hatte schon Bodin aus der Verfügungsmacht des Souveräns ausgenommen: die organisatorischen Grundnormen (etwa: daß der Staat als Königreich verfaßt sein solle und daß bestimmte Grundsätze der Thronfolge gelten sollten), ferner die Prinzipien des göttlichen und des natürlichen Rechts und einige menschliche Rechtsgrundsätze, die allen Völkern gemeinsam sind, „plusieurs loix humaines communes à tous peuples" (Bodin 1576, I 8; vgl. Quaritsch 1970, 347 ff., 368 ff.). Wer eine so begrenzte Kompetenzenhoheit innehat, befindet sich in der Situation einer durch höherrangige Gewalten oder Normen eingesetzten oder legitimierten und durch sie begrenzten Gewalt, also eines pouvoir constitué.

Von der Organsouveränität – als der höchsten durch die Verfassung begründeten rechtlichen Regelungsmacht – ist ein weiter gehender Begriff der Souveränität zu unterscheiden. Er schließt auch die Verfügungsmacht über die Fundamentalnormen der Verfassung ein, anerkennt also überhaupt keine rechtlichen Schranken. Mit diesem Begriff ist die Verfügungsmacht der verfassunggebenden Gewalt, des „pouvoir constituant", bezeichnet. Das sind jene politischen Kräfte, die faktisch die Macht haben, auch die rechtlichen Fundamente der Verfassungsordnung einzureißen und durch andere zu ersetzen. Sie legen den Grund der Verfassung. Von ihr leiten alle durch die Verfassung erst eingesetzten Gewalten (die „pouvoirs constitués") ihre Zuständigkeiten ab, so insbesondere die verfassungsmäßigen Organe der Gesetzgebung, der Regierung und der Rechtsprechung. Weder Gesetze, die auf Grund der Verfassung erlassen sind, noch auch die Verfassung selbst können verhindern, daß politische Gewalten entstehen, die willens und in der Lage sind, die bisherige Verfassung außer Wirkung zu setzen und durch eine neue Verfassung zu ersetzen (vgl. § 19 I 1). – Faktisch kann sich die verfassunggebende Gewalt gleichwohl in den Bahnen der bisherigen verfassungsrechtlichen Rechtskultur halten und deren Grundentscheidungen übernehmen, muß also nicht „revolutionär" im engeren Sinne (§ 19 I 1) sein.

Verfassunggebende Gewalt soll nach demokratischer Vorstellung das Volk sein. Das entspricht der Grundkonzeption, daß das politische Gemeinwesen insgesamt auf den Konsens seiner Mitglieder gegründet sein soll (§ 17 III). Schon bei Locke (Two Treatises of Government, II §§ 134, 149) fand sich der Gedanke, daß das Volk Inhaber der höchsten Gewalt sei und fortwährend bleibe. Die Leveller schickten sich an, eine Verfassung dem Volke zur Annahme vorzulegen (§ 15 II). Im Anschluß an Rousseau setzte sich dann das demokratische Prinzip als ein die wirkliche Verfassunggebung beherrschender Grundsatz durch: Ist das Volk die Quelle der Gesetzgebung, dann muß es um so mehr der alleinige Inhaber der verfassunggebenden Gewalt sein (Sieyès, Qu'est-ce que le tiers état, 1789).

Damit kann verständigerweise aber nur gesagt sein, daß das Volk der einzig legitime, nicht aber, daß es auch der einzig mögliche Verfassunggeber sei; denn die historische Erfahrung zeigt, daß politische Ordnungen auch durch andere Gewalten wirksam aufgerichtet wurden. Kurz, die Legitimität der Verfassunggebung darf nicht mit der Effektivität, d.h. der Rechtswirksamkeit der geschaffenen Verfassungsordnung (§ 8 I 1) verwechselt werden.

Auch wenn das Volk einen ihm vorgelegten Verfassungsentwurf mit Mehrheit annimmt, ist nicht dieser formale Akt allein letzter Ursprung politischer Verfaßtheit; denn diese Entscheidung setzt ihrerseits schon elementare organisatorische Strukturen und Verfahrensregeln voraus, die als Grundlagen jener Entscheidung gleichfalls akzeptiert sein müssen, wie etwa die Regel, daß die mit (einfacher oder qualifizierter?) Mehrheit zu treffende Entscheidung verbindlich sein solle.

Diese verfassungstragende Akzeptanz bildet auch im historischen Ablauf die wesentliche Grundlage für die Legitimität einer Verfassungsordnung; ihr gegenüber verliert auch die Frage nach der ursprünglichen Legitimität der Verfassunggebung an Bedeutung: „For the Legislator is he, not by whose authority the Lawes were first made, but by whose authority they now continue to be Lawes" (Th. Hobbes, Leviathan, Kap. 26).

Von der Verfassunggebung, die sich durch den pouvoir constituant vollzieht und keinen positiv-rechtlichen Bindungen unterliegt, unterscheiden sich bloße Verfassungsrevisionen: Dies sind legale Verfassungsänderungen, für welche die Ermächtigung, das Verfahren und die Grenzen durch die bestehende Verfassung vorgegeben sind; sie vollziehen sich somit durch „konstituierte Gewalten". Sind Schranken der Verfassungsrevision nicht in der Verfassung selbst genannt, so gelten gleichwohl ungeschriebene Grenzen; denn ein von der verfassunggebenden Gewalt bestelltes Staatsorgan kann verständigerweise nicht als ermächtigt gelten, die Grundlagen der Verfassungsordnung – wie solche z. B. in Art. 79 Abs. 3 des Bonner Grundgesetzes zum Ausdruck gebracht sind – umzustoßen oder die staatliche Existenz aufzugeben (vgl. C. Schmitt VL, 102 ff.).

Souveränität bedeutet völlige, Organsouveränität weitgehende Freistellung von rechtlicher Bedingtheit und Beschränkung der Entscheidungsmacht. Durch die tatsächlichen, insbesondere die machtpolitischen Gegebenheiten werden aber auch die verfassunggebende Gewalt und der Inhaber staatlicher Kompetenzenhoheit faktisch in ihren Entscheidungsmöglichkeiten eingeschränkt. Wenn die tatsächlichen Umstände, insbesondere die internationalen Abhängigkeiten (§ 10 I), ihnen generell die Chance nehmen, bestimmte Regelungen durchzusetzen, beschneiden sie ihnen im gleichen Maße auch die Regelungsmacht: Eine Befugnis, rechtwirksam zu handeln, geht immer nur so weit, wie die generelle Chance ihrer wirksamen Durchsetzung reicht (Zippelius RS, § 11).

3. Die „Einheit der Rechtsordnung". Ausprägungen der Souveränität sind das Monopol legitimer physischer Gewalt (I) und die rechtliche Einheit der Staatsgewalt. Diese bedeutet nicht, daß eine Zentralinstanz alle verbindlichen Regelungen selbst zu treffen hätte (§ 3 III 2), wohl aber, daß es im Staatsgebiet keine hoheitlichen Regelungsbefugnisse gibt, die der Staatsgewalt gegenüber eigenständig wären (§ 8 I 2). In einem souveränen Staat können daher nichtstaatliche Institutionen (z. B. Religionsgemeinschaften) hoheitliche Kompetenzen nur dann ausüben, wenn diese ihnen durch Staatsorgane zugewiesen wurden, und zwar unter Fortbestand der staatlichen Verfügungsgewalt. Gibt es im Staatsgebiet eigenständige hoheitliche Kompetenzen, über die der Staat nicht verfügen kann, so fehlt diesem ex definitione die Kompetenzenhoheit und damit die Souveränität.

Das Recht soll sich zu einer widerspruchsfreien und funktionsfähigen Verhaltensordnung zusammenfügen. Dem dient eine abgestufte Ordnung der Kompetenzen (Regelungsbefugnisse), einschließlich einer Letztentscheidungskompetenz, und – damit verbunden – eine Rangordnung der Normen; all dies wurde schon dargestellt (§§ 3 III 3; 8 I 2).

Die Funktionen der Gesetzgebung, der Verwaltung und der Rechtsprechung können zwar auf verschiedene Staatsorgane verteilt sein, auch in der Weise, daß ein System von checks and balances entsteht (§ 31 II); doch auch bei solcher Gewaltenteilung müssen die einzelnen Gewalten rechtlich und funktionell koordiniert sein: Die vollziehende Gewalt und die Rechtsprechung sind an die Gesetze zu binden. Durch den Vorrang des Gesetzes ist Widersprüchen zwischen generellen Normen und Einzelentscheidungen vorzubeugen. Durch den Vorbehalt des Gesetzes (§ 30 I) wird eine wichtige kooperative Verknüpfung zwischen dem Erlaß genereller Normen (Gesetzgebungsfunktion) und deren konkretisierendem Vollzug – also zwischen „programmierenden" und „programmierten" Entscheidungen – hergestellt.

Mit der „Einheit" einer rechtlichen Ordnung ist eine Vielfalt rechtlicher „Subsysteme" vereinbar, die in ein übergreifendes System einer „Steuerung der Selbststeuerung" eingefügt sind (§ 3 III 3). Auch ein Bundesstaat ist konstruierbar, dergestalt, daß eine gesamtstaatliche Verfassung die staatlichen Kompetenzen auf Gliedstaaten und Zentralorgane des Gesamtstaates so verteilt, daß ein „Dualismus von Entscheidungszentren" entsteht (IV). In verschiedenen Ländern können dann

z. B. unterschiedliche Gemeindeordnungen, Polizeigesetze oder Forstgesetze erlassen werden; die Kompetenzenordnung ist aber auch hier so zu gestalten, daß die auf ihrer Grundlage entstehenden Rechtspflichten sich nicht widersprechen.

Über das zentrale staatliche Kompetenzenschema, das diese Kompetenzen begründet, verteilt und koordiniert, kann aber nur zentral disponiert werden. Sofern das nicht durch einen revolutionären Akt, sondern durch Verfassungsrevision, also in einem verfassungsrechtlichen Verfahren geschieht, ist es aber denkbar, daß auch diese höchste rechtliche Regelungskompetenz nur durch Zusammenwirken mehrerer Beteiligter, z. B. zweier Kammern einer gesetzgebenden Körperschaft, ausgeübt werden kann. Es ist also nicht notwendig, daß die (legale, s. o. 2) Kompetenzenhoheit bei einem einzigen Staatsorgan oder gar bei einer bestimmten Person konzentriert ist (s. o. 1; zu dieser Streitfrage: Bodin 1576, I 10, II 1, 6, 7; Hobbes, Leviathan, Kap. 18 f., 29; Rousseau, Contrat social, II 2, aber auch III 16).

Souveränität und Einheit der Staatsgewalt sind keine schlechthin notwendigen Merkmale politischer Gemeinwesen, sondern Ergebnisse einer historischen Entwicklung (II), die im weiteren Verlauf auch wieder in Frage gestellt werden können, etwa dadurch, daß supranationale Organisationen mit Kompetenzen ausgestattet werden, die in das Recht ihrer Mitgliedstaaten hineinwirken (§ 10 I 2, III).

Auch **in supranationalen Gemeinschaften** soll aber die Rechtssicherheit erhalten bleiben. Daher sind die staatlichen und die supranationalen Kompetenzen in rechtlich definierter Weise so zu verteilen und zu koordinieren, daß die Rechtspflichten, die in den Gemeinschaften begründet werden, sich widerspruchsfrei zu einer funktionsfähigen Verhaltensordnung zusammenfügen (§§ 3 III 4; 8 I 2; zu der ähnlichen Problematik im Bundesstaat s. u. IV).

Auch bei Kompetenzkonflikten zwischen staatlicher und supranationaler Regelungsgewalt taucht die Frage nach der Letztentscheidungskompetenz auf. Diese ist der Prüfstein dafür, ob die Souveränität bei den Mitgliedstaaten verblieben oder bereits abgewandert ist (§ 8 II 2): Wer definitiv und effizient (§ 10 III) über solche Kompetenzkonflikte entscheidet, übt ein zwar nur partielles, aber wichtiges Souveränitätsrecht aus.

IV. Die Staatsgewalt im Bundesstaat

Literatur: Wie zu § 39 I; *Jellinek,* 502 ff., 769 ff.; *Kelsen* AStL, § 30 C; *Nawiasky* III, 151 ff.; *Scheuner* St, 415 ff.; *M. Welan, F. Koja u. a.,* Theorie und Praxis des Bundesstaates, 1974, 61 ff.; *O. Beaud,* Förderalismus und Souveränität, in: Der Staat, 1996, 45 ff.; *H. J. Boehl,* Verfassunggebung im Bundesstaat, 1997, 132 ff.; *A. Dittmann,* in: HdStR, § 127; *R. Bartlsperger,* in: HdStR, § 128.

Der Bundesstaat ist eine staatsrechtliche Verbindung von Staaten, in welcher auch der organisierte Staatenverband selbst (der Bund) die Qualität eines Staates hat. Im Bundesstaat verteilt die gesamtstaatliche Verfassung die Gesamtheit der staatlichen Aufgaben und Befugnisse zwischen den Zentralorganen des Bundes („Bundesorganen") und den Ländern, und zwar so, daß keine dieser Gewalten die Kompetenzenhoheit, d. h. eine übergeordnete Regelungsmacht erhält. Die Zentralorgane des Bundes teilen sich also mit den gliedstaatlichen Organen in alle die Kompetenzen, die im Einheitsstaat einer einheitlichen staatlichen Organisation zufallen (BVerfGE 13, 77). Wesentliches Merkmal des Bundesstaates ist es somit, daß die verfassungsrechtliche Kompetenzenhoheit (III 2) weder bei den Zentralorganen des Bundes noch bei den Ländern liegt. Beide üben eine die Bürger unmittelbar erfassende Staatsgewalt aus, und zwar je auf den Aufgabengebieten, welche die gesamtstaatliche Verfassung ihnen zuweist. Wie auch immer die Entstehung eines Bundesstaates beginnt, im Ergebnis und verfassungssystematisch sind nicht nur die Kompetenzen der Zentralorgane des Bundes, sondern auch die Länderkompetenzen als Gewalten zu begreifen, welche durch die gesamtstaatliche Verfassung konstituiert sind.

Der in der gesamtstaatlichen Verfassung begründete Dualismus von Entscheidungszentren – der Zentralorgane und der Länderorgane – unterscheidet den Bundesstaat vom Einheitsstaat und vom Staatenbund: Besäßen die Zentralorgane des Bundes die Kompetenzenhoheit, könnten sie also die Kompetenzen der Gliedstaaten uneingeschränkt beschneiden oder auch ganz aufheben, so wäre der Gesamtstaat nichts anderes als ein dezentralisierter Einheitsstaat, aber kein staatliches Gefüge eigener Art. – Hätten umgekehrt die Länder die Kompetenzenhoheit, so könnten sie sich nach ihrer freien Entscheidung den Kompetenzen des Bundes entwinden, was aber der politischen Eigenart des Bundesstaates wiederum nicht entspräche. – Der politische Tatbestand, den man als „Bundesstaat" bezeichnet, hat seine Eigenart gerade darin, daß die Gliedstaaten weder der Entscheidung der Zentralorgane schlechthin ausgeliefert sind, noch staatliches Eigenleben uneingeschränkt nach Belieben für sich in Anspruch nehmen können. – Gleichwohl bleibt die Frage nach der Letztentscheidungskompetenz, und zwar dann, wenn zwischen den Ländern und den Zentralorganen des Bundes Kompetenzkonflikte entstehen. Diese bleiben dort möglich, wo die in der gesamtstaatlichen Verfassung vorgesehene Kompetenzverteilung nicht eindeutig ist. Die Entscheidung über solche Konflikte kann legalerweise etwa einem Verfassungsgericht oder auch einem Akt der Verfassungsgesetzgebung übertragen sein.

Dem Anteil an der gesamtstaatlichen Staatsgewalt, der den Ländern zukommt, entspricht es, daß diese sich in eigener demokratischer Legitimation (§ 23 III) eine Verfassung geben können. Auch können sie, ihrem Organisationsgrad entsprechend, in völkerrechtliche Beziehungen zu anderen Völkerrechtssubjekten treten (§ 10 I 1).

§ 10. Staatsgewalt und internationale Ordnung

Literatur: Wie zu § 40; *H. Kelsen*, Das Problem der Souveränität und die Theorie des Völkerrechts, 1920, ²1928; *H. Heller*, Die Souveränität, 1927, 118ff.; *R. v. Laun*, Der Wandel der Ideen Staat und Volk, 1933, 13ff.; *H. Krüger, G. Erler*, Zum Problem der Souveränität, in: Berichte der Deutschen Gesellschaft f. Völkerrecht I (1957), 29ff.; *K. Vogel*, Die Verfassungsentscheidung des GG für eine internationale Zusammenarbeit, 1964; *Bleckmann*, 200ff., 488ff.; *Verdroß/Simma*, 25ff., 53ff., 538ff.; *R. Schmidt, C. Tomuschat*, Der Verfassungsstaat im Geflecht der internat. Beziehungen, VVDStRL 36 (1978); *W. Rudolf*, Wandel des Staatsbegriffs im Völkerrecht?, 1986; *Koja*, 34ff., 53ff.; *J. Kokott, Th. Vesting*, Die Staatsrechtslehre und die Veränderung ihres Gegenstandes: Konsequenzen von Europäisierung und Internationalisierung, VVDStRL 63 (2004), S. 7ff., 41ff.

I. Das Problem der äußeren Souveränität

Literatur: *Dahm*, §§ 23ff.; *H. Quaritsch*, Souveränität, 1986, 103ff.; *A. Randelzhofer*, in: HdStR, § 17 C; *Doehring* AStL, Rdn. 265ff.; *U. Fink*, Legalität und Legitimität von Staatsgewalt im Lichte neuerer Entwicklungen im Völkerrecht, JZ 1998, 330ff.

Zu 1: *B. Faßbender*, Die souveräne Gleichheit der Staaten – ein angefochtenes Grundprinzip des Völkerrechts, APuZ 2004, B 43, S. 7ff.; *ders.*, Der offene Bundesstaat. Studien zur auswärtigen Gewalt und zur Völkerrechtssubjektivität bundesstaatlicher Teilstaaten in Europa, 2007.

Zu 2: *H. Huber* Aufs., 601ff.; *J. Isensee*, Weltpolizei für Menschenrechte, JZ 1995, 421ff.; *H. Gading*, Der Schutz grundlegender Menschenrechte durch militärische Maßnahmen des Sicherheitsrates – das Ende staatlicher Souveränität? 1996, S. 182ff.; *St. Hobe*, Der offene Verfassungsstaat zwischen Souveränität und Interdependenz, 1998; *H. Wilms*, Der Kosovo-Einsatz und das Völkerrecht, ZRP 1999, 227ff.; *Ch. Hillgruber*, Humanitäre Intervention, in: Der Staat, 2001,

165 ff.; *Ch. Seiler*, Der souveräne Verfassungsstaat zwischen demokratischer Rückbindung und überstaatlicher Einbindung, 2005; *K. F. Gärditz*, Weltrechtspflege: Eine Untersuchung über die Entgrenzung staatlicher Strafgewalt, 2006.

1. Unter der Idee der absoluten Souveränität. Kennzeichen der Souveränität sind aus innerstaatlicher Sicht Kompetenzhoheit und Einheit der Staatsgewalt (§ 9 III). In diesen drückt sich die Konsolidierung der Staatsgewalt aus. Sie ermöglicht es, das politische Gemeinwesen als rechtliche „Entscheidungs- und Wirkungseinheit" zu begreifen. Dieser Tatbestand ist auch für die zwischenstaatlichen Beziehungen von Bedeutung: Als rechtliche Entscheidungs- und Wirkungseinheit kann die politische Gemeinschaft auch Adressat völkerrechtlicher Pflichten und Inhaber völkerrechtlicher Rechte sein. Es liegt nun nahe, zu sagen: Die Konsolidierung der Staatsgewalt begründe nicht nur diese rechtliche Konstruktionsmöglichkeit, sondern sei auch die faktische Bedingung dafür, daß völkerrechtliche Pflichten, die ein politisches Gemeinwesen eingeht, verläßlich erfüllt werden können. Demgemäß wurde in der Zeit des „klassischen" Völkerrechts überwiegend die Ansicht vertreten, die Völkerrechtsfähigkeit hänge mit der „innerstaatlichen" Seite der Souveränität zusammen: Subjekte des Völkerrechts seien die souveränen Staaten.

Doch ist dem Bedürfnis nach einer funktionsfähigen Völkerrechtsordnung bereits genügt, wenn deren Subjekte diejenigen Kompetenzen besitzen, die zur Erfüllung der völkerrechtlichen Verpflichtungen erforderlich sind, und einen Organisationsgrad haben, der die Erfüllung der völkerrechtlichen Verpflichtungen gewährleistet. Diesen Bedingungen entspricht z. B. Art. 32 Abs. 3 des Bonner Grundgesetzes. Hiernach können die Bundesländer, soweit sie für die Gesetzgebung zuständig sind, mit Zustimmung der Bundesregierung völkerrechtliche Verträge abschließen. Beschränkt völkerrechtsfähig können ferner internationale Organisationen sein (§ 40 I), auch wenn sie gegenüber ihren Mitgliedstaaten nicht über eine uneingeschränkte Durchsetzungsmacht verfügen.

Als wesentliches „Souveränitätsrecht" spielt unter völkerrechtlichem Aspekt vor allem die Unabhängigkeit von außerstaatlichen Gewalten (§ 9 II, III) eine Rolle. Dem entspricht es, daß in einem souveränen Staat keine eigenständigen rechtlichen Kompetenzen eines anderen Staates ausgeübt werden können (§ 9 III 3). Aber auch sonst gilt der Grundsatz der Nichteinmischung in die inneren Angelegenheiten eines anderen Staates (Art. 2 Nr. 7 der UNO-Satzung). Dieses Interventionsverbot konnte vor dem historischen Hintergrund etwa des Dreißigjährigen Krieges als unverzichtbares Element der Staatlichkeit erscheinen. Es unterliegt allerdings auch heute noch, ja gerade heute wieder, verschiedenen Einschränkungen. Vor allem haben die zwischenstaatlichen Verflechtungen das Interventionsverbot aufgelockert (2).

Eine andere Seite der „Absolutheit" ist die volle und gleiche Rechts- und Handlungsfähigkeit aller souveränen Staaten bei der Begründung völkerrechtlicher Verbindlichkeiten. Ihr entspricht der koordinationsrechtliche Charakter des Völkerrechts. Demgemäß bestimmt etwa Art. 2 Nr. 1 der UNO-Satzung: „Die Organisation ist auf das Prinzip der souveränen Gleichheit all ihrer Mitglieder gegründet." Die Bedeutung dieser völkerrechtlichen Gleichheit erschöpft sich allerdings darin, die bloße Völkerrechtssubjektivität und die gleichmäßige Geltung allgemeiner Völkerrechtssätze für alle Staaten zu bezeichnen. Die rein formelle Gleichberechtigung erscheint jedoch auch im Völkerrecht leicht als bloße Fassade, wenn hinter ihr nicht ein annähernd gleiches machtpolitisches Potential steht.

2. Von der Souveränität zur Interdependenz. Die zunehmenden Interdependenzen zwischen den Mitgliedern der Völkergemeinschaft haben dazu geführt, daß der Grundsatz der Nichteinmischung heute fortschreitend eingeschränkt wurde. So dürfen die Vereinten Nationen gegen unerlaubte zwischenstaatliche Aggressionen einschreiten (Art. 2 Nr. 4, 39 ff. der UNO-Satzung). Darüber hinaus nimmt die Völkergemeinschaft – wenn auch nicht immer effektiv – das Recht in Anspruch, gegen grobe Menschenrechtsverletzungen zu intervenieren, wobei dieser Menschenrechtsschutz in ein Spannungsverhältnis nicht nur zum Interventions-, sondern auch zum Gewaltverbot (Art. 2 Nrn. 4 und 7 der UNO-Satzung) treten kann. Zwar hat die UNO-Satzung gewaltsame Interventionen mit rechtlichen Bindungen versehen: insbesondere in Gestalt von Verfahrensregeln, die Eingriffe in einen Staat einer Vorentscheidung und Kontrolle des Sicherheitsrates unterwerfen. Dieser Versuch einer Selbstdomestikation der Völkergemeinschaft ist ein tastender Schritt auf dem Wege zur Zivilisierung der Menschheit. Die Durchbrechungen der genannten völkerrechtlichen Verfahrensregeln im Kosovokrieg 1999 und im Irakkrieg 2003 wecken jedoch Zweifel, ob diese prozedurale Zivilisierung von Interventionen auf Dauer gelingt.

Die Ausstattung supranationaler Organisationen mit Kompetenzen, die in das Recht der Mitgliedstaaten hineinwirken (III), hat zu Einbrüchen in den traditionellen staatlichen Kompetenzenbereich und insgesamt zu einem Wandel des Staatsverständnisses geführt: Das Modell der Staaten als „geschlossener" Systeme von Hoheitsrechten wird abgelöst durch ein Modell internationaler Interdependenzen und internationaler Kooperation der Staaten, das auch vor den Hoheitsrechten dieser Staaten nicht haltmacht. In einzelnen Großregionen nähert man sich auf solche Weise „föderativen" Strukturen bei der Bereinigung von Interessenkonflikten und bei der Abstimmung und Durchsetzung von politischen Zielen (III; IV).

Es ist schließlich auch vorstellbar, daß mit einer fortschreitenden Organisierung der Völkergemeinschaft völkerrechtliche Verhaltensregeln zunehmend die Effektivität gewinnen, sich grundsätzlich gegen widersprechendes innerstaatliches Recht durchzusetzen. Die völkerrechtswidrigen innerstaatlichen Normen würden dann die sichere Chance einer geregelten Durchsetzung verlieren. Damit wäre eine Stufe erreicht, die aus dem Dualismus von innerstaatlichem Recht und Völkerrecht (II 3) heraus- und zu einer effektiven, homogenen, überstaatlichen Rechtsordnung hinführt (II 2). Am Ende dieses Weges wäre die Völkergemeinschaft zu einer „staatlichen", organisierten Rechtsgemeinschaft geworden, zu einem „Weltstaat", mit den Chancen und Risiken, die eine solche Machtkonsolidierung mit sich brächte (IV).

Schon bevor solch ein höchst problematischer Schritt zur „Staatlichkeit" der Völkergemeinschaft vollendet wird, kann ein Teil legitimer Gewalt (§ 9 I) auf die internationale Gemeinschaft übergehen, wenn diese nicht nur den völkerrechtlichen Auftrag, sondern auch die Durchsetzungsmacht gewinnt, effektiv gegen zwischenstaatliche Aggressionen, Bürgerkriege, massive Völkerrechtsverletzungen, Verbrechen gegen die Menschlichkeit und internationales Verbrechertum vorzugehen. Der Weg dorthin kann über ein Zusammenwirken von Staaten führen, die sich zu befriedenden Maßnahmen oder zur Verbrechensbekämpfung zusammenschließen. Zur Zeit befindet man sich in diesem Feld noch auf der Stufe tastenden Experimentierens, wie das Eingreifen in Jugoslawien und in Afghanistan gezeigt hat.

Eine internationale Strafgewalt hat man nach dem Zweiten Weltkrieg – nach dem Modell der Nürnberger und der Tokioter Prozesse – wiederholt in Anspruch genommen. Hier ging es darum, auch Repräsentanten nationaler Staatsgewalt wegen Kriegsverbrechen, Völkermord und Verbrechen gegen die Menschlichkeit zur Verantwortung zu ziehen, um elementare Rechtgrundsätze ohne Ansehen der Staatsgewalt, kraft deren diese Verbrechen begangen wurden, durchzusetzen. In wirksamer Weise geschah dies aber nur, wenn und nachdem die Mächtigen entmachtet waren. – Im herkömmlichen Rahmen völkerrechtlicher Selbstbindung hält sich hingegen der multilaterale Vertrag vom 17. Juli 1998 (BGBl. 2000 II, 1394), durch den sich die Vertragsstaaten verpflichten, einem Internationalen Strafgerichtshof solche Personen zu überlassen, die Kriegsverbrechen, Völkermord oder Verbrechen gegen die Menschlichkeit begangen haben, sofern die Staaten diese Verbrechen nicht selber ahnden (dazu Ges. v. 26. 6. 2002, BGBl. I, 2254).

II. Staatsgewalt und völkerrechtliche Bindungen

Literatur: *H. Triepel*, Völkerrecht und Landesrecht, 1899; *A. Merkl*, Hans Kelsens System einer Reinen Rechtstheorie, AöR 41 (1921), 171 ff.; *G. A. Walz*, Völkerrecht und staatliches Recht, 1933; *Dahm*, §§ 3 II 1, 9 f.; *H. Wagner*, Monismus und Dualismus, AöR 89 (1964), 212 ff.; *W. Rudolf*, Völkerrecht und deutsches Recht, 1967, 128 ff.; *M. Schweitzer*, Staatsrecht III, 5. Aufl. 1995, Rdn. 20 ff., 307 ff.; *Doehring* VR, Rdn. 696 ff.; *Ch. Amrhein-Hofmann*, Monismus und Dualismus in den Völkerrechtslehren, 2003.

Über das Verhältnis von Staatsrecht und Völkerrecht hat man im Laufe der Geschichte verschiedene Ansichten entwickelt:

1. Die alleinige Existenz staatlichen Rechts. Man hat einst die These vertreten, es gebe strenggenommen überhaupt nur staatliches Recht. Von dieser Lehre sind zwei Fassungen denkbar: In radikaler Wendung wollte man das Vorhandensein zwischenstaatlicher Rechtsverbindlichkeiten überhaupt leugnen (vgl. Laun 1933, 17 f.). Genau genommen läge dann in einem völkerrechtlichen Vertrag eine bloße Erklärung über ein derzeit beabsichtigtes künftiges Verhalten des Staates. Dieses Modell entspricht aber nicht dem allgemein herrschenden Verständnis völkerrechtlicher Verträge. Diese haben nicht den Sinn bloß tatsächlicher Erklärungen über ein beabsichtigtes Verhalten, sondern den Sinn einer Verpflichtung. Bei ihrer Nichteinhaltung werden sie nicht wie falsche Wettervorhersagen als unzutreffende Tatsachenaussagen betrachtet. Vielmehr erscheint ihre Verletzung als rechtswidrige Handlung und wird als Rechtsgrund für völkerrechtliche Sanktionen angesehen.

Eine weniger extreme Auffassung wollte nicht jede Rechtsverbindlichkeit leugnen, aber in der völkerrechtlichen Bindung ausschließlich eine staatliche Selbstbindung sehen (vgl. Dahm, § 3 II 1 a). Diese Theorie mochte ein historisches Beispiel in Abmachungen wie dem Wormser Konkordat (1122) suchen, das formell aus zwei Urkunden bestand: dem Privilegium Henrici (das den Verzicht Heinrichs V. auf die Investitur in die spiritualia und das Zugeständnis freier Bischofswahl und Bischofsweihe enthielt) und dem Calixtinum mit den Zugeständnissen des Papstes Calixtus II. Indessen hat nach heutigem Verständnis eine völkerrechtliche Bindung ihren Rechtsgrund nicht in einer bloßen Selbstverpflichtung des Völkerrechtssubjekts; sondern diese gewinnt ihre zwischenstaatliche Verbindlichkeit durch eine vorgegebene Regel, nach welcher Verträge, wenn sie abgeschlossen werden, auch gehalten werden müssen (pacta sunt servanda). Es liegt in der völkerrechtlichen Bindung also ein heteronomes Element, das über die Sphäre der eigenen Rechtsordnung und rechtlichen Dispositionsmacht des einzelnen Staates hinausgeht (vgl. § 9 III 2). Darum steht eine völkerrechtliche Verpflichtung von Rechts wegen nicht zur Disposition des Staates; es liegt hier also anders als bei innerstaatlichem Recht, über das der Staat legalerweise verfügen darf.

2. Der Primat des Völkerrechts. Nach der Lehre vom Primat des Völkerrechts besteht eine homogene Rechtsordnung. Die oberste Stufe bilden hiernach nicht vom Staat erlassene Normen, sondern Normen überstaatlichen Rechts. Die Normen des Völkerrechts gelten mit unmittelbar innerstaatlicher Wirkung und mit der Folge, daß innerstaatliche Gesetze, die dem Völkerrecht widersprechen, ungültig sind. Der Staat besitzt also nur eine relativ höchste rechtliche Kompetenz: Nur im Verhältnis zu den innerstaatlichen Mächten hat er die höchste Gewalt, steht aber seinerseits unter den rechtlichen Bindungen des Völkerrechts, und zwar mit unmittelbar innerstaatlicher Wirkung (Kelsen 1928, 146 ff.).

Diese Lehre ist zwar in sich widerspruchsfrei. Aber sie stimmt, von einzelnen Einbrüchen in den staatlichen Kompetenzenbereich (I 2) abgesehen, mit der gegenwärtigen Rechtswirklichkeit nicht überein. Als Prüfstein dafür kann die Tatsache dienen, daß ein völkerrechtlicher Vertrag ein mit ihm unvereinbares Gesetz eines Vertragspartners innerstaatlich nicht ungültig macht. Nach der in der Staatengemeinschaft immer noch wirksamen und praktizierten Rechtsauffassung sind vertragswidrige staatliche Normen nicht ungültig, sondern haben innerstaatliche Verbindlichkeit (Dahm, § 9 II 2). Dem Vorrang des Völkerrechts fehlt also derzeit jedenfalls die volle Effektivität. Die Lehre vom Primat des Völkerrechts ist somit zwar ein denkbares, aber nicht das der jetzigen Rechtswirklichkeit entsprechende Modell des Verhältnisses zwischen Völkerrecht und innerstaatlichem Recht.

3. Die dualistische Theorie. So bleibt schließlich nur eine dualistische Theorie. Nach ihr begründet das Völkerrecht Verbindlichkeiten nur für Staaten und andere Völkerrechtssubjekte. Das schließt nicht aus, daß solche Verbindlichkeiten zugunsten Einzelner, z.B. Kriegsgefangener, einzuhalten sind. Aber Völkerrecht gilt nicht unmittelbar als innerstaatliches Recht, das effektiven Vorrang vor anderem innerstaatlichen Recht besäße. Innerstaatliche Rechtsgeltung erlangt das völkerrechtlich Vereinbarte erst durch den hierauf gerichteten Rechtsakt des gesetzgebenden (oder verfassunggebenden) Staatsorgans (BVerfGE 111, 318 f.). Diesen konstitutiven Akt kleidet man teils in das Bild einer Umformung (Transformation) des völkerrechtlichen Vertragsinhalts in innerstaatliches Recht, teils in das eines staatsrechtlichen Vollzugsbefehls, nach welchem der völkerrechtliche Vertragsinhalt innerstaatlich zu beachten ist. Diese Verleihung innerstaatlicher Verbindlichkeit kann gesondert für jeden völkerrechtlichen Vertrag erfolgen. Sie kann aber auch generell, z.B. durch staatliches Verfassungsrecht, geschehen: wenn dieses etwa vorschreibt, daß die im Namen des Staates abgeschlossenen Verträge gesetzlich verbindlich sind (so z.B. Art. VI Abs. 2 der Verfassung der USA; ähnlich – aber beschränkt auf die allgemeinen Regeln des Völkerrechts – Art. 25 des Bonner Grundgesetzes). Bringt ein Staat sein innerstaatliches Recht nicht in Einklang mit seinen völkerrechtlichen Verträgen, so verletzt er nach dieser Theorie zwar seine völkerrechtlichen Pflichten, woran sich die spezifisch völkerrechtlichen Sanktionen knüpfen; aber die innerstaatliche Gültigkeit seines Rechts wird davon nicht berührt. Diese Auffassung entspricht der derzeit herrschenden Staatenpraxis.

Die völkerrechtliche Bindung hingegen kann der Staat durch keine wie auch immer geartete Ausgestaltung seines innerstaatlichen Rechts, auch nicht seiner Verfassung, abstreifen. Völkerrechtlich bleibt er gehalten, sein Recht mit seinen völkerrechtlichen Verpflichtungen in Einklang zu bringen. Diese Gleichgültigkeit der völkerrechtlichen Verpflichtung gegenüber dem innerstaatlichen Recht liefert keinen Einwand gegen den Dualismus, sondern liegt gerade in dessen Begriff.

III. Staatsgewalt und zwischenstaatliche Integration

Literatur: Wie zu § 40; *G. Erler, W. Thieme*, Das Grundgesetz und die öffentliche Gewalt internat. Staatengemeinschaften, VVDStRL 18 (1960), 7 ff., 50 ff.; *Seidl-Hohenveldern/Loibl*, IO, Rdn. 0107,

0307 ff., 1701–1729; *A. Schmitt Glaeser,* Grundgesetz und Europarecht als Elemente Europäischen Verfassungsrechts, 1996; *R. Wahl,* Der offene Staat und seine Rechtsgrundlagen, JuS 2003, 1145 ff.; *Ph. Genschel, B. Zangl,* Die Zerfaserung von Staatlichkeit, APuZ 2007, 20–21, S. 10 ff.; *G. H. Roth,* in: ders. (Hg), Der EuGH und die Souveränität der Mitgliedstaaten, 2008, S. 561 ff.

Zwischenstaatliche Integrationsprozesse können zu Einbrüchen in den traditionellen Kompetenzenbereich der Staatsgewalt führen (§ 9 II, III 3). Eine solche Entwicklung kann damit beginnen, daß supranationale Organisationen mit Hoheitsrechten ausgestattet werden, wie das in neueren Verfassungen verschiedentlich vorgesehen wird (z. B. in Art. 23 Abs. 1, 24 Abs. 1 des deutschen Grundgesetzes). Die Mitgliedstaaten überlassen es in solchen Fällen der supranationalen Organisation, gewisse Regelungsbefugnisse (Kompetenzen) in ihren Territorien mit unmittelbar innerstaatlicher Wirkung auszuüben. Auch durch einen stillen Wandel des Rechts kann sich Regelungsmacht von den Mitgliedstaaten hin zu den supranationalen Organisationen verschieben, wenn die Mitgliedstaaten es hinnehmen, daß diese Organisationen ihre Kompetenzen extensiv beanspruchen. Wollen die Mitgliedstaaten „Herren der Verträge" bleiben, müssen sie also darauf achten, daß die Kompetenz-Kompetenz auch nicht durch solchen stillen Wandel zu den supranationalen Organen abwandert (BVerfG, U. v. 30. 6. 2009,[1] Abs. 231, 239).

Die Ausstattung supranationaler Organisationen mit Kompetenzen kann man auf verschiedene Weise konstruieren: Man kann die Gründung supranationaler Gemeinschaften als einen Gesamtakt ansehen, aus dem eine eigenständige, völkerrechtsfähige Organisation hervorgeht, vergleichbar etwa der Entstehung eines Bundesstaates durch den Zusammenschluß mehrerer Staaten. Man kann sich weiter vorstellen, daß die Mitgliedstaaten hierbei der supranationalen Organisation einen staatlichen Kompetenzenbereich eröffnen, innerhalb dessen die Organisation eine zwar begrenzte (BVerfGE 89, 188, 192 ff.), aber originäre Regelungsgewalt ausüben kann (vgl. BVerfGE 22, 296; 73, 374 f.). Es wäre aber auch vorstellbar, daß die Mitgliedstaaten der von ihnen geschaffenen Organisation einzelne ihrer „staatlichen" Kompetenzen zur Ausübung an Stelle des Staates übertragen. Und es wäre schließlich auch denkbar, die Anordnungen supranationaler Organisationen als völkerrechtliche Akte anzusehen, deren innerstaatliche Verbindlichkeit auf einer antizipierten generellen Transformation oder einem antizipierten generellen Vollzugsbefehl (II 3) beruhen würde; diese Konstruktion hielte sich noch ganz im Rahmen des herkömmlichen dualistischen Schemas.

Auch wenn man einer der ersten beiden Konstruktionen folgt, muß dadurch nicht ohne weiteres die Kompetenzenhoheit der Mitgliedstaaten aufgelöst werden (zur Stellung Deutschlands in der Europäischen Union: BVerfGE 89, 186 f., 189 f.; insbesondere zum „Souveränitätsvorbehalt": BVerfGE 111, 319). Wichtig für die Erhaltung der staatlichen Selbstgestaltungsfähigkeit ist insbesondere die Verfügung über die fiskalischen Grundentscheidungen (also über öffentliche Einnahmen und Ausgaben), ferner die sozialstaatliche Gestaltung von Lebensverhältnissen und die kulturell grundlegenden Entscheidungen, zumal über das Familienrecht, über das Schul- und Bildungswesen und über das Verhältnis zu religiösen Gemeinschaften. Entscheidend ist vor allem die Wahrung des staatlichen Gewaltmonopols (also die Verfügung über innerstaatliche Zwangsgewalt und militärische Auslandseinsätze) (BVerfG, U. v. 30. 6. 2009, Abs. 252). Solange die Mitgliedstaaten einer staatsübergreifenden Organisation den Vollzug der von dieser erlassenen Normen und Anordnungen (ungeachtet völkerrechtlicher Sanktionen) faktisch wirksam verweigern

---

[1] NJW 2009, 2267 ff.

können, sind sie noch im Vollbesitz ihrer Souveränität, d. h. der effektiven Fähigkeit, Staatsgewalt umfassend auszuüben (§§ 8 I 1; 9 II).

Ein Kriterium dafür, ob ein Mitgliedstaat sich noch im Vollbesitz seiner Staatsgewalt befindet, ist auch die Sezessionsmöglichkeit (Erler 1960, 18), d. h. seine Fähigkeit, nach eigener Entscheidung sein Territorium und dessen Bewohner wirksam wieder voll unter eigene staatsrechtliche Regie zu nehmen: Solange den Mitgliedstaaten die faktische Möglichkeit einer Sezession verbleibt, ist einerseits für sie im Prozeß der Auflösung ihrer Kompetenzenhoheit ein „point of no return" noch nicht erreicht und hat andererseits der Staatenverbund die Schwelle zur Staatlichkeit noch nicht überschritten (vgl. BVerfGE 89, 190 und U. v. 30. 6. 2009 Abs. 233). Ob eine Sezessionsmöglichkeit besteht, muß nicht in gleicher Weise entschieden werden wie im nordamerikanischen Sezessionskrieg. Sie kann einem Staat auch durch einen unentrinnbaren faktischen Zwang – etwa durch zwischenstaatliche Interdependenzen – genommen sein, selbst dann, wenn sie rechtlich vorgesehen ist.

Vergleichsweise undramatisch wird die Frage effektiver Letztentscheidungskompetenz bereits sichtbar, wenn zwischen Organen (z. B. obersten Gerichten) der Mitgliedstaaten und solchen des Staatenverbundes ein Kompetenzkonflikt entsteht (§ 9 III 3).

IV. Ende der Einzelstaatlichkeit?

Literatur: W. *Link,* Die Neuordnung der Weltpolitik, 1998, ³2001; *Th. Benner u. a.,* Global Public Policy, ZfPol 2001, 359 ff.; *U. Di Fabio,* Der Verfassungsstaat in der Weltgesellschaft, 2001; *Ch. Hillgruber,* Kontinuität und Wandel in der Entwicklung des Völkerrechts, in: P. Ch. Müller-Graf u. a. (Hg), Recht und Rechtswissenschaft, 2001, 117 ff.; *R. Wahl,* Der einzelne in der Welt jenseits des Staates, in: Der Staat, 2001, 45 ff.; *H. Steiger,* Geht das Zeitalter des souveränen Staates zu Ende? in: Der Staat, 2002, 331 ff.; *J. Kokott, Th. Vesting,* Die Staatsrechtslehre und die Veränderung ihres Gegenstandes: Konsequenzen von Europäisierung und Internationalisierung, VVDStRL 63 (2004), 7 ff., 41 ff.; *Zippelius/Würtenberger,* § 1 III, 4, 5.

Die zwischenstaatlichen Verflechtungen führen zu der Frage, wie weit die Völkergemeinschaft auf dem Wege zu einer rechtlichen Selbstdomestikation (§ 8 I 1) bereits fortgeschritten ist:

Von einer Rechtsgewährleistung, d. h. verläßlich organisierten Durchsetzungschance (§ 8 I 1) aller völkerrechtlichen Pflichten ist man noch weit entfernt (§ 10 II 2). Zwar nimmt die sich organisierende Staatengemeinschaft in Anspruch, gegen zwischenstaatliche Aggressionen, Verbrechen gegen die Menschlichkeit und andere Verletzungen elementarer Regeln des Zusammenlebens zu intervenieren. Aber auch die Wirksamkeit dieses Anspruches ist durch die internationalen Machtverhältnisse bedingt (§ 10 I 2).

In regionalen supranationalen Organisationen, wie der Europäischen Union, bilden sich föderative Strukturen heraus, die zu Einbrüchen in den staatlichen Kompetenzenbereich führen und die Mitgliedstaaten in ein staatenübergreifendes System einer Steuerung der Selbststeuerung einfügen (§ 9 III 3). Doch muß auch dies nicht notwendig schon einen Verlust der staatlichen Souveränität bedeuten (§ 10 III).

Am Horizont tauchte sogar das Bild einer „staatlich" organisierten Völkergemeinschaft, eines „Weltstaates" auf (I 2). Daß es dazu kommt, ist aber weder wünschenswert noch wahrscheinlich.

Es ist schon nicht wünschenswert: Auf der einen Seite stünde zwar die Aussicht auf eine Ablösung der „Fehde" durch geordnete Rechtsverfahren. Auf der anderen Seite bestünde aber die Gefahr, daß Teilgemeinschaften majorisiert werden (z. B. die

Industrienationen zum Zwecke einer Egalisierung des Wohlstandes oder der Armut). Auch würde bei einem Versagen „weltstaatlicher" Balance- und Kontrollmechanismen die Gefahr einer Machtkonzentration und Tyrannei drohen, deren Eindämmung dann auch nicht mehr von auswärtigen Mächten zu erhoffen wäre (vgl. Kant 1796, 63 ff.).

Daß diese Endstufe einer Verstaatlichung der Völkergemeinschaft erreicht wird, ist auch nicht wahrscheinlich. Supranationale Kompetenzen wurden bisher im wesentlichen auf Grund staatlicher Verfügungsmacht geschaffen, ohne dieser unwiderruflich zu entgleiten (III). Nichts weist ferner darauf hin, daß die Großmächte sich ihrer Souveränität begeben würden. Zudem haben selbst regionale Entwicklungen, wie jene der Europäischen Union, gezeigt, daß auch der Integrationsfähigkeit und der Integrationsbereitschaft der zu einem engeren Staatenverbund zusammengeschlossenen Nationen Grenzen gesetzt sind: durch den nationalen Selbstbehauptungswillen, der gespeist ist aus der in Jahrhunderten gewachsenen eigenen Kultur, insbesondere der eigenen Sprache und den Besonderheiten der Traditionen und sozialen Strukturen. Auch sehen die Völker es ungern, daß ihr Selbstbestimmungsrecht dort schwindet, wo eine supranationale Organisation Kompetenzen in Anspruch nimmt (§ 40 V). Diese Grenzen der Integrationsfähigkeit gelten schon innerhalb eines regionalen Staatenverbundes.

Um so mehr scheitern an ihnen die Versuche, weltweit einheitliche politische und gesellschaftliche Strukturen zu etablieren. Die Vielfalt der historisch gewachsenen Kulturen und ihrer politischen Traditionen sträubt sich gegen zu weit gehende Einebnungsversuche. Allenthalben wehren sich fremde Kulturen dagegen, ungebeten die westeuropäischen Lebensformen – ihre Wertvorstellungen, ihre Wirtschaftssysteme, die Formen der westeuropäischen Demokratie und deren oligarchische Komponenten (§ 23 II 3) – aufgedrängt zu bekommen. Die Weltgemeinschaft tut gut daran, diesen Anspruch auf Eigenständigkeit zu achten, so weit er mit einem friedlichen Zusammenleben der Völker und der Respektierung elementarer Menschenrechte vereinbar ist (s. o. I 2). Auch dort, wo Zivilisationen aufeinanderprallen, nimmt der Widerstand gegen Strukturen, die man als bedrängend empfindet, mitunter die exzessive Gestalt eines Terrorismus an, der nicht selten von einer politischen oder religiösen Ideologie getragen ist (§ 19 II 4).

Kurz, die realistische (und auch wünschenswerte) Perspektive weist nicht in Richtung auf einen Weltstaat, auch nicht in Richtung auf eine Verstaatlichung regionaler Organisationen (§ 40 II 2, V), sondern zielt auf eine Kultivierung des Zusammenwirkens, wie sie im Rahmen internationaler Organisationen begonnen wurde (§ 40 I): Den einzelnen Staaten muß jenes Höchstmaß an Selbstbestimmung und Eigenverantwortung verbleiben, das mit einer funktionsfähigen und ausgewogenen (§ 31 I 3), friedlichen und menschenwürdigen Gemeinschaftsordnung vereinbar ist (§§ 3 III 2; 17 I 3). In einer so geordneten internationalen Gemeinschaft werden die Staaten mit der ihnen verbleibenden Regelungsmacht – nicht zuletzt ihrer Vollzugskompetenz (§ 12 II) – wesentliche und unentbehrliche Bauelemente im politischen Ordnungsgefüge sein.

Es ist auch die Frage entstanden, ob durch die globalen wirtschaftlichen Verflechtungen und den grenzüberschreitenden Wissenstransfer die international operierenden industriellen und finanziellen Mächte, aber auch wissenschaftliche und technische Entwicklungen einer Steuerung durch territorial begrenzte, rechtliche Kompetenzen entzogen sind. Eine vorläufige Antwort lautet, daß jedenfalls die rechtlichen Strukturen öffentlicher Gewalt durch die genannte Entwicklung nicht aufgelöst werden, auch dort nicht, wo die industrielle und finanzielle Globalisierung sich in mehr oder minder organisierter Weise vollzieht und weltweite Macht-positionen entstehen läßt: Rechtlich kommen auch die Einflüsse internationaler Wirtschaftsmächte nur im „Gehäuse" der staatlichen und supranationalen Kompetenzenordnungen zur Geltung. Daß faktische Einflüsse die faktischen Handlungs-spielräume der Inhaber rechtlicher Kompetenzen mehr oder minder einengen kön-nen, ist aus dem innerstaatlichen Leben bekannt und nichts grundsätzlich Neues (§ 26 IV 2). Die rechtlichen Ordnungsgewalten werden gegenüber international wirkenden wirtschaftlichen und anderen sozialen Gewalten auch nicht funktions-los: Wo deren Selbststeuerung nicht zu gesamtgesellschaftlich akzeptablen Ergeb-nissen führt, bleiben die Staaten gefordert, rechtliche Kontrollen und Regulative zu schaffen (§ 35 I), die hier zwar oft nur in gegenseitiger Abstimmung von Staaten, aber letztlich durch Staatsgewalt zu verwirklichen sind.

Gleichwohl schwinden faktisch die Steuerungsmöglichkeiten, die der Staatsge-walt verblieben sind. Der weltweite Informationsfluß, die Internationalisierung und Flexibilität der Finanzmärkte, die Macht der international agierenden Konzerne, etwa auf dem Erdölsektor, die Internationalisierung von Wissenschaft und For-schung, z.B. der Gentechnik, engen die faktischen Entscheidungsspielräume der rechtsetzenden Instanzen ein: Globale wirtschaftliche und wissenschaftliche Ent-wicklungen und deren Folgen lassen sich heute (noch) weniger als früher durch nationales Recht steuern oder an staatlichen Grenzen aufhalten, so wenig, wie die weltweite Verbreitung von Meinungen und Moden. Fichtes Idee vom „geschloßnen Handelsstaat" ist so tot wie die Experimente Stalins, Hitlers und Mao Tse Tungs. Was den Staaten an faktischen Steuerungsmöglichkeiten verlorengeht, versucht man zum Teil durch globale „Politiknetzwerke" wieder zu gewinnen, in denen z.B. nach einem globalen Klimaschutz oder nach einer internationalen Regulierung des Ban-kenwesens gesucht wird. Das geschieht im Wege von Verhandlungen, an denen Repräsentanten von Staaten, Wirtschaft und Nichtregierungsorganisationen (z.B. von Umweltschutzorganisationen) beteiligt sein können. Die gefundenen Kom-promisse können dann Staaten oder internationalen Institutionen, z.B. der Welt-bank, als international abgestimmte, wenn auch oft nicht erzwingbare Grundlagen ihrer Entscheidungen dienen.

§ 11. Das Staatsvolk

Literatur: *F. J. Neumann*, Volk und Nation, 1888; *H. Liermann*, Das deutsche Volk als Rechtsbe-griff, 1927; *H. O. Ziegler*, Die moderne Nation, 1931; *R. v. Laun*, Der Wandel der Ideen Staat und Volk, 1933; *Nawiasky* II 1, 12 ff.; *Dahm*, §§ 82 ff.; *Ermacora*, 58 ff.; *Herzog*, 40 ff.; *Stern*, § 25 I; *P. Alter*, Nationalismus, 1985; *O. Kimminich*, Rechtsprobleme der polyethnischen Staatsorganisa-tion, 1985; *R. Grawert*, in: HdStR, § 16.

I. Das Staatsvolk als Gesamtheit von Menschen unter einer Staatsgewalt

Literatur: *Jellinek*, 406 ff.

Staatsgewalt ist immer Herrschaft über Menschen, im Territorialstaat Herrschaft über das im Staatsgebiet lebende Volk. Weil das der Staatsgewalt unterstehende Volk nicht immer auch ein Volk im soziologischen Sinn bildet (II), entsteht das Minderheitenproblem (III).

Das der Regelungsmacht eines Staates unterstehende „Volk" ist auch nicht iden-tisch mit der Gesamtheit der Staatsangehörigen. Nur den („mündigen") Staatsange-hörigen kommen in der Demokratie die „Aktivbürgerschaft" und andere spezi-fische, „staatsbürgerliche" Rechte und Pflichten zu (IV). Der Regelungsmacht des

Staates hingegen unterliegen im Territorialstaat auch Nichtstaatsangehörige, also Ausländer und Staatenlose, die sich im Staatsgebiet befinden. Daraus erwachsen die Probleme des „Ausländerrechts".

II. Das Volk im soziologischen Sinn

Literatur: *E. Renan,* Qu'est-ce qu'une nation?, 1882; *G. Rümelin,* Über den Begriff des Volkes, Kanzlerreden, 1907, 68 ff.; *M. Weber* WuG, 234 ff.; *M. H. Boehm,* Das eigenständige Volk, 1932; *Heller* StL, 148 ff.; *K. Stavenhagen,* Das Wesen der Nation, 1934; *G. Zernatto,* Vom Wesen der Nation, 1966.
Zu 1: *A. de Gobineau,* Essai sur l'inégalité des races humaines, 4 Bde., 1853–55 (dt. ⁵1939–40); *H. St. Chamberlain,* Die Grundlagen des 19. Jahrhunderts, 1899; *ders.,* Rasse und Persönlichkeit, 1925; *H. Liermann,* Rasse und Recht, ZgesStW 1928, 273 ff.; *I. Schwidetzky* (Hg), Die neue Rassenkunde, 1962; *K. Saller* (Hg), Rassengeschichte der Menschheit, 1968 ff.; *G. L. Mosse,* Rassismus, 1978; *W. Conze u. a.,* in: GGb V (1984), 135 ff.
Zu 2: *L. L. Cavalli-Sforza,* Stammbäume von Völkern und Sprachen, in: Spektrum der Wissenschaft, 1992, S. 90 ff.

Es liegt nahe, als Volk im soziologischen Sinn eine Gesamtheit von Menschen zu bezeichnen, die sich vorwiegend durch Stammesverwandtschaft, gemeinsame Kultur (insbesondere gemeinsame Sprache und Religion), gemeinsame Geschichte und als politische Schicksalsgemeinschaft verbunden fühlen. Doch genauer besehen ist die Zugehörigkeit zu einem Volk ein höchst verwickelter und problematischer Tatbestand. Es gibt, so scheint es, gar nicht die nationale Zusammengehörigkeit schlechthin, sondern nur inhaltlich und graduell höchst verschiedene mannigfaltige Kombinationen von Zusammengehörigkeiten. Den einen Menschen fühlt man sich durch gemeinsame Sprache und Religion, den anderen durch Stammesverwandtschaft und gemeinsame Heimat, den dritten durch gleichen Beruf und gleiche wirtschaftliche oder geistige Interessen, den nächsten durch politische Schicksalsgemeinschaft verbunden. Irgendwelche Kombinationen solcher Faktoren stellen augenscheinlich das dar, was man leichthin Nationalgefühl nennt, von dem es in Wahrheit aber je nach seinen Komponenten und nach seiner Intensität sehr verschiedene Varianten gibt. Von nationaler Zusammengehörigkeit kann daher vorerst nur im Sinne eines ungefähren, annäherungsweise gebrauchten Begriffs gesprochen werden. Es stellt sich zunächst also die bescheidene semantische Aufgabe, überhaupt die Bedeutung der herkömmlichen Begriffe „Volk" und „Nation" zu ermitteln.

1. Abstammungsgemeinschaft. Am augenfälligsten drängt sich der Gesichtspunkt der Abstammungsgemeinschaft auf. Dieser natürliche, biologische Aspekt liegt schon in der Wortbedeutung des Begriffs Nation, in dem das Wort nasci, geboren werden, steckt. Es ist aber eine grobe Einseitigkeit, dem biologischen, rassischen Faktor allzu große oder gar die allein ausschlaggebende Bedeutung für das Verständnis eines Volkes beizulegen. Der französische Historiker Graf Gobineau hat diesen rassischen Aspekt stark hervorgekehrt. In Deutschland wurde der Rassengedanke besonders durch H. St. Chamberlain verbreitet und schließlich durch den Nationalsozialismus mit deutscher Gründlichkeit mißbraucht und in Mißkredit gebracht. Man fiele aber ins andere Extrem, wollte man die Augen vor der Tatsache verschließen, daß Veranlagung und Vererbung auch im Leben der Völker eine Rolle spielen und daß sich hierdurch in verschiedenen Völkern verschiedene körperliche und auch charakterliche und geistige Anlagen häufen, die nicht zuletzt auch auf die herrschenden Rechtsauffassungen und auf die Gestaltung des staatlichen Lebens Einfluß gewinnen.

Ist aber die Rasse eine exakt faßbare biologische Größe, die den völkischen Zusammenhang einseitig konstituiert? Werden nicht die Völker erst durch politische Schicksalsgemeinschaft und Kulturgemeinschaft herausgezüchtet? Gibt es überhaupt reine Rassen als feste biologische Vorgegebenheiten? Das wird schon dadurch fragwürdig, daß es kaum möglich ist, ein Kriterium für die Reinheit einer Rasse zu finden. Es gibt unbestreitbar wohl den typischen Franzosen und noch mehr den typischen Engländer. Aber das biologische Fundament des heutigen französischen Volkes bildeten hauptsächlich Kelten, Römer und verschiedene germanische Stämme, das biologische Fundament des heutigen englischen Menschenschlags waren vor allem Briten, Picten, Scoten, Angeln, Sachsen und Normannen. Und wieviel kelt-iberisches, phönizisches, griechisches, römisches, vandalisches, westgotisches und maurisches Blut in den Adern einer „rassigen" Spanierin fließt, läßt sich nur dunkel erahnen. Erst durch jahrhundertelange Vermischung und durch biologische Anpassung an Land und Klima, für welche die Darwinsche Theorie eine Erklärung bietet, hat sich aus den Elementen allmählich ein mehr oder weniger homogener Menschentyp herausgebildet. Und wer wollte nachweisen, daß sich die rassischen Elemente eines neuen Menschenschlags nicht selber auf ähnliche Weise wiederum aus mehreren rassischen Elementen herausentwickelt haben. „Die Wahrheit ist", so sagt schon Renan (1882, Abschn. II 1), „daß es keine reine Rasse gibt". Die Rasse darf nicht als eine feste biologische Größe vorausgesetzt werden, die der völkischen Gemeinschaft wie der staatlichen Einheit „vorgegeben wäre und sie selbsttätig konstituierte". Sondern oft genug war es, wie Heller (StL, 164f.) mit Recht sagt, „umgekehrt die staatliche Einheit, welche die ‚natürliche' Einheit des Volkes und der Nation erst gezüchtet hat".

2. Kulturgemeinschaft. Nationale Zusammengehörigkeit gründet sich keineswegs nur auf die Abstammungsgemeinschaft und die dadurch begründete Charakterverwandtschaft der Einzelnen, sondern in oft höherem Maße darauf, daß Menschen im Laufe der Geschichte eine Kulturgemeinschaft geworden sind. Ein für die Konstituierung einer Nation besonders wichtiger Faktor ist die gemeinsame Sprache. Aber auch sie ist nicht allein ausschlaggebend. Wenn sich die in der Diaspora lebenden Juden als ein Volk fühlen, dann ist der Grund dafür nicht die Sprachgemeinschaft, sondern die Gemeinsamkeit der Abstammung, weitgehend auch der Religion und eines spezifischen Schicksals. Andererseits ist ein Esperantoverein keine Nation. Auch der englische Lord und der englischsprechende Schwarze aus Alabama sind nicht gleicher Nationalität. Von Bedeutung war und ist noch oft die Religion. So fühlen sich Serben und Kroaten trotz gemeinsamer Sprache und rassischer Zusammengehörigkeit als zwei Völker, was historisch nicht zuletzt in der Verschiedenheit ihrer Konfessionen begründet ist. Auch andere kulturelle Faktoren spielen eine gewichtige Rolle: die gemeinsame Sozialmoral, Sitte und Lebensgewohnheit, der gemeinsame Habitus, das Bild von der gemeinsamen Geschichte, die Lieder, die man miteinander gesungen hat, die Märchen, die in der Erinnerung haften, die Dichter, die einen bewegt haben, und anderes Bildungsgut, das eine gemeinsame geistige Heimat begründet. Unterschiede oder Gemeinsamkeiten „der Bart- und Haartracht, Kleidung, Ernährungsweise, der gewohnten Arbeitsteilung der Geschlechter und alle überhaupt ins Auge fallenden Differenzen … können im Einzelfall Anlaß zur Abstoßung und Verachtung der Andersgearteten und, als positive Kehrseite, zum Gemeinsamkeitsbewußtsein der Gleichgearteten geben" (M. Weber WuG, 236). Vermutlich handelt es sich hier um eine „anthropologische Konstante", mit der eine realistische Politik zu rechnen hat.

3. Politische Schicksalsgemeinschaft. Ein gewichtiger Faktor ist die politische Schicksalsgemeinschaft. Engländer und Nordamerikaner bilden zu einem beträchtlichen Teil eine Abstammungsgemeinschaft, sprechen die gleiche Sprache, haben keine konfessionellen Gegensätze und fühlen sich doch nicht nur verschiedenen Staaten, sondern auch verschiedenen Nationen angehörig. Die Unabhängigkeitserklärung von 1776 hat die politische Schicksalsgemeinschaft gelöst. Aus ähnlichem Grund fühlen sich Deutsch-Schweizer und Deutsche trotz gleicher Abstammung, gleicher Sprache und gleicher Kultur nicht mehr als eine Nation. Dieser Faktor der politischen Gemeinschaft ist so bedeutend, daß dort, wo er fehlt, auch die völkische Gemeinschaft oft zerfällt.

Andererseits erweist sich die politische Schicksalsgemeinschaft häufig als Schmelztiegel einer Nation auch dort, wo gemeinsame Abstammung, gemeinsame Sprache oder gemeinsame Religion zunächst fehlen. So sind in England nach der normannischen Invasion zwei Völker verschiedener Sprache zu einer Nation verschmolzen. In den USA hat die politische Gemeinschaft heterogenste Gruppen zu einer Nation verbunden. In der Schweiz hat die im Zweiten Weltkrieg intensiv erlebte politische Schicksalsgemeinschaft das nationale Zusammengehörigkeitsgefühl gestärkt, das gerade in jenen Jahren die kulturellen, zumal die sprachlichen und konfessionellen Unterschiede zu überbrücken begann.

Insgesamt läßt sich wohl sagen, daß die Bildung oder die Auflösung der politischen Schicksalsgemeinschaft auf längere Sicht auch Völker im soziologischen Sinn bildet oder auflöst. Dieser Prozeß wird aber stark durch sozialpsychologische Faktoren beeinflußt. Er wird z.B. verlangsamt, wenn die vorherrschende Mentalität sich gegen die politische Trennung oder andererseits gegen die politische Integration wehrt. Die Polen z.B., deren Staatsgebiet fast anderthalb Jahrhunderte lang auf Rußland, Preußen und Österreich aufgeteilt war, haben sich ein gemeinsames Nationalbewußtsein über diese Zeit hinweg bewahrt und sind dadurch ein Volk geblieben. Und manche Südtiroler fühlen sich trotz ihrer langjährigen politischen Zugehörigkeit zum italienischen Staat noch immer nicht als Teil des italienischen Volkes.

4. Völkisches Zusammengehörigkeitsgefühl. Ohne Frage hat die nationale Zusammengehörigkeit eine subjektive Komponente. Die objektiven Kriterien, so meinte Heller (StL, 160), „bezeichnen immer nur gewisse Voraussetzungen und Möglichkeiten für einen Volkszusammenhang, der erst subjektiv aktualisiert und gelebt werden muß, damit er Wirklichkeit werde". Schon Renan (1882, Abschn. III) hat auf diesen Faktor aufmerksam gemacht, wenn er die Nation geradezu als „une âme, un principe spirituel" bezeichnete. Dieses Zusammengehörigkeitsgefühl aktualisiert nicht nur objektiv vorhandene Gemeinsamkeiten; in ihm steckt auch eine mehr oder minder starke Komponente des Sichbekennens zu einer Gemeinschaft. Rümelin (1907, 79) hob gerade diese Komponente am Beispiel der Ruth idealtypisch hervor, wenn er sagte, „ich kann mich von Allem losreißen, zu den Fremden gehen und mit König Davids Ahnfrau sprechen: Dein Volk sei mein Volk, und Dein Gott sei mein Gott". So haben sich viele in Deutschland lebende Juden vor ihrer Verfolgung als Deutsche gefühlt.

Soziales Zusammengehörigkeitsgefühl ist aber kein homogener, sondern ein höchst komplexer, im einzelnen oft schwer abgrenzbarer Tatbestand. Alle möglichen, inhaltlich und graduell verschiedenen Komponenten, die sich in mannigfaltiger Weise überschneiden können, spielen eine Rolle, so etwa das Bewußtsein einer anlagebedingten Charakterverwandtschaft, einer gemeinsamen historisch-politischen Vergangenheit oder das Bewußtsein, in einer gegenwärtigen politischen

Schicksalsgemeinschaft, in einer Sprach- oder Religionsgemeinschaft zu stehen. Aus solchen Komponenten können sehr verschiedene Varianten eines Zusammengehörigkeitsgefühls erwachsen. In welcher von ihnen soll man das Charakteristikum nationaler Zusammengehörigkeit sehen?

Heller schlug vor, die Zäsur dort zu machen, wo sich das Zusammengehörigkeitsgefühl zu einem politischen Willen verdichtet, wo also „ein Volk seine Eigenart durch einen relativ einheitlichen politischen Willen zu erhalten und auszubreiten strebt" (Heller StL, 161). Man könnte darin dasjenige Merkmal suchen, das die „Nation" vom bloßen „Kulturvolk" unterscheidet oder, genauer gesagt, von der Vielfalt sonstiger ethnischer Gemeinschaften.

Aber der Begriff des „relativ einheitlichen politischen Willens" ist seinerseits höchst unscharf; er umfaßt ein ganzes Kontinuum inhaltlich und graduell verschiedenen politischen Willens. Für die Mitglieder einer Gewerkschaft oder einer Partei mag sich das Zusammengehörigkeitsgefühl zu einem politischen Willen verdichten, ohne daß sie deshalb schon eine Nation für sich bilden. Welcher Art ist also der völkisch relevante politische Wille? Heller hält für entscheidend, daß „ein Volk seine Eigenart ... zu erhalten und auszubreiten strebt". Aber diese Formel enthüllt die Unselbständigkeit des subjektiven Kriteriums; verweist sie doch auf den Tatbestand des „Volkes und seiner Eigenart" zurück. Es müssen immer schon objektive Gemeinsamkeiten der dargestellten Art vorhanden sein, auf die sich das Zusammengehörigkeitsgefühl gründet; das Wort „Volk" bezeichnet aber nicht exakt eine ganz bestimmte Kombination solcher objektiven Merkmale.

Dieser knappe Versuch, die Bedeutung des Wortes „Volk" zu ermitteln, hat also auf folgenden Sachverhalt geführt: Wir stoßen auf verschiedene Kombinationen objektiver Gemeinsamkeiten und auf verschiedene, ihnen zugeordnete Weisen eines Zusammengehörigkeitsgefühls, mit anderen Worten, auf verschiedene Arten von Gemeinschaften. Der überkommene empirische Begriff des Volkes bezeichnet nicht exakt eine ganz bestimmte dieser Kombinationen objektiver und subjektiver Merkmale, sondern „Volk" im Sinne des überkommenen Sprachgebrauches ist ein Begriff mit einem „Begriffshof", in dessen Bedeutungsumfang unterschiedliche Kombinationen solcher Gemeinschaftsbeziehungen Platz finden. Deren wichtigste objektive Komponenten sind Abstammungsgemeinschaft, Kultur-, insbesondere Sprachgemeinschaft und politische Schicksalsgemeinschaft.

Im Idealtypus des Volkes (§ 2 III 2) wären sie alle vereinigt. Für den weiteren, in der Praxis relevanten Begriff des Volkes erscheint aber zum mindesten übergangsweise einmal das eine, einmal das andere dieser Elemente entbehrlich. Man kann die völkische Gemeinschaft also nicht auf einen einzelnen dieser Faktoren reduzieren; keiner ist allein ausschlaggebend, keiner der objektiven Faktoren unter allen Umständen unentbehrlich.

III. Nationalstaatsgedanke und nationale Minderheiten

Literatur: *D. Thürer*, Das Selbstbestimmungsrecht der Völker, 1976; *F. Ermacora, Th. Veiter*, Nationalitätenkonflikt und Volksgruppenrecht, I 1977, ²1984, II 1978; *Doehring* AStL, Rdn. 285 ff.; *Th. Schieder*, Nationalismus und Nationalstaat, 1991, ²1992; *E. Klein*, Völker und Grenzen im 20. Jahrhundert, in: Der Staat 1993, 357 ff.
Zu 1: *J. C. Bluntschli*, AStL, 1852, ⁶1886, 103 ff.; *F. Meinecke*, Weltbürgertum und Nationalstaat, 1907, ⁷1928, Kap. I; *E. R. Huber*, Nationalstaat und Verfassungsstaat, 1965, 273 ff.; *K. W. Deutsch*, Nationenbildung – Nationalstaat – Integration, 1972; *Scheuner* St, 101 ff.; *H. A. Winkler* (Hg), Nationalismus, 1978, ²1985; *E. J. Hobsbawn*, Nationen und Nationalismus, (engl. 1990) dt. 1991; *O. Dann*, Nation und Nationalismus in Deutschland, 1993; *B. Tibi*, Europa ohne Identität? 1998, ²2001.

Zu 2: *Berber* I, § 21 VII, § 57; *Pernthaler*, §§ 18–20; *K. Dicke*, Die UN-Deklaration zum Minderheitenschutz, Europa-Archiv 1993, 107 ff.; *J. A. Frowein u. a.* (Hg), Das Minderheitenrecht europäischer Staaten, I 1993, II 1994; *D. Blumenwitz*, Volksgruppen und Minderheiten, 1995; *J. Niewerth*, Der kollektive und der positive Schutz von Minderheiten, 1996; *Doehring* VR, Rdn. 1016 ff.; *S. Pritchard*, Der völkerrechtliche Minderheitenschutz, 2001; *Ch. Pan, P. S. Pfeil*, Minderheitenrechte in Europa, 2002, ²2006; *D. Blumenwitz u. a.* (Hg), Minderheitenschutz und Demokratie, 2004; *R. Hofmann*, Menschenrechte und Schutz nationaler Minderheiten, ZaöRV 2005, 587 ff.

Zu 3: Wie zu § 38 I.

1. Der Nationalstaatsgedanke. Das Nationalitätsprinzip wirkt in die Politik hinein als Nationalstaatsgedanke und als Problem nationaler Minderheiten. Das vor allem in den Befreiungskriegen gegen Napoleon geweckte Nationalbewußtsein und die Volksgeist- und Volkstumslehre der Romantik, mit ihrem Verständnis der Völker als lebendig gewachsener Organismen, bilden die historische Kulisse des Nationalstaatsprinzips: „Jede Nation ist berufen und berechtigt, einen Staat zu bilden. Wie die Menschheit in eine Anzahl von Nationen geteilt ist, so soll die Welt in ebenso viele Staaten zerlegt werden. Jede Nation Ein Staat. Jeder Staat Ein nationales Wesen" (Bluntschli 1886, 107).

Als Forderung nach einem Selbstbestimmungsrecht der Völker hat dieser Nationalstaatsgedanke sich mit dem Demokratiegedanken verbunden und in der jüngsten Geschichte immer wieder als politisches Schlagwort und Kampfparole gedient.

Grillparzer hat hellsichtig vor dem Weg gewarnt, auf den das Nationalitätsprinzip führen kann, wenn es zur einseitig-übermächtigen Ideologie wird: auf den Weg „von Humanität durch Nationalität zur Bestialität". Führt man aber jenes Prinzip auf ein verständiges Maß zurück, so kann der „Nation" eine wichtige Rolle zukommen: als Kulturgemeinschaft und historisch-politische Schicksalsgemeinschaft vermag sie Menschen zu integrieren, gehört sie zu jenen Sozialgebilden, die in einer zunehmend entwurzelten Menschheit eine bedeutsame beheimatende Funktion erfüllen (§ 7 III).

Hier stellt sich die Frage, ob und in welchem Maße diese beheimatende, auch emotional integrierende Rolle der „Kulturnation" im Strom der modernen Völkerwanderung („Migration") bewahrt werden kann. Das hängt nicht nur von der Zahl der Einwanderer ab, sondern auch von deren Bereitschaft, sich als Angehörige des Volkes, in das sie einwandern, zu bekennen und sich in die Landessitten einzufügen (II 2, 4). Ein Staat, der die beheimatende Funktion als Kulturnation erhalten und ethnisch begründete Spannungen vermeiden will, wird die Integrationsbereitschaft der Einwanderer mit allem Nachdruck verlangen; denn dadurch, daß diese – anders als die bodenständigen Minderheiten (2) – aus eigenem Entschluß die Aufnahmebereitschaft eines anderen Volkes in Anspruch nehmen, zeigen sie, „daß ihnen die Loslösung aus ihren ethnischen Besonderheiten weniger bedeutet als der Gewinn an Lebensqualität, den sie sich in ihrer neuen Heimat erhoffen" (Murswiek, in: Blumenwitz 2004, S. 55).

2. Das Minderheitenproblem. Andere Lösungen erfordert das Problem nationaler Minderheiten dann, wenn das historische Schicksal bodenständige Minderheiten einer fremden Kulturnation zugeordnet hat. Solche Minderheiten sind – wenn kein annehmbarer Modus des Zusammenlebens gefunden wird – gerade in der vom Majoritätsprinzip beherrschten Staatsform der Demokratie in Gefahr, an die Wand gedrückt zu werden. Die Kehrseite sind dann Tendenzen der völkischen Minderheiten zur Loslösung vom Staat und die Bestrebungen des Mutterlandes, seine auf fremdem Staatsgebiet lebenden Volkstums-Angehörigen, die Irredenta, die „Unerlösten", „heim ins Reich" zu holen.

Mitunter überläßt man es der nationalen Minderheit, durch Abstimmung darüber zu entscheiden, welchem Staat das von ihr bewohnte Gebiet zugehören soll. Diese Lösung des Minderheitenproblems entspricht dem Ideal der Selbstbestimmung der Völker. Härtere Mittel, um Minderheiten von einem Staat fremder Nationalität zu lösen, sind der Bevölkerungsaustausch und die – heute völkerrechtswidrige – Vertreibung.

Soweit nicht das Minderheitenproblem durch solche Maßnahmen überhaupt aus der Welt geschafft wird, stellt sich die Aufgabe des Minderheitenschutzes. Dieser kann zweierlei bezwecken: einerseits die individualrechtliche Gleichstellung der Angehörigen der Minderheit mit den Angehörigen des Hauptvolkes, vor allem hinsichtlich der Freiheitsrechte, der politischen Rechte und der Leistungsansprüche gegen den Staat; andererseits den Schutz der Gruppe als solcher in ihrer ethnischen Eigenart, vor allem ihrer Sprache und ihrer Sitten und Bräuche. Dieser zweite Aspekt steht im Vordergrund, wenn der Minderheit etwa gewährleistet wird, daß die volkstumseigene Sprache in der Schule gepflegt wird und in dem Minderheitengebiet als Amtssprache gleichberechtigt ist.

Wegbereitend für den Schutz nationaler Minderheiten wurde Art. 1 Abs. 2 der Wiener Kongreßakte vom 9. 6. 1815, der zugunsten der polnischen Minderheiten in Preußen, Österreich und Rußland vereinbart wurde. In § 188 der nie in Kraft getretenen Paulskirchen-Verfassung vom 28. März 1849 war folgende Regelung vorgesehen: „Den nicht deutsch redenden Volksstämmen Deutschlands ist ihre volksthümliche Entwickelung gewährleistet, namentlich die Gleichberechtigung ihrer Sprachen, so weit deren Gebiete reichen, in dem Kirchenwesen, dem Unterrichte, der innern Verwaltung und der Rechtspflege." Die Weimarer Reichsverfassung (Art. 113) bestimmte: „Die fremdsprachigen Volksteile des Reichs dürfen durch die Gesetzgebung und Verwaltung nicht in ihrer freien, volkstümlichen Entwicklung, besonders nicht im Gebrauch ihrer Muttersprache beim Unterricht, sowie bei der inneren Verwaltung und Rechtspflege beeinträchtigt werden." Eine größere Zahl von Minderheitenschutzbestimmungen wurden im Zusammenhang mit den Friedensschlüssen am Ende des Ersten Weltkrieges vereinbart. Auch in der Zeit nach dem Zweiten Weltkrieg kamen vereinzelte Minderheitenschutzabkommen zustande. Einen individualrechtlichen Schutz, aber keine politische Autonomie für Minderheiten gewährt Art. 27 der Konvention über bürgerliche und politische Rechte vom 19. 12. 1966 (BGBl. 1973 II, S. 1534), der bestimmt: „In Staaten mit ethnischen, religiösen oder sprachlichen Minderheiten darf Angehörigen solcher Minderheiten nicht das Recht vorenthalten werden, gemeinsam mit anderen Angehörigen ihrer Gruppe ihr eigenes kulturelles Leben zu pflegen, ihre eigene Religion zu bekennen und auszuüben oder sich ihrer eigenen Sprache zu bedienen." Doch sollte die Wirkungsmöglichkeit bloß rechtlicher Sicherungen gegenüber politischen Kräften nicht überschätzt werden. So kann z.B. trotz weitgehender rechtlicher Vorkehrungen eine geschlossene und stammesbewußte Volksgruppe allein durch massive Unterwanderung mit Angehörigen des Hauptvolkes ihre ethnische Einheit und Eigenart einbüßen.

3. Regionalismus. Heute läßt es sich insbesondere der Regionalismus angelegen sein, eigenständigen Volksgruppen eine weitgehende Autonomie zu sichern (§ 38 I). Träger vorwiegend ethnisch akzentuierter regionalistischer Bestrebungen sind heute in Westeuropa z.B. die Südtiroler in Italien, die Slowenen in Österreich, die Basken und die Katalanen in Spanien, die Bretonen und die Elsässer in Frankreich und die Waliser und die Schotten in Großbritannien. Aufs große Ganze gesehen zielt der

Regionalismus auf eine Rückgängigmachung jenes weitgetriebenen demokratisch-nationalstaatlichen Zentralismus, der sich verstärkt seit der Zeit der Französischen Revolution durchgesetzt hat (§ 23 III) und gerade nicht darauf hinauslief, das Nationalitätenprinzip zu respektieren, sondern darauf, die nationalen Minderheiten zu majorisieren. Dies war, selbst verglichen mit dem vorangegangenen dynastischen Zeitalter, ein Rückschritt: denn in jener vorausliegenden Epoche konnten ethnisch und kulturell eigenständige Regionen Europas, die unter der Herrschaft einer Dynastie mit anderen Territorien vereinigt wurden, oft ihre ethnische und historisch gewachsene Eigenart wahren, insbesondere ihre kulturellen Besonderheiten und ihre typischen Sozialstrukturen. Oft sicherten sie sich ihre Sonderrechte, oft sogar eine besondere ständische Repräsentation. Daher konnten solche Gebiete durch Friedensschlüsse, dynastische Erbfolge oder auf andere Weise den Souverän wechseln, ohne dadurch ihre nationale Eigenart zu verlieren.

Von „Regionalisierung" spricht man zunehmend auch in einem anderen Sinn: um damit die Bildung von Großregionen wirtschaftlichen und politischen Zusammenwirkens zu bezeichnen, die sich im Gefüge einer fortschreitend globalisierten Weltwirtschaft bilden (§ 40 II 2).

IV. Die Staatsangehörigen

Literatur: *Berber* I, § 56; *Ipsen* VR, § 24; *A. Randelzhofer,* in: Maunz/Dürig, Grundgesetz, Art. 16 Abs. I; *G. R. de Groot,* Staatsangehörigkeit im Wandel, 1989; *S. Wiessner,* Die Funktion der Staatsangehörigkeit, 1989; *B. Ziemske,* Die deutsche Staatsangehörigkeit nach dem Grundgesetz, 1995; *Doehring* VR, Rdn. 61 ff.; *I. v. Münch,* Die deutsche Staatsangehörigkeit, 2007; *Stein/v. Buttlar,* Rdn. 252 ff., 560 ff.; *Zippelius/Würtenberger,* § 4.
Zu 2: *K. Doehring,* Mehrfache Staatsangehörigkeit im Völkerrecht, Europarecht und Verfassungsrecht, in: F. f. H. Quaritsch, 2000, 255 ff.

Unter juristischem Aspekt kann man die Gesamtheit der Staatsangehörigen zusammenfassen. Sie ist weder mit dem Volk im soziologischen Sinne noch mit den einer Staatsgewalt Unterworfenen identisch.

1. Der besondere Rechtsstatus der Staatsangehörigen. Die Staatsangehörigkeit ist ein Rechtsstatus, an den das Staatsrecht spezifische Rechte und Pflichten knüpft, die einander korrespondieren und eine Bindung an das politische Schicksal des Staates zum Ausdruck bringen:

So genießt der Staatsangehörige in seinem Heimatstaat ein Aufenthaltsrecht, das an keine weiteren Bedingungen gebunden ist, und einen qualifizierten Schutz. Die staatsbürgerlichen Rechte sind in der Demokratie herkömmlicherweise den Staatsangehörigen vorbehalten; gemeint sind damit die Fähigkeiten, durch das aktive und passive Wahlrecht, durch das Stimmrecht und das Recht auf Bekleidung öffentlicher Ämter am Staatsleben teilzuhaben, kurz: die Aktivbürgerschaft, der Status des citoyen, der status activus. An diese staatsbürgerlichen Mitwirkungsrechte knüpft sich die Mitverantwortung der Staatsangehörigen für die rechtlichen und politischen Entscheidungen ihres Staates. Insbesondere diese Verbindung von Mitbestimmung und Mitverantwortung gewinnt in der Staatsangehörigkeit Gestalt. – Bei den Freiheitsrechten dagegen (im status negativus) kommt die rechtliche Sonderstellung der Staatsangehörigen im wesentlichen nur in der Unterscheidung zwischen Menschenrechten und Bürgerrechten zum Vorschein. Soweit die Grundrechte als Menschenrechte formuliert sind, gelten sie für alle. Die Bürgerrechte gelten nur zugunsten der Staatsangehörigen und derer, die ihnen gleichgestellt sind. – Auch die öffentlichen Rechte „auf positive Leistungen des Staates im individuellen Interesse" (status positivus), z. B. Ansprüche auf Sozialhilfe, sind nicht prinzipiell nur den Staatsangehörigen zugestanden. Hier ist von Fall zu Fall zu prüfen, ob ein solcher Leistungsanspruch nur Staatsbürgern oder jedem Bewohner des Staatsgebietes eingeräumt ist.

Den besonderen staatsbürgerlichen Rechten entsprechen – neben der schon genannten politischen Mitverantwortung – besondere staatsbürgerliche Pflichten (status passivus); wichtigste Beispiele dafür sind in der Regel die Wehrpflicht und die Pflicht, für bestimmte öffentliche Ämter, etwa als Schöffe oder Geschworener, zur Verfügung zu stehen.

Nicht nur staatsrechtliche, sondern auch völkerrechtliche Normen knüpfen an die Staatsangehörigkeit an. So ist z.B. ein Staat berechtigt, seinen Staatsangehörigen Schutz zu gewähren, wenn sie durch eine völkerrechtswidrige Handlung eines anderen Staates verletzt werden und ihnen ein ordnungsgemäßer Rechtsschutz vorenthalten wird. Auch sind die Staaten einander völkerrechtlich verpflichtet, ihren eigenen Staatsangehörigen die Einreise in den Heimatstaat zu gestatten.

2. Internationale Abgrenzungsprobleme. Ein Staat darf nur bestimmen, wer seine eigenen Staatsangehörigen sind. Über die Staatsangehörigkeit in anderen Staaten kann er nicht wirksam verfügen; ein staatliches Gericht kann auch nicht mit bindender Wirkung für einen anderen Staat feststellen, daß jemand dessen Staatsangehörigkeit besitze oder nicht besitze. Bei der Festlegung des Kreises ihrer eigenen Staatsangehörigen haben die Staaten einen gewissen Gestaltungsspielraum. Das Völkerrecht verlangt aber, daß die Zuerkennung der Staatsangehörigkeit sich an sachgerechte Anknüpfungspunkte hält, etwa an die Geburt im Territorium dieses Staates, an die Abstammung von einem Staatsangehörigen, an die Eheschließung mit einem Staatsangehörigen oder an die Begründung des Wohnsitzes im Staatsgebiet.

Da die Staaten ihr Staatsangehörigkeitsrecht nicht voll aufeinander abgestimmt haben, kann es vorkommen, daß jemand in den gleichzeitigen Besitz verschiedener Staatsangehörigkeiten gelangt und dadurch ein Doppelstaater (sujet mixte) wird; dies geschieht z.B. dann, wenn eine Frau einen Ausländer heiratet, hierdurch nach dem Recht ihres Heimatstaates ihre bisherige Staatsangehörigkeit nicht verliert und zugleich nach dem Recht des Heimatstaates ihres Mannes dessen Staatsangehörigkeit erwirbt. Andererseits kann auch Staatenlosigkeit entstehen, so, wenn eine Frau nach dem Recht ihres Heimatstaates durch Heirat mit einem Ausländer ihre Staatsangehörigkeit verliert, während sie nach dem Staatsangehörigkeitsrecht des anderen Staates die Staatsangehörigkeit ihres Ehemannes nicht erwirbt.

Grundsätzlich streben die Staatsangehörigkeitsgesetze an, Doppelstaatigkeit und Staatenlosigkeit zu vermeiden: Staatenlosigkeit deshalb, weil sie zur Schutzlosigkeit, insbesondere in Fällen der Fürsorgebedürftigkeit, und überhaupt zu einer Entwurzelung führen kann. Doppelstaatigkeit sucht man zu vermeiden, weil in dieser ein Potential nicht nur für Loyalitätskonflikte, sondern auch für internationale Normen- und Pflichtenkollisionen liegt, etwa im Wehrrecht und im Steuerrecht, im Straf- und Auslieferungsrecht und nicht zuletzt im Privatrecht, beispielsweise im Ehe-, Kindschafts- und Namensrecht (vgl. BVerfGE 37, 254 f.). In einer Zeit, in der man über den Verlust von Beheimatung klagt, also darüber, daß der moderne Mensch überall ein wenig und nirgends mehr ganz zu Hause sei, ist es auch Ausdruck politischer Klugheit, daß die überwiegende internationale Staatenpraxis grundsätzlich vom Einzelnen eine eindeutige Entscheidung darüber verlangt, wo er seine staatsbürgerliche Heimat sucht, mit der ihn nicht nur staatsbürgerliche Rechte, sondern auch staatsbürgerliche Pflichten und Loyalitäten verbinden. Aus solchen Erwägungen verpflichtet das europäische Mehrstaatigkeits-Übereinkommen die Bundesrepublik, auf eine Verringerung und Vermeidung von Mehrstaatigkeit hinzuwirken (BGBl. II 1969, S. 1954, 2232). Darüber hinaus tendieren die Staatsangehörigkeitsgesetze auch dahin, die Herstellung einer einheitlichen Staatsangehörigkeit für die Mitglieder einer Familie zu erleichtern, um auch von dieser Seite her die Einheit der Familie zu fördern und um zu vermeiden, daß innerhalb einer Familie ein Konflikt staatsbürgerlicher Pflichten oder Loyalitäten entsteht.

3. Erwerbs- und Verlustgründe. Begründet wird die Staatsangehörigkeit entweder kraft Gesetzes oder durch behördlichen Akt (Einbürgerung). Hauptfall ist der Erwerb kraft Gesetzes durch Geburt, und zwar entweder nach jus soli oder nach jus sanguinis. In Staaten, in denen das jus soli gilt, erwirbt jeder die Staatsangehörigkeit, der im Staatsgebiet geboren wird. Diesen Erwerbsgrund werden regelmäßig solche Staaten vorsehen, die Kinder von Einwanderern mit dem Staat verbinden wollen. Das jus sanguinis dagegen bedeutet, daß die Kinder die Staatsangehörigkeit ihrer Eltern erwerben. Für dieses Prinzip werden sich vor allem solche Staaten entscheiden, die in Kindern von Ausländern einen nicht ohne weiteres erwünschten Zuwachs für den Staat sehen, andererseits aber Kinder ihrer eigenen Staatsangehörigen auch dann an den Staat binden wollen, wenn sie außer Landes geboren werden. In Zeiten hoher Mobilität wirkt das jus sanguinis dahin, Staatsangehörigkeit und ethnische Zusammengehörigkeit in Einklang zu halten. In Zeiten geringer Mobilität kommt das jus soli im tatsächlichen Ergebnis dem jus sanguinis nahe.

Historisch gesehen wurde das jus sanguinis im Gefolge der Französischen Revolution als modern, aufgeklärt und antifeudalistisch verstanden: auch als Antwort auf eine spätmittelalterliche Praxis, nach der es eine Erbuntertänigkeit auf Grund des Geburtsortes gab. Der deutsche Gesetzgeber hat sich für dieses jus sanguinis entschieden. Das jus soli hat sich zunächst in England und in menschenarmen Einwandererstaaten durchgesetzt. Heute befindet sich das reine jus soli weltweit auf dem Rückzug. Vielfach finden sich Bestrebungen, Elemente des jus sanguinis mit solchen des jus soli zu verbinden, um einerseits die Familien eigener Staatsangehöriger, die sich nur vorübergehend im Ausland befinden, mit ihrem Heimatstaat verbunden zu halten und andererseits Ausländerfamilien, die sich auf Dauer in einem Staat niedergelassen haben, als dessen Staatsangehörige zu integrieren – so auch die britische Regelung seit 1981.

Verlorengehen kann die Staatsangehörigkeit entweder kraft Gesetzes oder durch behördlichen Akt (Entlassung aus der Staatsangehörigkeit; Ausbürgerung). Auch hierbei werden die genannten Leitprinzipien sichtbar, die das Zusammenspiel der Staatsangehörigkeitsrechte verschiedener Staaten bestimmen sollen: Es sollen nach Möglichkeit Doppelstaatigkeit und Staatenlosigkeit vermieden und die gleiche Staatsangehörigkeit enger Familienmitglieder hergestellt werden (2). Demgemäß findet sich in den Staatsangehörigkeitsrechten als gesetzlicher Verlustgrund oft der willentliche Erwerb einer ausländischen Staatsangehörigkeit (Vermeidung von Doppelstaatigkeit). Nach dem Recht mancher Staaten geht die Staatsangehörigkeit auch durch Heirat mit einem Ausländer verloren; dies ist auf die Erwartung zugeschnitten, daß die Frau nach dem Staatsangehörigkeitsrecht ihres Mannes dessen Staatsangehörigkeit kraft Gesetzes erwirbt oder jedenfalls erleichtert erwerben kann (Vermeidung von Doppelstaatigkeit, Familienzusammengehörigkeit). In vielen Staaten besteht aber die Tendenz, das Prinzip der Familieneinheit zugunsten der Gleichberechtigung von Mann und Frau preiszugeben, so daß die verheiratete Frau eine von ihrem Ehemann unabhängige Staatsangehörigkeit besitzt. Oft tritt dann an die Stelle eines automatischen Verlustes und Erwerbs der Staatsangehörigkeit durch Heirat die Entscheidungsmöglichkeit der Frau oder des Mannes, die Staatsangehörigkeit des Ehegatten zu erwerben und die bisherige eigene Staatsangehörigkeit aufzugeben.

§ 12. Das Staatsgebiet

Literatur: *Jellinek*, 394 ff.; *W. Hamel*, Das Wesen des Staatsgebiets, 1933; *Ipsen* VR, § 23; *Krüger*, 87 ff., 820 ff.; *K. Vogel*, Der räumliche Anwendungsbereich der Verwaltungsrechtsnorm, 1965, 43 ff.; *Verdroß/Simma*, 634 ff.; *Stern*, § 7 I; *W. Graf Vitzthum*, in: HdStR, § 18; *Doehring* AStL, Rdn. 59 ff.; *ders.* VR, Rdn. 88 ff., 517 ff., 544 ff.; *G. Winkler*, Raum und Recht, 1999, Kap. III, IV.

I. Vom Personenverbands- zum Territorialstaat

Literatur: Wie zu § 9 II; *O. Brunner*, Land und Herrschaft, 1939, [5]1965, 165 ff., 357 ff.; *Th. Mayer*, Mittelalterliche Studien, 1959, 350 ff., 471 f.; *Krüger*, 858 ff.; *O. Kimminich*, Deutsche Verfassungsgeschichte, 1971, [2]1987, 109 ff.; *S. L. Guterman*, From Personal to Territorial Law, 1972; *W. Ullmann*, Souveränitätsbegriff im Spätmittelalter, in: F. f. N. Grass, I 1974, 14 ff., 22 ff.; *F. Sturm*, Art. Personalitätsprinzip, HRG III (1984), 1587 ff.; *G. Chittolini*, *D. Willoweit* (Hg), Hochmittelalterliche Territorialstrukturen in Deutschland und Italien, 1996.

Ein wesentliches Bezugselement für die Einheit des Herrschaftsverbandes ist im modernen Territorialstaat das Staatsgebiet, als der Raum, innerhalb dessen die Regelungsbefugnisse dieses Herrschaftsverbandes ausgeübt werden können; d. h. der moderne Staat ist „Gebietskörperschaft".

Ein fest umgrenztes Territorium gehört aber nicht notwendig zum Begriff von Herrschaftsverbänden: Schon ein Blick auf höher organisierte Nomadenvölker, etwa unter Dschingis Khan, zeigt das. Auch die Gemeinwesen, aus denen die späteren Territorialstaaten hervorgegangen sind, waren in früheren Entwicklungsstufen vorwiegend durch personale Beziehungen – als Geschlechterverbände und Völkerstämme durch gemeinsame Abstammung, als Lehensverbände durch lehensrechtliches Treueband – verbunden, mag auch zugleich das je bewohnte Territorium mit beansprucht worden sein. Besonders augenfällig wurde die beherrschende Rolle der personalen, nicht territorialen Grundlage der Einheit des Herrschaftsverbandes während der großen Völkerwanderungen.

Ausfluß des auf einen personalen Verband bezogenen Rechtsdenkens war auch das Personalitätsprinzip, wonach jeder seinem Stammesrecht verhaftet war. So galten z. B. in den germanischen Reichen des frühen Mittelalters, die auf römischem Gebiet entstanden waren, für die römische Bevölkerung die „Leges Romanae", für die germanische Bevölkerung aber die germanischen Stammesrechte (die „Leges barbarorum"). Diesem Vorstellungsschema entstammte auch die weitgehende Rechtlosstellung des Verbandsfremden; man dachte ihn als außerhalb der Rechtsordnung des Herrschaftsverbandes befindlich, mochte er auch persönlich unter Schutz und Frieden des Königs stehen (Mitteis/Lieberich, Kap. 4 I 3, 18 I 2). Auch auf frühen Entwicklungsstufen anderer Rechtskulturen ist der Stammesverband zugleich Rechtsverband (Wesel, wie zu § 15 I, S. 248, 267).

Das Territorialprinzip hingegen bedeutet, daß ein abgegrenztes Territorium die Grundlage der Einheit des Rechts- und Herrschaftsverbandes bildet. Dieses Prinzip hat teils sehr alte, teils jüngere Wurzeln: So verwischte, wenn man die deutsche Entwicklung als Beispiel nimmt, schon die bis in die Karolingerzeit zurückreichende Besiedelung der Marken die Stammesunterschiede und ließ das Gefühl territorial begründeter Zusammengehörigkeit entstehen, was darin zum Ausdruck kam, daß die Leute sich nach dem bewohnten Land z. B. Steiermärker oder Kurmärker nannten. Unter Friedrich Barbarossa traten neben die älteren Stammesherzogtümer die

Gebietsherzogtümer Österreich, Steiermark, Würzburg und Westfalen als neuer Typus (Mitteis/Lieberich, Kap. 20 II 1, 22 I 4). Auch die Entwicklung von Stadtmarken ließ die Vorstellung eines territorial bestimmten Hoheitsgebietes entstehen. Nicht zuletzt legte die territoriale Abmarkung der bischöflichen Jurisdiktion – ihre Erstreckung und Beschränkung auf die bischöflichen Diözesen – den Gedanken einer Gebietshoheit nahe (Ullmann 1974, 22 ff.).

Rousseau (Contrat social, I 9) hat auf ein sprachliches Indiz für ein gewandeltes Staatsbewußtsein hingewiesen, wenn er schrieb: Die Monarchen des Altertums „nannten sich lediglich Könige der Perser, der Skythen, der Makedonier und schienen sich mehr für Oberhäupter der Menschen als für Herren des Landes zu halten. Die heutigen Könige nennen sich weit geschickter Könige von Frankreich, von Spanien, von England usw. Indem sie auf diese Weise das Land in Besitz nehmen, glauben sie sich auch der Bewohner versichert zu haben."

Mit fortschreitender Ausbildung des Territorialitätsprinzips wird auch der Fremde, der sich im Territorium aufhält, zunehmend den Rechtsgenossen des Herrschaftsverbandes rechtlich gleichgestellt (Vogel 1965, 60 ff.). Das schließt nicht aus, daß das innerstaatliche Recht selbst (also durchaus auf dem Boden des Territorialitätsprinzips) einen Unterschied zwischen Staatsangehörigen und Nicht-Staatsangehörigen macht (§ 11 IV).

In der Staatstheorie wird vor allem der Souveränitätsbegriff (§ 9 III) zur Grundlage für die Idee einer Unverletzlichkeit des Herrschaftsgebietes. Für Hobbes (Leviathan, Kap. 21) ist jeder, der ein Herrschaftsgebiet betritt, dessen Recht unterworfen. Unter dem Aspekt der Lehre vom Staatsvertrag betonte Pufendorf (De jure naturae et gentium, VII 2 § 20), daß sich stillschweigend der Staatsgewalt unterwerfe und sich seiner natürlichen Freiheit begebe, wer immer sich in ein Staatsgebiet verfüge.

Die Konsolidierung der Herrschaftsgewalt im absolutistischen Staat (§ 9 II) legte den Gedanken einer Undurchdringlichkeit, einer Impermeabilität der territorial begrenzten Herrschaftsgewalt nahe (§ 10 I). Der Konsolidierung der Staatsgewalt im Inneren entspricht eine geschlossene Abgrenzung nach außen (III). Mit dieser Entstehung einer homogenen Herrschaftsgewalt über ein räumlich abgegrenztes Gebiet ist die Umwandlung des Personenverbandsstaates zum „institutionellen Flächenstaat" vollendet (Th. Mayer). Es hat sich jener politische Tatbestand herausgebildet, dem das Territorialitätsprinzip entspricht: quidquid est in territorio, est etiam de territorio (Hamel 1933, 30 f.).

Mit dem Prinzip geschlossener Grenzen ist es vereinbar, daß ein Teil des zu einem Staate gehörenden Territoriums, vom Mutterland getrennt, als Enklave wie eine Insel vom Staatsgebiet eines anderen Staates umschlossen ist.

II. Das Territorium als staatlicher Herrschaftsbereich

Literatur: *C. v. Fricker,* Vom Staatsgebiet, 1867, 16 ff.; *ders.,* Gebiet und Gebietshoheit, 1901; *E. Radnitzky,* Die rechtl. Natur des Staatsgebietes, AöR 20 (1906), 339 ff.; *Kelsen* AStL, § 24; *Dahm,* §§ 47 ff.; *Berber* I, §§ 43 ff.; *Ipsen* VR, § 23 IV; *Ermacora,* 982 ff., 1096 ff.; *Verdroß/ Simma,* 634 ff.; *U. Di Fabio,* Der Verfassungsstaat in der Weltgesellschaft, 2001, S. 51 ff.

Das Territorium ist ein spezifisch hoheitlicher Herrschaftsbereich.

Der Blick für diese Tatsache wurde vor allem durch die Patrimonialtheorie getrübt, die, freilich in Konkurrenz mit anderen Betrachtungsweisen, bis in das 19. Jahrhundert eine gewisse Rolle spielte (§ 15 III): Sie subsumierte das Territorium unter den römischen Begriff des patrimoniums, der das vom Vater ererbte

Vermögen bezeichnete, und faßte den Landesherrn als Obereigentümer des Gebietes auf. Diese eigentumsrechtliche Denkweise schlug sich auch in manchen landesherrlichen Erbverträgen und Erbauseinandersetzungen nieder.

Das spezifisch herrschaftliche Element der Staatsgewalt kam zum Vorschein, als sich die Unterscheidung zwischen privatrechtlichem dominium und hoheitlichem imperium durchsetzte. Diese Unterscheidung, die schon den Postglossatoren bekannt war, führte erst im 19. Jahrhundert zu einer allgemein anerkannten Klärung der Begriffe der Staatsgewalt und des Staatsgebietes (Jellinek, 398 ff.). Imperium, Regelungsmacht, läßt sich immer nur über Menschen ausüben (§ 15 III). Unter diesem Aspekt erscheint dann das Staatsgebiet als der territoriale Bereich, in dem sich die Staatsgewalt über die dort lebenden Menschen entfaltet, als der „Schauplatz der Herrschaft" (E. Zitelmann).

Unter juristischem Aspekt, in Rechtsbegriffen ausgedrückt, ist dieser „Schauplatz der staatlichen Herrschaft" ein räumlicher Geltungsbereich bestimmter Normen. Aber welcher? Grundsätzlich gehört es nicht zum Begriff des Territorialstaates, daß der Geltungsbereich aller staatlichen Normen in jeder Hinsicht auf das Territorium beschränkt sein müsse. Vielmehr können staatliche Rechtsnormen innerstaatliche Rechtsfolgen durchaus für solche Personen oder Geschehnisse vorschreiben, die sich außerhalb des eigenen Staatsgebietes befinden oder ereignen, sofern sachgerechte Anknüpfungsmomente bestehen (BVerfGE 63, 369), so z.B. für Straftaten, die ein Staatsbürger im Ausland begeht. Wesentlich ist aber, daß die Kompetenzen des Territorialstaates zur Vornahme von Hoheitsakten – z.B. zum Erlaß und zur Vollstreckung von Gerichtsurteilen aus den genannten Strafgesetzen – nur im eigenen Staatsgebiet ausgeübt werden können (sofern solche Kompetenzen ihm nicht durch einen anderen Staat auf dessen Territorium eingeräumt werden). Juristisch ist das Staatsgebiet also ein Kompetenzenbereich.

Die Gebietshoheit hat eine positive und eine negative Seite. Positiv beinhaltet sie, daß jeder, der sich im Staatsgebiet befindet, der Staatsgewalt unterworfen ist. Negativ bedeutet sie, daß innerhalb des Staatsgebietes keine Hoheitsgewalt ausgeübt werden darf, die nicht von der staatlichen Regelungsgewalt abgeleitet ist. Das schließt nicht aus, daß der Staat selber kraft seiner eigenen Staatsgewalt z.B. fremde Diplomaten von seinen hoheitlichen Zugriffen ausnimmt und ihnen Exterritorialität gewährt (womit er zugleich eine völkerrechtliche Verbindlichkeit erfüllt) oder daß er bestimmten Institutionen, etwa den Kirchen, gewisse Hoheitsbefugnisse (z.B. zur Erhebung von Kirchensteuern) in seinem Staatsgebiet verleiht. Ferner kann er etwa auf Grund völkerrechtlich vereinbarter positiver oder negativer Staatsservituten einem anderen Staat einzelne Hoheitsbefugnisse auf seinem Gebiet einräumen oder sich der Ausübung eigener Hoheitsrechte auf seinem Gebiet begeben (Beispiel: die Schaffung einer entmilitarisierten Zone). Er kann Enklaven oder etwa Gebietsteilen, die leichter von einem Nachbarstaat als vom eigenen Staat aus erreichbar sind (z.B. Gebirgstälern), den Status eines Zollausschlußgebietes verleihen und sie im Einvernehmen mit dem Nachbarstaat dessen Währungs- und Zollrecht unterstellen.

Vor allem können im Zuge zwischenstaatlicher Verflechtungen Staaten einer supranationalen Organisation die Kompetenz einräumen, Rechtsakte mit unmittelbar innerstaatlicher Wirkung vorzunehmen (§ 10 III). Dabei ist zu unterscheiden, welche Arten von Rechtsakten den supranationalen Organen zugestanden werden: ob es sich dabei nur um den Erlaß genereller Rechtsnormen oder auch um innerstaatlich verbindliche Einzelanordnungen und Gerichtsentscheidungen oder sogar um Vollstreckungsakte handelt. Ein Staat wird zögern, auch die Kompetenz zu Akten der letztgenannten Art aus der Hand zu geben, bei denen er in besonders augenfälliger Weise eine Einschränkung seines Gewaltmonopols hinnehmen muß (vgl. § 10 III).

Schließlich ist das Staatsgebiet nicht nur unter normativen, sondern auch unter sozialwissenschaftlichen Aspekten ein wichtiger integrierender Faktor für eine Gemeinschaft: als gemeinsame Heimat, als gemeinsam erlebte Natur- und Kulturlandschaft, als Betätigungsfeld gemeinsamer kultureller und zivilisatorisch-technischer Wirksamkeit und Tüchtigkeit und als Boden gemeinsamen politischen Schicksals.

III. Der Umfang des Staatsgebiets

Literatur: *Ipsen* VR, §§ 23, 51 ff.; *Geiger*, §§ 46 f.; *D. E. Khan*, Die deutschen Staatsgrenzen, 2004.
Zu 3: *Ipsen* VR, §§ 55 f.
Dokumente zu 2 und 3: Völkerrechtliche Verträge, dtv-Textausgabe, [11]2007.

1. Grundsätzliches. Wenn auch in den älteren Herrschaftsverbänden das Element der territorialen Ausdehnung selbstverständlich eine Rolle spielte, so fehlte doch die Vorstellung einer genauen Abgrenzung dieses Territoriums durch eine geschlossene Linie. Die Staatenbildung ging von einzelnen Brennpunkten (Rom, Île de France, Großfürstentum Moskau usw.) aus, und die Vorstellung vom territorialen Herrschaftsbereich blieb einem Denken in „Stützpunkten", in „strategisch und politisch wichtigen Plätzen" verhaftet. Und noch lange Zeit blieben Grenzzonen oder Grenzmarken, also breitere Grenzsäume, Vorläufer der Grenze als einer geschlossenen, exakten, linearen Abmarkung. Erst die moderne Vorstellung der Staatsgewalt als einer für ein Territorium geltenden impermeablen Herrschaftsgewalt führte folgerichtig auf den Begriff des territorium clausum und auf eine scharfe Abgrenzung des Staatsgebietes von dem des Nachbarstaates durch eine genau festgelegte Grenzlinie, die territoriale Überschneidungen von Herrschaftsbereichen aufhebt und es gestattet, den Geltungsbereich staatlicher Herrschaft nach einem territorialen Kriterium exakt zu bestimmen (Krüger, 20 ff., 87 ff.).

Das Staatsgebiet ist nicht zwei-, sondern dreidimensional, ist also nicht Fläche, sondern Körper und erstreckt sich in den Raum oberhalb und unterhalb der Erdoberfläche.

Die Staatsgewalt ist aber bedingt und begrenzt durch die faktische Möglichkeit ihrer wirksamen Ausübung (§ 9 III 2). Dies zeigt sich auch bei der Festlegung der rechtlichen Grenzen des Staatsgebietes. Diese wurde erst möglich, als die Staatsgewalt auch faktisch in den Stand gesetzt wurde, eine exakt festgelegte Grenze ihres Territoriums wirksam zu behaupten. Die faktische Beherrschbarkeit als Mindestvoraussetzung für die Zurechnung eines Gebiets zum staatlichen Territorium spielte die entscheidende Rolle insbesondere bei der Festlegung der äußeren Küstenmeeresgrenze, die man im 18. Jahrhundert danach bemaß, welches Meeresgebiet vom Land aus durch Geschützfeuer unter Kontrolle gehalten werden konnte: Auf diese Weise gelangte man zu einer Drei-Meilen-Zone. Das eigentliche Kriterium dieser Festlegung bezeichnete die Überlegung: „potestatem terrae finiri, ubi finitur armorum vis" (C. van Bynkershoek, De dominio maris, 1744, Kap. 2). Auch ober- und unterirdisch reicht die rechtliche Territorialhoheit nicht weiter als die faktische Beherrschbarkeit, also nur so weit, wie die staatliche Betätigung technisch vorzudringen vermag.

Wenn auch die Durchsetzbarkeit staatlicher Herrschaftsrechte conditio sine qua non für die rechtliche Zurechnung eines Raumes zum Staatsgebiet ist, so bedeutet das doch nicht, daß das Staatsgebiet sich andererseits stets auf den je beherrschbaren Bereich ausweite. Auch nach der Ausweitung der Küstengewässer auf eine Breite von 12 Seemeilen (s. u.) liegt die Küstenmeeresgrenze heute weit innerhalb der gegenwärtigen Grenzen waffentechnischer Beherrschbarkeit des Meeresgebietes. Auch im Weltraumrecht gibt es eine Tendenz, die Territorialgewalt – trotz fortschreitender Beherrschungsmöglichkeit – zu begrenzen (3).

2. Horizontale Begrenzungen des Staatsgebiets. Hier unterscheidet man Landgrenzen, Flußgrenzen, Grenzen in Binnengewässern und Grenzen am Meer.

Landgrenzen sind gedachte Linien, die entweder bloß durch geographische Beschreibung (Bergkamm, Längen- oder Breitengrad usw.) oder durch künstliche Abmarkung festgelegt sind.

Sind Flüsse als Grenzen bestimmt, so ist Grenzlinie, falls nichts anderes vereinbart ist: in nichtschiffbaren Flüssen die Mittellinie zwischen den beiden Ufern; in schiffbaren Flüssen der Talweg, d. h. die tiefste zusammenhängende Rinne des Flußbettes, auf Brücken deren Mitte.

In Binnengewässern mit verschiedenen Anliegerstaaten läuft die Grenzlinie, wenn nichts anderes vereinbart ist, in der Mitte zwischen den Ufern. Binnengewässer in diesem Sinne sind Binnenseen und maritime Binnengewässer, nämlich Häfen, Flußmündungen, Fjorde und Buchten bis zu der Stelle, wo sie sich zum Meer hin um mehr als 24 Seemeilen öffnen.

An der Meeresküste sind mehrere Grenzlinien zu unterscheiden, der Tatsache entsprechend, daß zur See hin die Gebietshoheit stufenweise abnimmt:

Uneingeschränkt erstreckt sich die Gebietshoheit bis zur Grundlinie; das ist die Wasserstandslinie bei Tiefebbe. Der innerhalb dieser Grundlinie liegende Bereich ist uneingeschränkt Staatsgebiet. An stark zerklüfteten Küsten kann die Grundlinie auch aus einer geraden Linie bestehen, die dem generellen Verlauf der Küste folgt und durch deutlich erkennbare Punkte markiert ist (Art. 7 des Seerechtsübereinkommens – SRÜ – der Vereinten Nationen vom 10. 12. 1982, das 1994 in Kraft getreten ist).

Die Grundlinie ist zugleich die innere Begrenzung der Küstengewässer. Parallel zu ihr läuft deren äußere Begrenzung. Die Breite der hierdurch eingegrenzten Küstengewässer wurde früher, wie gesagt, überwiegend mit 3 Seemeilen angesetzt. Einer verbreiteten Ausweitungstendenz folgend, ist es nun jedem Staat erlaubt, seine Küstengewässer bis auf eine Breite von 12 Seemeilen auszuweiten (Art. 3 SRÜ). Als Folge hiervon wurden auch solche Meerengen und Archipelgewässer zu staatlichen Küstengewässern, die für den internationalen Verkehr wichtig sind; daher ist eine eigene Durchfahrts- und Luftpassageregelung für Meerengen und Archipelgewässer vorgesehen (Art. 37 ff., 53 f. SRÜ). Die Gebietshoheit eines Staates in seinem Küstengewässer ist generell dadurch beschränkt, daß er hier ausländischen Handelsschiffen und mit gewissen Modifikationen auch Kriegsschiffen die unschädliche Durchfahrt (nicht etwa auch den Fischfang) gestatten muß, und daß nur auf Grund weniger, eng begrenzter Tatbestände staatliche Hoheitsrechte gegen friedlich passierende ausländische Schiffe ausgeübt werden dürfen (Art. 17 ff. SRÜ). Für den Luftraum über den Küstengewässern besteht keine entsprechende generelle Einschränkung der Gebietshoheit.

Auch über die Küstengewässer hinaus besitzen die Staaten ein ausschließliches Recht auf Ausbeutung der Naturschätze auf und in dem Festlandssockel (Kontinentalschelf), der ihrer Küste vorgelagert ist, und zwar bis auf eine Breite von 350 Seemeilen (Art. 76 SRÜ).

Unabhängig vom Festlandssockel hat das Seerechtsabkommen den Küstenstaaten allgemein eine „Wirtschaftszone" zugebilligt, die 200 Seemeilen ins Meer hineinreicht und in der die Küstenstaaten grundsätzlich (s. aber Art. 69f. SRÜ) das alleinige Recht zur wirtschaftlichen Ausbeutung einschließlich des Fischfangs haben (Art. 56ff. SRÜ).

Auf hoher See erstreckt sich die Hoheitsgewalt des Staates auf solche Schiffe, die berechtigtermaßen seine Flagge führen; sobald solche Schiffe aber in einen ausländischen Hafen einlaufen, unterstehen sie der Staatsgewalt des Hafenstaates.

3. Vertikale Begrenzungen. Auch im Luft- und Weltraumrecht gilt der Grundsatz: Die Durchsetzbarkeit staatlicher Herrschaft ist Bedingung dafür, einen Raum dem Staatsgebiet zuzurechnen; andererseits weitet sich das Staatsgebiet nicht fortschreitend auf den je beherrschbaren Bereich aus. Auch in der Vertikalen muß sich das Völkerrecht daher zu einer allgemein anerkannten Auffassung vorantasten, um die Grenzen der Staatsgewalt genauer zu bestimmen. Vorläufig ist von den meisten Staaten anerkannt, daß die vertikale Begrenzung des staatlichen Herrschaftsbereiches bei 100km liege. Es ist dies der Bereich, jenseits dessen Satelliten in eine stabile Umlaufbahn gebracht werden können (während sie innerhalb dieser Grenze durch eine zu hohe Luftdichte abgebremst werden). Indessen sind mehrere Staaten, die unter dem Äquator liegen, mit der genannten Begrenzung der staatlichen Hoheit nicht einverstanden, weil sie die „Satellitenparkplätze" über dem Äquator finanziell nutzen wollen.

So weit sich der Herrschaftsbereich eines Staates erstreckt, darf dessen Gebiet nur mit seiner Erlaubnis überflogen werden, wenn nichts anderes bestimmt ist. Doch ist der internationale Luftverkehr heute in weitem Umfang durch das Chicagoer Abkommen über die Internationale Zivilluftfahrt von 1944 (BGBl. 1956 II S. 411) und andere multilaterale und bilaterale Verträge geregelt. Für Gewässer, die der Küste vorgelagert sind, gelten die schon genannten Sonderregelungen (2). Luftfahrzeuge unterliegen der Jurisdiktion des Staates auf dem oder über dem sie sich befinden; über dem offenen Meer oder anderem staatsfreiem Gebiet unterstehen sie der Jurisdiktion des Staates, in dem sie registriert sind.

Wichtige Grundsätze für staatliche Aktivitäten im (nicht näher definierten) Weltraum regelt der Weltraumvertrag von 1967 (BGBl. 1969 II S. 1967). Die Bindung von Staaten, die sich diesem Vertrag nicht angeschlossen haben, bleibt in der Schwebe, bis das Vertragsrecht zu allgemeinem Völkergewohnheitsrecht geworden ist.

IV. Veränderungen des Staatsgebiets

Literatur: *Dahm*, §§ 53ff.; *W. Schätzel*, Das Recht des völkerrechtl. Gebietserwerbs, 1959; *Berber* I, § 54; *Stein/v. Buttlar*, Rdn. 549ff.; *Ipsen* VR, § 23 III.

Man unterscheidet vielfach zwischen derivativem und originärem Erwerb von Staatsgebiet, je nachdem, ob dieses Gebiet von dem bisherigen Gebietsherrn einem anderen Staat abgetreten wird, oder ob dieser seine Staatsgewalt über das Gebiet ursprünglich aus eigenem Recht begründet (Beispiel: Okkupation). Diese Einteilung geht auf die veraltete Vorstellung zurück, das Staatsgebiet sei Objekt privater oder öffentlicher Rechte, die entweder neu begründet oder von einem anderen abgeleitet würden. Nach der Kompetenzentheorie hingegen handelt es sich in allen Erwerbsfällen gleichermaßen um die Ausweitung der Kompetenzhoheit des erwerbenden Staates auf das neu hinzugekommene Territorium. Im einzelnen unterscheidet man Okkupation, Annexion, Ersitzung, Abtretung und Adjudikation:

Okkupation ist der Erwerb eines staatenlosen Gebiets. Mit dieser Okkupation als Neuerwerb bisher staatenlosen Gebiets sind nicht zu verwechseln die völkerrechtlichen Begriffe der occupatio bellica und der occupatio pacifica, die beide eine Besetzung fremden Staatsgebiets ohne dessen rechtliche Einverleibung bezeichnen.

Annexion ist die einseitige, nicht auf Vertrag beruhende Einbeziehung eines fremden Territoriums in das eigene Staatsgebiet. Beispiele sind etwa die Annexion Hannovers durch Preußen im Jahre 1866 oder die Annexion der Burenrepubliken durch England im Jahre 1900. Zunehmend hat sich die Ansicht durchgesetzt, daß Annexion kein Rechtsgrund für einen Gebietszuwachs ist, zumal sie dem Selbstbestimmungsrecht der Völker widerspräche. Die Diskussion hierüber reicht in das 19. Jahrhundert zurück. Konkreter Anlaß für sie war zunächst die gegen China gerichtete Expansionspolitik Japans und später die Frage, ob Abessinien, Österreich, Polen und die Tschechoslowakei in den dreißiger Jahren des 20. Jahrhunderts durch Annexion als Staaten untergegangen sind. Der Annexion Kuweits durch den Irak im Jahre 1990 wurde fast einhellig die internationale Anerkennung versagt.

Abtretung ist der vertraglich vereinbarte Übergang eines Gebiets von dem einen auf den anderen Staat. Eine besondere Rolle spielten Abtretungen von Staatsgebiet durch Friedensverträge. Das Selbstbestimmungsrecht der Völker verlangt, solche Abtretungen nicht ohne oder gegen den Willen der betroffenen Bevölkerung vorzunehmen, diese also nicht zum bloßen Objekt eines Interessenausgleichs zwischen den beteiligten Staaten zu machen. Dem entspricht eine sich zunehmend durchsetzende Staatenpraxis, die Abtretung an ein Plebiszit zu knüpfen und sie hierdurch zu legitimieren.

Unter Adjudikation versteht man den Übergang eines Territoriums in die Kompetenzenhoheit eines anderen Staates kraft Schiedsspruches.

Kapitel IV. Grundbegriffe des Organisationsrechts

§ 13. Der Staat als juristische Person

Literatur: *H.J. Wolff,* Organschaft und juristische Person, 2 Bde., 1933/34; *U. Häfelin,* Die Rechtspersönlichkeit des Staates, Bd. I 1959; *Ermacora,* 124 ff., 924 ff., 1075 ff.

Wir sprechen davon, daß der Staat durch sein Parlament Gesetze gebe, durch seine Finanzämter Steuerbescheide erlasse und daß durch seine Gerichte Urteile ergehen, kurz, daß der Staat durch seine Staatsorgane rechtswirksam handeln könne, daß er auch bestimmte Pflichten, etwa zur Sozialhilfe oder zur Abwehr von Gefahren habe. Doch wie läßt sich „der Staat" überhaupt als handlungsfähige Einheit, als „juristische Person" vorstellen, die Regelungsbefugnisse und andere Rechte und auch Handlungspflichten habe? Und wie ist organschaftliches Handeln für „den Staat" konstruierbar?

I. Ältere Theorien der juristischen Person

Literatur: *E. Bernatzik,* Über den Begriff der Juristischen Person, AöR 1890, 169 ff., Nachdruck 1996; *J. Binder,* Das Problem der juristischen Persönlichkeit, 1907, §§ 1, 2.
Zu 1: *F. C. v. Savigny,* System des heutigen Römischen Rechts, II 1840, §§ 60 ff., 85 ff.; *O. v. Gierke,* Das deutsche Genossenschaftsrecht, III 1881, 186 ff., 279 ff., 362 ff.
Zu 2: *O. v. Gierke,* Genossenschaftstheorie, 1887; *ders.,* Das Wesen der menschlichen Verbände, 1902; *E. Hölder,* Natürliche und juristische Personen, 1905, 42 ff.

1. Die Fiktionstheorie. Pflichten und Rechte kann streng genommen nur haben, wer normative Sinngehalte verstehen und sich nach ihnen richten kann. Nur Menschen können aber den Sinn rechtlicher Normen erfassen und sich von ihnen bestimmen lassen. Dem entspricht die seit den Postglossatoren verbreitete Vorstellung, rechtsfähig seien von Natur aus nur Menschen. Savigny führte diese Ansicht zusätzlich auf den Autonomiegedanken zurück: Die Rechtsfähigkeit sei Ausdruck individueller Selbstbestimmung und Freiheit: „Alles Recht ist vorhanden um der sittlichen, jedem einzelnen Menschen innewohnenden Freiheit willen. Darum muß der ursprüngliche Begriff der Person oder des Rechtssubjekts zusammenfallen mit dem Begriff des Menschen, und diese ursprüngliche Identität beider Begriffe läßt sich in folgender Formel ausdrücken: Jeder einzelne Mensch und nur der einzelne Mensch ist rechtsfähig" (Savigny 1840, § 60). Das der Selbstbestimmung fähige Individuum wäre demnach das naturgegebene Rechtssubjekt. Um einem anderen Gebilde, etwa einem Verein, Rechtssubjektivität beizulegen und es als rechtlich handelnd vorzustellen, bedürfe es der Fiktion, daß es eine solche Person sei: Auf diese Weise könne „die Rechtsfähigkeit auf irgend Etwas außer dem einzelnen Menschen übertragen, also eine juristische Person künstlich gebildet werden" (Savigny, § 60). Diese ist also ein „künstliches, durch bloße Fiktion angenommenes" Subjekt, „d. h. eine Person, welche bloß zu juristischen Zwecken angenommen wird" (Savigny, § 85).

Von dieser Grundposition her wird auch das Handeln für juristische Personen verstanden: Um diese „in das wirkliche Leben einzuführen, bedarf es für sie einer regelmäßigen Vertretung, wodurch die ihnen fehlende Handlungsfähigkeit künstlich ersetzt werden muß ...; diese Vertretung wird begründet durch ihre Verfassung" (Savigny, § 96).

2. Die Lehre von der realen Verbandsperson. Gierke teilte im Ansatz den Standpunkt Savignys: Es „sind ausschließlich die Träger menschlicher Willensmacht zu Rechtssubjekten geeignet" (1887, 23, 608f.). Aber im Gegensatz zu Savigny glaubte er, daß Verbände überindividuelle Lebenseinheiten seien, mit der Fähigkeit, einen realen überindividuellen Willen hervorzubringen (§ 4 II). Wenn das zutraf, dann bedurfte es keiner Fiktion, um ihnen Rechtsfähigkeit beizulegen. Inhaber der Rechte und Pflichten war dann die in der Wirklichkeit vorhandene überindividuelle Lebenseinheit der Körperschaft: die Gemeinde als Rechtssubjekt, der Staat als juristische Person. Kurz, Rechtssubjekt ist der organisierte und durch seine Organe handelnde reale Verband selbst.

Mit der Vorstellung, der Verband sei ein realer Organismus, hängt aufs engste die Theorie vom körperschaftlichen Handeln zusammen: Die wollende und handelnde Einheit einer Gesamtperson tritt rechtlich durch deren „Organe" in Erscheinung (1887, 615). Es ist „die Gesamtperson selbst, welche durch ihr Organ will und handelt", ähnlich wie der einzelne Mensch sich „durch das sehende Auge oder die schreibende Hand" betätigt. Das Gemeinwesen besitzt „in jedem Organ ein Stück seiner selbst und deckt sich als wollende und handelnde Persönlichkeit vollkommen mit dem dabei fungierenden Organ" (1887, 623ff.). Das Organ wird also nach einem anderen Bild vorgestellt als der Stellvertreter. Dieser wird gedacht als jemand, der für einen anderen tätig wird: Das eine Rechtssubjekt handelt für ein anderes. Für das organschaftliche Handeln dagegen steht das Bild, daß durch das Organ die Körperschaft selber tätig werde. Dieses Bild kann man auch mit dem Begriff der Repräsentation verbinden. Der Staat ist dann in seinen Repräsentanten „präsent" (§ 23 II 4).

Einwendungen gegen die Gierkesche Theorie der juristischen Person richten sich aber schon gegen die Grundannahme eines realen überindividuellen Willens. Denn diese Annahme unterschiebt das psychische Phänomen des Willens, das unmittelbar immer nur am Individuum erfaßbar ist, unzulässigerweise den Gemeinschaften, an denen ein überindividueller realer Wille, als psychische Tatsache, niemals unmittelbar empirisch festgestellt werden kann (§ 4 II).

II. Die juristische Person als Zurechnungsschema

Literatur: *A. Brinz,* Pandekten I, ²1873, §§ 59f.; *A. Haenel,* Deutsches Staatsrecht, I 1892, 99ff., 106f.; *Kelsen* AStL, 66ff.; *ders.* RR, 178ff.; *H. Nawiasky,* Allgemeine Rechtslehre, 1941, ²1948, 178ff.

Gibt man die unhaltbare Unterstellung einer realen Verbandsperson auf, dann bleibt es dabei, daß rechtliche Gebote letztlich immer irgendwelche Menschen verpflichten und daß es letzten Endes auch immer bestimmte Menschen sind, welche die rechtserheblichen Entschlüsse fassen und äußern (vgl. Brinz, 1873, §§ 59f.). Dann beinhalten auch die Rechte und Pflichten „juristischer Personen" letztlich nur, daß bestimmte Menschen, z.B. der Bürgermeister einer Gemeinde oder der Vorsteher eines Finanzamtes, zu irgendwelchen Handlungen verpflichtet sind oder daß ihre Handlungen bestimmte Rechtswirkungen erzeugen können.

Wenn gleichwohl bestimmte, rechtlich verfaßte Gemeinschaften (Körperschaften) und Einrichtungen (Anstalten und Stiftungen) als berechtigt oder verpflichtet vorgestellt werden, so kann das nur folgendes bedeuten: Die rechtlichen Überlegungen werden so konstruiert, als ob eine solche Gemeinschaft oder Einrichtung als Ganzes bestimmte Pflichten und Rechte hätte. Weil aber das Recht eine Ordnung menschlichen Verhaltens ist, müssen die einer Organisation zugerechneten

Pflichten und Befugnisse, um vollziehbar zu werden, erst noch in Handlungsanweisungen und Ermächtigungen für bestimmte Menschen „übersetzt" werden, etwa in solche des Vereinsvorstandes, des Bürgermeisters, des zuständigen Finanzbeamten oder des Stiftungsvorstandes. Hierzu bedarf es normativer „Übersetzungsregeln"; diese werden durch die Verfassung, insbesondere durch die Zuständigkeitsbestimmungen der juristischen Person geliefert (§ 14 I 1). Ihnen ist zu entnehmen, wer in welcher Weise welche Pflichten oder Befugnisse wahrzunehmen hat, die dieser juristischen Person konstruktiv zugeordnet werden: daß z. B. jemand als Anstaltsvorstand aus einer bestimmten Vermögensmasse (dem „Anstaltsvermögen", nicht aus seinem Privatvermögen) einen bestimmten Kaufpreis zu bezahlen hat.

Dieser Gedankengang ist also nichts anderes als eine abgestufte Konstruktion von Pflichten und Befugnissen bestimmter, in einer organisierten Gemeinschaft lebenden Menschen. Die „juristische Person" ist in diesen Überlegungen nur ein gedanklich konstruierter, dazwischengeschobener Zurechnungsbehelf. Kurz, die juristische Person ist ein vereinfachendes Zurechnungsschema, das letztlich Pflichten und Befugnisse von Menschen regelt, die in einer organisierten Gemeinschaft leben. Deshalb kann in vielen Fällen ein „Durchgriff" durch die juristische Organisationsform auf die in ihr zusammengefaßten Menschen gerechtfertigt sein, so etwa in den Fragen, ob eine juristische Person Grundrechtsschutz verdient (Zippelius/Würtenberger, § 18 II 2 c) oder ob ihr Handeln demokratische Legitimation vermittelt.

Die genannte Vereinfachung liegt darin, daß die durch Gesetz oder Satzung verfaßte Gemeinschaft oder Einrichtung als Zurechnungseinheit genommen wird. Die ihr geltenden rechtlichen Überlegungen werden ebenso konstruiert, wie wenn sie eine natürliche Person wäre. Man verfährt also ähnlich wie die Mathematik, wenn sie für einen komplexen Zahlenausdruck einfach einen Buchstaben setzt und zunächst mit diesem weiterrechnet, immer bereit, ihn wieder in den komplexen Ausdruck zurückzuübersetzen und damit „aufzulösen". Im Recht ist diese „Auflösung" die nähere Bestimmung der im einzelnen berechtigten oder verpflichteten Menschen und des Umfangs ihrer Rechte und Pflichten (§ 14 I 1, II). Die generellen Vorgaben dafür sind der Verfassung oder Satzung der juristischen Person zu entnehmen. Deshalb können auch nur rechtlich verfaßte Gemeinschaften oder Einrichtungen als einheitliche Zurechnungssubjekte, d. h. als „juristische Personen" fungieren.

Rechtstechnisches Zurechnungssubjekt können je nach der positiven Rechtsordnung nicht nur der Staat, die Gemeinden usw. als Ganzes, sondern auch einzelne ihrer Organe sein. Diese wird man aber regelmäßig nicht zum einheitlichen Zurechnungssubjekt für die gesamte Rechtsordnung, sondern nur für einen bestimmten Normenkomplex, z. B. für eine Prozeßordnung, erheben; in diesen Fällen kann man von einer „Teilrechtsfähigkeit" sprechen. Zum Beispiel kann das Verfassungsprozeßrecht eines Staates Rechtsstreitigkeiten zwischen obersten Staatsorganen vorsehen und diese hierbei als Parteien behandeln.

Mit der rechtlichen Zurechnung wird nur ein formaler Aspekt der Organisation erfaßt. Durch die Rechts- und Verfassungsordnung wird aber die Einheit des Staates nicht nur normativ dargestellt, sondern auch faktisch (mit) hergestellt: Die Normen- und Kompetenzenordnung dient als Schema für eine spezifische Koordination menschlichen Verhaltens und hat auf diese Weise zugleich eine faktische Integrationsfunktion (§ 7).

§ 14. Staatsorgane

Literatur: *E. Forsthoff,* Lb. des Verwaltungsrechts I, [10]1973, §§ 23 f.; *Wolff/Bachof/Stober/Kluth,* §§ 80, 83 ff.; *Herzog,* 93 ff.; *W. Krebs,* in: HdStR, § 108; *H. U. Erichsen, D. Ehlers* (Hg), Allg. Verwaltungsrecht, [13]2006, §§ 6 f.; *W. Hoffmann-Riem u. a.* (Hg), Grundlagen des Verwaltungsrechts, Bd. I 2006, § 14.

I. Institutionalisierte Funktionsbereiche

Literatur: Zu 1: *Krüger,* § 19.
　　Zu 2: Wie zu §§ 31 III; 37 II 2; *Th. Groß,* Was bedeutet „Fachaufsicht"?, DVBl. 2002, 793 ff.; *Schuppert,* 107 ff.
　　Zu 3: Wie zu §§ 23 III; 39 I; *Jellinek,* 625 ff.; *Kelsen* AStL, § 27; *H. Peters,* Zentralisation und Dezentralisation, 1928.
　　Zu 4: *F. Ossenbühl,* Verwaltungsvorschriften und Grundgesetz, 1968, 263 ff.; *H. Butzer,* Zum Begriff der Organisationsgewalt, in: Die Verwaltung 1994, S. 157.

1. Ämter und Amtsträger. Als juristische Person ist der Staat in ein Gefüge von Funktionsbereichen gegliedert. Das sind abgegrenzte Aufgaben („officia") und Regelungsbefugnisse (z. B. Gesetzgebungskompetenzen des Parlaments), die von den „Inhabern" solcher Funktionsbereiche für die juristische Person wahrzunehmen sind, ihr also in der beschriebenen Weise konstruktiv zugerechnet werden (§ 13 II).

Diese Funktionsbereiche („Ämter") werden durch ein Organisationsstatut der juristischen Person definiert und dauerhaft festgelegt („institutionalisiert"). „Organisationsstatute" des Staates sind hierbei nicht nur die organisatorischen Verfassungsnormen, sondern auch organisatorische Bestimmungen niedrigeren Ranges (z. B. ein Gerichtsverfassungsgesetz). Zu diesen gehören insbesondere Zuständigkeitsnormen, die mit bestimmten Ämtern die Befugnis verbinden, bestimmte rechtserhebliche Entscheidungen zu treffen, d. h. Pflichten zu begründen, zu ändern, aufzuheben oder mit rechtlichen Konsequenzen festzustellen. Solche Zuständigkeitsbestimmungen ergänzen die materiellrechtlichen Rechtsnormen und bilden zusammen mit diesen Teile des rechtlichen Regelungssystems.

Ämter werden also abstrakt, nach Art und Umfang ihrer Aufgaben und Befugnisse, durch organisatorische Vorschriften vorgesehen (z. B. Amtsgerichte). Als einzelne werden sie durch konkrete Organisationsakte errichtet (z. B. das Amtsgericht Erlangen).

Eine Institutionalisierung von Ämtern schafft aber noch keine aktionsfähige Staatsorganisation. Hierzu müssen diese Funktionsbereiche bestimmten Menschen („Amtsträgern" oder „Amtswaltern") zugewiesen werden (II).

Das Amt als institutionalisierter Aufgaben- und Kompetenzenbereich ist also zu unterscheiden vom Amtsträger, d. h. demjenigen, der die Funktionen dieses Amtes auszuüben hat. Das Amt besteht unabhängig von einem Wechsel der Amtsträger weiter.

2. Die grundsätzliche Verteilung der staatlichen Funktionen. Die horizontale Verteilung der staatlichen Funktionen entspricht regelmäßig den Hauptarten staatlicher Regelungsaufgaben: Gesetzgebung, Regierung, Verwaltung und Rechtsprechung (§ 31 III).

Eine föderative Aufteilung dieser Funktionen findet sich im Bundesstaat: zwischen den Zentralorganen des Bundes und den Organen der Gliedstaaten (vgl. § 39 I).

Eine vertikale Verteilung der Aufgaben und Entscheidungsbefugnisse pflegt auf den Gebieten der Verwaltung und der Rechtsprechung zu bestehen. Es existiert eine Hierarchie, ein Instanzenzug von Verwaltungsbehörden und Gerichten: Die höhere Instanz hat die Entscheidungen der unteren auf ein zulässiges Rechtsmittel hin zu überprüfen und, wenn es begründet ist, sie aufzuheben (Devolutiveffekt der Rechtsmittel).

In der Verwaltung kann die höhere Instanz ferner, wenn ihr die „Fachaufsicht" zusteht, die Ermessensausübung der nachgeordneten Instanzen regulieren: Vielfach lassen die Gesetze den Verwaltungsbehörden einen Ermessensspielraum für ihr Handeln, damit sie sich den konkreten Erfordernissen der jeweiligen Situation anpassen können. Die höhere Instanz kann dann entweder allgemein (durch Verwaltungsvorschrift) oder konkret (durch Einzelweisung) vorschreiben, wie nachgeordnete Instanzen von diesem Ermessen Gebrauch zu machen haben. Auch für die Gesetzesauslegung können auf solche Weise Direktiven gegeben werden.

3. Insbesondere das Problem der Zentralisation. Ein Grundproblem zweckmäßiger Funktionenverteilung ist mit den Begriffen „Zentralisation" und „Dezentralisation" angesprochen. In ihrer früher gebräuchlichen, weiteren Bedeutung bezeichneten sie schlechthin die Tendenz, die Kompetenzen in einem Staat entweder an einer Stelle zusammenzufassen oder aber sie auf eine Vielzahl von Staatsorganen oder selbständigen Verwaltungsträgern zu verteilen (vgl. auch § 23 III).

Heute wird der Begriff der Zentralisation meist in einem engeren Sinne verwendet. Nach einem verbreiteten Sprachgebrauch bezeichnet er das Prinzip, die Verwaltungsfunktionen in unmittelbarer Staatsverwaltung auszuüben. Dezentralisation bedeutet demgegenüber das Prinzip, Verwaltungsaufgaben möglichst an selbständige Verwaltungsträger abzugeben, z. B. an Gemeinden oder Landkreise, an Anstalten oder Stiftungen des öffentlichen Rechts. Das sind Organisationen mit eigener Rechtspersönlichkeit. Weil aber auch sie (als „mittelbare Staatsorgane") öffentliche Aufgaben wahrnehmen, untersteht ihre Wirksamkeit staatlicher Aufsicht, teils nur hinsichtlich ihrer Rechtmäßigkeit („Rechtsaufsicht"), teils auch hinsichtlich ihrer Zweckmäßigkeit, hier verbunden mit gewissen, meist begrenzten, Weisungsrechten („Fachaufsicht").

Werden innerhalb ein und desselben Verwaltungsträgers möglichst viele Verwaltungsfunktionen in einer Behörde vereint, so spricht man von Konzentration. Unter Dekonzentration versteht man das Prinzip, die Verwaltungsaufgaben auf mehrere Behörden des selben Verwaltungsträgers zu verteilen. – Um vertikale Dekonzentration handelt es sich, wenn im Staat Verwaltungsaufgaben auf nachgeordnete Staatsbehörden (nicht auf rechtlich selbständige organisatorische Einheiten) übertragen werden. Horizontale Dekonzentration liegt dann vor, wenn man auf einer Verwaltungsebene für viele Sachgebiete eigene Behörden, z. B. Ministerien, schafft. Dagegen ist es horizontale Konzentration, wenn z. B. versucht wird, auf Regierungsebene mit möglichst wenigen Ministerien auszukommen, oder wenn auf einer nachgeordneten Verwaltungsebene möglichst viele Aufgaben bei einer Behörde (etwa beim Regierungspräsidenten) gebündelt werden.

Einer zentralisierten Sachbehandlung (im weiteren Sinn) wird man dort zuneigen, wo es darum geht, eine Gesamtkonzeption zu finden und zu verwirklichen, wo das Interesse an Rechtseinheit oder einheitlicher Verwaltung, insbesondere an Gleichbehandlung im Vordergrund steht. Eine zentrale Regelung und Verwaltung dient auch der Wahrnehmung überregionaler Interessen und einem überregionalen Interessenausgleich; darum geht es etwa beim Bau und bei der Unterhaltung überörtlicher Verkehrsverbindungen oder bei überregionalen Fragen der Gewässerreinhaltung und des Wasserhaushalts. Zentrale Verwaltung kann auch der wirksamen Erfüllung solcher Aufgaben dienen, die (etwa bei der Verbrechensverfolgung) zu rasch an örtliche Kompetenzgrenzen stoßen würden.

Demgegenüber dient die Dezentralisation dazu, Verwaltungsaufgaben in überschaubare Verwaltungsbereiche aufzuteilen und eine sachnahe, d.h. die Bedürfnisse und Besonderheiten des Einzelfalles berücksichtigende, Behandlung zu ermöglichen. Eine dezentralisierte Verwaltung kann konkrete Sachverhalte oft lebensnäher und daher sachgerechter beurteilen als eine zentralisierte Verwaltung, die mit zunehmender Zentralisation unpersönlicher, spezialisierter und schematischer wird. Indem man einen Teil der Entscheidungsverantwortung nachgeordneten Einheiten überläßt, fördert man zugleich deren Engagement für die Sache. Nicht zuletzt ist Dezentralisation ein Mittel, organisatorische Einheiten zu schaffen, innerhalb deren für überschaubare Lebensbereiche Selbstverwaltung und demokratische Partizipation der Bürger möglich ist (§§ 3 III 2; 17 I 3; 23 III).

Wo dezentralisierte Entscheidungseinheiten nicht nur Angelegenheiten ihres eigenen, abgegrenzten Lebensbereichs verwalten, sondern mit ihren Entscheidungen in größere Gesamtzusammenhänge hineinwirken (§ 23 III), bedarf es einer sachlichen Koordination – einer „Steuerung der Selbststeuerung" (§ 3 III 3) – und damit auch übergeordneter Kontroll- und Koordinationsorgane. Die Koordination kann durch Rechtsnormen und durch Staatsaufsicht geschehen; dieser stehen als Koordinationsinstrumente vor allem allgemeine Verwaltungsvorschriften und konkrete Weisungen zur Verfügung (I 2). Koordination kann sich aber auch durch kooperative Praktiken vollziehen, wie sie mit ihren Vorzügen und Nachteilen am Beispiel des Föderalismus darzustellen sind (§ 39 I 2).

Bei der Frage der Dezentralisation handelt es sich um ein Optimierungsproblem, d.h. darum, einen optimalen Kompromiß verwirklichen: zwischen den widerstreitenden Bedürfnissen nach Sach- und Bürgernähe, Selbstverwaltung und Selbstverantwortung einerseits und einheitlicher Regelung, Koordination und Gesamtverantwortung andererseits. Dabei ist für die unterschiedlichen Fragen, die das Gesamtsystem zu lösen hat, jeweils die richtige Entscheidungsebene zu wählen (§ 3 III 3, 4).

4. Organisationsakte. Behördenorganisatorische Akte sind ihrer Rechtsnatur nach generelle Normierungen, wenn sie eine allgemeine Änderung der Zuständigkeitsordnung bewirken, wenn durch sie also die eingangs beschriebene „abstrakte Institutionalisierung rechtserheblicher Funktionsbereiche" verändert wird. Das ist dann der Fall, wenn eine Behördenart, die rechtliche Kompetenzen hat, neu geschaffen oder aufgehoben wird oder wenn die Kompetenzen schon bestehender Behörden allgemein geändert werden.

Hingegen sind die Errichtung, die Aufhebung und die Änderung einzelner Behörden Einzelakte mit genereller Tatbestandswirkung: Hier wird nicht eine generelle Zuständigkeitsnorm modifiziert, vielmehr wird nur der konkrete Bestand an Behörden, also der Sachverhalt geändert, an den eine generelle Zuständigkeitsnorm (z.B. mit dem Tatbestandsmerkmal „das zuständige Gesundheitsamt") anknüpft. Auf diese Weise hat aber z.B. eine Behördenteilung die generelle Wirkung, daß für die unabsehbare Zahl einschlägiger Verwaltungsmaßnahmen, die im örtlichen Zuständigkeitsbereich der neu errichteten Behörde vorzunehmen sind, nun diese und nicht mehr die alte Behörde zuständig ist. Organisationsakte dieser Art regeln also zwar ihrem Erklärungsinhalt nach einen konkreten Sachverhalt. Sie bringen dadurch aber, wenn auch als „bloße" Tatbestandswirkung, Zuständigkeitsänderungen hervor, die für eine (im Zeitpunkt der Regelung) unbestimmte Zahl von Personen erheblich werden. Hinsichtlich dieser Relevanz für einen noch unbestimmten Personenkreis gleichen sie also generellen Normierungen. So handelt es sich im Ergebnis um eine Mischform zwischen dem Grundtypus genereller Normierung (die – nach Erklärungsinhalt und Wirkung – Sachverhalte und Personen generell erfassen) und demjenigen der Einzelakte (die Sachverhalte und Personen individuell erfassen). Daher stellt sich die Frage, welche rechtlichen Instrumente, die man für jene Grundtypen entwickelt hat (Anfechtungsmöglichkeiten, Publikationserfordernisse usw.), auf solche Mischformen anzuwenden sind. Zum Beispiel liegt die Forderung nahe, Änderungen im Behördenbestand, von denen eine unbestimmte Zahl von Bürgern (durch Tatbestandswirkung) betroffen ist, in gleicher Weise zu publizieren wie Rechtssätze.

Zuständigkeitsvorschriften pflegen Kompetenzen einer Behörde insgesamt, nicht aber bestimmten Referaten dieser Behörde zuzuweisen. Deshalb wird der Rechtsverkehr nicht berührt, wenn innerhalb einer Behörde Referate neu eingerichtet oder aufgehoben werden oder wenn die Geschäftsverteilung zwischen bestehenden Referaten geändert wird.

II. Die Übertragung öffentlicher Ämter

Um eine aktionsfähige Staatsorganisation zu schaffen, genügt es nicht, eine generelle Zuständigkeitsordnung (I 1) zu normieren und die darin vorgesehenen konkreten Behörden (Funktionsbereiche) zu errichten (I 4). Es müssen erst noch bestimmte Menschen in die damit geschaffenen Ämter eingewiesen werden.

Ein Amt kann jemandem entweder kraft Gesetzes zukommen oder durch einen besonderen Bestellungsakt übertragen werden: Unmittelbar kraft Gesetzes, und zwar kraft geschriebenen oder ungeschriebenen Verfassungsrechts, hat z.B. der erbliche Monarch die Funktionen seines Amtes inne. Daneben stehen die Fälle, in denen jemand sein Amt aus der Hand eines anderen Staatsorgans empfängt. Solche Bestellungsakte müssen immer von einem schon vorhandenen Staatsorgan ausgehen. So kann jemand sein Amt unmittelbar aus der Hand eines „geborenen" Staatsorgans, etwa durch demokratische Wahl, oder mittelbar aus der Hand eines von diesem bestellten Staatsorgans empfangen.

Besonders wichtige Fälle der Bestellung von Staatsorganen sind die Wahlen von Abgeordneten in das gesetzgebende Organ des Staates. In diesen Fällen handelt die Gesamtheit der Wahlberechtigten als das bestellende Staatsorgan. Das hierbei ausgeübte aktive Wahlrecht ist das organschaftliche Recht grundsätzlich der mündigen Staatsbürger, an der Bestellung von Staatsorganen teilzunehmen. Nach demokratischem Legitimitätsverständnis müssen alle Staatsorgane ihr Amt entweder durch demokratische Wahl erhalten oder es (unmittelbar oder mittelbar) auf Staatsorgane zurückführen, die ihrerseits durch demokratische Wahl berufen wurden (BVerfGE 77, 40 f.).

III. Mitwirkungsbedürftige Kompetenzen

Literatur: *C. Schmitt* VL, 293 ff.; *Loewenstein* VL, 181 ff.; *Herzog*, 250 ff.; *A. Schulz*, Die Gegenzeichnung, 1978; *Stern*, §§ 27 I, 30 II 7; *S. Schüttemeyer, R. Sturm*, Wozu Zweite Kammern?, ZParl 1992, 517 ff.; *G. Riescher u. a.* (Hg), Zweite Kammern, 2000; *H. Schambeck*, Zur Bedeutung des parlamentarischen Zwei-Kammer-Systems – eine rechtsvergleichende Analyse des „Bikameralismus", Journal f. Rechtspolitik, 2003, 87 ff.

In vielen Fällen können Staatsorgane Aufgaben nur im Zusammenwirken mit einem anderen Staatsorgan erledigen, um die Sachkunde verschiedener Staatsorgane zu vereinigen, bestimmte Interessen einzubringen und Kontrolle auszuüben.

Ein Beispiel solcher Mitwirkungsbedürftigkeit war das Erfordernis der Gegenzeichnung in der konstitutionellen Monarchie: Die Akte des Monarchen erlangten erst Wirksamkeit, wenn sie von dem verantwortlichen Minister gegengezeichnet wurden (§ 21 I 1). Auch in demokratischen Verfassungen (z.B. in Art. 58 GG) findet sich das Erfordernis einer Gegenzeichnung für die Akte des Staatsoberhauptes.

Ein anderes Beispiel notwendigen Zusammenwirkens verschiedener Staatsorgane ist die Beteiligung von Parlament und Staatsoberhaupt am Zustandekommen eines Gesetzes durch Gesetzesbeschluß und -ausfertigung (§ 31 III).

Ein wichtiger Fall eines Zusammenwirkens ist ferner das Zweikammersystem. Von ihm spricht man im strengen Sinn dann, wenn die Legislative aus zwei Kammern besteht und wenn zum Beschluß eines Gesetzes erforderlich ist, daß es durch beide Kammern angenommen wird. Während in diesem System die eine Kammer aus den Abgeordneten des Staatsvolkes besteht, ist die andere Kammer etwa eine ständische Vertretung oder in Bundesstaaten eine Vertretung der Bundesländer. Die Teilung der Kompetenz dient hier dazu, ständischen (vgl. § 26 VI 2) oder föderalistischen Interessen oder meritokratischem Sachverstand Mitsprache und Geltung zu verschaffen.

Bis 1911 konnte das britische House of Lords ein vom Unterhaus beschlossenes Gesetz dadurch verhindern, daß es ihm die Zustimmung versagte. Bis dahin konnte man es also als zweite Kammer im strengen Sinne bezeichnen. Seit der Parliament-Act von 1911 hat jedoch das House of Lords gegen Finanzgesetze kein Vetorecht mehr und gegen sonstige Gesetze nur noch ein aufschiebendes Veto (Stephenson/Marcham, 137 A). Im Jahr 1999 wurde das House of Lords von einem vorwiegend altständischen zu einem meritokratischen Organ umgestaltet. Bis dahin repräsentierten rund 770 Mitglieder des englischen und des schottischen Adels als erbliche Peers das altständische und etwa 400 auf Lebenszeit ernannte Peers das meritokratische Element. Seit der Neugestaltung gehören dem House of Lords nur noch 92 Mitglieder des Erbadels an, die von diesem Haus ausgewählt werden, im übrigen Lords und Ladies, die auf Lebenszeit ernannt wurden, ferner kraft ihres Amtes die wenigen Lordrichter, 2 Erzbischöfe und 24 Bischöfe. Auch hier hat die politische Begabung der Briten auf unspektakuläre Weise eine Verfassungsinstitution umgeformt und dadurch ein Vorbild geschaffen: eine Art Senat, der heute im wesentlichen aus Persönlichkeiten besteht, die sich in Politik, Rechtsprechung, Kirche, Wirtschaft, Wissenschaft, Kunst und anderen Bereichen des öffentlichen Lebens einen besonderen Rang erworben haben und mit Rücksicht hierauf entweder kraft ihres Amtes dem House of Lords angehören oder in den nichterblichen Adelsstand erhoben wurden. Diese im Leben bewährte, breit gestreute, über Jahre hin sorgfältig zusammengestellte Elite kann im Gesetzgebungsverfahren durch ihr aufschiebendes Veto einen nachdrücklichen Anstoß zum Nachdenken geben. Daneben wird das House of Lords als oberstes Appellationsgericht tätig, eine Funktion, die es durch die ihm angehörenden Lordrichter ausübt.

Durch den bundesstaatlichen Aufbau bedingt sind z.B. die Zweikammersysteme in den Vereinigten Staaten und in der Schweiz. In den Vereinigten Staaten wird die gesetzgebende Gewalt vom Kongreß ausgeübt, der aus dem Repräsentantenhaus und dem Senat besteht. Während das Repräsentantenhaus die Vertretung des gesamten Volkes ist, sollen die Senatoren, von denen jeder Bundesstaat zwei entsendet, die einzelnen Staaten repräsentieren. Das kam ursprünglich, als die Senatoren von den gesetzgebenden Körperschaften der Einzelstaaten bestimmt wurden, noch deutlicher zum Ausdruck als heute, wo auch die Senatoren vom Volk gewählt werden. Im Schweizer Bundesstaat besteht das gesetzgebende Organ, die Bundesversammlung, aus dem Nationalrat und dem Ständerat, der eine Vertretung der Kantone ist.

In der Bundesrepublik Deutschland steht neben dem vom Bundesvolk gewählten Bundestag der von den Landesregierungen beschickte Bundesrat. Hier kann man nicht uneingeschränkt von einem Zweikammersystem im strengen Sinn sprechen, weil nur die sogenannten Zustimmungsgesetze der Zustimmung von Bundestag und Bundesrat bedürfen. Gegen den Beschluß anderer Gesetze kann der Bundesrat – nach erfolgloser Durchführung eines Vermittlungsverfahrens – lediglich Einspruch erheben, der aber vom Bundestag überstimmt werden kann.

IV. Die Willensbildung in den Institutionen

Literatur: Wie zu § 37 II 2; *G. Püttner*, Verwaltungslehre, 1982, ⁴2007, §§ 10 II, 16 II; *Th. Groß*, Das Kollegialprinzip in der Verwaltungsorganisation, 1999, 45 ff.
Zu 1: *R. Höhn*, Verwaltung heute – Autoritäre Führung oder modernes Management, 1970; *P. Eichhorn, P. Friedrich*, Verwaltungsökonomie, I 1976, 343 ff., 360 ff.
Zu 2: *P. Dagtoglou*, Kollegialorgane und Kollegialakte der Verwaltung, 1960.

1. Monokratische Organe. Monokratisch nennt man ein Organ, wenn für die Ausübung seiner Funktionen die Willensentscheidung einer einzigen Person ausreicht. Monokratisch in diesem Sinne sind nicht nur Einmannbehörden, sondern auch vielköpfige, aber monokratisch aufgebaute Behörden, in denen alle Entscheidungen dem Behördenchef zuzurechnen sind, sei es, daß er sie selber erläßt oder daß seine Mitarbeiter für ihn und nach seinen Weisungen handeln. Dem entspricht es, daß er grundsätzlich alle Angelegenheiten auch an sich ziehen und selber entscheiden kann.

Moderne Führungskonzepte erstreben eine Auflockerung dieser streng monokratischen Struktur, zum mindesten aber des monokratischen Führungsstils: Der Behördenleiter soll zwar (im Rahmen des bestehenden Ermessensspielraums) die wesentlichen Ziele und Schwerpunkte der Behördentätigkeit letztverbindlich festlegen, schon an solchen Zielfindungsprozessen aber seine Mitarbeiter beteiligen und sich ihres Sachverstandes bedienen. Im übrigen soll er näher bestimmte Aufgabenbereiche an ihm unterstellte Mitarbeiter zu eigenverantwortlicher Erledigung delegieren.

Auf diese Weise soll mit der Verantwortung auch das Engagement in den Ämtern so weit dezentralisiert werden, wie das mit den Bedürfnissen nach einer koordinierten Verwaltung vereinbar ist. Es sollen so die Bereitschaft und die Phantasie der nachgeordneten Mitarbeiter ermutigt werden, offene Probleme zu sehen und von sich aus anzupacken. Die Praxis, möglichst vielen einen möglichst „eigenen" Verantwortungs- und Wirkungsbereich zu geben, bedient sich der Erfahrung, daß jeder sich bevorzugt um die Dinge kümmert, die ihm als Bereich seiner persönlichen Gestaltung, Leistung und Verantwortung offenstehen und zugerechnet werden. Durch eine solche, der menschlichen Natur angemessene Verwaltung soll zugleich die „Problemlösungskapazität" des Behördenapparates insgesamt erhöht und seine Fähigkeit verbessert werden, sich an veränderte Situationen anzupassen (§ 3 III 3).

2. Kollegialorgane. In Kollegialorganen wird die Entscheidung durch das Zusammenwirken eines Kollegiums gefunden und gefällt. Beispiele solcher Kollegialorgane sind die gesetzgebenden „Körperschaften" und die Kollegialgerichte. Das Kollegialprinzip ist eines der Instrumente, mit denen Gewaltenkontrolle (in Form einer Intraorgankontrolle) geübt werden kann (§ 31 II 2). Es sichert zugleich, daß der Entscheidung eine mehr oder minder gründliche Beratung vorausgeht. Es ist auch ein Instrument, um Sachverständige, Vertreter von Interessengruppen (§ 26 VI 2) oder auch einfach Bürger an der Entscheidung einer Behörde teilhaben zu lassen. Nachteile der Kollegialentscheidung sind die personelle und zeitliche Aufwendigkeit des Verfahrens und die Verunklarung der Verantwortlichkeit.

Die Bildung des organschaftlichen Willens pflegt in Geschäftsordnungen, Prozeßordnungen oder anderen Verfahrensvorschriften geregelt zu sein. Hierbei sind zwei Fragen besonders wichtig: wieviele Mitglieder des Organs anwesend sein müssen, damit dieses überhaupt beschlußfähig ist, und wieviele von diesen zustimmen müssen, um einen Beschluß des Organs zustande zu bringen.

Beschlußfähig sind Kollegialorgane regelmäßig nur dann, wenn eine bestimmte Mindestzahl von Mitgliedern (das „Quorum") anwesend ist. So ist z.B. der Bundestag der Bundesrepublik Deutschland nur dann beschlußfähig, wenn mehr als die Hälfte der Abgeordneten im Sitzungssaal anwesend ist (§ 45 Abs. 1 der BT-Geschäftsordnung). Kollegialgerichte sind in aller Regel nur dann beschlußfähig, wenn alle zur Entscheidung des Einzelfalles berufenen Mitglieder anwesend sind (Ausnahmen z.B. §§ 15 Abs. 2, 16 Abs. 2 des Bundesverfassungsgerichtsgesetzes der BRD). Wo für Kollegialentscheidungen kein bestimmtes Quorum vorgeschrieben ist, gilt ein ungeschriebenes Quorum: An einem Beschluß müssen dann wenigstens so viele Mitglieder des Kollegialorgans mitwirken, daß die eingangs genannten Ziele – die gründliche Erwägung und die wechselseitige Kontrolle – hinreichend verwirklicht werden (BVerfGE 91, 166).

Innerhalb des beschlußfähigen Organs ist für das Zustandekommen eines Beschlusses entweder Einstimmigkeit oder eine relative, eine absolute oder eine qualifizierte Mehrheit vorausgesetzt.

Einstimmigkeit im strengen Sinne bedeutet positive Zustimmung aller. Wo Einstimmigkeit erforderlich ist, scheitert der Beschluß schon an der Stimmenthaltung eines einzigen Mitglieds. Wo nur ein Vetorecht besteht, wird der Beschluß erst durch das Veto, also durch einen Einspruch zunichte gemacht.

Relative Mehrheit bedeutet die höchste Quote der Stimmen, die für eine unter mehreren Alternativen abgegeben worden ist. Eine solche Mehrheit kann dort genügen, wo mehr als zwei Alternativen zur Entscheidung stehen, z.B. dann, wenn unter mehreren Personen eine auszuwählen ist. Hier kann es vorkommen, daß z.B. auf den A 40%, auf den B 35% und auf den C 25% der Stimmen entfallen; dann hat A die relative Mehrheit erlangt (Beispiel: Art. 63 Abs. 4 Satz 1 GG).

Absolute Mehrheit bedeutet Zustimmung von mehr als der Hälfte.

Von qualifizierter Mehrheit spricht man in den Fällen, in denen weder die relative, noch die absolute Mehrheit genügen, sondern eine höhere, besonders bezeichnete Stimmenquote (z.B. eine Zweidrittelmehrheit) erforderlich ist (Beispiel: Art. 79 Abs. 2 GG).

Die Einstimmigkeit, die absolute und die qualifizierte Mehrheit können bezogen sein entweder auf die gesetzliche Mitgliederzahl des Organs oder auf die Zahl der bei der Abstimmung anwesenden Mitglieder oder auf die Gesamtzahl der abgegebenen Stimmen (wobei es freilich ungebräuchlich ist, die Einstimmigkeit nur auf die Zahl der abgegebenen Stimmen zu beziehen). So schreibt z.B. Art. 42 Abs. 2 GG die Mehrheit der abgegebenen Stimmen, Art. 63 Abs. 2 Satz 1 GG die Mehrheit der Stimmen der gesetzlichen Mitgliederzahl des Kollegialorgans vor.

Kapitel V. Entstehungsmodelle und Rechtfertigungen des Staates

§ 15. Entstehungsmodelle

Literatur: *Jellinek*, 192 ff., 197 ff.; *E. A. Hoebel*, Das Recht der Naturvölker, (engl. 1954) dt. 1968; *Berber* StI, 9 ff.; *J. Herrmann, I. Sellnow* (Hg), Beiträge zur Entstehung des Staates, 1973, ³1976; *E. R. Service*, Ursprünge des Staates und der Zivilisation, (engl. 1975) dt. 1977; *H. J. M. Claessen, P. Skalnik* (Hg), The Early State, Den Haag 1978; *M. Atzler*, Untersuchungen zur Herausbildung von Herrschaftsformen in Ägypten, 1981; *S. Breuer, H. Treiber* (Hg), Entstehung und Strukturwandel des Staates, 1982; *S. Breuer*, Der archaische Staat, 1990.

Es gibt Theorien, die ein Modell dafür bieten wollen, wie Staaten tatsächlich entstanden sind. Sie wollen erklären, in welchen historischen Prozessen oder nach welchen soziologischen Gesetzmäßigkeiten staatliche Gebilde und Staatsgewalt zustande gekommen sind. Solche Versuche finden sich z. B. in der Patriarchaltheorie, der Patrimonialtheorie, der Machttheorie und einer historisch verstandenen Vertragstheorie. Diese Theorien interessieren sich für die Formen, in denen politische Gebilde entstanden: sei es aus Familienstrukturen, sei es durch Bünde und andere Übereinkünfte, sei es durch Landbesitz und Landvergabe oder sei es durch die Herausbildung priesterlicher, kriegerischer oder ökonomischer Führungsrollen. In Wahrheit sind politische Gemeinschaften wohl aus verschiedenen Wurzeln hervorgewachsen. Besonders wichtige von ihnen werden durch die genannten Theorien zu umfassenden Entstehungsmodellen verallgemeinert (näher dazu I–IV).

Daneben, und sich damit überschneidend, gibt es Theorien, welche die Entstehung politischer Gemeinschaften aus historischen Herausforderungen und Aufgaben erklären wollen: So stellte sich etwa die Aufgabe, in den Flußniederungen des Nil, des Euphrat und des Tigris, des Indus und des Hoang Ho die Wassernutzung zu organisieren und zu regeln; oder es wirkten die Überfälle räuberischer Nomaden als Herausforderung, sich zu Schutzgemeinschaften zusammenzuschließen.

Die Entstehungsgeschichte politischer Gemeinwesen kann also Rückschlüsse erlauben auf soziale Bedürfnisse, die durch die entstehende Gemeinschaftsordnung befriedigt wurden: insbesondere auf die Bedürfnisse nach ökonomischer Kooperation und geordneter Arbeitsteilung, nach Gewährleistung eines befriedeten Zusammenlebens und nach Friedenssicherung gegenüber Angriffen von außen (§ 17 I, II). Man schließt also von der Entstehungsgeschichte auf die sozialen Funktionen, welche durch die entstehenden politischen Strukturen erfüllt werden. Nicht selten kann man solche Funktionen zu legitimen Staatszwecken erheben (§ 16 I 1); in solchen Fällen läßt sich eine sinnvolle Beziehung zwischen der tatsächlichen Entstehung und der Rechtfertigung von Staaten herstellen. Nicht aber können tatsächliche historische Entstehungsweisen unvermittelt zu einer Rechtfertigung des Staates umgemünzt werden.

I. Die Patriarchaltheorie

Literatur: *G. Jellinek*, Adam in der Staatslehre, 1893, 11 ff.; *R. M. McIver*, Macht und Autorität, (engl. 1947) dt. 1953, 29 ff.; *G. Dulckeit, F. Schwarz, W. Waldstein*, Römische Rechtsgeschichte, ⁹1995, § 3; *Service* (wie oben), 98, 149 f., 179, 196 f.; *U. Wesel*, Frühformen des Rechts in vorstaatlichen Gesellschaften, 1985, 115 ff., 145 ff., 192 ff., 246 ff.; *Mitteis/Lieberich*, Kap. 4.

Die Patriarchaltheorie geht davon aus, daß die Herrschaftsverbände historisch aus Familien und Familienverbänden hervorgewachsen seien, in denen Familienhäupter eine bestimmende Rolle spielten. Sie sucht ein Beispiel etwa im alten Rom, dessen Einteilung in Gentes, Kurien (co-viriae, „Männerbünde") und Tribus auf einen Zusammenschluß aus Sippen und Sippenverbänden hinweisen könnte. Nach der Überlieferung bildeten angeblich zehn Gentes eine Kurie, zehn Kurien eine Tribus und drei Tribus waren im römischen Staatsvolk vereint. Wenn auch streitig ist, ob diese Überlieferung in allen Einzelheiten der historischen Wirklichkeit entspricht, so liegt es doch nahe, daß hier typische Strukturen einer frühen Entstehungsgeschichte menschlicher Organisation festgehalten wurden, zumal sich verwandte Bilder in den altgriechischen Völkerschaften finden, die in Phratrien (Sippschaften) und Phylen („Stämme") gegliedert waren, und in den germanischen Stämmen, in denen Sippen und Magschaften als Schutz- und Ordnungsverbände für ihre Angehörigen fungierten.

Auch die heute noch bestehenden Sozialstrukturen von Naturvölkern können solche Entwicklungshypothesen nahelegen. Für viele dieser Völker läßt die ethnologische Forschung es als plausibel erscheinen, daß die Entwicklung in folgender Weise vonstatten geht: In Sippen, die in mütterlicher oder väterlicher Linie aus einer Familie hervorgegangen sind (Lineagen), entwickeln sich Zusammengehörigkeitsgefühl und spezifische Formen des Zusammenlebens, nicht zuletzt bilden die Sippen einen Schutzverband für die Sippengenossen. All dies breitet sich auf wachsende Sippenverzweigungen aus. Diese haben zwar ihre Kristallisationskerne in den blutsverwandten Mitgliedern, aber sie stehen zugleich in einem „process of fission and fusion" (einem Austausch nach außen); insbesondere geben sie durch Heirat Mitglieder ab und nehmen Externe auf. Auch wachsen Interessengemeinschaften von Sippen in Dorfgemeinschaften oder nomadisierenden Gruppen zusammen. So bilden sich Stammesgemeinschaften, die durch Verwandtschaft, gemeinsame Interessen, rituelle Bande und als Fehdegemeinschaften verbunden sind und sich ihrerseits zu Stammesverbänden (Völkerschaften) zusammenschließen können. Bei diesen Zusammenschlüssen können, zumal auf den höheren Stufen, auch bewußt bündische, also vertragliche Elemente zum Tragen kommen (vgl. II).

Die Entwicklung von Führungsstrukturen ist oft an Lineagen geknüpft. Ursprünglich war Führerschaft in einer Gruppe wohl aus persönlicher Tüchtigkeit erwachsen (Hoebel 1968, 106f., 370); doch scheint an irgendwelchen Punkten der Entwicklung sehr oft der Sprung gelungen zu sein, an dem das persönliche Charisma eines hervorragenden Mannes auf dessen Abkömmlinge übertragen wurde. Im Ergebnis führte das nicht selten dazu, daß innerhalb des Gesamtverbandes eine bestimmte, mit Charisma ausgestattete „Linie" zur Führung berufen wurde (Hoebel, 242, 270f.). Dieser Tatbestand ist auch aus der Rechtsgeschichte der germanischen Völker geläufig, nach deren Herkommen der König aus königlichem Geblüt stammte (Mitteis/Lieberich, Kap. 8 I 3).

Die Patriarchaltheorie schloß von der Möglichkeit solcher tatsächlichen Entwicklungen auf eine Rechtfertigung der Staatsgewalt und beging damit den schon erwähnten Denkfehler. Für die staatsrechtliche Spekulation eines monarchistischen Zeitalters lag es nahe, auf Grund jener Entstehungsgeschichte dem Staatsoberhaupt gleichsam eine patria potestas über die Staatsangehörigen zuzuschreiben. Dem Engländer Sir Robert Filmer (Patriarcha, 1680) war es vorbehalten, die monarchische Gewalt bis auf Adam zurückzuführen, eine Konstruktion, der John Locke (in der ersten seiner Abhandlungen über die Regierung) durch eine umfangreiche Polemik zuviel Ehre angetan hat.

II. Die genetische Vertragstheorie

Literatur: Wie zu § 17 III; *S. Pufendorf,* De jure naturae et gentium, 1672; *J. Locke,* Two Treatises of Government, 1690; *O. v. Gierke,* Althusius, 1880, [4]1929, 76 ff.; *J. W. Gough,* The Social Contract, 1936, [2]1957; *A. Voigt* (Hg), Der Herrschaftsvertrag, 1965; *R. Lieberwirth,* Die historische Entwicklung der Theorie vom vertraglichen Ursprung des Staates und der Staatsgewalt, 1977; *R. Vierhaus* (Hg), Herrschaftsverträge, Wahlkapitulationen, Fundamentalgesetze, 1977.

Die erwähnten vertraglichen Elemente wurden von einer historisch aufgefaßten Vertragstheorie zu einem umfassenden Entstehungsmodell staatlicher Herrschaft verallgemeinert. Als historisches Beispiel einer Herrschaftsbegründung durch Vertrag findet sich etwa der Bund, den David mit den Stämmen Israels zu Hebron schloß, bevor er zum König gesalbt wurde (2. Sam. 5, 3). Dem Vertragsgedanken entsprang es ferner, wenn im 17. Jahrhundert die nach Amerika auswandernden Puritaner Pflanzungsverträge schlossen, in denen sie die Ordnung ihres neu zu schaffenden Gemeinwesens regelten.

Der Gedanke vertragsmäßiger Begründung der Königsherrschaft lag auch der mittelalterlichen Lehre vom Widerstandsrecht zugrunde: „Das Volk setzt jemanden über sich, auf daß er in rechtmäßig begründeter Herrschaft regiere, jedem das Seine gebe, die Frommen fördere, die Gottlosen niederhalte, kurz, daß er gegen alle Gerechtigkeit übe. Wenn er aber den Vertrag bricht, auf Grund dessen er gewählt worden ist, und wenn er verwirrt, was er in Ordnung halten sollte, ist es rechtens und vernünftig, daß er damit das Volk von der Pflicht entbindet, ihm untertan zu sein, da er ja selbst als erster die Treue gebrochen hat, die jede Partei an die andere band" (Manegold von Lautenbach, Ad Gebehardum Liber, Kap. 47, Text bei Voigt 1965, 55 f.). Ähnliche Gedanken fanden sich dann auch bei Thomas von Aquin (De regimine principum, I 6) und in der späteren Demokratietheorie (§ 17 III 1).

Verwandte Konstruktionen finden wir bei Naturvölkern: So wird berichtet, daß beispielsweise bei den Aschantis der Stammeshäuptling, ähnlich wie ein germanischer Stammeskönig, aus einem bestimmten Geschlecht gewählt wurde, daß der Gewählte einen Treueid zu schwören hatte und daß er, wenn er seinen Eid nicht hielt, angeklagt und seines Amtes für verlustig erklärt werden konnte (Hoebel 1968, 279 f.).

Die genetische Vertragstheorie sucht also nach bündischen oder anderen vertraglichen Elementen bei der tatsächlichen Begründung politischer Herrschaft. Sie erfaßt dabei einen Faktor, der mitunter neben anderen bei der Entstehung von Herrschaftsverbänden historisch eine Rolle gespielt hat.

Damit nicht zu verwechseln ist die Rechtfertigung politischer Herrschaft aus dem (mehrheitlichen) Konsens der Herrschaftsunterworfenen. Hier dient der Vertrags- (oder Konsens-)gedanke nicht als Entstehungsmodell, sondern als Legitimationsprinzip. Darauf ist später einzugehen (§ 17 III).

Gerade bei den Vertragstheorien findet sich aber nicht selten die Verbindung von Entstehungsmodell und Legitimation. So wurde das Widerstandsrecht gegen den König aus den vertraglichen Elementen hergeleitet, die bei der Begründung der Königsgewalt eine Rolle spielten. Auch sonst diente das historische Beispiel nicht selten dazu, eine Legitimationstheorie zu stützen, etwa bei Pufendorf (1672, VII 2, § 8; s. u. § 17 I 1) und bei Locke (1690, II, §§ 100 ff.; s. u. § 17 III 1).

III. Die Patrimonialtheorie

Literatur: *C. L. v. Haller,* Restauration der Staatswissenschaft, [2]1820 (Neudruck 1964), I, 473 ff., II, 20 ff.; *Mitteis/Lieberich,* Kap. 16, 27, 35 II, 39 II 2; *Krüger,* 137 ff., 820 ff.

Ein anderer Faktor – der im Feudalismus bei der Herrschaftsbegründung eine Rolle spielte – wurde von der Patrimonialtheorie zum allgemeinen Erklärungsmuster erhoben. Nach dieser Theorie soll die Herrschaftsgewalt sich auf das Eigentum des Landesherrn am Staatsgebiet gründen. Diese Auffassung fand sich noch bei C.L.v. Haller (I, 479; vgl. auch II, 57ff.): „Die Regierung ist kein abgesondertes Wesen, sie ist ein bloßer Ausfluß der Privat-Rechte des Herrschenden, die natürliche Folge der Macht und des besitzenden Eigentums, und von denselben sowenig als der Schatte von dem Körper zu trennen möglich." Ihr Modell findet diese Theorie in einem sehr vereinfacht gedachten Feudalsystem, in dem der König das „Obereigentum" an Grund und Boden besitzt und durch sein Lehen Vasallen und Untervasallen an sich bindet, während die Grundholden als Zubehör zu Grund und Boden betrachtet werden (differenzierter in dieser Hinsicht allerdings Grotius, De jure belli ac pacis, I Kap. 3 § XII). Gegen diese Konstruktion hat schon Kant (Zum ewigen Frieden, I 2) geltend gemacht: „Ein Staat ist ... nicht (wie etwa der Boden, auf dem er seinen Sitz hat) eine Habe (patrimonium). Er ist eine Gesellschaft von Menschen, über die niemand anders, als er selbst zu gebieten und zu disponieren hat." Der Staat ist nicht ein großer Bauernhof, sondern eine Herrschaftsordnung (s.o. §§ 11 I; 12 II).

Heute weiß man, daß Landesherrschaft und Landeshoheit sich historisch nicht eingleisig auf dem Wege über „Eigentümerpositionen" gebildet haben, sondern aus sehr vielfältigen Bedingungen hervorgegangen sind und daß der ausgeprägte „Patrimonialstaat" eher Randerscheinung als Leitmodell der Entwicklung war.

IV. Die Machttheorien

Literatur: Wie zu § 9 I; *F. Lassalle,* Über Verfassungswesen, 1862; *Jellinek,* 192ff.; *F. Oppenheimer,* Der Staat, 1909, ⁴1954; *Krüger,* 142ff.; *H. Kammler,* Der Ursprung des Staates, 1966; *G. Balandier,* Politische Anthropologie, (frz. 1967) dt. ²1976; *M. Mann,* Geschichte der Macht, (engl. 1986) dt. Bd. 1 1990, Bd. 2 1991; *H. Popitz,* Phänomene der Macht, 1986, ²1992; *Hösle,* 390ff.; *Schuppert,* 55ff.

Franz Oppenheimer war der Ansicht, die Macht über andere sei das Gesetz, nach dem der Staat angetreten sei. „Er ist seiner Entstehung nach ganz und seinem Wesen nach auf seinen ersten Daseinsstufen fast ganz eine gesellschaftliche Einrichtung, die von einer siegreichen Menschengruppe einer besiegten Menschengruppe aufgezwungen wurde mit dem einzigen Zwecke, die Herrschaft der ersten über die letzte zu regeln und gegen innere Aufstände und äußere Angriffe zu sichern. Und die Herrschaft hatte keinerlei andere Endabsicht als die ökonomische Ausbeutung der Besiegten durch die Sieger" (1954, 5). Zwei Mittel gebe es nämlich, mit denen der Mensch seinem Trieb der Lebensfürsorge Befriedigung verschaffe: „eigene Arbeit und gewaltsame Aneignung fremder Arbeit". Das erste sei das ökonomische, das zweite das politische Mittel der Bedürfnisbefriedigung (S. 10), und „wo er Gelegenheit findet und die Macht besitzt, zieht der Mensch das politische Mittel dem ökonomischen vor" (S. 24). Doch auch diese Ansicht vereinfacht und vereinseitigt komplexe Sachverhalte.

Macht, oder wie Max Weber sagte, die „Chance, innerhalb einer sozialen Beziehung den eigenen Willen auch gegen Widerstreben durchzusetzen" (WuG, 28), kann verschieden ausgestaltet sein und auf verschiedene Weise gewonnen werden. Auf frühen Entwicklungsstufen konnte sich innerhalb eines Stammesverbandes – „endogen" – priesterliche und wirtschaftliche Macht etwa in der Hand von Sippenhäuptern sammeln. Auch konnten kriegerische Führungsrollen entweder sich allmählich verfestigen oder – nach dem späten Beispiel eines Dschingis-Khan – durch einen Gewaltstreich begründet werden (Hoebel 1968, 408). Neben „endogener" gab es „exogene" Herrschaftsbegründung: Fälle, in denen fremde Eroberer ein anderes Volk unterwarfen und es als herrschende Schicht überlagerten. Allerdings konnten solche Eroberungen nur einem Volk gelingen, das „endogen" schon Führungsstrukturen entwickelt hatte (Service 1977, 174 ff.). Die „Eroberungstheorie" erklärt also nur die Herrschaft über ein unterworfenes Volk, nicht aber die Herrschaft im Eroberervolk selbst.

Kann aber auch die herrschende Gruppe selbst nur durch Macht zusammengehalten werden? Gewiß nicht, wenn man unter „Macht" bloße Gewalt versteht (vgl. auch § 9 I). Spätestens hier wird deutlich, daß „Macht" ein klärungsbedürftiger, komplexer Tatbestand ist. Versteht man unter „Macht" die Fähigkeit, das Verhalten anderer nach seinem Willen zu lenken, so liegt im Umfang dieses Begriffs nicht nur der unmittelbare physische Zwang, sondern auch die Macht geistigen Einflusses. In diesem Sinne können etwa religiöse Mythen oder das Charisma und die suggestive Kraft einer Persönlichkeit zu Instrumenten der Macht werden. Nicht zuletzt ist in den Massenbewegungen der jüngsten Geschichte, von Robespierre bis Hitler und Khomeni, auch die Fanatisierbarkeit und Suggerierbarkeit der Massen als Instrument der Machtbegründung eingesetzt worden. Im Umfang eines weitgefaßten Begriffs der Macht liegt aber auch die vom Marxismus für grundlegend erachtete ökonomische Macht (§ 25 II), die ihrerseits ein sehr komplexer Tatbestand ist.

Doch was auch immer man für die Grundlagen der Macht erachtet: Unbestritten bleibt, daß Staatlichkeit in ihrer Entstehung und in ihrer Fortentwicklung mit Macht zusammenhängt: mit der Fähigkeit, eine politische Ordnung effektiv zu behaupten. Die Konsolidierung politischer Ordnungsmacht gehörte einst zu den Entstehungsbedingungen des neuzeitlichen Staates (§ 9 II). Heute führen zwischenstaatliche Interdependenzen und die damit verbundenen Einbrüche in die staatlichen Machtverhältnisse zu einem Wandel des Staatsverständnisses (§ 10 III, IV).

§ 16. Zum Begriff der Rechtfertigung (Legitimation)

Literatur: *Jellinek,* 184 ff.; *Heller* StL, 216 ff.; *Th. Würtenberger,* Die Legitimität staatlicher Herrschaft, 1973; *N. Achterberg u. a.* (Hg), Legitimation des modernen Staates, 1981; *Th. Würtenberger,* in: GGb III (1982), 677 ff.; *ders.,* Legitimationsmuster von Herrschaft im Laufe der Geschichte, JuS 1986, 344 ff.; *R. Pitschas,* Verwaltungsverantwortung und Verwaltungsverfahren, 1990, 201 ff., 458 ff.; *Th. Würtenberger,* Zur Legitimität des Grundgesetzes in historischer Perspektive, in: W. Brugger (Hg), Legitimation des Grundgesetzes, 1996, 21 ff.; *J. Isensee,* Die alte Frage nach der Rechtfertigung des Staates, JZ 1999, 265 ff.; *A. Peters,* Elemente einer Theorie der Verfassung Europas, 2001, 505–615; *J. Rolin,* Der Ursprung des Staates (Legitimationstheorien des 18. und 19. Jh.), 2005.

I. Der ethische und der soziologische Legitimationsbegriff

Literatur: Zu 1: Wie zu § 17 IV; *Kelsen* AStL, 27 ff.; *Nawiasky* IV, 10 ff.; *O. Höffe,* Politische Gerechtigkeit, 1987, 69 ff.
Zu 2: *M. Weber* WuG, 16 ff., 122 ff.; *J. Winckelmann,* Legitimität und Legalität in M. Webers Herrschaftssoziologie, 1952; *P. Graf Kielmansegg,* Legitimität als analytische Kategorie, PVS 1971, 367 ff.; *W. Leisner,* Der Führer, 1983, 110 ff.
Zu 3: Wie zu § 17 III; *Zippelius* RPh, §§ 11 II 4, 18 I; *Th. Würtenberger,* Zeitgeist und Recht, 1987, [2]1991, 192 ff.; *ders.,* in: F.f.P. Krause, 2006, 436 ff.

1. Der ethische (normative) Begriff der Legitimation. Den Rechtfertigungstheorien im strengen Sinn geht es nicht um die bloße Erklärung, warum und worin die Staatsgewalt tatsächlich besteht, sondern darum, ihre Berechtigung nachzuweisen. Die Rechtfertigungslehren laufen typischerweise auf einen Nachweis hinaus, daß gewisse, besonders wichtige Zwecke nur durch die Existenz eines Staates erreicht werden können, und zwar Zwecke, die schwerer wiegen als die Einschränkungen, welche die Existenz eines Staates für die Einzelnen mit sich bringt. So kommt die alte Lehre von den Staatszwecken im Gewande der Rechtfertigung des Staates wieder zum Vorschein. Hierbei ist zu unterscheiden zwischen der grundsätzlichen Rechtfertigung staatlicher Gemeinschaften überhaupt (§ 17 I–III) und der Rechtfertigung spezifischer Ausprägungen und Programme des Staates (§ 17 IV).

Zur grundsätzlichen Rechtfertigung staatlicher Herrschaftsverbände pflegt man folgende Staatszwecke anzuführen, die je nach der historisch-politischen Situation unterschiedliche Aktualität gewinnen: den Schutz vor der Selbstsucht und Aggressivität der Menschen durch die Gewährleistung von Frieden und Ordnung; ferner die Bereitstellung einer gerechten Ordnung: in ihr sollen die Menschen zur Ausbildung und Entfaltung ihrer Persönlichkeit gelangen; sie soll auch die notwendige gegenseitige Hilfe und Ergänzung sichern. Diese Zwecke sind so wichtig, daß sie den Staat rechtfertigen, falls er das einzige oder das geeignetste Mittel ist, sie zu erfüllen. Als Legitimationsgründe treten also insbesondere auf: die ordnung- und friedenstiftende Funktion der staatlichen Rechtsgemeinschaft (§ 17 II) und die Bereitstellung einer gerechten Gemeinschaftsordnung, in der die Einzelnen zur persönlichen Entfaltung gelangen (§ 17 I).

Die demokratische Rechtfertigungstheorie fügt dem keine positiven Zwecke hinzu. Sie will aber die als unvermeidlich erkannte Gemeinschaftsordnung so ausgestaltet wissen, daß ein Maximum individueller Selbstbestimmung erhalten bleibt: Die der Staatsgewalt unterworfenen Menschen sollen zugleich an dieser Staatsgewalt teilhaben. Unter dieser Voraussetzung ist die Staatsgewalt also nur dann legitim, wenn sie ihre Ordnungs- und Ausgleichsfunktion unter größtmöglicher Zustimmung und Mitbestimmung aller zu verwirklichen sucht (§ 17 III).

2. Der soziologische Begriff der Legitimation. Der Begriff der Legitimation findet sich auch in der Soziologie. Diese versteht sich als Wissenschaft, welche die Wirklichkeit des sozialen Geschehens beschreibt. Deshalb muß der soziologische Legitimationsbegriff einen Aspekt des tatsächlichen Funktionierens des sozialen Geschehens erfassen. Die Frage nach der Legitimation bekommt hier daher den Sinn, ob und aus welchen Motiven eine staatliche Ordnung von der Rechtsgemeinschaft faktisch akzeptiert und gebilligt wird (vgl. auch § 9 I 2). Es geht hier also um einen tatsächlichen Motivationsmechanismus: um das herrschaftsbegründende, tatsächliche Akzeptieren einer Rechts- und Staatsordnung. Ob die tatsächlich vorgefundene Haltung auch gerechtfertigt sei, hat die Soziologie, soweit sie sich als streng empirische Wissenschaft versteht, nicht zu prüfen (§ 1 II).

Wichtige Motivationen, Herrschaft zu akzeptieren, hat Max Weber (WuG, 19f., 122ff.) beschrieben: Ein Motiv ist die Faszination durch einen Machthaber und der Glauben an seine Sendung (die charismatische Legitimation). Ein anderes ist die auf Gewöhnung und Überlieferung gegründete Überzeugung von der Rechtmäßigkeit einer überkommenen Herrschaft (die traditionale Legitimation). Die „heute geläufigste Legitimitätsform" schließlich ist die rationale Legitimation; dem Wortsinn nach bedeutet dies, daß eine – in bestimmter Weise strukturierte – staatliche Herrschaft akzeptiert wird, weil sie aus Vernunftgründen als unvermeidlich, jedenfalls aber als berechtigt angesehen wird. Weber freilich versteht den Begriff in einem (allzu) spezifischen Sinn: als Legalitätsgläubigkeit, d. h. als „Fügsamkeit gegenüber formal korrekt und in der üblichen Form zustandegekommenen Satzungen" (näher dazu unter II). Im historischen Ablauf geht oft die eine in die andere Legitimationsform über. Eine durch eine charismatische Persönlichkeit begründete Herrschaft oder Gesellschaftsstruktur veralltäglicht sich im Laufe der Zeit, wird zur traditionellen Form; der außerordentliche Herrscher wird etwa zum Gründer einer später traditionell akzeptierten Dynastie; auf den Religionsstifter folgt eine organisierte Religionsgemeinschaft mit fest etablierten Ämtern und Riten. Eine traditional herausgebildete Sozialstruktur kann schließlich als eine vernünftigerweise hinzunehmende Einrichtung akzeptiert werden; ein Beispiel bietet die in einem langen historischen Prozeß sich konsolidierende Staatsgewalt in Europa samt ihren rationell organisierten Bürokratien und ihren formalisierten Rechtsetzungsverfahren.

3. Zusammenhänge zwischen faktischer Zustimmung und ethischer Rechtfertigung. Bei der ethischen Legitimation geht es also um die Frage, wie und worin eine staatliche Ordnung eine zureichend begründete Rechtfertigung finden könne. Die soziologische Legitimation hingegen betrifft die tatsächliche Zustimmung zu dieser Ordnung.

Beide Legitimationen stehen aber nicht so beziehungslos nebeneinander, wie es die idealtypische Gegenüberstellung nahelegen könnte. Die wirkliche Zustimmung, der tatsächliche Konsens, kann eine staatliche Ordnung auch ethisch rechtfertigen, wenn zwei Voraussetzungen zutreffen: wenn erstens die politische Ordnung legitimerweise auf die moralische Autonomie der Bürger zu gründen ist, d. h., wenn die vorherrschenden moralischen Überzeugungen der Bürger die zureichende Legitimationsgrundlage des staatlichen Handelns bilden, und zweitens der Konsens, der das staatliche Handeln trägt, auch tatsächlich Ausdruck solcher Überzeugungen ist.

Um mit der erstgenannten Voraussetzung zu beginnen: In einer offenen Gesellschaft, die den Glauben an eine für alle verbindliche, autoritativ vorgegebene Weltanschauung und moralische Ordnung verloren hat, bleibt die vernunftgeleitete Gewissensentscheidung der Einzelnen – die persönliche „Autonomie" im Sinne Kants – die letzte uns zugängliche moralische Instanz. Unter dieser Voraussetzung muß die Gewissensüberzeugung jedes Menschen gleich viel gelten. Dies führt zur Respektierung der Mitbestimmung und Mitentscheidung jedes Einzelnen in einem freien Wettbewerb der Überzeugungen (§§ 17 III; 28 II 1). Faute de mieux bietet das Mehrheitsprinzip dann die größte Chance, daß in der Gemeinschaft immerhin diejenigen Auffassungen zur Geltung kommen, die vor dem Gewissen aller, oder doch der meisten standhalten können. Auch wenn dieses Prinzip nicht jederzeit die Autonomie aller verwirklicht, so kommt es doch dem Ideal einer Selbstbestimmung aller und eines hierauf gegründeten Konsenses aller wenigstens so nahe, wie es die Realitäten erlauben (§ 17 III 4).

Es bestehen aber Bedenken, faktische Zustimmung und moralischen Konsens kurzerhand gleichzusetzen: Die Mehrheitsmeinung muß keineswegs Ausdruck einer vernunftgeleiteten Gewissensentscheidung der Mehrheit sein. Der demokratische Prozeß zwingt die Bürger nicht, stets nach ihrem Gewissen zu handeln, sondern gestattet ihnen, als Interessenten zu entscheiden. Mehrheitsmeinung kann auch Ausdruck unreflektierter Denkgewohnheiten oder eine vordergründige, auch von Interessenten manipulierbare „Mitläuferansicht" sein, der kein ernsthaftes Bemühen um eine möglichst gerechte Entscheidung zugrunde liegt.

Daher bedarf die demokratische Willensbildung einer Kultivierung (§ 17 III 5). Vor allem ist der Meinungsbildungsprozeß für freie Meinungsäußerung offenzuhalten. Durch ein rechtsstaatlich organisiertes und verfahrendes Repräsentativsystem ist dafür zu sorgen, daß Entscheidungen in einem System der Gewaltenteilung und Gewaltenkontrolle getroffen werden, und zwar von Instanzen, die nicht in die Interessenkonflikte verwickelt sind, über die sie entscheiden. Der Rationalität der Entscheidungen und deren Kontrollierbarkeit dienen insbesondere der Grundsatz der Gesetzmäßigkeit und die Begründungspflichten für Gesetze, Gerichtsentscheidungen und Verwaltungsakte. Auch sollen staatliche Entscheidungen durch unabhängige Gerichte überprüfbar sein. Parlamentarische und andere staatliche Verfahren sollen dem Öffentlichkeitsgebot unterliegen, damit jeder sich davon überzeugen kann, daß alles korrekt zugegangen ist. Alle institutionellen, proceduralen und argumentativen Vorsorgen dienen aber, nach demokratischem Legitimitätsverständnis, nur einer Abklärung der Frage, welche Entscheidungen geeignet sind, die meisten zu überzeugen und daher die Zustimmung der meisten zu finden.

Deshalb bleiben die Repräsentanten an die Konsensbereitschaft der Rechtsgemeinschaft gebunden: Sie sollen Entscheidungen anstreben, die für das Gewissen der meisten akzeptabel sind. Die Repräsentanten stehen somit unter einem „Legitimationsdruck", d.h. unter der Notwendigkeit, ihre Entscheidungen vor der Rechtsgemeinschaft zu rechtfertigen (*Zippelius* RPh, §§ 20 III, IV; 21 I). Bei all dem bleiben also individuelle Überzeugungen von der Richtigkeit eines Handelns die letzte uns zugängliche Quelle aller ethischen Legitimation. Sie bleiben der Punkt, in dem soziologische und ethische Legitimation sich berühren.

II. Legalität und Legitimität

Literatur: *C. Schmitt* VA, 263 ff., 440 ff.; *J. Winckelmann*, Die verfassungsrechtliche Unterscheidung von Legitimität und Legalität, ZgesStW 1956, 164 ff.; *N. Luhmann*, Legitimation durch Verfahren, 1969; *Th. Würtenberger*, Legitimität und Gesetz, in: B. Rüthers, K. Stern (Hg), Freiheit und Verantwortung, 1984, 533 ff.; *W. Lübbe*, Legitimität kraft Legalität, 1991; *S. Machura*, Niklas Luhmanns „Legitimation durch Verfahren" im Spiegel der Kritik, ZfRechtssoziol. 1993, 97 ff.; *Zippelius* RuG, Kap. 6.

Bei der Legitimation geht es also entweder um die Billigungswürdigkeit (normative Legitimation) der Staatsgewalt oder um deren tatsächliche Billigung (soziologische Legitimation). Legalität hingegen bedeutet, daß das Zusammenleben in einer Gemeinschaft gesetzlich geregelt ist und insbesondere staatliche Funktionen in rechtlich geordneter Weise erlangt und ausgeübt werden. Zwischen Legalität und Legitimität gibt es mannigfalte Beziehungen:

In der pluralistischen Gesellschaft schafft erst die legale Ordnung das notwendige Maß an Orientierungsgewißheit. Der Apparat einer rationalen Gesetzgebung ist auch ein wichtiges Instrument, das Recht dem raschen Wandel der Verhältnisse anzupassen und so die Ordnungsaufgaben des modernen Staates wirksam zu erfüllen. Die Herstellung von Orientierungsgewißheit und überhaupt einer funktionsfähigen und friedenstiftenden Gemeinschaftsordnung verleiht aber zugleich der Staatsgewalt einen Teil ihrer Legitimation (s. u. § 17 II).

Vom Standpunkt der formalen Rechtsstaatlichkeit aus soll das Zusammenleben durch allgemeine Gesetze, also legal, geregelt sein. Auch darin liegt zugleich ein Teil der Legitimität der Gemeinschaftsordnung, vor allem dann, wenn diese Gesetze durch demokratischen Beschluß zustande kommen (§ 30 I 2).

In einer Gesellschaft, die gegen absolute inhaltliche Maßstäbe skeptisch geworden ist, stellt sich sogar die Frage, ob nicht die Legitimität einer Gemeinschaftsordnung ganz in der Legalität aufgeht, mit anderen Worten, ob nicht die Allgemeinheit der Gesetze und ein rechtlich geordnetes Gesetzgebungsverfahren die einzigen Kriterien der Legitimität sind. Schon Kant wollte die inhaltlichen Kriterien richtigen Verhaltens durch das formale Prinzip der Allgemeinheit von Verhaltensregeln ersetzen. Luhmann wollte die inhaltlichen Kriterien durch prozedurale verdrängen: An die Stelle einer Legitimation durch unglaubwürdig gewordene „Wahrheiten" sei eine „Legitimation durch Verfahren" getreten. Sie beruhe darauf, daß die in einem bestimmten rechtlichen Verfahren hergestellten Entscheidungen generell anerkannt werden. Es handle sich um ein Sich-Abfinden mit den in einem funktionierenden System hergestellten Entscheidungen, das notwendig sei, um ein solches System zu stabilisieren. Mit anderen Worten: Durch das System werden in aufeinander abgestimmten Entscheidungsprozessen Alternativen verbindlich ausgewählt. Die Rechtsunterworfenen akzeptieren diese Entscheidungen. Auf diese Weise vollziehe sich ein effektives, möglichst störungsfreies, zentral gesteuertes „Lernen" (Luhmann 1969, 29 ff., 35).

Dem läßt sich folgendes entgegenhalten: Auch in einem Zeitalter, in dem die Regelung sozialer Konflikte weitgehend auf positive Gesetze angewiesen ist, ist Legitimität weder auf das Prinzip der Allgemeinheit des Gesetzes noch auf Verfahrensregeln reduzierbar. Die bloße Allgemeinheit einer Normierung verbürgt nicht schon deren Richtigkeit; dies hat die Auseinandersetzung mit dem ethischen Formalismus gezeigt; auf sie soll hier nicht näher eingegangen werden (hierzu Zippelius RPh, § 15 II). Auch Verfahrensregeln als solche gewährleisten nicht schon die Richtigkeit der Normierung. Gewiß spielen auch Verfahrensstrukturen und Kompetenzen eine wichtige Rolle bei der Herstellung einer Sozialordnung. Die rechtlichen Verfahren und Kompetenzen dienen als Schemata für eine Kanalisierung und Koordination der in einer Gemeinschaft vorhandenen Interessen und Einflüsse. Aber die rechtlichen Entscheidungsverfahren laufen zum ganz überwiegenden Teil auf inhaltliche Fragen einer billigen Konfliktsregelung hinaus, etwa auf die Frage, welchen der widerstreitenden Interessen gerechterweise der Vorzug gebührt. Ja, die Verfahren stehen von vornherein im Dienste dieser Aufgabe. Sie schaffen – z.B. durch den Grundsatz „audiatur et altera pars" – prozessuale Bedingungen, unter denen sich am ehesten eine inhaltlich konsensfähige und in diesem Sinne gerechte (I 3) Entscheidung erwarten läßt. Aber sie lassen die Frage nach dem zutreffenden Entscheidungsinhalt offen.

Die Legitimität hat also auch inhaltliche Komponenten. Das wird besonders deutlich, wenn man bedenkt, daß es zur Legitimität des politischen Handelns auch etwa gehört, die Menschenwürde eines jeden zu achten und zu schützen, die ökonomischen und educatorischen Bedingungen für eine freie Entfaltung der Persönlichkeit zu schaffen und materielle Chancengleichheit herzustellen.

Dieser Einsicht entspricht es auch, wenn man für den Begriff der Rechtsstaatlichkeit nicht schon die Elemente formeller Legalität allein genügen läßt, sondern in ihn auch inhaltliche Kriterien der Legitimität einbezieht, insbesondere die Forderung, fundamentale Menschenrechte zu respektieren und Interessen nur insoweit zu beeinträchtigen, als das zur Wahrung gewichtigerer Güter zwingend erforderlich ist (§ 30 I 1).

§ 17. Rechtfertigungen des Staates

I. Das Gemeinwesen als Bedingung für die Entfaltung der Persönlichkeit

Literatur: Zu 2: *W. Brugger,* Kommunitarismus als Verfassungstheorie des Grundgesetzes, AöR 123 (1998), 337 ff.; *A. Etzioni* (Hg), The Essential Communitarian Reader, 1998; *H. Vorländer,* Dritter Weg und Kommunitarismus, APuZ, 2001, B 16, S. 16 ff.; *M. Haus,* Kommunitarismus, 2003.

Zu 3: Wie zu §§ 7 III 3; 14 I 3; 23 III; 38; Enzyklika Quadragesimo anno, 1931; *E. Brunner,* Gerechtigkeit, 1943, Kap. 16; *F. Utz* (Hg), Das Subsidiaritätsprinzip, 1953; *E. Link,* Das Subsidiaritätsprinzip, 1955; *J. Isensee,* Subsidiaritätsprinzip und Verfassungsrecht, 1968, ²2001; *O. Kimminich* (Hg), Subsidiarität und Demokratie, 1981; *H. Klages,* Selbstverwaltung und menschliche Selbstverwirklichung, in: F. f. G. Ch. v. Unruh, 1983, 41 ff.; *A. Riklin, G. Batliner* (Hg), Subsidiarität, 1994; *H. Vorländer,* Der ambivalente Liberalismus, ZfPol 1995, 250 ff.; *K. W. Nörr, Th. Oppermann* (Hg), Subsidiarität: Idee und Wirklichkeit, 1997; *W. Moersch,* Leistungsfähigkeit und Grenzen des Subsidiaritätsprinzips, 2001; *P. Blickle u. a.* (Hg), Subsidiarität als rechtliches und politisches Ordnungsprinzip, 2002.

1. Grundgedanken. Aristoteles rechtfertigt das politische Gemeinwesen aus der geselligen Natur der Menschen. Diese gelangen nur in der Gemeinschaft zur vollen Entfaltung ihrer Persönlichkeit. In seiner Schrift über die Politik (1252 b ff.) führt er aus, daß der Mensch von Natur aus noch mehr als jedes schwarm- oder herdenweise lebende Tier ein geselliges Wesen (zoon politikon) sei. Diese Hinordnung auf eine Gemeinschaft zeigt sich schon daran, daß der Mensch eine Sprache hat. Auch zeichnet er sich vor anderen Lebewesen dadurch aus, daß er Sinn hat für Gut und Böse, für Recht und Unrecht und was dem ähnlich ist. Gerade auch die Gemeinsamkeit in diesen Dingen schafft die Familie und den Staat. Und – so kann man hinzufügen – das Leben in Gemeinschaften hat die Vielfalt von Kulturen und Zivilisationen hervorgebracht und damit auch die mannigfachen Angebote zur Lebensgestaltung und Persönlichkeitsentfaltung (§ 34 I 3).

Leben die Menschen außerhalb einer gerechten Gemeinschaftsordnung, so entarten sie. „So wie der Mensch in seiner Vollendung das vornehmste Geschöpf ist, so ist er, des Gesetzes und des Rechts ledig, das schlechteste von allen ... Der Mensch ist von Natur aus mit den Waffen der Klugheit und Tüchtigkeit ausgerüstet; von diesen kann er einen sehr gegensätzlichen Gebrauch machen. So ist einer, der keine Moral hat, die ruchloseste und unkultivierteste und in Liebes- und Freßlust die allergemeinste Kreatur." Die Ordnung, deren der Mensch also bedarf, wird von der politischen Gemeinschaft hervorgebracht: Die dort herrschende Ordnung ist das Recht, „Recht aber ist die Entscheidung darüber, was gerecht ist."

Der Gedanke der Angewiesenheit des Menschen auf eine Gemeinschaft und der „Entfaltung des Menschen durch die Menschen" (§ 34 I 3), bleibt durchgehend ein Thema der Staatstheorie. Bei Thomas von Aquin (De regimine principum, I 1) erscheint das Motiv vom Menschen als dem schlecht angepaßten Lebewesen: „Anderen Geschöpfen hat die Natur die Nahrung bereitgestellt, ein Fell, Mittel zur Verteidigung, wie Zähne, Hörner, Krallen, oder ihnen doch die Fähigkeit verliehen, sich dem Feind durch rasche Flucht zu entziehen." Der Mensch müsse sich seiner Vernunft und seiner Hände Arbeit bedienen, aber auch die Hilfe der anderen Menschen in Anspruch nehmen, weil die Kraft des Einzelnen nicht genüge, seinen Zweck zu erreichen. Auch der Mangel an Instinkt stehe der Selbstgenügsamkeit des Menschen entgegen. „In den anderen Geschöpfen ist schon ein natürlicher Sinn lebendig für alles, was ihnen nützlich oder schädlich ist", so z. B. dafür, welche Pflanzen genießbar und heilsam sind. Die Menschen bedürfen auch hier zur Überbrückung ihres Mangels nicht nur ihres Verstandes, sondern auch der anderen Menschen, weil der Einzelne nicht alle nötigen Einsichten selber zu gewinnen vermag.

Die imbecillitas, also die Angewiesenheit auf andere, erscheint bei Pufendorf als eine der anthropologischen Grundtatsachen, auf die sich Naturrecht und Staat gründen. Defoes Robinsonade vorwegnehmend, versetzt er in Gedanken jemanden in ein menschenleeres Land und zeigt an diesem Modell die Hilflosigkeit des auf sich allein gestellten Menschen und die Notwendigkeit geselligen Zusammenlebens (De officio hominis, I 3 §§ 3, 7, II 1 § 4; De jure naturae et gentium, II 3 §§ 14 ff.). Als Instrument zur Begründung einer staatlichen Gemeinschaft erscheint jetzt, im Zeitalter der Vertragstheorie, die freie Übereinkunft (s. u. § 17 III 1).

Marx und Engels waren der Ansicht, der Mensch bedürfe der Gemeinschaft, um sich zu entfalten: Erst in der Gemeinschaft hat jedes Individuum „die Mittel, seine Anlagen nach allen Seiten hin auszubilden; erst in der Gemeinschaft wird also die persönliche Freiheit möglich … In der wirklichen Gemeinschaft erlangen die Individuen in und durch ihre Assoziation zugleich ihre Freiheit" (MEW 3, 74). Aufgabe der Gesellschaft ist es, die Bedingungen zu bieten für die Entfaltung der Persönlichkeit, für „die menschliche Kraftentwicklung, die sich als Selbstzweck gilt" (MEW 25, 828), für die Lebensbetätigung eines totalen Menschen, der nicht mehr auf einen ihm aufgedrängten engen Lebensbereich beschränkt ist (MEW 3, 33, 424). Aber der Marxismus vertraut darauf, daß die optimalen Entfaltungsbedingungen gerade in einer nichtstaatlichen Sozialordnung gegeben seien (§ 18 IV), d.h. in einer Sozialordnung ohne „jede organisierte und systematische Gewalt" (Lenin).

Schließlich reiht sich auch das deutsche Bundesverfassungsgericht in die aristotelische Tradition, wenn es sagt: „Das Menschenbild des Grundgesetzes ist nicht das eines isolierten souveränen Individuums; das Grundgesetz hat vielmehr die Spannung Individuum-Gemeinschaft im Sinne der Gemeinschaftsbezogenheit und Gemeinschaftsgebundenheit der Person entschieden, ohne dabei deren Eigenwert anzutasten" (BVerfGE 4, 15 f.).

2. Konkretisierungsprobleme. Auch der Kommunitarismus führt diese Gedanken weiter und stellt der fortschreitenden Vereinzelung der Menschen in der modernen Massengesellschaft (§ 7 III 3) das Menschenbild gemeinschaftsbezogener und gemeinschaftsgebundener Individuen gegenüber. Doch sucht man diese Gemeinschaftsgebundenheit nicht im System eines bevormundenden bürokratischen Sozialismus, sondern erstrebt sie durch eine Belebung von Bürgersinn und sozialer Selbstkontrolle in Familien, Nachbarschaften, Gemeinden und anderen Gemeinschaften. Man vertraut also auf die Bereitschaft zu sozialem Engagement und auf Loyalitäten, wie sie vor allem in überschaubaren Gemeinschaften erfahrbar sind. Schon hier zeigt sich, daß es bei dem Entwurf kommunitarischer Leitbilder auf die Konkretisierung der Gemeinschaftsbindungen ankommt. So denken die einen vorzugsweise an die Pflege und Belebung gewachsener und neu wachsender engerer Gemeinschaften, in denen sich vielfältige Übereinstimmungen und Verflechtungen von Interessen, gemeinsame Anschauungen und engere Loyalitätsbindungen entwickeln (§ 7 III 3). Andere wollen, daß man sich in die dünnere Luft des „Alle Menschen werden Brüder" erhebe, in der dann aber die „Nestwärme" traditionsgeformter Gemeinschaften, die Beheimatung und der Rückhalt in einer solchen Gemeinschaft fehlt. Manche wünschen sich mehr, andere wünschen sich weniger soziale Kontrolle und Vorsorge.

Die unterschiedlichen Leitbilder münden also in unterschiedliche Antworten auf politische Fragen: vor allem darauf, wie das rechte Maß und die richtige Weise individueller Entfaltungsfreiheit und Selbstverantwortung einerseits und staatlicher Einwirkung andererseits zu bestimmen und wie demgemäß der freiheitliche Sozialstaat auszugestalten ist (§§ 29 III; 35 IV). Kommunitarische Leitbilder bestimmen z.B. auch mit über die Einwanderungspolitik: Die einen wollen die Schleusen weit für eine multikulturelle Gesellschaft öffnen, die anderen wollen ein möglichst hohes Maß an kultureller und sozialer Homogenität pflegen und bewahren (§ 11 II 2, 4). Einen Mittelweg sucht eine Politik, welche die staatliche Gemeinschaft für eine Vielzahl zwar verschiedener, aber doch miteinander verträglicher sozialer Lebensformen öffnen will. In diesem Rahmen will man die Zuwanderung nach der kulturellen und wirtschaftlichen Integrationsfähigkeit bemessen und die Einbürgerung von einer kulturellen und wirtschaftlichen Integrationsbereitschaft und -fähigkeit abhängig machen (§ 11 III 1). Die unterschiedlichen Leitbilder der Vergemeinschaftung wirken auch etwa in die Europapolitik hinein: auf der einen Seite die Tendenz zu einer Expansion der Europäischen Union, auf der anderen Seite die Sorge, die Integrationsfähigkeit der Gemeinschaft durch eine Expansionspolitik zu überfordern, und das Leitbild eines „Europas der Vaterländer", in welchem das Subsidiaritätsprinzip eine beherrschende Rolle spielt.

3. Insbesondere das Subsidiaritätsprinzip. Hat das Gemeinwesen eine Rechtfertigung darin, daß es die Entfaltung der Persönlichkeit ermöglicht, dann sollte die Gemeinschaft eine Struktur aufweisen, die ein Optimum solcher Persönlichkeitsentfaltung gewährleistet. Dabei bleibt selbstverständlich die moralphilosophische Frage offen, worin denn die optimale Entfaltung der Persönlichkeit liege. Jedenfalls wird aber der undifferenzierte, nivellierende Staat jener Forderung nicht gerecht. Schon Aristoteles hat den drohenden Schatten eines alles einebnenden Staates gesehen (Politik, 1261, 1263 b). Die Forderung, den Einzelnen ein Optimum an Persönlichkeitsentfaltung zu gewähren, wurde später vor allem vom Liberalismus aufgenommen.

Nun ist in demokratischen Entscheidungen der relative Anteil des Einzelnen an der Bildung des gemeinschaftlichen Willens um so kleiner, je größer eine Gemeinschaft ist. Das spricht für eine demokratische Dezentralisation (§ 23 III). Aber auch andere Gründe legen es nahe, größere Gemeinschaften in Teilgemeinschaften zu gliedern und diesen so viel Eigenleben wie möglich zu lassen: Heute sind das vor allem die Erfahrungen mit anschwellenden, oft bürgerfremden, zentralisierten Bürokratien und mit einer Industriegesellschaft, die den Einzelnen funktionalisiert und ihn zunehmend aus engeren, persönlichen Gemeinschaftsbindungen herauslöst (§ 25 III). Durch diese Entwicklung hat man sich den gewachsenen sozialen Strukturen entfremdet: Das waren überschaubare und vertraute Lebensordnungen, die viele Jahrtausende lang das Verhalten der Menschen geordnet, kontrolliert, mitunter tyrannisiert, nicht zuletzt aber „beheimatet" haben. – Als Antwort auf die bürokratische Entfremdung wird das Bedürfnis sichtbar, Institutionen zu stärken und zu schaffen, durch welche die Bürger einen für sie wesentlichen, überschaubaren Lebensbereich selbst mitgestalten. Auf diese Weise sollen politische und administrative Einheiten wieder auf ein „menschliches Maß" zurückgeführt werden (§ 7 III 3).

Schließlich sollen durch die Schaffung weitgehend autonomer Lebensbereiche Minderheiten, vor allem auch völkische Minderheiten, Entfaltungsraum und Eigenleben gesichert erhalten und sollen unnötige Majorisierungen vermieden werden (§ 11 III 3).

Aus all dem folgt als Strukturprinzip der Subsidiaritätsgrundsatz, den man verschieden streng fassen kann, entweder so: übergeordnete Gemeinschaften sollten nur solche Aufgaben wahrnehmen, die nachgeordnete kleinere Gemeinschaften oder die Einzelnen nicht eben so gut oder besser erfüllen können; oder so: sie sollten nur dort tätig werden, wo dies dringend erforderlich ist. In der Vorstellung, daß übergeordnete Gemeinschaften gleichsam als „Reserve" einspringen sollten, kommt der ursprüngliche Wortsinn des sub-sidiums oder sub-sediums zur Geltung, das bei den Römern den Platz bezeichnete, auf dem sich in einer Schlacht die Reserve niedergelassen hatte. Auch die katholische Sozialllehre bekennt sich zu diesem Subsidiaritätsprinzip: „Wie das, was der Einzelne aus eigener Initiative und mit seinen eigenen Kräften leisten kann, ihm nicht entzogen und der Gemeinschaftstätigkeit zugewiesen werden darf, so ist es auch unrecht, das, was die kleineren und untergeordneten Gemeinschaften leisten und zum guten Ende führen können, für die umfassendere und übergeordnete Gemeinschaft in Anspruch zu nehmen; zugleich ist es nachteilig und verwirrt die Gesellschaftsordnung. Jede Gemeinschaftätigkeit ist ... subsidiär; sie soll die Glieder des Sozialkörpers unterstützen, darf sie aber nie zerschlagen oder aufsaugen" (Enzyklika Quadragesimo anno, 1931, Nr. 79).

Die Forderungen nach organisatorischer Vielfalt und Selbstbestimmung dürfen aber nicht radikalisiert werden. Vielmehr muß ein Kompromiß gefunden werden zwischen größtmöglicher Vielfalt und Selbstverwirklichung einerseits und der Notwendigkeit andererseits, einen organisatorischen Gesamtzusammenhang, einen übergreifenden Interessenausgleich und Rechtseinheit herzustellen. In der höheren organisatorischen Einheit ist zudem oft ein höheres Maß an Effizienz zu erwarten, so etwa bei der Bekämpfung des organisierten Verbrechertums. Mit zunehmender Dezentralisation verbessern sich nicht einmal in allen Hinsichten die „demokratische Bilanz" und die Chancen der Selbstverwirklichung: Der Einzelne kann gerade in sehr kleinen Gemeinschaften einer ungerechten Behandlung oder einer Bedrükung ausgesetzt sein, gegen die er in einer übergeordneten Gemeinschaft Schutz findet. In all solchen Fällen hat die übergeordnete Gemeinschaft subsidiär – soweit notwendig – einzutreten.

Kurz, das rechte Maß und die richtigen Modalitäten der Dezentralisation – anders gewendet: der Verwirklichung des Subsidiaritätsprinzips – zu finden, ist ein Optimierungsproblem (§§ 23 III; 38 IV 3; 39 I 3). Auf der Suche nach konkreten Lösungen erweist sich aber auch das Subsidiaritätsprinzip nur als ein „Schlüsselbegriff", der zwar einen rationalen Zugang zu einem Problem eröffnet, dann aber zu Punkten führt, an denen gewertet und entschieden werden muß. Es gibt nur einen Richtpunkt für die Suche nach einer Lösung an, ist, mit Kant zu sprechen, nur eine „regulative", richtungweisende Idee, aber kein sicherer Weg zu eindeutigen Lösungen. Immerhin folgt aus dem Subsidiaritätsprinzip eine Begründungspflicht: Für jede Stufe der Zentralisierung sollte dargelegt werden, warum eine Aufgabe nicht eben so gut auf der nachgeordneten Ebene erledigt werden kann. Das gilt besonders für die erste Stufe, auf der sich die Frage stellt, ob eine Angelegenheit überhaupt durch die politische Gemeinschaft geregelt werden muß und nicht gleich gut von den Bürgern selbst „privatautonom" besorgt werden kann (§§ 3 III 3; 31 I 1). Insbesondere in diesem Punkt trifft sich das Subsidiaritätsprinzip mit dem Übermaßverbot (§ 30 I 2).

Juristisch ist Subsidiarität ein Prinzip der Aufgaben- und Kompetenzverteilung zwischen verschiedenen Kompetenzebenen, einschließlich der Ebene der Privatautonomie (§ 3 III 2). Als allgemeines Strukturprinzip beansprucht der Grundsatz der Subsidiarität Geltung auch für die interne Aufteilung nichtstaatlicher (z. B. kirchlicher oder gewerkschaftlicher) Verbandsautonomie.

II. Der Staat als Schutz- und Friedensordnung

Literatur: Wie zu § 9; *F. Tönnies,* Thomas Hobbes, Leben und Lehre, 1896, ³1925; *J. Lips,* Die Stellung des Thomas Hobbes usw., 1927 (Neudr. 1970); *L. Strauß,* Hobbes' politische Wissenschaft, (engl. 1936) dt. 1965; *C. Schmitt,* Der Leviathan in der Staatslehre des Thomas Hobbes, 1938; *R. Koselleck, R. Schnur* (Hg), Hobbes-Forschungen, 1969 (Lit.); *Ch. Link* Herrschaftsordnung und bürgerl. Freiheit, 1979, 19 ff.; *U. Weiß,* Das philosophische System des Thomas Hobbes, 1980; *O. Höffe* (Hg), Thomas Hobbes, 1981; *H. Schelsky,* Thomas Hobbes, 1981; *U. Bermbach, K. M. Kodalle* (Hg), Furcht und Freiheit, 1982 (Lit.); *Ch. Starck,* Der demokratische Verfassungsstaat, 1995, S. 231 ff.; *W. Kersting* (Hg), Thomas Hobbes, Leviathan, 1996; *W. Brugger,* Freiheit und Sicherheit, 2004.

Zur Anthropologie z.B.: *L. Frobenius,* Weltgeschichte des Krieges, Buch I, 1902; *S. Freud,* Das Unbehagen in der Kultur, 1930, ²1931, Abschn. V, VI; *K. Lorenz,* Das sogenannte Böse, 1963; *A. Bandura,* Aggression, (engl. 1973) dt. 1979; *R. Hilke, W. Kempf* (Hg), Aggression, 1982; *I. Eibl-Eibesfeldt,* Die Biologie des menschl. Verhaltens, 1984, ³1995, 516 ff.

Es blieb bisher die Frage offen, ob der menschlichen Natur schon ein Gemeinwesen schlechthin genüge oder ob eine mit Zwangsmacht ausgestattete Staatsgewalt erforderlich sei.

Schon zu Beginn der Geschichte der Staatstheorien ist der Gedanke aufgetaucht, die Menschen hätten sich in eine durch Gesetz geordnete Gemeinschaft gefügt, um sich vor gegenseitigen Injurien zu schützen (Platon, Staat, 359).

Daß nicht bloß ein Gemeinwesen schlechthin (I 1), sondern eine mit Zwangsmacht ausgestattete Staatsgewalt berechtigt, ja notwendig ist, um die Menschen voreinander zu schützen, dieser Gedanke trat dann vor allem in den heillosen Glaubenskämpfen und Bürgerkriegen des 16. und 17. Jahrhunderts hervor. Nicht von ungefähr hat Bodin den Souveränitätsgedanken in der Zeit der Hugenottenkriege und des Ringens der Stände und des Königs um die Macht verkündet (§ 9 II).

In ähnlicher Weise erscheint die Staatslehre des Thomas Hobbes (1588–1679) von den Ereignissen seines Zeitalters mitgeprägt: In jenen Jahren verwüstete der Dreißigjährige Krieg Deutschland. Hobbes selbst mußte während der englischen Verfassungswirren, die später in die englischen Bürgerkriege mündeten, sein Land verlassen. Drohend steht das Bild des Krieges aller gegen alle vor seinen Augen (De cive, Kap. 1 Nr. 12). In ihn würde nach seiner Auffassung die völlige Aufhebung der Staatsgewalt führen. In einem solchen, nur hypothetisch gemeinten (De cive, Vorwort), Zustand würden Selbstsucht und Furcht das Szepter führen. Homo homini lupus (De cive, Widmung), der Mensch ist seinen Mitmenschen ein reißendes Tier, wenn die Furcht vor einer Zwangsmacht wegfällt. In diesem Vergleich mit einem Wolf liegt ein tiefer Pessimismus. Hobbes war nicht der einzige, der der menschlichen Natur Mißtrauen entgegenbrachte. Erst im vorangegangenen Jahrhundert hatte die Erbsündelehre der Reformation das düstere Bild von der natura corrupta des Menschen gezeichnet, von der Grundverderbtheit der menschlichen Natur durch die Sünde. Hobbes sieht sich schon durch die alltäglichste Erfahrung in seinem Pessimismus bestärkt. So hält er dem Zweifler entgegen, er möge bedenken, „daß er sich bei Antritt einer Reise bewaffnet und darauf bedacht ist, in guter Begleitung zu reisen, daß er des Nachts seine Türen und sogar im Hause seine Schränke verschließt, und all das, obwohl Gesetze und Polizeigewalt bereitstehen, ihn vor Unrecht zu schützen. Was für Gedanken hegt er also von seinen Landsleuten, wenn er bewaffnet reist, welche von seinen Mitbürgern, wenn er seine Türen verschließt, und welche von seinen Kindern und Bediensteten, wenn er seine Schränke versperrt?" (Leviathan, Kap. 13; De cive, Vorwort). Stellt man sich also eine Gemeinschaft vor, in der jegliche Staatsgewalt fehlt, so muß in dieser eine tiefe Sehnsucht nach Ordnung und Frieden entstehen.

Um Schutz gegen auswärtige und innere Feinde zu gewähren und um die Menschen den Ertrag ihres Fleißes und die Früchte der Erde in Frieden genießen zu lassen, bedarf es also einer allgemeinen Macht, die über den Einzelnen steht. Die Vernunft gebietet, eine solche allgemeine Macht zu gründen: dadurch, daß jeder alle seine Macht und Gewalt einem oder mehreren Menschen überträgt. Hierdurch wird der Wille aller vereinigt. Solche zu einer Person vereinte Menge bildet einen Staat (Leviathan, Kap. 17).

Der staatliche Machthaber empfängt seine Autorität also von den Herrschaftsunterworfenen selbst: „Eine Menge von Menschen wird zu *einer* Person gemacht, wenn sie von einem Menschen oder einer Person vertreten wird und sofern dies mit der besonderen Zustimmung jedes Einzelnen dieser Menge geschieht". In diesem Zusammenhang gibt Hobbes eine subtile Auslegung des Begriffs der „Autorität": Die Repräsentanten würden dann von der „Autorität" der Repräsentierten getragen sein, wenn diese die Handlungen der Repräsentanten als ihre eigenen (als „auctores") anerkennen (Leviathan, Kap. 16). Von hier aus wäre es nur noch ein kleiner Schritt zu einer demokratischen Repräsentationstheorie gewesen, nach welcher die Legitimität repräsentativen Handelns davon abhängt, daß die Mehrzahl der Bürger bereit ist, die staatlichen Entscheidungen fortwährend zu akzeptieren und sich mit ihnen zu identifizieren.

Aber Hobbes geht diesen Schritt nicht. Wegen der überragenden Bedeutung der Friedenssicherung bleibt der einmal eingesetzte Machthaber nicht auf die fortdauernde Mitwirkung und Zustimmung der Bürger angewiesen. Der von den Bürgern erzeugte Staat ist der große Leviathan (vgl. Hiob 40, 25 ff.; 41), der sterbliche Gott. In der Hand des einmal berufenen Machthabers vereinigt sich die souveräne Gewalt. Alle anderen sind seine Untertanen, unbedingt und unwiderruflich (Leviathan, Kap. 17 f.; vgl. auch De cive, Kap. 5 Nrn. 6 ff.).

Hobbes bestreitet nicht, daß die Lage der Untertanen, die sich auf Gedeih und Verderb in die Hand eines Herrschers gegeben haben, recht mißlich ist; aber sie sei das kleinere Übel. Man solle doch eines bedenken: „daß die Umstände, unter denen Menschen leben, immer die eine oder andere Unbequemlichkeit mit sich bringen, daß aber selbst die größten Unannehmlichkeiten, die unter einer beliebigen Herrschaftsform dem Volk im allgemeinen widerfahren können, kaum fühlbar sind, verglichen mit dem Elend und Schrecken eines Bürgerkrieges oder der Zügellosigkeit herrschaftsfreier Menschen ohne Gesetz und Zwangsgewalt, welche deren Hand von Raub und Rache zurückhalten könnte" (Leviathan, Kap. 18).

Die moderne Anthropologie bestätigt in wesentlichen Punkten die Annahmen von Hobbes: Zum biologischen Programm des Menschen gehört auch eine Disposition zu aggressivem Verhalten. Nach dem ererbten biologischen Muster aktualisiert sich diese Disposition in Revier- und anderen Besitzstreitigkeiten, in Rangstreitigkeiten und in sexuellen und sonstigen Rivalitäten; angeboren ist anscheinend auch die Abwehrreaktion gegenüber Gruppenfremden und gegenüber solchen Gruppenmitgliedern, die in Verhalten oder Aussehen vom Normalen abweichen. Aggressionen unter Menschen sind durch natürliche Hemmungen nicht hinreichend kontrolliert. Daher müssen sie durch Institutionen, d. h. durch künstliche, der Verhaltensregulierung dienende Einrichtungen unter Kontrolle gebracht werden. Diese Kontrollen sollen nicht nur ein bloßes Überleben der Art, sondern auch ein zivilisiertes Leben sichern (vgl. auch § 7 II). Diesem Zweck genügen weitgehend bereits gewaltfreie Aggressionskontrollen (Erziehung, Spielregeln der Sitte, Umorientierung in Wettkämpfe). Soweit solche aber nicht zum Schutze gegen Gewalttätigkeiten Einzelner ausreichen, muß institutionell dafür gesorgt werden, daß die Gruppe solche Aggressionen mit überlegener Gewalt abwehrt.

III. Die demokratische Rechtfertigung des Staates

Literatur: *W. Conze u. a.*, in: GGb I (1972), 821 ff.; *R. Schottky*, Die staatsphilosophische Vertragstheorie als Theorie der Legitimation des Staates, in: *P. Graf Kielmansegg* (Hg), Legitimationsprobleme politischer Systeme, 1976, 81 ff.; *P. Graf Kielmansegg*, Volkssouveränität, 1977; *W. Jäger*, in: GGb III (1982), 1021 ff.; *K. Graf Ballestrem*, Vertragstheoretische Ansätze der politischen Philosophie, ZfPol 1983, 1 ff.; *P. Koller*, Neue Theorie des Sozialkontrakts, 1987; *W. Kersting*, Die politische Philosophie des Gesellschaftsvertrages, 1994; *A. Bleckmann*, Vom Sinn und Zweck des Demokratieprinzips, 1998.
 Zu 1: Wie zu § 15 II; *J. Sprute*, Vertragstheoretische Ansätze in der antiken Rechts- und Staatsphilosophie, 1989; *A. W. Hengsbach*, Die Vertragstheorie als Staatslegitimation, 1998.
 Zu 2: *I. Fetscher*, Rousseaus politische Philosophie, 1960, ²1968; *M. Imboden*, Rousseau und die Demokratie, 1963; *O. Vossler*, Rousseaus Freiheitslehre, 1963, 9 ff., 208 ff.; *M. Forschner*, Rousseau, 1977, Kap. 2.
 Zu 4: *W. Leisner*, Staat, 1994, 348 ff.; *K. A. Schachtschneider*, Res publica res populi, 1994, S. 106 ff.; *Zippelius* RuG, Kap. 11; *Ch. Hillgruber*, Die Herrschaft der Mehrheit, AöR 127 (2002), 460 ff.
 Zu 5: *G. Jochum*, Materielle Anforderungen an das Entscheidungsverfahren in der Demokratie, 1997.

In eine andere politische Situation als Hobbes wurde Jean-Jacques Rousseau (1712–1778) geboren. Die von Hobbes gepriesene Konzentration der Staatsgewalt hatte im Absolutismus ihre Verwirklichung gefunden, und es hatte sich mittlerweile die Kehrseite dieser Regierungsform gezeigt. An den Fürstenhöfen herrschten Prunksucht, Verschwendung, Sittenlosigkeit, Willkür; und auf seiten der Untertanen finden wir oft mehr noch als bisher Bevormundung, auch in Glaubensangelegenheiten, und weitgehende Rechtlosigkeit und Armut. Zur Zeit Rousseaus wurden an Stelle einer staatlichen Ordnungsgewalt, die man nun sattsam genoß, andere Werte erstrebenswert: Freiheit, Gleichheit, soziale Gerechtigkeit.

Auch sollte ganz grundsätzlich Herrschaftsgewalt nun nicht mehr als gottgewollte Institution begriffen werden – wie verschiedentlich noch bis ins neunzehnte Jahrhundert gelehrt wurde (§ 21 I 1) – sondern durch den Konsens der Bürger legitimiert werden. Hier kam im Staatsverständnis ein Gedanke zur Wirkung, der sich zu Beginn der Neuzeit vielerorts regte: der Anspruch, überkommene Autoritäten durch individuelle Kompetenzen zu verdrängen – ein Anspruch, der am Ende darauf hinauslief, die politische Gewalt zu säkularisieren und zu demokratisieren.

Zuvor hatte Luther auf dem Felde der Religion gegen die päpstliche Lehrautorität den Anspruch erhoben, der Heiligen Schrift nach dem Gebot des Gewissens zu gehorchen. Die Hugenotten in Frankreich, die Calvinisten in den Niederlanden und die Puritaner in England machten diesen Anspruch bald auch gegenüber der Staatsgewalt geltend (§ 41 I). Auch andere Geschehnisse stellten überkommene Autoritäten und Anschauungen in Frage. Insbesondere mündeten die unsäglichen Streitigkeiten um theologisch-weltanschauliche „Gewißheiten", die sich in den konfessionellen Bürgerkriegen entluden, in eine tiefe Skepsis gegen heteronome Moralen und Legitimationen überhaupt (§ 28 II 1). Zudem drängte sich im Zeitalter der Entdeckungen ein Kulturvergleich auf, der die Vielfalt möglicher Weltanschauungen in das öffentliche Bewußtsein treten ließ.

So fand sich der Einzelne auf sein eigenes Urteil und Gewissen zurückgeworfen. Diese Erfahrung der Epoche hat Kant für die Ethik zu Ende gedacht: Aus dem Wegfall allgemein akzeptierter, heteronomer moralischer Autoritäten folgte, daß das individuelle Gewissen – auch für die Suche nach Gerechtigkeit – die letzte moralische Instanz ist und daher jeder als eine moralisch über sich selbst bestimmende, jedem gleich zu achtende Person zu gelten habe (3).

Den ethischen Einsichten Kants entsprach für den politischen Bereich das Postulat Rousseaus, daß auch in der politischen Gemeinschaft jeder „nur sich selbst gehorcht". Wohl anerkennt auch Rousseau die Notwendigkeit staatlicher Ordnung. Sie dient der Erhaltung der Einzelnen (Contrat social, II 5), dient dazu, die Person und die Habe jedes Gesellschaftsmitgliedes mit der ganzen gemeinschaftlichen Kraft zu schützen und zu verteidigen (C. s., I 6). Insofern wird den schon bekannten Legitimationsgründen (s. o. I 1, II) positiv nichts hinzugefügt. Doch gelte es, die als unvermeidlich erkannte Gemeinschaftsordnung freiheitlich zu gestalten, so daß in ihr das erreichbare Höchstmaß an Selbstbestimmung, d. h. ein Minimum heteronomen Zwanges verwirklicht wird. Rousseau geht es darum, „eine Gesellschaftsform zu finden …, in der jeder, obwohl er sich mit allen zusammenschließt, dennoch nur sich selbst gehorcht und ebenso frei bleibt, wie zuvor" (C. s., I 6) – eine Aufgabe nach dem Motto: „Wasch mir das Fell und mach mich nicht naß." Die Lösung dieser Aufgabe scheint ihm darin zu liegen, daß ein Volk freier Menschen die Staatsgewalt nicht einem Dritten, einem Herrscher überträgt, wie das Hobbes lehrte, sondern die Staatsgewalt selbst übernimmt.

1. Ältere Konzepte der Demokratie. Die demokratische Idee, daß die Herrschaftsgewalt vom Volke ausgehe, ist keine Erfindung der Neuzeit. Schon der Antike war das Thema vertraut. Bei Aristoteles findet sich der Gedanke, im demokratischen Staat liege ein wesentliches Element der Freiheit für den Bürger darin, „abwechselnd zu regieren und regiert zu werden". Hier gelte gleiche Freiheit für alle; denn man gehorche womöglich keinem oder man gehorche doch nur wechselseitig (§ 34 I 1).

Anknüpfend an Aristoteles sagte Marsilius von Padua (um 1275–1342) in seiner Schrift Defensor pacis: Kennzeichen einer guten Verfassung sei, daß die Herrschaft mit Willen und Zustimmung der Regierten geführt werde (I 9, § 5): „Auf dem klar zum Ausdruck gekommenen Volkswillen ruht die Kraft und Autorität der Regierung" (III 3). Deshalb sei es am besten, wenn die Regierenden durch Wahl eingesetzt werden (I 9, § 7; vgl. auch I 15, § 2). Beim Volk liege vor allem die gesetzgebende Gewalt: „Gesetzgeber oder erste und eigentliche wirksame Ursache des Gesetzes ist das Volk oder die Gesamtheit der Bürger oder deren gewichtigster (valencior) Teil" (I 12, § 3). Werde doch der gemeine Nutzen am zuverlässigsten von der Gesamtheit beurteilt und angestrebt (I 12, § 5). Auch habe ein so beschlossenes Gesetz die beste Aussicht, von allen befolgt zu werden (I 12, § 6).

Zu Beginn der Neuzeit lehrte Althusius (1557–1638), die Majestätsrechte kämen „der Lebensgemeinschaft der Gesamtheit zu". Der Herrscher, dem das Volk die höchste Gewalt anvertraut, sei nur der „Verwalter, Geschäftsführer und Steuermann" dieser Gewalt (Politica methodice digesta, Vorrede). Grotius (1583–1645) glaubte, ein Hauptprinzip des natürlichen Rechts in dem „stare pactis" zu finden: „denn jene, die sich einer Gemeinschaft anschließen und sich einem oder mehreren unterwerfen, haben ausdrücklich oder stillschweigend versprochen, … das zu befolgen, was die Mehrheit der Genossen oder diejenigen, denen die Macht übertragen wurde, festsetzen würden" (De jure belli ac pacis, Vorrede, Nrn. 15 f.). Nach der Lehre Pufendorfs (1632–1694) sollte eine staatliche Gemeinschaft durch freie Übereinkunft begründet werden. Hierbei unterschied er drei Stadien der Staatsgründung, in deren Verlauf die Einzelnen sich einvernehmlich zum Zweck der Staatsbildung zusammenschlössen, die Regierungsform festlegten und sich dann einer Regierungsgewalt unterstellten. Solche Vereinbarungen würden nicht fortlaufend ausdrücklich geschlossen, doch genüge eine stillschweigende Unterwerfung unter den Staat, etwa der Menschen, die in einen Staat hineingeboren werden oder sich in ihm niederlassen (De jure naturae et gentium, VII 2 §§ 7 und 8).

Im gleichen Jahrhundert finden wir bei Spinoza (1632–1677) eine – oft übersehene – klassische Formulierung der demokratischen Idee. Die Demokratie, so schrieb er in seinem Theologisch-politischen Traktat, sei die natürlichste Staatsform. Komme sie doch der Freiheit, die jeder von Natur aus hat, am nächsten. „Denn bei ihr überträgt niemand sein Recht derart auf einen anderen, daß er selbst fortan nicht mehr zu Rate gezogen wird; vielmehr überträgt er es auf die Mehrheit der gesamten Gesellschaft, von der er selbst ein Teil ist. Auf diese Weise bleiben sich alle gleich, wie sie es vorher im Naturzustand waren" (Kap. 16).

Wenig später vertrat Locke (1632–1704) in seinen Two Treatises of Government die These, niemand könne Gewalt haben, einer Gesellschaft Gesetze zu geben, „als durch ihre eigene Zustimmung und eine von ihr empfangene Ermächtigung" (II § 134). In letzter Instanz aber bleibe das Volk selbst permanent Träger der höchsten Gewalt im Staat. „Die Gemeinschaft behält beständig eine höchste Gewalt zurück." So verbleibt auch, „da die Legislative nur anvertraute Macht ist, für gewisse Zwecke zu handeln, dem Volke eine höchste Gewalt, die Legislative abzuberufen oder zu ändern, wenn es findet, daß die Legislative dem in sie gesetzten Vertrauen zuwiderhandelt" (II § 149). – Montesquieu (1689–1755) führte diesen Gedanken weiter (De l'esprit des lois, XI 6): „Da in einem freien Staate jeder, dem man einen freien Willen zuerkennt, durch sich selbst regiert sein sollte, so müßte das Volk als Ganzes die gesetzgebende Gewalt haben." Als Realist fügte er freilich hinzu: „Das aber ist in den großen Staaten unmöglich, in den kleinen mit vielen Mißhelligkeiten verbunden. Deshalb ist es nötig, daß das Volk durch seine Repräsentanten das tun läßt, was es nicht selbst tun kann."

2. Die Lehre Rousseaus. Erst bei Rousseau fand die demokratische Idee dann jene Zuspitzung, ja Überspitzung, die oft nötig ist, um einer politischen Idee Eingang in das allgemeine Bewußtsein zu verschaffen. Die Aufgabe, die Rousseau sich gestellt hatte, war also: eine Gesellschaftsform zu konstruieren, in der jeder „nur sich selbst gehorcht und ebenso frei bleibt, wie zuvor". Sein Lösungsvorschlag war: „Jeder von uns gibt seine Person und seine Kräfte als Gemeingut unter die Oberleitung des allgemeinen Willens." Durch den Zusammenschluß entsteht ein „gemeinschaftliches Ich", das durch die zu der Gemeinschaft Zusammengeschlossenen sein Leben und seinen Willen erhält (C. s., I 6). Der Vertragsgedanke dient hier nicht dazu, die geschichtliche Entstehung des Staates zu erklären, sondern dazu, die Staatsgewalt zu legitimieren: Der Staat ist als notwendig erkannt, und die Einzelnen beugen sich in dieser Erkenntnis frei unter den gemeinsamen Willen, an dessen Bildung jeder mit teilhat. Dieser Staatsauffassung erscheint also der Einzelne als aktiver Teilhaber an der staatlichen Willensbildung (als Aktivbürger) und zugleich als Untertan dieses Staatswillens. Die Regierenden sind mit den Regierten identisch. „Das Volk, das den Gesetzen gehorcht, muß auch ihr Urheber sein; nur denen, die sich verbinden, kommt es zu, die Bedingungen ihrer Vereinigung zu bestimmen" (C. s., II 6).

Dem Rousseauschen Ideal der Demokratie entspräche am ehesten das Modell einer allzuständigen unmittelbaren Demokratie. Doch mußte schon Rousseau Abstriche von seinem Ideal machen: „Es ist nicht denkbar, daß das Volk unaufhörlich versammelt bleibe, um über die gemeinsamen Angelegenheiten zu beraten." Nur in einem sehr kleinen und unkomplizierten Staat ließe sich eine unmittelbare Demokratie auch nur annähernd verwirklichen. Aber, so mußte Rousseau zugestehen, „im strengen Sinne des Wortes hat nie eine echte Demokratie bestanden und wird auch nie bestehen". Das Ideal läßt sich unter Menschen nicht verwirklichen: „Gäbe es ein Volk von Göttern, würde es demokratisch regiert werden. Eine so vollkommene Regierung eignet sich aber für Menschen nicht" (C. s., III 4). So scheint sich hier der Begriff der Demokratie zu einer Utopie zu verdünnen.

Immerhin blieb als realpolitische Forderung der Satz stehen, daß das Volk jedenfalls nicht in der Gesetzgebung, sondern nur in der vollziehenden Gewalt durch Repräsentanten vertreten werden solle (C. s., III 15). Doch auch in dieser Beschränkung auf die Gesetzgebung wäre unmittelbare Demokratie nur in Kleinstaaten zu verwirklichen, in denen sich die gesamte Bürgerschaft zu Beratung und Beschluß jedes Gesetzes versammeln kann und in denen ferner das Recht und die wirtschaftlichen und politischen Verhältnisse so überschaubar sind, daß jeder die Tragweite seiner Stimmabgabe absehen kann – ein Staatsmodell, das angesichts der Weiträumigkeit und Komplexität der modernen Wirtschafts- und Sozialstrukturen heute als utopisch erscheint. Schon die Französische Revolution hat unter der Führung von Abbé Sieyès auch diesen Programmpunkt Rousseaus aufgegeben und sich für einen repräsentativ gebildeten Gemeinwillen entschieden (§ 23 I 1 a).

Doch selbst in einer unmittelbaren Demokratie wäre es nicht zu umgehen, daß die Minderheit sich dem Willen der Mehrheit unterwirft. Also bestimmt die Minderheit nicht selbst das Gesetz ihres Handelns. Rousseau sah diesen Schatten, der sein Ideal demokratischer Selbstbestimmung trübt. Und er versuchte, ihn durch eine fragwürdige Annahme wegzudiskutieren: In der Stimmenmehrheit komme der Gemeinwille (die volonté générale) zum Ausdruck (C. s., IV 2); dieser repräsentiere das Gesamtinteresse, d. h. jenen Sektor, „in dem alle Interessen übereinstimmen" (C. s., II 1, 3). Wer in der Minderheit sei, habe sich mithin über den wahren allgemeinen Willen, also auch über das wahre Gesamtinteresse geirrt (C. s., IV 2), an dem voraussetzungsgemäß auch sein wahres Eigeninteresse teilhaben müßte; und er werde durch die Gesamtheit nur dazu „gezwungen, frei zu sein" (C. s., I 7).

Rousseau münzte also die Freiheit der Einzelnen wenigstens partiell in eine konformistische Freiheit um – in eine Freiheit im Einklang mit der volonté générale. Wer aber zu solch konformistischer Freiheit gezwungen wird, ist unbestreitbar nicht so frei „wie zuvor".

Zudem war es ein schlecht begründeter Optimismus, daß es das Privileg der Majorität sei, das wahre Gesamtinteresse zu erfassen, und daß in dem Punkte, in dem sich die Interessen der Mehrheit decken, auch die wahren Interessen der Minderheit lägen. Man braucht z. B. nur an die unterschiedlichen religiösen Interessen der Mehrheit und einer religiösen Minderheit zu denken. Sehr viel klüger faßte Helvetius das Problem der Interessenregelung an und hielt es für das Kennzeichen eines weisen Gesetzgebers, daß er das natürliche Interessenstreben nicht unterdrücke, sondern so lenke, daß es, soweit möglich, dem gemeinsamen Nutzen diene (De l'esprit, 1758; De l'homme, 1773, IX 4).

Spätestens seit Robespierre weiß man, daß sich auf den unklaren Gedanken vom uneingeschränkten Recht eines völkischen Gemeinwillens und eines durch ihn repräsentierten Gemeinwohls menschenverachtende Tyranneien gründen lassen. Inzwischen ist es Gemeingut: Die Mehrheit hat der Minderheit keine Lektion über das wahre Gesamtinteresse zu erteilen; vielmehr sind die von der Mehrheit Überstimmten vor der Tyrannei der Mehrheit zu schützen; insbesondere haben die Grundrechte auch als „Minderheitenschutz" zu wirken. Es ist eine der nachdrücklichen Lehren der Geschichte, daß nur eine rechtsstaatlich strukturierte Demokratie auch eine freiheitliche Demokratie ist. So stand es schon in den Federal Papers (Federalist, Nrn. 10 und 51) und so haben es Tocqueville (DA, 1. Tl., II Kap. 7) und J.St. Mill (On Liberty, 1859, Kap. 1) gelehrt.

3. Demokratie und Autonomiegedanke. Eine Vertiefung fand die demokratische Idee durch den Autonomiegedanken Kants (1724–1804). Neben die Selbstbestimmung als politischen Grundsatz trat die Selbstbestimmung als moralisches Prinzip. Beide lassen sich in eine Beziehung zueinander setzen: In der Demokratie kann (und sollte) die politische Willensbildung ihre Wurzeln letztlich auch und gerade in vernunftgeleiteten Gewissensentscheidungen der einzelnen Staatsbürger haben. So erscheint sie als die Staatsform, die der individuellen Autonomie die größtmögliche Chance eröffnet, sich auch in den politischen Bereich hinein zu entfalten, als die Staatsform, welche die Menschenwürde in höchstmöglichem Maße respektiert (§ 16 I 3).

Auch nach der Auffassung Kants sollte die gesetzgebende Gewalt „nur dem vereinigten Willen des Volkes zukommen" (Metaphysik der Sitten I, § 46). Die Richtschnur dieses Volkswillens hätte aber nicht, wie bei Rousseau, das Gesamtinteresse, sondern ein Vernunftprinzip zu sein, das die Koexistenz individueller Freiheit nach einem allgemeinen Gesetz fordert. Besäßen nun alle Menschen stets eine klare und übereinstimmende Vernunfteinsicht in das richtige Handeln, dann würden schon die Gewissensgrundsätze der verschiedenen Menschen übereinstimmen. Das Recht hätte dann das Handeln äußerlich so zu regeln, wie es das Gewissen ohnehin gebietet. Aber diese Konvergenz zwischen individueller Autonomie und allgemeinem Gesetzesrecht läßt sich nicht vollständig verwirklichen – selbst wenn man unterstellt, daß Rechtsgesetze stets guten Willens erlassen würden. Lehrt doch schon die alltägliche Erfahrung, daß die individuellen Gewissenseinsichten oft nicht übereinstimmen, sondern zu gegensätzlichen Verhaltensmaximen führen. Schon darum kann das Recht, das die Freiheitsbereiche der Menschen äußerlich gegeneinander abzugrenzen hat, kein Schema völliger Koexistenz individueller Autonomie sein (Zippelius Gesch, Kap. 16 c, d).

4. Zur Aktualität der demokratischen Idee. Was bleibt in der heutigen Verfassungswirklichkeit einer modernen, zentral regierten und verwalteten repräsentativen Demokratie von der demokratischen Idee? Das Ideal ungeschmälerter Selbstbestimmung eines jeden ist im Zusammenleben mit anderen, zumal in der politischen Gemeinschaft, nicht voll zu verwirklichen:

Ein Grund dafür liegt in der Notwendigkeit, einen großen Teil der staatlichen Entscheidungen Repräsentativorganen zu überlassen. Dies dient einerseits der arbeitsteiligen Bewältigung von Staatsaufgaben und einer Kultivierung der staatlichen Willensbildung (§ 23 II 2). Andererseits bringt das Repräsentativsystem auch einen „Eigenwillen" hervor, der sich nicht selten vom „breitestmöglichen Konsens aller" entfernt (§ 23 II 3).

Ein anderer Grund liegt in der Unumgänglichkeit von Mehrheitsentscheidungen. Weil keine volle Übereinstimmung aller in allen Fragen erreichbar ist, ist auch dort, wo das Volk entscheidet, nur das Mehrheitsprinzip, als die „zweitbeste" Lösung, praktikabel: als die größtmögliche Annäherung an das Ideal einer Selbstbestimmung aller und eines hierauf gegründeten Konsenses aller.

Zudem ist man der Mehrheitsmeinung immer wieder mit Skepsis begegnet: „Nichts ist widerwärtiger als die Majorität", schrieb Goethe, „denn sie besteht aus wenigen kräftigen Vorgängern, aus Schelmen, die sich akkomodieren, aus Schwachen, die sich assimilieren, und der Masse, die nachtrollt, ohne nur im mindesten zu wissen, was sie will" (Maximen und Reflexionen). Doch auch wenn man damit rechnen muß, daß bei der Bildung von Mehrheitsmeinungen das Gewissen oft durch persönliche Interessen und durch vordergründige und manipulierbare Anschauungen und Stimmungen übertönt wird, und auf die Gefahr hin, daß die Mehrheit mitunter uneinsichtiger oder ungerechter entscheidet, als eine Minderheit oder ein Einzelner dies tun würde, bleibt die unlösbare Frage, nach welchen Kriterien festgestellt werden sollte, wer über die „bessere Wahrheit" verfügt (vgl. §§ 19 II 3; 28 II 1).

All diese Vorbehalte nehmen dem Leitbild der Demokratie – daß die politische Willensbildung ihre Wurzeln letztlich in den vernunftgeleiteten Gewissensentscheidungen der Bürger haben solle – nicht seine legitimierende Kraft und Leitfunktion. Nur gilt es, den demokratischen Prozeß so zu kultivieren, daß er sich jenem Leitbild weitestmöglich annähert und unsachgemäße Einflüsse vermindert werden (5, 6). Unter dieser Bedingung sprechen für das Mehrheitsprinzip bereits Gründe praktischer Legitimität: Auf diese Weise wird der individuellen Autonomie der Bürger die größtmögliche Chance eröffnet, sich auch in den politisch-rechtlichen Bereich hinein zur Wirkung zu bringen. So wird das erreichbare Höchstmaß bürgerlicher Selbstbestimmung respektiert. Ferner kommt es der Orientierungsgewißheit zugute, wenn das Recht den Bahnen folgt, in denen sich die herrschende Sozialmoral und die „Verkehrssitte" bereits eingerichtet haben: Man bleibt in den Geleisen des schon eingeübten Verhaltens. Normen, die für die Mehrheit akzeptabel sind, haben die besten Aussichten auf allgemeinen Rechtsgehorsam, also auch darauf, eine wirksame und verläßliche Verhaltensordnung zu bilden. Nicht zuletzt dient es der Gleichbehandlung, wenn im Recht mehrheitlich akzeptierte Bewertungsmaßstäbe angewandt werden, insbesondere dort, wo die Gesetze Wertungen offenlassen.

Wer die „Herrschaft der Mehrheit" zur Grundlage staatlichen Handelns erheben will, darf vor allem auch die prinzipiellen Schranken nicht außer acht lassen, die dem Mehrheitsprinzip innewohnen: Dieses umfaßt nicht die Befugnis, die Bedingungen aufzuheben, auf denen es selbst beruht: nämlich die Achtung der Menschenwürde und die daraus folgende fortdauernde, gleichberechtigte Mitwirkungskompetenz eines jeden; diese schließt auch die Chance ein, daß gegenwärtige Minderheitsmeinungen zu Mehrheitsmeinungen werden (§§ 26 II 2; 28 II 1). Auch über diese Minimalgarantie hinaus können (mehrheitlich beschlossene) höherrangige Normen nachgeordneten Mehrheitsbeschlüssen rechtsstaatliche Grenzen ziehen. So finden die Mehrheitsbeschlüsse des Gesetzgebers insbesondere an den Grundrechtsgarantien der Verfassung eine Schranke (§ 8 II).

Noch eine andere grundsätzliche Folgerung ergibt sich aus der Idee, daß eine Staats- und Rechtsordnung von der Zustimmung all derer getragen sein solle, die unter ihr leben: Wohl ist es unvermeidlich, daß ein Bürger gelegentlich auch einem solchen Gesetz gehorchen muß, das nicht seine Zustimmung findet. Aber solange er im großen und ganzen mit seinem Staate einverstanden ist, nimmt er nolens volens solche unvermeidlichen Divergenzen mit in Kauf. Wenn aber schon sein grundsätzliches Einverständnis mit dem Staate fehlt, muß er die Möglichkeit haben, dieses politische System zu verlassen (vgl. E. de Vattel, Le Droit des Gens, 1758, I § 223). Das ist die staatsphilosophische Wurzel der Freizügigkeit, die in ihrem notwendigsten Gehalt also eine Auswanderungsfreiheit sein muß. Diese ist die äußerste Probe darauf, ob ein Staat noch den elementarsten Teil der politischen Selbstbestimmung seiner Bürger achtet: nämlich die Freiheit, sich von einem Staat, den man im ganzen nicht akzeptiert, loszusagen und seines Weges zu gehen.

5. Die Kultivierung des demokratischen Prozesses. Um demokratische Entscheidungen zu vernünftigen und gerechten Ergebnissen zu führen, sie dem Ideal eines von Einsicht getragenen mehrheitlichen Konsenses näherzubringen und sie in dieser Weise „abzuklären", bedarf es institutioneller und prozeduraler Vorkehrungen: institutioneller Strukturen, in denen sie sich vollziehen, und geeigneter Entscheidungsregeln, nach denen sie getroffen werden (§ 16 I 3).

So ist die Demokratie rechtsstaatlich zu strukturieren (§§ 23 I 2; 30 I 1, II): Das staatliche Geschehen ist durch Aufgliederung und Begrenzung der Kompetenzen und durch Verfahrensregeln so zu ordnen, daß es als kontrollierter Prozeß abläuft. Es sind unparteiische Entscheidungs- und Kontrollinstanzen zu schaffen, die in den Interessenkonflikten, über die sie entscheiden, nicht selbst engagiert sind (§ 27 II 3). Die Entscheidungen sind in rational überprüfbarer Weise zu begründen. Und nicht zuletzt ist die demokratische Kontrolle durch die rechtliche Gewährleistung freier Meinungsbildung offenzuhalten.

Auch ist das Zusammenspiel direkt-demokratischer und repräsentativer Faktoren zu regeln. Ferner sind demokratische Kompetenzen angemessen zu dezentralisieren, also auf Gesamtstaat, Länder, Kommunen und andere Selbstverwaltungskörperschaften zu verteilen (§ 23 I 2, III).

Notwendig ist auch eine ausgewogene Repräsentation der Interessengruppen und meinungsbildenden Kräfte, denen eine klärende Vorformung der politischen Willensbildung zukommt. Auch hier stellt sich fortwährend die politische Aufgabe, den Unausgewogenheiten des mit der Demokratie verbundenen Kräftespiels zu begegnen (§§ 26 VI; 28 IV 4).

Nicht zuletzt muß das Machtgefüge transparent sein, wenn es kontrollierbar bleiben soll. Hier bestehen beträchtliche Defizite, weil Machtprozesse im Bereich der Parteien, der Verbände und der meinungsbildenden Kräfte, die in staatliches Handeln münden, sich oft nicht im Lichte der Öffentlichkeit vollziehen. Auch ist im überregelten Staat das nicht mehr durchschaubare Normengeflecht im ganzen einer rationalen Auseinandersetzung weitgehend entzogen (§ 23 II 7 b).

Insgesamt muß eine fortwährende Selbstkorrektur des politischen Systems in Gang gehalten werden (§ 35 II 2). Von der Fähigkeit und Bereitschaft, die Fehlentwicklungen der Demokratie effektiv zu korrigieren, das heißt von der Lernfähigkeit des Systems, hängt auf Dauer die Akzeptanz und damit die Legitimität und am Ende die Überlebensfähigkeit dieser freiheitlichen politischen Kulturform ab.

6. „Demokratisierung" des Wirklichkeitssinnes. Soll der politische Wille der Gemeinschaft seine Legitimationsgrundlage im vernünftigen Willen seiner Bürger haben, dann muß deren Urteilsfähigkeit und nicht zuletzt ihr Wirklichkeitssinn gepflegt und entwickelt werden. Daher ist Volksbildung nicht nur ein kulturstaatliches, sondern auch ein demokratisches Anliegen. Darum muß es Bildungseinrichtungen geben, die allen gemäß ihren Fähigkeiten den gleichen Zugang und die gleichen Entwicklungsmöglichkeiten eröffnen. Das jeweilige Idealbild eines Gemeinwesens und das ihm gemäße Bildungsideal hängen also zusammen, wie schon Aristoteles bemerkt hat (Zippelius Gesch, Kap. 3 b).

„Erwachsen" wird die Demokratie nur in dem Maße, wie ihre Repräsentanten den Realitätssinn der Bürger kultivieren und diese nicht nur als mündig bezeichnen, sondern auch als mündig behandeln. Wirklichkeitssinn erwartet von den Repräsentanten die Fähigkeit, politische Probleme konkret, einfallsreich und brauchbar zu lösen, er erfordert einen Sinn für erreichbare Ziele und für die Wege, die zu ihnen führen, auch einen offenen Blick für unbequeme Zusammenhänge. Ihn zu wecken heißt, den Bürgern statt eines isolierenden Wunschdenkens auch die Kosten und Nebenwirkungen erstrebter Vorteile nahezubringen und sie davor zu bewahren, aus schmerzhafter Erfahrung lernen zu müssen. Die Mündigkeit der Bürger zeigt sich in der Frage nach der Realisierbarkeit der Wünsche und in einem Sinn für die Vielfalt der Wirkungen, die sich mit allem politischen Handeln verbinden, und darum auch in dem Mißtrauen, das sie den falschen Propheten entgegenbringen, die Forderungen erheben und Wünsche erwecken, ohne Kosten und konkrete Wege der Verwirklichung darzulegen.

IV. Die Rechtfertigung spezifischer Ausprägungen und Programme des Staates

Literatur: *H. P. Bull,* Staatszwecke im Verfassungsstaat, NVwZ 1989, 801 ff.; *W. Brugger,* Staatszwecke im Verfassungsstaat, NJW 1989, 2425 ff.; *Ch. Link, G. Ress,* Staatszwecke im Verfassungsstaat, VVDStRL 48 (1990), 7 ff.; *D. Grimm* (Hg), Staatsaufgaben, 1994; *K. P. Sommermann,* Staatsziele und Staatszielbestimmungen, 1997.
Zu 2: *E. Burke,* Reflections on the Revolution in France, 1790, dt. in: U. Frank-Planitz (Hg), Edmund Burke, 1987, 35 ff.; *R. Vierhaus,* Art. Konservativ, Konservatismus, in: GGb III (1982), 531 ff.; *K. Mannheim,* Konservatismus, 1984; *P. Kondylis,* Konservativismus – Geschichtlicher Gehalt – Untergang, 1986; *K. Lenk,* Deutscher Konservatismus, 1989; *C. v. Schrenck-Notzing,* Stand und Probleme der Erforschung des Konservatismus, 2000; *A. Leisner,* Kontinuität als Verfassungsprinzip, 2002, 376 ff.; *J. B. Müller,* Konservatismus – Konturen einer Ordnungsvorstellung, 2007.
Zu 3: *R. Schmidt,* Lebensgefühl und Legitimation, JZ 1983, 725 ff.; *Schuppert,* 282 ff.

Je mehr sich die Fragestellung von der Rechtfertigung des Staates überhaupt zur Rechtfertigung spezifischer Ausprägungen und Programme des Staates verschiebt, desto geringer wird gewöhnlich das Maß intersubjektiver Einigung sein; desto mehr gerät man in ein Gefilde relativer Stellungnahmen. Hier öffnet sich das weite Gebiet politischer Ideale und ihrer Gegensätze. Hier erliegt man auch leicht der Neigung, die sozialen und politischen Verhältnisse und die Vorstellungswelt, in die man hineingeboren ist, mit einer gewissen Selbstverständlichkeit hinzunehmen. Vielfach lautet die entscheidende Frage, welche Zwecke in welchem Maße realisiert werden sollen.

1. Zielkonflikte. Auch wenn man, wie hier, davon ausgeht, daß im und durch den Staat individualistische Zwecke zu verwirklichen, vor allem die Bedürfnisse nach Persönlichkeitsentfaltung und Selbstbestimmung, Wohlstand und Sicherheit zu befriedigen sind, bleibt die Aufgabe, diese Zwecke näher zu bestimmen. Auch wenn der Staat um des Wohlergehens der Menschen willen existiert, stellt sich die Frage, worin das Glück der Einzelnen bestehe und wo „des Volkes wahrer Himmel" sei. Das spiegelt sich z. B. selbst noch in solchen Fragen wie der, ob die öffentlichen Massenkommunikationsmittel „circenses" bieten oder eine Bildungsaufgabe erfüllen sollten.

Es sind aber nicht nur die einzelnen Zwecke näher zu bestimmen, sondern vor allem auch die verschiedenen Zwecke ins rechte Verhältnis zueinander zu setzen. Es geht also darum, wie eine Mehrzahl von Zwecken, die für sich allein als berechtigt anerkannt werden, richtig gegeneinander abzugrenzen sind, wenn sie sich widerstreiten. Vom Staat erwartet man die Wahrung der vielfältigsten Interessen, die oft miteinander kollidieren. So kann etwa das Interesse an ungehinderter individueller Betätigungsfreiheit in Konflikt geraten mit den Interessen an sozialstaatlichen Regulativen oder an innerstaatlicher Ordnung und an Rechtsfrieden, so daß entschieden werden muß, in welcher Weise und in welchem Maße das eine und das andere Interesse befriedigt werden soll.

So stellt sich die Frage, welche Zwecke in welchem Ausmaß der Staat verfolgen solle. Sie läßt sich nicht mit Erkenntnisgründen allgemeingültig und für alle Zeiten in gleichbleibender Weise beantworten. Vielmehr ist sie, wie die Frage der Gerechtigkeit überhaupt, in dem Wandel der historischen Situation immer wieder neu aufgegeben. Mitunter findet sich aber in den herrschenden sozialethischen Vorstellungen der Gemeinschaft wenigstens eine breitere Basis partieller intersubjektiver Einigung – auch in konkreteren Fragen der Politik, insbesondere darüber, welches der optimale Kompromiß, die sachgerechteste Abwägung zwischen bestimmten, einander widerstreitenden Interessen und Zwecken sei (vgl. Zippelius RPh, §§ 20 III; 21).

Wo auch diese Grundlage versagt, wird es unvermeidlich, zu wägen und zu wählen „nach seinem eigenen Gewissen und seiner persönlichen Weltanschauung" und dabei durch die Parteinahme für den einen Wert oft den anderen Wert zu kränken (M. Weber WL, 150, 608). Für die unvermeidliche Tragik solcher Parteinahme gebrauchte Max Weber das eindrucksvolle Bild eines Polytheismus der Werte und verglich die um Anerkennung streitenden Werte mit den alten Göttern: Sie sind heute „entzaubert und daher in Gestalt unpersönlicher Mächte, entsteigen ihren Gräbern, streben nach Gewalt über unser Leben und beginnen untereinander wieder ihren ewigen Kampf" (WL, 605). Das Leben ist nicht eine glatte Rechnung; es stellt uns vor „die Unvereinbarkeit und also die Unaustragbarkeit des Kampfes der letzten überhaupt möglichen Standpunkte im Leben, die Notwendigkeit also: zwischen ihnen sich zu *entscheiden*" (WL, 608).

Dabei steht aber in einer bestimmten Epoche der Verfassungsgeschichte für die Frage der legitimen Zwecke und der legitimen Gestalt des Staates nicht die ganze Breite der „letzten überhaupt möglichen Standpunkte" zur Entscheidung: weil eben in den herrschenden Vorstellungen der Völker schon wesentliche Vorentscheidungen darüber getroffen sind, welche politischen Zwecke und welche Herrschaftsformen als legitime in Betracht kommen. So steht etwa in einem Zeitalter der Demokratie die Legitimität der absoluten Monarchie, einer Staatsform, die 300 Jahre früher als durchaus legitim erscheinen mochte, überhaupt nicht mehr zur Debatte.

2. Insbesondere Fortschritt gegen Bewahrung. Eine Wahl kann auch zwischen Stabilität und Anpassung des sozialen Systems zu treffen sein. Hier stellt sich also die Frage, was wichtiger sei: die Verläßlichkeit der überkommenen sozialen Dispositionsgrundlagen (also die Orientierungsgewißheit) oder die Anpassung des Ordnungssystems an den Wandel der Lebensumstände und an die je herrschenden Vorstellungen von der optimalen Gesellschaftsstruktur. In herkömmlichen Begriffen ausgedrückt bedeutet das die Wahl zwischen konservativer und fortschrittlicher Tendenz:

Der Konservativismus will tradierte Ordnungsmodelle soweit wie möglich erhalten. Vernunftgründe dafür liegen in folgenden Erwägungen: Kontinuität, Stabilität, Verläßlichkeit der bestehenden Ordnung, kurz Orientierungssicherheit, ist eine wesentliche Grundlage allen Disponierens und dient einem elementaren Bedürfnis. Das Überkommene ist auch weitgehend Ergebnis historischer Erfahrungen: Es hat eine Probe seiner Funktionsfähigkeit immerhin schon bestanden. Schließlich vereinfacht die Übernahme schon erprobter Verhaltensmuster die Verhaltenswahl und entlastet von Entscheidungsdruck.

Demgegenüber sollen aus der Sicht einer fortschrittlichen Programmatik die sozialen Verhaltensmuster möglichst rasch den Veränderungen der Lebensverhältnisse angepaßt werden, es soll also der höchstmögliche Innovationsgrad angestrebt werden; die Zukunft soll geplant und die je erreichbare Einsicht über das beste Modell menschlicher Gesellschaftsordnung baldmöglichst in die Tat umgesetzt werden.

Geht es also um Fortschritt und Wandel oder darum, die bestehende Ordnung defensiv zu behaupten? Gilt es, zu agieren oder zu reagieren? Wie in den meisten Fragen der Politik kann auch hier die angemessene Antwort nicht in einem einfachen „Entweder-Oder" liegen: Einerseits erfordern technischer Fortschritt und sozialer Wandel eine Anpassung jener sozialen und insbesondere rechtlichen Ordnungsmodelle, die in ihrer überkommenen Form ihre Funktion unzweckmäßig erfüllen oder zu Schäden oder Ungerechtigkeiten führen. Andererseits gilt es, in einem Gemeinwesen, das durch die Kompliziertheit und den raschen Wandel der zu ordnenden Verhältnisse verunsichert und oft überfordert wird, erprobte Ordnungen beizubehalten, um so viel Orientierungsgewißheit und Entlastung wie möglich zu erhalten. Der Fortschritt wird sich also verständigerweise so vollziehen, daß veraltete Regelungen und Institutionen, die nachweislich unzweckmäßig funktionieren oder schädlich oder ungerecht wirken, Stück für Stück und unter laufender Erfolgskontrolle gegen gründlich erwogene bessere Alternativen ausgewechselt werden (vgl. auch § 35 II 2). Wer verändern will, hat also eine Darlegungs- und Begründungslast: Er muß eine Alternative und ihre Praktikabilität darlegen und ihre Vorzugswürdigkeit begründen.

Offensichtlich besteht ein Zusammenhang zwischen Wandlungsbereitschaft und Verunsicherung auf der einen Seite, Orientierungsgewißheit und Erstarrung der Sozialstrukturen auf der anderen. Verunsicherung wird aber auf Dauer ebenso schwer ertragen wie Erstarrung. In der historischen Perspektive scheinen Epochen abzuwechseln, in denen bald Aufbruchsstimmung, bald Konsolidierungsbedürfnis vorherrschen, Zeiten, in denen einmal stärker die Tendenz zu Innovation, zu Wandel und Reform, und einmal stärker das Bedürfnis nach Stabilität und Wiedergewinnung von Orientierungsgewißheit hervortritt. Auch hier zeigt sich eine der Antinomien, die das Leben und Handeln bewegen und innerhalb deren ständig das zuträgliche Maß gefunden werden muß.

3. Die Legitimität der konkreten Politik. Die Staatsgewalt sieht sich fortwährend durch konkrete Fragen der Politik herausgefordert, die Gesellschaftsordnung dem Wandel der Einsichten und der sonstigen historischen Bedingungen im rechten Maße anzupassen und sich hierbei für bestimmte Zwecke und vor allem für eine verständige Abwägung zwischen solchen Zwecken zu entscheiden: etwa für das rechte Verhältnis zwischen staatlichem Reglement und individueller Selbstentfaltung (§ 35 IV).

Die Entscheidungen der Verfassung für bestimmte fundamentale Staatszwecke, Rechts- und Ordnungsprinzipien (Sozialstaatlichkeit, Rechtsstaatlichkeit, Grundrechtsgarantien, Gewaltenteilung usw., § 8 II) stellen sich dann dar als Ausprägungen der spezifischen Gerechtigkeits- und Ordnungsvorstellungen einer bestimmten Rechtsgemeinschaft in einer bestimmten historischen Situation: teils Niederschlag herrschender Gerechtigkeitsvorstellungen und politischer Auffassungen, teils richtunggebende Entscheidungen (Zippelius RPh, §§ 20 III 2; 21 II). Die Staatsform selbst und nachgeordnete soziale Ordnungsmodelle erscheinen unter diesem Aspekt als mehr oder minder geglückte rechtliche Schemata für einen – nach dem Verständnis dieser staatlichen Gemeinschaft – optimalen und gerechten Ausgleich der vorhandenen Interessen und für eine bestmögliche Verwirklichung der spezifischen Zwecke, die in diesem Staate verfolgt werden sollen (vgl. Link 1990, 11, 47 ff.).

In diesen Zusammenhang fügt sich die heutige Problematik der Staatszielbestimmungen, bei denen es insbesondere um Gewährleistung der Persönlichkeitsentfaltung, soziale Gerechtigkeit, wirtschaftliche Prosperität und Stabilität, Sicherung der Arbeitsplätze, Gewährleistung von Ordnung und Rechtsfrieden, äußere Sicherheit, Umweltschutz und Kulturförderung geht: Gerade auch hier stellt sich die Aufgabe, diese verschiedenen Ziele bei ihrer Konkretisierung in ein ausgewogenes Verhältnis zueinander zu setzen, insbesondere die richtigen Präferenzen und einen optimalen Kompromiß zwischen ihnen zu finden (dazu insbesondere § 35 III, IV).

Die konkreten Zweckentscheidungen eines Staates sind nicht mit der Verfassunggebung abgeschlossen, sondern sind eine fortwährende Aufgabe staatlicher Wirksamkeit. Es vollzieht sich ein Prozeß ständiger Klärung und Wandlung der konkreten politischen Ziele dieser Gemeinschaft (§§ 26 II; 28 II).

In solchen Zielfindungsprozessen kommt den Repräsentanten eine Schlüsselrolle zu. Diese bleiben aber in der Demokratie an die Konsensbereitschaft der Mehrheit gebunden. Im demokratischen Gemeinwesen müssen die Regierenden in laufender Auseinandersetzung mit Opposition und öffentlicher Meinung permanent Ziele setzen und Zielsetzungen rechtfertigen. Und in dem Maße, wie dieses fortgesetzt gelingt, liefern sie eine integrierende Rechtfertigung der gegenwärtigen Staatsgewalt insgesamt.

§ 18. Das Problem des Anarchismus

Literatur: *E. V. Zenker,* Der Anarchismus, 1895 (Nachdruck 1966); *G. Adler,* Geschichte des Sozialismus und Kommunismus von Plato bis zur Gegenwart, I 1899; *P. Eltzbacher,* Der Anarchismus, 1900, ²1987; *G. Adler,* Art. Anarchismus, Handwörterbuch der Staatswissenschaften, I ³1909, 444 ff.; *M. Nettlau,* Geschichte der Anarchie, I 1925, II 1927, III 1931; *U. Dierse,* Art. Anarchie, HWPh I (1971), 267 ff.; *P. Ch. Ludz, Ch. Meier,* Art. Anarchie, GGb I (1972), 49 ff.; *J. Cattepoel,* Anarchismus, 1973, ³1979; *P. Lösche,* Anarchismus, 1977, ²1987; *A. Carter,* Die politische Theorie des Anarchismus, (engl. 1971) dt. 1988.

Den Theorien von der Rechtfertigung der Staatsgewalt entgegengesetzt ist der Standpunkt des Anarchismus. Gemeinsam ist den anarchistischen Lehren, daß sie die Erforderlichkeit, ja Berechtigung einer Staatsgewalt und damit des Staates, als einer Ordnung politischer Herrschaft, bestreiten. Sie sind der Überzeugung, daß die Menschen besser in einer staatenlosen Gemeinschaft als unter staatlicher Gewalt leben, zum mindesten dann, wenn man der Gesellschaft die richtige Ordnung gegeben habe. Die politische Gewalt wird entbehrlich, der Dualismus von Staat und Gesellschaft verschwindet.

Im einzelnen gehen die Meinungen auseinander. Verschieden sind nicht nur die Begründungen für die Entbehrlichkeit der Staatsgewalt, sondern auch die vorgeschlagenen Sozialmodelle und die vorgesehenen Methoden, nach denen sich die neue Ordnung verwirklichen soll, sei es, daß der Staat durch Gewalt beseitigt oder daß er entbehrlich gemacht werden und von selber absterben soll.

Von den Kynikern stammt das Bild eines naturhaften Zusammenlebens mit freier Liebe und Kindergemeinschaft, eines Lebens in einer Bedürfnislosigkeit, die auch Reichtum, Ruhm und vornehme Abkunft belanglos macht (Diogenes Laertius, VI 11, 37, 63, 72, 105). In dem demonstrativen Primitivismus des Diogenes von Sinope kam ein eigentümlicher Zug zum Vorschein, der in Protesten gegen die etablierte Herrschaft immer wiederkehrt. Von den Kynikern übernahm die Stoa die Idee eines Weltbürgertums. Diese wurde nun in Verbindung gebracht mit der stoischen Vorstellung einer vernünftigen Weltordnung, in die jeder eingefügt ist und an der jeder durch seine Vernunft teilhat. Zenon aus Kition (ca. 336–264 v. Chr.) entwarf das utopische Modell eines allein durch diese Vernunft geordneten Gemeinwesens ohne Tempel und Gerichtshöfe, in dem die Menschen in Einklang mit der Natur zusammenleben (Diog. L., VII, 33, 86 ff., 131, 143).

I. Gesinnungsapostel

Literatur: *J. G. Fichte,* Über die Bestimmung des Gelehrten, 1794, 2. Vorles.; *ders.,* Staatslehre, 1813; *L. Tolstoj,* Das Reich Gottes ist in Euch, 1893, insbes. Kap. VII ff.; *ders.,* Moderne Sklaven, 1900, Abschn. 13 ff.; *W. Preger,* Geschichte der deutschen Mystik, I 1874; *Radbruch,* § 12.

Im Neuen Testament ist unverkennbar die Vorstellung von der Wesenlosigkeit des Staates und seiner Gerechtigkeit angelegt (Matth. 20, 14 ff., 25 f.; 22, 21; Luk. 16, 1 ff.), die gelegentlich immer wieder einmal zu einer tiefen Unvereinbarkeit von christlicher und staatlicher Gemeinschaftsordnung hochgesteigert worden ist. Eine christliche Variante des Anarchismus finden wir im Mittelalter bei Amalrich von Bena und der von ihm inspirierten, im 13. Jahrhundert entstandenen Sekte vom freien Geiste, die aus der Voraussetzung, daß in ihnen der göttliche Geist wirke, alle institutionellen Schranken ihrer Eingebungen – Kirche, Ehe, Eigentum – verwarfen (Preger 1874, 207 ff.). In einem Teil der Wiedertäuferbewegung des 16. Jahrhunderts tauchte die Vorstellung einer herrschaftsfreien, durch christliche Nächstenliebe geordneten Gesellschaft auf (Adler 1899, 124 ff.). In der neueren Zeit forderte Leo Tolstoj, ein Regiment der Nächstenliebe an die Stelle der Herrschaft des Zwangsgesetzes treten zu lassen. Luther und Zwingli waren hier illusionsloser (Zippelius Gesch, Kap. 9). Von einer gewissen Aktualität ist gelegentlich die Methode geworden, die Tolstoj zum Widerstand gegen die Staatsgewalt empfahl: die Strategie des passiven Widerstandes (1893, Kap. IX).

Bei Fichte (1794) erscheint der Staat nicht als Selbstzweck, sondern bloß als „Mittel zur Gründung einer vollkommenen Gesellschaft". Vervollkommnung aber heißt „Annähern zur völligen Einigkeit und Einmütigkeit mit allen Individuen." Für Fichte bedeutet das Einigkeit in der Vernunft. Ist erst einmal der Punkt erreicht, „wo statt der Stärke oder Schlauheit die bloße Vernunft als höchster Richter allgemein anerkannt sein wird", so ist der Staat überflüssig geworden. Dadurch, daß der Staat die Menschen vervollkommnet, das heißt zu einer allgemeinen Vernünftigkeit erzieht, macht er sich selbst entbehrlich. „Der Staat geht, ebenso wie alle menschlichen Institute, die bloße Mittel sind, auf seine eigene Vernichtung aus: Es ist der Zweck aller Regierungen, die Regierung überflüssig zu machen." – Und in Fichtes Staatslehre (3. Abschn., Neue Welt III) heißt es: „Das von der Vernunft geforderte Reich des Rechts, und das vom Christentume verheißene Reich des Himmels auf der Erde, ist Eins und dasselbe … Jedermann soll gehorchen nur Gott nach seiner eigenen klaren Einsicht von Gottes Willen an ihn … Jede andere Macht auf den Willen der Menschen, außer der des Gewissens eines jeden, soll wegfallen." Es könne also dahin kommen, daß kein Zwang mehr nötig sei, „indem die Zwingenden und Regierenden ohne alle Beschäftigung blieben, und alles schon getan fänden, wenn sie es gebieten, und unterlassen fänden, wenn sie es verbieten wollten, durch die Kraft der allgemeinen Bildung … Auf diese Weise wird irgend einmal irgendwo im Reiche des Christentumes die hergebrachte Zwangsregierung allmählich einschlafen, weil sie durchaus nichts mehr zu tun findet. … So wird der dermalige Zwangsstaat ohne alle Kraftäußerung gegen ihn an seiner eigenen, durch die Zeit herbeigeführten Nichtigkeit ruhig absterben."

II. Antiautoritäre und Egoisten

Literatur: Zu 1: *H. Geißler* (Hg), Der Weg in die Gewalt, 1978; *J. Braun,* Wahn und Wirklichkeit, 2008, 150 ff., 175 ff., 200 ff.
Zu 2: *Max Stirner,* Der Einzige und sein Eigentum, 1845 (zit.: Reclam-Ausgabe 1892).

1. Antiautoritäre Bewegungen. Mitunter entsteht ein Aufbegehren gegen die „Institutionen", die man als bedrückend empfindet. In jüngerer Zeit vollzog sich das in der 68er-Bewegung aus verschwommenen, sozialrevolutionären Idealen, die sich mit Ressentiments gegen gesellschaftliche und staatliche Gewalten und Autoritäten verbanden. Man wollte sein Bestes tun beim Abbau der „Autoritäten": durch antiautoritäre Erziehung in Schule und Familie, durch Verulken jeder Selbstdarstellung des Staates, durch Geringachtung der Verfassungsordnung und nicht zuletzt durch Argwohn und Aggressivität gegen die Polizei, in deren Tätigkeit es am augenfälligsten wird, daß der Staat es auch mit Staatsgewalt zu tun hat. Die Parole heißt: Abbau der Staatsgewalt, auch gegenüber der Kriminalität, und sei es auch um den Preis einer zunehmenden Rechtsunsicherheit der Bürger. Auch sexuelle Libertinage dient einer Auflösung der Institutionen und ihrer Zwänge. Ein fast „modernes" Bild solcher Auflösungsprozesse hat schon Platon entworfen (Zippelius Gesch, Kap. 2 a).
Er hat aber auch gesehen, daß bindungslose „Freiheit" sehr leicht in Unfreiheit umschlägt. Die Geschichte hat ihn darin bestätigt (§ 9 I 1). Antiautoritäre Bewegungen beruhen wohl auf einer falschen Anthropologie. Denn institutionelle Heimatlosigkeit und beliebige Freiheit werden von den meisten schwer ertragen und wecken, zumal in einer Massengesellschaft, das Bedürfnis nach Führung, oft genug nach charismatischer, und dann nicht selten autoritärer Führung. Offenbar bedarf es maßvoller Autoritäten, um maßlosen Autoritäten den Weg zu verlegen (§ 7 III 4).

2. Egoismus als Ideologie. Nicht zu den paradiesischen Idyllen, die Gesinnung und Vernünftigkeit für eine zureichende Basis der Gesellschaftsordnung halten, gehört die anarchistische Lehre, die Max Stirner (Pseudonym für Johann Caspar Schmidt, 1806–1856) in seinem Buch „Der Einzige und sein Eigentum" entwickelt hat. Ihre philosophische Basis ist ein zum Solipsismus zugespitzter Individualismus. Das (empirische, individuelle) Ich schafft sich seine Vorstellungswelt. Für mein Bewußtsein bin ich der Einzige. Mit diesem theoretischen Egoismus verbindet sich der praktische: „Ich will Alles sein und Alles haben, was ich sein und haben kann. Ob andere Ähnliches sind und haben, was kümmert's Mich?" (S. 164). Alles löst sich in die Faktizität von Augenblicksentscheidungen der individuellen Willkür auf. Weder ich selbst noch andere können mir Verpflichtungen auferlegen: „Meinen Willen kann Niemand binden und mein Widerwille bleibt frei" (S. 229). „Was Du zu sein die Macht hast, dazu hast Du das Recht. Ich leite alles Recht und alle Berechtigung aus Mir her; Ich bin zu Allem berechtigt, dessen Ich mächtig bin" (S. 221). Wenn ich mich mit anderen zusammentue, dann nur, weil und solange das meinen Interessen und meinem Willen entspricht. Ein solcher Verein der Egoisten wird also durch kein Recht, sondern nur durch das Interesse der Mitglieder zusammengehalten (S. 365 ff.). Das Wohl der „menschlichen Gesellschaft" liegt mir, dem Egoisten, „nicht am Herzen, Ich opfere Ihr nichts, Ich benutze sie nur" (S. 210). Stirners Überlegungen enden also bei einem Sozialmodell, bei dem die Überlegungen eines Thomas Hobbes beginnen: bei der Vorstellung eines Konglomerats bindungsloser Egoisten, in dem, wie Hobbes zu zeigen versuchte, das Zusammenleben so unerträglich wäre, daß schon der Egoismus selbst die Einzelnen in eine verläßlich geregelte Ordnung drängen müßte (§ 17 II).

III. Sozialreformer

Literatur: *P.-J. Proudhon,* Qu'est-ce que la propriété?, (frz. 1840) dt. 1971; *ders.,* Système des contradictions économiques, (frz. 1846) dt. 1966; *ders.,* Idée générale de la révolution, 1851; *ders.,* De la justice dans la révolution, 1858; *ders.,* Du principe fédératif, 1863; *M. Bakunin,* Gesammelte Werke, 3 Bde. 1921–1924 (Neudr. 1975); *P. Kropotkin,* Die Eroberung des Brotes, (frz. 1892) dt. 1989; *ders.,* Der Anarchismus, (frz. 1896) dt. 1992; *E. Gerlach,* Art. Syndikalismus, HdSW X, 271 ff.; *W. Röhrich,* Revolutionärer Syndikalismus, 1977.

Ein verbreitetes anarchistisches Modell gründet sich auf die Überlegung, daß ein System organisierten äußeren Zwanges entbehrlich werde, wenn man die Eigentums- und Produktionsverhältnisse in die richtige Ordnung bringe. In den vorgeschlagenen Sozialmodellen finden wir regelmäßig irgendeine Variante genossenschaftlicher Organisation.

Pierre-Joseph Proudhon (1809–1865) suchte in seinem Sozialmodell einen Ausweg aus der kapitalistischen Ausbeutung der Schwachen: Es sollte eine Gemeinschaft selbständiger Kleinproduzenten geschaffen werden, die ihre Produkte nach dem Wert der aufgewandten Arbeit austauschen und in landwirtschaftlich-industriellen Föderationen organisiert sind. Es existiert keine zentrale Herrschaftsgewalt; „die höchste Vollendung der Gesellschaft findet sich in der Vereinigung von Ordnung und Anarchie" (Proudhon 1840, Schluß). Nach dem Gesellschaftsmodell Michael Bakunins (1814–1876) sollten die Einzelnen sich zu freien kooperativen Arbeiter-Assoziationen zusammenschließen; diese sollten im Besitz des nötigen Produktivkapitals sein und untereinander frei und nach ihren Bedürfnissen eine ökonomische Föderation bilden, mit einem Parlament, das durch umfassende, genaue und detaillierte Daten informiert, Angebot und Nachfrage kombinierend, die Produktion der Weltindustrie leiten und verteilen könne (Werke, III, 8 ff.). In der Sache wurde die Idee eines Sozialismus kleinerer Gemeinschaften von Peter Kropotkin (1842–1921) aufgegriffen, der eine Produktion in dezentralisierten Betrieben vorschlug, in denen jeder nach seinen Fähigkeiten arbeite und nach seinem Bedarf empfange. Sollten solche Gesellschaftsmodelle nicht als unrealistischer „Melkeimersozialismus" erscheinen, so mußten Möglichkeiten einer Koordination bedacht werden, wie das Bakunin tat oder auch der Anarchosozialist Johann Most (1846–1906), der zentrale Planungsbüros für die Produktion und Sachverständigenbüros für die Preisbildung vorschlug.

Vor allem galt es, den Wunsch nach einer von staatlicher Herrschaft freien Gesellschaftsorganisation in Einklang zu bringen mit einer großindustriellen Produktion. An dieser Aufgabe hat sich der Syndikalismus versucht, der insbesondere in Frankreich, Italien und Spanien Anhänger gewann. Als Lösungsvorschlag findet sich das Modell eines Gewerkschaftssozialismus. Dezentralisierte Gewerkschaften sollten über die Produktionsmittel verfügen. Untereinander sollten diese Verbände föderativ und in gerechtem Ausgleich ihrer Interessen, ohne die Härte des kapitalistischen Konkurrenzkampfes zusammenwirken. Intern sollten sie demokratisch organisiert sein. – Demgegenüber lehrt aber die Erfahrung, daß auch Verbände einen sehr massiven Verbandsegoismus zu entwickeln pflegen, der eine übergeordnete Ordnungs- und Ausgleichsinstanz erfordert. Auch die Vorstellung eines demokratischen Syndikalismus erscheint als utopisch, angesichts des „ehernen Gesetzes" von der Herrschaft oligarchischer Minderheiten (§ 22 I), das sich augenfällig in der sattsam bekannten Herrschaft der Verbandsfunktionäre verwirklicht.

IV. Insbesondere Marxisten

Literatur: Wie zu § 25 II; *A. Bebel,* Die Frau und der Sozialismus, 1879, Neuaufl. 1985.

Die marxistische Lehre vom Absterben des Staates beruht auf der Vorstellung, dieser sei das Instrument der politischen Herrschaft in der Hand der ökonomisch herrschenden Klasse zur Unterdrückung der ausgebeuteten Klasse. Der Kampf gegen die ökonomische Ausbeutung muß also nicht zuletzt diesem Staat gelten. Sind aber erst einmal alle Klassenunterschiede beseitigt, dann wird dieses Instrument der Herrschaft einer bestimmten Klasse überflüssig. Nach der proletarischen Revolution bedarf es des Staates nur noch übergangsweise, um der Bourgeoisie das Kapital zu entwinden und die Menschen an die elementaren Regeln des gesellschaftlichen Zusammenlebens zu gewöhnen. Ist das geschehen, dann stirbt der Staat allmählich ab (§ 25 II 6). „Als Endziel setzen wir uns die Abschaffung des Staates, d. h. jeder organisierten und systematischen Gewalt, jeder Gewaltanwendung gegen Menschen überhaupt" (LAW II, 386). „Mit dem Staat verschwinden seine Repräsentanten: Minister, Parlamente, stehendes Heer, Polizei und Gendarmen, Gerichte, Rechts- und Staatsanwälte, Gefängnisbeamte, die Steuer- und Zollverwaltung, mit einem Wort: der ganze politische Apparat. Kasernen und sonstige Militärbauten, Justiz- und Verwaltungspaläste, Gefängnisse usw. harren jetzt einer besseren Bestimmung. Zehntausende von Gesetzen, Erlassen und Verordnungen werden Makulatur … Man wird künftig weder politische Verbrechen und Vergehen noch gemeine kennen … So werden alle Fundamente der heutigen ‚Ordnung' zur Mythe. Die Eltern erzählen später den Kindern davon, wie aus alten märchenhaften Zeiten" (Bebel, Kap. 23; ähnl. Engels, MEW 21, 168).

Man verkennt nicht, daß es auch in der klassenlosen Gesellschaft noch administrativer Funktionen bedarf. Aber diese haben nicht den Charakter einer politischen Herrschaft über Menschen. „An die Stelle der Regierung über Personen tritt die Verwaltung von Sachen und die Leitung von Produktionsprozessen" (Engels, MEW 19, 224; 18, 308) – ein Gedanke, den schon Saint-Simon formuliert hatte (§ 25 III 2).

Allerdings bedarf es hierzu einer Vollendung der kommunistischen Gesellschaftsordnung. „Zum vollständigen Absterben des Staates bedarf es des vollständigen Kommunismus" (LAW II, 397). Dazu gehört auch, daß die Menschen „sich daran gewöhnen, die elementaren Regeln des gesellschaftlichen Zusammenlebens ohne Gewalt und ohne Unterordnung einzuhalten" (LAW II, 386). Die Entbehrlichkeit der politischen Autorität setzt eine völlig neue allgemeine Arbeitsmoral voraus. Lenin stellte sich die kommunistische Arbeit in der klassenlosen Gesellschaft vor als „unbezahlte Arbeit zum Nutzen der Gesellschaft, die man leistet, nicht um eine bestimmte Dienstpflicht zu erfüllen, nicht um Anspruch auf gewisse Produkte zu erhalten, Arbeit, die nicht nach vorher festgelegten gesetzlichen Normen geleistet wird, sondern freiwillige Arbeit, Arbeit ohne Norm, Arbeit, die geleistet wird, ohne auf Entlohnung zu rechnen, ohne die Bedingung der Entlohnung, aus der Gewohnheit, für das Gemeinwohl zu arbeiten, und aus der (zur Gewohnheit gewordenen) Erkenntnis von der Notwendigkeit der Arbeit für das Gemeinwohl" (LAW III, 387). Wir finden hier eine Variante der Fichteschen Idee, daß der Staat durch Vervollkommnung des Menschen, durch Herausführung des Ich aus seiner Besonderung, sich selber überflüssig mache.

So erklärt sich der scheinbar paradoxe, in Wahrheit aber unvermeidliche Zusammenhang zwischen der anarchistischen Eschatalogie und den totalitären Neigungen marxistischer Staaten. Es ist ein einsichtiges Gesetz, daß die totalitären Tendenzen eines politischen Systems um so stärker sein müssen, je intensiver es die Menschen verändern will.

V. Kritik

Die Radikalisierung der Freiheit würde dem unterschiedlichen Machtwillen und Durchsetzungsvermögen der Einzelnen keine festen Grenzen mehr setzen. Gerade das würde aber rasch zu Ungleichheiten und zu unterschiedlicher Verteilung der Freiheit in der Gesellschaft führen, also dazu, daß die Freiheit der einen zugunsten der anderen unterdrückt würde – noch in weit höherem Maße, als das schon in einem allzu liberalen Staat zu geschehen pflegt (§ 29 II).

Nur wenn der Mensch sehr viel disziplinierter, selbstloser, friedfertiger und vernünftiger wäre, als er es nach allen Erfahrungen tatsächlich ist, könnte das Experiment des Anarchismus gelingen. So sind denn auch die meisten anarchistischen Lehren dem Einwand ausgesetzt, daß in ihnen ein unrealistischer Optimismus herrsche. Man mißt dem Gemeinsinn, der Nächstenliebe oder der Vernunft genügend Kraft zu, ein geordnetes gesellschaftliches Leben aufrechtzuerhalten, so daß auf staatliche Strafe und staatlichen Zwang verzichtet werden könne. Die rauhe Wirklichkeit, aus der etwa die Staatstheorien eines Jean Bodin oder eines Thomas Hobbes geboren wurden, rechtfertigt diesen Optimismus nicht.

Auch die sozialistische Fassung des anarchistischen Gedankens leidet an Optimismus, wie schon Georg Jellinek (S. 224 f.) festgestellt hat. Diese Theorie sehe nämlich als Grundlage der Gesellschaft „den in Freiheit dressierten, immer arbeitslustigen und kollektivistisch gestimmten Menschen" an. „Kraft der durch keine Theorie zu beseitigenden ethischen Minderwertigkeiten würde indes auch die sozialistische Zukunftsgesellschaft" verbrecherische „Angriffe auf Person und Freiheit, vor allem aber eine Defraudation an der gesellschaftlichen Arbeit" kennen.

Auch das marxistische Experiment, den Menschen zu ändern, ist nicht gelungen. Gerade auch solche Charaktereigenschaften, die der marxistische Staat dem Menschen abgewöhnen sollte – vor allem der individuelle Machtwille, der Herrschaft über andere erstrebt – zeigten sich im marxistischen Staat selbst nicht weniger als in all den anderen Herrschaftssystemen. Naturam expellas furca, tamen usque recurrit.

Alle Versuche, die Menschen allein durch eine Veränderung der sozialen Situation und durch Erziehung zu einem gemeinverträglichen Verhalten zu bringen, geschehen nach dem Motto, der Katze das Mausen abzugewöhnen. Sie überschätzen den Einfluß des Milieus und übersehen oder unterschätzen die daneben wirksamen natürlichen Anlagen, nicht nur die natürliche Unlust, für andere zu arbeiten, sondern auch etwa die Aggressionsbereitschaft, die zumal in den Kollisionen des individuellen Besitz- und Machtstrebens aktuell wird. Diese Triebstruktur wird nicht durch natürliche Hemmungen hinreichend kontrolliert und muß daher durch Institutionen unter Kontrolle gebracht werden, und zwar durch Institutionen, die überlegene Gewalt gegen Gewalt setzen können (§ 17 II).

Die Annahme, daß in politischen Gemeinschaften Herrschaftsstrukturen vermeidbar seien, widerspricht dieser Aufgabe, den Rechtsfrieden notfalls unter Aufbietung von Gewalt zu gewährleisten, und überdies allen Erfahrungen (§ 22).

§ 19. Revolution und Widerstand

Während der Anarchismus die Legitimität des Staates – als einer mit oberster Regelungsmacht ausgestatteten rechtlichen Organisation der Gemeinschaft – schlechthin in Frage stellt, wenden sich Revolution und Widerstand gegen bestimmte Ausgestaltungen und Äußerungsformen staatlicher Gewalt.

I. Zur Frage der Revolution

Literatur: *E. Beling,* Revolution und Recht, 1923; *H. Herrfahrdt,* Revolution und Rechtswissenschaft, 1930; *K. F. Bertram,* Widerstand und Revolution, 1964; *V. Kubeš,* ÖsterrZöffR 1979, 257ff.; *Doehring* AStL, Rdn. 235ff.; *H. H. Klein,* Verfassungskontinuität im revolutionären Umbruch? in: F. f. P. Lerche, 1993, S. 459; *F. Scriba,* „Legale Revolution"? 2008, ²2009. Speziell zum histor.-sozialwissenschaftl. Aspekt: *K. Griewank,* Der neuzeitliche Revolutionsbegriff, 1955, ³1973; *H. Arendt,* Über die Revolution, (engl. 1963) dt. ²1974; *Ch. Johnson,* Revolutionstheorie, (engl. 1966) dt. 1971; *C. Lindner,* Theorie der Revolution, 1972; *K. Lenk,* Theorien der Revolution, 1973, ²1982; *H. Wassmund,* Revolutionstheorien, 1978; *R. Koselleck u. a.,* in: GGb V (1984), 653 ff.

Die Frage der Revolution hat einen Bezug zum Legalitäts- und zum Legitimitätsproblem (vgl. § 16 II).

1. Die Legalitätsfrage. Revolution im Rechtssinn ist eine wesentliche Umgestaltung der Grundstrukturen einer Verfassungsordnung. Ihr Gegenstand kann etwa sein: die Umgestaltung der obersten Kompetenzen im Staat und der Zugang zu ihnen, aber auch die Auflösung eines Staatsgebildes in selbständige Staaten oder die Umgestaltung eines Einheitsstaates in ein föderatives Staatengefüge. Nicht jeder Akt der Verfassunggebung muß „revolutionär" in diesem engeren Sinne sein (§ 9 III 2).

Zur „klassischen" Revolution gehört das Zerbrechen alter Gesetzestafeln, und das Bewußtsein hiervon findet einen bildhaften Ausdruck, wenn Gerichtsgebäude oder Gefängnisse, als „symbolische Zwingburgen der bisherigen Rechtsordnung", gestürmt und geöffnet werden (Beling 1923, 14). In solchen Fällen geben die revolutionären Kräfte die Umgestaltung des Staatswesens als offenen Bruch mit der bisherigen Verfassungsordnung zu erkennen, den sie gewaltsam durchsetzen.

Politische Kräfte können sich aber auch des „legalen Steigbügels" bedienen, um mit den rechtlichen Instrumenten des bisherigen Verfassungsrechts institutionelle Machtpositionen zu erlangen, von denen aus sie eine politische Umwälzung in die Wege leiten, eine Verfassungsordnung in ihren Grundentscheidungen revolutionieren – und so die ungeschriebenen Grenzen einer legalen Verfassungsänderung überschreiten (§ 9 III 2). So hat Hitler einen „Marsch durch die Institutionen" angetreten, um mit den rechtlichen Möglichkeiten, die ihm die Weimarer Verfassung bot, das „Weimarer System" eines pluralistischen demokratischen Rechtsstaates zu beseitigen. Ein anderes Beispiel bot die im Oktober 1989 eingeleitete friedliche Revolution in der ehemaligen Deutschen Demokratischen Republik; in ihrem Verlauf wurde ein Einparteienstaat, der von einer Parteioligarchie beherrscht war, zu einem gewaltenteiligen, parlamentarisch-demokratischen Mehrparteienstaat mit bundesstaatlicher Gliederung umgestaltet, der schließlich der Bundesrepublik Deutschland beitrat. Diese und ähnliche Revolutionen der Ostblockstaaten wurden durch die sanfte russische Revolution ermöglicht, die Gorbatschow in die Wege geleitet hatte (§ 44 II 6).

Über die rechtliche Qualifikation von Revolutionen entscheidet der Erfolg. Mißlingen sie, so haben sie strafrechtliche, gelingen sie, so haben sie staatsrechtliche Bedeutung (Giese). Eine erfolgreiche Revolution schafft nicht nur eine neue Machtlage, sondern auch eine neue staatsrechtliche Situation: Sie vollzieht sich in der Weise, daß durch einen Wandel der politischen Kräfteverhältnisse die bisherigen Verfassungsstrukturen ihre Effektivität verlieren – also deren maßgebende Normen nicht mehr durchsetzbar sind – und an ihrer Stelle andere Verfassungsstrukturen die verläßliche Chance der Befolgung und Durchsetzung gewinnen. Es ist eine tautologische Feststellung, daß das garantierte Recht (§ 8 I) geändert ist, sobald eine neue Rechts- und Verfassungsordnung Effektivität, das heißt eine sichere Chance organisierter obrigkeitlicher Durchsetzung und Anwendung erlangt hat. Mit den Worten des ehemaligen Reichsgerichts (RGZ 100, 27): „Der durch die Umwälzung geschaffenen neuen Staatsgewalt kann die staatsrechtliche Anerkennung nicht versagt werden. Die Rechtswidrigkeit ihrer Begründung steht dem nicht entgegen, weil die Rechtmäßigkeit der Begründung kein wesentliches Merkmal der Staatsgewalt ist. Der Staat kann ohne Staatsgewalt nicht bestehen. Mit der Beseitigung der alten Gewalt tritt die sich durchsetzende neue Gewalt an deren Stelle."

Daß eine sich durchsetzende Staatsgewalt zur neuen Grundlage von Legalität wird, liegt ohnedies auf der Hand. Die verfassunggebende Gewalt ist ihrem Begriffe nach souveräne Gewalt, welche die Grundlagen der staatlichen Ordnung auf einem nicht legalen Wege, d.h. nicht nach den Regeln einer vorangegangenen Rechtsordnung schafft. Verfassunggebend sind jene elementaren politischen Gewalten, die sich durch die vorgegebenen Grundentscheidungen der Rechts- und Verfassungsordnung nicht mehr binden lassen, sondern diese zu durchbrechen und durch andere zu ersetzen vermögen (§ 9 III 2). Die Staatsgewalt insgesamt hat keinen legalen Stammbaum. Schon bei der Entstehung von Staaten und Staatsgewalt steht nicht die formelle Gesetzmäßigkeit Pate, sondern die Macht des Erfolges: Es kommt darauf an, daß ein bestimmtes System der Staatsgewalt sich faktisch durchsetzt und zur politischen Existenz gelangt. Das gilt nicht nur für den Beginn der Staatenbildung überhaupt. Legal handelnde, selbständige Staatsgewalt kann auf nicht legale Weise auch dadurch entstehen, daß ein Teil des bisherigen Staates sich wirksam vom Mutterland trennt und sich eigenständig macht. Beispiele sind etwa der Abfall der Niederlande von Spanien, die Loslösung der USA von Großbritannien und die anderen Fälle, in denen sich bisherige Kolonien eigenmächtig selbständig machten.

2. Die Legitimitätsfrage. Vom Problem der Legalität ist die Frage der Legitimität zu unterscheiden, d.h. die Frage der Rechtfertigung der Revolution und der nachrevolutionären Verfassungsordnung.

Typische Bedingung solcher Revolutionen, die eine breite Basis im Volke haben, ist der Legitimitäts- und Autoritätsverlust des bisherigen Regimes; versteht man diese Begriffe in dem früher beschriebenen Sinn, so heißt das, daß bei den Regierten die Bereitschaft schwindet, die Entscheidungen der Regierenden zu akzeptieren und sich mit ihnen zu identifizieren (§§ 9 I; 16 I). Eine Revolution pflegt ihre Rechtfertigung darin zu suchen, daß sie eine als ungerecht empfundene Staatsordnung durch eine gerechtere ersetze. Wer eine Veränderung erstrebt, kleidet seine Gerechtigkeitsvorstellungen nicht selten in das Gewand eines „Naturrechts" und behauptet für dieses – in Vorwegnahme des Erstrebten – schon jetzt Rechtsgeltung: Der deutsche Bauernkrieg, der amerikanische Unabhängigkeitskrieg und die Französische Revolution, sie alle wurden im Namen des Naturrechts unternommen. So konnte Max Weber (WuG, 497) das Naturrecht geradezu als „die spezifische Legitimationsform der revolutionär geschaffenen Ordnungen" bezeichnen. Selbstverständlich handelt es sich aber bei solchem Naturrecht, solange es sich noch nicht als staatliches Recht durchgesetzt hat, nur um Gerechtigkeitspostulate und nicht um garantiertes Recht.

Ob und in welchem Maße solche Gerechtigkeitsvorstellungen zünden, von einer genügenden Zahl akzeptiert und dadurch zu Parolen werden, hinter denen sich politische Macht sammelt, hängt auch davon ab, wem und wievielen sie nützen. Entwürfe einer neuen Gesellschaftsordnung werden ein breites Engagement nur dann erzeugen, wenn man sich von ihnen eine bessere Befriedigung seiner Interessen erwartet. Vielfach wird sogar das Interesse die treibende Kraft und die Gerechtigkeitsvorstellung nur die argumentative Rechtfertigung einer revolutionären Bewegung sein. Hier tritt die Verzahnung von soziologischer und ethischer Legitimation besonders augenfällig zutage: nämlich die Verbindung zwischen dem faktischen Akzeptieren bestimmter Vorstellungen und dem Versuch ihrer moralischen Rechtfertigung.

Solche Rechtfertigung der Revolution ist meist eine problematische Sache. Die frieden- und ordnungstiftende Funktion der organisierten Staatsgewalt hat hohen Rang (§ 17 II). So erhebt sich die schwierige Frage, wann immer das staatliche Unrecht ein Maß erreicht habe, daß es schwerer wiegt als der Unfrieden, die Gewalttätigkeiten und die Not, die eine Revolution je nach der vorliegenden Situation voraussichtlich mit sich bringt.

Ist aber die Revolution durchgeführt, dann gehört das Bedürfnis nach Rechtsfrieden und nach Stabilität der staatlichen Ordnung (das vorher der Revolution entgegenstand) nun gerade zu den Argumenten, die für die Aufrechterhaltung der neugeschaffenen Ordnung sprechen. Hat sich die Herrschaftssituation erst einmal geändert, dann spricht das „ut non conturbaretur ordo" jetzt zugunsten des neuen Machthabers.

Das Maß der Legitimität der nachrevolutionären Staatsgewalt hängt davon ab, inwieweit sie eine gerechte, von der herrschenden Sozialmoral getragene Gemeinschaftsordnung bereitstellt. Um solche Legitimität muß sich die neu etablierte Staatsgewalt übrigens auch schon um ihrer eigenen Stabilität willen bemühen. Denn „auch der Stärkste ist nicht stark genug, seine Herrschaft auf die Dauer zu behaupten, wenn er nicht die Gewalt in Recht und den Gehorsam in Pflicht verwandelt" (§ 9 I 2). Hierbei kommt der neuen Staatsgewalt zustatten, daß eine Herrschaftsordnung, die sich durchgesetzt hat, die Gerechtigkeitsvorstellungen der Bürger in gewissen Grenzen auch umerziehen kann (Zippelius RPh, §§ 6 VII; 21 III). Auch der Ordnungssinn und die Macht der Gewohnheit wirken dahin, die von der neuen Staatsgewalt garantierte Ordnung, falls sie sich auf Dauer zu behaupten vermag, zunehmend auch als billigenswerte Ordnung erscheinen zu lassen. Nicht zuletzt spielt die „rechtfertigende Kraft des Erfolges" eine Rolle: „Stets in solcherlei Gefechten sind die Sieger die Gerechten, die Besiegten die Verräter" (Calderón, Das Leben ein Traum, III 13). Und: „Vollführt ist's ein unsterblich Unternehmen; und wenn es glückt, so ist es auch verziehn" (Schiller, Wallensteins Tod, I 7).

II. Zur Frage des Widerstandes

Literatur: *F. Kern*, Gottesgnadentum und Widerstandsrecht im frühen Mittelalter, 1915, ²1954, 138 ff.; *K. Wolzendorff*, Staatsrecht und Naturrecht in der Lehre vom Widerstandsrecht, 1916; *C. Heyland*, Das Widerstandsrecht des Volkes, 1950; *D. Roth*, Zur Ideengeschichte und zum Begriff des Widerstandes, ÖsterrZöffR 1955, 630 ff.; *Ermacora*, 251 ff.; *A. Kaufmann, L. Backmann* (Hg), Widerstandsrecht, 1972 (Lit.); *M. Köhler*, Die Lehre vom Widerstandsrecht in der deutschen konstitutionellen Staatsrechtstheorie usw., 1973; *Ch. Link*, Jus resistendi, in: F.f.A. Dordett, 1976, 55ff.; *Stern*, § 57; *R.A. Rhinow*, Widerstandsrecht im Rechtsstaat?, 1984; *W. Schmitt Glaeser*, Private Gewalt im politischen Meinungskampf, 1990, ²1992; *Doehring* AStL, Rdn. 246ff.; *Zippelius* RuG, Kap. 28; *Ph. Dobler*, Recht auf demokratischen Ungehorsam, 1995, 93ff.; *R. v. Friedeburg* (Hg), Widerstandsrecht in der frühen Neuzeit, 2001.

Zu 3: *Zippelius* RuG, Kap. 11 VII m. w. Nachw.

Zu 4: *S. G. Netschajew*, Katechismus der Revolution, 1871, in: M. Bakunins sozialpolit. Briefwechsel, 1895, 371ff.; *H. Geißler* (Hg), Der Weg in die Gewalt, 1978; *P. Waldmann*, Terrorismus, 1998; *W. Laqueur*, Die globale Bedrohung, 2001; *ders.*, Krieg dem Westen. Terrorismus im 21. Jahrhundert, 2003; *G. Kepel*, Das Schwarzbuch des Dschihad, (frz. 2000) dt. 2002; *H.H. Knütter, St. Winckler* (Hg), Handbuch des Linksradikalismus, 2002; *K. Hirschmann*, Terrorismus, 2003; *A. Straßner*, Terrorismus und Generalisierung, ZfPol 2004, 359ff.

Widerstand gegen Obrigkeiten fand in der Tell-Sage eine idealtypische Darstellung und wurde im Mittelalter in den Auseinandersetzungen um den Widerstand gegen einen ungerechten Herrscher erörtert (Zippelius Gesch, Kap. 7c). Solcher Widerstand richtet sich gegen die Person eines Tyrannen oder gegen tyrannische Äußerungsformen obrigkeitlicher Gewalt, läßt aber die Grundstrukturen der politischen Ordnung unangefochten, während die Revolution diese umgestalten will. Der gescheiterte Widerstand gegen die Tyrannei Hitlers, der im Attentat vom 20. Juli 1944 kulminierte, wäre aber wegen der engen Verknüpfung des politischen Systems mit der Person Hitlers zugleich ein revolutionärer Akt gewesen.

1. Zur Rechtfertigung des Widerstandes. Gewaltherrschaft hat immer wieder auf die Frage nach der Rechtfertigung des Widerstandes gegen die Herrschenden geführt. Eine solche Rechtfertigung leitete man nicht selten aus dem Gedanken her, daß der Herrschende nur eine anvertraute Gewalt besitze, deren er verlustig gehe, wenn er sich unwürdig erweise, das anvertraute Amt auszuüben (§ 15 II).

Für die Reformatoren – und bemerkenswerterweise auch für viele, die sich am Widerstand gegen Hitler beteiligten – lag das Problem des Widerstandsrechts im Spannungsfeld zwischen dem Satz des Römerbriefes: „Jedermann sei untertan der Obrigkeit, die Gewalt über ihn hat", und andererseits dem Wort aus der Apostelgeschichte: „Du sollst Gott mehr gehorchen als den Menschen". Hiernach bestimmte Luther die Grenzen des bürgerlichen Gehorsams: „Wie, wenn denn ein Fürst unrecht hätte, ist ihm sein Volk auch schuldig zu folgen? Antwort: Nein. Denn wider Recht gebührt niemand zu tun; sondern man muß Gott (der das Recht haben will) mehr gehorchen denn den Menschen." Aber es war ein entsagungsvoller, gewaltloser Widerstand, den Luther hier vor Augen hatte. „Der Obrigkeit soll man nicht widerstehen mit Gewalt, sondern nur mit dem Bekenntnis der Wahrheit; kehrt sie sich daran, ist es gut; wo nicht, so bist du entschuldigt und leidest Unrecht um Gottes willen" (Von weltlicher Obrigkeit, 1523, III). Calvin vertrat die Ansicht, selbst einer ungerechten Obrigkeit, die „der Zorn Gottes über das Land ist", sei man Gehorsam schuldig; aber die Grenze dieses Gehorsams gegen Menschen liege dort, wo er zum Ungehorsam gegen Gott würde (Institutio Christianae Religionis, 1536, IV 20²⁴ᶠᶠ·).

Bei Bodin und Hobbes, die in den religiösen Bürgerkriegen ihrer Zeit die tiefe Not einer friedlos gewordenen bürgerlichen Gemeinschaft erfahren mußten, stand die Ordnungs- und Befriedungsfunktion des Staates weit im Vordergrund; für sie schied ein aktives Widerstandsrecht gegen die ordnende Staatsgewalt aus (Bodin, Six livres de la Republique, II Kap. 5; zu Hobbes s.o. § 17 II). Auch noch Kant, der von jenen Bürgerkriegen schon zeitlichen Abstand gewonnen hatte, räumte – in einem Konflikt zwischen der staatlichen Ordnung und den Idealen der Vernunft – dem Rechtsfrieden den Vorrang ein; die Widersetzlichkeit gegen die Staatsgewalt zerstöre die Grundfeste des Gemeinwesens; auch gegen eine tyrannische Staatsgewalt bleibe dem Untertanen daher Widerstand nicht als Gegengewalt erlaubt; sondern nur die Macht der Feder, das kritische Argument, wollte Kant als Widerstand gelten lassen (Über den Gemeinspruch usw., 1793, II).

Für ein säkularisiertes und durch die Tyranneien des zwanzigsten Jahrhunderts belehrtes Denken haben diese Skrupel an Gewicht verloren. Doch auch vor diesem historischen Hintergrund muß der Rebell nicht nur ein persönliches Risiko, sondern oft auch ein moralisches Wagnis auf sich nehmen. Denn nicht selten sind Unfrieden und vielfältige Opfer der Preis des Widerstandes.

2. Zur Frage eines Rechts auf Widerstand. In den Lehren vom Widerstandsrecht findet sich mitunter der Gedanke, es gebe jenseits der positiv-rechtlichen staatlichen Ordnung ein höheres Recht, der ungerechten Obrigkeit und ihren Gesetzen Widerstand zu leisten. Unrechtsregime pflegen nun aber durch alles andere als einen glatt funktionierenden Vorrang überpositiven Rechts zugrunde zu gehen. Um so erstaunlicher ist es, in welcher Unbefangenheit man – oft in einem historischen oder räumlichen Abstand von einem Unrechtsregime – von übergesetzlichen Rechten und ihrem Vorrang redet. Damit vergißt man nur allzu leicht, worum es geht, wenn einer gegen die Tyrannenmacht hinaufgreift „in den Himmel und holt herunter seine ew'gen Rechte, die droben hangen unveräußerlich und unzerbrechlich wie die Sterne selbst": um einen Kampf, der oft auf Leben und Tod geht. Hermann Heller (StL, 225 ff.) hat das im Schatten der heraufziehenden Tyrannei Hitlers sehr deutlich gesehen: Widerstand gegen ein Unrechtsregime ist, zumal im modernen, durchorganisierten Staat, ein höchst riskantes Unternehmen, mit dem man oft nicht bloß eine Inhaftierung in Kauf nimmt, sondern das Leben wagt.

Damit ist die Frage nach einem Recht auf Widerstand schon zum Teil beantwortet: Es gibt kein übergesetzliches Recht auf Widerstand, so wenig wie ein Recht auf Revolution, sofern man darunter ein gewährleistetes Recht versteht (vgl. § 33 I a. E). Das schließt es nicht aus, eine Widerstandshandlung nachträglich so zu beurteilen, als ob sie von Anfang an Rechtens gewesen wäre; es handelt sich dann um ein Urteil, das auf Grund eines inzwischen gewandelten garantierten Rechts rückwirkend gefällt wird. – Selbst ein durch Verfassung verbrieftes „Widerstandsrecht" wird verständlicherweise erst dann anwendbar, wenn die verläßliche Gewährleistung der rechtsstaatlichen demokratischen Verfassungsordnung versagt, also in einer Situation, in der auch das Widerstandsrecht selbst kein „garantiertes Recht" mehr ist; denn ein Widerstandsrecht als allgemeine Regel zum Bestandteil eines funktionierenden Rechtssystems zu machen, würde dessen Verläßlichkeit und damit eine wesentliche Funktion dieses Rechtssystems aufheben, wie schon Kant (aaO.) gesehen hat.

Was bleibt aber vom Widerstandsrecht übrig, wenn ihm die Wirksamkeit (d.h. die spezifische Durchsetzungschance) garantierten Rechts fehlt? Ex ante bleibt dann, wie bei der Revolution, nur die Frage nach einer Legitimität ohne Legalität, nicht selten auch die moralische Billigung eines vielleicht verzweiflungsvollen und aussichtslosen Widerstandes gegen eine etablierte tyrannische Staatsgewalt.

3. Widerstand im demokratischen Staat. In der Tyrannei gibt es auch in Existenzfragen der Nation keine rechtlich erlaubten Möglichkeiten, in öffentlicher Auseinandersetzung der Ansichten und Argumente Kritik an den Regierenden zu üben und durch Mobilisierung der öffentlichen Meinung auf ihre Ablösung oder auch nur auf eine Änderung ihrer Politik hinzuwirken. Ganz anders ist die Lage im demokratischen Rechtsstaat. Hier fällt der Kampf mit geistigen Waffen von vornherein nicht unter den Begriff des Widerstandes; sondern die geistige Auseinandersetzung, auch die Kritik an den Regierenden, ist hier geradezu ein konstruktives Element des politischen Lebens. Im demokratischen Rechtsstaat gehört vor allem auch die Ablösung der Regierenden zur politischen Normalität, auch die Chance, daß politische Randgruppen um öffentliche Zustimmung werben und auf diesem Wege Zugang zur Macht suchen.

In der Tyrannei ist also vieles vom Staate unterdrückter „Widerstand", was in der rechtsstaatlichen Demokratie als legaler Widerspruch – als parlamentarische oder außerparlamentarische Opposition – zum regulären staatsbürgerlichen Verhalten gehört und sich unter dem Schutz insbesondere von Meinungs- und Versammlungsfreiheit vollzieht. Im Interesse klarer begrifflicher Unterscheidungen sollte man zumal auch dann nicht von „Widerstand" sprechen, wenn sich jemand mit rechtsstaatlichen Mitteln gegen verfassungswidrige Gesetze oder rechtswidrige Akte der Exekutive zur Wehr setzt. Nach dem hier gewählten Sprachgebrauch gehört vielmehr zum „Widerstand", wie zur Revolution, daß die Bahnen gesicherter Legalität verlassen werden.

So stellt sich die Frage, welche Gründe für illegalen Widerstand es in einem politischen System gibt, das sich für Argumente offenhält und ihnen politische Wirksamkeit verschafft, sofern sie nur die Mehrheit des Volkes zu überzeugen vermögen.

Ein Grund ist die Ungeduld, die nicht den langen Atem hat, um zur Durchsetzung der eigenen Argumente oder auch Rechte die politischen Wirkungsmöglichkeiten oder Rechtswege auszuschöpfen, die zu ihrer Durchsetzung zur Verfügung stehen. Und es bedarf in der Tat oft der Ausdauer, um dem Übermut der Ämter und öfter noch ihrer Dummheit und Gedankenlosigkeit wirksam zu begegnen. Besonders mühselig und langwierig ist es, Meinungen und politische Kräfte zu mobilisieren, um den Strukturmängeln des politischen Systems, wie einer übermäßigen Zentralisierung oder Bürokratisierung, oder eingefahrenen Mißständen, etwa der parteipolitischen Vereinnahmung der Berufsbeamten und Richter, entgegenzuwirken. So dauerte es z.B. viele Jahre, bis aus ersten mahnenden Stimmen, wie Rachel Carsons „Silent Spring", ein wirksamer Umweltschutz hervorging. Die Demokratie ist ein langsam und schwerfällig lernendes System, und zwar gerade auch deshalb, weil sie viele zu Worte kommen, weil sie Argumente austauschen und Interessen zum Ausgleich kommen läßt, um schließlich einen Kompromiß zu finden, der für die Mehrheit annehmbar ist. Die oft mühsame Suche nach Kompromissen ist nun aber die Lebensform der offenen Gesellschaft. Auf der Einsicht in diesen Sachverhalt und auf der Bereitschaft, Toleranz und Geduld, diesen demokratischen Prozeß zu akzeptieren, beruht die Überlebensfähigkeit dieser politischen Kulturform. Ungeduld erscheint so nicht als überzeugende Legitimation des Widerstandes.

Ein anderer, fundamentaler Grund für einen Widerstand gegen die demokratisch gebildete Staatsgewalt liegt darin, daß man sich mit dem demokratischen Prozeß und der in ihm gebildeten Mehrheitsmeinung nicht abfinden will, daß also diejenigen, die diesem Staat Widerstand leisten, sich selbst im Besitze der besseren Wahrheit glauben und diese notfalls auch mit Gewalt durchsetzen wollen. Wo immer in einem demokratischen Rechtsstaat gewaltsamer Widerstand aus dieser Mentalität geleistet wird, sollte man hellhörig werden: Solche Gewalttätigkeiten gehören zu den Fingerabdrücken der werdenden und der ausgewachsenen Tyrannen. Politische Gewalttätigkeiten sind insbesondere die Instrumente, mit denen die ideologisch geprägten „Programmpolitiker", oft aus einer übersteigerten moralischen Selbstgewißheit heraus, an die Macht drängen (§ 35 II).

In den zuletzt genannten Fällen verläßt also der gegen die Staatsgewalt geübte Widerstand grundsätzlich den Boden der „offenen Gesellschaft", in der prinzipiell mit der Möglichkeit gerechnet wird, daß nicht nur der politische Gegner, sondern auch man selber irren kann, daß also der Gegner nicht nur faktisch Recht bekommen, sondern auch Recht haben kann. Darum wird in der „offenen Gesellschaft" jedem mißtraut, der glaubt, er habe die Wahrheit gepachtet. Daher sucht das demokratische System die größtmögliche Annäherung an den Konsens aller im Mehrheitsprinzip, selbst auf die Gefahr hin, daß die Mehrheit „nicht immer Recht hat": denn es gibt kein verläßliches Kriterium dafür, ob und wann eine Minderheit über die „bessere Wahrheit" verfügt. Vor allem gewährleistet die Demokratie auch, daß der Prozeß der Diskussion und Konsenssuche, und damit die Möglichkeit einer Selbstkorrektur offengehalten wird, daß insbesondere die Menschenwürde und Mitwirkungskompetenz eines jeden erhalten bleibt: damit der Wahrheitsanspruch nicht durch Leute monopolisiert wird, die sich nicht damit abfinden wollen, daß auf demokratisch-rechtsstaatlichem Wege anders entschieden wird, als sie es für richtig halten (§ 17 III 4).

Aus der Eigenart der freiheitlichen Demokratie als der verfaßten offenen Gesellschaft ergibt sich auch, welchen Widerstand diese nach ihrem Selbstverständnis akzeptieren kann und sogar muß: nicht den Widerstand gegen einzelne rechtsstaatlich und demokratisch beschlossene Maßnahmen, wohl aber den Widerstand gegen politische Kräfte, die das Grundschema einer freien und offenen, rechtsstaatlich gesicherten, gewaltlosen Austragung von Meinungsverschiedenheiten abschaffen möchten. In diesem Sinne hat man auch das im Bonner Grundgesetz verbürgte Widerstandsrecht (Art. 20 IV GG) ausgelegt: Es darf nur in einem die freiheitliche demokratische Grundordnung bewahrenden Sinne ausgeübt werden, und auch dies nur, wenn alle von der Rechtsordnung zur Verfügung gestellten Rechtsbehelfe so wenig Aussicht auf wirksame Abhilfe bieten, daß die Ausübung des Widerstandes das letzte verbleibende Mittel zur Erhaltung oder Wiederherstellung der verfassungsmäßigen Ordnung ist. Daß damit ex ante kein verläßlich „garantiertes" Recht verbrieft ist, wurde schon festgestellt (2).

4. Der Terrorismus als Kampfinstrument gegen die Staatsgewalt gewann seine moderne Gestalt im Dienste sozialrevolutionärer Bestrebungen. Netschajew, der Gesinnungsgenosse Bakunins und Kropotkins, empfahl „die Schrecken verbreitende, totale, unerbittliche und universelle Zerstörung" der staatlichen Institutionen, die vor keinem Mittel zurückscheuen darf. Insbesondere gehört die tätliche Protestaktion zum festen Repertoire der „Anarchisten", oder vielmehr der an die Macht strebenden Tyrannen. Zur „Propaganda der Tat" zählt auch das öffentliche Bekenntnis der Organisation zu den begangenen Terrorakten: Auf diese Weise sucht man sich jenes auf Furcht gegründete Prestige zu verschaffen, das mit der Fähigkeit verbunden ist, ungestraft Gewalt zu üben; zugleich hofft man auf den Prestige- und Legitimitätsverlust der Regierung, der immer dann eintritt, wenn diese nicht mehr in der Lage ist, das Gewaltmonopol wirksam zu behaupten (§ 9 I 1). Nach diesem Programm ging die sozialrevolutionäre Bewegung (§ 18 III) mit einer Reihe von Attentaten zum Terrorismus über: 1878 schlug ein Attentat auf Kaiser Wilhelm I. fehl; 1881 fiel Zar Alexander II. einem Bombenattentat zum Opfer; 1894 wurde in Frankreich Präsident Carnot und 1900 der italienische König Humbert ermordet. Im Gefolge der 1968er Bewegung erneuerten mehrere sozialrevolutionäre Organisationen diese Praktiken, so in Deutschland die Rote Armee Fraktion, in Frankreich die Action Directe und in Italien die Brigate Rosse.

Die Methode des Terrorismus wurde fortschreitend aber nicht nur gegen vermeinte soziale Ungerechtigkeit eingesetzt, sondern auch, um gegen politische Systeme und Gewalten zu kämpfen, die man aus anderen Gründen als bedrückend empfand. So hat man dem sozialrevolutionären einen ethnisch-nationalen und einen religiös motivierten Terrorismus zur Seite gestellt (Straßner). Die ethnisch-nationale Motivation erstrebt die politische Selbstbestimmung völkischer Minderheiten, die sich in ein als fremd empfundenes staatliches System eingebunden fühlen, wie ein Teil der Basken in Spanien (ETA), ein Teil der Iren in Nordirland (IRA), ein Teil der Kurden in der Türkei und im Irak und ein großer Teil der Palästinenser in den von Israel besetzten Gebieten (§ 11 III). Dabei verbindet sich in einigen dieser Fälle die völkische Motivation mit der religiösen. Auch aus dem Zusammenprall von Kulturen kann der Widerstand gegen religiöse und zivilisatorische Strukturen, die man als bedrückend empfindet, terroristische Züge annehmen (§ 10 IV), wie im Beispiel der Al Qaida.

Zweiter Teil. Staatstypen

Die Geschichte hat eine verwirrende Vielgestaltigkeit von Staaten hervorgebracht. Schon unter dem Aspekt der Herrschaft bietet sich eine Vielfalt von Anknüpfungspunkten für eine Typenbildung. So finden wir Staaten, in denen die Herrschaft bei einem Einzelnen oder bei einer dünnen Oberschicht konzentriert ist, und Staaten mit einer verhältnismäßig starken Beteiligung des ganzen Volkes an der staatlichen Willensbildung; Staaten, in denen die Macht bei einer bestimmten Klasse zusammengefaßt ist, und Staaten mit geringeren Klassenunterschieden oder mit einer pluralistischen Aufspaltung der sozialen Gewalten; totalitäre Staaten, mit der Tendenz, in möglichst alle Lebensbereiche reglementierend einzugreifen, und liberale Staaten, die eine Freiheitssphäre der Einzelnen in weitem Umfang respektieren.

Wenn wir die Staaten gewissen Typen zuordnen wollen, so zeigen sich die schon besprochenen Schwächen typisierender Betrachtungsweise: Jede Schematisierung enthält eine Verarmung, ist, gemessen am Gestaltenreichtum des Lebens, dürftig, farblos, einseitig und dadurch in gewisser Weise auch irreführend.

Dennoch ist eine typisierende Betrachtung unentbehrlich. Sie hebt wiederkehrende Strukturen heraus und macht auf diese Weise die politischen Tatbestände transparent. Insbesondere ermöglicht sie es, konkrete Staaten dadurch zu beschreiben, daß man angibt, in welchem Maße und in welcher Kombination sie bestimmte typische Züge aufweisen (§ 2 III). Typisierung entsteht durch Vergleichen und erlaubt ihrerseits, Vergleiche zu ziehen und Erfahrungen wiederzugeben. So kann man insbesondere typische staatsorganisatorische Formen und politische Machtstrukturen darstellen und jene Vor- und Nachteile beschreiben, die sich nach historischer Erfahrung mit ihnen verbunden haben.

Wenn hier eine Typisierung unter einigen wichtigen, selbstverständlich nicht erschöpfenden, Aspekten versucht wird, so geschieht das in voller Einsicht in die Verflochtenheit der organisatorischen Form, der sozialen Machtstrukturen und der totalitären oder liberalistischen Tendenzen des Staats. Es kann sich also nur darum handeln, einen Tatbestand, in voller Kenntnis seiner Komplexität, von verschiedenen Seiten, unter Hervorkehrung je eines anderen Strukturelements, zu betrachten.

Kapitel I. Der Aspekt der Staatsform

Bildet man Staatstypen nach der Organisation der Staatsgewalt, so geht man davon aus, daß die Staatsgewalt nicht nur ein machtpolitischer Tatbestand, sondern zugleich eine zu einem System rechtlicher Zuständigkeiten ausgeformte, „rechtlich organisierte politische Macht" ist. Wichtigster Einteilungsgesichtspunkt ist hier die Frage, wer an der Kompetenzenhoheit und damit an den rechtlichen und politischen Grundentscheidungen unmittelbar oder mittelbar teilhat; dies ist die Hauptfrage der Staatsform; für sie kommt es also nicht auf die quantitative Verteilung untergeordneter Kompetenzen, sondern auf die Teilhabe an den Schlüsselkompetenzen an (§ 9 III 2).

Bei diesem Versuch, die unscharfe Frage nach den Herrschenden zu präzisieren, wird deutlich, daß sich das System der Staatsgewalt nicht mit bloßen Rechtsbegriffen zureichend beschreiben läßt (§ 31 IV 2). Die marxistische Staatstheorie etwa hielt das Recht und insbesondere die Staatsverfassung nur für einen Reflex der ökonomischen Machtstrukturen einer Gesellschaft (§ 25 II 1, 5). Doch auch eine unbefangene Überlegung lehrt, daß es nicht genügt, die rein rechtlichen Kompetenzen in Betracht zu ziehen, um zum Beispiel die Herrschaftsstrukturen der parlamentarischen Demokratie zu erfassen: Zu diesen gehören nicht zuletzt auch die Machtstrukturen der politischen Parteien, die Regierung und Parlamentsmehrheit wirksam zu einer kooperativen Einheit verknüpfen. Ebenso unzureichend wäre es etwa, nur das formale Wahlrecht der Bürger und nicht auch die realen Vorgaben der Wählerentscheidung in Rechnung zu stellen; denn je nach diesen Vorgaben kann die Entscheidung der Wähler eine sehr unterschiedliche Entscheidungsmacht beinhalten: Im Einparteienstaat – sei dieser im Verfassungsrecht vorgesehen oder bloßes Ergebnis faktischer Machtverhältnisse – ist die Wählerentscheidung bloße Akklamation für den einzigen präsentierten Kandidaten oder eine belanglose Auswahl zwischen mehreren linientreuen Parteifunktionären. Im Mehrparteienstaat ist sie eine Wahl zwischen gewichtigeren Alternativen, die insbesondere auch über die personelle Zusammensetzung der künftigen Regierung entscheidet, eine Wahl zwischen Alternativen, die freilich immer noch in beträchtlichem Umfang „vorprogrammiert" sind. Die Frage nach der „organisatorischen Form" der Staaten muß also, wenn sie nicht an der Oberfläche bleiben soll, die Strukturen jener realen Mächte einbeziehen, die den Zugriff auf die zentralen Regelungskompetenzen und deren Ausübung wirksam zu steuern vermögen (§ 31 I 2). Hier zeigt sich eine der eingangs erwähnten Verflechtungen, die letztlich doch nicht auflösbar sind.

§ 20. Zur Geschichte der Staatsformenlehre

Literatur: *Rehm* Gesch; *G. Schramm,* Das Problem der Staatsform in der deutschen Staatstheorie des 19. Jh., 1938, 13 ff.; *M. Imboden,* Die Staatsformen, 1959; *E. Küchenhoff,* Möglichkeiten und Grenzen begrifflicher Klarheit in der Staatsformenlehre, 1967; *Zippelius* Gesch; *Berber* StI.

I. Die klassische Einteilung bei Platon und Aristoteles

Die Einteilung der Staatsformen danach, ob einer, mehrere oder alle an der Staatsgewalt beteiligt sind, findet sich schon bei Herodot, der seinerseits damit sophistisches Gedankengut weitergibt. In seiner Geschichte der Perser (III, 80 ff.) kleidet er seine Erwägungen über die Staatsformen in das Gewand eines Gesprächs, in dem sieben persische Große über die Frage diskutieren, welche Verfassung die beste sei: die Herrschaft eines Einzelnen, die Herrschaft weniger oder die Herrschaft des ganzen Volkes.

In Platons Schrift über den Staatsmann überschneidet sich aber diese Einteilung nach der Zahl der Herrschenden mit einer ethischen Unterscheidung: Wenn sich schon das Ideal des weisen Herrschers (§ 25 I 1) nicht verwirklicht, sollen in den verbleibenden Staatsformen die Herrschenden sich wenigstens von vernünftigen, dem Gemeinwohl dienenden Gesetzen leiten lassen (vgl. Nomoi, 675, 705, 714 f.). Je nachdem, ob sie das tun oder nicht, ist ein Regime entweder wahrhaftes Königtum (das ist die gesetzestreue Herrschaft eines Einzelnen) oder eine von Begehren oder Unwissenheit bestimmte Tyrannei; entweder eine Aristokratie (das ist die gesetzestreue Herrschaft mehrerer) oder eine Oligarchie, die sich um das Recht nicht kümmert; entweder gute Demokratie (das ist die Herrschaft des Volkes nach Gesetz und Recht) oder, als deren Verfallsform, eine gesetz- und zügellose Pöbelherrschaft (Politikos, 291 f., 301 ff.).

In Platons Alterswerk, den „Gesetzen", wird die klassische Dreiteilung auf eine Zweiteilung reduziert. Monarchie und Demokratie seien gleichsam die Mütter aller anderen Staatsformen. In der einen verkörpert sich das Prinzip einheitlicher Ordnung durch Herrschaft, in der anderen das Prinzip der Freiheit; beide gilt es im rechten Maße zu mischen (Nomoi, 693 ff.) – eine der unvergänglichen Antinomien und Aufgaben der Politik.

Bei Aristoteles kehrt die Dreiteilung nach der Zahl der Herrschenden und die zusätzliche ethische Unterscheidung wieder. Es gibt Staatsformen, in denen die Herrschenden ihre Macht zum allgemeinen Besten und nicht zum eigenen Vorteil gebrauchen: das wahrhafte Königtum, d. h. die Herrschaft des Einzelnen, der auf das Gemeinwohl sieht; ferner die Aristokratie, nämlich die Herrschaft weniger, in der eine Elite das Beste für den Staat erstrebt; schließlich die Herrschaft des Volkes, sofern es den Staat zum gemeinen Besten regiert. Ihnen stehen als Entartungsformen gegenüber: Tyrannis, Oligarchie und entartete Demokratie. Die erste ist die Alleinherrschaft zum Nutzen und nach der Willkür des Tyrannen, die Oligarchie verfolgt den Vorteil der besitzenden Klasse und die entartete Demokratie einseitig den Vorteil anderer Gruppen (Politik, 1279).

Natürlich wäre diese Gegenüberstellung, verstünde man sie als starres Klassifizierungsschema, der Staatswirklichkeit wenig adäquat. Zwischen die „reinen" Typen (vgl. § 2 III 2) des wahren und des entarteten Staates schieben sich in concreto unendlich viele Stufen, in denen der Zweck des Staates, dem Gemeinwohl zu dienen, in mehr oder minder hohem Maße verwirklicht ist.

Auch die Dreiteilung nach der Zahl derer, die an der Herrschaft teilhaben, ist nur ein Grundmodell. Da ein Staat mehrere „Bestandteile" hat, sind in der Staatswirklichkeit die verschiedensten Kombinationen und Mischformen möglich (Politik, 1290 b ff., s. u. § 31 II 1).

II. Modelle gemischter Verfassung

Literatur: Wie zu § 31 II 1; *K. von Fritz*, The Theory of the Mixed Constitution in Antiquity, 1954; *R. Klein* (Hg), Das Staatsdenken der Römer, 1966, 291 ff.; *M. Gralher*, Mitte-Mischung-Mäßigung, in: F. f. D. Sternberger, 1977, 100 ff.; *V. Wember*, Verfassungsmischung und Verfassungsmitte, 1977; *W. Nippel*, Mischverfassungstheorie und Verfassungsrealität in Antike und früher Neuzeit, 1980.

Die Staatsgewalt nicht bei einer Instanz zu konzentrieren, sie auf verschiedene Organe ausgewogen zu verteilen, ist ein klassisches Rezept gegen Machtmißbrauch und Tyrannei. Insbesondere in England wurde in die Suche nach einer ausgewogenen Verfassungsstruktur auch der Gedanke einer gemischten Verfassung eingebracht. John Locke hat den Gedanken in einer berühmten Formel zusammengefaßt. Sie lautet: „balancing the power of government by placing several parts of it in different hands" (§ 31 II 1). Die Erhaltung einer strukturellen – organisatorischen und gesellschaftlichen – Vielfalt ist unter den Bedingungen der modernen Industriegesellschaft zugleich die wichtigste Vorkehrung gegen die Entstehung eines totalitären Systems (§ 29 I 3).

Die grundlegende Einsicht stammt schon aus der Antike: Die Macht im Gemeinwesen kann dadurch gemäßigt und kontrolliert werden, daß man sie aufteilt und in verschiedene Hände legt. Der Gedanke einer gemischten Verfassung findet sich im Ansatz, außer bei Aristoteles, auch schon in der älteren Stoa (Diogenes Laertius, VII 131). Er wurde dann wieder von Polybios aufgegriffen, welcher vorschlug, nicht eine „einfache und einförmige" Staatsverfassung zu wählen, sondern sie „aus den Vorzügen und Eigenarten der besten Verfassungen zu mischen", damit die einzelnen Gewalten „so gegeneinander ausgewogen sind, daß keine ein Übergewicht erhält" (§ 31 II 1).

Vor allem aber widmete Cicero, mit dem Sinn des römischen Politikers für die praktische Seite der Staatsformenlehre, der organisatorisch gemischten Verfassung eine eingehende Untersuchung in seiner Schrift über den Staat (De re publica). Die reinen Formen haben durchwegs beträchtliche Mängel:

Unter der Alleinherrschaft eines einzigen fehlt für alle anderen die Freiheit der Mitsprache (I 43). Unfreiheit herrscht nicht nur unter einem unerträglichen, sondern auch unter einem milden Monarchen; denn für die Völker bedeutet „das doch nur den einen Unterschied, ob sie eines leutseligen oder eines harten Herrn Knechte sind, Knechte sind sie allemal" (I 50).

Auch „in einer Aristokratie kann von einem Anteil der Masse an der Freiheit kaum die Rede sein" (I 43). Man könnte sich mit dieser Staatsform „noch einverstanden erklären, solange in ihr die Herrschenden wirklich eine Elite der geistig und moralisch Besten sind. Was aber, wenn das nicht der Fall ist? Wenn z.B. jemand ans Ruder kommt, bloß weil er das meiste Geld hat oder ein sonstiger Zufall ihn mit an die Staatsführung bringt …? Dann wird man ebenso schnell scheitern wie ein Schiff, an dessen Steuer ein aus der Zahl der Reisenden erloster Kapitän tritt" (I 51).

Für die Demokratie schließlich beruft man sich vor allem auf die Freiheit und die Gleichheit. Für die Freiheit aller sei nur in der Demokratie eine Stätte. Und die Freiheit sei keine wahre Freiheit für alle, wenn sie nicht für alle gleich sei (I 47). Auch sei „Eintracht da am leichtesten, wo der Nutzen des Einzelnen sich decke mit dem der Gesamtheit" (I 49). – Aber das Prinzip der Gleichheit läßt sich nicht rigoros durchführen. Können nämlich Würdige und Unwürdige, Bedeutende und Unbedeutende „unterschiedslos zu Ehren kommen, so führt gerade diese Gleichmacherei zu größter Ungleichheit und Unbilligkeit" (I 53, 27, 43).

Zudem sind alle diese „reinen" Staatsformen in Gefahr, zu entarten. „Jede birgt in sich die Gefahr, in ein benachbartes Extrem umzuschlagen": die Monarchie in die Gewaltherrschaft eines Despoten, die Aristokratie in die eines machthungrigen Klüngels, die Demokratie in eine zuchtlose Pöbelherrschaft (I 44f., 69), die ihrerseits in die Tyrannei eines Einzelnen führt (I 68).

Um den beschriebenen Nachteilen und Entartungen zu entgehen, schlug Cicero eine „maßvolle Mischung aus den drei Urformen" vor (I 45). Ein Beispiel bot die

altrömische Verfassung, in der die Konsuln das monarchische, der Senat das aristo-
kratische und die Comitien das demokratische Element bildeten. Eine solche gemischte Verfassung hat erstens ein hohes Maß an Ausgewogenheit, ohne das freie
Völker auf die Dauer nicht auskommen können. Zweitens spricht für sie ihre Stabilität; denn eine Staatsform, deren Elemente in wohlabgewogener Weise miteinander
verbunden sind, entartet nicht so leicht (I 69, II 57).

Später nahm Thomas von Aquin (Summa theol., I II 105, I) den Gedanken einer
gemischten Verfassung wieder auf: Am besten sei eine Staatsverfassung, die „richtig
gemischt ist aus Königtum, insofern einer an der Spitze steht, aus Aristokratie, insofern mehrere auf Grund ihrer Tüchtigkeit an der Regierung teilhaben, und aus
Demokratie, also aus Volksherrschaft, insofern die Regierenden aus dem Volk gewählt werden können und dem Volk die Wahl der Regierenden zukommt". Auch
Machiavelli befürwortete eine gemischte Verfassung: Vernünftige Gesetzgeber hätten jede der einfachen Grundformen des Staates „gemieden und eine aus allen drei-
en zusammengesetzte gewählt. Diese hielten sie für stabiler und dauerhafter, weil
sich Fürsten-, Adels- und Volksherrschaft, in ein und demselben Staat vereinigt,
gegenseitig überwachen" (Discorsi, I 2; anders freilich in seiner Denkschrift über
die Reform des Staates von Florenz, 1519).

Bodin bestritt später die Möglichkeit einer gemischten Verfassung: Der Inhaber
der höchsten Gewalt könne keinen Teilhaber, keinen „imperii socium" haben (§ 9
III 1). Doch hat sich dieser Einwand bei genauerem Zusehen als unberechtigt erwiesen: Die staatliche Kompetenzhoheit muß nicht notwendig bei einem einzigen Organ oder gar bei einem einzigen Menschen liegen, sondern kann in der gemeinschaftlichen Verfügung mehrerer Staatsorgane stehen (§ 9 III 3).

III. Neuere Einteilungen

Literatur: *E. Bernatzik*, Republik und Monarchie, ²1919; *A. J. Merkl*, Das Kriterium von Republik
und Monarchie, in: Ges. Schriften, I 2, 1995, 43 ff.; *W. Henke*, Zum Verfassungsprinzip der Republik, JZ 1981, 249 ff.; *W. Mager*, Republik, in: GGb V (1984), 549 ff.; *K. A. Schachtschneider*, Res
publica res populi, 1994, 253 ff.; *R. Gröschner*, in: HdStR, § 23.

Machiavelli teilte alle Herrschaftsordnungen, die Gewalt über Menschen hatten,
in Republiken und Fürstentümer ein (Il Principe, 1513, Kap. 1). Das Hauptmerkmal der Republik soll nach neuerem Verständnis das Fehlen eines an eine Dynastie
gebundenen oder eine Dynastie begründenden Staatsoberhauptes sein.

Man kann mit dem Begriff der „Republik", in Anknüpfung an den Wortsinn,
aber auch einen Staat verstehen, der dem Gemeinwohl und der Rechtsstaatlichkeit
verpflichtet ist. In diesem zweiten Sinn war für Kant ein Staat dann republikanisch,
wenn er auf die persönliche Autonomie der Menschen und damit auf deren Freiheit
und Gleichheit und auf die Idee eines Konsenses zwischen ihnen gegründet ist
(§§ 16 I 3; 17 III), ein Staat, in welchem alle an die gemeinsame Gesetzgebung gebunden sind und die ausführende Gewalt von der gesetzgebenden getrennt ist (Zum
ewigen Frieden, II, 1. Definitivartikel). Diese Bedeutungsinhalte des Begriffs der
„Republik" haben heute in den Prinzipien der „Rechtsstaatlichkeit" ihre nähere
Ausgestaltung und ihren geläufigeren Ausdruck gefunden.

Daneben sind andere Unterscheidungen getreten, etwa jene zwischen unmittelbaren und repräsentativen Demokratien; sie richtet den Blick darauf, ob und in
welchem Ausmaß der verbindliche Staatswille unmittelbar durch die Bürger oder
durch ihre gewählten Repräsentanten gebildet wird (§ 23). Die Einteilung der
repräsentativen Demokratien in „parlamentarische" und „präsidentielle" knüpft an
das Kräfteverhältnis an, das zwischen Regierung und Volksvertretung besteht (§§ 41

II 1; 42 II). Andere Ausgestaltungen werden etwa mit Begriffen wie Einheitsstaat und Bundesstaat (§ 9 IV) oder Einparteien- und Mehrparteienstaat (§ 23 II 5) erfaßt.

Das Wort Monarchie hat im Laufe der Zeit einen Bedeutungswandel erfahren. Die Griechen verstanden hierunter einfach die Herrschaft eines Einzelnen. Da aber in der europäischen Geschichte die Einzelherrschaft längere Zeit innerhalb von Dynastien erblich war, verengte sich dieser Begriff auf die Erbmonarchie. Als dann den erblichen Herrschern die Kompetenzenhoheit entglitt und in der parlamentarischen Monarchie auf die Volksvertretung überging, behielt man auch für diese Staatsform den Begriff der Monarchie bei, obgleich es sich hier im Sinne der klassischen Einteilung nicht mehr um eine Monarchie, sondern um eine Demokratie handelte. So rechnet man z.B. England und Belgien einerseits zu den westlichen Demokratien, was der antiken Einteilung entspricht, bezeichnet sie andererseits aber auch, unter Verwendung des inzwischen gewandelten Begriffs der Monarchie, als parlamentarische Monarchien. Um den Sinn der klassischen Einteilung nicht zu verfehlen, sollte man heute für den antiken Begriff der Monarchie eher die Bezeichnung Monokratie verwenden.

§ 21. Monokratien

Liegt die Kompetenzenhoheit in der Hand eines Einzelnen, dann sprechen wir von einem monokratischen Herrschaftssystem. Die Kompetenzenhoheit des Herrschers wird in der absoluten Monarchie wie in der autokratischen Diktatur nicht zuletzt darin sichtbar, daß dieser nach seiner persönlichen Entscheidung Ämter schafft und auflöst und auch die höchsten Amtsträger nach seinem Ermessen beruft und abberuft. In einem solchen System wird der Machthaber nur geringe Neigungen zeigen, die Entscheidung eines von ihm abhängigen Staatsorgans zu achten, wenn sie seiner persönlichen Auffassung zuwiderläuft. Eingriffe des Herrschers auch in Gerichtsentscheidungen sind nur die folgerichtigen Ausläufer seiner Kompetenzenhoheit.

I. Monarchien

Literatur: *Jellinek,* 669 ff.; *E. Kaufmann,* Studien zur Staatslehre des monarchischen Prinzips, 1906, in: Ges. Schr. I, 1960, 1 ff.; *C. F. Menger,* Deutsche Verfassungsgeschichte der Neuzeit, 1975, [7]1990, 54 ff., 117 ff.; *W. Conze u. a.,* in: GGb IV (1978), Art. Monarchie; *D. Merten,* in: G. A. Jeserich u. a., Deutsche Verwaltungsgeschichte, V 1987, 53 ff.
Zu 1: *Th. Schieder* (Hg), Hdb. d. Europ. Gesch., IV 1968, § 6; *Th. Würtenberger,* Die Legitimität staatlicher Herrschaft, 1973; *K. O. v. Aretin* (Hg), Der aufgeklärte Absolutismus, 1974; *R. Saage,* in: Pipers Handbuch der polit. Ideen, Bd. 3, 1985, 529 ff.; *H. Duchhardt,* Das Zeitalter des Absolutismus, 1989, [2]1992; *D. Willoweit,* Deutsche Verfassungsgeschichte, 1990, [5]2005, §§ 23, 26; *H. Neuhaus,* Die römische Königswahl vivente imperatore in der Neuzeit, in: Ztschr.f.Histor.Forsch., Beiheft 19, 1997, 1 ff.
Zu 2: *E. R. Huber,* Deutsche Verfassungsgeschichte, III 1963, [3]1988, § 1; *H. Quaritsch,* Staat und Souveränität, 1970, 182 ff., 487 ff.; *O. Kimminich,* Deutsche Verfassungsgeschichte, 1971, [2]1987, 327 ff., 361 ff., 429 ff.; *E.-W. Böckenförde,* Der Verfassungstyp der deutschen konstitutionellen Monarchie im 19. Jh., in: ders. (Hg), Moderne deutsche Verfassungsgeschichte, 1972, [2]1981, 146 ff.; *D. Willoweit,* Deutsche Verfassungsgeschichte, 1990, [5]2005, § 29; *Stolleis,* Bd. II, 99 ff.; *Th. Würtenberger,* Der Konstitutionalismus des Vormärz als Verfassungsbewegung, in: Der Staat 1998, 165 ff.; *M. Kirsch, P. Schiera* (Hg), Denken und Umsetzung des Konstitutionalismus in Deutschland und anderen europäischen Ländern, 1999; *M. Kirsch,* Monarch und Parlament im 19. Jahrhundert, 1999; *Stern,* § 126 IV; *R. Wahl,* Der Konstitutionalismus als Bewegungsgeschichte, in: Der Staat 2005, 571 ff.; *W. Heun,* Die Struktur des deutschen Konstitutionalismus, in: Der Staat 2006, 365 ff.

1. Die absolute Monarchie. Das monokratische System der absoluten Monarchie findet in der Herrschaft Ludwigs XIV. ein einprägsames Beispiel. Diese Staatsform unterscheidet sich von der ständischen Monarchie vor allem dadurch, daß sich in ihr die Herrschaftsbefugnisse zu einer homogenen Staatsgewalt konsolidiert haben (§ 9 II), die letztlich in der Verfügung des absoluten Monarchen steht (§ 9 III 1). Von der modernen autokratischen Diktatur unterscheidet sie sich in verschiedenen Hinsichten, zumeist durch eine dynastische Bindung des Herrscheramtes, ferner dadurch, daß sich der Monarch des europäischen Absolutismus wenigstens in der Theorie an die Grundsätze der christlichen Religion und an bestimmte „lois fondamentales" gebunden hielt (§ 9 III 2).

Ein gemäßigtes monarchisches Herrschaftssystem fand sich im aufgeklärtem Absolutismus. Eine Beschränkung der Macht erwuchs hier für den Herrscher aus einer bewußten und betonten ethischen Bindung. Im aufgeklärten Absolutismus, wie er sein Vorbild etwa in den Staaten Friedrichs II. von Preußen, Josefs II. und Leopolds II. fand, bildete der Gedanke der Pflicht, der Gedanke, daß der Herrscher der erste Diener des Staates sei, ein gewisses Korrektiv der Macht.

Eine charismatische Legitimation (§ 16 I 2) fand die Monarchie von alters her in dem Gedanken, daß die Königsherrschaft religiöse Grundlagen habe. Das christliche Mittelalter kleidete diese Vorstellung in das einprägsame Bild der Zwei-Schwerter-Lehre. In der Neuzeit lebte die These vom „göttlichen Recht der Könige" sporadisch und mit unterschiedlichen Begründungen noch geraume Zeit weiter – insbesondere in den Lehren Bossuets, de Bonalds und Friedrich Julius Stahls – und diente etwa Bossuet (1709) dazu, den neuzeitlichen Absolutismus zu rechtfertigen (Würtenberger 1973, 82 ff., 135 ff., 224 ff.). Im dynastischen Prinzip verwirklicht sich nicht nur ein Stück traditionaler Legitimation, sondern auch ein rationaler Gedanke: In einem Gemeinwesen, in dem andere Spielregeln friedlichen Machterwerbs noch nicht zuverlässig funktionieren, wird Machtkämpfen vorgebeugt, wenn das Staatsoberhaupt unzweideutig kraft seiner Geburt in sein Amt berufen wird (Neuhaus 1997, 1 ff.). Auch die von Rudolf Smend (StA, 142 ff.) so genannte persönliche Integration spielt eine Rolle, eine Funktion, die Treitschke (Politik, 1897/1898, § 15) in die drastischen Worte faßte: „Daß Einer sichtbar an der Spitze steht, auf dessen Wort Alles ankommt, imponiert dem kleinen Mann."

2. Die konstitutionelle Monarchie. Die konstitutionelle Monarchie ist eine Schöpfung des frühen 19. Jahrhunderts. Nach dem Zeitalter der Französischen Revolution erschien eine Rückkehr zum Absolutismus alter Form nicht mehr möglich. Die Lebensluft der Aufklärung, die Leitideen der Französischen Revolution, die sozialen Reformen und nicht zuletzt die Einbeziehung der Bevölkerung in die Befreiungskriege hatten die politische Landschaft verändert. Andererseits war aber nach den bestehenden Kräfteverhältnissen die Monarchie noch nicht überwunden. Den historischen Kompromiß zwischen dem monarchischen Prinzip und den nicht mehr rückgängig zu machenden Ansprüchen auf Bürgerfreiheit (§ 8 II 1) bildete die konstitutionelle Monarchie.

Anders als die parlamentarische Monarchie (§ 20 III) beruhte sie auf dem Gedanken einer freiwilligen Selbstbindung des Herrschers, hier allerdings auf einer rechtlichen Selbstbindung, die durch eine Verfassungsurkunde, eine Konstitution, verbrief war. Einige dieser Verfassungen wurden als „oktroyierte Verfassungen" aus der Machtvollkommenheit des Souveräns erlassen. Tit. II § 1 Abs. 1 der Verfassungsurkunde für das Königreich Bayern vom 26. 5. 1818 brachte dieses Verständnis der konstitutionellen Monarchie zum Ausdruck: „Der König ist das Oberhaupt des Staats, vereiniget in sich alle Rechte der Staats-Gewalt und übt sie unter den von Ihm gegebenen in der gegenwärtigen Verfassungs-Urkunde festgesetzten Bestimmungen aus." In gewissem Widerspruch hierzu konnte sich allerdings der Monarch rechtlich (vgl. Tit. X § 7 BayVerf 1818) und faktisch nicht mehr aus dieser Selbstbindung lösen. Als oktroyierte Verfassung war auch schon die französische Verfassung vom 4. 6. 1814 ergangen und wurde später noch die preußische Verfassung vom 5. 12. 1848 erlassen. Andere Verfassungen kamen als „paktierte Verfassungen" zustande: durch einen Vertrag zwischen dem Fürsten und den Repräsentanten der Stände, so etwa die Verfassung für das Königreich Württemberg vom 25. 9. 1819. Darin mochte man eine Annäherung an die Wahlkapitulationen der Kaiser oder auch an das naturrechtliche Modell des Herrschaftsvertrages sehen; es war aber vor allem Ausdruck fortbestehender ständestaatlicher Machtverhältnisse, wie sie z.B. in Württemberg im Erbvergleich von 1770 Ausdruck gefunden hatten.

Die konstitutionelle Monarchie war im Europa des 19. Jahrhunderts ein verbreiteter Verfassungstypus, der, nach einigen tastenden Versuchen (etwa in Bayern 1808), sein wichtigstes Modell in der französischen Verfassung von 1814 fand. Gemeinsamer Kernbestand in den verschiedenen Verfassungsurkunden waren Bestimmungen, nach denen Monarch und Ständeversammlungen (Kammern) in wichtigen Entscheidungen von Legislative und Exekutive zusammenwirken mußten. Im einzelnen waren die Verfassungen aber unterschiedlich ausgestaltet, insbesondere waren die Kompetenzen und Mitwirkungsrechte zwischen den Monarchen und den Ständeversammlungen unterschiedlich aufgeteilt (Kirsch 1999).

In Deutschland waren die wichtigsten verfassungsrechtlichen Schranken der monarchischen Gewalt: die Mitwirkung der Ständeversammlungen an Gesetzen, insbesondere an solchen, die Eingriffe in die Freiheit der Person oder das Privateigentum vorsahen, und an der Auferlegung von Steuern, ferner die Gewährleistung einer unabhängigen Rechtspflege. Im übrigen blieb der Monarch jedoch befugt, ohne Beteiligung der Ständeversammlung durch „allerhöchste Verordnungen" Recht zu setzen. Auch die Begnadigung blieb ein Vorrecht des Staatsoberhauptes.

Machtpolitisch entscheidende Kompetenzen waren dem konstitutionellen Monarchen schon dadurch gesichert, daß ihm die Regierungsbildung und die militärische Kommandogewalt vorbehalten waren. Da der Monarch im übrigen in seinen Herrschaftsrechten nur insoweit eingeschränkt sein sollte, wie die Verfassung das vorsah, so galt folgerichtig eine praesumtio pro rege, wenn hinsichtlich einer Kompetenz Zweifel entstanden. Das schloß aber nicht aus, daß die Verfassungsbindungen des Monarchen im Laufe der Zeit wuchsen. Der stille Wandel, dem Verfassungen im Gefolge der gesellschaftlichen Machtverhältnisse zu unterliegen pflegen, führte dahin, daß die staatliche Ordnung sich allmählich in Richtung auf ein parlamentarisches System hin entwickelte. Vorzeichen eines Parlamentarismus lagen schon darin, daß für die Regierungsmaßnahmen des Monarchen die Gegenzeichnung des Ministers vorgesehen war und dieser durch die Gegenzeichnung dem Landtag in gewissem Umfang verantwortlich wurde, während der Monarch selber einer solchen Verantwortung enträckt blieb (was den Minister in die Rolle des „Prügelknaben" bringen konnte).

II. Diktaturen

Literatur: Wie zu § 29 I 2; *Th. Mommsen*, Römisches Staatsrecht, 1871–88, Neudr. 1952, Bd. II 1, 141 ff., 703 ff.; *C. Schmitt*, Die Diktatur, 1921, ⁴1978; *K. Loewenstein*, Die Diktatur Napoleons I., ZöffR 1936, 619 ff.; *R. M. McIver*, Macht und Autorität, (engl. 1947) dt. 1953, 181 ff.; *C. J. Friedrich*, Der Verfassungsstaat der Neuzeit, 1953, 668 ff.; *ders.*, Totalitäre Diktatur, 1957, Kap. 6; *G. W. F.*

Hallgarten, Dämonen oder Retter?, 1957, Neudr. 1966; *M. Duverger*, Über die Diktatur, 1961; *F. Neumann*, Notizen zur Theorie der Diktatur, in: Demokratischer und autoritärer Staat, 1967, 147 ff.; *Ermacora*, 478 ff., 818 ff.; *E. Nolte*, in: GGb I (1972), Art. Diktatur; *Ch. Meier*, Der Ernstfall im alten Rom, in: A. Peisl u. a. (Hg), Der Ernstfall, 1979, 40 ff.

1. Die kommissarische Diktatur. Keine reine Monokratie, aber doch ein starkes monokratisches Element finden wir in Staaten, in denen kommissarisch diktatorische Befugnisse ausgeübt werden. Ihr klassisches Modell findet die kommissarische Diktatur in der altrömischen, vorsullanischen Diktatur.

An ihr zeigt sich der Zweck dieser Herrschaftsform in großer Deutlichkeit: Es gilt, zur Behebung einer bestimmten innen- oder außenpolitischen Krisensituation ein rasches und energisches politisches Handeln dadurch zu ermöglichen, daß bedeutende Vollmachten in die Hand eines Einzelnen gelegt werden. Man macht damit Gebrauch von der Erfahrung, daß ein Einzelner rascher und energischer handeln kann als ein Kollegialorgan (in dem oft erst ein Kompromiß zwischen verschiedenen Standpunkten gefunden werden muß) und als eine Mehrzahl von Organen (deren Wirksamkeit erst einer Koordinierung bedarf).

In der altrömischen Diktatur finden wir auch Vorkehrungen gegen eine Selbstermächtigung und gegen eine Ausweitung oder Verfestigung der diktatorischen Gewalt, die über deren legitimen Zweck hinausreichen würde:

Über das Vorliegen eines Notstandes, der eine diktatorische Gewalt erforderlich machte, hatte nicht derjenige zu entscheiden, der diese Gewalt dann auszuüben hatte, sondern ein anderes Staatsorgan, grundsätzlich der Senat. Auf dessen (faktisch bindenden) Vorschlag übertrug regelmäßig ein Konsul dann die diktatorischen Befugnisse. Darin lag ein bemerkenswerter Unterschied etwa zu der diktatorischen Gewalt des Reichspräsidenten der Weimarer Republik (Art. 48 Abs. 2 der Weimarer Reichsverfassung).

Ferner war die Übertragung der diktatorischen Gewalt zeitlich eng begrenzt, und zwar in doppelter Weise: Sie galt nur bis zur Erfüllung der gestellten Aufgabe, höchstens aber für sechs Monate.

2. Die autokratische Diktatur. Bezeichnet man als „kommissarisch" die vorübergehend treuhänderisch anvertraute diktatorische Gewalt, so kann man demgegenüber von einer autokratischen Diktatur dann sprechen, wenn diktatorische Befugnisse nicht als vorübergehend anvertraute, sondern aus eigener Machtvollkommenheit des Diktators ausgeübt werden.

Eine häufige, typische Ausgangssituation für das Entstehen dieser Staatsform ist die zügellose Demokratie. Schon Platon (Staat, 562 ff.) hat das alte Spiel beschrieben, in dem ein Übermaß an Freiheit oft in ein Übermaß an Unfreiheit umschlägt: Ist es durch Mißbrauch der Freiheit zu inneren Unruhen gekommen, dann betraut man einen „Volksbeauftragten" mit ihrer Beseitigung. Steht dieser erst einmal am Ruder des Staates, so geht das weitere nicht selten so vonstatten: In den ersten Tagen und in den Flitterwochen seiner Herrschaft pflegt der neue Machthaber allen schönzutun und soziale Maßnahmen zu treffen. Aber sobald er sich mit einem Teil der einheimischen Gegner ausgesöhnt, einen anderen Teil vernichtet hat, bringt er gewöhnlich den Staat bald in kriegerische Verwicklungen, um sich vorerst unentbehrlich zu machen. Die innenpolitischen Gegner wird er mit zunehmender Schärfe verfolgen und, hat er seine Macht gefestigt, dann muß er allen noch verbliebenen Männern von Mut oder Stolz oder Geist oder Geld, die ihm gefährlich werden könnten, den Kampf ansagen und Schlingen legen, bis er den Staat gesäubert hat.

Rechtstechnisch gesehen entsteht eine solche Tyrannei nicht selten aus einer kommissarischen Diktatur. Ermächtigungen, die kommissarische Gewalt zur Behebung politischer Notstände übertragen, haben sich immer wieder als Steigbügel zur Errichtung autokratischer Diktaturen bewährt, von Sulla an bis zum Ermächtigungsgesetz für Hitler, das als „Gesetz zur Behebung der Not von Volk und Reich" am 24. März 1933 verkündet worden ist.

Zu den Techniken diktatorischer Machtergreifung gehört auch schon die vorausgehende Schaffung einer Krisensituation, zum mindesten aber die propagandistische Auswertung einer solchen, vor allem die Erzeugung einer Krisenstimmung und das Verbreiten der Überzeugung, daß die gegenwärtigen Regierungsgewalten nicht in der Lage seien, die Krise zu meistern.

Im einzelnen finden sich mannigfaltige Typen der Diktatur. Eine bedeutende Rolle spielt die plebiszitär begründete Diktatur, die durch eine Massenbewegung in den Sattel gehoben wird und dadurch von Anfang an ein breites Fundament ihrer Herrschaft findet. Diese Basis suchen sich solche Diktaturen oft dadurch zu festigen, daß sie möglichst viele Lebensbereiche durch Parteiorganisation und Propaganda durchdringen, also einen totalitären Staatstypus ausbauen. Man hat insbesondere gelernt, nach der Machtergreifung den in einem modernen Staatswesen unentbehrlichen Apparat der Bürokratie gefügig zu machen, indem man ihn mit zuverlässigen Parteigängern des Diktators durchsetzt und dadurch überwacht.

Den plebiszitär begründeten lassen sich oktroyierte Diktaturen gegenüberstellen, die nur von einer verhältnismäßig kleinen, aber über Zwangsmittel verfügenden Gruppe begründet werden. Hierher gehört etwa die von einer Militärjunta getragene Diktatur, die man nach römischem Vorbild als prätorianische Diktatur bezeichnen mag (Duverger). Freilich kommt es unter diesen Entstehungsbedingungen sehr viel seltener als im Falle des charismatischen Volkstribunen und „Führers" zu jener Machtkonzentration, die es rechtfertigt, von der Staatsform der Diktatur zu sprechen. Die meisten der sogenannten Militärdiktaturen waren Oligarchien (§ 22 III).

§ 22. Oligarchien

Literatur: Wie zu §§ 23 II 3; 25; *G. Mosca,* Die herrschende Klasse, (it. 1895) dt. 1950; *R. Michels,* Zur Soziologie des Parteiwesens, 1911, ²1925; *V. Pareto,* Allgemeine Soziologie, (it. 1916) dt. 1955; *K. Mannheim,* Freiheit und geplante Demokratie, (engl. 1951) dt. 1970, 45 ff., 64 ff.; *H. P. Dreitzel,* Elitebegriff und Sozialstruktur, 1962; *T. B. Bottomore,* Elite und Gesellschaft, 1966, ²1969.

Anders als in monokratischen Staatsformen liegt in Aristokratien und Oligarchien die Verfügung über die Schlüsselkompetenzen nicht bei einem Einzelnen, sondern bei einer herrschenden Schicht, was regelmäßig doch zu einer gewissen Ausbalancierung und gegenseitigen Kontrolle von Gewalten führt und dadurch das Entstehen einer totalitären Tyrannei erschwert. Die Aristokratie, die Herrschaft der Besten, Klügsten, Edelsten, das Musterländchen der Staatsphilosophie, entpuppt sich in der raueren Wirklichkeit oft als Oligarchie einer Schicht, die nicht durch ihre staatsmännischen Qualitäten ausgezeichnet ist, sondern sich etwa durch Abkunft, Besitz oder politische Betriebsamkeit herausgehoben hat.

Je nach der historisch-politischen Situation finden sich mannigfaltige Entstehungsweisen von Oligarchien: von der Unterwerfung einer unkriegerischen Bevölkerung durch ein Eroberervolk oder der Herausbildung einer Priesterkaste oder eines Feudaladels aus dem Volke selbst, bis zur Entwicklung der modernen Militär-, Verbands- und Parteioligarchien.

I. Das „eherne Gesetz der Oligarchie"

Herausgefordert durch die marxistische Doktrin von der klassenlosen Gesellschaft, in der es keine herrschende Schicht mehr geben sollte, haben Gaetano Mosca, Vilfredo Pareto und Robert Michels die prinzipielle Unvermeidlichkeit oligarchischer Strukturen gelehrt. Michels hat die These vom „ehernen Gesetz der Oligarchie" verkündet (1925, 351 ff.), dem alle großen Verbände unterlägen. „Die Mehrheit der Menschen würde sich stets in der Unmöglichkeit, vielleicht auch in der Unfähigkeit befinden, sich selbst zu regieren. Selbst wenn es der Unzufriedenheit der Massen einmal gelingen sollte, die herrschende Klasse ihrer Macht zu berauben, so müßte … sich doch notwendigerweise im Schoße der Massen selbst eine neue organisierte Minderheit vorfinden, die das Amt einer herrschenden Klasse übernähme. Ewig minorenn würde sich die Mehrheit der Menschen, durch eine grausame Fatalität der Geschichte dazu vorherbestimmt, gezwungen sehen, die Herrschaft einer kleinen Minderheit aus ihrem Schoße über sich ergehen zu lassen und nur als Piedestal für die Größe der Oligarchie zu dienen" (S. 361 f.). „Die Massen begnügen sich damit, unter Aufbietung aller Kräfte ihre Herren zu wechseln" (S. 367). Michels folgt hier der Auffassung Moscas, daß überhaupt „die Herrschaft einer organisierten, einem einheitlichen Antriebe gehorchenden Minderheit über die unorganisierte Mehrheit unvermeidlich" ist. Mag auch die Unzufriedenheit der Massen einmal zum Sturz der herrschenden Klasse führen, so ist es doch unumgänglich, daß dann „eine andere organisierte Minderheit innerhalb der Massen entsteht, welche die Funktionen einer herrschenden Klasse übernimmt. Andernfalls würden alle Organisation und jeder gesellschaftliche Zusammenhalt zerstört werden" (Mosca 1950, 54 ff.).

Dieses Schema bleibt auch dort wirksam, wo man mit den Worten „Freiheit und Gleichheit" gegen die alten Oligarchen zu Felde zieht. Ja, diese Parolen dienen mitunter geradezu als Verhüllungen, hinter denen neue Oligarchen nach oben drängen. Sie dienen dann als ideologische Instrumente, alte Machtstrukturen zu bekämpfen, um selbst an die Macht zu kommen. „Gleichheit" heißt dann: Abbau alter Privilegien, um sich selbst eine privilegierte Stellung neuer Art verschaffen zu können. „Freiheit" heißt dann: Abbau jener Beschränkungen, die einen hindern, selbst die Macht zu ergreifen.

In komplexen politischen Gemeinschaften ist das Entstehen oligarchischer Strukturen schon aus Gründen der Arbeitsteilung unvermeidlich. Die Gesamtbevölkerung kann nicht an allen wichtigen politischen Willensbildungen eines größeren politischen Gemeinwesens teilnehmen (§ 23 I 1 a). Auch besäße niemand die Kenntnisse, die Urteils- und Arbeitskraft, um sachgerecht an allen Entscheidungen eines Staates mitwirken zu können. Insbesondere erfordert die sachkundige Bewältigung der komplizierten Sachverhalte, vor denen eine moderne Wirtschafts-, Außen- und Verteidigungspolitik steht, eine Arbeitsteilung der Funktionen und zugleich deren wirksame organisatorische Koordination, kurz, eine Herrschaftsorganisation. So kommt es in jeder komplexen Gesellschaft zu einer Aufteilung der Betätigungsfelder und zu einer Spezialisierung, die auch die politischen Ordnungs- und Leitungsfunktionen erfaßt.

Daß sich Herrschaftsstrukturen bilden, hat auch anthropologische Gründe: Nur wenige sind überhaupt bereit, ihr ganzes persönliches Engagement dem politischen Bereich zuzuwenden. Viele ziehen es vor, ihre Individualität stärker auf anderen, privaten Lebensgebieten zu entfalten: etwa in einem Gewerbe, in Forschung und Kunst, im Sport, in der Familie. Eduard Spranger hat in seinen „Lebensformen"

(8. Aufl. 1950) anschaulich dargestellt, wie vielfältig die Grundinteressen der Menschen und wie verschieden daher die Grundtypen der Persönlichkeitsentfaltung sind. So steht dem Engagement, dem politischen Instinkt, dem Sachverstand und dem politischen Durchsetzungsvermögen einer begrenzten Zahl eine oft weitgehende politische Gleichgültigkeit der anderen gegenüber.

Auch schon im Vorfeld der staatsorganschaftlichen Wirksamkeit bilden sich Mächtegruppen heraus, die auf die Bestellung der politischen Organe und auf deren Handeln Einfluß nehmen. Dieser Einfluß der Gruppen reicht bis in den Gesetzgebungsprozeß. Das gehört zur Struktur des pluralistischen Staates (§ 26 II). Aber auch in anderen Gemeinwesen gruppieren sich soziale Gewalten und versuchen, die Staatsgewalt ihren Zwecken dienstbar zu machen.

In den westlichen Demokratien wirken als oligarchische Elemente – zwar nicht im streng staatsorganisatorischen Sinn, wohl aber im politischen Kräftespiel – das Industrie- und Finanzmanagement und vor allem die Verbände, indem sie volkswirtschaftlich relevante Tatbestände schaffen, z.B. weitreichende Lohn- und Arbeitszeitregelungen treffen (§ 26 IV 3), aber auch durch ihre Einflußnahmen auf die und innerhalb der Staatsorgane (§ 26 III). In einer Demokratie, die in hohem Maße durch die öffentliche Meinung mitbestimmt ist, zählen zu den oligarchischen Kräften auch die Meinungsmacher, die „Sinn- und Weltbildproduzenten": Medienmogule und einflußreiche Zeitungs- und Fernsehredaktionen, aber auch moralische, z.B. kirchliche, Autoritäten.

II. Charakteristische Merkmale moderner oligarchischer Strukturen

Literatur: *C. W. Mills,* Die amerikanische Elite, (engl. 1959) dt. 1962; *A. Sampson,* Wer regiert England?, (engl. 1962) dt. 1963; *W. Röhrich* (Hg), Demokratische Elitenherrschaft, 1975; *D. Herzog,* Polit. Führungsgruppen, 1982; *ders.,* Brauchen wir eine politische Klasse?, APuZ 1991, B 50, S. 3ff.; *K. v. Beyme,* Die politische Klasse im Parteienstaat, 1993; *K. Burmeister,* Die Professionalisierung der Politik, 1993; *W. Bürklin, H. Rebenstorf u. a.,* Eliten in Deutschland, 1997; *H. H. v. Arnim* (Hg), Politische Klasse und Verfassung, 2001; *A. Römmele,* Elitenrekrutierung und die Qualität politischer Führung, ZfPol 2004, 259ff.; *O. Kryschtanowskaja,* Anatomie der russischen Elite, 2005.
Zu 1: Wie zu §§ 25; 26.
Zu 2: *J. Wurster,* Herrschaft und Widerstand, Theorien zur Zirkulation regierender Eliten, 1969, ²1970; *D. Herzog,* Politische Karrieren, 1975.
Zu 3: Wie zu § 23 II 1; *E. Kölsch,* Vorwahlen, Zur Kandidatenaufstellung in den USA, 1972; *K. Loewenstein,* Kooptation und Zuwahl, 1973; *J. Henkel,* Die Auswahl der Parlamentsbewerber, 1976.

Oligarchische Strukturen können „technisch" unterschiedlich gefügt sein. Das wird besonders augenfällig, wenn man das „Vorfeld" staatsorganschaftlichen Handelns (und damit den Aspekt der sozialen Gewalten) in die Betrachtung mit einbezieht.

Der Marxismus hat mit großem Nachdruck darauf hingewiesen, daß oligarchische Machtpositionen durch die privatrechtliche Verfügungsmacht über Produktions- und Manipulationsmittel begründet sein können (§ 25 II 4).

Machtgruppen können aber auch auf andere Weise, etwa als Funktionäreliten entstehen. Das zeigten gerade die marxistischen Staaten selbst. In diesen wurde das Privateigentum an den Produktionsmitteln beseitigt und damit die Kapitalistenklasse als herrschende Schicht verdrängt, aber nur, um einer Schicht herrschender Funktionäre Platz zu machen. Gerade an solchen Funktionäreliten wird deutlich, daß herrschende Gruppen sich nicht nur auf dem Wege über Eigentümerpositionen bilden können, sondern auch etwa durch die Zugehörigkeit zu einem politischen

Management, das nicht nur über die staatlichen Kompetenzen, sondern auch über die ökonomische Macht verfügt. Eine idealtypisch zugespitzte Betrachtung könnte geradezu einen politischen und einen ökonomischen Weg zur Bildung von Oligarchien unterscheiden, von denen der eine über politische Funktionen auch zu ökonomischen Machtpositionen und der andere über ökonomische Macht auch zu politischem Einfluß führt.

Oligarchische Strukturen lassen sich in den modernen, hochorganisierten Gemeinwesen nicht schlechthin vermeiden. Es wäre daher wirklichkeitsfremd, dem Trugbild einer herrschaftsfreien Gesellschaft zu folgen. Wohl aber erscheint es als erstrebenswert, die Machteliten weitestmöglich zu mäßigen, unter Kontrolle zu bringen, an den Willen der Gesamtheit zu binden und sie allen offenzuhalten für Zugang und Aufstieg. Gerade unter diesen Aspekten lassen sich wichtige Strukturmerkmale hervorheben:

1. Der Pluralismus moderner Machteliten. Der Mäßigung und Kontrolle der Gruppenmacht dient es, wenn diese dezentralisiert und auf eine Vielzahl von Funktionärs- und Einflußgruppen verteilt ist, die in einem möglichst ausgewogenen System der Konkurrenz und wechselseitigen Balance stehen. Das entspricht nicht nur der Grundidee der Gewaltenteilung (§ 31), sondern auch dem Modell des pluralistischen Staates, der darauf angelegt sein soll, zwischen einer Vielfalt vorhandener Interessen und Meinungen einen ausgewogenen Kompromiß zu ermöglichen (§ 26 II).

Funktionärs- und Einflußgruppen, die in einem solchen Balancesystem eine wichtige Rolle spielen können, sind etwa: Spitzenfunktionäre der politischen Parteien, die oft zugleich Regierungsmitglieder sind (§ 23 II 3), leitende Beamte der staatlichen Bürokratie, hohe Militärs, Großaktionäre, Industriemanager, führende Gewerkschaftsfunktionäre, Inhaber hoher Kirchenämter, Pressezaren und leitende Redakteure einflußreicher Kommunikationsmittel. Die von diesen Gruppen erfüllten sozialen Funktionen unterliegen im Einparteienstaat weitgehend der Koordination und Kontrolle der Staatspartei, während sie in den pluralistischen Staaten in einer gelockerten Beziehung zueinander stehen. Nicht selten konkurrieren sie miteinander und kontrollieren sich wechselseitig: Für das Verhältnis zwischen den Arbeitgebervereinigungen und den Gewerkschaften liegt das auf der Hand. Die Massenkommunikationsmittel erkennen sich ein Wächteramt gegenüber den anderen sozialen und politischen Gewalten zu. Das Zusammenwirken der verschiedenen Eliten bringt aber auch subtilere Kontrollen zustande. So hat etwa in der Staatsorganisation eine – nicht parteigebundene – Bürokratie in ihrem Zusammenspiel mit der politischen Führung ein nicht zu unterschätzendes Eigengewicht (§ 37 IV). Auch personelle und sachliche Konkurrenzen innerhalb einzelner Führungsgruppen, etwa die Bildung von „Flügeln" und „Richtungen" innerhalb von politischen Parteien, verhindern es, daß diese Gruppen sich allzu stark konsolidieren, und verleihen den Auffassungen der Masse der Verbandsmitglieder ein gewisses Gewicht.

Das Vorhandensein mehrerer politischer Parteien, die miteinander konkurrieren, ist besonders wichtig für das Funktionieren der demokratischen Kontrolle. Solange nämlich mehrere Parteien miteinander in Wettbewerb treten und am Wahltag die Bevölkerung vor echte personelle und sachliche Alternativen stellen, können die Parteien nicht über die Köpfe der Bürger hinweg Politik treiben, sondern müssen auf die öffentliche Meinung Rücksicht nehmen. Es ist dann die Formulierung der Wahlprogramme, die Kandidatenaufstellung und – zwischen den Wahlterminen – das Handeln von Regierung und Parlament an den mutmaßlichen Willen der Wähler rückgekoppelt (§§ 23 II 5; 41 III 1).

2. Die „Offenheit" der Eliten. Ein wichtiges Merkmal ist auch der personelle Austausch zwischen den Führungsgruppen und der Gesamtbevölkerung. Es geht hier darum, ob jeder ohne Rücksicht auf seine soziale Herkunft in diejenigen Gruppen aufsteigen kann, die unmittelbar oder mittelbar das politische Geschehen bestimmen. Es kommt also darauf an, in welchem Grade das herrschende Establishment eine geschlossene oder eine offene Gruppe darstellt, d.h. in welchem Ausmaß eine Zirkulation zwischen den am politischen Prozeß beteiligten etablierten Gruppen und der übrigen Bevölkerung stattfindet.

Diese Zirkulation funktioniert um so besser, je weniger die Zugehörigkeit zu jenen Gruppen auf vererblichen Machtpositionen und je stärker sie auf persönlichen Verdiensten beruht. Daher sind „Funktionärseliten", wie etwa diejenigen des katholischen Klerus, eines Industrie- und Bankenmanagements, einer nach dem Leistungsprinzip aufgebauten Staatsbürokratie oder einer Parteiorganisation „offener" als eine Erbaristokratie.

Auch in Funktionäreliten besteht aber die Gefahr, daß sich eine Schicht von Amtsträgern herausbildet, deren Kinder bevorzugte Chancen erhalten, ihrerseits in dieser Schicht Fuß zu fassen. Auch hier entsteht also die Frage, wie man die Elite offenhalten könne. Die Geschichte kennt Praktiken, die es verhindern, daß Amtspositionen oder Ämterchancen auf Nachkommen übertragen werden. Zu ihnen gehört vor allem der Zölibat des katholischen Klerus. Mao Tse-tung versuchte, eine institutionelle Verfestigung der sich bildenden Funktionärskaste durch periodische „Kulturrevolutionen" zu vereiteln – unter gewaltigen Opfern für die Volkswirtschaft und unter Hintanstellung des wissenschaftlichen und technischen Fortschritts.

In den modernen Bürokratien gibt es eine weniger einschneidende Praktik, die eine hereditäre Verfestigung der Funktionärsschicht verhindert: Die Eingangsstellen für Führungspositionen werden nach möglichst objektiven Kriterien fachlicher Qualifikation besetzt. Hierzu müssen Beurteilungskriterien gefunden werden, die ein zuverlässiges Indiz für die berufliche Eignung bieten. Ferner muß das Prüfungsverfahren eine möglichst gleichmäßige und unparteiische Bewertung der Prüfungsleistungen garantieren. Prüfungssysteme dieser Art („Staatskonkurse") haben unvermeidlich den Charakter eines harten Leistungswettbewerbs. Das erscheint aber als der immer noch beste Weg, Eliten zu schaffen, die sich nicht erblich verfestigen und auch nicht der Günstlingswirtschaft oder politischen Freibeutern die Tore öffnen. Es ist sogar eine der Schwächen dieses Systems, daß sich das strenge Leistungsprinzip, d.h. die Auslese nach kontrollierbaren „objektiven" Leistungskriterien, praktisch nur für die Eingangsstellen zu den Spitzenpositionen und nicht auch für den weiteren Aufstieg zuverlässig durchführen läßt (§ 37 III 1).

In einem solchen System muß ein chancengleicher Zugang zu den Eliten durch allgemein zugängliche Bildungseinrichtungen eröffnet werden. Diese sollten nach Möglichkeit die ganze Breite der für Führungsaufgaben nötigen Begabungen und Charaktereigenschaften fördern und sie sachlich und unvoreingenommen beurteilen. Diese Vorbereitung sollte Voraussetzung sein für den Aufstieg in die Führungseliten der staatlichen und verbandlichen Bürokratien, des industriellen Managements und der Massenkommunikationsmittel, also jener Eliten, deren Einfluß mit der fortschreitenden Bürokratisierung und Technisierung der Gesellschaft immer bedeutender wird. Der Zugang zu diesen Eliten ist daher im wesentlichen von der Zugänglichkeit der Hochschulbildung für die Begabten abhängig. Diese hat sich in den modernen Industriegesellschaften allen Bevölkerungsteilen geöffnet.

Neben der Bürokratenkarriere hat sich als Auswahlschema der „cursus honorum" bewährt. Nach römischem Vorbild dient hier eine abgestufte politische Laufbahn selbst als Schule und Bewährungsprobe des künftigen Staatsmannes. Dieses Modell findet sich in abgewandelter Form auch im Typus der modernen Politikerkarriere wieder, wie sie sich zumal in Großbritannien herausgebildet hat. Allerdings stehen für diesen Ausleseprozeß nur in geringerem Maße objektive Auswahlkriterien zur Verfügung; er ist daher vom Stil der politischen Institutionen abhängig, vom Urteilsvermögen der Kooptierenden und der Wähler und von ihrem Willen zur Sachlichkeit.

3. Kooptative Elemente bei der Ergänzung von Funktionärseliten. Idealtypisch gesehen sollte der Zugang zu Funktionärseliten jedem nach dem Maße seiner funktionsbezogenen Fähigkeiten offenstehen. In der Praxis ist aber diese Offenheit des Zugangs modifiziert und beschränkt, vor allem aus folgendem Grund: Diese Eliten ergänzen sich weitgehend selbst durch Kooptation, bei welcher neben den Fähigkeiten des Bewerbers auch noch andere Faktoren eine Rolle spielen. Bei dieser Technik der Selbstergänzung wird sich die Führungsgruppe zu stabilisieren trachten und deshalb dazu neigen, solche Personen zu kooptieren, die „dazupassen", „richtig liegen", „linientreu sind", um auf diese Weise auch die gesinnungsmäßige Homogenität der Führungsschicht zu fördern.

Als Kooptation wirkt nicht nur die Zuwahl im formellen Sinn, wie sie etwa in vielen gelehrten Gesellschaften (z.B. in Akademien) stattfindet. Ähnlich wirken auch bloße Vorschlagsrechte (z.B. der Fakultäten in Universitäten), denen ein formeller Ernennungsakt einer anderen Instanz (z.B. eines Kultusministers) folgt. Faktisch kann als Kooptation auch die bloße Aufstellung von Kandidaten (z.B. für einen Sitz in der Volksvertretung oder für einen Sitz im Parteivorstand) wirken, auch wenn diese Kandidaten dann formell noch von einem „demokratischen" Wahlgremium (z.B. von den Wahlberechtigten eines Wahlkreises oder von einem Parteikongreß) zu wählen sind. In den zuletzt genannten Fällen wirkt die Vor-Auswahl der zu präsentierenden Kandidaten faktisch wie eine reine Kooptation, wenn den Wählern entweder gar keine Alternativen angeboten werden oder nur solche Alternativen, die das Nominierungsgremium selbst bestimmt. Ein Beispiel dafür bietet die Aufstellung und Wahl von Volksvertretern in Einparteienstaaten (vgl. § 44 II 5c). Anders liegt es in Mehrparteiensystemen, welche die Wähler vor ernstzunehmende Alternativen stellen. Hier ist auch schon die Vor-Auswahl wenigstens an den mutmaßlichen Willen der Wähler rückgekoppelt (§ 23 II 5); aber auch im letztgenannten Fall ist noch eine beträchtliche kooptative Komponente im Spiel; diese wird durch die notwendige Rücksicht auf die Wählermeinung lediglich in der Auswahlfreiheit eingeschränkt. Auch in Bürokratien spielt das kooptative Schema eine gewisse Rolle. Denn der Aufstieg in Führungspositionen geschieht hier – wenn man von den Anstellungszeugnissen absieht – vor allem nach Qualifikationen, die durch gegenwärtige Inhaber von Führungspositionen erteilt werden; doch kommen bei Berufungen in die Spitzenstellungen der staatlichen Bürokratie auch noch „externe" Einflüsse (etwa von Parteien oder Gewerkschaften) zum Zuge.

Gerade auch bei der Bestellung demokratischer Repräsentativorgane spielen also kooptativ-oligarchische Techniken eine bedeutende Rolle. Um dieses kooptative Element zu verringern, hat man verschiedene Praktiken entwickelt, die bei der Aufstellung und Wahl der Kandidaten den Einfluß der Wähler und damit das demokratische Element stärken sollen. Einfluß auf die Kandidatenaufstellung geben insbesondere die Vorwahlen nach dem Muster, das in den Vereinigten Staaten entwickelt wurde; hier wird in einer den definitiven Wahlen vorgeschalteten Vor-Auswahl den Wählern ein erweitertes Angebot personeller Alternativen präsentiert (§ 42 II 2). Den Einfluß der Wähler auf die Wahlen selbst kann man durch die Techniken der offenen Listen, des Reihens und Streichens, des Kumulierens und des Panaschierens stärken (§ 24 II 3).

III. Der oligarchische Staatstypus in der Gegenwart

Literatur: Wie zu §§ 23 II; 43 III; *Loewenstein* VL, 445 ff.; *F. Büttner u. a.*, Reform in Uniform? Militärherrschaft und Entwicklung in der Dritten Welt, 1976; *H. Krüger*, Militärregime in Übersee, 1976; *D. Nohlen*, Militärregime und Redemokratisierung in Lateinamerika, APuZ 1986, B 9, S. 3 ff.

Es hat sich gezeigt, daß in der modernen, arbeitsteiligen, auf Organisation und Bürokratien angewiesenen Industriegesellschaft oligarchische Strukturen unvermeidlich sind. So stellt sich auch die repräsentative Demokratie als eine Mischform dar, die einerseits oligarchisch-elitäre Elemente aufweist, andererseits aber doch eine beträchtliche demokratische Komponente hat; diese liegt darin, daß die Gesamtheit der wahlberechtigten Bürger von Zeit zu Zeit über erhebliche sachliche und personelle Alternativen, insbesondere über die Ablösung der staatlichen Spitzenfunktionäre, zu entscheiden hat. Durch solche periodischen demokratischen „Abrechnungen" mit der bisherigen Regierung und ihrer Politik wird die Staatsführung auch für die Zwischenzeit in beträchtlichem Ausmaß an die öffentliche Meinung rückgebunden; auch darin liegt ein demokratisches Element (§§ 23 II; 28 III; 41 III 2). Überall dort, wo diese demokratische Rückkoppelung fehlt, wird sich unter den Bedingungen der modernen, hochorganisierten Gesellschaft eine Monokratie oder eine Oligarchie herausbilden. Deren moderne Ausprägungen finden wir daher insbesondere in den „alternativenlosen" Einparteienstaaten, auf die später noch zurückzukommen ist (§ 44 II), und in den von einer Militärjunta getragenen Regimen – nach dem Beispiel, das einige Staaten Lateinamerikas über längere Zeit boten.

In den zuletzt genannten Systemen wird die Frage, wer die höchsten Staatsämter ausübt, innerhalb einer schmalen Schicht von Funktionären ausgetragen, die den Zugang zu den militärischen Machtmitteln hat, während der Großteil der Bevölkerung ziemlich einfluß- und oft auch teilnahmslos außerhalb des politischen Geschehens steht. In solchen Systemen ist insbesondere die Position des Regierungschefs an die Zustimmung und an die Machtverschiebungen innerhalb der ihn stützenden Gruppe von Militärs gebunden.

Solche Regierungssysteme lassen sich nicht in allen Fällen einfach als Relikte eines Unabhängigkeitskrieges oder eines Militärputsches erklären. Auch in Staaten, in denen förmlich versucht worden war, ein System repräsentativer Demokratie einzuführen, hat sich oft nach inneren Wirren ein Militärregime etabliert. In nicht wenigen Staaten der Dritten Welt haben die Umstände zu einer solchen Entwicklung gedrängt:

Der Sprung aus veralteten, mitunter archaischen Sozialstrukturen, Denkmustern und Produktionsverhältnissen in die Lebensbedingungen des industriellen Zeitalters war für viele dieser Staaten zu abrupt, um ein lebensfähiges System repräsentativer Demokratie zu ermöglichen. Oft konnten nicht rasch genug jene wirtschaftlichen und sozialen Infrastrukturen und politischen Verhaltensmuster entwickelt werden, deren die repräsentative Demokratie bedarf, um funktionsfähig zu sein. Dazu gehört, daß jene Interessen, die in der Industriegesellschaft eine Rolle spielen, sich zu einem Gefüge marktwirtschaftlich konkurrierender und kooperierender

Kräfte organisieren und einigermaßen ausgewogen repräsentiert werden; dazu gehört ferner ein Minimalstandard eines demokratischen fair play, eingeschlossen die Fähigkeit, gelassen zu verlieren und von der politischen Bühne abzutreten, und insgesamt ein politischer Stil, dem das rationale Aushandeln von Kompromissen als Form des gesellschaftlichen und politischen Lebens gilt. Wo diese Bedingungen fehlen, ist das demokratische System überfordert und gewährleistet ein befriedetes Gemeinschaftsleben nicht.

Während aus diesen Gründen die Errichtung eines demokratischen Regimes mißglückt, geht andererseits oft auch die überkommene Sozialordnung in die Brüche. Die rasch fortschreitende Modernisierung überfordert häufig die überkommenen Sozialstrukturen in ihrer Anpassungs- und Wandlungsfähigkeit. Damit geht deren Integrations-, Kontroll- und Schutzfunktion verloren. So werden breite Bevölkerungsteile entwurzelt und der Verelendung ausgesetzt. Das gilt vor allem für die in den Sog der Millionenstädte geratenden Landbewohner. Angesichts der sozialen Desintegration und des Verlustes an normativer Orientierung wächst der Bedarf nach der disziplinierenden Kraft des Regimes und nach der Fähigkeit, eine politische Autorität zu errichten.

Dann liegt es nahe, daß das Offizierscorps, oft die einzige technokratisch geschulte und disziplinierte Machtelite des Landes, sich zum Sachwalter der öffentlichen Ordnung macht und so das Vakuum ordnungstiftender Gewalten ausfüllt. Das geschieht mitunter sogar in der Absicht, die Macht nur als Treuhänder des Staates vorübergehend zu übernehmen und nach Möglichkeit schrittweise zu einer zivilen Regierung zurückzukehren. Es kann zu einer wiederholten Aufeinanderfolge von demokratischen Experimenten und Juntaregierungen kommen. In deren Verlauf agieren dann zeitweilig Parteien nach dem Verfassungsmodell einer repräsentativen Demokratie auf der politischen Bühne; für den Fall einer Staatskrise steht aber das militärische Establishment als Reservegewalt bereit und übernimmt (illegal, aber verläßlich) die Macht bis auf weiteres.

Im einzelnen bildeten sich vielfältige Ausgestaltungen einer „Militärherrschaft": Die Junta kann die laufenden Regierungsgeschäfte weitgehend selbst übernehmen, sie kann aber auch, unter Vorbehalt ihrer höchsten Entscheidungsgewalt, zu diesen Aufgaben Angehörige anderer Machteliten mit heranziehen, insbesondere Repräsentanten solcher Parteien, die von den Militärs ins Leben gerufen oder toleriert werden.

Die Typenvielfalt gegenwärtiger Oligarchien ist damit nicht erschöpft. So zeigten sich bis in die jüngste Zeit manche Völker anfällig für einen weltlichen (etwa marxistischen) oder religiösen Fundamentalismus, auf den sich mit weltanschaulich selbstgewisser Autorität hierarchische Ordnungsgefüge gründen ließen.

§ 23. Demokratien

Literatur: Wie zu §§ 17 III; 24 III; 41; 42; *J. L. de Lolme,* Die Konstitution Englands, (frz. 1771, engl. 1775, ⁴1784) dt. 1848; *H. Kelsen,* Vom Wesen und Wert der Demokratie, 1920, ²1929; *C. Schmitt* VL, §§ 16 ff., 24; *E. Kaufmann,* Grundtatsachen und Grundbegriffe der Demokratie, 1950, ²1951; *C. J. Friedrich,* Demokratie als Herrschafts- und Lebensform, 1959; *Loewenstein* VL, 67 ff., 454 ff.; *Scheuner* St, 245 ff.; *W. v. Simson, M. Kriele,* Das demokratische Prinzip im GG, VVDStRL 29 (1971), 3 ff.; *D. Sternberger,* Nicht alle Staatsgewalt geht vom Volke aus, 1971; *U. Matz* (Hg), Grundprobleme der Demokratie, 1973; *F. Grube, G. Richter* (Hg), Demokratietheorien, 1975; *Stern,* §§ 18; 22 II 5; *W. Leisner,* Demokratie, 1979; *R. A. Rhinow,* Grundprobleme der schweizerischen Demokratie, 1984; *E.-W. Böckenförde,* in: HdStR, § 34; *A. Bleckmann,* Vom Sinn und Zweck des Demokratieprinzips, 1998; *H. Vorländer,* Demokratie – Geschichte, Formen, Theorien, 2003; *C. D. Classen,* Demokratische Legitimation im offenen Rechtsstaat, 2009.

I. Die Strukturierungsbedürftigkeit des Volkswillens

Literatur: *E. J. Sieyès*, Vues sur les moyens d'exécution, 1788, ²1789, Abschn. 1; *ders.*, Qu'est-ce que le tiers état, 1789, Kap. 1, 5; *ders.*, Polit. Schriften (Hg. E. Schmitt), 1975; *K. Loewenstein*, Volk und Parlament nach der Staatstheorie der französ. Nationalversammlung von 1789, 1922; *W. Leisner*, Das Volk, Realer oder fiktiver Souverän? 2005; *Klein* Aufs., 6 ff.; *F. Helg*, Die Schweizerischen Landsgemeinden, 2007.

1. Die Unzulänglichkeit der unmittelbaren Demokratie. *a) Die Handlungsunfähigkeit der Menge.* Dem demokratischen Ideal einer Identität der Regierenden mit den Regierten (§ 17 III 2) scheint eine unmittelbare Demokratie am nächsten zu kommen, in welcher das Volk – durch Mehrheitsentscheide – die Staatsgewalt selbst handelnd ausübt. Stärkere Komponenten solcher unmittelbaren Demokratie fanden sich etwa in den germanischen Volksstämmen. Auch in den Stadtstaaten Griechenlands beteiligte sich das Volk zwei Jahrhunderte lang in unmittelbarer Demokratie an der Herrschaft. Heute finden wir Reste einer unmittelbaren Demokratie noch in einigen kleinen Schweizer Kantonen, wo sich von Zeit zu Zeit die Landsgemeinde zu Staatsgeschäften versammelt. Aber sogar in solch kleinen, unkomplizierten, überschaubaren politischen Gebilden befaßt sich die Gesamtheit der stimmberechtigten Bürger nur mit den wichtigeren Angelegenheiten, während die laufenden Geschäfte bestimmten Repräsentanten der Gemeinschaft überlassen bleiben. Diese bereiten vor allem aber auch die Entscheidungen der Gesamtheit vor. So berichtet schon Tacitus (Germania, XI) über die Germanen: „De minoribus rebus principes consultant, de maioribus omnes, ita tamen, ut ea quoque, quorum penes plebem arbitrium est, apud principes praetractentur".

Auch in kleineren, überschaubaren Gemeinschaften bilden sich also, und zwar schon aus Gründen der Effizienz (§ 22 I), oligarchische Strukturen. Vollends macht die Komplexität des modernen Staates eine arbeitsteilige Erledigung der Gemeinschaftsaufgaben unumgänglich.

Schon in der Französischen Revolution hat Sieyès daher den Rousseauschen Gedanken einer unmittelbaren egalitären Demokratie (§ 17 III) revidiert und an seine Stelle das Modell einer repräsentativen Demokratie gesetzt: „Zur Befriedigung der gemeinschaftlichen Bedürfnisse ist ein gemeinschaftlicher Wille nötig." Dieser kann jedoch praktisch nicht „die Summe aller Einzelwillen" sein. Um größere Gemeinschaften funktionsfähig zu erhalten, muß zunächst anstelle der Summe aller Einzelwillen der Wille der Majorität als verbindlich anerkannt werden. Aber damit nicht genug. „In dem Maße, wie die Zahl der Bürger zunimmt, wird es für sie schwierig, ja unmöglich, sich zu versammeln, um die Einzelwillen einander gegenüberzustellen, sie auszugleichen und den Gemeinwillen zu ermitteln ... Noch viel weniger kann ein großes Volk seinen gemeinschaftlichen Willen oder seine Gesetzgebung selbst direkt ausüben. Es wählt sich daher Stellvertreter und beauftragt sie, statt seiner zu wollen" (1975, 28 ff.). Die Nation handelt dann nicht mehr durch den natürlichen Willen ihrer Mitglieder, sondern durch einen repräsentativ gebildeten Gemeinwillen. Sie erscheint so als eine Vergesellschaftung von Menschen, „die unter einem gemeinschaftlichen Gesetz leben und durch die selbe gesetzgebende Versammlung repräsentiert werden" (S. 124).

b) Die Manipulierbarkeit der Menge. Schon zuvor hatte de Lolme gezeigt, daß in manchen vermeintlichen Erscheinungsformen unmittelbarer Demokratie wesentliche Entscheidungen gar nicht beim Volke liegen, sondern bei denen, die diese Entscheidungen vorbereiten und lenken. Das bloße Erfordernis etwa, daß das Volk einem Gesetzesvorschlag des Magistrats zustimme, gebe nur einen Schein allgemeiner Freiheit, wie z.B. im alten Rom, wo „die wenigen, welche wirklich alles im Staat regieren, zuzeiten die täuschende Zeremonie beobachteten, die Masse des Volks zu versammeln, um sich den Schein zu geben, als ob sie dasselbe zu Rate zögen". Indessen: Der Einzelne, der in einer gesetzgebenden Versammlung abstimme, habe das Gesetz nicht gemacht, um so weniger dann, wenn er keine Gelegenheit hatte, Einwendungen gegen das vorgeschlagene Gesetz zu erheben, es zu prüfen und Änderungen vorzuschlagen, sondern wenn ihm lediglich gestattet war, „seine Zustimmung oder Ablehnung zu äußern". Eine Menge sei auch gar nicht fähig, reife Entschlüsse zu fassen: Ein jeder verlasse sich auf die anderen; nur wenige hätten über die Sache nachgedacht und sich eine Meinung gebildet; sehr wenige seien entschlossen, sich für diese Meinung einzusetzen; so könne die Majorität durch Gründe bestimmt werden, deren man sich bei viel weniger ernsthaften Veranlassungen schämen würde. Vor allem bestehe die Gefahr einer Manipulation der Versammlung durch jene, die sie einberufen, ihr die Vorschläge unterbreiten und Reden halten. Auch sonst habe eine Menschenmenge weder die Muße noch die Fähigkeiten und Einsichten, die nötig sind, um zu verhindern, daß einige wenige sich zu Machthabern aufschwingen (1784, 2 V).

Später hat Michels (wie zu § 22, S. 28 f.), geschult durch die Psychologie der Massen, die Gefahr der unmittelbaren Demokratie beschrieben, die darin liegt, daß diese einer demagogischen Beeinflussung politische und rechtliche Wirksamkeit verschafft: Eine Volksversammlung ist immer in Gefahr, der Gewalt der Rede zu unterliegen und aufgewiegelt zu werden. „Die Masse ist leichter zu beherrschen als der kleine Hörerkreis, weil ihre Zustimmung stürmischer, elementarer und bedingungsloser ist und sie, sobald sie einmal suggestioniert ist, nicht leicht den Widerspruch kleiner Minoritäten oder gar Einzelner zuläßt. Das System der Volksversammlung ermöglicht überhaupt keine ernste Aussprache oder Beratung oder erschöpfende Behandlung eines Gegenstandes. Eine große Menschenmenge, auf demselben Fleck beisammen, ist allerwegs für panischen Schrecken, sinnlose Begeisterung usw. empfänglicher als eine kleine Zahl, deren Komponenten vernünftig miteinander sprechen können. Es ist Erfahrungstatsache, daß Riesenversammlungen, ja selbst die auserwählten Delegierten auf den Parteitagen, durch Akklamation oder durch Abstimmung in Bausch und Bogen Resolutionen anzunehmen pflegen, denen dieselben Versammlungen, in Gruppen von je 50 Personen eingeteilt, sich hüten würden, ihre Zustimmung zu erteilen. Worte wie Taten werden von der Menge weit weniger auf die Waagschale gelegt als von jedem einzelnen Gliede oder der kleinen Gruppe dieser Menge selbst. Das ist eine unbestreitbare Tatsache, die ins Gebiet der Pathologie der Masse fällt, und die … als Gesetz der Verminderung des Verantwortungsgefühls in den Massen hinreichend beleuchtet worden ist." Wo eine Menschenmenge Entscheidungen zu treffen hat, schlägt deren Zuständigkeit also leicht in die Entscheidungsmacht politisch aktiver und suggestiver Persönlichkeiten um.

Diese Beobachtungen, die de Lolme und Michels für die „Demokratie versammelter Volksmassen" machten, gelten für moderne Volksentscheide in der Wahlkabine teils in abgeschwächter, teils in modifizierter Weise. Hier sind die Abstimmenden der ansteckenden Massensuggestion nicht in gleichem Maße ausgeliefert wie in der Versammlungsdemokratie. Auch pflegt hier das Für und Wider einer Entscheidung durch eine vorausgehende öffentliche Diskussion bald mehr, bald weniger gründlich erörtert zu werden. Doch geben auch hier in der Regel oligarchische Kräfte dem Volk die Fragen und Lösungen vor, über die es zu entscheiden hat. Dieses bleibt auch dem Einfluß suggestiver Persönlichkeiten ausgesetzt, auch dem

Einfluß von Denkmoden und Tagesstimmungen, die heute in hohem Maße durch Massenmedien geformt werden (s. u. II 8; § 28 IV 3).

Zudem fehlen einer reinen unmittelbaren Demokratie jene organisatorischen Strukturen, welche die Voraussetzung für eine Gewaltenbalance und andere rechtsstaatliche Kontrollen sind. So besteht die von Aristoteles beschriebene Gefahr, daß eine umfassende Herrschaft der Menge, die nicht durch Gesetze – modern gesprochen: nicht durch rechtsstaatliche Vorkehrungen – beschränkt ist, zu einer von Demagogen gelenkten Despotie entartet (Politik, 1292 a).

Demgegenüber begrenzt das Repräsentativsystem von vornherein das demokratische Element, erhält ihm aber in institutionell gesicherter Weise für besonders wichtige Entscheidungen eine steuernde Funktion.

2. Strukturierungen. Schon früher ist deutlich geworden, daß das politische und rechtliche Geschehen in einer Demokratie der Kultivierung bedarf (§ 17 III 5). Auch hier gilt die allgemeine Einsicht, daß die Ergebnisse politischer Entscheidungsprozesse wesentlich mitbestimmt sind von den institutionellen Strukturen, in denen sie sich vollziehen, und von den Entscheidungsregeln, nach denen sie getroffen werden. Insbesondere kommt es darauf an, wie die Entscheidungskompetenzen verteilt, begrenzt und insgesamt organisiert sind, ferner darauf, welche Interessen auf welche Weise und mit welchem Gewicht in die Entscheidungsprozesse eingebracht werden, und darauf, nach welchen Regeln die verbindlichen Beschlüsse gefaßt werden.

So hat die Geschichte gelehrt, daß nur eine rechtsstaatlich strukturierte Demokratie auch eine freiheitliche Demokratie ist (§ 30 I 1). Das gesamte politische und rechtliche Entscheidungsgeschehen ist im Rechtsstaat anders institutionalisiert als es dem radikaldemokratischen Modell entspräche. Darauf ist später zurückzukommen (§ 30 II).

Auch ist – damit zusammenhängend – zu regeln, in welcher Weise und in welchem Maße der staatliche Wille unmittelbar vom Volk oder durch dessen Repräsentanten gebildet wird (II): Erst ein Repräsentativsystem ermöglicht ein rechtsstaatliches „Rollenspiel". Es ist geradezu die „technische" Vorbedingung jeder institutionellen Gewaltenbalance und Gewaltenkontrolle: Nur organisatorisch unterschiedene politische Gewalten kann man gegeneinander ins Spiel bringen, nur ein „Staatsorgan" kann ein anderes institutionell kontrollieren (II 2). Auch sonst kann ein Repräsentativsystem versachlichend wirken. Insbesondere kann man hier Rollendistanz institutionalisieren, das heißt, man kann unparteiische Entscheidungsinstanzen (z. B. Gerichte) schaffen, die in den Interessenkonflikten, über die sie entscheiden, nicht selbst engagiert sind (II 2). Andererseits muß gewährleistet sein, daß die Entscheidungen der Repräsentativorgane auf's Ganze gesehen für die Mehrheit akzeptabel sind (II 5).

Ferner bedarf es der demokratischen Dezentralisation (III), insbesondere einer Verteilung demokratischer Kompetenzen auf Gesamtstaat, Länder und kommunale Gebietskörperschaften. So kann für viele Lebensbereiche lebendige Demokratie verwirklicht werden. Dem entspricht das deutsche Verfassungsmodell einer in Länder und Selbstverwaltungskörperschaften „gegliederten Demokratie". Dabei soll nach dem Subsidiaritätsprinzip die höhere organisatorische Einheit keine Aufgaben an sich ziehen, welche die nachgeordnete Einheit ebenso gut oder besser erledigen kann (§ 17 I 3).

Zu diesen Strukturierungen der Staatsorganisation muß eine ausgewogene Repräsentation der meinungsbildenden Kräfte und der Interessengruppen hinzukommen, denen die klärende Vorformung der politischen Willensbildung obliegt: Im Widerstreit der von ihnen repräsentierten und organisierten Interessen und Meinungen kristallisieren sich überschaubare politische Alternativen heraus, die dann auch Gegenstand politischer Entscheidungen sein können (§§ 26 II; 28 IV 4). Eine bedeutende und kaum entbehrliche Mittlerrolle in diesem Geschehen spielen die politischen Parteien. Sie bilden ein wichtiges Gelenk, das die gehäuft in der Gesellschaft vorhandenen Interessen in den politischen Prozeß hinein vermittelt (§ 26 III). Doch ist einem Ausufern des Parteieneinflusses entgegenzuwirken (dazu insbesondere §§ 28 IV 4 c; 37 IV 3).

Durch demokratische Dezentralisation und das pluralistische Kräftespiel wird zugleich eine stufenweise Abarbeitung von Interessen- und Meinungskonflikten bewirkt (§§ 3 III 4; 26 II 1).

II. Repräsentative Demokratie

Literatur: *G. Leibholz*, Das Wesen der Repräsentation, 1929, ³1966; *W. Röhrich*, Die repräsentative Demokratie – Ideen und Interessen, 1981; *A. Podlech*, Repräsentation, in: GGb V (1984), 509 ff.; *J. Kimme*, Das Repräsentativsystem, 1988; *H. Hofmann*, Verfassungsrechtliche Perspektiven, 1995, S. 161 ff.
Zu 1: *H. F. Pitkin*, The Concept of Representation, 1967; *H. Rausch* (Hg), Zur Theorie und Geschichte der Repräsentation und Repräsentativverfassung, 1968; *Ch. Gusy*, Demokratische Repräsentation, ZfPol 1989, 264 ff.
Zu 2: *M. Guizot*, Histoire des origines du gouvernement représentatif, 1851, 7ᵉ lecon; *C. Schmitt*, Die geistesgeschichtliche Lage des heutigen Parlamentarismus, 1926, ⁴1969.
Zu 3: Wie zu § 22 II; *Stern*, § 13 I, IV; *D. Sternberger*, Die neue Politie, JöR 33 (1984), 1 ff.; *K. A. Schachtschneider*, Res publica res populi, 1994, 1060 ff.; *H. H. v. Arnim* (Hg), Politische Klasse und Verfassung, 2001; *ders.*, Wer kümmert sich um das Gemeinwohl?, ZRP 2002, 193 ff.; *J. Braun*, Wahn und Wirklichkeit, 2008, Kap. 5.
Zu 5: *J. A. Schumpeter*, Kapitalismus, Sozialismus und Demokratie, (engl. 1942) dt. ⁷1993, Kap. 22 f.
Zu 6: *A. de Condorcet*, Essai sur l'application de l'analyse à la probabilité des décisions rendues à la pluralité des voix, 1785; *D. W. Rae, H. Daudt*, The Ostrogorski Paradox, Europ. Journal of Polit. Research, 1976, 391 ff.; *W. Popp*, Soziale Mathematik der Mehrheitsentscheidung, in: A. Podlech (Hg), Rechnen und Entscheiden, 1977, 44 ff.; *O. Weinberger*, Abstimmungslogik und Demokratie, in: Reformen des Rechts, 1979, 605 ff.
Zu 7: *de Lolme* (1784), 2 XII ff.; *W. Martens*, Öffentlich als Rechtsbegriff, 1969, 59 ff.; *H. U. Jerschke*, Öffentlichkeitspflicht der Exekutive usw., 1971; *L. Hölscher*, Öffentlichkeit, in: GGb IV (1978), 413 ff.; *W. Leisner*, Der unsichtbare Staat, 1994; *M. Reichel*, Das demokratische Offenheitsprinzip und seine Anwendung im Recht der politischen Parteien, 1996; *U. Karpen*, Das Recht der Öffentlichkeit, sich zu informieren, DVBl. 2000, 1110 ff.; *M. Jestaedt*, Das Geheimnis im Staat der Öffentlichkeit, AöR 126 (2001), 204 ff.; *R. Gröschner, J. Masing*, Transparente Verwaltung – Konturen eines Informationsverwaltungsrechts, VVdStRL 63 (2004), 344 ff., 377 ff.; *B. W. Wegener*, Der geheime Staat, 2006; *B. Holznagel, H. B. Horn*, Erosion demokratischer Öffentlichkeit? VVdStRL 68 (2009), 381 ff.
Zu 8: *Huber* Aufs, 541 ff.; *K. Hernekamp*, Formen und Verfahren direkter Demokratie, 1979; *P. Krause*, in: HdStR, § 35; *W. Schmitt Glaeser*, ... die Antwort gibt das Volk, in: F.f.P. Lerche, 1993, 315 ff.; *H. K. Heußner*, Volksgesetzgebung in den USA und in Deutschland, 1994; *W. Luthardt*, Direkte Demokratie, 1994; *S. Möckli*, Direkte Demokratie, 1994 (staatenvergleichende Untersuchung); *Haller/Kölz*, § 9 IV; *B. M. Weixner*, Direkte Demokratie in den Bundesländern, 2002; *Th. Schiller*, Direkte Demokratie, 2002; *A. Kost* (Hg), Direkte Demokratie in den deutschen Ländern, 2005; *Ch. Schwieger*, Volksgesetzgebung in Deutschland ... (1919–2002), 2005; *F. Decker u. a.*, Direkte Demokratie, APuZ 2006, B 10; *H. D. Wiegand*, Direktdemokratische Elemente in der deutschen Verfassungsgeschichte, 2006.

1. Der Begriff der Repräsentation. Sieyès hat den Begriff demokratischer Repräsentation in seinen wesentlichen Merkmalen geprägt (s. o. I 1 a): Das Volk handelt durch den Willen seiner Vertreter, die es beauftragt, „statt seiner zu wollen": Deren Willensbildung wird also dem Volk, genauer gesagt der zu einem Staat organisierten

Gemeinschaft, zugerechnet (§ 13 II). Hierbei hat es sich als zweckmäßig erwiesen, das Handeln der Repräsentanten, anders als das privatrechtlicher Stellvertreter, nicht an konkrete Weisungen der Repräsentierten zu binden (§ 24 III 1). Wohl aber müssen nach demokratischem Verständnis die Repräsentanten vom Volk „beauftragt sein, statt seiner zu wollen". Darin, daß sie ihr Amt aus den Händen des Volkes empfangen, liegt nicht nur die legitimierende Grundlage ihrer Entscheidungsmacht (vgl. auch § 17 III), sondern auch das Instrument, die Entscheidungen der Repräsentanten im großen und ganzen in Einklang mit dem Willen der Mehrheit des Volkes zu halten (s. u. 5).

2. Gewinnung von Handlungsfähigkeit, Rationalität und Kontrollierbarkeit durch Repräsentation. Schon aus Gründen zweckmäßiger und wirksamer Sacherledigung erscheint ein Repräsentativsystem als unentbehrlich. Das Volk in seiner Gesamtheit kann um so weniger unmittelbar an den einzelnen Staatsgeschäften teilnehmen, je größer das Staatswesen wird, je komplizierter seine wirtschaftlichen und sozialen Verhältnisse werden und je unüberschaubarer sich damit auch die Rechtsordnung gestaltet. Die Arbeitsteilung, die sich für alle komplizierten Gemeinschaften als unentbehrlich erweist, erfaßt auch die Herrschaftsfunktionen; auch die politische Willensbildung muß organisiert werden (§ 22 I).

Aber auch einen Gewinn an Rationalität und Kontrollierbarkeit verspricht ein Repräsentativsystem (§§ 16 I 3; 17 III 5).

Mitunter wurde die Rationalität der parlamentarischen Willensbildung recht hoch eingeschätzt. De Lolme meinte, sobald die gesetzgebende Gewalt einer kleineren Zahl qualifizierter Repräsentanten anvertraut werde, stehe den Regierenden nicht mehr eine manipulierbare, von Stimmungen beherrschte Masse gegenüber, sondern eine Auswahl von Männern, „die ihnen an Erziehung und an Kenntnissen gleich sind" (1784, 2 VIII). Der rationalistische liberale Parlamentarismus hegte die optimistische Erwartung, die politischen Entscheidungen würden im Wege vernünftiger Argumentation gefunden und dieser Prozeß liege bei einer Versammlung qualifizierter Persönlichkeiten in guten Händen. Es war das Ideal einer Herrschaft der „majorité des capables" (Guizot 1851; C. Schmitt VL, 310f., 315f.). – Die Wirklichkeit zeigt indessen ein anderes Bild: Die parlamentarische Auseinandersetzung vollzieht sich nicht ausschließlich oder auch nur vorwiegend als rationale Suche nach Lösungen. Vielmehr treten im heutigen Parlament weitgehend vorgefertigte Parteienstandpunkte einander in geschlossener Front polemisch gegenüber, hier Verteidigung der Regierungspolitik, dort deren Kritik. Diese Parteienstandpunkte sind ihrerseits keineswegs nur durch Vernunfterwägungen, sondern auch durch mannigfaltige Interesseneinflüsse bestimmt (§ 26 III, V 2). Ja es konnte die Frage entstehen, ob politische Argumente vielleicht überhaupt nur dienstbare Geister bestimmter Interessen sind (§ 28 II 2). Insbesondere die Parlamentarier selbst verhalten sich interessiert. Viele von ihnen scheinen sich in hohem Maße von dem Bestreben leiten zu lassen, die eigene Position zu sichern und die Chancen für die eigene Karriere zu verbessern; daher das Bemühen um die Unterstützung einflußreicher Verbände und Gruppierungen, die ständige Sorge, bei diesen nicht anzuecken, die Neigung, den Weg des geringsten Widerstandes zu gehen, und die Beflissenheit, von den Massenmedien günstig präsentiert zu werden.

Die Rationalität parlamentarischer Verhandlungen darf also gewiß nicht überschätzt werden. Gleichwohl ist nicht der Rationalitätsgewinn zu übersehen, der gegenüber einer „Demokratie versammelter Volksmassen" eintritt: Im Parlament agiert eine überschaubare Anzahl von Persönlichkeiten, die zudem mehr oder minder politisch informiert sind. Die Verhandlungen spielen sich in geordneten Verfahren ab. Vor allem aber ist durch die Gliederung des Parlaments in Regierungspartei und Opposition dafür gesorgt, daß die Meinungsbekundungen dieses Gremiums immerhin von der äußeren Form her als Austausch von Argumenten und nicht als „solidarische" Zustimmungen strukturiert sind. Rationale Elemente kommen auch dadurch zur Geltung, daß die parlamentarischen Verhandlungen einer öffentlichen Kritik ausgesetzt sind (§ 28 II 2).

Gerade diese Kontrolle durch eine informierte öffentliche Meinung hielt de Lolme für den Weg, auf dem das Volk verständig an den Staatsgeschäften Anteil nehme, indem es, gleichsam „bloß als Zuschauer des Spieles", die Dinge „zwar langsam … aber auf eine regelmäßige Weise und zuverlässig" erwäge (1784, 2 XIII f.). Die Zustimmung zur Regierungspolitik oder deren Ablehnung kommt erst in den periodisch stattfindenden Wahlen zur unmittelbaren Wirkung. Auf diese Weise schieben sich „Abkühlungs- und Bedenkzeiten" zwischen die Tagesereignisse und die staatsrechtlich erheblichen Handlungen des Volkes, es wird also Abstand zu emotionalisierten Tagesstimmungen der Bevölkerung gewonnen und heute insbesondere der manipulatorische Einfluß der Massenkommunikationsmittel (§ 28 IV 3) gedämpft. Die Repräsentanten gewinnen auf diese Weise einen Spielraum, aus staatsmännischer Verantwortung auch einmal gegen den Wind der öffentlichen Meinung zu segeln, mit der Chance, das Volk bis zum Wahltag von der Richtigkeit ihres Handelns zu überzeugen, und mit dem Risiko, dies nicht zu vermögen und bei der Wahl dafür zu bezahlen (vgl. § 28 III 2).

Nur in einem Repräsentativsystem läßt sich auch eine Teilung der Staatsgewalt organisatorisch einrichten: „Technische" Voraussetzung jeder institutionalisierten Gewaltenteilung und Gewaltenkontrolle ist es, daß das Volk nicht als diffuse Menge agiert, sondern daß verschiedene Entscheidungsinstanzen bestehen, die gegeneinander ins Spiel gebracht werden können. Erst unter dieser Bedingung ist es überhaupt möglich, ein System einer organisatorischen Gewaltenbalance und Gewaltenkontrolle aufzurichten (§§ 30; 31) und so der Tyrannei zu entgehen, deren eine frohen Gewissens majorisierende demokratische Menge fähig ist. Dieser Zusammenhang zwischen Repräsentativsystem und Gewaltenteilung wurde schon in den Vorberatungen zur nordamerikanischen Verfassung gesehen: Die vom Volk einer Regierung übertragene Macht könne man „in streng und deutlich voneinander abgegrenzte Zweige" teilen und könne dafür sorgen, „daß die Männer, welche die einzelnen Zweige verwalten, die notwendigen verfassungsmäßigen Mittel besitzen und ein persönliches Interesse daran haben, sich den Übergriffen der anderen Zweige zu widersetzen" (Federalist, Nr. 51).

Nur unter der genannten Bedingung können auch Institutionen, wie vor allem eine unabhängige Gerichtsbarkeit und eine mit Fachbeamten besetzte Bürokratie, geschaffen werden, die immerhin in einer größtmöglichen Distanz zu den Interessen stehen, über die sie entscheiden. Durch diese Einrichtungen wird aber nicht nur „Rollendistanz" erreicht. Durch sie kann auch die ausgedehnte Sachkunde, ohne die eine komplexe Industriegesellschaft nicht verwaltet und regiert werden kann, in geordneter Arbeitsteilung in die Staatstätigkeit eingeführt werden. Auf beide Weisen, durch Distanz und Sachkunde, wird die Rationalität der Erwägungen gefördert und eine gewisse Kultivierung der Entscheidungsprozesse erreicht (§§ 16 I 3; 27 II 3).

Kurz, ein Repräsentativsystem soll nach Möglichkeit darauf hinwirken, daß die Staatsgeschäfte in kontrollierter Weise geführt und daß mit Sachkunde und Sachlichkeit rechtliche und politische Konzeptionen gefunden werden, die sich über die

Regungen und Torheiten des Augenblicks erheben; so soll zugleich ein stabilisierendes Element im Wandel der Tagesmeinungen geschaffen werden. Nicht zuletzt soll auf diese Weise auch eine staatsmännische Komponente in die Demokratie eingebracht werden.

Das Repräsentativsystem ist aber so zu gestalten, daß es eine wirksame Rückkoppelung des repräsentativen Handelns an die Bedürfnisse und Vorstellungen der Mehrheit gewährleistet (II 5).

3. Oligarchisch-elitäre Komponenten. Die repräsentative Demokratie ist stark mit oligarchisch-elitären Komponenten durchsetzt (§ 22 I, II). Die Tatsache, daß Gesetzgebung, Regierung, Verwaltung und Rechtsprechung bestimmten Personen übertragen werden, sammelt Macht in deren Händen, mögen auch die Spitzenfunktionäre ihr Amt auf Grund einer Volkswahl erhalten. – Das Gefüge und die Funktionsweise der politischen Parteien verstärken die Tendenz, daß in der repräsentativen Demokratie maßgebende politische Entscheidungen in verhältnismäßig wenigen Händen konzentriert werden. Das parlamentarische System diszipliniert die Parteien stärker als die gewaltenteiligere nordamerikanische Präsidialdemokratie (§ 42 III 3). Zusätzlich disziplinierend und oligarchisierend wirkt das Verhältniswahlrecht (§ 24 II 3 b), das an den Parteien statt an der Persönlichkeit der einzelnen Abgeordneten orientiert ist. So gewinnen die Spitzenfunktionäre der Parteien, die (im Wechsel der Legislaturperioden) die Parlamentsmehrheit und die Regierung stellen, durch diese Organe Herrschaft im Staat.

Ein oligarchisch-elitäres Element liegt auch in der starken Bürokratisierung des Staatsapparates, die durch die Ausweitung und Komplizierung der Staatsgeschäfte hervorgerufen wurde. Immerhin entsteht ein den politischen Prozeß kultivierendes Wechselspiel oligarchischer Kräfte, solange Beamte (und Richter) nicht zu Vasallen einer Parteienoligarchie werden, sondern als parteipolitisch ungebundene Institutionen wirken, „die, gegründet auf Sachwissen, fachliche Leistung und loyale Pflichterfüllung, ... einen ausgleichenden Faktor gegenüber den das Staatsleben gestaltenden politischen Kräften" darstellen (§§ 27 II 3; 37 IV 3).

Dem Volk wird durch seine Repräsentationsorgane in beträchtlichem Ausmaß das Gesetz des Handelns aus der Hand genommen. Scherzhaft besagt das die Klage des Bürgers, daß er nicht mehr mitreden könne, weil er seine Stimme ja bei der Wahl abgegeben habe. Kelsen (1929, 30 f.) hielt den Repräsentationsgedanken schlichtweg für eine „offenkundige Fiktion, dazu bestimmt, die wirkliche und wesentliche Beeinträchtigung zu verschleiern, die das Freiheitsprinzip durch den Parlamentarismus erfährt". Das parlamentarische System sei ein „Kompromiß zwischen der demokratischen Forderung der Freiheit und dem allen sozialtechnischen Fortschritt bedingenden Grundsatz differenzierender Arbeitsteilung" (Kelsen 1929, 29). Die Verdrängung des demokratischen Elements durch oligarchische Eigenmächtigkeit tritt besonders deutlich zutage, wenn die Rechtssetzung der Repräsentativorgane sich über eine klar erkennbare, rational ausdiskutierte Mehrheitsmeinung des Volkes hinwegsetzt (s. u. 8).

Zudem üben in den westlichen Demokratien pluralistische Kräfte erheblichen Einfluß auf staatliche Entscheidungen aus – entweder unmittelbar oder durch Vermittlung politischer Parteien (§ 22 I a. E.). Das gilt insbesondere für die organisierten Vertretungen von Sonderinteressen. Es war vielleicht etwas überspitzt, brachte aber diese oligarchische Komponente auf den Begriff, wenn man gesagt hat: Die „eigentlichen politischen Entscheidungen, von denen die Existenz und das Wohlergehen der Massen abhängt, ... werden von den allmächtigen Interessengruppen ...

ausgetragen." Die Politik werde „betrieben von Parteicliquen, Professionellen und den beamteten Vertretern der Verbandsinteressen" (K. Loewenstein, AöR 77, 431). Und auch diese oligarchischen Kräfte tragen zu der institutionellen Sklerose (Olson) des politischen Systems bei (§ 26 V 2).

4. Demokratische Komponenten. Bei aller Einsicht in die oligarchisch-elitären Komponenten der repräsentativen Demokratie dürfen aber nicht die demokratischen Faktoren übersehen werden, die in dieser erhalten bleiben. Was bleibt von der Demokratie übrig?

Man hat mehr Einbildungskraft als Scharfsinn auf Repräsentationstheorien verwendet, die anschaulich machen wollen, daß in Wahrheit doch das Volk selbst – wenn auch nicht das empirische Volk, so doch das Volk als politische Einheit (§ 24 III 1) – im Parlament präsent sei und als „ein unsichtbares Sein" durch seine Repräsentanten sichtbar gemacht und vergegenwärtigt werde (C. Schmitt VL, 209f.). Die demokratischen Komponenten der repräsentativen Demokratie liegen indessen nicht in einer solchen Fiktion, sondern anderswo:

Das augenfälligste Element unmittelbarer Demokratie im Repräsentativsystem sind die politischen Wahlen (dazu unten 5). In ihnen steckt, wenn sie sachliche Alternativen bieten, nicht nur eine personelle Auswahl, sondern auch eine Komponente politischer Sachentscheidung.

Auch kann die Bevölkerung in manchen Staaten durch Volksinitiativen und Volksentscheide (Plebiszite) an der Gesetzgebung teilnehmen. Das Plebiszit ermöglicht es, wichtige Sachfragen außerhalb der Wahlen dem Volk zur Entscheidung vorzulegen. Es erscheint, so gesehen, als wünschenswerte Ergänzung der „Wahldemokratie" (s. u. 8).

Ein Element unmittelbarer Demokratie liegt auch in nichtorganschaftlichen Äußerungs- und Erscheinungsformen der öffentlichen Meinung (§ 28 III 1): Die Repräsentativorgane haben sich legitimerweise an den in der Gemeinschaft herrschenden Gerechtigkeitsvorstellungen und politischen Auffassungen zu orientieren (§ 28 III 2). Und sie sind, was schwerer wiegt, auch einem durchaus realen Zwang dieser herrschenden Auffassungen unterworfen und an sie „rückgekoppelt" (s. u. 5). Demoskopische Techniken haben sich zu wirksamen Instrumenten solcher demokratischen Rückkoppelung entwickelt. Sie können zum Teil sogar die Funktionen eines Plebiszits übernehmen und können hierbei die Volksmeinung differenzierter und unter geringerer manipulativer Gefahr aufnehmen als ein Plebiszit (siehe aber auch die Vorbehalte in § 16 I 3).

Daneben besteht die Möglichkeit zu Bürgerinitiativen. Sie ergibt sich für die Einzelnen und für kleinere Gruppen zunächst schon förmlich aus dem Petitionsrecht. Bürgerinitiativen bringen sich aber nicht nur auf diesem förmlichen Weg, sondern vor allem auch durch die Mobilisierung der öffentlichen Meinung zur Geltung. Oft repräsentieren Bürgerinitiativen aber nur partikuläre Interessen und Meinungen, denen sie nicht selten mit Hilfe der Massenmedien einen überproportionalen Einfluß verschaffen wollen (§ 26 II 3, III, V 2).

Nicht zuletzt haben die Einzelnen als Verbandsmitglieder teil an dem Einfluß, den die Verbände auf staatliches Handeln ausüben (§ 26).

5. Die demokratische Rückkoppelung repräsentativen Handelns. Die erwähnte demokratische „Rückkoppelung" repräsentativen Handelns funktioniert dadurch, daß das Volk in kürzeren Abständen über erhebliche personelle und sachliche Alternativen zu entscheiden hat. Wenn auch diese demokratische Komponente des Gesamtsystems verlorengeht, wird das Repräsentativsystem zur Fassade einer bloßen Scheindemokratie.

Welche Funktion das *Angebot von Alternativen* zu erfüllen hat, zeigt sich am deutlichsten dort, wo es fehlt, nämlich im Einparteiensystem. Dieses pflegt den Wählern keinen Spielraum zu bieten, sich zwischen verschiedenen politischen Programmen zu entscheiden. Es ermöglicht ihnen auch keine oder nur eine unerhebliche Auswahl zwischen verschiedenen Kandidaten, d.h. keine Wahl, mit der auch darüber entschieden wird, ob die bisherige Staatsführung durch eine andere abzulösen ist. Vielmehr wird den Wählern eine Liste von Kandidaten vorgelegt, die von ein und derselben Parteileitung aufgestellt oder doch kontrolliert wird. Die maßgebende Entscheidung liegt hier bei dieser Vor-Auswahl und nicht bei der Stimmabgabe der Wähler. Diese wird – wegen des Fehlens einer erheblichen Alternative – zur bloßen Akklamation, die nichts zu steuern vermag.

Anders verhält es sich in Staaten, in denen den Wählern Alternativen vorgelegt werden, die bis auf die Regierungsbildung und die Regierungsprogramme „durchschlagen", die also auch die Ablösung der politischen Führung zum Gegenstand haben. Dadurch, daß die wahlberechtigten Bürger über solche Alternativen entscheiden, müssen auch schon die den Wählern unterbreiteten Vorschläge auf deren Erwartungen zugeschnitten werden, um eine gute Chance zu haben. Konkurrenz bringt hier im Bereich der Politik eine Koppelung an die Wünsche der Gesamtheit zur Geltung. Es ist der gleiche Mechanismus, der auch in anderen Bereichen, etwa in der Güterproduktion und auf dem Medienmarkt (§ 28 IV 2), wirksam ist: Wo das Volk zwischen konkurrierenden Alternativen wählen kann, kann es durch diese Wahlmöglichkeit auch darauf Einfluß nehmen, was ihm angeboten wird. Nach diesem Schema findet eine Rückkoppelung auch der Güterproduktion oder der Medienangebote an die Wünsche der Bevölkerung statt (daß es hierbei auch „Verführungsmöglichkeiten" gibt, ist allenfalls ein Einwand gegen die Urteilsfähigkeit des Volkes, aber nicht gegen das Funktionieren des Schemas). Man kann die pluralistische Demokratie also auch als eine Polyarchie begreifen, in der verschiedene Gruppen in einem offenen Prozeß um Macht- und Marktanteile konkurrieren. Diesen Prozeß steuert das Volk wesentlich dadurch mit, daß es zwischen den Angeboten wählt, die ihm vorgelegt werden.

Im politischen Bereich sorgt das Mehrparteiensystem für ein Angebot von Alternativen. Eine untergeordnete Rolle spielt hierbei oft jene Alternative, die formal im Vordergrund steht, nämlich die Wahl zwischen diesem oder jenem Abgeordneten. Die Wähler entscheiden durch dessen Wahl mittelbar aber auch darüber, welche von verschiedenen, konkurrierenden Regierungsmannschaften für die nächste Legislaturperiode bestellt werden soll; insofern hat die Wahl auch eine „personalplebiszitäre" Komponente. Und sie entscheiden in gleicher Weise darüber mit, ob das Sachprogramm der einen oder der anderen Partei zum Zuge kommt; insofern liegt auch eine „realplebiszitäre" Komponente in der Wahl. Gewiß trifft auch im Mehrparteienstaat jede Partei in all diesen Hinsichten bereits eine Vor-Auswahl: hinsichtlich der Kandidaten, die sie als Volksvertreter vorschlägt, und hinsichtlich der Regierungsmannschaft und der politischen Zielsetzungen, die sie den Wählern präsentieren will. Aber in all diesen Komponenten ist die Vor-Auswahl an den mutmaßlichen Willen der Wähler rückgekoppelt, solange die Wahl echten Wettbewerbscharakter hat. Denn um sich im Wahlkampf eine Chance für ihr politisches Programm und ihre Kandidaten zu sichern, muß jede Partei den Wünschen der Wähler entgegenkommen, die hierdurch schon auf jene Vor-Auswahl Einfluß gewinnen. Es besteht sogar die Gefahr, daß allzu eilfertige Nachgiebigkeit gegenüber demoskopisch ermittelten Tagesmeinungen an die Stelle des Angebotes staatsmännischer Konzeptionen tritt (vgl. § 28 III 2).

Durch die gebotene Rücksicht auf die kommenden Wahlen bleiben Regierung und Parlament auch zwischen den Wahlterminen an die Zustimmung der Mehrheit des Volkes „rückgekoppelt", müssen die Regierenden sich ständig gleichsam über die Schulter blicken, ob ihre Wähler ihnen noch folgen oder zur politischen „Konkurrenz" abwandern. So sind Regieren und Opponieren immer zugleich ein Werben um künftige Wählerstimmen (vgl. § 41 III 1). Wenn zu bestimmten Fragen eine Mehrheitsmeinung erfaßbar ist, liegt es also schon im Eigeninteresse der Parteien, dieser Meinung zu folgen oder sie wenigstens angemessen in Rechnung zu stellen; nicht ohne Grund reagieren die Inhaber von Wahlämtern sehr einfühlsam auf Meinungsumfragen. Kurz, in der öffentlichen Meinung liegt ein wichtiges Element unmittelbarer Demokratie (§ 28 III).

Wo andererseits die Parteien sich in einer bestimmten Frage solidarisieren, wird oft auch die demokratische Rückkoppelung unwirksam; Fragen, die aus den Kontroversen zwischen den Parteien ausgeklammert, in denen den Bürgern also keine Alternativen vorgelegt werden, sind damit einer wirksamen Kontrolle durch die Bürger entzogen. Ein „*Kartell" der Parteien* setzt sich mühelos auch über eine entgegenstehende, überwiegende öffentliche Meinung hinweg. Beispiele dafür boten oder bieten Fragen der Parteienfinanzierung oder des Eindringens der Parteien in Rundfunkanstalten (§ 28 IV 4c) und Berufsbeamtentum (§ 37 IV 4) oder auch die Frage der Abgeordnetenbezüge.

Wo politische Zielsetzungen und Persönlichkeiten verschiedener Parteien in einem Wettbewerb stehen, wo der Wähler vor Alternativen gestellt ist, wird am Wahltag das Kräfteverhältnis zwischen den politischen Mächten im Staate labil, und die Wähler entscheiden, wie sie es bis zur nächsten Wahl fixieren wollen. Das Volk kann so lange erwarten, bei der Wahl vor echte Alternativen gestellt zu werden und damit wenigstens von Zeit zu Zeit das Heft in die Hand zu bekommen, solange sich entgegengesetzte politische Kräfte annähernd die Waage halten. Auch für die Herrschaft des Volkes gilt: „divide et impera". Daher zeugt es von dem sicheren politischen Instinkt freiheitlich gesinnter Völker, stets auch auf eine starke Opposition bedacht zu sein und ferner darauf, daß sich die Regierungsparteien von Zeit zu Zeit ablösen, damit sich ein gewisses Gleichgewicht der politischen Mächte, das dem Volk allein ein Mitspracherecht sichert, nicht in die Stabilität eines von einer übermächtigen Partei beherrschten Systems verwandelt.

Die *Dauer der Wahlperioden* hat Einfluß auf die Enge der demokratischen Rückkoppelung. Je kürzer sie sind, desto straffer wird das Handeln der Repräsentanten an die in der Bevölkerung herrschenden Tagesmeinungen gebunden, desto kürzer sind aber auch die „Abkühlungs- und Bedenkzeiten", die den Repräsentanten verbleiben, um das Volk von einer Politik zu überzeugen, die sich über solche Tagesmeinungen erhebt (s. o. II 2). Je länger die Wahlperioden dauern, desto mehr erhält das Handeln der Repräsentanten eine Chance des „langen Atems" und der staatsmännischen Perspektive (§ 28 III 2), freilich auf Kosten der Sensibilität der demokratischen Kontrolle.

6. Insbesondere zur Aufgliederung der Wählerentscheidungen. Die in den Wählerentscheidungen enthaltene realplebiszitäre Komponente ist ein sehr grobes Instrument politischer Willensbildung: Die dem Wähler vorgelegten politischen Alternativen lassen sich meist nur in Umrissen angeben. Zudem faßt jede Partei in ihrem Wahlprogramm ein ganzes Bündel einzelner Ziele – etwa zur Sozial-, Kultur-, Ordnungs-, Verteidigungs- und Ausländerpolitik – zusammen, von denen der Wähler oft das eine billigen, das andere mißbilligen wird, die er aber nur als „Paket" entweder pauschal annehmen oder ablehnen kann. Hier wirkt sich der Verschleierungseffekt pauschaler Entscheidungen aus: Die mehrheitliche Billigung eines komplexen Vorschlages, der sich aus mehreren Teilvorschlägen zusammensetzt, erlaubt nicht den Schluß, daß auch jeder der Teilvorschläge mehrheitlich gebilligt ist. Vielmehr ist es denkbar, daß die Mehrheit eine (nicht angebotene) Kombination von Teilvorschlägen bevorzugen würde, die von den angebotenen Kombinationen verschieden ist.

So ergibt sich das Ziel, wenigstens eine bessere Differenzierung der Wählerentscheidung anzustreben. Aber selbst dieses bescheidene Ziel läßt sich nur schwer verwirklichen. Nicht bewährt hat sich der Ausweg in einen extremen Parteienpluralismus; er würde die sachliche Differenzierung zwar verstärken, hat aber den Nachteil, das Parlament in allzu viele Gruppen aufzusplittern und dadurch die Bildung klarer Mehrheiten, einer stabilen Regierung und einer kraftvollen Politik zu erschweren (§ 24 II 2). – Das Unbefriedigende der Situation wird gemildert, wenn man die einzelnen Programmpunkte, bevor man sie zum Wahlprogramm zusammenstellt, demoskopisch testet und dadurch an den mutmaßlichen Willen der größten Wählerzahl „rückkoppelt"; dies geschieht, um „das Sortiment gut zu verkaufen", d.h. um dem Gesamtprogramm eine möglichst gute Chance zu geben. – Gerade auch wegen der geringen Differenziertheit der Wählerentscheidung kann es als legitime und wünschenswerte Ergänzung der „Wahldemokratie" erscheinen, in wichtigen Sachfragen gesondert und außerhalb der Wahl durch Plebiszit eine Entscheidung des Volkes einzuholen oder – oft die bessere Alternative – mittels einer repräsentativen Umfrage Rückhalt an der Meinung der Majorität zu suchen (s.u. 8).

Der Auswahlspielraum der Wählerentscheidung verringert sich auch dadurch, daß „Sachzwänge" die Alternativenwahl begrenzen. Den technisch wirksamsten Weg zur Verwirklichung des mutmaßlichen Gemeinwohls zu finden, ist weitgehend eine Frage des Sachverstandes, der in beträchtlichem Umfang von den Bürokratien repräsentiert wird. Die zunehmende Notwendigkeit, zukünftige Entwicklungen langfristig und auf breiterer Basis sachverständig zu planen, engt gleichfalls die Möglichkeit ein, über politische Zwecke zu disponieren, sobald die Verwirklichung der Pläne begonnen und damit ein gewisser Kontinuitätszwang ausgelöst worden ist (§ 36 II 3). Auch auf dem Felde der Außenpolitik nimmt (mit zunehmender Einbindung der einzelnen Staaten in militärische Bündnissysteme und in weitgespannte wirtschaftliche Verflechtungen) der Zwang der sachlichen Notwendigkeiten und das Gewicht der von der Bürokratie verwalteten Sachkunde zu. So ist es oft schwierig, zur Politik der jeweils amtierenden Regierung, die den Sachverstand der Ministerien zu ihrer Verfügung hat, große sachliche Alternativen anzubieten.

Dieser Schwund an sachlichen Alternativen wird noch verstärkt, wenn sich der Zug zu „Volksparteien" durchsetzt, also dann, wenn die politischen Parteien möglichst alle Wählerschichten ansprechen wollen, sich deshalb nicht mehr mit spezifischen Interessen oder Anschauungen identifizieren und damit an programmatischer Profiliertheit (aber auch an Einseitigkeit) verlieren. Unter diesen Umständen verengt sich die Wählerentscheidung in sachlicher Hinsicht oft zu einer Wahl zwischen Nuancen der Sachprogramme.

Demgegenüber hat sich das relative Gewicht der personellen Alternativen erhalten. Die Wahl orientiert sich im Parteienstaat in hohem Maße daran, welcher der sich präsentierenden künftigen Regierungsmannschaften der Wähler den Vorzug geben will.

7. Die Transparenz des Machtgefüges. *a) Die „Öffentlichkeit" des repräsentativen Handelns.* Der wichtigste demokratische Faktor des Repräsentativsystems steckt also in den politischen Wahlen: Durch Entscheidung zwischen den vorgelegten Alternativen steuern sie die künftig einzuschlagende Richtung an. Zugleich üben sie, als Pauschalabrechnung über die abgelaufene Legislaturperiode, rückschauende Kontrolle (§§ 28 III, IV; 41 III 1).

Lenkungs- und Kontrollfunktion kann die Gesamtheit aber nur in dem Maße sachkundig erfüllen, wie sie über Beurteilungsgrundlagen verfügt. Nur wer die realen Bedingungen und Konsequenzen des bisherigen politischen Handelns und der vorgelegten Programme durchschaut, kann sachverständig am politischen Prozeß mitwirken. Nur in dem Maße, wie die Motive, Zwecke und mutmaßlichen Folgen der politischen Aktivitäten und Pläne offengelegt werden, kann eine demokratische Kontrolle und Mitgestaltung überhaupt stattfinden. Will man so viel Demokratie wie möglich verwirklichen, dann gilt es also, dem politischen Geschehen eine größtmögliche Transparenz zu geben – auch wenn man einsieht, daß von den damit gemachten Angeboten, sich ein eigenes Urteil zu bilden, immer nur ein Teil der Bürger Gebrauch machen wird. Kurz, „arcana rei publicae" sind mit der Idee vom mündigen Bürger nicht vereinbar (§ 28 III 3) – wenngleich die politische Wirklichkeit vielfältig hinter dieser Idee zurückbleibt (§§ 28 IV 3; 35 III 3; vgl. auch § 17 III 6).

Schon die bloße Zugänglichkeit, die bloße Tatsache, daß ein Vorgang sich im Lichte der Öffentlichkeit abspielt, drängt den Repräsentanten, so zu handeln, als ob jeder zusehen würde. Wer öffentlich handelt, setzt sich denn auch tatsächlich der Gefahr aus, daß ein Mißgriff entdeckt und durch Presse oder Rundfunk in das Blickfeld der breiten Öffentlichkeit gerückt wird. Auf diese Weise finden sich öffentlich handelnde Repräsentanten veranlaßt, ihr Verhalten so einzurichten, daß es die mutmaßliche Billigung der öffentlichen Meinung und insbesondere der herrschenden sozialethischen Anschauungen finden kann; auch in dieser Bindung an die öffentliche Meinung liegt (über die konkreten Wählerentscheidungen hinaus) ein Element unmittelbarer Demokratie (§ 28 III 2).

In der Offenlegung staatlichen Handelns steckt also zum mindesten die Einladung an jedermann, sich davon zu überzeugen, daß alles verständig und mit rechten Dingen zugegangen ist. So drängt das demokratische Publizitätsgebot auch zu einer ethischen Kultivierung – oft freilich auch nur zu einer moralischen Verbrämung – des politischen Handelns. Schon Kant glaubte an die kultivierende Wirkung der Publizität: Eine Handlungsmaxime, „die durchaus verheimlicht werden muß, wenn sie gelingen soll, und zu der ich mich nicht öffentlich bekennen kann, ohne daß dadurch unausbleiblich der Widerstand aller gegen meinen Vorsatz gereizt werde", müsse doch wohl ungerecht sein (Zum ewigen Frieden, Anhang II).

Das öffentliche, repräsentative Handeln findet vielfältige Resonanz in der öffentlichen Meinung.

Im Dienste der Publizität, welche die staatlichen Handlungen einsichtig und überprüfbar machen soll, stehen verschiedene Rechtsinstitute: Zu denken ist etwa an die Öffentlichkeit von Verhandlungen, vor allem der parlamentarischen Verhandlungen und (für die bloße Rechtsanwendung) der Gerichtsverhandlungen. Den erwähnten Zwecken dienen auch Begründungsgepflogenheiten und Begründungspflichten für hoheitliche Akte: Begründungen von Gesetzentwürfen, Verwaltungsakten und Gerichtsurteilen (§§ 26 VI 4; 30 I 2). Ferner hat das Parlament, zumal die parlamentarische Opposition, das Recht, durch Interpellationen Vorgänge aus dem Bereich der Regierung ins Licht der Öffentlichkeit zu ziehen. Hinzu kommt die

Offenlegung des Staatshaushalts und die Pflicht der Regierung, über das abgelaufene Haushaltsjahr Rechnung zu legen.

Vor allem aber sind hier die Instrumente einer freien Bildung der öffentlichen
Meinung zu nennen: Meinungsfreiheit, Informationsfreiheit, Presse- und Rund-
funkfreiheit. Doch können sich Massenmedien nicht nur in den Dienst einer sachlichen Offenlegung, sondern auch einer Manipulation des politischen Geschehens
stellen. Das von ihnen vermittelte Bild bemißt sich oft danach, wie die Repräsentanten sich und ihre Politik darzustellen wissen (§ 28 IV 3). Auch überzeichnet es oft
die Anliegen lautstarker Minoritäten (§ 28 IV 2).

Selbstverständlich hat auch das Öffentlichkeitsgebot Grenzen. So würde kein
verständiger Mensch verlangen, etwa die Pläne der Landesverteidigung kurzerhand
publik zu machen. Es werden sich ferner, um ein anderes Beispiel zu nennen,
schwierige Verhandlungen mit auswärtigen Mächten oft nur durch vertrauliche
Fühlungnahmen anbahnen lassen. Ganz allgemein können schwerwiegende öffentliche Interessen, wie auch Privatinteressen, mit der Forderung nach uneingeschränk-
ter Publizität in Konflikt geraten und eine verständige Abwägung herausfordern.

Jedenfalls darf aber vom Öffentlichkeitsgebot nur aus einem zureichenden
Grund abgewichen werden. Das heißt: Es ist stets eine Interessenabwägung vorzunehmen. Diese muß einsichtig machen können, daß Gründe zur Geheimhaltung
bestimmter Tatsachen bestehen, die im konkreten Fall schwerer wiegen als das
Interesse an einer lückenlosen Offenlegung aller Entscheidungsgrundlagen, die das
staatliche Handeln bestimmen.

b) Defizite demokratischer Transparenz. In ihrer wandlungsfähigen Vielgestaltigkeit entzieht sich politische Macht in vielen Ausformungen nicht nur einem kontrollierenden Zugriff (§ 31 I 5), sondern oft auch einem kontrollierenden Blick der
Öffentlichkeit.

Wichtige, das politische Gesamtsystem mitbestimmende Machtprozesse vollziehen sich nicht im Lichte des Publizitätsgebotes. Das gilt nicht nur für viele in-
nerparteiliche Abläufe, sondern auch für Machtprozesse, die sich innerhalb der sozialen Gewalten, einschließlich der Massenmedien, abspielen, aber mittelbar in
staatliches Handeln münden.

Doch allein schon die Komplexität des staatlichen Wirkungs- und Ordnungsgefüges macht dieses in manchen Bereichen undurchschaubar. Das gilt nicht nur für
das teilweise undurchdringliche Dickicht der Bürokratie. Selbst die Tätigkeit des
Parlaments entspricht nicht mehr dem Leitbild, das Forum zu sein, auf dem in öffentlicher Debatte die großen Fragen der Politik verhandelt und entschieden werden. Die Entscheidungsfindung selbst hat sich zunehmend in Ausschüsse verlagert
(§ 41 III 2) und entzieht sich hier weitgehend den Blicken der Öffentlichkeit. Das
Parlament als ganzes erscheint dann nur mehr als die Plattform, auf der Entscheidungen, die in Ausschüssen und anderen Sitzungszimmern erwogen und bereits
getroffen wurden, vor der Öffentlichkeit ausgebreitet und von der Opposition kri-
tisiert werden, ohne daß sich noch viel ändert.

Sieht man auf das Ergebnis staatlichen Handelns, so findet der Einzelne sich in
ein nicht mehr durchschaubares Geflecht von Normen, Steuern und Staatsleistungen verstrickt, dem gegenüber wohl noch im Detail Kritik geübt werden kann, das
aber wegen seiner fehlenden Transparenz insgesamt einer rationalen Auseinandersetzung weitgehend entzogen ist.

8. Volksinitiativen und Volksentscheide. Außer durch Wahlen kann das Volk
selbst auch durch Volksinitiativen und Volksentscheide (Plebiszite), die bestimmte

Sachfragen betreffen, staatsrechtlich verbindlich handeln. Durch solche Mitwirkung soll das politische Engagement der Bürger gestärkt, Staatsverdrossenheit abgebaut und eine volksnahe und verständliche Gesetzgebung gefördert werden. Der Wähler könne, so sagt man, am Wahltag nicht differenziert zu einzelnen Sachfragen Stellung beziehen, sondern sich nur pauschal für eines der Wahlprogramme entscheiden, die von den Parteien vorgelegt werden und ganze „Bündel" zukünftiger politischer und gesetzgeberischer Entscheidungen einschließen (s. o. 6). Plebiszite sollen helfen, „das Bündel aufzuschnüren" und das Volk selbst an der Entscheidung wichtiger Sachfragen in differenzierter Weise teilhaben zu lassen.

Nun unterliegen aber die Repräsentanten kontinuierlich schon einer nicht unbeträchtlichen Bindung an die öffentliche Meinung: Im Mehrparteienstaat muß das Handeln von Regierung und Parlament immer auch auf die künftigen Wählerstimmen Rücksicht nehmen (s. o. 5). So haben demoskopische Umfragen zu Sachproblemen, welche die Öffentlichkeit bewegen, zwar keine Rechtsverbindlichkeit; in ihrer faktischen Wirksamkeit können sie aber einem Plebiszit nahe kommen, gerade auch dort, wo es darum geht, die „Stimme des Volkes" zu einzelnen Sachfragen zu Gehör zu bringen.

Mitunter kann es sogar geboten sein, über eine unreflektierte öffentliche Meinung hinwegzugehen, um ihr eine durchdachte Konzeption entgegenzusetzen (§ 28 III 2).

Auch sonst gibt es Grenzen plebiszitärer Kompetenz. Volksentscheiden sollten verständigerweise nur Gegenstände unterbreitet werden, welche die Gesamtheit beurteilen kann. Hierbei kommt es auf die politische Aufgeklärtheit und Kritikfähigkeit eines Volkes an. Auch insofern hängt das erreichbare Maß an Demokratie vom Grad der staatsbürgerlichen Kultur ab (§ 17 III 6). Zu bedenken ist insbesondere die Gefahr, daß die plebiszitäre Entscheidung nicht durch verständiges Abwägen der Dinge, sondern durch unkontrollierte Emotionen und demagogische Manipulationen bestimmt wird (§ 43 I). Eine Gefahr demagogischer Manipulation liegt auch schon in der „Macht der Fragestellung", d.h. in der Tatsache, daß die Entscheidung der Bürger durch Auswahl und Zuschnitt der ihnen vorgelegten Fragen wesentlich mitbestimmt werden kann.

In der Schlagwortkultur der Massenmedien ist vor allem auch an die Gefahr zu denken, daß aus der plebiszitären Demokratie eine „Mediokratie" und „Telekratie" wird, daß also die unzureichend kontrollierte Macht der Medien sich weiter verstärkt und die „Sinn- und Weltbildproduzenten" einen Zugriff auf die Rechtsgestaltung gewinnen, der dann durch die lenkbare Volksmeinung vermittelt ist. Auf solche Weise können auch Tagesstimmungen unmittelbar zu rechtlicher Wirkung gelangen. Insgesamt fehlen den plebiszitären Entscheidungen manche der versachlichenden Komponenten, die in dem umständlichen parlamentarischen Gesetzgebungsverfahren wirksam werden.

Sind plebiszitäre Demokratien sonach auf der einen Seite für Manipulationen anfällig, so findet sich auf der anderen Seite nicht selten eine Tendenz zu bequemen, einer Veränderung abgeneigten Entscheidungen. So haben sich Schweizer Landsgemeinden besonders lange gegen ein Frauenstimmrecht gesträubt. Auch werden die Interessen von Minderheiten durch Plebiszite durchaus nicht besser gewahrt als durch repräsentativ getroffene Entscheidungen. In Staaten mit starken Elementen direkter Demokratie hat man zudem die Erfahrung gemacht, daß es zu Ermüdungserscheinungen kommt und die Wahl- und Abstimmungsbeteiligung stark absinkt, wenn die Stimmbürger sachlich überfordert oder allzu oft zu Abstimmungen herangezogen werden.

Andererseits werden aber nicht selten die oligarchischen Komponenten repräsentativ getroffener Entscheidungen (s. o. II 3) unterschätzt und die Risiken einer Volksgesetzgebung überschätzt (Wittreck 2005, 173 ff.). Wenn schwerwiegende Entscheidungen nach rationaler öffentlicher Erörterung in manchen Ländern einem Volksentscheid, in anderen einem Parlamentsbeschluß (und damit der politischen Klasse) überlassen werden, so spiegelt sich darin ein unterschiedliches Demokratieverständnis und ein unterschiedliches Vertrauen in die Mündigkeit der Bürger wider. Ein Beispiel dafür boten die Entscheidungen über eine Europäische Verfassung. Oligarchische Eigenmächtigkeiten finden sich insbesondere dann, wenn oligarchische Eigeninteressen gewahrt werden (§§ 26 V 2; 35 IV 7). Hier bildet sich nicht selten ein „Parteienkartell", wie in den Fragen der Parteienfinanzierung und des Parteieneinflusses auf die Besetzung hoher Beamten- und Richterstellen (s. o. 5). Wenn in solchen Fällen keine plebiszitären Kontrollen einsetzbar sind, tritt die oligarchische Komponente des politschen Systems unverhüllt zutage.

Vor dem Hintergrund dieser Erwägungen und Erfahrungen gilt es, den Funktionen repräsentativer und plebiszitärer Entscheidungsfindung je ihren angemessenen Platz im Verfassungssystem einzuräumen, plebiszitäre Elemente also struktur- und funktionsgerecht in das Verfassungsgefüge einer rechtsstaatlichen repräsentativen Demokratie einzubringen:

Vor allem ist einem Mehrheitsabsolutismus vorzubeugen (§§ 17 III 2; 30 I 1) und das System der Gewaltenteilung und Gewaltenkontrolle funktionsfähig zu erhalten. Insbesondere müssen Akte einfacher Volksgesetzgebung am Maßstab der Verfassung meßbar sein und, wie andere Gesetzgebungsakte, einer verfassungsgerichtlichen Kontrolle unterliegen.

Es gibt verschiedene Möglichkeiten, das Volk an der Gesetzgebung zu beteiligen: Man kann ihm durch Volksbegehren und Volksentscheid die volle Herrschaft über die Gesetzgebung übertragen. Es gibt aber auch die Möglichkeit, Gesetze zunächst in einem regulären parlamentarischen Verfahren zu verhandeln und zu beschließen und sie dann – durch Referendum – dem Volk zur verbindlichen Bestätigung zu unterbreiten. In diesem Fall bleiben die versachlichenden Funktionen des parlamentarischen Gesetzgebungsverfahrens weitgehend gewahrt. Entsprechendes gilt, wenn aus der Mitte des Volkes bloße Gesetzesinitiativen – als Volksinitiativen – eingebracht werden können, die dann, wie andere Gesetzesinitiativen auch, in ein reguläres parlamentarisches Gesetzgebungsverfahren münden.

In einer Demokratie, die in Bund, Länder und kommunale Gebietskörperschaften gestuft ist (BVerfGE 52, 112), liegt es nahe, in den nachgeordneten politischen Einheiten mehr an unmittelbarer Demokratie zu verwirklichen als in den übergeordneten; denn regionale Probleme sind oft „bürgernäher" und in der Regel einer sachkundigen Beurteilung der Bürger eher zugänglich als überregionale Fragen; auch vermag sich in einem begrenzten Feld der Einfluß überregionaler Medien weniger massiv auszuwirken als in einem großräumigen Flächenstaat.

III. Demokratische Dezentralisation

Literatur: Wie zu §§ 14 I 3; 17 I 2; *H. H. Klein,* Demokratie und Selbstverwaltung, in: F. f. E. Forsthoff, 1972, 165 ff.; *Stern,* § 12 I; *W. Frotscher,* Selbstverwaltung und Demokratie, in: F. f. G. Ch. v. Unruh, 1983, 127 ff.; *N. Johnson,* Die kommunale Selbstverwaltung in England, DVBl 1983, 250 ff.; *R. Hendler,* Selbstverwaltung als Ordnungsprinzip, 1984, 302 ff.; *Y. Hangartner,* Die kommunale Selbstverwaltung in der Schweiz, DVBl 1985, 865 ff.; *H. H. v. Arnim,* Selbstverwaltung und Demokratie, AöR 113 (1988), 1 ff.; *G. Müller-Brandeck,* Dezentralisierung in Frankreich, in: Die Verwaltung 1990, 49 ff.; *W. Kluth,* Funktionale Selbstverwaltung, in: Die Verwaltung 2002, 348 ff.; *Zippelius/Würtenberger,* §§ 14 II, 15 II.

1. Demokratische Ambivalenz. Je kleiner eine Gemeinschaft ist, desto größer ist der relative Anteil, den jedes ihrer Mitglieder an der Bildung des gemeinschaftlichen Willens hat, desto mehr Bürger haben auch eine politische Entfaltungsmöglichkeit. Wo hingegen einer übergeordneten Gemeinschaft demokratische Kompetenzen zuwachsen, können nachgeordnete Gemeinschaften majorisiert werden und schwindet in gleichem Maße deren demokratisches Selbstbestimmungsrecht. Andererseits gehen die demokratischen Kompetenzen nachgeordneter Körperschaften auf Kosten demokratischer Befugnisse der übergeordneten Institutionen. Kurz, politische Dezentralisation ist demokratisch ambivalent.

Demokratie und föderatives Prinzip (§ 38 I) stehen also in einem komplizierten Verhältnis zueinander. So ist etwa in Bundesstaaten einerseits dem demokratischen Selbstbestimmungsrecht der Gliedstaaten Rechnung zu tragen und eine ausgewogene föderative Repräsentation zu gewährleisten. Andererseits sind auf Bundesebene die Bürger demokratisch egalitär, d. h. mit gleichem Stimmgewicht, zu repräsentieren.

Dieses Problem hat man im Gesetzgebungsverfahren der USA auf folgende Weise gelöst: Auf Bundesebene ist im Senat jeder Gliedstaat mit je zwei Senatoren, also mit gleichem föderativen Gewicht vertreten; die Bürger der bevölkerungsschwachen und der bevölkerungsstarken Staaten sind damit aber ungleich repräsentiert. Im Repräsentantenhaus dagegen sind die Bürger auf Bundesebene mit annähernd gleichem Gewicht repräsentiert (§ 42 II 1). Die Gesetzgebung erfordert übereinstimmende Beschlüsse des Senats und des Repräsentantenhauses. Auf diese Weise wurde ein Kompromiß gefunden zwischen einer angemessenen Repräsentation der gliedstaatlichen Eigenständigkeit und einer egalitären demokratischen Repräsentation der Gesamtbevölkerung.

Auch bei Volksentscheiden, die in Bundesstaaten auf Bundesebene stattfinden, ist einerseits ein „föderatives" und andererseits ein „(gesamt)demokratisches Defizit" zu vermeiden. Daher bedarf z. B. in der Schweiz ein Gesetzesreferendum der Zustimmung der Mehrheit der Gesamtbevölkerung („Volksmehr") und der Mehrheit der Kantonsvölker („Ständemehr"); die Stimme jedes Bürgers wird also zweifach ausgewertet (Art. 142 der Bundesverfassung).

2. Aufgabenverteilung nach dem Subsidiaritätsprinzip. Eine wichtige Grundregel, mit der Ambivalenz einer gegliederten Demokratie umzugehen, ist im Subsidiaritätsprinzip enthalten: Übergeordneten Körperschaften sollten nur solche Aufgaben übertragen werden, die nachgeordnete Körperschaften nicht eben so gut besorgen können (§ 17 I 3).

So entsteht das Leitbild einer gegliederten Demokratie, in der die Staatsgewalt zwischen Bund und Gliedstaaten aufgeteilt ist und auf deren unteren Ebenen ein verzweigtes Gefüge von Selbstverwaltungskörperschaften besteht. Je mehr die Entscheidungsgewalt dezentralisiert wird, desto breiter ist für die Vielzahl der Bürger das Feld für ein eigenes politisches Engagement. In einer Gemeinde, einer Innung oder einer anderen Selbstverwaltungskörperschaft findet der Bürger sich in einem überschaubaren Bereich und gewinnt die politische Gemeinschaft für ihn ein „menschliches Maß" (§§ 7 III 3; 38 II): Hier kann er einen unmittelbaren Eindruck von den Amtswaltern und von den zu regelnden Sachverhalten gewinnen. In kleineren politischen Einheiten lassen sich politische und wirtschaftliche Dispositionen eher durchsichtig halten als in den hoch komplexen, zentral verwalteten Staaten. Auf diese Weise werden insbesondere die Zusammenhänge zwischen dem Nutzen und den politischen und finanziellen Kosten von Entscheidungen für die Bürger überschaubar, kalkulierbar und fühlbar, so daß diese auch über die Verteilung der öffentlichen Güter und Lasten entweder selbst verständig mitbestimmen können oder für Wahlen eine durchschaubare Abrechnungsgrundlage erhalten (§ 3 III 2). In kleinen politischen Einheiten kann sich der Einzelne mit seiner Meinung persönlich bemerkbar machen und in einer für ihn fühlbaren Weise am demokratischen Prozeß teilnehmen, von dessen Ergebnissen er dann auch im Alltag unmittelbar und persönlich betroffen wird. Auch wird hier das Handeln der Repräsentanten nicht durch ein Medienspektakel vermittelt, sondern vollzieht sich vor den Augen der Bürger. So gewinnt hier die Demokratie für die Mehrzahl der Bürger ihre greifbarste Gestalt. Daß eine in solcher Weise bürgernahe Demokratie auch effizient funktioniert, zeigt die Schweiz.

Je stärker die politische Gewalt zentralisiert wird, desto bürokratischer pflegt sie zu werden und desto mehr entfremdet sie sich den Bürgern (§ 14 I 3), mag auch das Fernsehen die Illusion vermitteln, die „Großen Brüder" bei sich zu Gast zu haben. Eben diese Zentralisierung der öffentlichen Gewalt ist aber ein Grundzug des modernen Staates; sie hat die absolute Monarchie gleichsam nur als Zwischenprodukt hervorgebracht und sich nach deren Verfall in unverminderter Lebenskraft der entstehenden Massendemokratie bemächtigt. Schon Tocqueville stellte fest, die lokalen Gewalten, die Privilegien der Feudalherren und die Freiheiten der Städte seien nicht beseitigt worden, um an ihrer Stelle auf demokratischer Basis neue Gewalten zweiter Ordnung aufzubauen; sondern die Befugnisse hätten sich „von allen Seiten her in den Händen des Souveräns vereinigt. In allen Bereichen kommt es mehr und mehr dahin, daß der Staat selber auch die letzten Bürger lenkt und jeden von ihnen in den unbedeutendsten Angelegenheiten gängelt". „Der Staat hat es fast ausschließlich übernommen, den Hungernden Brot zu geben, den Kranken Hilfe und Unterkunft, den Arbeitslosen Arbeit; er hat sich zum fast einzigen Helfer in allen Nöten gemacht. Auch die Erziehung ist, wie die Wohltätigkeit, in den meisten Völkern unserer Welt ein nationales Anliegen geworden" (DA, 2. Tl., IV Kap. 5). Ein Gegenbild zu solcher Herrschaft eines demokratischen Zentralismus (vgl. auch § 35 III 3) hatte Tocqueville in der weitreichenden, bürgernahen Selbstverwaltung der Gemeinden gefunden, wie er sie in Neuengland angetroffen hatte: In allem, was nur diese Gemeinden betrifft, „bleiben diese unabhängige Körper; und es gibt, wie ich glaube, unter den Einwohnern Neuenglands keinen, der dem Staat das Recht zugestände, sich in reine Gemeindeangelegenheiten einzumischen". In allem aber, was nur den Einzelnen angeht, gilt dieser als „der beste und alleinige Richter in seinen persönlichen Angelegenheiten", in dessen Geschäfte sich die Gesellschaft nur einmischen darf, wenn sie sich durch sein Tun verletzt fühlt oder seine Mitarbeit benötigt. In der Gemeinde ruht die Kraft der freien Völker. Ihre Einrichtungen „sind für die Freiheit, was die Volksschulen für die Wissenschaften sind; sie machen sie dem Volke zugänglich; sie wecken in ihm den Geschmack an ihrem freiheitlichen Gebrauch und gewöhnen es daran" (DA, 1. Tl., I Kap. 5).

3. Grenzen „demokratischer Dezentralisation". Auch die „demokratische Dezentralisation" hat ihre Kehrseite: Erstens sind dezentralisierte Verwaltungsträger weniger geeignet, überörtliche Aufgaben wahrzunehmen, einen überörtlichen Interessenausgleich zu verwirklichen und den regionalen Egoismus zugunsten überregionaler Gesamtinteressen zu begrenzen; zu denken ist etwa an die Regelung der Nutzung und Reinhaltung von Gewässern überörtlicher Bedeutung, an den Bau und die Unterhaltung überörtlicher Verkehrsverbindungen oder überhaupt an eine überregional zweckmäßige Raumordnung. Zweitens beeinträchtigt eine Dezentralisation die Rechtseinheit und die Konformität der Sachbehandlung; sie kann also zu ungleicher Behandlung gleicher Sachverhalte führen. Drittens geht die Dezentralisation häufig auf Kosten der Zügigkeit, „Effizienz" und oft auch der Sachverständigkeit des Handelns; zu denken ist etwa an die Nachteile dezentralisierter Zuständigkeiten zur Verbrechensverfolgung. Und viertens kann in kleinen Verwaltungskörperschaften die Nähe der mitmenschlichen Beziehungen der Entscheidung ihre Unbefangenheit nehmen, sie kann höchstpersönlichen Interessen, Neigungen und Abneigungen einen unangemessen starken Einfluß verschaffen, die Gefahr einer Vetternwirtschaft heraufbeschwören und beispielsweise den Einzelnen in die Bedrängnis bringen, aus persönlichen Rücksichtnahmen gegen seine sachliche Überzeugung zu entscheiden. Aus den zuerst genannten Gründen müssen insbesondere wirtschafts-, verteidigungs- und bildungspolitische Maßnahmen und die Gesetzgebung überhaupt weitgehend in der Hand von Zentralinstanzen liegen.

Selbst die „demokratische Bilanz" verbessert sich, wie schon ausgeführt, nicht geradlinig mit zunehmender Dezentralisation der Entscheidungsbefugnisse. In dem Maße, wie bestimmte Bereiche demokratisch dezentralisiert werden, werden sie dem Zugriff der politischen Gesamtentscheidung des Gesamtvolkes entzogen. Das ist dort unbedenklich, wo eine Teilgemeinschaft ihren eigenen, mehr oder minder abgegrenzten Lebensbereich selbst verwaltet. Ein klassisches Beispiel dafür bietet die kommunale Selbstverwaltung von Angelegenheiten des örtlichen Wirkungskreises. Demokratische Dezentralisation bedeutet aber dort einen Verlust an demokratischer Gesamtverantwortung, wo demokratischer Partikularismus sich solcher Sachgebiete bemächtigt, die größere Gesamtzusammenhänge wesentlich betreffen und darum eine übergreifende politische Entscheidung erfordern.

Auch in der Frage demokratischer Dezentralisation liegt die vernünftige Lösung also nicht im Extrem; sondern es gilt, von Fall zu Fall ein organisatorisches Modell zu finden, das einen optimalen Kompromiß bietet zwischen den Vorzügen politischer und organisatorischer Dezentralisation einerseits und den Notwendigkeiten und Vorteilen zentralisierter Regelung andererseits (§§ 3 III 3; 14 I 3).

Das Bestreben, einzelne Lebensbereiche demokratischer Selbstregulierung auszuliefern, findet eine Grenze insbesondere an der Kompetenzhoheit der übergreifenden staatlichen Gemeinschaft, die allein eine friedliche Koordination der einzelnen Teilgemeinschaften zuverlässig gewährleistet (§§ 9 II, III; 17 II).

§ 24. Wahl und Bindung der Repräsentanten

Literatur: *D. Sternberger, B. Vogel* (Hg), Die Wahl der Parlamente, I 1969; *Ermacora,* 439 ff.; *B. Vogel u. a.,* Wahlen in Deutschland, 1971; *D. Nohlen,* Wahlrecht und Parteiensystem, 1978, ³2000; *H. Meyer,* in: HdStR, §§ 45, 46; *E. Jesse, K. Löw* (Hg), Wahlen in Deutschland, 1998; *J. W. Falter, H. Schoen* (Hg), Handbuch der Wahlforschung, 2005.

Die politischen Wahlen sind das Hauptinstrument demokratischer Steuerung der repräsentativen Demokratie. Im Parteienstaat enthält hierbei die Stimmabgabe der Wähler nicht nur die Bekundung persönlichen Vertrauens für die zu wählenden Abgeordneten, sondern zugleich eine Entscheidung für bestimmte politische Programme und bestimmte, zu bestellende Regierungsmannschaften (§ 23 II 5). Die Wahlen haben also zugleich eine „realplebiszitäre" und eine „personalplebiszitäre" Komponente.

I. Die Wahlrechtsgrundsätze

Literatur: *J. Hatschek,* Englische Verfassungsgeschichte, 1913, Neudruck 1978, 217 ff., 393 ff., 621 ff.; *M. Weber* PolSchr, 253 ff.; *Leibholz* StP, 1 ff.; *D. Merten,* Wahlrecht und Wahlpflicht, in: F. f. J. Broermann, 1982, 301 ff.; *H. Buchstein,* Freie Parlamentswahlen, ZParl 1998, 706 ff.; *H. H. v. Arnim,* Wählen wir unsere Abgeordneten unmittelbar?, JZ 2002, 578 ff.; *M. Wild,* Die Gleichheit der Wahl, 2003; *Th. Würtenberger,* Zur Geschichte des allgemeinen Wahlrechts, in: F. f. H.-P. Schneider, 2008, 537 ff.; *Zippelius/Würtenberger,* § 39 I.

Welche in der Gemeinschaft vorhandenen Interessen und Meinungen mit welchem Gewicht in den politischen Institutionen repräsentiert werden, hängt davon ab, wer die Repräsentanten wählt, wieviel seine Stimme hierbei zählt und ob jeder Wähler seine Stimme ungehindert abgeben kann. Das demokratische Prinzip einer egalitären, freien und definitiven Mitentscheidung aller Bürger kommt in den klassischen Wahlrechtsgrundsätzen einer allgemeinen, gleichen, freien, geheimen und unmittelbaren Wahl zum Ausdruck.

Allgemeinheit der Wahl bedeutet, daß grundsätzlich jeder erwachsene Staatsbürger ohne Ansehen seiner Abstammung, seines Standes und seines Vermögens, seiner Religion und seiner Weltanschauung aktiv und passiv wahlberechtigt ist. Mit diesem Grundsatz ist es vereinbar, daß Einzelne wegen geistiger Gebrechen oder deshalb, weil sie durch Richterspruch die bürgerlichen Ehrenrechte oder das Wahlrecht verloren haben, von der Wahl ausgeschlossen werden. – In England setzte sich das Prinzip der allgemeinen Wahl nur allmählich durch (Stephenson/ Marcham, 69 E, 130 A, 131 H, 135 A, 137 D, K): Seit 1429 war in den Grafschaften nur wahlberechtigt, wer aus Grundbesitz ein Jahreseinkommen von mindestens 40 Schilling hatte. In den Städten war das Wahlrecht an sehr unterschiedliche Qualifikationen geknüpft. Bis zum Beginn der Wahlrechtsreformen, die mit dem ersten Reformgesetz von 1832 einsetzten, waren nur etwa 5 Prozent der erwachsenen Bevölkerung wahlberechtigt. Der Grundsatz der allgemeinen Wahl wurde nur schrittweise durch eine Reihe von Reformgesetzen verwirklicht, das uneingeschränkte Frauenwahlrecht erst 1928 eingeführt, die letzte Besitzqualifikation 1948 abgeschafft. – In Frankreich proklamierte die vom Ideal der Demokratie getragene Verfassung von 1791 zwar das Recht aller Bürger, an der Bildung des allgemeinen Willens mitzuwirken (Erklärung der Menschen- und Bürgerrechte, Art. 6), setzte aber voraus, daß sie Steuern in bestimmter Höhe zahlten, und nahm die „Domestiken" vom Wahlrecht aus (III, cap. I, sect. II). Die radikaldemokratische Verfassung von 1793 ließ diese Einschränkungen fallen; selbst sie schloß aber immer noch Frauen von der Aktivbürgerschaft aus (Art. 4, 23). In den späteren Verfassungen wurden Besitzqualifikationen bald eingeführt, bald wieder aufgehoben. Seit 1848 galt das allgemeine Wahlrecht für alle männlichen Bürger über 21 Jahre. Frauen erhielten erst im Jahre 1945 das Recht, zu wählen (Sternberger/Vogel 1969, 441 ff.). – In den USA gab es von Anbeginn an Besitzqualifikationen, deren stufenweiser Abbau erst mit dem XXIV. Amendment von 1964 einen formellen Abschluß fand. Den Abbau von Rassenschranken erstrebte das XV. Amendment von 1870. Der Ausschluß der Frauen vom Wahlrecht wurde durch das XIX. Amendment von 1920 untersagt. – In Deutschland gewährte das Wahlgesetz des Norddeutschen Bundes von 1869 das aktive und passive Wahlrecht grundsätzlich allen männlichen Staatsangehörigen, die das 25. Lebensjahr vollendet hatten; diese Regelung wurde 1871 als Reichsgesetz für das Deutsche Reich übernommen (Art. 20 der Reichsverfassung). Die Weimarer Verfassung von 1919 räumte allen über 20 Jahre alten Männern und Frauen das Wahlrecht ein (Art. 22). – Aber noch zu dieser Zeit wurde gelegentlich der Ausschluß bestimmter Bevölkerungsschichten gezielt als politisches Kampfmittel neu eingesetzt. Ein Beispiel dafür bot die Verfassung der Russischen Sozialistischen Föderativen Sowjetrepublik (RSFSR) von 1918, die den bourgeoisen Klassenfeinden kein Wahlrecht zubilligte (Art. 65).

Während Allgemeinheit der Wahl heißt, daß jeder Zugang zur Wahlurne hat, bedeutet *Gleichheit* der Wahl, daß jede Stimme das gleiche Gewicht hat. Gleiches Gewicht bedeutet bei Mehrheitswahl wie bei Verhältniswahl gleichen Zählwert. Gleicher Erfolgswert der Stimmen hingegen ist für das System der Mehrheitswahl selbstverständlich nicht erforderlich. Wohl aber gehört im Verhältniswahlsystem zur Stimmrechtsgleichheit grundsätzlich auch die Gleichheit des Erfolgswertes; allerdings kann eine gewisse Differenzierung im Erfolgswert, wie sie durch Sperrklauseln vorgenommen wird, mit dem Grundsatz der Gleichheit der Wahl vereinbar sein (s. u.). – Der Stimmwertgleichheit auf seiten des Wählers entspricht die Chancengleichheit auf seiten der Parteien. Diese Chancengleichheit wird z. B. dann verletzt, wenn die Rundfunkanstalten einzelne Parteien von der Verteilung von Sendezeiten zur Wahlpropaganda ausschließen (BVerfGE 47, 225 ff.). – Im Gegensatz zum gleichen steht das ungleiche Wahlrecht. Ein Beispiel hierfür bot das frühere preußische Dreiklassenwahlrecht (Sternberger/Vogel 1969, 206 ff.). Die Differenzierung des Stimmengewichts wurde wie folgt erreicht: Man teilte die Summe der direkten Steuern, die in einem Wahlbezirk zu entrichten waren, durch drei. Die größten Steuerzahler, die miteinander das erste Drittel des Steueraufkommens leisteten, bildeten die erste Klasse der Wahlberechtigten; diejenigen, die das zweite Drittel aufbrachten, die zweite Klasse; der Rest die dritte. Jede dieser drei Klassen von Wahlberechtigten hatte die gleiche Zahl von Wahlmännern zu wählen, so daß die wenigen großen Steuerzahler miteinander die gleiche Stimmkraft hatten wie jede der zahlreicheren folgenden beiden Klassen. – Die RSFSR-Verfassung von 1918 (Art. 25, 53) und die UdSSR-Verfassung von 1924 (Art. 9) sahen ein ungleiches Wahlrecht zugunsten der regierungsfreundlicheren Stadtbevölkerung vor. Erst die „demokratische" Sowjetverfassung von 1936 führte das allgemeine und gleiche Wahlrecht ein (Art. 134).

Freiheit der Wahl bedeutet, daß von niemandem, weder vom Staat, noch von privater Seite, ein Zwang auf die Wahlberechtigten ausgeübt werden darf, um deren Stimmabgabe in eine bestimmte Richtung zu drängen oder eine Stimmabgabe bestimmten Inhalts zu verhindern. Mit diesem Ziel darf also weder ein Zwang geübt werden, der Wahl fernzubleiben, noch ein Zwang, die Stimme für oder gegen einen bestimmten Kandidaten oder eine bestimmte Partei abzugeben. – Eine gesetzliche Wahlpflicht, also die Verpflichtung, überhaupt zur Wahl zu gehen, ist mit der Freiheit der Wahl aber vereinbar, weil sie dem Wähler alle angebotenen Entscheidungsmöglichkeiten (einschließlich der Abgabe eines leeren Stimmzettels) offenhält.

Der Grundsatz der *geheimen* Wahl soll die Freiheit der Wahl sichern: Jeder soll seine Stimme so abgeben können, daß niemand nachprüfen kann, wie der einzelne Wähler sich entschieden hat, so daß diesem aus seiner Stimmabgabe kein Nachteil erwachsen kann. Jeder soll also mit der Stimmabgabe unbefangen seiner wahren politischen Überzeugung Ausdruck verleihen können. (Zu der Frage, ob auch Repräsentanten geheim abstimmen sollten, s. u. III 2.)

Die *Unmittelbarkeit* der Wahl soll gewährleisten, daß der Bürger das letzte Wort hat: Die Urwähler (in der Demokratie die Aktivbürger) geben ihre Stimmen direkt den Personen, deren Wahl das Ziel des gesamten Wahlvorgangs ist, so daß also etwa der Abgeordnete, der Staatspräsident, der Bürgermeister unmittelbar die Stimmen der Bürger erhalten. Den Gegensatz hierzu bildet die mittelbare oder indirekte Wahl. Hier wählen die Staatsbürger ein Gremium von Wahlmännern, die dann ihrerseits das letzlich zu bestellende Staatsorgan wählen. In indirekter Weise vollzieht sich z.B. die Wahl des Präsidenten der Vereinigten Staaten (§ 42 II 2). Ferner wurden in Sowjetrußland alle höheren Sowjets zunächst auf indirektem Wege bestellt. Das Volk hatte ursprünglich nur die unteren Sowjets unmittelbar zu wählen, während alle höheren Sowjets je von den Sowjets der nachgeordneten Ebene bestellt wurden („Stufenwahl", Art. 25, 53 RSFSR-Verf. 1918; Art. 9f. UdSSR-Verf. 1924). Erst die Verfassung von 1936 schrieb vor, daß die Wähler durch direkte Wahl die Abgeordneten zu allen Sowjets bestellen (Art. 134, 139).

Unmittelbarkeit bedeutet also, daß nicht nach der Stimmabgabe noch eine Zwischeninstanz nach ihrem Ermessen die letzlich zu bestellenden Personen auswählen darf (BVerfGE 7, 63). Doch sollte der demokratische Gehalt dieses formalen Kriteriums nicht überschätzt werden. So gleicht jedenfalls die Verhältniswahl mit gebundenen Listen (II 3 b) in ihrem demokratischen Gehalt weitgehend einer mittelbaren Wahl; denn auch bei jener haben die Bürger keinen unmittelbaren Einfluß auf die personelle Auswahl der künftigen Abgeordneten, und selbst der „Rückkoppelungsdruck", dem das Wahlangebot unterliegt (§ 23 II 5), läßt die einzelnen Abgeordneten im Schatten ihrer Partei stehen. Daher hat man „das heutige, oligarchisch organisierte, monopolartige Benennungsrecht der Parteien, das geradezu zu einem Kooptationsrecht wird, wenn diese die Kandidaten an sicherer Stelle placieren, als ein lediglich die übliche Reihenfolge der mittelbaren Wahl umkehrendes Wahlsystem" bezeichnet – bei dem die entscheidende Auswahl der letzlich zu Wählenden nur nicht nach, sondern vor der Stimmabgabe der Bürger erfolgt (G. Leibholz, VVdStRL 1932, 168). Andererseits sind in die – formal mittelbare – Wahl des US-Präsidenten durch die „primaries" bemerkenswerte Elemente unmittelbarer Demokratie einbezogen (§§ 22 II 3; 42 II 2).

II. Mehrheitswahl und Verhältniswahl

Literatur: *F. A. Hermens,* Demokratie oder Anarchie? Untersuchung über die Verhältniswahl, 1951, [2]1968; *H. Unkelbach,* Grundlagen der Wahlsystematik, 1956; *P. F. Müller,* Das Wahlsystem, 1959; *H. Setzer,* Wahlsystem und Parteienentwicklung in England, 1973; *D. Nohlen,* Wahlrecht und Parteiensystem, 1990, [5]2007; *B. Ziemske,* Ein Plädoyer für das Mehrheitswahlrecht, ZRP 1993, 369 ff.; *G. Strohmeier,* Wahlsysteme erneut betrachtet: Warum die Mehrheitswahl gerechter ist als die Verhältniswahl, ZfPol 2006, 405 ff.; *ders.,* Ein Plädoyer für die „gemäßigte Mehrheitswahl", ZParl 2007, 578 ff.
Zu 2: *Th. Hare,* The Election of Representatives, 1859, [4]1873; *J. St. Mill,* Betrachtungen über Repräsentativverfassungen, (engl. [2]1861) dt. 1862, Kap. 7; *V. d'Hondt,* Système pratique et raisonné de représentation proportionelle, 1882; *A. Hagenbach-Bischoff,* Die Frage der Einführung einer Proportionalvertretung statt des absoluten Mehres, 1888; *H. Rühle,* D'Hondt-St.Laguë statt d'Hondt-original, ZParl 1978, 410 ff.

In den modernen Demokratien konkurrieren die Systeme der Mehrheitswahl und der Verhältniswahl miteinander. Auch von diesen Wahlsystemen wird die Funktionsweise der repräsentativen Demokratie in hohem Maße mitbestimmt. Schon ein vergleichender Blick auf die Weimarer Republik und auf die französische Vierte und Fünfte Republik kann das zeigen (§ 43 III). Vorweg und zusammenfassend läßt sich dazu sagen:

Das von den pragmatischen Briten, aber auch in anderen klassischen Demokratien (§§ 42 II 1; 43 III) bevorzugte Mehrheitswahlrecht schafft klare Mehrheiten im Parlament und damit auch Entscheidungsfähigkeit und eindeutig zurechenbare Verantwortlichkeiten für Regierung und Parlament. Zudem ist die Mehrheitswahl in höherem Maße als die Verhältniswahl eine Persönlichkeitswahl und gibt dem Abgeordneten mehr als die Verhältniswahl einen unmittelbaren demokratischen Rückhalt bei seinen Wählern.

Andererseits verschafft das Verhältniswahlsystem den Wählerstimmen nicht nur gleichen Zählwert, sondern auch gleichen Erfolgswert, es spiegelt im Parlament die parteipolitischen Präferenzen der Wähler recht genau wider und empfahl sich daher bisher dem deutschen Prinzipiendenken. Indessen sind die aus der Wahl resultierenden, effektiven, politischen Gestaltungsmöglichkeiten dann doch nicht „proportional" zwischen der regierungsbildenden Mehrheit im Parlament und der Opposition verteilt.

1. Die Mehrheitswahl. Nach diesem System wählen die örtlichen Gemeinschaften Leute ihres Vertrauens als ihre Abgeordneten mit Mehrheit. Soll dabei jede einzelne Stimme annähernd gleiches Gewicht haben, muß man das Staatsgebiet in Wahlkreise mit etwa gleich großer Einwohnerzahl einteilen, aus denen dann die Abgeordneten gewählt werden.

Diesem Modell entspricht z.B. das Wahlsystem Großbritanniens. Das gesamte Staatsgebiet ist zur Zeit in 646 Wahlkreise eingeteilt. In ihnen werden die 646 Unterhausabgeordneten gewählt. Nach der Bismarckschen Verfassung von 1871 in Verbindung mit dem Wahlgesetz vom 31. 5. 1869 wurden die Reichstagsabgeordneten ebenfalls in Ein-Mann-Wahlkreisen gewählt. Hier wurde das Reichsgebiet so in Wahlkreise eingeteilt, daß auf durchschnittlich je etwa 100 000 Einwohner 1 Abgeordneter gewählt wurde.

Wenn sich mehrere Kandidaten in einem Wahlkreis zur Wahl stellen, so kann man schon denjenigen für gewählt ansehen, auf den die relativ höchste Stimmenzahl entfällt, so daß z.B. in einem Fall, in dem A 32%, B 33% und C 35% der Stimmen erhalten hat, C gewählt ist. Bei diesem geringen Stimmenvorsprung kann aber C nicht schon für die Persönlichkeit gelten, die vom Vertrauen der Mehrheit getragen ist. Wäre es doch denkbar, daß bis zu 65% der Wähler mit C nicht einverstanden sind. Deshalb verlangen manche Mehrheitswahlsysteme, daß der Wahlkreiskandidat mit absoluter Mehrheit gewählt sein muß. Kommt diese nicht im ersten Wahlgang zustande, so muß eine Stichwahl folgen. In ihr stehen sich nur noch die beiden Kandidaten gegenüber, die im ersten Wahlgang die relativ meisten Stimmen erhielten. Diesen zweiten Wahlgang, in dem sich nun notwendigerweise eine absolute Mehrheit ergibt, kann durchaus B gewinnen, wenn er die Mehrzahl der vorher für A abgegebenen Stimmen erhält.

Die Mehrheitswahl konnte unangefochten als geeignetes System zur Bestellung einer Volksvertretung erscheinen, solange man wenigstens idealtypisch in der Wahl die Bestellung eines durch seine persönliche Qualifikation ausgewiesenen und vom Vertrauen des Volkes getragenen Repräsentanten sah.

2. Die Verhältniswahl. Je mehr freilich im Parteienstaat die realplebiszitäre Komponente der Wahl in den Vordergrund trat, desto mehr gewann die Auffassung an Boden, daß sich in den Wahlen die politischen Anschauungen des Volkes niederschlagen; darum müßten die politischen Richtungen im Parlament im gleichen Verhältnis vertreten sein, wie es in der Wahl zum Ausdruck kam. Nimmt man als – wirklichkeitsfremdes – Beispiel an, in allen Wahlkreisen des Staates habe die A-Partei 49% und die B-Partei 51% der Stimmen erhalten, so würden nach dem Mehrheitswahlprinzip sämtliche Sitze im Parlament an Abgeordnete der B-Partei fallen. Sollten jedoch die im Volke herrschenden politischen Auffassungen getreu wiedergegeben werden, so müßte die A-Partei 49% der Abgeordneten stellen.

Um das zu erreichen, braucht man ein Wahlsystem, nach welchem die Parteien im Parlament in dem Verhältnis vertreten sind, in dem sie Wählerstimmen errungen haben. In einem solchen Verhältniswahlsystem muß also die Stimme des Wählers einer politischen Partei und deren Programm zugerechnet werden. Die Stimme jeden Wählers hat in einem solchen System also nicht nur gleichen Zählwert, sondern – bezogen auf die konkurrierenden Parteien – auch gleichen Erfolgswert. Die Persönlichkeit des unmittelbar gewählten Kandidaten tritt zurück. Er erscheint vor allem als Repräsentant seiner Partei in deren Wahlvorschlag. – Im übrigen haben die Verhältniswahlsysteme unterschiedliche Gestalt. Es gibt solche mit veränderlicher und solche mit fester Abgeordnetenzahl:

Eine Verhältniswahl mit veränderlicher Abgeordnetenzahl war in der Weimarer Republik für Reichstagswahlen vorgesehen (§§ 30ff. des ReichswahlG i.d.F.v. 6. 3. 1924). Jedem Kreiswahlvorschlag wurde für je 60000 Stimmen, die für ihn abgegeben wurden, ein Abgeordnetensitz zugewiesen. Reststimmen wurden innerhalb der Wahlkreisverbände oder zugunsten der Reichswahlvorschläge verwertet.

Schwieriger ist die Verteilung der Abgeordnetensitze unter den Parteien, wenn die Zahl der Abgeordneten feststeht. Naheliegend ist das folgende Verfahren (nach Hare): Teilt man die Gesamtzahl der gültigen Wählerstimmen (z. B. 306 000) durch die Zahl der zu vergebenden Abgeordnetensitze (z.B. 100), so ergibt sich, wieviele Stimmen erforderlich sind, um einen Abgeordnetensitz zu besetzen (im vorliegenden Beispiel: 3060 Stimmen). Eine Partei erhält also so viele Abgeordnetensitze zugeteilt, so oft diese Zahl (der „Zuteilungsdivisor") in der von ihr errungenen Stimmenzahl (z.B. A-Partei 150 000, B-Partei 96 000 und C-Partei 60 000) enthalten ist. Zum gleichen Zahlenverhältnis gelangt man, wenn man ausrechnet, welcher Bruchteil der Wählerstimmen auf jede Partei entfällt; hierzu teilt man die Stimmenzahlen, welche die einzelnen Parteien für sich verbuchen können, durch die Gesamtzahl der gültigen Wählerstimmen. Im Verhältnis dieser Bruchteile verteilt man die Parlamentssitze, d.h. man multipliziert die Zahl der insgesamt zu vergebenden Parlamentssitze mit jenen Bruchteilen.

Gleichgültig, welchen Ansatz man wählt, geht diese Rechnung aber regelmäßig nicht ohne Rest in ganzen Zahlen auf, sondern führt zu Bruchzahlen. Im oben genannten Beispiel erhielte die A-Partei 49,0196, die B-Partei 31,3725 und die C-Partei 19,6078 Sitze. Nach einem Vorschlag von Niemeyer soll jede Partei zunächst so viele Sitze zugewiesen erhalten, wie die vor dem Komma stehende ganze Zahl angibt; unverteilt bleibende Restsitze sollen in der Reihenfolge der hinter dem Komma stehenden höchsten Dezimalbrüche vergeben werden. Stattdessen soll man nach Sainte-Laguë/Schepers die Zahlenbruchteile, je nachdem ob sie über oder unter 0,5 liegen, zu ganzen Zahlen auf- oder abrunden. Im obigen Beispiel erhielte beide Male die A-Partei also 49, die B-Partei 31 und die C-Partei 20 Sitze. Stimmt die nach der zweiten Methode errechnete Gesamtzahl von Sitzen nicht mit der Gesamtzahl der tatsächlich zu vergebenden Sitze überein, ist der Zuteilungsdivisor so zu verändern, daß diese Übereinstimmung erreicht wird.

Ein anderes System hat der Belgier d'Hondt entwickelt: Man teilt jede der auf die einzelnen Wahlvorschläge entfallenden Stimmenzahlen nacheinander durch 1, 2, 3, 4 usw., also z.B.:

	A-Partei	B-Partei	C-Partei
geteilt durch			
1	150000 (1)	96 000 (2)	60000 (4)
2	75000 (3)	48000 (6)	30000
3	50000 (5)	32000	20000
4	37500 (7)	24000	15000

Die Abgeordnetensitze werden dann in der Reihenfolge der Größe der Quotienten verteilt. Diese Berechnungsweise bringt die großen Parteien überproportional zum Zuge.

Das Verhältniswahlsystem projiziert also die in der Wahl zum Ausdruck kommenden politischen Auffassungen verhältnismäßig ins Parlament. Dieses erscheint als Spiegelbild der am Wahltag im Volk vorhandenen politischen Meinungen und Richtungen.

3. Nachteile des Verhältniswahlsystems und Abhilfen. *a) Politische Entscheidungsschwäche.* Den genannten Vorzügen stehen aber gewichtige Nachteile dieses Wahlsystems gegenüber: Während bei der Mehrheitswahl in der Regel nur größere Parteien zum Zuge kommen, fallen nach der Verhältniswahl Abgeordnetensitze auch an solche Parteien, die durchwegs nur einen geringen Prozentsatz von Anhängern haben. Das kann dazu führen, daß das Parlament parteilich in viele Gruppen und Grüppchen zersplittert, was der Bildung entscheidungskräftiger Regierungen abträglich ist. Vor allem darin lag die staatsrechtliche Schwäche des Weimarer Verfassungssystems, wie dann auch der französischen Vierten Republik. Die durch das Verhältniswahlrecht verursachte Parteienzersplitterung im Parlament führte zu immer neuen Koalitionen und koalitionsbedingten Blockaden oder verhinderte überhaupt die Bildung einer mehrheitsfähigen Regierung (§ 43 III). Demgegenüber gewährleistet das pragmatische, nicht so sehr an Prinzipien orientierte Mehrheitswahlrecht auch unter schwierigen Bedingungen klare Mehrheiten, verleiht dadurch der Regierungspartei Entscheidungsfähigkeit und schafft eindeutig zurechenbare politische Verantwortlichkeiten.

Um wenigstens kleinste Splitterparteien auszusieben, hat man verschiedentlich Sperrklauseln eingeführt. Sie haben im wesentlichen zum Inhalt, daß eine Partei auf Grund des Verhältniswahlprinzips nur dann einen Abgeordnetensitz zugeteilt erhält, wenn sie im gesamten Wahlgebiet wenigstens einen bestimmten Prozentsatz von Stimmen (z.B. 5%) errungen hat. Um funktionsfähige Parlamente und Regierungen zu schaffen, wird hier also der Grundsatz des gleichen Erfolgswertes der Wählerstimmen (s.o. 2) eingeschränkt: „Die Wahl hat … nicht nur das Ziel, den politischen Willen der Wähler als einzelner zur Geltung zu bringen, also eine Volksrepräsentation zu schaffen, die ein Spiegelbild der im Volk vorhandenen politischen Meinungen darstellt, sondern sie soll auch ein Parlament als funktionsfähiges Staatsorgan hervorbringen. Würde der Grundsatz der getreuen verhältnismäßigen Abbildung der politischen Meinungsschichtung im Volk bis zur letzten Konsequenz durchgeführt, so könnte sich eine Aufspaltung der Volksvertretung in viele kleine Gruppen ergeben, die die Mehrheitsbildung erschweren oder verhindern würde. Große Parteien erleichtern die Zusammenarbeit innerhalb des Parlaments, weil sie in sich bereits einen Ausgleich zwischen verschiedenen Volkskreisen und deren Anliegen vollziehen … Klare und ihrer Verantwortung für das Gesamtwohl bewußte Mehrheiten im Parlament sind … für die Bildung einer nach innen und außen aktionsfähigen Regierung und zur Bewältigung der sachlichen gesetzgeberischen Arbeit erforderlich … Der Gesetzgeber darf Differenzierungen in dem Erfolgswert der Stimmen bei der Verhältniswahl vornehmen und demgemäß die politischen Parteien unterschiedlich behandeln, soweit dies zur Sicherung des Charakters der Wahl als eines Integrationsvorganges bei der politischen Willensbildung des Volkes, im Interesse der Einheitlichkeit des ganzen Wahlsystems und zur Sicherung der mit der Parlamentswahl verfolgten staatspolitischen Ziele unbedingt erforderlich ist" (BVerfGE 6, 92f.; 95, 417ff.).

Auch wenn eine Sperrklausel gilt, eröffnet das Verhältniswahlsystem eher als das Mehrheitswahlsystem neuen Parteien den Zugang zum Parlament. Das hat Vor- und Nachteile; denn es können einerseits fortschrittliche, andererseits aber auch radikale neue Parteien leichter im Parlament Fuß fassen als unter dem Mehrheitswahlsystem, das einen Einbruch in das Wechselspiel der einmal etablierten Parteien erschwert. Unter diesem Aspekt erhöht das Verhältniswahlsystem also die Risiken, aber auch die Entwicklungsfähigkeit des politischen Systems. Nicht zuletzt erhöht die im Parlament entstehende Parteienvielfalt auch die Notwendigkeit von Koalitionen und damit die Gefahr koalitionsbedingter Blockaden; auf diese Weise vermindert sie die Chance einer entscheidungsfähigen und klar zurechenbaren Regierungspolitik. Zudem drängt sie wichtige Entscheidungsprozesse von den Parlamentsfraktionen auf Koalitionsrunden ab (§ 41 III 1).

b) Partei- statt Persönlichkeitswahl. Bei der Mehrheitswahl wird für die Abgeordneten der Rückhalt in der Wählerschaft gestärkt und dadurch die Abhängigkeit von den Parteien gedämpft. Im Verhältniswahlrecht hingegen wird die Persönlichkeitswahl in hohem Maße durch die Parteienwahl verdrängt. Der Abgeordnete kommt hier in starke Abhängigkeit von seiner Partei, von deren Gunst seine Plazierung auf der Kandidatenliste und damit seine Wahlchance bestimmt wird. Dieser Nachteil zeigt sich besonders beim System der gebundenen Liste. Hier kann der Wähler eine von der Partei aufgestellte Kandidatenliste nur unverändert annehmen. Die Kandidaten kommen in der Reihenfolge zum Zug, in der sie auf der Liste stehen. Auf diese Weise kommt ein starkes oligarchisch-kooptatives Element in die Kandidatenauswahl, das den demokratischen Zweck der unmittelbaren Abgeordnetenwahl verfehlt (I).

Eine gewisse Annäherung an eine Persönlichkeitswahl bedeutet es, wenn man zum System der freien Listen übergeht. Hier kann dem Wähler die Befugnis eingeräumt werden, aus der Liste einer Partei den Kandidaten auszusuchen, den er bevorzugt, und ihm seine Stimme zu geben; aus der Liste kommen die Kandidaten dann in der Reihenfolge der erzielten Stimmenanteile zum Zuge. Kompliziertere Regelungen können dem Wähler mehrere (z.B. drei) Stimmen geben und ihm die Möglichkeit einräumen, diese Stimmen auf die von ihm bevorzugten Kandidaten einer Partei zu verteilen oder sie durch Stimmenhäufung auf einen Kandidaten zu vereinen (Kumulieren). Eine weitere Auflockerung bedeutet es, wenn der Wähler die zusätzliche Möglichkeit erhält, diese Stimmen auf Bewerber aufzuteilen, die in verschiedenen Listen stehen (Panaschieren).

Im Interesse einer Persönlichkeitswahl kann man auch die Systeme der Mehrheits- und der Verhältniswahl miteinander verbinden.

Das deutsche Bundeswahlgesetz von 1956/1993 entschied sich für folgenden Weg: Die halbe Anzahl der gesetzlich vorgesehenen Parlamentssitze sollte mit den „Erststimmen" der Wähler nach Mehrheitswahlrecht (in Einerwahlkreisen), die restliche Anzahl auf Grund ihrer „Zweitstimmen" nach Verhältniswahlrecht (auf Grund von Landeslisten der Parteien) vergeben werden. Der auf Grund dieser Zweitstimmen ermittelte Proporz sollte aber auf die Gesamtzahl der im Bundestag zu vergebenden Sitze angewandt werden. Auf die hiernach für jede Partei ermittelte Zahl der Abgeordneten sollten diejenigen Abgeordneten angerechnet werden, die in einem Wahlkreis durch Mehrheitswahl einen Abgeordnetensitz für diese Partei errungen haben. Die restlichen einer Partei zukommenden Sitze sollten aus den Landeslisten besetzt werden. Ein Problem entsteht aber dann, wenn eine Partei in den Wahlkreisen mehr Sitze gewinnt als ihr nach dem Gesamtproporz zustehen. Die

Gesamtzahl der Bundestagssitze um solche „Überhangmandate" zu erhöhen, ist keine befriedigende Lösung.

Um dieses Problem zu vermeiden, könnte man einen Teil der Abgeordneten (z. B. die Hälfte, aber auch einen anderen, festgelegten Teil) durch Mehrheitswahl (in Einerwahlkreisen), den anderen Teil durch Verhältniswahl (durch Listenwahl) nach einem festen Verteilungsschlüssel bestellen. Es gäbe dann also keine gegenseitige Verrechnung von Mandaten und keine Überhangmandate. Auch könnte man, je nachdem, welchen Verteilungsschlüssel man wählt, dem Mehrheitswahlrecht einen größeren oder kleineren Einfluß auf das Gesamtergebnis der Wahl einräumen.

III. Gebundene oder auftragsfreie Repräsentation?

Literatur: *E. Burke,* Speech to the Electors of Bristol, 1774 (Works, II 1899); *ders.,* Betrachtungen über die franzöş. Revolution, (engl. 1790) dt.Bd. I 1793; *Sieyès* (wie zu § 23 I); *Jellinek,* 566 ff.; *Hatschek* (wie zu I); *M. Weber* WuG, 171 ff.; *Leibholz* StP, 78 ff.; *Fraenkel* DwD, 153 ff., 337 ff.; *Krüger,* 234 ff.; *Ch. Müller,* Das imperative und freie Mandat, 1965; *Ermacora,* 517 ff.; *F. Koja,* Das freie Mandat des Abgeordneten, 1971; *P. Kevenhörster,* Das imperative Mandat, 1975; *U. Scheuner,* Das imperative Mandat, in: F. f. H. P. Ipsen, 1977, 143 ff.; *W. Steffani,* Edmund Burke: Zur Vereinbarkeit von freiem Mandat und Fraktionsdisziplin, ZParl 1981, 109 ff.; *W. Demmler,* Der Abgeordnete im Parlament der Fraktionen, 1994; *P. Badura,* Die „Gemeinpflichtigkeit" des freien Mandats des Abgeordneten und der „Status der Öffentlichkeit des Abgeordneten", in: F. f. H.-P. Schneider, 2008, 153 ff.

Zu 2: Wie zu § 28 III 2; *A. H. Birch,* Representative and Responsible Government, 1963, 35 ff., 146 ff.; *N. Achterberg,* Das rahmengebundene Mandat, 1975; *R. Hofmann,* Abgeordnetenfreiheit und parlamentar. Abstimmungsmodus, ZfPol 1978, 32 ff.; *K. U. Meyn,* Kontrolle als Verfassungsprinzip, 1982, 286 ff.; *W. J. Patzelt,* Wider das Gerede vom „Fraktionszwang"!, ZParl 1998, 323 ff.; *J. Dittberner,* Freies Mandat und politische Geschlossenheit, ZParl 2003, 550 ff.

1. Das Prinzip der auftragsfreien Repräsentation. Wenn im Privatrecht jemand einem anderen den Auftrag erteilt, bestimmte Geschäfte für ihn zu besorgen, so erscheint es als selbstverständlich, daß der Mandatar die besonderen Interessen seines Auftraggebers zu wahren hat und an dessen Weisungen gebunden ist. So neigt eine unbefangene Betrachtung zunächst dazu, daß auch das Abgeordnetenmandat mit der Verpflichtung verbunden sei, die besonderen Interessen der Wähler oder des Standes oder sonstiger Gruppen oder Institutionen, die den Repräsentanten bestellt haben, zu wahren und ihre Instruktionen zu befolgen.

Dennoch zeigt schon eine einfache Überlegung, daß eine gedeihliche Arbeit einer Volksvertretung nur möglich ist, wenn die Abgeordneten wenigstens eine gewisse Freiheit von Instruktionen genießen, schon deshalb, weil bei der Bestellung eines Abgeordneten gar nicht voraussehbar ist, welche Entscheidungen auf ihn zukommen werden, eine laufende Rückfrage bei den Wählern aber als unpraktikabel erscheint. Zudem ändern sich oft die politischen Verhältnisse so rasch, daß eine Entscheidung, die im Augenblick der Bestellung des Abgeordneten als richtig erscheinen mochte, sich kurze Zeit später wegen veränderter Umstände als unvernünftig darstellen kann.

Auch die Aufgabe der Staatsorgane, permanent Kompromisse zwischen einander widerstreitenden Interessen zu finden, setzt einen Spielraum des Nachgebens voraus; je größer dieser ist, desto leichter lassen sich auch unkonventionelle Lösungen finden.

Mit diesen pragmatischen Erwägungen verband sich eine grundsätzliche Forderung, die Abgeordneten von Aufträgen freizustellen: Die Volksvertretung sei ein Organ, das für den ganzen Staat zu handeln habe und sich davon leiten lassen müsse, welche Entscheidung dem Gemeinwohl am besten entspricht. Dieses gehe den Sonderinteressen eines einzelnen Wahlkreises oder eines Standes oder sonstiger

Gruppen vor. Der Schluß von diesem Auftrag des Staatsorgans auf den seiner Mitglieder lag nahe: Auch die einzelnen Abgeordneten sollen sich vom Gemeinwohl bestimmen lassen, dürfen also nicht an die Sonderinteressen derjenigen gebunden sein, die sie bestellt haben. So bietet die sachliche Abkoppelung repräsentativen Handelns von bestimmten Sonderinteressen eine Chance für ein „staatsmännisches", einen übergreifenden Interessenausgleich anstrebendes Handeln.

Gedanken dieser Art haben sich in der Geschichte des englischen Parlamentarismus früh angebahnt. Schon im 14. Jahrhundert fand sich die Auffassung, daß die Abgeordneten nicht für eine bestimmte Grafschaft, einen bestimmten Burgflecken oder eine bestimmte Stadt gewählt seien, sondern für das ganze Königreich (Hatschek 1978, 215). In der folgenden Zeit festigte sich die Vorstellung, das Parlament repräsentiere die Gesamtnation (zu Sir Thomas Smith s. § 41 I). Es lag nahe, aus diesem Gedanken einer Nationalrepräsentation zu folgern, daß die Abgeordneten nicht an die Sonderwünsche und Aufträge ihrer Wähler gebunden seien. So schrieb Blackstone, jeder Abgeordnete im Parlament diene, auch wenn er (von einem bestimmten Distrikt) gewählt sei, dem ganzen Reich. „Denn nicht zu einem besonderen, sondern zu einem allgemeinen Zweck ist er dorthin gekommen: nicht bloß, um seinen Wählern Vorteile zu verschaffen, sondern im Interesse des Gemeinwohls … Und deshalb ist er nicht gehalten, zu irgendeiner speziellen Frage seine Wähler zu Rate zu ziehen oder deren Empfehlung anzunehmen, wenn er das nicht selber für richtig und vernünftig hält" (Commentaries on the Laws of England, 1765, Buch 1 Kap. 2 II). Ein knappes Jahrzehnt später wandte sich Edmund Burke (1774) dagegen, daß man den Unterhausabgeordneten bei ihrer Wahl verbindliche Instruktionen und Aufträge gab: „Das Parlament ist nicht ein Kongreß von Botschaftern im Dienste verschiedener, sich bekämpfender Interessen, die jeder wie ein Agent und Anwalt gegen andere Agenten und Anwälte verfechten müßte, sondern das Parlament ist die frei beratende Versammlung einer Nation, mit einem Interesse, dem des Ganzen, in der nicht lokale Zwecke, nicht lokale Vorurteile bestimmend sein sollen, sondern das Gemeinwohl, das aus der allgemeinen Vernunft des Ganzen hervorgeht. Wohl sind Sie es, die einen Abgeordneten wählen, aber wenn Sie ihn gewählt haben, ist er nicht ein Vertreter für Bristol, sondern er ist ein Mitglied des Parlaments."

Wieder fünfzehn Jahre später, zu Beginn der Französischen Revolution, verfocht auf dem Kontinent Sieyès (1789) die Forderung, die Abgeordneten von den Instruktionen der Wähler freizustellen. Hatte er sich gegen Rousseau für die repräsentative Demokratie entschieden (§ 23 I), so blieb er doch in anderer Hinsicht dessen Gefolgsmann, nämlich in dem Gedanken einer einheitlichen, nicht an partikulären Interessen, sondern am Gesamtinteresse orientierten volonté générale: Die Abgeordneten haben Anteil, einen einheitlichen und unteilbaren repräsentativen Gemeinwillen zu bilden. Dieser hat daher nicht partikulären Interessen zu dienen. Ein Abgeordneter wird durch einen Wahlbezirk im Namen aller Wahlbezirke bestimmt; er ist ein Abgeordneter der ganzen Nation, alle Bürger sind seine Auftraggeber (Sieyès 1975, 267f.).

Dieser Gedanke einer nur vom Gesamtinteresse bestimmten, auftragsfreien Repräsentation fand seinen Niederschlag im Gesetz vom 22. 12. 1789, in dessen Präambel (Art. 8) bestimmt war: „Die Repräsentanten, die von den Departements für die Nationalversammlung benannt werden, können nicht als die Repräsentanten eines einzelnen Departements betrachtet werden, sondern als die Repräsentanten … der ganzen Nation." Jedes „mandat particulier" wurde verboten (Abschn. 1 Art. 34). Diese Grundsätze fanden dann Eingang in die französische Verfassung von

1791 (Tit. 3 Kap. 1 Abschn. 3 Art. 17). In weitgehender Übereinstimmung mit jener frühen Formulierung bestimmt heute noch das Bonner Grundgesetz in seinem Art. 38 Abs. 1 Satz 2: Die Abgeordneten „sind Vertreter des ganzen Volkes, an Aufträge und Weisungen nicht gebunden und nur ihrem Gewissen unterworfen".

Hinter dem Prinzip einer auftragsfreien Repräsentation stand mitunter die Idee, daß die Volksvertretung mehr und etwas anderes als die bloße Summe individueller Interessen und Meinungen zu repräsentieren habe: Bei Burke (1793, 139) war es eine über die gegenwärtig lebende Generation hinausgreifende Gemeinschaft „in allem, was wissenswürdig, in allem, was schön, in allem, was schätzbar und gut und göttlich im Menschen ist"; „es wäre fehlerhaft, den Staatsverein wie eine alltägliche Kaufmannssocietät, wie einen unbedeutenden Gemeinhandel mit Pfeffer oder Kaffee zu betrachten, den man treibt, solange man Lust hat, und aufgibt, wenn man seinen Vorteil nicht mehr absieht". Nach Carl Schmitt (VL, 210) war es das als politische Einheit existierende Volk, das „gegenüber dem natürlichen Dasein einer irgendwie zusammenlebenden Menschengruppe eine höhere und gesteigerte, intensivere Art Sein hat". Nach Leibholz (wie zu § 23 II, S. 44f.) kann die überindividuelle Gemeinschaft nicht „isoliert aus dem Leben der die Gemeinschaft bildenden Individuen erklärt werden. Sie ist nicht mit der Summe der die Gemeinschaft zusammensetzenden Individuen identisch, sondern bildet ein den Individuen gegenüber höheres Sein, eine konkrete Totalität, die zugleich auch das Erbe vergangener Generationen wie im Keime das Leben zukünftiger Geschlechter umfaßt". Nach diesen Auffassungen hätte also die Volksvertretung eine von den einzelnen Wählern und ihren Interessen qualitativ verschiedene, eigenständige Ganzheit oder zum mindesten ein von den Einzelinteressen verschiedenes Gesamtinteresse zu repräsentieren.

Diesen Auffassungen gegenüber drängen sich aber Zweifel auf: Die Vorstellung, der Staat sei eine überindividuelle Ganzheit, ist wissenschaftlich nicht zu begründen: Ein Staat bildet sich in der Weise, daß das Verhalten der Einzelnen durch gleiche Normen und andere übereinstimmende Vorstellungsinhalte motiviert und dadurch zu einem Verhaltensgefüge koordiniert wird (§§ 4 ff.). Man kann sich aber prinzipiell nicht über jene Interessen und Meinungen erheben, die letztlich in den Wünschen und Meinungen der einzelnen Mitglieder der Gemeinschaft zutage treten.

Gleichwohl bleibt es sinnvoll, sporadische Einzelinteressen und -meinungen von solchen gemeinschaftlichen Gerechtigkeitsauffassungen und politischen Zielvorstellungen zu unterscheiden, in deren Dienst der Gewählte sich in erster Linie zu stellen hat. Die Gewinnung solcher gemeinschaftlichen Ideen und die Überwindung der Subjektivität geschieht aber nicht durch die Annahme eines „den Individuen gegenüber höheren Seins", sondern durch Konsens über Vorstellungen, die ihre Grundlage im Bewußtsein der Einzelnen haben. Nach den Grundsätzen demokratischer Legitimität haben als Richtschnur repräsentativen Handelns solche Gerechtigkeitsvorstellungen und politischen Ziele zu dienen, über die in der Gemeinschaft mehrheitlicher Konsens besteht (§§ 16 I 3; 28 III 2).

Unter diesen Voraussetzungen kann das Prinzip der auftragsfreien Repräsentation also keine Bindungslosigkeit gegenüber diesen „herrschenden" politischen und sozialethischen Vorstellungen bezwecken. Aber es kann dazu dienen, die Repräsentanten freizuhalten von Bindungen an Einzelaufträge und Einzelinteressen, um ihnen eine Orientierung an den für die Mehrheit konsensfähigen Gerechtigkeitsauffassungen und politischen Zielvorstellungen und eine ausgewogene, auch die Gegeninteressen berücksichtigende Interessenregelung zu ermöglichen (§ 27 II 1).

2. Bindung an die plebiszitäre Entscheidung der Wähler. Die genannte demokratische Legitimitätsbindung kann sich des näheren durch die Wählerentscheidung konkretisieren: Die mehrheitlich konsensfähigen Gerechtigkeitsauffassungen und die Vorstellungen über das anzustrebende Gemeinwohl werden im Streit der Meinungen über die Gerechtigkeit und im Widerstreit der Interessen dadurch ermittelt, daß man nach konsensfähigen Kompromissen sucht (§§ 26 II 1; 28 II 2). Im Parteienstaat vollzieht sich diese Suche nicht zuletzt in den Wahlkämpfen und in der Konkurrenz der Wahlprogramme, zwischen denen schließlich die Wähler entscheiden (§ 23 II 5). Doch pflegen diese Sachprogramme nur ungefähre, konkretisierungsbedürftige Umrisse einer Politik zu bezeichnen und einen weiten Spielraum zu ihrer Verwirklichung zu lassen (§ 23 II 6).

Aus der Tatsache, daß im Parteienstaat die Wahl auch „real- und personalplebiszitäre" Funktionen hat, ergeben sich also Loyalitätsbindungen. Diese lassen sich „demokratisch", als unmittelbare Verbindlichkeit der Wählerentscheidung, begründen. Aber auch das Prinzip der Konsequenz, das Verbot des „venire contra factum proprium", verlangt, daß Abgeordnete und Parteien in ihren politischen Entscheidungen sich innerhalb der Generallinie des politischen Programms halten, mit dem sie in die Wahl gegangen sind. Aus diesen Bindungen ergeben sich Fragen legitimen parlamentarischen Verhaltens, und zwar nicht nur für die einzelnen Abgeordneten, sondern auch für die im Parlament agierenden Parteien.

Mit diesen Fragen hat sich die englische Theorie vom „generellen Mandat" befaßt. Sie betrachtet die Forderung, das „generelle Mandat" der Wähler zu beachten, vielfach nur als eine Regel politischer Klugheit, allenfalls als Ausfluß einer Verfassungskonvention, deren Verletzung aber eine Abstimmungshandlung, die ihr widerspricht, nicht rechtsungültig macht. Die wichtigste „Sanktion", die auf die Nichteinhaltung jener Loyalitätspflicht gesetzt ist, liegt im außerrechtlichen Bereich: darin nämlich, daß die Gewählten die Chancen der Wiederwahl verlieren, wenn sie sich nicht als vertrauenswürdig erweisen. Je empfindlicher in diesem Punkte die Wähler reagieren, desto disziplinierter müssen sich die Gewählten verhalten.

Der einzelne Abgeordnete bleibt nach dieser Anschauung zwar frei von besonderen Aufträgen seiner Wähler, wohl aber erwächst ihm – von Notfällen abgesehen – eine Loyalitätspflicht, sich innerhalb des Wahlprogramms seiner Partei zu halten, für das sich seine Wähler mitentschieden, indem sie ihn gewählt haben. Die freie Gewissensentscheidung der Abgeordneten darüber hinaus auch durch interne Beschlüsse oder gar durch Richtungsänderungen ihrer Partei einzuschränken, ist durch die Entscheidung der Wähler weder geboten noch gerechtfertigt. Soweit aber die Loyalitätsbindung an das „generelle Mandat" der Wähler reicht, erscheint es legitim, auch durch Parteidisziplin darauf hinzuwirken, daß die Abgeordneten die Wählerentscheidung im Parlament zur Geltung bringen. Hierfür stehen den Parteien nur parteiinterne Sanktionen zur Verfügung, sofern das Parlamentsrecht nichts anderes bestimmt. Regelmäßig genügen indessen schon Opportunismus, freiwillige Solidarität und oft auch Bequemlichkeit der Abgeordneten, um die „Parteilinie" zu wahren. („They always voted at their Party's call, And never thought of thinking for themselves at all.")

Der Gedanke eines „generellen Mandats" hat aber auch Bedeutung für die im Parlament agierenden Parteien selbst. Es ist denkbar, daß im Laufe der Legislaturperiode eine Neuorientierung der Politik erforderlich wird, insbesondere dann, wenn sich die politischen Verhältnisse grundlegend ändern. Waren bestimmte, grundlegenden Ziele der Regierungspolitik erkennbar in den Willen der Wähler aufgenommen (was oft fraglich sein wird, § 23 II 6), so ist es problematisch, die Politik entgegen dieser realplebiszitären Entscheidung (§ 23 II 5) zu ändern. Es entsteht dann die Frage, ob die Neuorientierung der Politik zum Anlaß von Neuwahlen gemacht oder ob wenigstens die Möglichkeit vorgesehen werden sollte, durch Referendum die Zustimmung zu unvorhergesehenen Grundsatzentscheidungen einzuholen.

Weil es berechtigte Loyalitätsbindungen der Abgeordneten gibt – Bindungen an die mehrheitlich konsensfähigen Gerechtigkeitsvorstellungen der Gemeinschaft und an die „Wahlplattform" – erscheint es als wünschenswert, das Abstimmungsverhalten der Abgeordneten transparent zu erhalten und hierdurch den Wählern eine Kontrolle zu ermöglichen, ob die von ihnen Gewählten sich im Rahmen der legitimen Erwartungen halten, die an sie gerichtet werden. Das spricht für eine offene Stimmabgabe im Parlament. – Diese steht aber in Widerstreit mit einer anderen, nicht minder wichtigen Forderung, die als Kernstück der „auftragsfreien Repräsentation" bestehen bleibt: die Abgeordneten, soweit möglich, nicht nur rechtlich, sondern auch faktisch freizustellen von Abhängigkeiten, in denen sie zu Verbänden und vor allem zu ihrer Fraktion und Partei stehen (§ 27 II 1, 3). Eine unabhängige und unbefangene Entscheidung der Abgeordneten läßt sich aber nur dadurch und insoweit gewährleisten, als Wahlen und Abstimmungen im Parlament in geheimer Stimmabgabe geschehen, die dann aber nicht nur den Parteien und Verbänden, sondern auch den Wählern die Möglichkeit nimmt, sich über die Stellungnahme und Haltung jedes Abgeordneten laufend zu orientieren und diesen dadurch zu kontrollieren. – So bleibt zuletzt die Notwendigkeit, die Vor- und Nachteile einer „geheimen" Stimmabgabe gegeneinander abzuwägen und zu entscheiden, was wichtiger sei: die Verhütung partei- und interessengebundener Gängelung oder aber die demokratische Kontrolle des Abstimmungsverhaltens.

Kapitel II. Der Aspekt der sozialen Gewalten

§ 25. Kasten- und Klassenherrschaften

Literatur: Wie zu § 22; *R. Dahrendorf,* Soziale Klassen und Klassenkonflikt, 1957; *Krüger,* 351 ff.; *G. Lenski,* Macht und Privileg, (engl. 1966) dt. 1973; *B. Seidel, S. Jenkner* (Hg), Klassenbildung und Sozialschichtung, 1968; *K. B. Mayer, W. Buckley,* Soziale Schichtung, 1976; *M. Haller,* Klassenstrukturen und Mobilität in fortgeschrittenen Gesellschaften, 1989.

Unter dem Aspekt der sozialen Gewalten lassen sich Gemeinwesen danach typisieren, welche soziale Schicht die politische Herrschaft in Händen hat, etwa eine Priesterkaste, eine Kriegerkaste, ein Feudaladel, eine Schicht von Kapitalisten, von Industrie- und Finanzmanagern oder eine fest etablierte Parteiclique. Die verschiedenen Rollen (z. B. Krieger und Feudalherr, Kapitalist und Parteimäzen) sind oft miteinander verschmolzen. Unter organisatorischem Aspekt stellen sich solche Kasten- und Klassenherrschaften oft als Oligarchien dar.

I. Das Regime geistiger Eliten

Literatur: Zu 1: *R. Maurer,* Politische Wissenschaft nach Platon, in: Der Staat 1976, 53 ff.; zum Vergleich: *Chung-li Chang,* The Chinese Gentry, 1955, ⁴1974; *R. Zippelius,* Ein Reisebericht über den Staat des alten China, in: F. f. H. U. Scupin, 1983, 283 ff.; *Mastronardi,* Rdn. 587 ff.
Zu 2: *Jellinek,* 289 ff.; *A. Vierkandt/L. Wenger u. a.,* Allgemeine Verfassungs- und Verwaltungsgeschichte, I 1912, 20 ff., 41 ff., 51 ff.; *M. Weber* WuG, 688 ff.; *J. Taubes* (Hg), Theokratie, 1987.

1. Das Platonische Modell. Das berühmteste staatstheoretische Modell einer Kastenherrschaft ist in Platons Schrift über den Staat entworfen. Bestrickt durch den Sokratischen Optimismus, daß der Einsichtigste auch am gerechtesten handle, entwickelt Platon das Idealbild eines Gemeinwesens, in dem eine geistige Elite regiert.

Er gibt seiner Staatstheorie eine anthropologische Grundlage: Im Staat ist das Zusammenleben der Menschen in bestmöglicher Weise zu ordnen. Diese Ordnung ergibt sich aus der menschlichen Natur. Die Einzelnen schließen sich mit ihresgleichen zusammen, um die vielfältigen Bedürfnisse, die sie haben, in Arbeitsteilung zu erfüllen; denn ein Einzelner kann „unmöglich viele Künste gut ausüben" (Staat, 374). Man braucht Landwirte, Baumeister, Schuster, Schmiede, Kaufleute und andere Gewerbetreibende, aber auch Hüter der Ordnung (Staat, 369 ff.). – Diese Funktionen sind richtigerweise so auf die Menschen zu verteilen, daß jeder das tut, was seinen Anlagen entspricht (Staat, 370, 433 f.). Nun finden sich im menschlichen Gemüt verschiedene Anlagen: das sinnliche Begehren, der streitbare Ehrgeiz und die Vernunft (Staat, 439 ff.). Bei dem einen Menschen herrscht diese, bei dem anderen jene Anlage vor. So kann man unter den Menschen die Erwerbshungrigen, die Streitbar-Ehrgeizigen und die Wissensdurstigen unterscheiden (Staat, 581). Jede dieser Gruppen soll im Staat die ihr gemäße Funktion ausüben: Die auf Erwerb aus sind, treiben Handel und Gewerbe, die Streitbaren werden Krieger und die Wißbegierigen und Einsichtigsten lenken den Staat (Staat, 473, 484 ff.). Von Generation zu Generation wird überprüft, welchem der drei Stände jemand zuzuteilen ist (Staat, 415, 423). – An diesem Idealbild des Staates müssen sich alle anderen Verfassungen messen lassen; sie alle verfehlen es mehr oder minder (Staat, 543 f.):

Vom Regiment der Einsicht entfernt sich bereits der harte amusische Militärstaat, für den Sparta ein Beispiel bietet. Hier herrscht die Kaste der „Wächter" nach ihren Maximen militärischer Zucht und Ordnung (Staat, 547 ff.).

In Oligarchie und Demokratie gewinnen jene Klassen die Oberhand, die das Begehren repräsentieren. In der Oligarchie führen die Vermögenden das Ruder im Staat und machen das von ihnen gelenkte Volk „zum Affen ihrer Moden". In solchen Staaten herrscht die Tendenz zum Geldschacher, und je höher man diesen veranschlagt, desto weniger werden moralische und geistige Tüchtigkeit geachtet; denn die Tugend und der Reichtum liegen gleichsam auf verschiedenen Waagschalen, von denen die eine in demselben Maße sinkt, wie die andere steigt (Staat, 550 f.).

Auch die ungezügelte Demokratie, in der jeder seinem Belieben und seinem Begehren freien Lauf lassen kann, ist eine Stufe des Verfalls. In ihr wird die übertriebene Freiheit, die Zucht und Ordnung verachtet, zu einer Vernachlässigung wahrer Tüchtigkeit führen. Recht unbesorgt vergißt der demokratische Staat auch, sich darum zu kümmern, „was einer bisher getrieben hat, der sich jetzt an ein Staatsamt macht, und bringt jeden zu Ehren, wenn er nur versichert, ein guter Freund aller zu sein" (Staat, 557 ff.).

Nur allzu leicht schlägt dann die entartete Demokratie, in der sich die Ordnung auflöst, in die Tyrannei eines „starken Mannes" um. Mit ihr ist der Tiefpunkt erreicht: die ungerechte Herrschaft eines Einzelnen (§ 21 II 2).

Das Modell seines eigenen Idealstaates hat Platon bis in Einzelheiten konstruiert: bei den zwei herrschenden Ständen Verzicht auf Familie und Privatvermögen, eugenische „Zuchtwahl", streng programmierte Erziehung und Ausbildung, gestufte Auslese; politische Entmündigung der breiten Masse des erwerbstätigen Volkes, das erforderlichenfalls auch durch Trug und Täuschung zu seinem Besten zu leiten ist. Daß in einer solchen Gemeinschaftsordnung die menschliche Natur unrealistisch eingeschätzt ist und daß in ihr elementare menschliche Motivationen unterdrückt würden, hat schon Aristoteles (Politik, 1261 ff.) gesehen.

Dennoch ist Platons „Staat" in manchem ein anregendes Modell geblieben. Das Problem und das Postulat der Elitenbildung hat sich seither lebendig erhalten, also die Forderung, daß eine nach ihren geistigen und moralischen Qualitäten sich auszeichnende Schicht die Herrschaft im Staat üben solle. Auch hat Platon das allzeit aktuelle Problem gestellt, wie man es verhindere, daß die Regierenden in die eigene Tasche wirtschaften, wie man es sichere, daß sie ausschließlich das Wohl der Allgemeinheit im Auge behalten. Wenn sich auch Platons eigener Lösungsvorschlag als unrealisierbar erwiesen hat, so ist doch bemerkenswert, daß z. B. die Ordnung der katholischen Kirche – mit ihrer strengen Scheidung von Klerus und Laien, mit der Ehelosigkeit der Kleriker und der zweitrangigen Bedeutung ihres Privateigentums, mit den nach dem Leistungsprinzip gestuften Ausbildungswegen des Klerus und mit dem Bild eines Hirtenamtes über die Laien – manche Ähnlichkeiten mit dem Platonischen „Staat" aufweist.

2. Theokratien, Hierokratien. In Theokratien spielt eine Priesterkaste, häufig mit monokratischer Spitze, die beherrschende Rolle. Das höchste Organ gilt entweder selbst als Gott oder als Repräsentant göttlichen Willens, als Statthalter der Gottheit. Es sind also Gemeinwesen, die sich gewissermaßen von Verfassungs wegen unter eine göttliche Oberherrschaft stellen. Gemünzt wurde der Begriff der Theokratie auf den alten jüdischen Staat, der ein klassisches Modell für diese Sozialstruktur bietet. Überhaupt liefert das orientalische Altertum, die Frühgeschichte Ägyptens, Assyriens, Babylons und Indiens, zahlreiche Beispiele von Theokratien oder theokratisch untermischten Herrschaftssystemen. Theokratie war vor allem das alte Ägypten, das im Pharao den Gott Horus verehrte. In der islamischen Welt war der Kalif als Nachfolger des Propheten geistliches und weltliches Oberhaupt zugleich. Im mittelalterlichen christlichen Abendland finden sich, besonders unter dem machtvollen Papst Innozenz III., durchaus theokratische Züge; der von Bonifaz VIII. in der Bulle Unam sanctam (1302) verkündete Anspruch des Papstes darauf, geistliches und weltliches Oberhaupt der Christenheit zu sein, entsprach aber schon nicht mehr der tatsächlichen machtpolitischen Situation. Im buddhistischen Bereich bestand bis 1951 eine Theokratie in Tibet, wo der Dalai-Lama kraft seines Priesteramtes auch weltlicher Herrscher war.

Soziologisch beruht die eigentliche Priesterherrschaft (Hierokratie) darauf, daß die Menschen durch Leitbilder gesteuert werden, die sie von der Weltordnung und von ihrer Stellung in dieser Weltordnung haben (vgl. §§ 7 II, III; 28 IV 1), und darauf, daß sich eine Kaste herausbildet, die als charismatischer Sinngeber und Heilsvermittler dieser Vorstellungswelt anerkannt wird. Eine Priesterkaste entsteht also dann, wenn die charismatische Sinngebung und Heilsvermittlung nicht (oder wenigstens nicht mehr nur) an die Person eines Religionsstifters oder Propheten geknüpft, sondern zur Aufgabe institutionalisierter Ämter und ihrer Inhaber wird.

Auch in unseren Tagen flackert immer wieder einmal Herrschaft auf, die theokratische Züge trägt. Ein Beispiel bot das Regime Khomeinis in Persien nach dem Sturze des Schahs im Jahre 1979. Eine säkularisierte Form charismatischer Wirksamkeit fanden wir im Regime Mao Tse-tungs, der zu seinen Lebzeiten, wie ein weltlicher Mohammed, für das von ihm beherrschte Volk die Welt verbindlich interpretierte und Lebensregeln verkündete, die gläubig befolgt wurden.

Die politische Leitfunktion und Wirkungskraft charismatischer Weltanschauungen wird gespeist aus dem verbreiteten und tief wurzelnden Bedürfnis nach einem Mythos, nach Gegenständen der Verehrung, nach ritualisierter Darstellung von Gesinnungsgemeinschaft, nach Orientierungsgewißheit und Führung (§ 7 III 4).

II. Die Herrschaft der besitzenden Klasse (Die marxistische Doktrin)

Literatur: *K. Marx, F. Engels,* Manifest der Kommunistischen Partei (MEW 4, 459ff.); *K. Marx,* Zur Kritik der Politischen Ökonomie, Vorwort (MEW 13, 7ff.); *ders.,* Kritik des Gothaer Programms (MEW 19, 11ff.); *ders.,* Das Kapital I (MEW 23); *F. Engels,* Die Entwicklung des Sozialismus von der Utopie zur Wissenschaft (MEW 19, 189ff.); *ders.,* Der Ursprung der Familie, des Privateigentums und des Staats, Abschn. IX (MEW 21, 152ff.); *W. I. Lenin,* Staat und Revolution (LAW II, 315ff.); *ders.,* Über den Staat (LAW III, 288ff.); Marxistisch-leninistische Theorie des Staates und des Rechts, 1974ff.
Sekundärlit.: *C. D. Kernig u. a.* (Hg), Sowjetsystem und demokratische Gesellschaft, 1966ff.; *K. Hartmann,* Die Marxsche Theorie, 1970; *F. W. Konstantinow u. a.,* Grundlagen der marxistisch-leninistischen Philosophie, (russ. 1971) dt. [4]1974 (zit.: GMLPh); *I. Fetscher,* Der Marxismus, Seine Geschichte in Dokumenten, 1976; *W. Leonhard,* Was ist Kommunismus?, 1976; *L. Kolakowski,* Die Hauptströmungen des Marxismus, 3 Bde, 1977–1979; *L. Mamut,* Karl Marx als Staatstheoretiker, (russ. 1979) dt. 1982; *V. Petev,* Kritik der marxistisch-sozialistischen Rechts- und Staatsphilosophie, 1989.
Zu 1: *F. Engels,* Ludwig Feuerbach und der Ausgang der klass. deutschen Philosophie (MEW 21, 265ff.); *W. I. Lenin,* Materialismus und Empiriokritizismus, 1909, [8]1967.
Zu 3: *F. Engels,* Herrn Eugen Dührings Umwälzung der Wissenschaft (MEW 20, 111ff., 120ff., 583ff.); *ders.,* Dialektik der Natur (MEW 20, 307, 348ff., 481ff.); *K. R. Popper,* Vermutungen und Widerlegungen, (engl. 1963) dt. II 1997, Kap. 15; *E. Topitsch,* in: ZfPhilosForsch 1979, 333ff.; *O. Weinberger,* in: E. Topitsch, Logik der Sozialwissenschaften, [10]1980, 278ff.
Zu 4: *Th. More,* Utopia, 1517, Buch II (ed. K. Heinisch, 1960); *J. Harrington,* The Commonwealth of Oceana, 1656, Works 1771.
Zu 6: Lit. wie zu § 18 IV.

Der Marxismus hat das Augenmerk vor allem auf die Klassenherrschaft gelenkt, also auf die „politische Herrschaft der ökonomisch herrschenden Klasse". Beispiel einer Klassenherrschaft ist der Feudalstaat; seine Struktur wird durch ein Lehensrecht bestimmt, das auf Grundleihe und Vasallentreue beruht; in ihm sind Grundeigentum und Herrschaft eng verknüpft. Klassenherrschaften sind auch die modernen Plutokratien, also Herrschaftssysteme, in denen die Vermögenden, die Industrie- und Finanzmagnaten, den maßgebenden Einfluß im Staat ausüben.

1. Die ökonomische Basis. Nach der marxistischen Lehre ist das Ökonomische die Basis auch der Verfassungsstruktur und ihrer Entwicklung. Die Klassenstruktur der Gesellschaft und die daraus hervorwachsenden Klassengegensätze bedingen den Staatstypus und das Recht in ihrer jeweiligen historischen Ausprägung. Die Klassenstruktur bestimmt letztlich darüber, welche Politik getrieben wird, welche Weltanschauung und welches Ethos herrscht. Staatsverfassung, Recht, Weltanschauung, Ethos, Religion sind alles nur ein Überbau, der sich über eine ökonomische Basis wölbt (Marx, MEW 13, 7 ff.).

Die Klassenstruktur der Gesellschaft ist ihrerseits bedingt durch die Produktionsverhältnisse. Das sind die Eigentumsverhältnisse an den Produktionsmitteln und die hierdurch bestimmten Beziehungen, in denen die Menschen im Produktionsprozeß zueinander stehen. Aus ihnen ergibt sich, wie das Arbeitsprodukt zwischen den Einzelnen verteilt wird. Sind die Produktionsverhältnisse so beschaffen, daß eine Gruppe von Menschen sich das Arbeitsprodukt einer anderen Gruppe aneignen kann, dann haben wir es mit einer Klassenherrschaft zu tun (LAW III, 255, 293).

Läßt sich aber die Vielfalt der Faktoren, welche die Menschheitsgeschichte und insbesondere das politische Geschehen bestimmen, auf einen einzigen, auf die ökonomische Basis reduzieren? Können nicht z. B. das Recht oder die in einer Gemeinschaft herrschenden Weltbilder, zumal die politischen und religiösen Anschauungen, ihrerseits auf den historischen Prozeß, also auch auf die ökonomische Basis einwirken? Besteht nicht eine Wechselwirkung aller dieser Momente? Engels sieht das Problem und gesteht eine solche Wechselwirkung zu. Aber der „in letzter Instanz" bestimmende Faktor, der sich mit Notwendigkeit durchsetze, sei eben doch die ökonomische Bewegung (MEW 37, 463 ff.). – Dabei bleibt aber die Frage offen, wie der ökonomische Faktor einerseits in Wechselwirkung mit geistigen Faktoren stehen und andererseits der letztlich bestimmende Faktor (was heißt das dann überhaupt noch?) sein könne.

2. Die Dialektik der Entwicklung. Die ökonomischen Verhältnisse und damit die Klassengegensätze und folglich auch die Staatsverfassungen unterliegen nach Marx einem bestimmten Entwicklungsgesetz. Ihn beherrscht der Hegelsche Gedanke einer notwendigen Entwicklung der Geschichte. Aber für ihn ist, anders als für Hegel, Träger des Geschichtsprozesses nicht der Geist, sondern die ökonomische Basis: Hegel habe mit seinem idealistischen Denken die Dinge auf den Kopf gestellt. Es gehe darum, sie wieder auf die Beine zu stellen, d. h. sie ins Materielle zu übersetzen, ohne dabei den Wahrheitsgehalt der Hegelschen Dialektik zu verlieren (MEW 23, 27).

Im Schlepptau der ökonomischen Entwicklung vollzögen sich die Veränderungen der Verfassung, des Rechts, der Ideologien: Im Schoße einer Gesellschaft und ihrer Sozialordnung, insbesondere ihrer Eigentumsordnung, entwickeln sich neue Produktivkräfte und damit auch neue Produktionsweisen. Diese treten in einen Widerspruch zu der überkommenen Sozialordnung und ihrer rechtlichen Ausformung. Dieser Widerspruch wird durch eine revolutionäre Anpassung der Rechts- und Gesellschaftsordnung an die neue Produktionsweise gelöst, bis dann zu dieser veränderten Ordnung erneut eine Spannung entsteht. Dieser Prozeß beherrscht als ein dialektisches Gesetz den Gang der Geschichte, die vom Widerspruch zur Synthese und vom neuen Widerspruch zur neuen Synthese voranschreitet. So entstand im Schoße der feudalen Eigentums- und Gesellschaftsordnung eine ihr eigentlich fremde Produktionsweise, nämlich die kapitalistische, zunächst die Manufaktur, später, nach Erfindung der Dampfmaschine, die industrielle Produktion (Kommunistisches Manifest I). Für die neue Produktionsweise aber waren die feudalistischen Eigentumsverhältnisse zu einer Fessel geworden, bis dann dieser Widerspruch zwischen der neu entstandenen Produktionsweise und den alten Eigentumsverhältnissen eine revolutionäre Lösung fand, durch welche die veraltete Eigentums- und Gesellschaftsordnung zerbrochen und durch eine neue, der jetzigen Produktionsweise entsprechende ersetzt wurde. Durch eine solche Revolution wird also die gestörte Übereinstimmung zwischen dieser und jener wieder hergestellt.

Marx nahm an, daß zu seiner Zeit dieser Prozeß wieder an einem revolutionären Wendepunkt angelangt sei: Nach seiner Ansicht gerät die neue, industrielle Produktionsweise in einen Widerspruch zu der bürgerlichen Rechtsordnung, die dem Einzelnen die Möglichkeit gibt, in beliebigem Umfang Privateigentum zu erwerben. Diese rechtliche Möglichkeit hat zu einer ungeheuren Konzentration der Produktionsmittel in den Händen einiger Großkapitalisten geführt, welche die eigentlichen Produzenten, die Arbeiter, um den berechtigten Genuß der von ihnen geschaffenen wirtschaftlichen Werte bringen. Die Großunternehmen saugen die kleineren auf. So ballt sich immer mehr Kapital in den Händen weniger zusammen, während auf der anderen Seite die Masse des Proletariats wächst. Aber wieder naht eine Stunde der Umwälzung. Mit der Erniedrigung und Ausbeutung wächst auch die Empörung der immer zahlreicher werdenden Arbeiterklasse, die durch den kapitalistischen Produktionsprozeß diszipliniert, gelenkt und organisiert wird. Schließlich ist ein Punkt erreicht, an dem die kapitalistische Hülle abgeworfen wird. Die Todesstunde der unerträglich gewordenen Rechtsordnung, des kapitalistischen Privateigentums schlägt (MEW 23, 789 ff.).

3. Die drei Gesetze der Dialektik. Engels glaubte, daß dialektische Prozesse von drei Grundgesetzen beherrscht seien. Eines davon besagt, daß Entwicklungen sich in Sprüngen vollziehen (GMLPh, 133; vgl. schon Hegel, Enzyklopädie, § 108 Zusatz); so auch die gesellschaftlichen Wandlungen: auch hier schaffen quantitative Veränderungen die Voraussetzungen für das Erreichen eines qualitativ anderen Zustandes; aber „der Übergang in einen neuen Zustand ist immer ein Sprung" (GMLPh, 131 f.).

Dazu tritt das dialektische Gesetz der Selbstbewegung. Es bezeichnet die Dynamik, die vorwärtstreibende Kraft der in den Dingen selbst liegenden Spannungen (GMLPh, 137, 143).

Als drittes, damit zusammenhängendes Gesetz der Dialektik nennt Engels die Entwicklung durch den Widerspruch (Negation der Negation). Versteht man den Begriff der Negation hierbei nicht logisch, sondern dynamisch (MEW 20, 126 ff.), etwa als Widerstreit von Kräften, so bedeutet dieses Gesetz, daß die vorhandenen Kräfte Gegenkräfte finden, von denen sie schließlich überwunden werden.

Gegen den dialektischen Dogmatismus hat sich vor allem Popper (1997, Kap. 15) gewandt. In der Tat vollziehen sich geistige wie reale Entwicklungen nicht in der

Zwangsjacke starrer Gesetzmäßigkeiten, sondern in einem Prozeß von „trial and error", in dem sich, „wenn wir Glück haben", das Tauglichere durch Ausscheidung des weniger Tauglichen durchsetzt. Einzuräumen ist aber, daß in diesem historischen Geschehensablauf die immer neu sich bildenden Interessen- und Meinungsgegensätze und die daraus hervorgehende Suche nach immer wieder neuen Kompromissen eine belebende Rolle spielen und die Entwicklung vorantreiben. Auch hier gilt es also, eine vom Marxismus zutreffend erfaßte Teilwahrheit nicht zugleich mit dessen Dogmatismus zu verwerfen.

Die These von der prinzipiellen Unvermeidbarkeit der Revolutionen wurde von der Organisationssoziologie prinzipiell in Zweifel gezogen: Diese hat gezeigt, daß Sozialstrukturen gegenüber einem Änderungsdruck der Umweltbedingungen mehr oder minder variabel und anpassungsfähig gehalten werden können. Die „Reizschwelle" kann so hoch angesetzt sein, daß der Änderungsdruck bis zu einer schweren Krise angestaut wird. Sie kann aber auch niedriger gelegt werden; das System kann also schon auf geringfügigere Änderungen der sozialen Gegebenheiten – „evolutionär" – mit schrittweisen strukturellen Anpassungen reagieren und auf diese Weise Revolutionen vermeiden (vgl. Luhmann RS, 243).

4. Der Staat als Instrument der Klassenherrschaft. Die bisher dargelegten Vorstellungsmodelle von „Basis und Überbau" und von einer „Dialektik der Entwicklung" dienen auch als gedankliche Schemata, mit denen der Staat und die grundlegenden Veränderungen im politischen Bereich, insbesondere die Revolutionen und die Endphase staatlicher Entwicklung, begriffen werden.

Der Staat selbst erscheint aus dieser Sicht als „eine Maschine zur Aufrechterhaltung der Herrschaft einer Klasse über eine andere" (LAW III, 296; ähnl. MEW 21, 166f.). Auch die Staatsverfassung spiegle also nur die ökonomischen Verhältnisse wider, auch sie sei nur ein Abglanz der ökonomischen Macht der herrschenden Klasse, sei nur juristischer Überbau. Der Staat sei ein Instrument in der Hand der herrschenden Klasse zur Unterdrückung der anderen Klassen.

Dieser Gedanke ist nicht in jeder Hinsicht neu: Schon Thomas More hatte ja in den Staaten „eine Art von Verschwörung der Reichen" gesehen, „die im Namen und unter dem Rechtstitel des Staates für ihren eigenen Vorteil sorgen" (1960, 108). James Harrington war der Meinung, die Verteilung des Besitzes in der Gesellschaft sei die Grundlage der Regierungsform (1771, 37f.). Und Lorenz von Stein hatte es als das „erste natürliche Gesetz aller Bewegung zwischen Staat und Gesellschaft" bezeichnet, daß die herrschende Klasse der Gesellschaft danach trachte, „sich so sehr als möglich ausschließlich der Staatsgewalt zu bemächtigen" (GsB, III 1).

5. Soziale Revolutionen als Schritte der politischen Entwicklung. Der Fortgang der ökonomischen Entwicklung erfordert immer wieder eine Anpassung der überkommenen Sozialstrukturen, insbesondere der Rechts- und Verfassungsordnung, an die gewandelten ökonomischen Verhältnisse. Diese Anpassung vollzieht sich nach marxistischer Ansicht durch Klassenkämpfe auf revolutionärem Wege (2, 3):

Die entscheidende Vermittlerrolle zwischen der Entwicklung der ökonomischen Verhältnisse einerseits und der Veränderung der Staats- und Rechtsordnung andererseits kommt den Klassen und Klassengegensätzen zu: Sie sind einerseits durch die Produktionsverhältnisse bedingt, und sie selbst wirken andererseits maßgebend auf das politische Geschehen ein. „Die Geschichte aller bisherigen Gesellschaft ist die Geschichte von Klassenkämpfen. Freier und Sklave, Patrizier und Plebejer, Baron und Leibeigener, Zunftbürger und Gesell, kurz, Unterdrücker und Unterdrückte, standen in stetem Gegensatz zueinander, führten einen ununterbrochenen, bald versteckten, bald offenen Kampf, einen Kampf, der jedesmal mit einer revolutionären Umgestaltung der ganzen Gesellschaft endete oder mit dem gemeinsamen Untergang der kämpfenden Klassen." – „Auch die aus dem Untergang der feudalen Gesellschaft hervorgegangene moderne bürgerliche Gesellschaft hat die Klassengegensätze nicht aufgehoben. Sie hat nur neue Klassen, neue Bedingungen der Unterdrückung, neue Gestaltungen des Kampfes an die Stelle der alten gesetzt." – Die Epoche der Bourgeoisie hat allerdings die Klassengegensätze vereinfacht. „Die ganze Gesellschaft spaltet sich mehr und mehr in zwei große feindliche Lager, in zwei große, einander direkt gegenüberstehende Klassen: Bourgeoisie und Proletariat." Auch dieser Klassengegensatz wird, wie alle früheren, einen Umsturz der Verhältnisse bringen (Kommunistisches Manifest I). – Dieser Umsturz, die kommunistische Revolution, läuft wieder auf eine Klassenherrschaft hinaus, auf die Diktatur des Proletariats, die aber nach marxistischer Vorstellung nur ein Durchgangsstadium sein soll zu einer klassenlosen Gesellschaft und damit zur Überwindung des Staates überhaupt.

In der klassenkämpferischen Dialektik haben auch die Parteien ihren Platz. Denn sie sind es, die die Klasseninteressen repräsentieren und für sie kämpfen, vorausgesetzt, daß es keine bloßen Scheinparteien in den Händen ein und derselben Klasse sind. Schon Marx betrieb, trotz anfänglicher Vorbehalte gegenüber dem Parteiwesen, in seinen späteren Jahren den Zusammenschluß des Proletariats zu einer besonderen politischen Partei (Allgemeine Statuten der Internationalen Arbeiter-Assoziation, MEW 17, 440 ff.; 18, 149). Für Lenin spielte die Partei die zentrale Rolle im Klassenkampf. In der Arbeiterpartei erziehe sich der Marxismus die „Avantgarde des Proletariats, die fähig ist, ... die neue Ordnung zu leiten und zu organisieren, Lehrer, Leiter, Führer aller Werktätigen und Ausgebeuteten zu sein" (LAW II, 338). Aus der Klassenkampfsituation ergeben sich auch die Forderungen „unbedingter Zentralisation und strengster Disziplin des Proletariats" (LAW III, 396).

Die eigentlichen Wendepunkte der Rechts- und Verfassungsentwicklung seien, wie dargelegt, die Revolutionen. Echte Revolution sei aber nur die soziale Revolution: „Das Hauptmerkmal einer Revolution ist der Übergang der Staatsmacht aus den Händen einer Klasse in die Hände einer anderen Klasse" (GMLPh, 409, 411). Erst sie bedeutet den Übergang zu einem neuen Staatstypus. Auch die sozialistische Revolution ist ein solcher Wechsel in der Macht. Ihr Ziel ist es, die Bourgeoisie von der Führung der Gesellschaft zu verdrängen, die Arbeiterklasse an die Macht zu bringen und ihre Diktatur zu errichten (GMLPh, 421).

6. Die Diktatur des Proletariats und das Absterben des Staates. Das Ergebnis der sozialistischen Revolution sei die Diktatur des Proletariats. Der Marxismus macht keinen Hehl daraus, daß es sich auch hier um eine Klassenherrschaft handeln soll, und zwar um eine diktatorische (MEW 5, 402; 19, 28). Lenin hat im Herbst 1917 über diese Diktatur der Arbeiterklasse erklärt: Es „bringt die Diktatur des Proletariats eine Reihe von Freiheitsbeschränkungen für die Unterdrücker, die Ausbeuter, die Kapitalisten. Diese müssen wir niederhalten, um die Menschheit von der Lohnsklaverei zu befreien, ihr Widerstand muß mit Gewalt gebrochen werden, und es ist klar, daß es dort, wo es Unterdrückung, wo es Gewalt gibt, keine Freiheit, keine Demokratie gibt" (LAW II, 391). Und ein Jahr später schrieb er: „Die revolutionäre Diktatur des Proletariats ist eine Macht, die durch die Gewalt des Proletariats gegenüber der Bourgeoisie erobert wurde und behauptet wird, eine Macht, die an keinerlei Gesetze gebunden ist" (LAW III, 80).

Auch die Diktatur des Proletariats soll wiederum nur ein Durchgangsstadium sein, ein Übergang zur klassenlosen Gesellschaft: Ist die Kapitalistenklasse aus der Welt geschafft, dann existieren keine Klassengegensätze mehr, dann bedarf es folglich auch keines Staates mehr. „Sind im Laufe der Entwicklung die Klassenunterschiede verschwunden, und ist alle Produktion in den Händen der assoziierten Individuen konzentriert, so verliert die öffentliche Gewalt den politischen Charakter. Die politische Gewalt im eigentlichen Sinn ist die organisierte Gewalt einer Klasse zur Unterdrückung einer anderen. Wenn das Proletariat im Kampfe gegen die Bourgeoisie sich notwendig zur Klasse vereint, durch eine Revolution sich zur herrschenden Klasse macht und als herrschende Klasse gewaltsam die alten Produktionsverhältnisse aufhebt, so hebt es mit diesen Produktionsverhältnissen die Existenzbedingungen des Klassengegensatzes, der Klassen überhaupt und damit seine eigene Herrschaft als Klasse auf" (Kommunistisches Manifest II). „Der Staat stirbt ab, insofern es keine Kapitalisten, keine Klassen mehr gibt und man daher auch keine Klasse mehr unterdrücken kann" (LAW II, 397; näher hierzu § 18 IV).

Diese Lehre begegnet nicht nur den grundsätzlichen Bedenken, die gegen den Anarchismus bestehen (§ 18). Es stellt sich auch die Frage, wie solch ein endgültiger Zustand in Einklang gebracht werden soll mit den Engelsschen Gesetzen der Dialektik (3). Nach diesen gäbe es keine endgültige Auflösung der Widersprüche, sondern nur eine ewige, und zwar immer wieder revolutionäre Fortentwicklung im Spiel der widerstreitenden Kräfte (s. auch III).

7. Kritik. – Die Vielfalt der Determinanten.

Marx hat das Verdienst, in unüberhörbarer Eindringlichkeit auf den Einfluß hingewiesen zu haben, den die wirtschaftlichen Verhältnisse, auch die wirtschaftliche Machtstellung bestimmter Klassen, auf das Recht und auf die Staatsverfassung haben können.

Aber der Historische Materialismus will den ökonomischen Bedingungen allein den letztlich ausschlaggebenden Einfluß zuschreiben: Das Ökonomische sei der „in letzter Instanz" bestimmende Faktor (s. o. 1). Für eine echte Wechselwirkung zwischen diesem und anderen Faktoren bleibt dann nach den Regeln der Logik kein Platz; würde nämlich die ökonomische Basis ihrerseits von anderen Faktoren beeinflußt, dann wäre sie gerade nicht die letzte Ursache eines Wirkungszusammenhanges. Sieht man aber in den ökonomischen Gegebenheiten die in letzter Instanz bestimmenden Ursachen des historisch-politischen Geschehens, erklärt man also einen Faktor für den alles bedingenden, dann ist man bei einer der monistischen Theorien angelangt, welche die Komplexität der soziologischen Tatbestände, die Interdependenz der einzelnen Faktoren, zu wenig beachten:

Wenn aber z. B. die Ideen Mohammeds im siebten Jahrhundert die in einem ewigen Kleinkrieg zerstrittenen Stämme der Araber einten und ihnen ein religiöspolitisches Ziel setzten, das sie über die Grenzen ihres angestammten Landes hinaus zur Eroberung eines Weltreiches trieb, so war dies ein Vorgang, der sich nicht allein oder auch nur vorwiegend auf ökonomische Veränderungen zurückführen ließ. Selbst das Heraufkommen des industriellen Zeitalters in Westeuropa ist nicht nur aus ökonomischen Ursachen zu begreifen: Zwar verweist das Kommunistische Manifest (I) mit Recht z. B. darauf, daß durch die großen Entdeckungsfahrten neue Märkte erschlossen wurden und hierdurch die ökonomische Situation verändert worden ist. Aber das Abenteuer des Kolumbus war seinerseits nicht ausschließlich oder auch nur primär ökonomisch bedingt. Überhaupt hat das Zeitalter der geographischen und naturwissenschaftlichen Entdeckungen und der technischen Erfindungen, das auch die gewaltigen Veränderungen der Produktivkräfte hervorbrachte, selber nicht nur ökonomische, sondern auch starke geistesgeschichtliche Wurzeln. Daß ferner die Entstehung der kapitalistischen Wirtschaft durch weltanschauliche Faktoren mitbedingt war, wird durch die Untersuchung Max Webers über die protestantische Ethik und den Geist des Kapitalismus nahegelegt (§ 7 II). Andererseits bietet Indien ein Beispiel für den hemmenden Einfluß weltanschaulicher Traditionen und eines überkommenen Kastengeistes auf die ökonomische Entwicklung. Wer wollte schließlich bestreiten, daß auch die Gedanken von Karl Marx die Welt verändert haben und dadurch selber Zeugnis ablegen von der Macht der Ideen. Im kontinentalen China und in Taiwan haben sich nach 1949, von ähnlichen ökonomischen Bedingungen ausgehend, zwei sehr verschiedene Gesellschaftsordnungen und politische Systeme entwickelt, vorwiegend deshalb, weil die handlungsleitenden politischen und sozialen Vorstellungen verschieden waren. Kurz, auch vorherrschende Vorstellungen können einen beträchtlichen Einfluß auf das soziale Geschehen gewinnen, indem sie zur Orientierung für menschliches Handeln werden, zu „Leitvorstellungen", die das Handeln motivieren und koordinieren (§§ 7 II; 28 IV 1).

Gegenüber einseitigen Betrachtungsweisen lehrt also die unbefangene Erfahrung, daß im sozialen Geschehen eine Vielfalt von Bedingungen wirksam ist: ökonomische, ja selbst geographische und klimatische Determinanten ebenso wie geistige Faktoren, religiöse Vorstellungen, überliefertes Wissen, erfinderische Einfälle, Entdeckerfreude, Abenteuerlust, Wille zur Macht. Diese Faktoren und ihre Wirkungsmöglichkeiten stehen in mannigfaltigen Wechselbeziehungen, d.h. sie alle sind in gewissen Hinsichten „abhängige Variable" und nicht auf eine einzige, beherrschende, unabhängige Variable zurückführbar (§ 2 II). Vor allem bestehen dort, wo der Marxismus materialistisch begründete Notwendigkeit annahm, in Wahrheit nur Gesetzmäßigkeiten, die einem gestaltenden Eingriff Raum lassen. Die Komplexität der Determinanten, eingeschlossen die Rolle geistiger Einflüsse und menschlicher Entscheidungswahl, gestattet es nicht, Politik insgesamt auf wissenschaftlicher Grundlage zu betreiben oder gar einen gesamtkonzeptionellen Dirigismus zu begründen (vgl. dazu § 35 II).

Insbesondere hat die Herrschaftsstruktur einer Gemeinschaft keineswegs nur ökonomische Grundlagen. Die Macht Lenins, Hitlers, Maos und Khomeinis etwa war nicht zuletzt auch auf das Charisma dieser Führer und auf die Suggerierbarkeit und Organisierbarkeit der von ihnen geleiteten Massen gegründet. Auch trifft es jedenfalls heute nicht zu, daß in den westlichen Demokratien eine bestimmte homogene Schicht allein die politische und soziale Gewalt in ihren Händen vereinigen würde (§§ 22 II; 26).

III. Das Regime der Funktionäre

Literatur: Wie zu §§ 35 IV; 37; *H. Schelsky,* Auf der Suche nach der Wirklichkeit, 1965, 88 ff.; 439 ff.; *C. Koch, D. Senghaas* (Hg), Texte zur Technokratiediskussion, 1970; *D. Bell,* Die nachindustrielle Gesellschaft, (engl. 1973) dt. 1975; *H. Lenk* (Hg), Technokratie als Ideologie, 1973; *Zippelius* RS, § 16 IV, V; *H. Lübbe,* Technokratie. Politische und wirtschaftliche Schicksale einer philosophischen Idee, WeltTrends 1998, S. 39 ff.

Zu 1: *A. Huxley,* Brave New World, 1932; *J. Burnham,* Das Regime der Manager, (engl. 1941) dt. 1948; *G. Orwell,* Nineteen eighty-four, 1949; *K. Renner,* Wandlungen der modernen Gesellschaft, 1953; *M. Djilas,* Die neue Klasse, (engl. 1957) dt. 1958; *K. A. Wittfogel,* Die orientalische Despotie, (engl. 1957) dt. 1962; *R. Ahlberg,* Die sozialistische Bürokratie, 1976; *G. Meyer,* Bürokratischer Sozialismus, 1977; *M. Voslensky,* Nomenklatura, 1980, ³1980.

Zu 2: *F. Bacon,* Nova Atlantis, 1627, in: K. J. Heinisch, Der utopische Staat, 1960; *C. H. de Saint-Simon,* L'organisateur, 1819/20 (Œuvres, 1966 Bd. II); *ders.,* Catéchisme des industriels, 1823/24; *E. Durkheim,* Über die Teilung der sozialen Arbeit, (frz. 1893) dt. 1977.

1. Befund und Besorgnisse. Die Parole, die Menschheit sei von der Herrschaft des Kapitals zu befreien, erscheint vielen als antiquiert, angesichts der Tatsache, daß die Industrienationen längst auf dem Wege sind, „ihre Herren zu wechseln" (§ 22 I) und unter die Herrschaft von Funktionseliten zu geraten. Die „Herrschaft von Menschen über Menschen" war im zwanzigsten Jahrhundert gerade auch in solchen Staaten ausgeprägt, in denen die Kapitalistenklasse abgeschafft war und einer Schicht herrschender Funktionäre Platz gemacht hatte. Gesellschaftliche Macht wird heute typischerweise auf Grund einer einflußreichen Position im Organisationsgefüge des Staates oder der Gesellschaft, einschließlich der Massenmedien, erlangt und ausgeübt.

Wittfogel (1962) suchte nachzuweisen, daß schon die alten orientalischen Despotien als „Agrar-Bürokratien" entstanden, die sich aus der Herausforderung entwickelten, die Wasser- und Landwirtschaft in den großen Flußkulturen der Frühgeschichte zu organisieren. Burnham (1941) und andere haben, nicht zuletzt mit Blick auf das stalinistische Rußland, als das Herrschaftsmodell der Zukunft ein Funktionärsregime dargestellt, in dem ein durchorganisierter Funktionärsapparat nicht nur die Machtmittel des Staates beherrscht, sondern auch den Produktionsprozeß lenkt und über die Massenkommunikationsmittel verfügt. Dank ihrer herausgehobenen Stellung verschaffte die Funktionärsschicht in den kommunistisch regierten Ländern sich mannigfache Privilegien, etwa bei der Versorgung mit Wohnungen und Gütern des täglichen Bedarfs, und eröffnete ihren Kindern einen bevorzugten Zugang zu Bildungseinrichtungen und Karrieren. Djilas (1957), Voslensky (1980) und andere haben empirische Daten beigesteuert, die bestätigen, daß das Sowjetsystem weitgehend nach diesem Muster funktioniert hat.

Auch die westlichen Industriegesellschaften stehen weitgehend unter einem Regime ihrer Funktionäre. Staatliche Bürokratien und Vorschriften wuchern wie Krebsgeschwüre und vermitteln den Bürgern zunehmend die Erfahrung, zu „verwalteten Menschen" zu werden. Längst ist „Parkinsons Gesetz" kein bloßer Scherz mehr. Auch Gewerkschaften und andere Verbände verfügen heute über einflußreiche, von Funktionären geleitete, bürokratische Apparate. In Industrie und Banken ist die Dispositionsmacht in weitem Umfang von den Kapitaleignern in die Hand des Industrie- und Bankenmanagements übergegangen, und zwar um so mehr, je breiter insbesondere das Aktienkapital in der Bevölkerung gestreut ist. Das „kapitalistische" Mitspracherecht der vielen kleinen Shareholder und „Volksaktionäre" ist nur auf etwas andere Weise mediatisiert, als es das demokratische Mitspracherecht des Volkes ist (§ 23 II 3). Auch ein bedeutender Sozialist hat längst diese Diagnose gestellt: Die Funktion der Kapitalisten werde in der Industriegesellschaft auf eine wachsende Dienstleistungsklasse aufgeteilt, welche die Dispositionen treffen. Die Unternehmerfunktion sei auf vertraglich angestellte Direktoren übergewechselt. Das Kapital werde von einer Dienstklasse gelenkt, während der reine Kapitalist zum bloßen Rentier werde (Renner 1953, 119, 182, 226).

Die Funktionärsapparate der Staatsverwaltung, der politischen Parteien, der Gewerkschaften und anderer Verbände, der Massenmedien, der Industrie und der Banken sind unterschiedlich strukturiert und haben unterschiedliche Auswahlschemata; neben der „Bürokratenkarriere", die sich innerhalb der Organisation insbesondere nach Dienstalter, Leistung, Anpassungs- und Durchsetzungsvermögen vollzieht, spielt, zumal in der westlichen Politikerkarriere, auch der Weg über Wahlämter eine Rolle (§ 22 II 2, 3). Alle diese Funktionärsapparate haben aber heute eine beträchtliche „bürokratische" Komponente. Vielfach bringen die bürokratisch-technokratischen Organisationen ihre eigenen Spitzenfunktionäre hervor.

Selbst bei der Politikerkarriere ist der Weg über die Wahlämter zumeist mit der Arbeit in den Parteisekretariaten verknüpft. Um so mehr wird in anderen Funktionärsapparaten die „klassische", übrigens nie ganz scharfe Trennungslinie zwischen einer Führungsspitze (die insbesondere die Ziele setzt) und einer dienenden Bürokratie (die ihren Sachverstand zur Verwirklichung dieser Ziele beiträgt) innerhalb der Organisation überschritten und zunehmend verwischt.

Der bürokratische Stil (§ 37 II) bestimmte das öffentliche Handeln am deutlichsten in jenen Ein-Parteien-Staaten, in denen Staats- und Parteibürokratien zu allmächtigen Apparaten herangewachsen waren, die keiner wirksamen äußeren Kontrolle unterstanden. Aber auch in den pluralistischen Staaten prägt die „bürokratische Komponente" mehr oder minder das Handeln der Funktionäre. Auch hier treten negative Züge hervor, die wohl überall auf der Welt das bürokratische Wirken kennzeichnen: der Schematismus des Handelns, die phantasielose Routine, die Umständlichkeit des Geschäftsganges, der mangelnde Blick für die relative Wichtigkeit oder Unwichtigkeit jener Interessen, die man selbst zu verwalten hat, und damit verbunden die Überschätzung der Ressort- oder Verbandsinteressen und das Abschieben der Verantwortung für das Gesamtergebnis des eigenen Handelns auf das anonyme „Gesamtsystem", nicht zuletzt auch die Lust an der Macht, die man anonym oder durch den Apparat gedeckt auszuüben vermag.

Gelegentlich wurden die Besorgnisse und Ängste, unter die zunehmende Manipulation und Kontrolle übermächtiger Verwaltungsinstitutionen zu geraten, in eindrucksvolle Bilder gefaßt. Tocqueville schrieb schon im Jahre 1840 seine Vision nieder von einer „gewaltigen, bevormundenden Macht, die allein dafür sorgt, die Genüsse (der Bürger) zu sichern und ihr Schicksal zu überwachen. Sie ist unumschränkt, ins einzelne gehend, regelmäßig, vorsorglich und mild" (§ 35 III). Aldous Huxley (1932) entwarf das Bild einer Wohlstandsgesellschaft, in der die Einzelnen im Dienste allgemeiner, problemloser happiness genetisch und psychisch umfassend manipuliert werden. Von Orwell (1949) stammt das düstere Modell eines apparathaften, totalitären Ordnungsstaates, der die Gewaltunterworfenen in allen, auch den privatesten Lebensbereichen dirigiert, überwacht und unterdrückt.

2. Gründe der Bürokratisierung. Da die Bürokratisierung sich in allen Industriegesellschaften ausbreitet, liegt es nahe, hier einen wenigstens in gewissen Hinsichten nützlichen, vielleicht sogar einen gesetzmäßigen Prozeß zu vermuten.

Mit dem Heraufziehen des naturwissenschaftlich-technischen Zeitalters entstand die optimistische Idee von einem Regime sachkundiger Eliten. Schon Bacons Sozialmodell (1627/1960, IV 3) wies die führende Rolle Forschern und Wissenschaftlern zu, welche die Kräfte und Mittel der Natur zu erschließen und in den Dienst der Gemeinschaft zu stellen haben. Später meinte Saint-Simon, daß die allgemeinen Interessen der Gesellschaft von solchen Menschen zu verwalten seien, die dank ihrer sachlichen Einsicht den allgemeinsten und positivsten Nutzen stiften könnten. Demgemäß sollte die Leitung der öffentlichen Angelegenheiten, was die Finanzen betrifft, in die Hände der bedeutendsten „Industriellen" gelegt werden, andere als finanziell-administrative Angelegenheiten in die Hände der fähigsten Experten (Catéchisme, IV). Die Souveränität reduziere sich dann darauf, jeweils nach einem Prinzip zu handeln, „das sich aus der Natur der Dinge selbst herleitet", dessen Richtigkeit und Notwendigkeit die Menschen also lediglich anerkennen. Der Politik verblieben also nur noch die Aufgaben, erstens den Wohlstand der Gesellschaft mit Hilfe der Kenntnisse zu vermehren, die ihr die Wissenschaften, die Gewerbe und die schönen Künste bieten, zweitens diese Kenntnisse zu verbreiten und zu vervollkommnen und drittens, die Vorhaben mit den geringsten Kosten und in der kürzestmöglichen Zeit durchzuführen (L'organisateur, 11. Brief). Kurz, auch politisch werde nach den einsichtigen sachlichen Notwendigkeiten gehandelt.

Max Weber führte die zunehmende Bürokratisierung auf die technische Überlegenheit der bürokratischen Organisation zurück (§ 37 II). Diese biete „das Optimum an Möglichkeit für die Durchführung des Prinzips der Arbeitszerlegung in der Verwaltung nach rein sachlichen Gesichtspunkten, unter Verteilung der einzelnen Arbeiten auf spezialistisch abgerichtete und in fortwährender Übung immer weiter sich einschulende Funktionäre". Hierbei entwickle die Bürokratie ihre spezifische Eigenart um so vollkommener, je mehr sie sich versachlicht, d.h. „entmenschlicht", je mehr ihr nämlich „die Ausschaltung von Liebe, Haß und allen rein persönlichen, überhaupt allen irrationalen, dem Kalkül sich entziehenden, Empfindungselementen aus der Erledigung der Amtsgeschäfte gelingt" (WuG, 128f., 561ff.). In später nie übertroffener Klarheit ist hier erkannt, daß die Kehrseite des Strebens nach Sachlichkeit, Rationalität und schematischer Gleichbehandlung der Verlust jener „Menschlichkeit" ist, die darin besteht, die Individualität der Betroffenen und deren besonderen Lebensumstände stets voll in Rechnung zu stellen.

Gegen die Erwartung, der bloße bürokratisch-technokratische Sachverstand könne insgesamt auch die Stelle der politischen Gewalten einnehmen, läßt sich die These von der „Beschränktheit des Sachverstandes" anführen. Bereits Max Weber hat gezeigt, daß das eigentliche Feld des Sachverstandes nur die Auffindung und Bereitstellung der geeigneten Mittel für gegebene politische, wirtschaftliche oder sonstige gesellschaftliche Zwecke ist. Aber die Wahl dieser Zwecke selbst ist keine Frage bloßen Sachverstandes (§ 37 IV 2), insbesondere keine Frage eines technischen Spezialistenwissens. So muß der bürokratische und technokratische Sachverstand durch Entscheidungen über die anzustrebenden Ziele ergänzt werden.

Gewiß sind in der Praxis politisches und sachverständiges Räsonnement enger miteinander verflochten, als es die idealtypische Gegenüberstellung zunächst nahelegt: Die Ziele müssen auch mit Rücksicht auf die erforderlichen Mittel und auf die sachverständig abzuschätzenden Nebenwirkungen gewählt werden. Dennoch dürfen die Erwartungen an eine rationale Planbarkeit der gesellschaftlichen Prozesse – und damit an die Kompetenz des bloßen Sachverstandes – nicht überspannt werden (§ 36 III): Regelmäßig bleiben Handlungsalternativen zur Wahl, die eine Entscheidung zwischen mehreren (im Rahmen des Möglichen) anzustrebenden Zwecken zulassen und erforderlich machen.

Die staatlichen und gesellschaftlichen Funktionen lassen sich also nicht in eine rationale „Verwaltung von Sachen" auflösen, die dann zur ausschließlichen Domäne bürokratisch-technokratischen Sachverstandes, eines „social engineering" oder einer wissenschaftlich betriebenen Politik werden könnte.

3. Was tun? Schwerer als dieses theoretische Bedenken wiegt aber die zunehmende Belästigung, ja Bedrückung durch die staatlichen und nichtstaatlichen Bürokratien. Der Staat und supranationale Institutionen haben immer mehr Aufgaben übernommen und lassen sie durch eine anschwellende Bürokratie besorgen. Ihre Regelungen sind oft ins Einzelne gehend, häufig bürgerfern, in räumlicher und sachlicher Distanz zum Einzelfall, ausgedacht. So werden Zeit und Kraft und damit auch die Freiheit der Bürger durch ein Übermaß an schematisierender Verrechtlichung strapaziert (§§ 30 I 2, IV 2; 35 IV 2, 4). Kurz, es besteht Anlaß, die Normen zu vereinfachen, die Bürokratien zu verkleinern und ihr Wirken bürgernäher zu gestalten.

Wesentliche Bedingungen hierfür sind: ein Abbau von Staatsaufgaben, nicht zuletzt auch eine Einschränkung der Leistungserwartungen gegen den Staat, und eine weitgehende Dezentralisation im Bereich des Staates und der Verbände. Man kann kein umfassend betreuter und versorgter Bürger sein, ohne zugleich ein umfassend verwalteter Bürger zu sein. Bürger und dezentralisierte Selbstverwaltungseinrichtungen müssen einen wesentlichen Teil der „Daseinsvorsorge" und der Interessenwahrung in eigene Regie nehmen, wenn sie nicht vom Staat oder den Großverbänden in Regie genommen werden wollen (§§ 3 III 3; 31 I; 35 IV). Dies ist nur eine andere Formulierung des „Subsidiaritätsprinzips", in dem man von alters her die entscheidende Abhilfe gegen den nivellierenden Staat gesehen hat (§ 17 I 3). In welchem Umfang es auch in der Industriegesellschaft möglich ist, Aufgaben und Verantwortung in überschaubare Bereiche zu verlagern, dafür kann auch heute noch die Schweiz als Modell dienen.

Wie die Antwort auf die Verbürokratisierung des Lebens lauten müßte, ist also der Grundkonzeption nach angebbar. Ob aber politische Systeme, in denen sich eine starke Bürokratisierung erst einmal durchgesetzt hat, noch hinreichende Innovationskraft besitzen, um eine Reform durchzuführen, ist nach den bisherigen Erfahrungen zweifelhaft. Parlamente respektieren z.B. den Selbsterhaltungs- und Vermehrungstrieb der staatlichen Bürokratien als vermeintlichen „Sachzwang", statt das probate Mittel des Stelleneinzugs anzuwenden, das von selbst eine Verminderung verzichtbarer Verwaltungsaufgaben nach sich zöge.

Wenigstens gegen einen totalitären Staatsapparat Orwellscher Dimension gibt es aber Vorkehrungen, die einstweilen noch funktionieren. Sie liegen in der strukturellen Vielfalt und Funktionenteilung, und zwar nicht nur im Bereich der staatlichen, sondern auch der sozialen Gewalten, kurz, in der Struktur eines gewaltenteiligen, pluralistischen Staates (§§ 29 I 3; 31 I).

§ 26. Der pluralistische Staat

Literatur: *J. H. Kaiser,* Die Repräsentation organisierter Interessen, 1956, ²1978; *H. Huber* Aufs, 361 ff.; *Loewenstein* VL, 367 ff.; *Fraenkel* DwD, 58 ff., 297 ff.; *K. v. Beyme,* Interessengruppen in der Demokratie, 1969, ⁵1980; *H. H. v. Arnim,* Gemeinwohl und Gruppeninteressen, 1977; *J. Weber,* Die Interessengruppen im polit. System der BRD, 1977, ²1981; *F. Blaich,* Staat und Verbände in Deutschland zwischen 1871 und 1945, 1979; *R. G. Heinze,* Verbändepolitik und „Neokorporatismus", 1981; *J. Hartmann,* Verbände in der westlichen Industriegesellschaft, 1985; *R. Steinberg* (Hg), Staat und Verbände, 1985; *H. P. Ullmann,* Interessenverbände in Deutschland, 1988; *R. Herzog,* Staat und Recht im Wandel, 1993, 1 ff.; *E. Schütt-Wetschky,* Interessenverbände und Staat, 1997; *W. Reutter, P. Rütters* (Hg), Verbände und Verbandssysteme in Westeuropa, 2001; *M. Sebaldt, A. Straßner,* Verbände in der BRD, 2004; *H. D. Horn,* in: HdStR, § 41; *U. v. Alemann, F. Eckert u. a.,* Verbände und Lobbyismus, APuZ 2006, B 15–16.

Die Demokratie gibt allen möglichen Gruppen und Verbänden, die nach politischem oder sozialem Einfluß drängen, Gelegenheit, sich zu bilden und miteinander in Wettbewerb um Macht und Einfluß zu treten. Diese Chance, Einfluß und Macht im Staat zu erringen, haben nicht nur die politischen Parteien, die legitimerweise unmittelbar danach trachten, die obersten Staatsorgane, vor allem das Parlament und die Regierung zu besetzen. Auch Arbeitgeberverbände, Gewerkschaften, Kirchen und Weltanschauungsgemeinschaften erhalten und benützen die Möglichkeit, Anhänger zu werben und Einfluß auf das wirtschaftliche und das soziale Leben und auch auf die Staatsgewalt selber zu nehmen.

I. Pluralismus als Störung

Literatur: *Th. Hobbes*, De cive, 1647; *ders.*, Leviathan, 1651; *C. Schmitt*, Der Begriff des Politischen, 1932; *ders.*, Der Leviathan, 1938; *Ch. Mouffe*, Über das Politische, 2007.

Einander widerstrebende Kräfte gibt es indessen nicht nur in Demokratien, sondern in allen Herrschaftsverbänden. Auch in Einparteienstaaten findet man innerhalb der Spitzenfunktionäre rivalisierende Gruppierungen. Ähnliches gilt sogar für die streng hierarchisch aufgebaute und weltanschaulich in hohem Maße gleichgerichtete katholische Kirche. Aber in solchen Herrschaftsformen erscheinen Parteiungen oft als Fremdkörper, als Störfaktoren. Hobbes, dem seine Zeit eine nachdrückliche Lektion über die Schattenseiten konfessioneller und politischer Parteiungen vermittelt hatte, und der die Abhilfe in einer starken Staatsgewalt suchte, war ein entschiedener Gegner von Verbänden. Sie seien gleichsam kleinere Staaten im Bauche eines größeren, seien Lebewesen in einem anderen, wie Würmer in den Eingeweiden des Menschen (Leviathan, Kap. 29). Der Herrscher müsse Parteiungen auflösen und zerstreuen. Denn da sich Verbände gegeneinander im Naturzustand befänden, und das sei eben der Kriegszustand, so handle ein Herrscher, der Parteiungen gestatte, ebenso, wie wenn er dem Feind die Tore öffne (De cive, Kap. 13, Nr. 13). Kurz, eine autoritäre Staatsauffassung sieht im Pluralismus eine Zerfallserscheinung; die Lösung der Konflikte sollte von einer zentralen Instanz verfügt werden.

II. Pluralismus als konstitutives Strukturprinzip (Der Kompromiß als Lebensform)

Literatur: *J. Wössner*, Die ordnungspolitische Bedeutung des Verbandswesens, 1961; *Scheuner* St, 135 ff.; *F. W. Scharpf*, Die Handlungsfähigkeit des Staates am Ende des zwanzigsten Jahrhunderts, PVS 1991, 621 ff.
Zu 1: *J. A. Schumpeter*, Kapitalismus, Sozialismus und Demokratie, (engl. 1942) dt. [3]1972, Kap. 21–23; *K. J. Arrow*, Social Choice and Individual Values, 1951, [3]1966; *Ch. Lindblom*, The Intelligence of Democracy, 1965; *Hochschule Speyer* (Hg), Wohl der Allgemeinheit und öffentliche Interessen, 1968, 13 ff., 32 ff.; *F. Becker*, Kooperative und konsensuale Strukturen in der Normsetzung, 2005.
Zu 2: Wie zu § 28 II; *J. Goebbels*, Der Angriff, Aufsätze aus der Kampfzeit, 1935; *K. R. Popper*, Die offene Gesellschaft und ihre Feinde, (engl. 1954) dt. [7]1992; *Krüger*, 178 ff.; *K. Schlaich*, Neutralität als verfassungsrechtliches Prinzip, 1972; *H. Steinberger*, Konzeption und Grenzen freiheitlicher Demokratie, 1974, 196 ff.; *G. P. Boventer*, Grenzen politischer Freiheit im demokratischen Staat, Das Konzept der streitbaren Demokratie in einem internationalen Vergleich, 1985; *S. Eisel*, Minimalkonsens und freiheitliche Demokratie, 1986; *F. Hufen*, Das Zusammenleben von Kulturen und Religionen unter der Verfassung. Oder: Wieviel Fundamentalismus verträgt die verfaßte Demokratie?, in: F. f. W. Rudolf, 2001, 247 ff.; *St. Huster*, Die ethische Neutralität des Staates, 2002; *Zippelius/Würtenberger*, § 37 IV.
Zu 3: *W. Steffani*, Parteien als soziale Organisationen, ZParl 1988, 549 ff.

Im Gegensatz dazu sollen nach heutigem Demokratieverständnis die gesellschaftlichen und politischen Gruppierungen, die sich zur Durchsetzung von Interessen und Meinungen bilden, Einfluß auf die staatliche Willensbildung gewinnen (§ 3 III 4 b).

1. Die Suche nach konsensfähigen Kompromissen. Es gehört zur Grundkonzeption der Demokratie, daß alle möglichen Interessen und Meinungen eine Chance erhalten, miteinander zu konkurrieren, und Einfluß auf das staatliche Handeln zu gewinnen suchen. So stellt sich die Demokratie zugleich als pluralistischer Staat dar, der eine Vielfalt von Interessen und Anschauungen als konstitutive Elemente im politischen Prozeß zur Wirkung kommen läßt. Zwischen den in der Gesellschaft vorhandenen, widerstreitenden Interessen und Auffassungen soll sich ein Kompromiß anbahnen.

Welches die optimale und gerechte Interessenbefriedigung sei, wird hier nicht von einer zentralen Instanz ausgedacht und verfügt. Die Suche nach ihr bleibt einem offenen Prozeß von „trial und error" überlassen. Sie vollzieht sich in parlamentarischen Gesetzgebungsverhandlungen, in Gerichtsentscheidungen, in den sie begleitenden Diskursen und nicht zuletzt in verbands- und privatautonomen Interessenregelungen. Zu einem erheblichen Teil geschieht dieser Interessenausgleich in dem bereits dargestellten Schema „stufenweiser" oder „kooperativer" Konfliktsbereinigung (§ 3 III 4): Weltanschauliche, interessengebundene und politische Gruppierungen erfüllen die unentbehrliche Aufgabe einer klärenden Vorformung der politischen Willensbildung: Im Widerstreit der von ihnen repräsentierten, zum Teil auch gelenkten Auffassungen kristallisieren sich überschaubare Komplexe politischer Alternativen heraus, die dann auch Gegenstand politischer Entscheidungen sein können (II 3). Hierbei werden Interessen schon im Vorfeld des politischen Prozesses artikuliert und nach ihrer Durchsetzungswürdigkeit gesichtet. Nicht selten wird auch zwischen extremen Flügeln der organisierten Interessenten vermittelt. Die so artikulierten Interessen werden insbesondere in das Forum der politischen Parteien eingebracht; zwischen widerstreitenden Interessen, die in diesen Parteien zu Wort kommen, werden Kompromisse gesucht (III, VI 2). Die Kompromisse, die je innerhalb der einen und der anderen Partei zustande kommen, werden verschieden ausfallen, je nachdem, wie stark die unterschiedlichen Interessentengruppen in den verschiedenen Parteien zur Geltung kommen. Über die verbleibenden Differenzen wird auf der Ebene des Parlaments zunächst zwischen den Parteien verhandelt und dann mit Mehrheit entschieden. Grundsätzliche Differenzen, etwa über die große Linie der Sozialpolitik, können schließlich sogar zu einem Wahlthema und damit zu einem Gegenstand der Wählerentscheidung werden.

2. Offener Wettbewerb der Interessen und Meinungen. Das pluralistische Modell entspricht der Forderung, möglichst vielen Menschen so viel Spielraum zur Entfaltung ihrer Persönlichkeit und zur Wahrnehmung ihrer Interessen zu gewähren, wie mit den gleichberechtigten Entfaltungswünschen und Interessen ihrer Mitbürger verträglich ist. Es bietet, anders als die zentral verwaltete Gesellschaft, durch seine größere Differenziertheit und Handlungsfreiheit auch die größeren Chancen einer Entwicklung, es bietet vielfältigere Möglichkeiten, mit Gedanken und sozialen Lebensformen zu experimentieren und durch Wettbewerb das weniger Bewährte auszuscheiden. Es erhält also in höherem Maße den großen Prozeß von „trial and error" lebendig, durch den sich die menschliche Einsicht und Zivilisation entwickelt (vgl. §§ 3 III 1, 2; 35 II 2). Nicht zuletzt ist die Vielfalt konkurrierender Gruppen eine wesentliche Sicherung gegen die Gefahr einer totalitären Staatsgewalt (§ 29 I 3).

Andererseits birgt das pluralistische Modell auch Nachteile: Die kurze Perspektive des nächstbesten Kompromisses, der für den Augenblick die maximale Interessenbefriedigung verspricht, verdrängt leicht die längerfristige Vorsorge für die weitere Zukunft (V 2). Auch werden die Entscheidungen hier nicht aus einer griffigen Weltanschauung getroffen, sondern ausgehandelt – doch überwiegt hier bei weitem der Vorteil: Zwar geht mit dem Verlust einer „staatstragenden" Weltanschauung und der damit verbundenen Orientierungsgewißheit ein bedeutender Integrationsfaktor der Gemeinschaft verloren; auch wird die Verunsicherung und Entscheidungslast, die unvermeidlich mit der Freiheit verbunden ist, nicht immer leicht ertragen (§§ 7 III 1; 28 I). Aber diese pluralistische Verfassungskultur ist in der durchbürokratisierten Gesellschaft, die über die Kontroll- und Beeinflussungsinstrumente unserer Zeit verfügt, auf Dauer wohl die einzige Alternative zu einem totalitären Staat. Darum sollte man die experimentierende, oft tastende Suche nach gangbaren Kompromissen, eingeschlossen die Bereitschaft zur Selbstkorrektur, nicht als grundsätzliche Schwäche der Politik abwerten, sondern sie als Teil jenes Prozesses von „trial and error" erkennen, der die einzig mögliche Lebensform einer freiheitlichen Demokratie ist.

Der pluralistische Staat nimmt also eine Vielzahl völkischer, ökonomischer, religiöser und weltanschaulicher Faktoren als konstitutive Elemente in den politischen Prozeß herein und gibt ihnen eine Chance, sich auch politisch zur Geltung zu bringen. Weltanschaulich läßt er die „Perspektive legitimer Perspektivenvielfalt" gelten (Zippelius WdR, Kap. 6 d). Damit enttäuscht er den, der wünscht, daß der Staat sich mit bestimmten Ideen identifiziert und dabei wohl im stillen hofft, „daß der Staat sich gerade und nur für seine Idee entscheiden wird." So muß der Bürger zwar darauf verzichten, daß der Staat die Ideale, die ihm teuer sind, „auf seine Fahnen schreibt und sie gegen Gleichgültige und Andersdenkende mit seinen Mitteln, also gerade auch einschließlich Gewalt durchsetzt. Aber dafür darf dieser Bürger sicher sein, daß ihm das Schicksal nicht zuteil wird, das er anderen an sich zugedacht hatte" (Krüger, 184).

Alle Bereitschaft zur „Offenhaltung" des politischen Prozesses findet eine letzte Grenze aber daran, daß jede Staatsverfassung sich für eine bestimmte politische Grundordnung und elementare politische Prinzipien entscheiden muß, die das grundlegende Integrationsschema dieser Rechtsgemeinschaft bilden (§ 8 II). Mit anderen Worten: Die Zulassung von Divergenzen kann nur im Rahmen eines Grundkonsenses und der hierauf beruhenden Grundregeln des Zusammenlebens geschehen. Die erste und fundamentale „Spielregel" einer offenen Gesellschaft ist aber, daß die gleichberechtigte Mitwirkungskompetenz und Würde eines jeden fortwährend zu achten und zu erhalten ist. Denn hierauf beruht die Legitimität der offenen Gesellschaft: daß jeder eine prinzipiell gleich zu achtende Mitwirkungskompetenz bei der Bildung der öffentlichen Meinung und überhaupt im politischen Prozeß habe (§§ 16 I 3; 28 II 1). Kurz, die offene Gesellschaft legitimiert nicht dazu, ihre eigenen Prämissen zu beseitigen. Mit Recht ist daher z.B. im Bonner Grundgesetz die freiheitliche demokratische Grundordnung, die die Menschenwürde jedes Einzelnen respektiert, zu einem unantastbaren und nicht revisiblen Verfassungsprinzip erklärt (Art. 1, 18, 20, 21, 79 Abs. 3 GG).

Die freiheitliche Demokratie gibt in ihrer politischen Grundentscheidung zwar einen sehr viel größeren Spielraum für eine pluralistische Entfaltung von Meinungen und Interessen, als dirigistische Staaten es tun. Aber wenn sie sich als freiheitliche Ordnung behaupten will, kann auch sie nur einen Spielraum geben. Auch hier kommt als ein Grundgesetz der Politik zur Geltung, daß Freiheit im Staat nur optimiert, aber nicht radikalisiert werden kann, daß sie also Grenzen haben muß, wenn auf Dauer möglichst viel Freiheit für möglichst viele erhalten bleiben soll (§§ 28 II 1; 29 III; 34 I 2). Innerhalb solcher Grenzen (wie sie etwa durch Art. 18 und 21 Abs. 2 GG gezogen sind) ist es in der pluralistischen Demokratie aber möglich und notwendig, daß mannigfache Interessen und Meinungen sich immer wieder von neuem zur Geltung bringen, aufeinander einstellen und verständigen.

Das Konzept, der Freiheit auch in der offenen Gesellschaft bestimmte Grenzen zu ziehen, ist aber nicht aus theoretischen Erwägungen entstanden. Das eigentliche Lehrstück war die Zerstörung der Weimarer Republik durch radikale Kräfte. Sie bedienten sich der Mittel der offenen Gesellschaft, um diese zu vernichten. Eine Beschreibung dieses Vorgangs hatte Goebbels schon im Jahre 1928 geliefert: „Wir gehen in den Reichstag hinein, um uns im Waffenarsenal der Demokratie mit deren eigenen Waffen zu versorgen. Wir werden Reichstagsabgeordnete, um die Weimarer Gesinnung mit ihrer eigenen Unterstützung lahmzulegen. Wenn die Demokratie so dumm ist, uns für diesen Bärendienst Freifahrkarten und Diäten zu geben, so ist das ihre eigene Sache. Wir zerbrechen uns darüber nicht den Kopf. Uns ist jedes gesetzliche Mittel recht, den Zustand von heute zu revolutionieren ... Wir fordern Überzeugung, Hingabe, Leidenschaft! Die Stimme ist nur ein Hilfsmittel für uns ... Wir werden mit hartem Schritt den ... Boden der Parlamente betreten, werden hineintragen den revolutionären Willen der breiten Volksmassen ... Wir kommen nicht als Freunde, auch nicht als Neutrale. Wir kommen als Feinde! Wie der Wolf in die Schafherde einbricht, so kommen wir" (1935, 71 ff.).

3. Organisierung der Interessenten. Auf sich allein gestellt, kann der Einzelne seine persönlichen Meinungen und Interessen nicht genügend zur Geltung bringen. So muß er Anschluß an Gleichgesinnte und an solche suchen, die gleiche Interessen haben wie er, um mit vereinter Kraft eine bestimmte Meinung und bestimmte Interessen durchzusetzen. Solche Organisierung der Interessen ist nicht nur zu deren Artikulierung nötig, sondern auch, um solchen Interessen, die sich widerstreiten, ein gewisses Maß an Chancengleichheit zu verschaffen. Ein historisches Beispiel für dieses Streben nach Chancengleichheit bot die Organisierung der Arbeitnehmer in den Gewerkschaften, um sich den damals übermächtigen Arbeitgebern gegenüber eine Durchsetzungsmöglichkeit zu verschaffen.

Die Interessentenverbände haben – als Instrumente zur Artikulierung von Interessen und zur Gruppierung von Interessenten – auch die wichtige Funktion, zur Vorformung des politischen Willens des Volkes beizutragen. Sie stehen dabei unter dem verfassungsrechtlichen Schutz der Vereins- und Versammlungsfreiheit und namentlich der Koalitionsfreiheit und der religiösen Vereinigungsfreiheit, der Meinungsfreiheit und der Bekenntnisfreiheit. So tritt neben die organschaftliche Repräsentation des Volkes durch die gewählten Staatsorgane eine bloß faktische Repräsentation durch die interessenvertretenden Verbände, die Einfluß auf die Entscheidungen der Staatsorgane zu gewinnen suchen.

Neben die ständigen Interessentenverbände, die zur Wahrnehmung anhaltender partikulärer Interessen dauerhaft organisiert sind, treten locker gefügte, spontan gebildete Gruppierungen, die anläßlich konkreter Interessenkonflikte „Bürgerinitiativen" ergreifen, um hic et nunc bestimmte Ziele zu erreichen und sich dann wieder aufzulösen. Sie verstehen sich meist als Vertreter eines allgemeinen oder doch überwiegenden Interesses der Gemeinschaft (oft nur einer örtlich sehr begrenzten Gemeinschaft) und demgemäß als ein Organ unmittelbarer Demokratie. Dementsprechend suchen sie vor allem durch Mobilisierung der öffentlichen Meinung zur Wirkung zu kommen (III). In Wahrheit repräsentieren aber oft auch Bürgerinitiativen nur partikuläre Interessen und Meinungen, oft stellen sie bloße aktivistische Minderheiten dar, die einen überproportionalen Einfluß auf staatliche Entscheidungen zu gewinnen suchen. Auch in Bürgerinitiativen, welche die Majorität einer begrenzten Region repräsentieren, kann sich aus überregionaler Sicht ein bloß partikuläres Interesse äußern, das gegen andere, überregional zu berücksichtigende Interessen abzuwägen ist. Beispiele solcher Entscheidungen mit überregionaler Auswirkung sind etwa Planungen wichtiger Verkehrswege oder Standortplanungen für Universitäten, Flughäfen oder Atomkraftwerke. Auch in solchen Fällen stellt sich also, nicht anders als bei verbandsmäßig organisierten Sonderinteressen, die Aufgabe einer Interessenabwägung durch eine übergeordnete Instanz.

Die Organisierung partikulärer Interessen und Meinungen dient nicht nur zu deren Artikulation im Vorfeld demokratischer Willensbildung. Sie dient auch einer Gewaltenbalance. Im Nebeneinander und Gegeneinander der Interessen- und Meinungsgruppen (z. B. der Arbeitnehmer- und der Arbeitgeberverbände in sozialpolitischen Fragen, oder der Kirchen, der Liberalen und der Sozialisten in kulturpolitischen Angelegenheiten) liegt eine nicht zu unterschätzende Machtkontrolle und damit eine wichtige Sicherung der Freiheit.

III. Techniken pluralistischer Einflußnahme

Literatur: Wie zu §§ 37 IV 3; 42 III 3; *Th. Eschenburg,* Herrschaft der Verbände? 1955, ²1963; *U. Thaysen u.a.* (Hg), US-Kongreß und Deutscher Bundestag, 1988, 128 ff., 281 ff., 300 ff.; *B. Benzner,* Ministerialbürokratie und Interessengruppen, 1989; *R. Steinberg,* Parlament und organisierte Interessen, in: H. P. Schneider/W. Zeh (Hg), Parlamentsrecht und Parlamentspraxis, 1989, § 7; *G. Triesch, W. Ockenfels,* Interessenverbände in Deutschland, 1995; *W. Streeck* (Hg), Korporatismus in Deutschland, 1999; *W. Reutter,* Organisierte Interessen in Deutschland, APuZ 2000, B 26, S. 7 ff.; *Th. Leif, R. Speth* (Hg), Die fünfte Gewalt. Lobbyismus in Deutschland, 2006; *R. Kleinfeld u. a.* (Hg), Lobbying. Strukturen, Akteure, Strategien, 2007; *I. Michalowitz,* Lobbying in der EU, 2007.

Zur Verwirklichung ihrer Ziele suchen und finden die Gruppen Einfluß auf die Staatsgewalt, und zwar dadurch, daß sie unmittelbar in Organe der Staatsgewalt eindringen und ihre Funktionäre auf Abgeordnetensitze oder in Regierungs- oder Verwaltungsämter bringen, oder mittelbar dadurch, daß sie auf Abgeordnete oder auf Träger der Exekutivgewalt einwirken.

Der Weg, Verbandsfunktionäre in Staatsorgane zu „lancieren", wird vor allem in den modernen Parlamenten gewählt. Wo das Verhältniswahlrecht Splitterparteien eine Chance gibt, wurden gelegentlich für Sonderinteressen, z. B. von Flüchtlingen oder von Landwirten, eigene politische Parteien gegründet. Vor allem aber finden sich im Rahmen der großen politischen Parteien Repräsentanten von Interessenverbänden. – Aber auch auf die Besetzung von Ämtern der Exekutive wird Einfluß genommen, um auf Sachentscheidungen der Behörden einzuwirken und Zugang zu wichtigen Informationen zu gewinnen. – Nicht selten ist das Eindringen der Interessentengruppen in öffentliche Organe heute legalisiert: Es gibt eine berufsständische Repräsentation in Verfassungsorganen. Beispiele dafür bieten der Wirtschafts- und Sozialrat der französischen Fünften Republik und der irische Senat. In der Verwaltung und in der Gerichtsbarkeit werden manchmal Repräsentanten sachnaher Interessen als Ausschußmitglieder oder Gerichtsbeisitzer am Entscheidungsprozeß beteiligt (näher hierzu VI 2).

Ein anderer Weg der Einflußnahme ist der, daß von außen her auf die Staatsorgane eingewirkt wird, und zwar wiederum auf verschiedenste Weisen. Eine wirksame Methode, Einfluß auf die Staatsgewalt zu nehmen, ist der Lobbyismus, der seinen Namen von der Lobby, von der Wandelhalle des Parlaments hat, in der man sich die einzelnen Abgeordneten zu einem Gespräch unter vier Augen „vornimmt". Natürlich haben sich die Techniken solcher Einflußnahme verbessert. Zum Beispiel können die Stäbe der Interessentengruppen Informationshilfen für die parlamentarischen Ausschüsse zusammenstellen. Wahlgelder und andere finanzielle Zuwendungen an Parteikassen verleihen den Interessenwünschen Nachdruck. – Eine gewisse Rolle spielen auch die „Verbindungen", die man zu Regierungsmitgliedern oder zu Schlüsselstellen der Bürokratie unterhält. – Auch die Einflußnahme durch

Beratung ist auf vielen Gebieten bereits institutionalisiert, und zwar durch die Bildung von Beiräten, in denen die Interessentenverbände vertreten sind.

Eine bedeutende Mittlerrolle für die Einflußnahmen der Interessenten spielen die politischen Parteien. Sie sind ein wichtiges Gelenk, das die gehäuft in der Gesellschaft vorhandenen, besonders auch die organisierten Interessen in den politischen Prozeß hinein vermittelt: Sie sind vielfältigen Einflußnahmen von Interessenten ausgesetzt und müssen diese (als Wählerpotential, „opinion-leaders", Geldgeber oder als Inhaber erheblicher Druckmittel) berücksichtigen und weitestmöglich zufriedenstellen, um ihre eigenen Chancen zu sichern. Innerhalb der Parteien selbst wird beträchtliche Arbeit darauf verwendet, annehmbare Kompromisse zwischen einflußreichen Interessen und Meinungen zu finden und Konflikte abzuarbeiten. So dienen zumal die großen Volksparteien als Instrumente organisierter Konfliktsbereinigung (II 1). Die Ergebnisse der parteilichen Willensbildung wiederum schlagen sich in den vielfältigen Einflüssen nieder, die seitens der Parteien auf die Besetzung staatlicher Positionen und auf die Staatstätigkeit genommen werden. Auf solche Weise sind die erwähnten Zugriffe der Verbände auf staatliche Ämter und ihre Einwirkungen auf staatliche Entscheidungen vielfach durch die Parteien mediatisiert.

Mittelbarer Einfluß auf die Staatsgewalt wird auch auf dem Wege über die öffentliche Meinung gesucht, auf die man durch die Presse oder durch andere Mittel der public relations einzuwirken trachtet (§ 28 IV). Bürgerinitiativen bedienen sich bevorzugt der Praktik, Aufsehen zu erregen, dadurch die öffentliche Meinung zu mobilisieren und auf diese Weise die Staatsgewalt, meist die Verwaltung, unter Druck zu setzen.

Wo immer die institutionalisierte Hoheitsgewalt sich ausbreitet, folgen ihr die Interessentenverbände und ihre Einflußnahmen wie ein Schatten; im gleichen Maße, wie hoheitliche Kompetenzen auf supranationale Organisationen übergehen, machen sich dort Interessentenverbände ebenso geltend wie im innerstaatlichen Bereich.

IV. Auflösung der politischen Gewalt?

Literatur: *W. Hennis u. a.* (Hg), Regierbarkeit, I 1977, 223 ff., 296 ff., II 1979, 139 ff., 177 ff.; *W. Leisner*, Die demokratische Anarchie, 1982; *R. G. Heinze*, Die Berliner Räterepublik, 2002; *Ph. Genschel, B. Zangl*, Die Zerfaserung von Staatlichkeit, APuZ 2007, 20–21, S. 10 ff.
Zu 3: *Krüger*, 410 ff.; *J. K. Galbraith*, Economics and the Public Purpose, (engl. 1973) dt. 1974, Kap. 5, 12, 17, 19, 24 f.; *W. Leisner*, Staat, 1994, 777 ff.

So stellt sich die Frage, ob der pluralistische Staat auf dem Wege ist, sich in ein bloßes Bündel einzelner Gewalten aufzulösen.

1. Die Entfaltung gesellschaftlicher Macht innerhalb einer homogenen Kompetenzenordnung. Unter rechtlichem Aspekt erscheint die Staatsgewalt als eine Macht, die zu einer homogenen Ordnung (§ 9 III 3) rechtlicher Zuständigkeiten ausgeformt ist. Die pluralistischen Kräfte bringen sich innerhalb dieser Ordnung zu rechtlicher Wirkung: Auf Grund der Kompetenz zum Erlaß eines Gesetzes, eines Verwaltungsaktes oder eines sonstigen Rechtsaktes werden die Bestrebungen der gesellschaftlichen Kräfte in geltendes Recht transformiert. So spiegeln sich in einem Gesetz oft die gesellschaftlichen Kräfte wider, die in den Verhandlungen der gesetzgebenden Körperschaft aufeinanderstoßen, wobei die rechtlichen Kompetenzen dann als Instrumente dienen, über die Konflikte der gesellschaftlichen Kräfte rechtlich zu entscheiden. Kurz, die unbestreitbare Vielfalt der politischen und gesellschaftlichen Kräfte entfaltet ihre rechtliche Wirksamkeit in einer homogenen Ordnung öffentlich-rechtlicher Kompetenzen.

Dadurch, daß die Rechtsordnung Kompetenzen und Verfahren bereitstellt, innerhalb deren die Konflikte ausgetragen werden, wird auch soziologisch ein gewisses Maß an funktioneller Integration erreicht: Die Rechtsordnung dient als Schema für eine spezifische Kanalisierung und Koordination der in einer Gemeinschaft vorhandenen Interessen und Einflüsse. Diese müssen sich, wenn sie rechtswirksam werden wollen, durch Vermittlung rechtlicher Kompetenzen zur Geltung bringen. Die sozialen Gewalten bleiben also, solange sie nicht die Kraft zu revolutionärer Durchbrechung der geltenden Rechts- und Verfassungsordnung besitzen, darauf angewiesen, ihre Einflüsse innerhalb des Schemas der Rechtsordnung geltend zu machen, und können sich – bei der Durchorganisation des modernen staatlichen Machtapparates – auch faktisch nicht dem Vollzug des staatlichen Rechts entziehen.

Das Recht wirkt auch noch in anderer Hinsicht – im Ablauf der Zeit – als stabilisierender Faktor, und zwar dadurch, daß es (durch die Umständlichkeit und „Rationalität" des Gesetzgebungsverfahrens) immer etwas hinter dem Wandel der fluktuierenden Interessen- und Meinungskonstellationen herhinkt. Dadurch hindert es auch, daß jede Stimmung und jede Torheit des Augenblicks sogleich zur rechtsverbindlichen Verhaltensrichtlinie wird.

2. Die Begrenzung der realen Ordnungsfunktion des Staates. Im totalitären Staat werden die sozialen Kräfte auch schon im vorrechtlichen Bereich – insbesondere durch Meinungslenkung und Wirtschaftsplanung – von staatlicher Seite koordiniert. Anders im pluralistischen Staat. Hier bringen die gesellschaftlichen Kräfte ihre Macht zwar im „Gehäuse" der rechtlichen Kompetenzenordnung zu rechtlicher Wirkung. Aber diese gesellschaftlichen Kräfte sind nicht einer politischen Gesamtkonzeption entsprechend vorgeformt; sondern Regieren und Gesetzgeben ist im pluralistischen Staat von Fall zu Fall ein fortgesetztes Aushandeln von Kompromissen zwischen den einander entgegengesetzten Kräften und Anschauungen.

Die Lebens- und Handlungsfähigkeit eines pluralistischen Systems hängt also nicht zuletzt von solchen Faktoren ab, die derartige Kompromisse erleichtern oder erschweren: Diese werden sich regelmäßig um so schwieriger anbahnen lassen, je extremer die Interessen- und Meinungsgegensätze in einer Gemeinschaft sind; daher hat die Sozialphilosophie immer wieder die Ausgewogenheit der sozialen und insbesondere der ökonomischen Verhältnisse der Bürger gefordert (Zippelius Gesch, Kap. 2c, 3a, 10, 17a). Ein Kompromiß wird auch um so schwieriger, je geringer die Kompromißbereitschaft der Gruppen ist, je intoleranter sie sind, je stärker insbesondere der Missionierungsdrang der Gruppen ist und je mehr bei den Einzelnen und den Gruppen die Bereitschaft schwindet, sich bei der Austragung von Konflikten an die Spielregeln zu halten, die in dieser Rechtsgemeinschaft hierfür gelten.

Ferner wird das pluralistische System in seiner Funktion, die Interessen- und Meinungsgegensätze zu verarbeiten und einen annehmbaren Ausgleich zwischen ihnen zu finden, um so mehr strapaziert, je instabiler die soziale Situation ist, je rascher sich insbesondere die ökonomischen Verhältnisse und die herrschenden Wertvorstellungen wandeln; denn um so rascher müssen dann immer wieder für unvorhergesehene Interessen- und Meinungskonflikte Lösungen gesucht und ausgehandelt werden, die vom überwiegenden Teil der Beteiligten akzeptiert werden; und um so instabiler werden dann auch die Interessen- und Meinungsgruppierungen sein, die als Integrationsfaktoren im sozialen System wirksam sind.

3. Die Verfügung der Verbände über gesellschaftspolitisch relevante Tatbestände. Schon im politischen Alltag wird über grundlegende Fakten der Gesellschaftspolitik von nichtstaatlichen Mächten vorverfügt: Der moderne Staat hat es sich z. B. zur Aufgabe gemacht, für Preisstabilität, Vollbeschäftigung, außenwirtschaftliches Gleichgewicht, angemessenes Wirtschaftswachstum und soziale Gerechtigkeit, auch für eine gerechte Verteilung des Sozialprodukts, zu sorgen (§ 35 III). Über wesentliche Grundlagen der Wirtschafts- und Sozialpolitik wird aber von nichtstaatlichen Mächten disponiert. Wichtigstes Beispiel dafür bieten die Abmachungen der Tarifpartner. Diese bestimmen, dank der ihnen vom Staat überlassenen Tarifautonomie, also Regelungsmacht, weitgehend über die Arbeits- und Lebensbedingungen eines großen Teiles der Bevölkerung. Es ist eine durchaus maßvolle Übertreibung, wenn Loewenstein (VL, 387) sagt: „Die Pluralgruppen sind, was ihre Mitglieder anbelangt, zur eigentlichen Regierung herangewachsen, welche ihre Berufs- und Verhaltensnormen festsetzt und außerdem ... ihren Einfluß auf alle Angehörigen desselben Berufszweiges erstreckt, selbst wenn diese sich der Gruppe nicht angeschlossen haben". Angesichts des Ausmaßes der betroffenen Sachverhalte sind solche Regelungen überdies für die Gesamtheit von wirtschafts- und gesellschaftspolitischem Gewicht. Die Tarifpartner bestimmen durch ihre Lohn- und Arbeitszeitvereinbarungen in beträchtlichem Umfang über die Verteilung des Sozialprodukts, über die Freisetzung von Kaufkraft und mittelbar auch über Preisentwicklung, außenwirtschaftliche Konkurrenzfähigkeit, Investitionsbereitschaft und über die Schaffung oder Nichtschaffung von Arbeitsplätzen. Sie setzen also maßgebende Bedingungen für Ergebnisse, die dann der Staat verantworten soll. Diesem Beispiel läßt sich die Dispositionsmacht der Großunternehmen zur Seite stellen. An diesen Fällen zeigt sich der Zwiespalt, in den ein Staat gerät, der sich bestimmte Aufgaben stellt, und sich der Instrumente begibt, die nötig wären, um diese Aufgaben zu erfüllen.

Es werden später verschiedene Auswege aus dem Dilemma in Betracht zu ziehen sein (VI 2, 3): Die am politischen Prozeß mitwirkenden Verbände und ihre Kompromißpraktiken könnten womöglich einbezogen werden in das Gefüge der rechtlich geregelten und demokratisch und rechtsstaatlich kontrollierten Institutionen (VI 2). In Betracht kommt ferner eine Politik der Ausbalancierung der sozialen Gewalten (VI 3) und, im Falle der Tarifpartner, auch eine Politik, welche die Interessengegensätze der Sozialpartner verringert, indem sie die innerbetriebliche Mitbestimmung und Kapitalbeteiligung der Arbeitnehmer fördert und damit das Bedürfnis nach überbetrieblicher Interessenorganisation und Verbandsmacht mindert.

4. Anfälligkeiten des pluralistischen Staates. Das der pluralistischen Demokratie eigentümliche „Offenhalten der Chancen" für möglichst viele Interessen und Meinungen, ihr Angelegtsein auf Kompromiß, auf ein Aushandeln der Gegensätze, und die Bindung an die Formen der Rechtsstaatlichkeit bedeutet, daß das pluralistische, rechtsstaatliche Gemeinwesen ein „gebrochenes Verhältnis zur Macht" hat. Diese „strukturelle Toleranz" läßt einerseits den Staat der „offenen Gesellschaft" als menschenwürdige Organisationsform erscheinen. Andererseits versetzt sie diesen Staat in einen Zustand geminderter Reaktionsfähigkeit gegenüber der rücksichtslosen Gewaltbereitschaft innen- und außenpolitischer Mächte (s. o. II 2). Die Erfolge Hitlers im Umgang mit innen- und außenpolitischen Gegenspielern boten dafür ein Modell, das mitunter auch heute noch kompromißlosem politischen Machtwillen als Lehrstück dient.

Die politische Kultur freiheitlicher Staaten – in welcher die Einzelnen und die gesellschaftlichen Gruppierungen ihre Freiheiten mit Augenmaß und mit Blick für berechtigte Freiheiten und Interessen der anderen gebrauchen – hat aber nur dann Aussicht auf Bestand, wenn sie sich gegen politische Erpressungsversuche energisch zur Wehr setzt und die vom Mehrheitswillen legitimierte politische Willensbildung auch nicht durch einflußreiche oder lautstarke Minderheiten außer Funktion setzen läßt.

Auch im außenpolitischen Umgang sind die Spielregeln toleranter Kompromißsuche dort fehl am Platz, wo ein kompromißloser Machtwillen gegenübersteht.

V. Die Gefahr unangemessener Interessendurchsetzung

Literatur: *M. Olson,* Die Logik des kollektiven Handelns, (engl. 1965) dt. ³1992; *ders.,* Aufstieg und Niedergang von Nationen, (engl. 1982) dt. 1985; *v. Arnim* StL, 293ff., 486ff.; *H. U. Brinkmann,* Public Interest Groups im politischen System der USA, 1984; *B. Keller,* Olsons „Logik des kollektiven Handelns", PVS 1988, 388ff.; *W. Zohlnhöfer* (Hg) Die Tarifautonomie auf dem Prüfstand, 1996; *M. Sebaldt,* Verbändedemokratie im Umbruch, ZfPol 2001, 24ff.; *M. C. Hettlage,* Demokratisierung des Streikrechts, ZRP 2003, 366ff.; *W. Leisner,* Der Streik im öffentlichen Dienst, NJW 2006, 1488ff.

1. Die Aufgabe eines gerechten Interessenausgleichs. Es ist eine triviale Einsicht, daß im Prozeß des gesellschaftlichen Interessenausgleichs auch ein Gerechtigkeitsproblem steckt. Wir geben uns nicht mit jedem beliebigen, durch die Machtverhältnisse bestimmten Interessenausgleich zufrieden, sondern treten immer wieder mit Kritik und Billigkeitserwägungen an die Interessenregelungen heran. So hat sich schon in die bisherigen Überlegungen die selbstverständlich scheinende Forderung gedrängt, wenigstens Chancengleichheit und öffentliche Kontrolle der Interessenverwirklichung zu gewährleisten, also Verfahrensgerechtigkeit zu wahren. Auch in der Sache selbst ist gerecht zu entscheiden, insbesondere sind die kollidierenden Interessen richtig gegeneinander abzuwägen, und das heißt zu bewerten.

Die Staatsgewalt soll also zwar die gesellschaftlichen Motivationen in ihre verbindlichen Verhaltensregeln aufnehmen, aber zugleich einen gerechten Ausgleich zwischen den Interessen schaffen. Diese Forderung liegt in ihrem wesentlichen Gehalt schon der klassischen Unterscheidung von Staat und Gesellschaft zugrunde: Man stellte dem System der Bedürfnisse den Staat gegenüber, als die Institution, in der sich die Gerechtigkeit, die Freiheit und Gleichheit aller zu verwirklichen habe (§ 27).

Der Maßstab einer gerechten Interessenregulierung kann nicht in den Interessen selbst liegen, die zu bewerten und zu ordnen sind. Die Prinzipien der richtigen Ordnung und Abwägung der Interessen können auch nicht in einer bloßen Verfahrensweise, etwa in den Regeln des parlamentarischen Gesetzgebungsverfahrens allein, gefunden werden (§ 16 II). Auch der unbestimmte Begriff des „Gemeinwohls" bietet noch kein zureichendes Kriterium der Gerechtigkeit (Zippelius RPh, § 14). Am Ende läuft die Suche nach einem Richtmaß der Interessenabwägung auf die Gerechtigkeitsvorstellungen hinaus, die in der Gemeinschaft, nach gebotener „Abklärung", mehrheitliche Zustimmung finden (§ 16 I 3).

2. Das Regime der Sonderinteressen. Die Erfahrung zeigt, daß die in der Gemeinschaft vorhandenen Interessen nicht immer „angemessen" und „proportional", d.h. nicht in dem Verhältnis zur Wirkung gebracht werden, das der tatsächlichen Interessenlage entspricht. Oft kommen sie unverhältnismäßig stark oder schwach zur Geltung, d.h. nicht in dem Maße, das der Zahl der Interessenten und dem Gewicht ihrer Interessen angemessen wäre. Besonders augenfällig ist die Gefahr, daß die Interessen stabiler (z. B. rassischer oder religiöser) Minderheiten zu kurz kommen. Andererseits pflegen massiv und lautstark zur Geltung gebrachte Interessen und Meinungen stärker berücksichtigt zu werden, als es ihrer Schutzwürdigkeit entspricht: Türen die knarren, werden geschmiert. Zumal die großen Verbände und ihre Verbandsbürokratien spielen sich nicht nur als öffentliche, sozialpolitische, wirtschaftspolitische oder sozialethische Instanzen auf, sondern versuchen auch, sich mit einem Gewicht zur Geltung zu bringen, das ihnen nicht zukommt.

Während partikuläre Interessen oft unverhältnismäßig stark repräsentiert werden, kommen Interessen, die allen oder den meisten Bürgern gemeinsam sind, oft unverhältnismäßig schwach zur Geltung, so z. B. die Interessen der Steuerzahler an niedrigen Steuerlasten und an sparsamer Haushaltswirtschaft des Staates. Hier bewahrheitet sich der Satz, daß allgemeine, d. h. allen Bürgern gemeinsame Interessen schwieriger zu organisieren sind als Sonderinteressen, wie überhaupt allgemeine Interessen häufig ein geringeres Durchsetzungsengagement auslösen als Sonderinteressen (Olson 1992); sind sie doch oft weniger greifbar als diese; auch scheint der Einsatz für einen Sondervorteil sich für den Einzelnen zumeist mehr zu lohnen als ein gleicher Einsatz für das Gemeinwohl. So scheitert z. B. der Abbau eines gesamtwirtschaftlich schädlichen Gestrüppes von Subventionen regelmäßig an organisierten Sonderinteressen. Überrepräsentiert werden aber oft nicht nur Sonderinteressen gegenüber allgemeinen Interessen, sondern auch Gegenwartsinteressen gegenüber Zukunftsinteressen. Das gilt freilich nur als Regel; mitunter gewinnen – zumal auf einer Woge sozialpolitischer Bewußtseinsbildung (§ 7 III 4) – auch allgemeine und langfristig bedeutende Interessen an Einfluß, so etwa das Interesse am Umwelt- oder am Verbraucherschutz.

Die überwiegende Neigung der Bürger, sich vorrangig für ihre gegenwartsnahen Sonderinteressen zu engagieren, erschwert den Regierenden ein staatsmännisches, d. h. vor allem an den gemeinsamen und langfristigen Interessen orientiertes Handeln und verleitet insbesondere dazu, Kompromisse – ohne Rücksicht auf die Kosten – auf der Linie des geringsten Widerstandes zu suchen. Besteht doch z. B. die Gefahr, daß eine sparsame Haushaltsführung des Staates, die allen Steuerzahlern zugutekommt, bei den Parlamentswahlen weniger zu Buche schlägt als eine Anzahl finanzieller Vergünstigungen für partikuläre Gruppen. Oft können die gut Organisierten, die auf Parteien oder öffentliche Meinung einen starken Einfluß ausüben, ihre Sonderinteressen auch in den rechtlichen Regelungen durchsetzen. Nicht genug damit, daß dies auf Kosten der anderen geschieht: In der Regel führt diese Berücksichtigung oder Bedienung der Sonderinteressen auch zu einem kostspieligen Verwaltungsaufwand und zu mehr Bürokratie und trägt zu der institutionellen Sklerose der Gesellschaftsordnung bei (Olson, 1985, 102 f.).

Darin besteht also ein grundsätzliches Risiko pluralistischer Staaten: daß die Aussicht der Politiker, von der öffentlichen Meinung und insbesondere in den Wahlen akzeptiert zu werden, wesentlich davon mitbestimmt wird, in welchem Maße sie gegenwartsnahe Sonderinteressen schonen und fördern. Staatsmännische Politik, die auch an die nächste Generation denkt und notfalls um langfristiger Vorteile willen den Gruppen und den Bürgern gewisse Unbequemlichkeiten oder gar Opfer in der Gegenwart abverlangt, hat in der Demokratie nur dann Aussicht auf Verwirklichung, wenn sie die Zustimmung der Mehrheit zu solch staatsmännischem Handeln gewinnt. Dafür besteht nur auf dem Boden einer entwickelten Bürgerkultur eine Chance (§ 17 III 6).

Sonderinteressen werden aber nicht nur durch Vermittlung politischer Instanzen, sondern auch auf anderen Wegen durchgesetzt, insbesondere in den turnusmäßigen

„Verteilungskämpfen" ausgehandelt. Die entstehenden Mehrkosten werden oft durch Anhebung der Preise und Abgaben abgewälzt und gehen dann letztlich zu Lasten solcher Bevölkerungsteile, die weder ihr Einkommen selbst gestalten, noch von Verteilungsprozessen profitieren können.

Die Durchsetzung von Sonderinteressen ist vor allem dort problematisch, wo sie die Grundversorgung der Bevölkerung mit elementaren Gütern, Verkehrsmitteln und Entsorgungseinrichtungen (wie der Müllabfuhr) gefährdet. Überliefert man diese Grundversorgung zu weitgehend den Sonderinteressen, dann leidet die Gesamtheit der Bürger – am stärksten oft ein besonders schutzwürdiger Teil der Bürger. Daher haben einst Staat und Kommunen diese Grundversorgung als Daseinsvorsorge übernommen (§ 35 III). Und daher ist es auch nicht „systemgerecht", wenn gegen solche öffentliche Daseinsvorsorge das Druckmittel des Streiks eingesetzt wird. Denn dieser soll ein Ungleichgewicht der Gruppeninteressen zwischen kapitalistischen Arbeitgebern und Arbeitnehmern korrigieren. Hier stehen den Streikenden aber keine kapitalistischen Gruppeninteressen gegenüber, sondern demokratisch legitimierte Arbeitgeber, auf deren Seite die Arbeitnehmer – auch parteipolitisch – mit repräsentiert sind.

Auch in anderen Bereichen werden zunehmend Erpressungspraktiken eingesetzt, anstelle eines rationalen Bemühens um ausgewogene Kompromisse. Äußerstenfalles werden Straßen und Schienen blockiert, mitunter auch unterminiert oder demontiert. Dabei weiß man die Hilfe des Fernsehens und anderer Massenmedien zu nutzen, die oft als eifrige Stimmkraftverstärker wirken, sei es, weil das Spektakel sich gut verkauft (§ 28 IV 2) oder weil man sich mit den Protestierern und Unterminierern einig weiß. Nun gibt es in einer Demokratie keine vernünftige Alternative zu dem Grundsatz, den Weg der Politik in einem freien Wettbewerb der Interessen und Meinungen zu suchen. Wohl aber ist daran zu erinnern, daß die Meinungsfreiheit nur Meinungsäußerungen durch Wort, Schrift und andere gewaltlose Ausdrucksformen geistiger Auseinandersetzung garantiert, daß sie aber nicht gewährleistet, diesen Auseinandersetzungen durch äußeren Zwang Nachdruck zu verleihen.

Auf mannigfache Weise kann es also zu einem unausgewogenen, mitunter gemeinschädlichen Interessenausgleich und insbesondere zu einer unbilligen Benachteiligung derjenigen kommen, deren Interessen und Meinungen nicht oder schlechter organisiert sind und keine nachdrückliche Repräsentation im öffentlichen Leben finden.

Die Verbandsbürokratien spielen in diesem Geschehen eine ambivalente Rolle: Einerseits sind sie kaum entbehrlich als Stäbe fachkundiger Sachbearbeiter, die mit den juristischen Fragen und der Praxis des politischen Prozesses vertraut sind und in dem komplizierten Gefüge der wirtschaftlichen und sozialen Verhältnisse die von ihnen vertretenen Interessen sachkundig und zweckmäßig geltend machen. Ihre Einschaltung kann sogar zu einer gewissen Kultivierung der Interessendurchsetzung führen, insbesondere dazu, daß extreme Forderungen der vertretenen Interessenten auf ein realisierbares Maß zurückgeführt werden. Mitunter neigen sie aber auch dazu, die von ihnen repräsentierten Interessen mit bürokratischer „Ressortblindheit" durchzusetzen. So kann es z. B. dazu kommen, daß ein gewerkschaftlich mobilisierter Streik einen Unternehmenszweig wettbewerbsunfähig macht oder zu verstärkter Automatisierung oder zur „Auswanderung" nötigt, letztlich also auf ein „Wegstreiken von Arbeitsplätzen" hinausläuft.

Aufs Ganze gesehen steckt also die Demokratie in einem Dilemma: Auf der einen Seite braucht gerade die moderne Massendemokratie „Kristallisationspunkte" für die vorhandenen Interessen und Meinungen. Die „Stimme des Volkes" bedarf der

Artikulation, wenn sie kein undifferenziertes Stimmengewirr sein soll. Der Pluralismus der sozialen Gewalten erfüllt auch die wichtige Funktion einer sozialen Gewaltenbalance. Andererseits schafft die Organisierung der Interessen und Meinungen ungleiche Chancen ihrer Durchsetzung, so daß einzelne Gruppen einen Einfluß gewinnen können, der außer Verhältnis zu ihrem wahren Anteil an der Gesamtheit der vorhandenen Interessen und Meinungen steht.

VI. Kontrollen gegen diese Gefahren

Literatur: Wie zu § 35; *F. Nicklisch,* Gesetzl. Anerkennung und Kontrolle von Verbandsmacht, in: F.f.G. Schiedermair, 1976, 459 ff.; *H. Leßmann,* Die Verbände in der Demokratie und ihre Regelungsprobleme, NJW 1978, 1545 ff.; *W. Schmidt,* Gesellschaftl. Machtbildung durch Verbände, in: Der Staat 1978, 256 ff.; *U.v. Alemann, R. G. Heinze* (Hg), Verbände und Staat, 1979, ²1981.
Zu 2: *Loewenstein* VL, 402 ff.; *H. J. Schröder,* Gesetzgebung und Verbände, 1976; *K. Stern,* Zur Einführung eines Wirtschafts- und Sozialrates, JöR 1976, 103 ff.; *K. Winterhoff,* Histor. und vergl. Überblick über Modelle eines BWSR, JöR 1976, 115 ff.; *U.v. Alemann* (Hg), Neokorporatismus, 1981; *W. Mößle,* Der bayerische Senat und seine geistesgeschichtlichen Grundlagen, BayVBl. 1995, 1 ff.; *R. Zippelius,* Der einstige Beitrag des Bayerischen Senats zur Kultivierung demokratischer Entscheidungen, BayVBl. 2000, 193 ff.
Zu 3: *F. Böhm,* Wirtschaftsordnung und Staatsverfassung, 1950; *E. Küng,* Eigentum und Eigentumspolitik, 1964; *E. Boettcher u. a.,* Unternehmensverfassung als gesellschaftspolit. Forderung, 1968; *K. Schelter,* Demokratisierung der Verbände?, 1976; *K. Popp,* Die Willensbildung innerhalb der Verbände, JöR 1977, 145 ff.; *G. Teubner,* Organisationsdemokratie und Verbandsverfassung, 1978; *R. Göhner,* Demokratische Willensbildung in privatrechtlichen Interessenverbänden, 1979; *O. Sievert,* Für Investivlöhne, 1992; *W. Leisner,* Staat, 1994, 743 ff.
Zu 4: Wie zu §§ 27 II 3; 42 III 3; *Ch. Landfried,* Parteifinanzen und politische Macht, 1990, ²1994; *H. H. v. Arnim,* Das System, 2001, 87 ff., 172 ff.

1. Das Prinzip der Machtkontrolle. Die Tatsache, daß sich die Macht einflußreicher Interessenten weitgehend außerhalb des Systems der rechtsstaatlichen und demokratischen Kontrollen entfaltet, fügt sich in das paradoxe Bild, das Staaten immer wieder bieten: Auf der einen Seite erstreckt sich das System der Kontrollen bis in politisch belanglose Details des staatlichen Lebens, während andererseits Machtprozesse von beträchtlicher Relevanz nur unzureichend von Kontrollen erfaßt werden.

Aufs große Ganze gesehen läßt sich dieser Diskrepanz nur dadurch abhelfen, daß das Verfassungsrecht laufend an den fortschreitenden Wandel der sozialen Mächtegruppen und Machtstrukturen angepaßt wird. Demgemäß wurden z.B. die politischen Parteien, die zu bedeutenden Machtfaktoren herangewachsen waren, in Deutschland in das Gefüge der demokratisch und rechtsstaatlich kontrollierten Institutionen einbezogen (Art. 21 GG) – dies aber nicht hinreichend effizient (vgl. § 37 IV 4).

Auch die Forderung, die Interessentenverbände und andere soziale Gewalten Kontrollen zu unterstellen, setzt an deren Machtposition an, also an dem Prinzip: Keine Macht ohne Kontrolle, die eine Rücksichtnahme auf die Gesamtheit der betroffenen Interessen gewährleistet. Zwischen die Bereiche institutionalisierter Staatsgewalt einerseits und individueller Privatheit andererseits schieben sich heute Verbände, Großunternehmen und Institutionen, die mächtig genug sind, die Lebensverhältnisse der politischen Gesamtheit in hohem Maße zu beeinflussen. Wird eine von ihnen übermächtig, überspielt sie die konkurrierenden sozialen Gewalten, so bekommt sie die schon beschriebene Chance, Sonderinteressen einen unverhältnismäßigen Einfluß zu verschaffen, möglicherweise sogar Verfassungsorgane zu erpressen und damit das Schema des demokratischen Interessenausgleichs außer Wirkung zu setzen (IV 3, V 2). Ungeachtet einer „privatrechtlichen" Verfaßtheit handelt es sich hier um politisch relevante Gewalten, die eben wegen ihrer Macht ein höheres Maß an staatlicher Kontrolle, Steuerung und Beschneidung rechtfertigen und erfordern als der private Bereich des bürgerlichen Handelns (§ 27 II 2). Angesichts der Gefahr, daß die Politik unter einen übermächtigen Einfluß etwa von Großindustrie oder Gewerkschaften gerät, und angesichts einer drohenden Konzentration von Presse und Rundfunk ist hier dem Industriestaat eine bedrängende Aufgabe erwachsen. Nur wenn sie bewältigt wird, ist auf die Dauer ein ausgewogener (d.h. proportionaler) und demokratischer (d.h. vom Mehrheitswillen der Gesamtheit getragener) Interessenausgleich gewährleistet.

2. Integration des Interesseneinflusses in den politischen Prozeß. Es gibt teils mehr, teils weniger bewährte Versuche, den Interesseneinfluß in ausbalancierter Weise in das staatliche Handeln zu integrieren:

Im Modell der „Wirtschafts- und Sozialräte" werden Verfassungsorgane aus Repräsentanten wichtiger gesellschaftlicher Gruppen und Institutionen gebildet; im Rahmen der Kompetenzen solcher Organe wird eine ausgewogene und öffentliche Interessenrepräsentanz angestrebt. Beispiele bieten der französische Wirtschafts- und Sozialrat (§ 43 II) und der Wirtschafts- und Sozialausschuß der Europäischen Union (Art. 301 ff. AEU). Verwandte Funktionen, aber weiter gehende Kompetenzen hatte einst der bewährte bayerische Senat (Art. 34 ff. der bayer. Verf. v. 1946), den 1998 ein bayerischer Volksentscheid in einem Schwabenstreich abgeschafft hat. Er wies in Konstruktion und Funktion formell manche Ähnlichkeiten mit der ehemaligen Korporativen Kammer Portugals auf (Art. 102 ff. der portug. Verf. v. 1933). Zu einer Zweiten Kammer ausgebaut ist der irische Senat, dessen Kandidatenlisten so zusammengestellt werden, daß der Sachverstand und die Interessen wichtiger gesellschaftlicher Gruppierungen repräsentiert werden sollen (Art. 15, 18 ff. der irischen Verf. v. 1937/1972); in der Praxis wurde aber dieses Schema vom parteienstaatlichen überwuchert, und zwar gerade wegen der gewichtigen formalen Kompetenzen dieses Gremiums.

In Verwaltung und Gerichtsbarkeit werden mitunter Repräsentanten sachnaher Interessen als Ausschußmitglieder oder Gerichtsbeisitzer beratend oder auch beschließend am Entscheidungsprozeß beteiligt. So wirken z.B. in der Bundesrepublik Träger der freien Wohlfahrtspflege an Entscheidungen über Sozialhilfe mit (§ 28 Abs. 2 des Sozialgesetzbuches I). In manchen Gerichtszweigen werden Vertreter der hauptsächlich berührten Interessen als Beisitzer in die Kollegialgerichte hereingenommen. In der Arbeitsgerichtsbarkeit sind das vor allem Vertreter der Arbeitgeber und der Arbeitnehmer (Arbeitsgerichtsgesetz der BRD). In der Sozialgerichtsbarkeit sind es etwa Vertreter der Versicherten und der Arbeitgebervereinigungen oder der Krankenkassen und der kassenärztlichen Vereinigungen (Sozialgerichtsgesetz der BRD).

Ein anderes Modell bieten die „Beiräte", die ausgewogen mit Vertretern verschiedener Gruppen besetzt und in bloß beratender Funktion bestimmten Staatsorganen beigeordnet werden. Auch die verbreitete Praxis, Interessentenverbände, die durch ein Gesetz betroffen werden, zunächst schon bei der ministeriellen Erstellung von Gesetzesentwürfen und später in den Gesetzesberatungen anzuhören (vgl. § 42 III 2), ist ein Versuch, Interessentenwünsche in institutionell ausgewogener Weise zur Geltung kommen zu lassen.

Der weitaus wichtigste „balancierte" Ausgleich konkurrierender Interessen findet aber außerhalb der eigentlichen Staatsorganisation im Rahmen der politischen Parteien statt: Wo große, durchorganisierte Volksparteien den politischen Prozeß beherrschen, erfüllen diese die Funktion, wichtige Interessen in Arbeitskreisen zu sichten und zu definieren und Kompromisse zwischen widerstreitenden Interessen zu vermitteln (II 1, III). Hierbei nötigt das Eigeninteresse der Parteien zu einer „demokratischen Rückkoppelung"; d.h. es muß nach Kompromissen gesucht werden, von denen anzunehmen ist, daß sie für eine größtmögliche Zahl von Wählern akzeptabel sind.

3. Kontrollen im Bereich der sozialen Gewalten selbst. Andere Kontrollen setzen schon auf dem Felde der sozialen Gewalten selbst an (§ 31 I 2). Im wesentlichen handelt es sich um Schemata, die aus dem Bereich der politischen Gewalten vertraut sind:

Ein Teil dieser Kontrollen betrifft die Binnenstruktur der Gewalten: Eines der Ziele ist es hier, die gesellschaftlichen Mächte durchschaubar zu halten, insbesondere ihre Mitgliederzahl, ihre Organisation und deren wirkliches Funktionieren, ihr Programm, ihr Tätigkeitsfeld und ihre wichtigeren Einflußnahmen offenzulegen.

Ein anderer Teil der Kontrollen richtet sich auf die äußere Ausbalancierung der sozialen Gewalten: Konkurrierende Mächte sollten sich, wenigstens aufs große Ganze gesehen, gegenseitig in Schach halten. Im Zusammenhang damit steht die Forderung nach einer Dekonzentration und Diversifikation der sozialen Gewalten. Hier liegt vielleicht überhaupt der wichtigste Ansatz, einem Machtmißbrauch sozialer Gewalten zu begegnen: Wenn schon eine Organisierung der gesellschaftlichen Interessen und Meinungen unentbehrlich ist, um diese zu sichten und zu artikulieren, so muß doch eine übermäßige Konzentration der Verbandsmacht verhindert werden: damit nicht die Repräsentanten partikulärer Interessen in die Lage kommen, über wesentliche Komponenten der Gesellschaftspolitik vorzuverfügen oder die demokratisch bestellten Staatsorgane zu erpressen und auf diese Weise den demokratischen – vom Mehrheitswillen getragenen – Interessenausgleich außer Wirkung zu setzen.

Bisher existieren jedoch nur unzureichende Ansätze solcher staatlichen Kontrollen, die auf Dezentralisation, Wettbewerb und Balance der sozialen Gewalten gerichtet sind. Zu diesen Steuerungen zählen eine Kartellgesetzgebung, die eine Zusammenballung wirtschaftlicher Macht verhindern sollte, und eine Presse- und Rundfunkgesetzgebung, die einer allzu starken Konzentration der meinungsbildenden Kräfte entgegentritt (§ 28 IV 4). In diesen Zusammenhang gehören auch die Forderungen, Wirtschafts- und Arbeitgeberverbände zu entkoppeln, andererseits auch die Aktivitäten der Gewerkschaften wieder auf ihre eigentlichen Koalitionszwecke zu beschränken und eine übermäßige Konzentration von Gewerkschaftsmacht zu verhindern. Nicht zuletzt muß dafür gesorgt werden, daß betriebsgebundene Mitbestimmung und Kapitalbeteiligung der Arbeitnehmer (s. u.) zu Instrumenten der Dezentralisation gesellschaftlicher Macht werden.

Die „Monopoldiskussion", die seit längerem für den Bereich der Massenmedien im Gange ist (§ 28 IV 4), muß also, mutatis mutandis, auch für die anderen sozialen Gewalten geführt werden. Es ist in der Industriegesellschaft eine allgemeine Grundbedingung freiheitlichen Lebens, daß eine ausgewogene Pluralität der sozialen Gewalten gesichert wird (§ 29 I 3), damit nicht einzelne Kräfte, die partikuläre Interessen oder Meinungen repräsentieren, eine dauernd beherrschende Stellung gewinnen.

Will man eine Anhäufung gesellschaftlicher Macht und die dadurch bedingten Störungen eines gerechten Interessenausgleichs verhindern, so muß nicht zuletzt auch die beliebige Vermögenskonzentration unterbunden und für eine ausgewogene

Vermögensverteilung gesorgt werden (IV 2). So bietet das herkömmliche Steuerrecht einige Instrumente der Vermögensregelung.

Gelänge es, die Angehörigen von Wirtschaftsunternehmen – etwa durch Belegschaftsaktien – an den Mitwirkungsrechten, Gewinnchancen und begrenzten Risiken der Unternehmen zu beteiligen, so würde dies nicht nur einen Teil gesellschaftlicher Dispositionsmacht dezentralisieren. Es wäre auch ein Weg, die Belegschaften für ihre Unternehmen zu engagieren und – indem man Entscheidungen und Entscheidungsfolgen in ihre Mitverantwortung stellt – aus „Industrieuntertanen" „Industriegesellschafter" werden zu lassen, ähnlich wie einst die Steinschen Reformen im kommunalen Bereich aus Untertanen Bürger machen wollten.

4. Kontrolle des Einflusses auf die Staatsorgane. Eine freiheitliche Demokratie kann nicht schon im gesellschaftlichen Bereich selbst jenes Maß an Kontrollen voll verwirklichen, das erforderlich wäre, um unangemessene Interessendurchsetzungen zu verhindern. Darum müssen zusätzliche Kontrollen an den Punkten ausgebaut werden, an denen Interesseneinflüsse auf das staatliche Regelungssystem (§ 27 II) treffen. Dem Parlament als Gesamtheit, der Regierung und vor allem der mit einem Fachbeamtentum besetzten staatlichen Bürokratie erwächst die Pflicht, als gerecht ausgleichende Faktoren zu wirken (V 1). Diese Pflicht läßt sich aber nur in beschränktem Umfang in Regeln und Institutionen umsetzen:

Legislative und Exekutive sollten eine möglichst umfassende Sichtung der vorhandenen Interessen und Standpunkte vornehmen und sich nicht der einseitigen Information durch agile Gruppen ausliefern. Wo es möglich ist, z.B. in Gesetzesberatungen, auch vor parlamentarischen Ausschüssen, sollten die Interessentenstandpunkte in öffentlicher Verhandlung vorgetragen und damit der Kontrolle der Öffentlichkeit ausgesetzt werden. Auch sonst, z.B. in den Gesetzesbegründungen, sollte möglichst weitgehend offengelegt werden, welche Interessen und Standpunkte ein Staatsorgan in Betracht gezogen hat und aus welchen Gründen es zu der von ihm gefundenen Lösung gelangt ist.

Vor allem sind verborgene Einflußnahmen der Interessentengruppen durch Offenlegungspflichten und Publikation ins Licht der öffentlichen Kontrolle und Kritik zu rücken. Wegbereitend dafür wurde die nordamerikanische Regulation of Lobbying Act von 1946 (später die Lobby Disclosure Act von 1995). Dies bezweckt auch die Geschäftsordnung des Deutschen Bundestages (Anlage 2).

Abhängigkeiten der politischen Parteien können auch dadurch geschaffen werden, daß diese durch Spenden privater Interessenten oder auch auswärtiger Mächte finanziert werden. Wer das „Bakschisch" als eine Existenzgrundlage öffentlicher Einrichtungen duldet, nimmt damit fast zwangsläufig auch ein gewisses Maß an Korruption in Kauf. Allerdings läßt sich die Lücke, die durch einen Wegfall solcher Spenden entsteht, nicht leicht in befriedigender Weise schließen: Die Mitgliederbeiträge reichen erfahrungsgemäß nicht aus. Gegen eine ergänzende staatliche Parteienfinanzierung kann man einwenden: Sie lasse die Parteien zu Kostgängern von Staatsorganen (vor allem des Parlaments) werden; diese sollten jedoch unter Mitwirkung der Parteien auf Grund einer freien und offenen Willensbildung des Volkes gebildet werden, also in einem Prozeß, der nicht von den Staatsorganen selbst wieder beeinflußt werden dürfe (BVerfGE 20, 99ff.; 85, 287f.). Um manipulative Einflußnahmen zu vermeiden, könnte man zwar staatliche Mittel auf die verschiedenen Parteien nach dem Verhältnis der Wählerstimmen verteilen, die sie in der vorausgegangenen Wahl errungen haben; ein solcher Verteilungsschlüssel trüge jedoch dazu bei, die einmal entstandene Mehrheit zu stabilisieren. Vor allem aber bleibt das Bedenken, daß die Parteien sich durch ihre Parlamentsabgeordneten in großzügiger Weise öffentliche Mittel bewilligen und mit staatlicher Finanzierung umfangreiche Parteiapparate einrichten, ja, daß sie insgesamt zu verkrusten drohen, wenn ihnen der Zwang genommen wird, sich in einem fortwährenden Wettbewerb um Zustimmung und Unterstützung durch die Bürger zu bemühen. Läßt man es deshalb zu, daß die Parteien zu einem Teil auch aus Spenden finanziert werden, sollte man die Annahme solcher Spenden untersagen, mit denen sich offensichtlich unerwünschte Einflußnahmen verbinden; das sind in der Regel Spenden, die von auswärtigen Mächten kommen, ferner Spenden, die erkennbar in Erwartung eines bestimmten wirtschaftlichen oder politischen Vorteils gewährt werden. Andere Abhängigkeiten und Einflußmöglichkeiten sollten offengelegt und damit der Kontrolle durch die Öffentlichkeit ausgesetzt werden. Insgesamt sollten die Finanzgebarungen der Parteien durchsichtig gemacht werden. Insbesondere erscheint es notwendig, daß größere Spenden offengelegt werden, daß die Einschaltung von Zwischenträgern, welche die wahren Geldgeber verschleiern, untersagt wird und daß darüber hinaus die Parteien insgesamt über ihre Vermögensverhältnisse, ihre Einnahmen und Ausgaben öffentlich Rechenschaft ablegen (vgl. Art. 21 Abs. 1 Satz 4 des Bonner Grundgesetzes und §§ 23 ff. des Parteiengesetzes).

Nicht zuletzt bietet der demokratische Prozeß ein wichtiges Korrektiv gegen unangemessene Interesseneneinflüsse, die den herrschenden sozialethischen und politischen Vorstellungen zuwiderlaufen: Die unangemessene Berücksichtigung oder Hintansetzung bestimmter Interessen kann – vor allem durch die Massenkommunikationsmittel (§ 28 IV) – in das Bewußtsein der Wähler gerückt werden.

§ 27. Staat und Gesellschaft

Literatur: *Krüger,* 341 ff., 526 ff.; *Leibholz* StP, 206 ff., 328 ff.; *Herzog,* 48 ff.; *E.-W. Böckenförde* (Hg), Staat und Gesellschaft, 1976 (Lit.); *W. A. Kelso,* American Democratic Theory – Pluralism and its Critics, 1978; *H. H. Rupp,* in: HdStR, § 31.

Gerade die Untersuchung des pluralistischen Staates hat gezeigt, daß der alten Gegenüberstellung von Staat und Gesellschaft ein vernünftiger Sinn abgewonnen werden kann: In dem Gefüge widerstreitender Interessenten- und Mächtegruppen besteht das Bedürfnis nach einer regulierenden Instanz, die den partikulären gesellschaftlichen Kräften mit überlegener Entscheidungsmacht gegenübertritt. Es bedarf einer formalen Kanalisierung und Koordination der in einer Gesellschaft vorhandenen Interessen durch ein Gefüge verbindlicher Verhaltensnormen (§ 26 IV). Es geht aber auch darum, bei dieser Regulierung einen gerechten Ausgleich zwischen den widerstreitenden Bedürfnissen zu schaffen (§ 26 V).

Unter anderem Aspekt wird auch die Auseinandersetzung mit dem Liberalismus erweisen, daß die Selbstregulierung gesellschaftlicher und insbesondere ökonomischer Prozesse nur unzulänglich funktioniert und daß eine Instanz unentbehrlich ist, die korrigierend eingreift, um ein möglichst hohes Maß öffentlicher Wohlfahrt und sozialer Gerechtigkeit zu verwirklichen (§§ 29 II; 35).

Ähnliche Erwägungen finden sich auch in der angelsächsischen Pluralismustheorie: Die regelnde Hand des Staates solle einen angemessenen Interessenausgleich herstellen, wie ihn nach den Hoffnungen des Laissez-faire-Liberalismus das freie Spiel der Kräfte von selbst herstellen sollte, aber in Wirklichkeit nicht hergestellt hat. Wohl ist im freiheitlichen Staat der Interessenausgleich zwischen den Bürgern so weit wie möglich der Selbstgestaltung durch die Beteiligten überlassen (§§ 29

II 1; 31 I 1). Wo nötig, obliegt aber den Staatsorganen eine Steuerung dieser Selbststeuerung, insbesondere eine Festlegung der Rahmenbedingungen, innerhalb deren sich Autonomie entfalten kann: Sie haben dafür zu sorgen, daß auch unzureichend organisierte und unterrepräsentierte Interessen eine angemessene Berücksichtigung finden, auch dafür, daß eine ausgewogene Konkurrenz zwischen den verschiedenen Interessen erhalten bleibt; zugleich haben sie ein verbindliches Schiedsrichteramt zwischen den konkurrierenden Gruppen zu üben.

So führt schon die Analyse des politischen Prozesses auf eine Einsicht, für die ein wesentlicher Ansatz sich auch bei Hegel findet: Es ist eine Instanz vonnöten, die in (oder, wenn man so will, gegenüber) dem „System der Bedürfnisse" für einen Ausgleich zu sorgen hat, gemäß den Gerechtigkeitsvorstellungen, die in dieser Gemeinschaft herrschen.

I. Zur Geschichte der Unterscheidung von Staat und Gesellschaft

Literatur: *v. Mohl* I, 67 ff.; *J. Binder*, Philosophie des Rechts, 1925, 593 ff.; *P. Vogel*, Hegels Gesellschaftsbegriff und seine geschichtliche Fortbildung durch Lorenz v. Stein, Marx, Engels und Lassalle, Kant-Stud. 59 (1925), 98 ff., 187 ff., 263 ff., 326 ff.; *M. Riedel*, Bürgerliche Gesellschaft und Staat bei Hegel, 1970; *R. Schnur* (Hg), Staat und Gesellschaft, Studien über Lorenz von Stein, 1978, 65 ff., 282 ff.; *H. U. Scupin*, Untrennbarkeit von Staat und Gesellschaft in der Frühneuzeit, in: F. f. H. Schelsky, 1978, 637 ff.

In der Geschichte der Staatstheorien spielt die Unterscheidung von Staat und Gesellschaft eine wichtige Rolle. Die einen betonen die Gegenüberstellung; damit verbindet sich dann z. B. die liberalistische Forderung, die gesellschaftlichen Kräfte weitgehend von staatlicher Bevormundung freizustellen. Die anderen betonen die Zusammengehörigkeit; hierher gehört die marxistische Ansicht, daß der Staat einen bloßen Überbau über den gesellschaftlichen Verhältnissen darstelle (§ 25 II 1, 5); hierher gehört auch die einseitig soziologische Sicht des pluralistischen Staates, nach welcher die gesellschaftlichen Mächte vom Staate Besitz ergreifen.

Historisch entstand die Unterscheidung von Staat und Gesellschaft in der Epoche des Absolutismus. Die Zentralisierung der Staatsgewalt beim Monarchen und seiner Bürokratie legte die Vorstellung nahe, daß der Staat – in der Person des Monarchen und seiner Beamten – der Gesellschaft gegenübertrete. Bedeutung gewannen vor allem auch die Begriffe der Physiokraten und des nachfolgenden Liberalismus. Sie stellten der staatsgelenkten, merkantilistischen Wirtschaft das Modell einer liberalen Privatwirtschaft gegenüber, die aus der staatlichen Bevormundung entlassen sei. Die Einzelnen würden hier durch ihre privaten und insbesondere ihre ökonomischen Beziehungen zu einer Gesellschaft verbunden. Diese erschien jetzt als die natürliche Ordnung des menschlichen Zusammenlebens im Gegensatz zum Staat als der bewußt geschaffenen und vereinheitlichenden Ordnung (§ 29 II; Binder, 596 ff.).

Hegel hat die Gegenüberstellung von Staat und Gesellschaft populär gemacht. Gerade er blieb aber nicht bei der Antithese stehen, sondern setzte beide in Beziehung zueinander. In der Gesellschaft sah er das System der individuellen Bedürfnisse und Sonderinteressen. Die Einzelnen sind hier verbunden durch eben diese Bedürfnisse und durch eine Rechtsordnung, die als Instrument dient, die besonderen Interessen in eine gemeinsame Ordnung zu bringen und für die Sicherheit der Person und des Eigentums zu sorgen (Rechtsphilosophie, §§ 182 ff., insbesondere § 188). Durch ein System der Bedürfnisse habe man, so meinte Hegel, nur das Wesen der Gesellschaft, nicht aber auch schon das Wesen des Staates erfaßt (§ 258 Zusatz). Der wahre Staat sei die Wirklichkeit der sittlichen Idee (§§ 257 ff.); sein

Zweck sei „das allgemeine Interesse als solches". Es entsprach aber der dialektischen Betrachtungsweise Hegels, daß er die Erhaltung und Befriedigung der besonderen Interessen in das allgemeine Interesse mit einbezog (§§ 260 f., 270). Hegels System ließ zwar Raum für eine Selbstverwaltung „der gemeinschaftlichen besonderen Interessen, die in die bürgerliche Gesellschaft fallen"; sie sollten „ihre Verwaltung in den Korporationen (§ 251) der Gemeinden und sonstiger Gewerbe und Stände" haben (§ 288). Es sollte aber auch eine Vermittelung der besonderen Interessen mit den eigentlich staatlichen Funktionen der Verwaltung, Rechtsprechung (§ 287) und Gesetzgebung stattfinden. Insbesondere sollten die Stände (§§ 202 ff.) an der Gesetzgebung teilhaben; auf diese Weise sollte auch die Sphäre der bürgerlichen Gesellschaft „in Beziehung auf den Staat" zur Existenz kommen (§ 301).

II. Staat und Gesellschaft als Kategorien einer Funktionen- und Rollendifferenzierung

Literatur: Lit. wie zu § 26 VI; *W. Henke,* Recht und Staat, 1988, § 36.

Zu 2: *H. Krüger,* Öffentliche Elemente der Unternehmensverfassung, in: H. Coing, J. H. Kaiser (Hg), Planung, V 1971, 19 ff.; *P. Saladin,* Unternehmen und Unternehmer in der verfassungsrechtlichen Ordnung der Wirtschaft, VVDStRL 35 (1977), 7 ff.

Zu 3: *M. Schuppisser,* Wirtschaftliche Interessenvertretung im Parlament?, 1977; *M. Lohmeier,* Ausländische Regelungen für wirtschaftl. Interessenkonflikte von Abgeordneten, ZParl 1978, 470 ff.; *H. Freund,* Abgeordnetenverhalten: Ausübung des Mandats und persönliche Interessen, 1986; *J. Isensee,* Transformation von Macht in Recht – das Amt, Ztschr. f. Beamtenrecht, 2004, 3 ff.; *R. Balzer,* Republikprinzip und Berufsbeamtentum, 2009.

1. Die Funktion ausdifferenzierter Regelungsmacht. Die Überlegungen Hegels laufen also in ihrem wesentlichen Ergebnis auf eine ähnliche Einsicht hinaus, auf die auch die Analyse des pluralistischen Staates geführt hat: daß in (wenn nicht gegenüber) dem „System der Bedürfnisse" eine regulierende Instanz benötigt wird.

Diese soll für einen Interessenausgleich sorgen, der den in der Gemeinschaft herrschenden Gerechtigkeitsvorstellungen entspricht (§ 26 V 1). Nach diesem Maßstab hat sie unangemessene Interesseneinflüsse auf das rechte Maß zurückzuführen. Sie hat darüber hinaus verborgene Bedürfnisse, die im pluralistischen System noch nicht organisiert und artikuliert sind (wie es lange Zeit die Bedürfnisse nach einem Umweltschutz waren), zu erkennen und in den Interessenregelungen angemessen zu berücksichtigen. Zu ihren wesentlichen Funktionen gehört es auch, ihre Regelungen mit überlegener Entscheidungsmacht gegenüber partikulären Gewalten durchzusetzen und hierdurch zugleich den sozialen Frieden zu gewährleisten.

Der staatlichen Funktion, für einen gerechten Interessenausgleich zu sorgen, entspricht es, daß jemand, der als Regierungsmitglied oder Volksvertreter, als Beamter oder Richter in einer staatlichen Rolle tätig wird, zu unparteiischem Handeln verpflichtet ist und keine Sonderinteressen bevorzugen darf. Dieser Gedanke steckt insbesondere im Prinzip der auftragsfreien Repräsentation (§ 24 III) und in der traditionellen Pflicht der Richter und Beamten zu Unbestechlichkeit und Unparteilichkeit (§ 37 II 3, III 2).

Demgegenüber sind die privaten Aktivitäten, die sich außerhalb der staatlichen Regelungsvorgänge abspielen, nicht im gleichen Ausmaß an die Richtschnur eines gerechten Interessenausgleichs gebunden. So darf jemand in der gesellschaftlichen Rolle als Geschäftsmann eigene und fremde Sonderinteressen verfolgen.

Man kann also staatliches und gesellschaftliches (privates) Handeln idealtypisch gegenüberstellen: Wir finden im staatlichen Funktionsbereich einerseits und im gesellschaftlichen andererseits rollenspezifische Handlungsgrundsätze. Eine Gegenüberstellung von Staat und Gesellschaft bleibt sinnvoll, sofern sie diese Funktionen- und Rollenunterscheidung beschreibt, im Staat ein Gefüge spezifischer Rollen (nämlich institutionalisierter Regelungsfunktionen, § 14 I 1) erkennt und dazu dient, spezifische Handlungsgrundsätze für den staatlichen Bereich zu formulieren. – Eine weiter gehende, reale Trennung von Staat und Gesellschaft wäre hingegen wenig brauchbar, weil es ein und dieselben Menschen sind, die hier in staatlichen, dort in gesellschaftlichen Rollen handeln.

Selbst jene idealtypische Gegenüberstellung staatlicher und privater Handlungsmaximen gilt nur mit Vorbehalten: Auch das typisch private Handeln ist nicht bindungslos (§ 34 I 2); es muß die vom Recht gezogenen Grenzen der Gemeinwohl- und Systemverträglichkeit einhalten (§ 3 III 3) und darf Sonderinteressen nur innerhalb dieser Schranken verfolgen.

2. Die Rolle der „sozialen Gewalten". Die undifferenzierte Gegenüberstellung staatlichen und rein privaten Handelns würde die Dinge auch noch in anderer Hinsicht zu sehr vereinfachen: In einer pluralistischen Gesellschaft bilden sich auch in den Spielräumen, die der Privatautonomie verbleiben, Institutionen des Wirtschaftslebens, Presseunternehmen und andere „soziale Gewalten", die wichtige gesamtgesellschaftliche Funktionen erfüllen, die auch Machtpositionen erlangen, kraft deren sie beträchtlich auf den politischen Prozeß einwirken können. Man kann sich den pluralistischen Staat geradezu als einen Wirkungszusammenhang zahlreicher Teilsysteme vorstellen, der freilich unter der überlegenen Regelungsmacht der Staatsgewalt steht (§ 3 III 2). So erscheinen dann Großindustrie, Gewerkschaften und andere soziale Mächte als „intermediäre Gewalten", deren Mächtigkeit und gesamtgesellschaftliche Funktion es rechtfertigt, sie in eine erhöhte „Sozialpflichtigkeit" zu nehmen. Diese stellt sich dann etwa auf dem Gebiet der Massenkommunikation als Pflicht zu ausgewogener und korrekter Berichterstattung dar und im ökonomischen Bereich als Pflicht der Wirtschaftsmächte und der Gewerkschaften, auf die Vermeidung von Arbeitslosigkeit und gesamtwirtschaftlichen Schäden hinzuwirken.

Schwierigkeit bereitet die Frage, wie die erhöhte Sozialpflichtigkeit zur Wirkung gebracht werden soll. Gegenüber allen sozialen Gewalten erhebt sich zum mindesten die sozialpolitische Forderung, für Transparenz und ausgewogene Konkurrenz zu sorgen. Zweifelhaft bleibt, ob man die erhöhte Sozialpflichtigkeit überhaupt nur als Auftrag und Legitimation zu einzelgesetzlicher Inpflichtnahme ansehen darf oder ob sie auch als unmittelbar verbindliches Rechtsprinzip wirkt.

Hier stellt sich auch die Frage nach einer Drittwirkung der Grundrechte. Die Sorge etwa dafür, daß die Wettbewerbsfreiheit nicht von Konkurrenten erstickt wird (§ 29 II 2) oder daß Arbeitnehmer gleichbehandelt werden, ist zuvörderst eine Aufgabe der einfachen Gesetzgebung. So können etwa soziale Gewalten durch ein Kartellgesetz oder durch eine gesetzliche Gewährleistung einer Gleichbehandlung männlicher und weiblicher Arbeitnehmer unter verstärkte Verpflichtungen und Kontrollen genommen werden. Mitunter ist aber diese durch staatliche Gesetze „vermittelte" Drittwirkung grundrechtlich verbürgter Freiheit und Gleichheit unzureichend ausgestaltet. In solchem Fall können unter Umständen Grundrechtsbindungen auch im Bereich der Gesellschaft unmittelbar verpflichtend zur Geltung kommen (§§ 31 I 2; 33 II 1).

3. Die Institutionalisierung ausdifferenzierter staatlicher Rollen. Den staatlichen Institutionen fällt die Aufgabe zu, für einen gerechten Ausgleich der Interessen zu sorgen (1). Daß sie diesen Auftrag erfüllen, ist mit bloß rechtlichen Mitteln nicht voll zu gewährleisten. Doch lassen sich institutionelle Vorkehrungen treffen, um „Distanz" gegenüber den Einzelinteressen zu schaffen und Unabhängigkeit, Unbestechlichkeit und Sachlichkeit zu fördern.

Solche „Rollentrennung" ist nicht für alle staatlichen Funktionsbereiche gleich wirksam durchführbar. Die Parteien und damit auch die Parlamentarier bilden nach heutiger Verfassungspraxis das wichtigste und auch unentbehrliche Gelenk, das die (in Verbänden) organisierten Interessen in den politischen Prozeß hinein vermittelt und insbesondere in den Gesetzesberatungen und Gesetzesbeschlüssen zur Geltung bringt (§ 26 III). So läßt sich die Rolle des Parlamentariers nicht in gleichem Maße von interessengebundenen Rollen (z. B. in einer Gewerkschaft oder einem Bauernverband) trennen, wie das bei Beamten oder Richtern geschehen kann.

Immerhin gibt es z. B. in Frankreich Inkompatibilitäten zwischen dem Abgeordnetenmandat und bestimmten interessengebundenen Rollen im wirtschaftlichen Bereich. Auf jeden Fall lassen sich auch für Parlamentarier einige der Prinzipien durchführen, die um einer sachlichen Amtsführung willen zu den Selbstverständlichkeiten des Berufsbeamtentums gehören, vor allem das Verbot, sich für amtliche Tätigkeiten persönliche Vorteile gewähren zu lassen (Bestechungsverbot). Nebentätigkeiten, deren Interessenbindungen sich auf das amtliche Handeln auswirken können (z. B. „Beraterverträge"), sollten untersagt sein. Bestehende Interessenbindungen, insbesondere Tätigkeiten in Verbänden, aber auch Einkünfte und sonstige Vermögensverhältnisse, die erfahrungsgemäß eine Interessenbindung mit sich bringen können, sollten zum mindesten offengelegt werden; für Abgeordnete, Senatoren und bestimmte Mitarbeiter des US-Kongresses und für Abgeordnete des britischen Unterhauses wurde dieser Forderung schon bisher in weitem Umfang Rechnung getragen.

Angesichts der sachbedingten Unmöglichkeit, das Parlament voll aus Interessenbindungen zu lösen, erscheint es um so dringlicher, solche Funktionsbereiche, die sich ausdifferenzieren lassen, weitestmöglich von den Einflüssen bestimmter Interessentengruppen unabhängig zu machen. Das gilt besonders für die Gerichtsbarkeit und die Bürokratie, die sich als Sachwalter eines unparteiischen Interessenausgleichs einsetzen lassen. Es gilt nicht zuletzt für die Ministerialbürokratie, die durch die sachkundige Mitplanung der Regierungsgeschäfte und durch die Vorbereitung von Gesetzentwürfen an den zentralen Regelungsprozessen des Gemeinwesens maßgebend beteiligt ist. Für diese Bereiche gilt insbesondere die Forderung, die Rollen der Beamten und Richter nicht mit Rollen in einer politischen Partei, einem Interessentenverband, einer Kirche oder einer anderen Gruppierung zu verquicken, die spezifischen Interessen und Auffassungen verpflichtet ist. Auf die Situation in der Bundesrepublik angewandt, bedeutet das vor allem eine Absage an den Parteibuch- und Patronagebeamten und -richter und die Forderung nach strikter Rückkehr der Praxis zu den Grundsätzen des Art. 33 Abs. 2 GG, also zur Bildung einer bürokratischen und richterlichen Elite nach objektiven, nachprüfbaren Kriterien funktionsbezogener, insbesondere fachlicher Eignung, Befähigung und Leistung (§ 37 III, IV 4). Wie die Gerichtsbarkeit, soll auch das Beamtentum als eine Institution wirken, „die, gegründet auf Sachwissen, fachliche Leistung und loyale Pflichterfüllung, ... einen ausgleichenden Faktor gegenüber den das Staatsleben gestaltenden politischen Kräften" darstellt (BVerfGE 7, 162; s. u. § 37 IV 3).

§ 28. Die öffentliche Meinung als politischer Faktor

Literatur: *F. v. Holtzendorff*, Wesen und Werth der „öffentlichen Meinung", 1879, ²1880; *W. Bauer*, Die öffentliche Meinung und ihre geschichtlichen Grundlagen, 1914; *ders.*, Die öffentliche Meinung in der Weltgeschichte, 1930; *F. Tönnies*, Kritik der öffentlichen Meinung, 1922; *Heller* StL, 173 ff.; *G. Weippert*, in: HdSW VIII, 29 ff.; *Krüger*, 437 ff.; *M. Löffler* (Hg), Das Publikum, 1969; *N. Luhmann*, Öffentliche Meinung, PVS 1970, 2 ff.; *L. Hölscher*, in: GGb IV (1978), 446 ff.; *ders.*, in: HwPh V (1980), 1023 ff.; *E. Noelle-Neumann*, Öffentliche Meinung, 1991; *M. Kloepfer*, in: HdStR, § 42; *P. Ptassek, B. Sandkaulen-Bock u. a.*, Macht und Meinung, 1992; *F. Neidhardt*, Öffentlichkeit, öffentl. Meinung, soziale Bewegungen, 1994; *B. Holznagel*, Erosion demokratischer Öffentlichkeit? in: VVdStRL 68 (2009), 381 ff.

I. Meinungslenkung

Literatur: Wie zu § 29 I; *G. Lukács*, Geschichte und Klassenbewußtsein, 1923 (Neudr. 1968), 57 ff.; *W. Hagemann*, Publizistik im Dritten Reich, 1948; *A. Inkeles*, Public Opinion in Soviet Russia, 1950, ⁴1962; *I. Fetscher*, Die Freiheit im Lichte des Marxismus-Leninismus, 1957, ⁴1963; *K. D. Abel*, Presselenkung im NS-Staat, 1968; *M. Schütte*, Politische Werbung und totalitäre Propaganda, 1968; *J. Hagemann*, Die Presselenkung im Dritten Reich, 1970; *H. J. Koschwitz* (Hg), Massenkommunikation in der UdSSR, 1979; *A. Diller*, Rundfunkpolitik im Dritten Reich, 1980; *P. Roth*, Die kommandierte öffentliche Meinung, 1982; *J. Isensee*, Keine Freiheit für den Irrtum, Savigny-Ztschr., Kan. Abt., 1987, S. 296 ff.

Wie sich Befürworter und Gegner einer Pluralität sozialer Mächte und Einflußgruppen gegenüberstehen, so auch Befürworter und Gegner eines sich frei entwickelnden Widerstreites der Meinungen.

Epochen und Institutionen, die ihrer Sache gewiß sind, halten nicht viel von einer in freier Diskussion sich bildenden öffentlichen Meinung. Hier haben die Wissenden zu erkennen und das Volk nach ihrer besseren Einsicht zu leiten. In Platons Idealstaat ist kein Platz für Wahlkampagnen. Der Syllabus Papst Pius' IX. lehrte, daß die allen garantierte Freiheit, alle Arten und Schattierungen von Meinungen und Ansichten öffentlich bekanntzumachen, zur Verderbnis der Sitten und zur Pest des Indifferentismus führe (Syllabus, Nr. 79). Der dogmatische Marxismus vertraute auf die Möglichkeit wissenschaftlicher Erkenntnis der ökonomischen und historischen Gesetzmäßigkeiten; wer aber davon ausgeht, Politik auf wissenschaftlicher Grundlage zu betreiben und daher im Besitz der nachweislich richtigen Auffassung zu sein, kann entgegengesetzte Ansichten nur für Irrtümer halten. Im Gewißheitsglauben wurzelte auch die interne Festlegung der marxistischen Parteilinie, nach der die öffentliche Meinung gelenkt und erzogen wurde. Das proletarische Klassenbewußtsein sei ja nicht als massenpsychologische Tatsache, sondern als „der bewußt gewordene Sinn der geschichtlichen Lage der Klasse" zu verstehen (Lukács 1923, 86). Wenn das Proletariat „seinem vernünftigen Willen folgt, kann es gar nichts anderes wollen als die von der Partei betriebene ‚wissenschaftliche Politik' " (Fetscher 1963, 51). Kurz, wer sich im Besitze der Gewißheit glaubt, wird auf das liberalistische Spiel – eines Meinungsabgleichs durch Diskussion und einer Mehrheitsentscheidung darüber, welcher Konzeption zu folgen sei – mit dem Ausdruck der Geringschätzung verzichten.

Dieses Verständnis des Meinungsbildungsprozesses kam auch zum Vorschein, wenn in der vom dogmatischen Marxismus bestimmten Literatur der Begriff der „Massenkommunikationsmittel" in den Begriff von „Masseninformations- und Massenpropagandamitteln" überführt wurde. Damit wurde das Bild des Miteinanderredens durch das Bild eines gleichgerichteten Informationsflusses ersetzt. Dem entsprach es, daß den Massenmedien primär „agitatorische, propagandistische und organisatorische Funktionen" zugeschrieben wurden (in: Koschwitz 1979, 38 f., 78 f.).

Meinungslenkung läßt sich aber nicht nur auf einen Wahrheitsanspruch gründen, sondern auch auf das praktische Bedürfnis, verläßliche Richtlinien für menschliches Verhalten zu schaffen. So hat Hobbes gelehrt, die Lenkung menschlichen Handelns zu Frieden und Eintracht bestehe zunächst einmal „in einer guten Lenkung der Meinungen" (Leviathan, Kap. 18). Aus Sorge um Ordnung und Rechtsfrieden wollte er auch die Entscheidung über die rechte kirchliche Lehre in die Hand einer obersten Autorität legen (De cive, Kap. 17 Nr. 18). Das erinnert an die Praxis der katholischen Kirche wie auch der marxistischen Staaten, die Entscheidungen über die rechte Lehre oder über die politische Generallinie einer Zentralinstanz anzuvertrauen. Eine solche Praxis könnte ihre Rechtfertigung also nicht nur im Gewißheitsglauben, sondern auch im Ordnungsgedanken suchen:

Das geordnete Funktionieren menschlichen Zusammenlebens erfordert (soziologisch gesehen) Orientierungsgewißheit. Die Einzelnen haben (unter psychologischem Aspekt) ein elementares Bedürfnis nach „psychischer Stabilität". Daraus folgt das Verlangen nach einer hinreichend sicheren ethischen und weltanschaulichen Orientierungsgrundlage und insgesamt einer gewissen „Einheit des Weltbildes" (§ 7 II), mit der nur ein beschränktes Maß dissonanter Vorstellungen verträglich ist (IV 2). Das schließt einen Wandel nicht aus. Integrierende Ordnungsvorstellungen, für die man heute zu kämpfen bereit ist, können später als belanglos erscheinen, sobald andere Orientierungsmuster dominieren.

Wo die Verläßlichkeit integrierender Richtlinien verlorengeht, wird der Einzelne herausgefordert, sich in eigener Verantwortung für einen von mehreren möglichen Standpunkten zu entscheiden. Das bedeutet Freiheit, aber auch Entscheidungslast und Verunsicherung, die von einer Gesellschaft nur in begrenztem Ausmaß ertragen wird (§ 7 III 1, 4).

II. Die freie Bildung der öffentlichen Meinung

Literatur: Wie zu § 26 II 2; *J. Schwartländer, D. Willoweit* (Hg), Meinungsfreiheit, 1986; *Zippelius/ Würtenberger,* § 26 II.
Zu 1: *Zippelius* RPh, §§ 11 II, III; 17 IV.
Zu 2: Wie zu § 1 II 2; *I. Kant,* Idee zu einer allgemeinen Geschichte in weltbürgerlicher Absicht, 1784; *ders.,* Beantwortung der Frage: Was ist Aufklärung?, 1784; *J. St. Mill,* Essay on Liberty, (engl. 1859) dt. 1945; *C. Schmitt,* Die geistesgeschichtliche Lage des heutigen Parlamentarismus, 1923, [4]1969, 7 ff., 43 ff., 61 ff.; *K. R. Popper,* Auf der Suche nach einer besseren Welt, 1984, 165 ff., 215 ff., 232 ff.; *H. M. Kepplinger,* Abschied vom rationalen Wähler, 2004.

Das Ideal einer freien Bildung der öffentlichen Meinung hat mehrere Wurzeln. Hervorzuheben sind der weltanschaulich-politische Relativismus, der es nicht zuläßt, den Wahrheitsanspruch zu monopolisieren; sodann das Vertrauen auf eine Rationalität der öffentlichen Diskussion; ferner der liberalistische Gedanke von einem freien Wettbewerb und einer gegenseitigen Ausbalancierung konkurrierender Meinungen; schließlich und vor allem auch die demokratische Idee, daß jeder selber beteiligt sein müsse an der Bildung des Gemeinwillens, dem er unterworfen ist. Das Wesentliche an diesem demokratischen Freiheitsideal ist die eigene Mitentscheidung, die nicht durch einen Meinungsdirigismus zu einer bloßen Akklamation verfälscht werden darf.

1. Relativismus. Der neuzeitliche Relativismus entstand in einer Epoche, in der die Ausweitung interkultureller Berührungen die Vielfalt möglicher Weltanschauungen vor Augen stellte. An seinem Beginn stand aber auch das weltanschauliche

Dilemma, in das die Religionsstreitigkeiten und Glaubenskriege hineingeführt hatten: nämlich das gleichzeitige Angebot mehrerer theologisch-weltanschaulicher „Gewißheiten", die einander widerstritten (§ 17 III). Hieraus mußte eine tiefe Skepsis gegen alle „absoluten" theologischen, ethischen und politischen „Wahrheiten" erwachsen, die einem von außen anempfohlen werden. Thomas Hobbes sprach von den „zwitterhaften Doktrinen der Moralphilosophie" (De cive, Vorwort). Dieser Skepsis entsprang einerseits der Hobbes'sche Anspruch, daß der souveräne Staat um des Rechtsfriedens willen letztverbindlich alle Fragen des Rechts zu entscheiden („authoritas, non veritas facit legem") und sogar die Meinungen zu lenken habe. Ihr entsprang andererseits aber auch der moderne Toleranzgedanke, der der eigenen Selbstgewißheit mißtraut, und die Respektierung des anderen als einer prinzipiell gleich zu achtenden moralischen Instanz. In Lessings „Duplik" erscheint es als Los des Menschen, ewig die Wahrheit zu suchen, ohne die reine Wahrheit je zu erreichen. Lessings „Nathan" wird zum einprägsamen Leitbild einer Toleranz, die es offenläßt, ob die eigene Weltanschauung oder die abweichende Ansicht des anderen die richtige sei.

Kann niemand einen begründeten Anspruch erheben, er kenne die absolut richtige Lösung oder den absolut gültigen Lösungsschlüssel für die Gerechtigkeitsprobleme und für die anderen Fragen, die im politischen Prozeß zu bewältigen sind, dann muß die Gewissensüberzeugung eines jeden gleich viel gelten. Jeder Einzelne ist dann als prinzipiell gleich zu achtende moralische Instanz zu behandeln. Dies ist, wenn man so will, der politische Aspekt dessen, was Kant später als „Autonomiegedanken" präzisiert hat (§ 17 III). Das Abrücken von der Idee, es gebe allgemeingültige „heteronome" Richtlinien für Recht und Politik, ruft die Einzelnen in die persönliche Verantwortung und Mitentscheidung in freiem Wettbewerb der Überzeugungen (§ 26 II 2). Dies führt auf das Prinzip der freiheitlich-demokratischen Meinungsbildung und Entscheidung.

Auch in einer Gemeinschaftsordnung, die auf weltanschaulichen Relativismus gegründet ist, gilt aber als „absolute" Grenze der Freiheit, daß deren Ausübung nicht die Bedingungen der Freiheit aufheben darf (§ 26 II 2). Eine solche Grenze haben insbesondere die demokratische Freiheit und das mit ihr verbundene Mehrheitsprinzip, deren grundlegende Prämisse lautet, daß grundsätzlich jeder eine den anderen gleich zu achtende moralische Instanz und daher in seiner Menschenwürde zu respektieren ist (§ 16 I 3). Mehrheitsentscheidungen dürfen also diese Bedingung ihrer Legitimität nicht aufheben. Kurz, das Mehrheitsprinzip ist auf Grund seiner eigenen Prämissen prinzipiell begrenzt durch das Gebot, die Menschenwürde und insbesondere die fortdauernde, gleichberechtigte Mitwirkungskompetenz eines jeden, zu achten und zu erhalten. Das schließt ein, daß gegenwärtige Minderheiten die Chance haben müssen, künftig zur Mehrheit zu werden. Ein Mehrheitsentscheid, der diese Möglichkeit für die Zukunft abschnitte, würde die immanenten Schranken überschreiten, die im recht verstandenen Mehrheitsprinzip liegen.

2. Rationalität der öffentlichen Meinungsbildung. Zwar liegt dem Prinzip freier Meinungsbildung nicht der Glaube an eine ein für allemal feststehende politische oder sozialethische Wahrheit zugrunde, aber doch das optimistische, rationalistische Vertrauen in die Macht der Vernunft: Die freie Diskussion sei ein Verfahren, die einschlägigen Gesichtspunkte aufzudecken. In ihr würde sich die Überzeugungskraft der besseren Gründe durchsetzen. In ihr sei die öffentliche Meinung am ehesten einer Selbstkorrektur zugänglich.

J.St. Mill (1859, Kap. 2) hat diese Funktion freier öffentlicher Diskussion mit bezwingenden Worten beschrieben: „Woher kommt es nun eigentlich, daß im Ganzen innerhalb der Menschheit ein Übergewicht der vernünftigen Ansichten und des vernünftigen Handelns besteht?" Daher, daß der menschliche Geist die Fähigkeit besitzt, „seine Irrtümer durch Erörterung und Erfahrung zu berichtigen … Falsche Meinungen und Gewohnheiten weichen allmählich vor Tatsachen und Beweisen; aber Tatsachen und Beweise müssen, wenn sie auf den Geist überhaupt wirken sollen, vor ihm ausgebreitet werden." Ständig sind wir dabei, unsere eigene Meinung zu verbessern und zu vervollständigen, indem wir sie mit den Meinungen anderer vergleichen. „Unsere bestgegründeten Überzeugungen besitzen keine andere Gewähr als die einer fortwährend an die ganze Welt gerichteten Einladung, ihre Haltlosigkeit zu erweisen. Wird die Herausforderung nicht angenommen oder schlägt der Beweis fehl, so sind wir immer noch weit genug entfernt von Gewißheit; aber wir haben wenigstens alles getan, was der gegebene Zustand der menschlichen Vernunft zuläßt; wir haben nichts versäumt, was der Wahrheit eine Chance gibt. Bleiben nur die Schranken offen, so dürfen wir hoffen, daß, wenn eine bessere Wahrheit vorhanden ist, sie gefunden wird, sobald der menschliche Geist fähig geworden ist, sie aufzunehmen, und in der Zwischenzeit können wir der Überzeugung sein, daß wir uns der Wahrheit so weit genähert haben, wie das in unseren Tagen möglich ist. Dies ist die Summe der Gewißheit, die einem fehlbaren Wesen erreichbar ist, und der einzige Weg, ihrer habhaft zu werden." Diesem Verfahren der Meinungsbildung liegt zwar nicht die Hoffnung zugrunde, „ewige Wahrheiten" zu finden, aber doch die Erwartung, durch verständige Erwägungen vergleichsweise schlechtere Problemlösungen durch vergleichsweise bessere ersetzen zu können.

Auch die Lösung der konkreten politischen Fragen sollte durch rationale, freie, öffentliche Diskussion gefunden werden. Von dieser Vorstellung ist der Begriff der öffentlichen Meinung geprägt, wie ihn das 19. Jahrhundert verstanden hat: nicht als emotionale, suggerierte, unreflektierte Stimmung der Menge, sondern als eine auf sachliche Informationen gegründete, durch vernünftige Argumentation im Lichte der Öffentlichkeit sich bildende Meinung. Freilich sind „die irrational entstandene Meinung" und „die rational, durch Argumentation gebildete Meinung" bloße Idealtypen. Schon der erste Anschein läßt vermuten, daß bei der Bildung der konkreten öffentlichen Meinung rationale und irrationale Faktoren zusammenwirken.

Offensichtlich vollzieht sich die Bildung der öffentlichen Meinung in einem vielfältig strukturierten Prozeß, in dem die Gewichtigkeit der Meinungen und damit auch die Macht über die öffentliche Meinung sehr unterschiedlich verteilt ist. Was die englische Queen, ein deutscher Bundespräsident oder ein prominenter Kirchenmann äußern, besitzt in deren Wirkungskreis, auch wenn es keine unmittelbare Rechtswirkung hat, ein anderes Gewicht als die Meinung eines Durchschnittsbürgers. Vor allem die Massenmedien beteiligen sich maßgebend an der Bildung und Verteilung von Meinungsmacht. Das geschieht insbesondere durch die noch darzulegende Auswahl der Informationen, die der Öffentlichkeit zugänglich gemacht werden, und durch die Artikulation des Meinungsbildungsprozesses (IV 1), nicht zuletzt auch durch die Auswahl derer, denen die Medien einen einflußreichen Platz auf dem Forum der öffentlichen Diskussion einräumen (IV 2).

Der Optimismus, die öffentliche Meinungsbildung vollziehe sich in einem vernunftgeleiteten Prozeß, an dem alle gleichermaßen beteiligt seien, sieht sich aber noch weiter reichenden Zweifeln ausgesetzt: Ist mit der Argumentation nicht eine sehr vordergründige Schicht zwischenmenschlicher Auseinandersetzungen erfaßt? Geht es nicht im Kern meist um Gegensätze ganz massiver Interessen, die in den

Argumenten bloß ihre dienstbaren Geister haben? Sind nicht Bedürfnisse und Instinkte die tragende Grundlage jeder Gesellschaft? Stecken diese nicht mehr oder minder verhüllt auch hinter unseren Argumenten und Meinungen (Zippelius RPh, § 8 III)? Träfe das zu, dann wäre es prinzipiell fragwürdig, einen wesentlichen Ausgleich überhaupt durch vernünftige Argumentation statt auf der Ebene der zugrundeliegenden Interessen zu suchen.

Eine genaue, allgemein anerkannte Antwort auf die damit gestellten Fragen fehlt. Soviel scheint freilich festzustehen, daß häufig Interessen die Argumentation motivieren und daß emotionale, insbesondere interessenbedingte Eingestimmtheiten der Menschen die faktische Durchsetzungskraft von Argumenten mitbedingen und begrenzen (IV 2). Andererseits läßt sich aber nicht alles auf (hedonistisch verstandene) Interessen zurückführen: In jeder Gemeinschaft stellt sich die Frage nach einem gerechten Ausgleich solcher Interessen, und die Kriterien für diesen Ausgleich können nicht in den Interessen selbst liegen (Zippelius RPh, §§ 9 III; 14).

Bei der Suche nach einer konsensfähigen, gerechten Ordnung des Zusammenlebens besteht aber die von Mill begründete Hoffnung auf eine fortschreitende öffentliche Einsicht, d.h. darauf, daß die vergleichsweise gerechteren Ansichten im Laufe der Zeit ein Übergewicht über die vergleichsweise ungerechteren erhalten. Dabei ist vorausgesetzt, daß die Diskussion offengehalten wird und die Interessen- und Machtkonstellationen variieren, sich also nicht gegen bestimmte Einsichten etablieren. Auf ähnliche Überlegungen hat schon Kant die skeptische Erwartung gegründet, die Menschheit werde im Laufe der Geschichte zu größerer Vernünftigkeit und allgemeiner Freiheit fortschreiten („Idee zu einer allgemeinen Geschichte in weltbürgerlicher Absicht", 1784).

III. Die politische Relevanz der öffentlichen Meinung

Literatur: Wie zu §§ 7 II; 23 II 7; *D. Hume*, Essays Moral, Political and Literary, 1741/42, ed. 1903; *W. Hennis*, Meinungsforschung und repräsentative Demokratie, 1957; *G. Schmidtchen*, Die befragte Nation, 1959, ²1961; *E. Noelle-Neumann*, Umfragen in der Massengesellschaft, 1963, ⁷1976; *Fraenkel* DwD, 204ff., 232ff.; *E. Traugott*, Die Herrschaft der Meinung, 1970; *E. Benda*, Demoskopie und Recht, JZ 1972, 497ff.; *Stern*, § 18 II 5 e; *E. Noelle-Neumann*, Das Bundesverfassungsgericht und die ungeschriebenen Gesetze, DÖV 1982, 883ff.
Zu 2: Wie zu § 9 I 2; *Th. Würtenberger*, Zeitgeist und Recht, 1987, ²1991, S. 45ff., 191ff., 218ff.
Zu 3: *C. Schmitt*, Die Diktatur, 1921, ⁴1978, 13ff.; *M. Stolleis*, Arcana imperii und Ratio status, 1980.

1. Grundsätzliches. In Gemeinschaften sind Normen des garantierten Rechts, andere Sozialnormen, Leitbilder und weltanschauliche Vorstellungen als Verhaltensorientierungen wirksam (§§ 1 II 2; 7). Auch die Regierenden bedienen sich der verhaltensleitenden Vorstellungen der Gemeinschaft, zumal der „Bilder in den Köpfen der Menschen". „Nichts erscheint ... erstaunlicher", schreibt Hume (1903, 29), „als die Leichtigkeit, mit der die Vielen von den Wenigen regiert werden, und die unbedingte Unterwerfung, mit der Menschen ihre eigenen Empfindungen und Neigungen denjenigen der Regierung unterordnen. Wenn wir untersuchen, wodurch dieses Wunder bewirkt wird, finden wir, daß ... die Regierenden sich auf nichts anderes stützen können als auf Meinung (opinion). Regierung ist also auf nichts anderes als auf Meinung gegründet; und diese Maxime trifft auf die despotischsten und militärischsten Regime ebenso zu, wie auf die freiesten und populärsten."

Mag hier auch etwas einseitig auf die geistigen Komponenten von Macht und Gehorsam abgestellt sein (§ 9 I); sie spielen jedenfalls eine bedeutende Rolle. Selbst der Tyrann bleibt auf die Loyalität, d.h. auf den nicht erzwingbaren Gehorsam seiner Machtkumpane angewiesen. Und auch er kann nicht auf Dauer gegen die vorherrschenden, das Verhalten leitenden und koordinierenden Vorstellungen des überwiegenden Teils der Gemeinschaft regieren. Will er sich ihnen nicht anpassen, muß er sie zu ändern suchen.

In den Demokratien mündet die öffentliche Meinung in periodischen Wahlen unmittelbar in die Bestellung von Staatsorganen und in eine Entscheidung zwischen politischen Alternativen. Die Bildung der öffentlichen Meinung erscheint hier geradezu als „Vorformung der politischen Willensbildung des Volkes", wenngleich sie nicht selbst schon staatsorganschaftlicher Wille ist (BVerfGE 8, 113). Wenn hier zusammenfassend von „öffentlicher Meinung" die Rede ist, so muß dabei im Auge behalten werden, daß es in einer Gemeinschaft keine einheitliche, gegenständlich undifferenzierte öffentliche Meinung gibt, sondern nur unterschiedliche, nach Themen gegliederte (artikulierte) Meinungen, die teils eine breitere, teils eine weniger breite Zustimmung finden (IV 1).

Die so verstandene öffentliche Meinung gewinnt nicht erst in den Wahlen politische Relevanz. Schon allein dadurch, daß bestimmte Vorstellungen überhaupt zum Thema gemeinsamer Diskussion erhoben werden, besitzt der Meinungsbildungsprozeß eine wichtige integrierende Funktion. Vorherrschende Wertungen und Zielvorstellungen, aber auch Deutungsschemata, mit deren Hilfe wir die Welt zu begreifen suchen, dienen als Orientierungen für das Handeln. Manche dieser Vorstellungen verdichten sich zum Ausdruck einer überwiegenden politischen Meinung der Gemeinschaft und wirken auf das Handeln der Staatsorgane ein, zumal in den für die öffentliche Meinung sensibilisierten Demokratien (§ 23 II 4, 5). Auf diesen Wegen gewinnen auch die „Sinn- und Weltbildproduzenten" einen höchst realen und gewichtigen Einfluß auf das soziale Geschehen.

Der Wirkungsgrad solcher Vorstellungen hängt vor allem auch davon ab, wie sehr diese sich in der Gesellschaft verfestigt haben. Um die verschiedenen Stufen solcher Verfestigung anschaulich zu machen, zog Tönnies (1922, 137f.) das Bild unterschiedlicher physikalischer Aggregatzustände heran: Sporadische, flüchtige Vorstellungen können zu kompakteren Bestandteilen der öffentlichen Meinung gerinnen, können sich weiter verfestigen, nicht selten zu Gemeinplätzen, denen sich oft auch das politische Denken und Handeln nicht entziehen kann oder will; sie können wieder in Fluß geraten und sich auch ganz verflüchtigen.

2. Legitimationsfunktion. Politischen Gehalt besitzt die öffentliche Meinung als Legitimationsgrundlage demokratischer Staatsgewalt, und zwar in der zweifachen Hinsicht, daß durch sie Herrschaft nicht nur faktisch akzeptiert, sondern auch gerechtfertigt wird (§ 16 I). Wenn es schon unerläßlich ist, die Bildung des Gemeinwillens durch Repräsentativorgane zu mediatisieren (§ 23 II), so sollte doch das Repräsentativsystem nicht mehr an Demokratie aufzehren, als das zur Herstellung eines funktionsfähigen und mit rechtsstaatlichen Kontrollen ausgestatteten Gemeinwesens erforderlich ist. Das Prinzip der Demokratie – der größtmöglichen Zahl eine größtmögliche Mitbestimmung zu gewähren – soll daher durch die Strukturen des Repräsentativsystems hindurchscheinen und wenigstens mittelbar relevant werden: dadurch, daß die Staatsorgane ihre Handlungen an den in der Gemeinschaft herrschenden politischen und sozialethischen Vorstellungen ausrichten. Die Akte der Staatsgewalt sollen so geschehen, wie „sie aus dem vereinigten Willen eines ganzen Volks haben entspringen *können*" (§ 17 III 4). – So hat man zu Recht die öffentliche Meinung als „die moderne Art der Akklamation" bezeichnet (C. Schmitt VL, 246) und in ihr ein Element unmittelbarer Demokratie erblickt. Die „Öffentlichkeitsarbeit" der Regierung erscheint unter diesem Aspekt als ein Werben um Zustimmung und damit um demokratische Legitimation (vgl. § 17 IV 3).

Zu dem eigentlich demokratischen Prinzip (einer größtmöglichen Mitwirkung möglichst vieler) tritt ergänzend das Vertrauen, durch öffentliche Auseinandersetzung der Meinungen werde der objektiv vernünftigste Weg des politischen Handelns gefunden. Aber gleichgültig, ob man diesen Optimismus teilt oder nicht (§ 28 II 2): Solange man an der demokratischen Legitimation der Staatsgewalt festhält, ist es jedenfalls unter dem demokratischen Aspekt legitim, daß sich die Staatsorgane, vor allem Regierung und Parlament, nach der öffentlichen Meinung richten.

Diese Orientierung an der öffentlichen Meinung ist freilich nur die eine Seite, eben der demokratische Aspekt der Repräsentation. Nun besteht aber ein struktureller Unterschied zwischen einer unmittelbaren und einer repräsentativen Demokratie. Die zweite sollte auch eine elitäre Komponente und eine systemstabilisierende Funktion haben: Das Repräsentativsystem soll gewährleisten, daß mit Sachkunde und in Sachlichkeit politische Konzeptionen gefunden und verfolgt werden, die sich über die Regungen und Torheiten des Augenblicks erheben. Regieren ist mehr als Reagieren. Es bedeutet unter anderem auch: ein wichtiger „Pfadfinder" der sich entwickelnden, „aufgeklärten" öffentlichen Meinung zu sein (§ 16 I 3) und andererseits in dem Wandel bloßer Tagesstimmungen als stabilisierender Faktor zu wirken. Eine allzu große Nachgiebigkeit gegenüber fluktuierenden Tagesmeinungen kann also eine Vernachlässigung des staatsmännischen Auftrags der Repräsentanten sein (vgl. § 23 II 2). Eine Regierung verliert ihre Würde, wenn sie sich dieser Aufgabe entzieht und sich allzu flott nach dem Winde dreht. Orientierung an der öffentlichen Meinung kann in der repräsentativen Demokratie daher nicht bedeuten, daß ein bloßes Exekutivverhältnis gegenüber jeder Regung der öffentlichen Meinung bestünde. Vielmehr kann damit nur gemeint sein, daß das staatliche Handeln sich im Spielraum solcher Gerechtigkeitsauffassungen und politischen Vorstellungen halten solle, die in der jeweiligen historischen Situation einen vernunftgeleiteten Konsens der Mehrheit finden (§ 23 II 3; Zippelius RPh, §§ 11 II 4; 21 I).

Die Antinomie von Bindung und Freiheit gegenüber der öffentlichen Meinung hat schon Hegel als Problem erkannt (und dann aus der Perspektive seiner Vernunftmetaphysik heraus beurteilt): Die öffentliche Meinung enthalte die Prinzipien der Gerechtigkeit, den wahrhaften Inhalt der Verfassung, in Form des gesunden Menschenverstandes, sowie die wahrhaften Bedürfnisse und richtigen Tendenzen der Wirklichkeit. Zugleich mache sich aber im Bewußtsein „die ganze Zufälligkeit des Meinens, seine Unwissenheit und Verkehrung, falsche Kenntnis und Beurteilung" geltend. Die öffentliche Meinung verdiene „daher ebenso geachtet, als verachtet zu werden, dieses nach ihrem konkreten Bewußtsein und Äußerung, jenes nach ihrer wesentlichen Grundlage, die, mehr oder weniger getrübt, in jenes Konkrete nur scheint. Da sie in ihr nicht den Maßstab der Unterscheidung noch die Fähigkeit hat, die substantielle Seite zum bestimmten Wissen in sich heraufzuheben, so ist die Unabhängigkeit von ihr die erste formelle Bedingung zu etwas Großem und Vernünftigem" (Rechtsphilosophie, §§ 317, 318).

3. Kontrollfunktion. Die Forderung nach einer freien Bildung der öffentlichen Meinung richtete sich von Anfang an auch gegen die Praxis und die Theorie der arcana rei publicae, die noch im Zeitalter des Absolutismus zu den Selbstverständlichkeiten der politischen Praxis gehörten. Das erwachende staatsbürgerliche Bewußtsein wandte sich gegen jene esoterischen Gepflogenheiten der Staats- und Kirchenführung, die von Platon empfohlen worden waren: In Platons bekanntestem Staatsmodell standen die staatslenkenden Stände dem gemeinen Volk gegenüber wie die Hirten der Herde. Die Menge sei, wenn es ihrem Wohle diene, auch mit Hilfe von Unwahrheiten zu lenken: Es scheint uns, so meinte er, „daß die Regierenden zum besten der Regierten viel Lug und Trug anwenden müssen", gleichsam als eine nützliche Medizin (Staat, 459). Machiavelli zählte nicht zuletzt auch die List und die Wahrung des Scheines zu den Mitteln, Herrschaft zu erwerben und zu erhalten, zumal der große Haufen sich stets an den Schein und an den Erfolg halte (Principe, Kap. 18). Oft sei es auch zweckmäßig, die Religion vorzuschieben, um Menschen zu lenken, z.B. dort, wo es zu schwierig wäre, den Leuten bestimmte Zusammenhänge klarzumachen, die beachtet werden müssen, oder dann etwa, wenn ein Heer mit Zuversicht erfüllt werden solle (Discorsi, I 11, 14; III 33).

Mit solchen Diagnosen und Therapien will sich – jedenfalls idealtypisch – der selbstbewußt gewordene Staatsbürger nicht abfinden. Die Staatsführung soll in das Licht der Öffentlichkeit gerückt und der Kontrolle der Öffentlichkeit unterworfen werden. Alle Staatsgewalt soll vom Volke selbst ausgehen. Für die Wählerentscheidung soll eine Urteils- und Abrechnungsgrundlage geschaffen werden. Dies setzt voraus, daß das staatliche Handeln sich – grundsätzlich – unter der Kontrolle der öffentlichen Kritik vollzieht (§§ 23 II 7; 41 III 1).

IV. Die Funktion der Massenkommunikation

Literatur: W. *Lippmann*, Die öffentliche Meinung, (engl. 1922) dt. 1964; E. *Katz, P. Lazarsfeld*, Persönlicher Einfluß und Meinungsbildung, (engl. 1955) dt. 1962; A. *Silbermann, U. M. Krüger*, Soziologie der Massenkommunikation, 1973; M. *Kunczik*, Kommunikation und Gesellschaft, 1984; M. *Kaase*, W. *Schulz* (Hg), Massenkommunikation, 1989; K. *Merten u.a.*, Die Wirklichkeit der Medien. Eine Einführung in die Kommunikationswissenschaft, 1994; B. *Pfetsch*, Themenkarrieren und politische Kommunikation, APuZ 1994, B 39, S. 11ff.; *Bitburger Gespräche* 1995/II, 1995; Fischer-Lexikon Publizistik/Massenkommunikation, 1996; W. *Schulz*, Politische Kommunikation, 1997; W. *Schmitt Glaeser*, Die Macht der Massenmedien in der Gewaltenteilung, JöR 2002, 169ff.; W. *Donsbach*, O. *Jandura* (Hg), Chancen und Gefahren der Mediendemokratie, 2003; W. *Hoffmann-Riem*, Mediendemokratie als rechtliche Herausforderung, in: Der Staat 2003, 193ff. Zu 1: Wie zu §§ 1 II 2; 7 II, IV; H. G. *Hockerts*, Zugänge zur Zeitgeschichte, APuZ 2001, B 28, S. 15ff.; H. *Lübbe*, Die Zukunft der Erinnerung, in: Hesse (Hg), Zukunftsfragen der Gesellschaft, 2001, S. 49ff.; R. *Zippelius*, Der schwankende Boden der Vorstellungen, JZ 2004, 880ff.; St. *Kirste*, Der Beitrag des Rechts zum kulturellen Gedächtnis, ARSP 2008, 47ff. Zu 2 und 3: E. *Noelle-Neumann*, Wahlentscheidung in der Fernsehdemokratie, 1980; G. *Maletzke*, Medienwirkungsforschung, 1981; M. *Schenk*, Medienwirkungsforschung, 1987; W. *Jäger*, Fernsehen und Demokratie, 1992; *ders.*, Regierungs- und Staatschefs im Bann der Fernsehkameras, in: P. Haungs u.a. (Hg), Civitas, 1992, S. 587ff.; H. M. *Kepplinger*, Die Demontage der Politik in der Informationsgesellschaft, 1998; W. *Hoffmann-Riem*, Politiker in den Fesseln der Mediengesellschaft, PVS 2000, 107ff.; Ch. *Holtz-Bacha*, Entertainisierung der Politik, ZParl 2000, 156ff.; K. R. *Korte*, G. *Hirscher* (Hg), Darstellungspolitik oder Entscheidungspolitik, 2000; R. *Schmitt-Beck*, Politische Kommunikation und Wählerverhalten, 2000; H. H. *v. Arnim*, Das System, 2001, 194ff.; Th. *Meyer*, Mediokratie, 2001; Ch. *Holtz-Bacha*, Massenmedien und Wahlen, APuZ 2002, B 15, S. 23ff.; Th. *Meyer*, Mediokratie – Auf dem Weg in eine andere Demokratie?, APuZ 2002, B 15, S. 7ff.; *ders.*, Die Theatralität der Politik in der Mediendemokratie, APuZ 2003, B 53, S. 12ff.; H. M. *Kepplinger*, M. *Marcus*, Abschied vom rationalen Wähler, 2005. Zu 4: *Scheuner* St, 759ff.; K. *Doehring u.a.*, Pressefreiheit und innere Struktur von Presseunternehmen in westlichen Demokratien, 1974; H. D. *Fischer u.a.*, Innere Pressefreiheit in Europa, 1975; E. J. *Mestmäcker*, Medienkonzentration und Meinungsvielfalt, 1978; M. *Bullinger*, F. *Kübler* (Hg), Rundfunkorganisation und Kommunikationsfreiheit, 1979; v. *Arnim* StL, 441ff.; F. *Kübler*, Der „Markt der Meinungen", in: F.f. H. Ridder, 1989, 117ff.; E. *Schwinge*, Machtmißbrauch der Massenmedien, 1989, ³1991; B. *Klein*, Konkurrenz auf dem Markt der geistigen Freiheiten, 1990; J. *Trappel u.a.* (Hg) Die gesellschaftlichen Folgen der Medienkonzentration, 2002; A. *Baum u.a.* (Hg), Handbuch der Medienselbstkontrolle, 2005; A. *Schwetzler*, Persönlichkeitsschutz durch

Presseselbstkontrolle, 2005; *L. Wallenhorst,* Medienpersönlichkeitsrecht und Selbstkontrolle der Presse, 2007.

Die Zeitschrift „Media Perspektiven" veröffentlicht wiederkehrend Daten zur Konzentration auf dem Medienmarkt.

1. Information und Artikulation der öffentlichen Meinung. Die Formbarkeit der individuellen und der in einer Gemeinschaft vorherrschenden Vorstellungen hängt nicht zuletzt damit zusammen, daß unser Bewußtsein nur eine begrenzte Aufnahme- und Verarbeitungskapazität besitzt. Dies führt zwangsläufig dazu, daß unsere Vorstellungswelt immer auf einer Auswahl aus der Fülle der überhaupt zugänglichen Informationen beruht. Diese Unentrinnbarkeit der Informationsauswahl und die Anlage des menschlichen Bewußtseins, sich anschaulich-„paradigmatisch" in der Welt zu orientieren, sind nicht an die modernen Techniken der Massenkommunikation geknüpft.

So ist insbesondere unser historisches Weltbild seit jeher auch davon bestimmt, was Geschichtsschreibung, Erzählkunst, bildende Kunst und andere traditionsbildende Kommunikation für berichtenswert befunden und ausgewählt haben. Auch diese Auswahl hat immer schon eine Blickfeldverengung bedeutet. So kam es, daß im Geschichtsbewußtsein des gebildeten Europäers z.B. der Kampf um Troja oder, besser gesagt, einer der Kämpfe um Troja einst eine größere Rolle spielen konnte als die gewaltigen Eroberungszüge eines Dschingis-Khan und eines Timur-Leng. Oft liegt dem jeweils vorherrschenden Geschichtsbild – dem kommunikativ vermittelten kollektiven Gedächtnis – eine „Erinnerungskultur" zugrunde, die nicht nur von Literatur und bildender Kunst lebt, sondern auch durch Gedenktage, Gedenkstätten und Rituale und heute vor allem durch Dokumentarfilme gepflegt wird. Schon das Alte Testament hat die Erinnerung der Juden an ihre Befreiung aus der ägyptischen Knechtschaft durch Festtage institutionalisiert (3. Mose 23 V. 42–43; 5. Mose 16). Nicht selten wird eine in bestimmte Bahnen gelenkte Erinnerungskultur – die Pflege, Verdrängung oder Verfälschung der Erinnerung an vergangene Ereignisse – für religiöse oder politische Zwecke instrumentalisiert (Lübbe, 2001, S. 53 ff.). So hat man z.B. von alters her Gedenkstätten und Gedenktage für Siege oder erlittene Schmach eingesetzt, um nationales Zusammengehörigkeitsbewußtsein, Überlegenheitsgefühl, Revanchegedanken oder auch Wiedergutmachungsansprüche zu wecken.

Den wichtigsten Anteil daran, Informationen zu liefern und die öffentliche Meinung zu artikulieren, haben heute die Massenkommunikationsmittel. Schon die Auswahl und Präsentation der Information spielt bei der Bildung der öffentlichen Meinung eine bedeutende Rolle: Im Zeitalter der Massenpresse und des Fernsehens bezieht der Einzelne seine Weltkenntnis zu einem wesentlichen Teil durch Vermittlung dieser Einrichtungen. So nehmen z.B. Millionen Bürger an einem publizierten Einzelschicksal stärkeren Anteil als an der Vielzahl anderer Schicksale in ihrer nächsten Umgebung. Durch die Auswahl, Einordnung und Aufmachung ihrer Informationen können die Massenkommunikationsmittel also die Weltkenntnis ihrer Adressaten in beträchtlichem Ausmaß prägen. Dem Informationsangebot gehen schon mehrere Auswahlvorgänge und Versuche gedanklicher Einordnung auf Seiten der Massenmedien voraus: Bereits die unvermeidliche Voreingenommenheit des Berichterstatters und unmittelbaren Beobachters führt zu einer Auswahl und Akzentuierung der Berichtstatsachen. Dem folgt eine Auswahl der Informationen durch die Nachrichtenagenturen und dann durch die Redaktionen, die auf diese Weise als Schleusenwärter des Informationsflusses fungieren. Je nach ihren politischen Sympathien oder Antipathien werden etwa Mißstände, die unter dem einen oder dem anderen Regime herrschen, entweder nachdrücklich berichtet oder nur beiläufig vermerkt oder gar nicht erwähnt. Von Bedeutung ist außer der Auswahl auch die Einordnung der Tatsachen in bestimmte Zusammenhänge und die äußere redaktionelle Aufmachung und Akzentuierung einer Nachricht; sie geschieht in der Presse insbesondere durch die Plazierung der Nachricht und durch die Schlagzeile. Das Bild, das die Bevölkerung sich vom Weltgeschehen macht, wird durch solche Auswahl und Aufbereitung der Informationen in weitem Umfang bestimmt. Auf diesem Wege wird auch den Denkmoden, Ideologien und Absichten der modernen „Sinn- und Weltbildproduzenten" Wirksamkeit verschafft.

Die Artikulation (d. h. „Gliederung") der öffentlichen Meinung steht im Dienste der schon besprochenen Notwendigkeit, sich in einer komplizierten Welt zu orientieren, das Komplexe übersichtlich, faßlich, „begreiflich" zu machen (§ 1 II 2; § 7 II). Im Bereich der Massenkommunikation vollzieht sich die Artikulation insbesondere dadurch, daß bestimmte Themen zum Gegenstand gemeinsamer Diskussion und Meinungsbildung erhoben werden. Es ist eine wichtige Funktion solcher Artikulationsprozesse, daß eine Übersicht über die vielverschlungenen, schwer durchschaubaren Fragen von Wirtschaft, Politik und Weltanschauung versucht wird, daß Lösungsmodelle und Erörterungsgesichtspunkte, „Topoi", zur Diskussion gestellt und suggeriert werden. Im Widerstreit der Auffassungen kristallisieren sich dann auch überschaubare Komplexe von Alternativen heraus, die schließlich auch Gegenstand politischer Entscheidungen werden können. Es handelt sich also um einen Prozeß, durch den die hauptsächlichen Informationen, Interessen und Anschauungen laufend gesichtet werden und durch den die öffentliche Meinung überhaupt erst Konturen, insbesondere auch eine „Sprachregelung" erhält. Die politische Bedeutung solcher Artikulation wird besonders augenfällig in Situationen, in denen verbreitete, aber noch unausgesprochene Bedürfnisse und Stimmungen in einen bestimmten Begriff gefaßt, dadurch ins allgemeine Bewußtsein gehoben und so zur Wirksamkeit gebracht werden, so wie einst Luthers „Thesen" das Unbehagen an der Kommerzialisierung der Sündenvergebung auf theologische Begriffe brachten und (schon damals mit Hilfe der Druckerpresse) zu einer breiten Wirkung gelangten (§ 7 II 1).

2. Wiedergabe oder Lenkung der öffentlichen Meinung? Schon durch die Auswahl der angebotenen Informationen und durch deren Akzentuierung ist also der Einzelne den Massenkommunikationsmitteln in beträchtlichem Maße ausgeliefert. Diese verschaffen auch den Diskussionsgesichtspunkten, den Deutungs- und Lösungsmodellen, mit denen die Informationen aufgearbeitet werden, Breitenwirkung. So initiieren und propagieren sie die Denkmoden der Zeit.

Der Bürger findet sich heute weitgehend vom Forum der öffentlichen Diskussion verdrängt und in die Rolle eines bloßen Zuschauers versetzt, in die Rolle eines bloßen Konsumenten, dem Informationen und Meinungen geliefert und aufgedrängt werden und der aus dem Angebot lediglich auswählt. Das schließt nicht aus, daß man den so präsentierten Informationen und Meinungen durchaus mit Skepsis begegnet und daß, jedenfalls in der pluralistischen Gesellschaft, auch heute noch das Wort Abraham Lincolns gilt: „Man kann alle Leute eine Zeitlang zum Narren halten, und man kann auch einige Leute die ganze Zeit zum Narren halten; aber man kann nicht alle Leute die ganze Zeit zum Narren halten."

Die Funktion, die öffentliche Diskussion lebendig zu erhalten, erfüllen die Massenkommunikationsmittel stellvertretend für das Publikum. Das Modell des öffentlichen Räsonnements ist heute nicht mehr die öffentliche Versammlung, nicht einmal mehr der Salon, sondern die repräsentative Diskussion, wie sie im „Podiumsgespräch" ein augenfälliges Beispiel findet. Es wird stellvertretend für das Publikum räsoniert, und dem Zuhörer bleibt die bequeme, aber auch bescheidene Rolle, sich mit der einen oder anderen der vorgetragenen Auffassungen zu identifizieren.

Allerdings ist damit nicht jede Wechselbeziehung zwischen den Massenkommunikationsmitteln und dem Publikum verschwunden: Die Wahrnehmung von Informationen und Meinungen ist nicht ein rein passiver, sondern ein aktiver Vorgang. Er setzt zunächst voraus, daß der Empfänger dem Dargebotenen überhaupt seine Aufmerksamkeit zuwendet. Wahrnehmung geschieht selektiv. Beachtet wird vor allem, was den schon bestehenden Erwartungen und Einstellungen entspricht, was zu den schon vorhandenen Vorstellungen und Wertungen paßt, was Bezug zu aktuellen Bedürfnissen hat, worauf man gespannt ist, was die Sensationslust befriedigt oder wovon man sich sonst Vergnügen verspricht. Informationen und Meinungen werden auch sinngebend interpretiert; sie werden zumeist so verstanden oder auch mißverstanden, wie sie sich am besten in das Weltbild des Empfängers einfügen. In diesem Streben nach „kognitiver Konsonanz" wirkt insbesondere das Bedürfnis nach Orientierungsgewißheit, die wir auch in der Einheit unserer Vorstellungswelt suchen. Auch geistige Trägheit wirkt daran mit, daß wir uns in unseren Vorstellungen – zumal in unseren Wertungen – lieber bestätigen als verunsichern und beunruhigen lassen. Andererseits wird das „Dissonante" nicht ausnahmslos abgewehrt. Doch bedarf es eines Anstoßes, damit der Empfänger seine Vorstellungen kritisch überprüft und sie auf Grund solcher Prüfung korrigiert.

Diese individualpsychischen Regelhaftigkeiten wiederholen sich in der Massenpsychologie. Auch hier kommen „dissonante" Vorstellungen, die sich von den vorherrschenden Anschauungen und Eingestimmtheiten zu weit entfernen, oft nicht an. Eine massenpsychologische Trägheit verleiht den einmal eingeführten Vorstellungen und Eingestimmtheiten eine gewisse Stabilität. Die Formung der öffentlichen Meinung wird also auch durch die Aufnahmebereitschaft des Publikums für bestimmte geistige Einflüsse bestimmt: durch die schon vorherrschenden Vorstellungen, aber auch durch Neigungen und Ressentiments, die durch Bedürfnisse, Erziehung und andere Lebensumstände erzeugt werden. Auf diese „Resonanzbereitschaft" müssen sich die Publikationsorgane einstellen, um wirken zu können. Deshalb kann man auch umgekehrt die Inhalte von erfolgreichen Filmen, vielgelesenen Illustrierten, volkstümlichen Rundfunkprogrammen und Bestsellern als Indizien nehmen, aus denen sich andererseits wieder Rückschlüsse auf die in einem Volke bestehenden Einstellungen ziehen lassen (S. Kracauer, Von Caligari bis Hitler, 1958).

Freilich hebt eine solche „Rückkoppelung" den Adressaten nicht schon ohne weiteres in die Rolle eines Gesprächspartners. Sie beläßt ihn großenteils in derjenigen eines bloßen Konsumenten, wenn nicht sogar in der Rolle eines Objekts, das Einflüssen ausgesetzt wird, die auf seine Neigungen und Emotionen abgestimmt sind.

Die Notwendigkeit, auf Interessenrichtungen und Meinungstendenzen des Publikums Rücksicht zu nehmen, ist um so stärker, je breiter das Angebot und die Wahlmöglichkeit zwischen verschiedenen Informationen, Aufmachungen von Informationen und Stellungnahmen ist. Erst ein Angebot von Alternativen ermöglicht im Bereich der Presse die „Abstimmung am Kiosk" und führt im Fernsehen zur Konkurrenz um Einschaltquoten. Es nötigt die Anbieter, den Interessenrichtungen und Meinungstendenzen der Konsumenten entgegenzukommen. Wie in der politischen Wahl, so bringt auch im Meinungsbildungsprozeß erst die Auswahlmöglichkeit zwischen Alternativen ein „demokratisches" Element zu unmittelbarer Wirkung. Am direktesten funktioniert dieser Mechanismus dort, wo die Massenkommunikationsmittel privatwirtschaftlich miteinander konkurrieren und dem Ausleseverfahren der Nachfrage auf offenem Markte ausgesetzt sind.

Obgleich in einer offenen Gesellschaft starke Rückbindungen der Massenmedien an ihr Publikum bestehen, spiegeln diese die in der Bevölkerung verbreiteten Anschauungen gewöhnlich nicht im richtigen Verhältnis wider. Man hat gelernt, zwischen öffentlicher Meinung und veröffentlichter Meinung zu unterscheiden, und weiß, daß in den Medien z.B. die Auffassungen lautstarker Minoritäten oft weit überrepräsentiert und die Meinungen der „schweigenden Mehrheit" häufig unterrepräsentiert sind. Die jeweils gängigen Parolen der Publizistik und deren innen- oder außenpolitische Parteinahmen sind oft nicht Ausdruck der überwiegenden Volksmeinung, sondern entspringen nicht selten intellektuellen Denkmoden. Die Auswahl der Informationen und Parolen wird aber auch durch Rücksichtnahmen auf die Medienwirksamkeit beeinflußt: So neigen die Massenmedien dazu, über das Spektakuläre zu berichten, weil es die Sensationslust befriedigt und sich gut verkauft; auch zieht Kritik mehr Aufmerksamkeit auf sich als Zustimmung, Revolutionieren ist interessanter als die Pflege des Bestehenden, zukunftsweisende Theorien und andere Visionen wecken mehr Aufmerksamkeit als das bedächtige Erwägen von Erfahrungen und Traditionen, die schonungslose Neugier verkauft sich besser als der taktvoll sachliche Bericht. Soweit sich die Massenmedien von diesen Auswahlkriterien leiten lassen, geben sie teils ein schiefes Bild von der öffentlichen Meinung, teils lenken sie diese auf die bevorzugten Gegenstände und Vorstellungen hin.

Wie viele Faktoren des politischen Geschehens sind daher auch die Massenmedien ambivalent. Neben ihrer für die demokratische Willensbildung unentbehrlichen Rolle dürfen ihre freiheitsgefährdenden, manipulativen Kräfte nicht übersehen werden. Es ist unvergessen, daß ein revolutionärer Journalismus wesentlich dazu beitrug, die maßvollen Reformen der Französischen Revolution zu radikalisieren und einem Schreckensregime den Weg zu bereiten, und daß ein linientreuer Politjournalismus das nationalsozialistische System gefestigt hat.

3. Der politische Einfluß der Massenkommunikationsmittel. Für Parlament, Regierung und Verwaltung haben Massenkommunikationsmittel schon als Informationsquellen ein beträchtliches Gewicht. Ferner nehmen die Staatsorgane auf die publizierten Meinungen Rücksicht. Das geschieht legitimerweise, wenn und soweit in den Medien die herrschende öffentliche Meinung ihren Ausdruck findet (III 2). Dies ist jedoch nicht ohne weiteres der Fall. Die gebotene Unterscheidung zwischen öffentlicher und veröffentlichter Meinung (IV 2) legt eine besondere Zurückhaltung gegenüber den jeweiligen Denkmoden der Publizistik nahe.

Von besonderem Interesse ist der Einfluß von Presse, Hörfunk und Fernsehen auf die politischen Abstimmungen und Wahlen, in denen die öffentliche Meinung unmittelbar zu politischer Wirkung kommt. Daß ein Wirkungszusammenhang zwischen publizistischen Äußerungen und dem Ausgang politischer Abstimmungen und Wahlen besteht, scheint gewiß zu sein; dem entspricht es z.B., daß die Parteien eifersüchtig darüber wachen, bei der Zuteilung von Sendezeiten zur Wahlpropaganda gleich behandelt zu werden (BVerfGE 7, 99; 14, 121). Die Beeinflußbarkeit der öffentlichen Meinung durch die Massenmedien schließt die Gefahr ein, daß Äußerungsformen unmittelbarer Demokratie besonders stark unter die Einwirkung eines Meinungsmanagements geraten, daß also die Demokratie sich auf eine „Telekratie" hin entwickelt.

Auch die repräsentative Demokratie wird durch die Medien mitgeprägt, selbst dort, wo gezielte politische Einflußversuche fehlen: Schon die „Dramaturgie" der Massenmedien läßt den unterhaltsam-ärgerlichen politischen Skandal stark in den Vordergrund treten (s.o. 2), sie läßt den dramatischen Effekt politischer Akte oft höher gewichten als deren politische Weisheit. Vor allem wird das politische Weltgeschehen in der von den Medien präsentierten Auswahl und Darstellungsform von den Bürgern wahrgenommen und wird in dieser Gestalt zu einer wesentlichen Grundlage demokratischer Entscheidungen. Der Staatsmann wird auf solche Weise in die Rolle eines effektvollen „Staatsschauspielers" gedrängt, der je nach der Darstellungsgabe, die er auf der politischen Bühne entfaltet, den Beifall oder das Mißfallen des Publikums erregt.

Freilich haben die Massenmedien die Inszenierung politischen Handelns (vgl. § 7 IV) nur neu ausgeformt, nicht erfunden. Über Jahrtausende hin wurde solche Inszenierung zumal durch Priesterschaften gepflegt. Und Augustus soll an seinem letzten Tag die Umstehenden gefragt haben, ob er das Schauspiel des Lebens artig gespielt habe: „Hat euch das ganze gefallen, so spendet Beifall unserem Spiel" (Sueton, Augustus, 99). Die Darstellung des politischen Geschehens, wie sie heute durch die Medien vermittelt wird, ist mit beträchtlicher Manipulationsgefahr und anderen Nachteilen verbunden, vor allem mit dem Risiko, daß die effektvolle Selbstinszenierung mancher Politiker und ihr Bemühen um kurzlebige Popularität an die Stelle langfristig wirksamen staatsmännischen Handelns tritt.

Die Gefahr einer medienvermittelten Manipulation der Politik, insbesondere die Breitenwirkung solcher Manipulation, hängt von der politischen Kultur ab, die in einem Gemeinwesen lebendig ist, vor allem davon, in welchem Maße politisches Urteilsvermögen und Wirklichkeitssinn auf Seiten der Bürger verbreitet sind. Sie ist um so geringer, je urteilsfähiger das Volk staatsmännisches Handeln von Anbiederung unterscheidet. Sie ist auch um so geringer, je weniger sich das politische Spiel medienvermittelt und je mehr es sich bürgernah – das heißt in einer gegliederten, „kleinteiligen", „schweizerischen", Gestalt der Demokratie – vollzieht (§ 23 III 2).

Im einzelnen sind die Wirkungsmechanismen der Massenmedien noch unzureichend erforscht, nämlich die Fragen, welche Faktoren auf welche Weise in welchem Maße für die Meinungsbildung und damit für die Wählerentscheidung erheblich sind. Immer noch herrschen pauschale Annahmen vor. Verschiedentlich wird die Wahlwirksamkeit der Massenkommunikationsmittel sehr hoch eingeschätzt: „Wer die Massenkommunikationsmittel beherrscht, beherrscht die Wählerschaft; wer die Wählerschaft beherrscht, beherrscht den politischen Prozeß" (Loewenstein VL, 361, 284). – Dem stehen behutsamere Schätzungen gegenüber. Vor allem bieten sich Differenzierungen an. So unterscheidet man z.B. zwischen Adressaten mit stärker und solchen mit weniger stark festgelegten Meinungen: Bei einem Teil der Wählerschaft besteht eine eigentümliche Unbeweglichkeit, die unter anderem bedingt ist durch eingeschliffene Gruppeninteressen und tief eingewurzelte Haltungen und Vorurteile. Eine von diesen abweichende, „dissonante" Wahlpropaganda kommt nicht an (s.o. 2). Als wichtigste Zielgruppe der Wahlpropaganda kommen daher die nicht festgelegten Wähler in Betracht, die von Wahl zu Wahl zwischen den festgefahrenen Wählergruppen pendeln. In beschränkter Weise wirkt die Wahlwerbung zweifellos aber auch auf die unbeweglichen Wählergruppen, jedenfalls auf deren Wahlbeteiligung zurück. Auch üben die Massenkommunikationsmittel, ungeachtet der unmittelbaren Wahlbeeinflussung, durch die Artikulierung von Stimmungen und Meinungen einen langfristig wirkenden und schwer analysierbaren Einfluß auf die Weiterentwicklung der öffentlichen Meinung und damit auf spätere Wahlen aus.

Eine zusätzliche Komplizierung im Wirkungsmechanismus der Propaganda ergibt sich daraus, daß diese regelmäßig nicht einfach auf die Wähler „durchschlägt", sondern durch Substrukturen des Meinungsbildungsprozesses verarbeitet wird: Die individuelle Meinungsbildung vollendet sich gewöhnlich in einem persönlichen Meinungsaustausch, in welchem die Beteiligten einen sehr unterschiedlichen Einfluß ausüben können; insbesondere können Personen, die in einem Lebensbereich (oft nur für bestimmte Fragen) besonderes Ansehen genießen, eine gewisse Führungsrolle gewinnen; die schlichte Einteilung solcher Kommunikationsgemeinschaften in „opinion-leaders" und Gefolgschaft vereinfacht aber diesen Sachverhalt in unzulässiger Weise (selbst für den Bereich der Familie, wie mancher Familienvater weiß).

Der beträchtliche Einfluß der öffentlichen Meinung hat dazu verleitet, den sie artikulierenden und manipulierenden Massenkommunikationsmitteln die Rolle einer „vierten Gewalt" zuzusprechen. In einem juristisch-technischen Sinn ist das sicher unrichtig, weil die öffentliche Meinung kein organschaftlicher Staatswille ist. In einer nicht auf die juristischen Kompetenzen, sondern auf die politischen Kräfte sehenden Betrachtung sind aber die Massenkommunikationsmittel ein wichtiges Glied im Gefüge der oligarchischen Gewalten (§ 31 IV).

4. Konkurrenz und Kontrolle der meinungsbildenden Kräfte. Es ist ein Grundgedanke der pluralistischen Demokratie, daß in offener, freier Auseinandersetzung zwischen den in der Gemeinschaft konkurrierenden Interessen und Meinungen konsensfähige Kompromisse sich anbahnen und politische Ziele sich herausbilden und klären sollen (§ 26 II). Es hat sich auch gezeigt, daß individuelle Interessen und Meinungen gewöhnlich nicht „unvermittelt" zu einer breiteren politischen Wirkung gelangen, sondern teils durch Interessentenverbände „vororganisiert", teils durch Massenmedien „artikuliert", also in der einen oder anderen Weise vorverarbeitet werden müssen. Gerade in diesen Prozessen entstehen aber leicht Unausgewogenheiten: bei der Interessendurchsetzung eine Überrepräsentation partikulärer Interessen (§ 26 V, VI), bei der Meinungsbildung eine Überrepräsentation partikulärer Meinungen. Diese droht hier vor allem dann, wenn die Massenkommunikationsmittel und deren Einfluß sich in wenigen Händen konzentrieren, um so mehr dann, wenn diese meinungsbildenden Kräfte einseitigen Interessenbindungen unterliegen.

a) Monopolisierungstendenzen. Die möglichen Vorteile einer Medienkonzentration sind nicht zu leugnen: Die großen Nachrichtenagenturen, Presse- und Rundfunkunternehmen haben dank ihrer finanziellen und personellen Ausstattung die Möglichkeit, auch schwerer zugängliche Nachrichten und dazu Meinungen und Unterhaltung auf hohem Niveau und in großer Vielfalt und Aktualität anzubieten, eine Chance, die aber gerade von Massenblättern und im Showgeschäft durchaus nicht immer genützt wird. Andererseits stehen diesen möglichen Vorteilen die Risiken einer fortschreitenden Monopolisierung gegenüber: Die zunehmende Konzentration der Massenkommunikationsmittel birgt die Gefahr, daß die öffentliche Meinung durch eine entschlossene Minderheit gelenkt wird. Diese Manipulierbarkeit der öffentlichen Meinung wird dort drastisch gesteigert, wo ein Informationsmonopol herrscht, wo also eine konkurrenzlose Macht über die Auswahl der mitzuteilenden Fakten besteht und alternative Meinungsangebote fehlen. Gewinnt der Staat starken Einfluß auf solche monopolisierten Massenmedien, so entfällt auch die Kontrolle, welche die Medien über das staatliche Handeln üben können.

Auch im Bereich der Massenkommunikation sammelt sich also Macht und spielen sich Machtprozesse ab. Wie bei anderen sozialen Gewalten muß auch hier der

Macht eine erhöhte Sozialpflichtigkeit entsprechen (§ 27 II 2). Hier wie dort erhebt sich insbesondere die Forderung nach Transparenz und ausgewogener Konkurrenz: Auch im Bereich der Massenkommunikation müssen Verflechtungen und Abhängigkeiten sichtbar werden und muß eine Balance des Einflusses erhalten bleiben.

Eine Monopolisierung verbietet sich nicht nur unter dem Aspekt der Machtkontrolle, sondern auch unter dem der Demokratie. Diese erfordert, daß sich – im Vorfeld der politischen Willensbildung – die öffentliche Meinung in freier Auseinandersetzung formt. Daher bedarf es der Gewährleistung frei konkurrierender Massenkommunikationsmittel.

b) Externe Konkurrenz der Massenkommunikationsmittel („Außenpluralität"). Eine hinreichende Außenpluralität besteht, solange eine ausgewogene Konkurrenz selbständiger Medien gewährleistet, daß die unterschiedlichen Anschauungen, die in der Gemeinschaft gehäuft vorkommen, angemessen Ausdruck finden. Bei der Frage, ob das zutrifft, ist nicht nur ein einziger Sektor der Massenkommunikation (etwa die Presse) in Betracht zu ziehen. Auch verschiedenartige Massenkommunikationsmittel (Presse, Hörfunk, Fernsehen, Internet) können sich wechselseitig ergänzen und korrigieren. Mit zunehmendem Ausbau internationaler Kommunikationsnetze kann die Vielfalt von Informations- und Meinungsangeboten auch von anderen Ländern her vermehrt werden.

Als Instrumente, die eine äußere Konkurrenz im Bereich der Presse selbst gewährleisten sollen, stehen insbesondere Fusionskontrollen, Entflechtungsmaßnahmen und Marktanteilsbegrenzungen zur Diskussion. Aber diese Maßnahmen haben Schwächen und Nachteile. Selbst wenn man von den Fragen der Enteignung und einer Beschränkung der beruflichen Entfaltungsfreiheit absieht und nur auf die Prinzipien und das Funktionieren des „Meinungsmarktes" achtet, fallen die Unzulänglichkeiten jener Praktiken ins Auge: Mit der Fusionskontrolle lassen sich solche Monopolisierungstendenzen nicht beherrschen, die durch „inneres" Unternehmenswachstum entstehen. Marktanteilsbegrenzungen beschneiden gerade diejenige Presse, die große Resonanz findet, in ihrer publizistischen Entfaltungsmöglichkeit; und aus der Sicht der Leser kontingentieren sie gerade solche Informationsquellen, nach denen eine besonders starke Nachfrage besteht.

Im Bereich von Hörfunk, Fernsehen und Internet ermöglichte es der Fortgang der technischen Entwicklung, die Zahl konkurrierender Informationen deutlich zu erhöhen und insbesondere auch privaten Anbietern eine Chance zu geben. Wegen des erforderlichen finanziellen Aufwandes bleibt im Bereich des Fernsehens aber eine „Oligarchie" der meinungsbildenden Kräfte bestehen.

c) Unternehmensinterne Konkurrenz von Meinungen („Binnenpluralität"). In den öffentlich-rechtlichen Rundfunkanstalten der Bundesrepublik müssen die Veranstalter selber „so organisiert werden, daß alle in Betracht kommenden Kräfte in ihren Organen Einfluß haben und im Gesamtprogramm zu Wort kommen können" (BVerfGE 12, 262 f.). Eine anstaltsinterne Ausbalancierung der Meinungsgruppen funktioniert aber nur unzulänglich: Die Auswahl der Meinungsrepräsentanten muß sich notgedrungen auf die großen Gruppen beschränken. Außer den Parteien und Parlamenten findet man in den Rundfunkgremien etwa vertreten: Religionsgemeinschaften, Arbeitgeber- und Arbeitnehmervereinigungen, Organisationen der Landwirtschaft, des Handwerks, der Presse und des Erziehungs- und Bildungswesens, Universitäten, Sportverbände, Gemeinden und Gemeindeverbände und Jugendorganisationen. Zudem wird durch die öffentlich-rechtliche Organisationsform eine Einrichtung, die auch der Kontrolle des Staates dienen soll, dem staatlichen Bereich angenähert. Das muß zwar nicht zu einem staatlichen oder parteilichen Meinungsmonopol führen. Aber es wird einer der strukturellen Unterschiede verringert, von denen die „reale Gewaltenkontrolle" lebt. Das gilt auch schon dann, wenn nicht Staatsorganen, sondern „nur" den politischen Parteien Einfluß auf die Massenmedien eingeräumt wird: Wegen der engen Verflechtung der Parteien mit der Staatsgewalt schließt der Grundsatz, die Massenmedien „staatsfrei" zu halten, deshalb die Forderung ein, sie auch „parteifrei" zu gestalten (vgl. BVerfGE 90, 87 f.).

d) Die Kontrolle der „Kontrolleure". Da politische Macht weitgehend durch die verhaltensleitenden Vorstellungen der Gemeinschaft vermittelt wird (III 1) und die Massenmedien heute den wichtigsten Anteil daran haben, die öffentlich wirksamen Vorstellungen zu gestalten (IV 1), gilt es, Mißbräuchen der Medienmacht zu begegnen. Einseitigen und unkontrollierten Einflußnahmen auf diese Vorstellungen soll durch die dargestellte Konkurrenz der meinungsbildenden Kräfte, aber auch durch Offenlegungspflichten entgegengetreten werden: Als Teilhaber im Machtgefüge unterfallen auch die politisch wirksamen Massenkommunikationsmittel der Forderung, ihre innere Struktur und ihr Funktionieren, insbesondere die in ihnen wirksamen Machtverhältnisse, Abhängigkeiten und Einflußnahmen, durchsichtig zu machen (§ 26 VI).

Ferner sind in einem freiheitlichen System nicht nur die Freiheiten der Medien, sondern auch die Persönlichkeitsrechte der Bürger, die durch diese Medien gefährdet werden, wirksam zu schützen. Der presserechtliche Anspruch auf Gegendarstellung und die Instrumente des zivilrechtlichen und strafrechtlichen Rechtsschutzes reichen hierzu vielfach nicht aus. In den USA gibt es darüber hinaus nichtstaatliche, medieninterne „Ombudsmänner", die darüber wachen sollen, daß Journalisten die Rechte der Menschen, die durch Nachrichten betroffen werden, respektieren, die üblichen Regeln des Anstandes beachten und sich dem Publikum für die Fairneß und Genauigkeit ihrer Nachrichten verantwortlich fühlen (Schwinge 1991, 139 ff.). In der Bundesrepublik Deutschland wurde 1956 ein Deutscher Presserat gegründet, dem seit 1985 alle publizistisch wichtigen Verbände angehören. Er kann Verstöße gegen die von ihm aufgestellten publizistischen Grundsätze rügen und die Rüge veröffentlichen.

Kapitel III. Der Aspekt expansiver und beschränkter Staatsgewalt

§ 29. Grundtypen: Der totalitäre und der liberale Staat

Literatur: *F. A. v. Hayek*, Der Weg zur Knechtschaft, (engl. 1944) dt. [2]1971; *V. Vanberg*, Wissenschaftsverständnis, Sozialtheorie und polit. Programmatik, 1973.

Bei den bisher erörterten Staatstypen ging es darum, wer die Staatsgewalt in Händen hat: einer, mehrere, die meisten, oder eine bestimmte Kaste, Klasse oder sonstige soziale Machtgruppe. Eine weitere Einteilung ergibt sich daraus, ob die Staatsgewalt danach strebt, sich dem Umfang nach auszubreiten und möglichst viele Lebensgebiete zu erfassen und zu reglementieren, oder ob sie die Tendenz zur Zurückhaltung zeigt und insbesondere gewisse Lebensbereiche als unantastbar respektiert.

I. Der totalitäre Staatstypus

Literatur: *J. L. Talmon*, Die Ursprünge der totalitären Demokratie, (engl. 1952) dt. 1961; *Loewenstein* VL, 50 ff.; *W. Wippermann*, Totalitarismustheorien, 1997.
Zu 1: Wie zu § 21 I; *F. Hartung*, Deutsche Verfassungsgeschichte, 1914, [8]1964, §§ 18–21; *G. K. Schmelzeisen*, Wirtschaftsrecht im 16.–18. Jh., in: H. Bollnow u. a., Aspekte sozialer Wirklichkeit, 1958, 9 ff.; *H. Maier*, Die ältere deutsche Staats- und Verwaltungslehre, 1966, [2]1980, 142 ff., 159 ff.; *W. Rüfner*, Formen öffentlicher Verwaltung im Bereich der Wirtschaft, 1967, 30 ff.; *Wolff/Bachof/Stober/Kluth*, § 8 II, m. w. Nachw.
Zu 2: Wie zu §§ 21 II; 28 I; *E. Forsthoff*, Der totale Staat, 1933; *F. Neumann*, Behemoth, (engl. 1942, [2]1944) dt. 1977; *H. Arendt*, Elemente und Ursprünge totaler Herrschaft, (engl. 1951) dt. 1958, Kap. 10 ff.; *C. J. Friedrich*, Totalitäre Diktatur, 1957; *H. Buchheim*, Totalitäre Herrschaft, 1962, [5]1967; *R. Waelder*, Grundzüge des Totalitarismus, in: Psyche, 1967, 853 ff.; *B. Seidel, S. Jenkner* (Hg), Wege der Totalitarismus-Forschung, 1968; *D. Suter*, Rechtsauflösung durch Angst und Schrecken, 1983; *K. Löw* (Hg), Totalitarismus, 1988, [2]1993; *K. Hornung*, Das totalitäre Zeitalter, 1993; *E. Jesse* (Hg), Totalitarismus im 20. Jahrhundert, 1996; *S. Mampel*, Das Ministerium für Staatssicherheit der ehemaligen DDR als Ideologiepolizei, 1996; *St. Courtois u. a.*, Das Schwarzbuch des Kommunismus, (frz. 1997) dt. 1998; *J. J. Linz*, Totalitäre und autoritäre Regime, 2000; *S. Mampel*, Totalitäres Herrschaftssystem, 2001; *Stern*, §§ 130 II, III, 134 IV; *Wolff/Bachof/Stober/Kluth*, §§ 10 II, 11.

Die Tendenz, möglichst das ganze Leben einer Gemeinschaft zu durchdringen und zu formen, ist das Kennzeichen des totalitären Staates. Dessen Begriff deckt sich nicht mit den Begriffen des autoritären und des autokratischen Staates, wenn sich auch faktisch in einem Staate totalitäre, autoritäre und autokratische Züge oft miteinander verbinden. Diese drei Begriffe sind unter verschiedenen Aspekten gebildet und stehen in verschiedenen Polaritäten. Der Totalitarismus steht im Gegensatz zum Liberalismus und bezeichnet die Tendenz der Staatsgewalt, sich auszubreiten und sich möglichst vieler Lebensbereiche zu bemächtigen. Der Begriff autoritärer Gewalt besagt, daß die Staatsgewalt der Verfügung und Kontrolle der demokratischen Majorität entzogen ist nach der Devise: „Autorität, nicht Majorität" (F. J. Stahl); dem liegt typischerweise die Vorstellung zugrunde, daß der Staat seine Legitimationsgrundlage nicht im Willen und Bedürfnis der Bürger habe. Der Begriff der autokratischen Herrschaft bezeichnet die Herrschaft aus eigener Machtvollkommenheit; er überschneidet sich weitgehend mit dem des autoritären Regimes; im Begriff der autokratischen Diktatur bezeichnet er den Gegensatz zur kommissarischen Gewalt (§ 21 II 2).

Gewöhnlich wendet man den Begriff „totalitär" auf Staaten der jüngsten Geschichte an. Doch finden sich Züge dieses Staatstypus auch schon früher, so etwa in altorientalischen Despotien oder im absolutistischen Polizeistaat. Charakteristische Merkmale des modernen Totalitarismus zeigen sich sodann an der Jakobinerherrschaft: ein weltanschaulicher Dogmatismus (hier in Gestalt eines Messianismus, der ein Reich der Vernunft und der Bürgertugend verwirklichen wollte), die Identifizierung der herrschenden „Partei" mit der Gesamtheit, die Durchdringung des Staates mit Agenten der politischen Gewalt und ein organisierter Terror im Dienste jenes Dogmatismus (Talmon 1961, 110 ff.).

Die Entstehungsbedingungen totalitärer Züge eines Staates sind nicht auf eine einfache Formel zu bringen. Besonders anfällig für den Totalitarismus ist der moderne Staat, sobald er unter eine zentralisierte Herrschaft, z.B. unter eine Diktatur, gerät. Ihm stehen die modernen technischen Mittel und die psychologischen Erfahrungen zu einer intensiven Manipulation der öffentlichen Meinung zur Verfügung, darüber hinaus der Apparat einer durchorganisierten Bürokratie und Wirtschaft; sie können ihm als Instrumente einer umfassenden, zentralisierten Lenkung der verschiedensten Lebensbereiche dienen.

1. Der absolutistische Polizeistaat. Schon im Polizeistaat, wie er sich vom 16. bis zum 18. Jahrhundert entfaltet hat, finden wir kräftige Ansätze, das Leben der Untertanen bis ins einzelne, bis in privateste Angelegenheiten zu reglementieren, von der Konfession und der Gottesdienstordnung bis zur Straßenkleidung, vom Beruf bis zum Essen und Trinken. Der Staat wurde der große Vormund seiner Bürger, in dessen Hand die politische Gewalt, die Kirchenhoheit und die Wirtschaftspolitik des Landes sich konzentrierten.

Eine Wurzel des Polizeistaates war die sich durchsetzende staatliche Souveränität. Im Begriff der Souveränität spiegelt sich die Konsolidierung der staatlichen Macht. In ihm kommt insbesondere zum Ausdruck, daß die Landesherren die Oberhand über die Stände gewonnen haben (§ 9 II).

Als Komponente jener Ausweitung der Staatsgewalt finden wir auch deren Vordringen im religiösen Bereich, finden wir die Befugnis des Landesherrn, nach dem Grundsatz cuius regio eius religio über die konfessionelle Zugehörigkeit ihrer Untertanen zu entscheiden und die landesherrliche Kirchengewalt zu üben. Diese wurde von Luther den evangelischen Landesfürsten faute de mieux konzediert. Sie wurde aber auch von den katholischen Landesherren weitgehend praktiziert. Auch sie handelten nach dem Motto: „Dux Cliviae est papa in territoriis suis."

Ein weiterer Grund für die vielfältige Einmischung jenes Staates lag in der damals herrschenden merkantilistischen Wirtschaftspolitik: Stehende Heere, zentralisierte Verwaltungsapparate und Hofhaltungen der absolutistischen Landesherren ließen einen gewaltigen Geldbedarf entstehen, der vor allem durch eine aktive Außenhandelsbilanz gedeckt werden sollte. Um sie zu erzielen, förderte und lenkte ein umfassender staatlicher Wirtschaftsdirigismus industrielle und landwirtschaftliche Produktion, um die Einfuhr auswärtiger Erzeugnisse entbehrlich zu machen und die Ausfuhr inländischer Erzeugnisse zu heben. Dem dienten Preisregelungen, Einfuhrzölle und Einfuhrverbote, Ausfuhrprämien und Verbote der Rohstoffausfuhr; selbst bevölkerungspolitische Maßnahmen ergänzten das reichhaltige Programm.

Dazu kam die patriarchalische Vorstellung von der landesväterlichen Pflicht, für das Glück und die Tugend der Untertanen zu sorgen. So kamen die Bürger des absolutistischen Wohlfahrtsstaates in den zweifelhaften Genuß eines obrigkeitlich verwalteten Eudämonismus.

All das wirkte zusammen, um jene Frühform eines sich in alles einmischenden Verwaltungsstaates hervorzubringen, der den Einzelnen in seiner Handlungsfreiheit und Verantwortung beschränkte und ihn zum Untertanen entmündigte.

2. Der moderne totalitäre Staat. Nach dem Ende des Ersten Weltkriegs geisterte der Totalitarismus als Weggefährte kompromißloser Ideologien durch die Welt. Für den modernen totalitären, in alle Lebensbereiche hineingreifenden Staat gaben das stalinistische Rußland und das nationalsozialistische Deutschland das Modell. Ein solcher Staat erhebt den Anspruch, seine politischen, wirtschaftlichen und sozialen Ideen bis in private Bereiche hinein zu verwirklichen.

a) Das Ausmaß des totalitären Verfügungsanspruchs. Wenn wir auf den Umfang des staatlichen Verfügungsanspruchs sehen, so finden wir hier, trotz aller Verschiedenheiten, Gemeinsamkeiten zwischen dem älteren Polizeistaat und dem modernen totalitären Staat: die Konzentration der politischen Macht, der Wirtschaftslenkung und der religiösen oder weltanschaulichen Direktiven in der Hand des Staates.

Im modernen totalitären Staat sollen nicht nur die Wirtschaft, der Arbeitsmarkt und die berufliche Tätigkeit, sondern auch das gesellige Leben, die Freizeit, die Familie, die ganze Gesinnung und Gesittung des Volkes von den Zielen des Staates durchdrungen und in deren Dienst gestellt werden.

Der totalitäre Staat beanspruchte nicht nur den Gesetzesgehorsam, sondern auch die Gesinnung: nationalsozialistische Weltanschauung, Liebe und Opferbereitschaft für den Führer, Rassenstolz, Klassenbewußtsein oder sonstigen „Seeleneifer". Opportunismus, faktische Sanktionen oder wenigstens Furcht vor Sanktionen werden für die Durchsetzung solcher Gesinnungspflichten mobilisiert. Natürlich läßt sich auch hierdurch nicht die Gesinnung als solche erzwingen, aber doch ein Verhalten, das einer bestimmten Gesinnung entspringen müßte. Auf diese Weise lassen sich auch solche Verhaltensweisen erwirken, die man durch Rechtsnormen entweder nicht vorschreiben kann (etwa weil sie sich wegen ihrer Situationsgebundenheit einer generellen Normierung entziehen) oder die man nicht vorschreiben will (stimmen z. B. die Wähler nolens volens „spontan" offen ab, so wird man nicht gern die propagandistisch nützliche These aufgeben, daß es von Rechts wegen den Wählern freigestellt wäre, geheim abzustimmen). Das alltäglichste Beispiel für das Funktionieren dieses Zwanges ist die Tatsache, daß unter dem nationalsozialistischen Regime fast ausnahmslos jeder sich auf der Straße des „Deutschen Grußes" bediente, auch wenn „Guten Tag" oder „Grüß Gott" durch kein Gesetz verboten waren.

Normative Grenzen des staatlichen Verfügungsanspruchs lagen für den absolutistischen Polizeistaat darin, daß dieser sich wenigstens in der Theorie an gewisse „lois fondamentales" und an die christlich-abendländische Religion und Sittenordnung gebunden hielt (§ 9 III 2). Demgegenüber erkennt der moderne totalitäre Staat auch diese Bindungen nicht mehr an.

Ein Staat, der das soziale Leben weitestmöglich durchdringen will, kann folgerichtigerweise auch Grundrechte, die sich nicht reibungslos in sein politisches Programm fügen, nicht respektieren, mag er sie auch auf dem Papier proklamieren; denn diese Rechte zielen darauf ab, gewisse Freiheitsbereiche der Einzelnen vor dem Zugriff des Staates zu bewahren. Es war also konsequent und gab nur die Verfassungswirklichkeit wieder, wenn ein Verfassungsrechtslehrbuch über den totalitären nationalsozialistischen Staat schrieb: „Insbesondere die Freiheitsrechte des Individuums gegenüber der Staatsgewalt mußten verschwinden ... Es gibt keine persönliche, vorstaatliche und außerstaatliche Freiheit des Einzelnen, die vom Staat zu respektieren wäre. An die Stelle des isolierten Individuums ist der in die Gemeinschaft gliedhaft eingeordnete Volksgenosse getreten, der von der Totalität des politischen Volkes erfaßt und in das Gesamtwirken einbezogen ist. Es kann hier keine private staatsfreie Sphäre mehr bestehen, die der politischen Einheit gegenüber unantastbar und heilig wäre" (E.R. Huber, Verfassungsrecht des Großdeutschen Reiches, ²1939, 361). Wer im totalitären Staat seine Privatsphäre für sich beansprucht, wer sich auf seine persönliche Freiheit beruft, wird zum „Sonderling", wenn nicht zum Verräter und Feind.

b) Techniken des Totalitarismus. Mit hohem Organisationsgrad skrupellos im Dienste der Macht zu morden und Menschen der Freiheit zu berauben, ist ein zentrales Disziplinierungsinstrument der totalitären Regime. Mit diesen Mitteln hat einst Lenin mit einer verhältnismäßig kleinen „Avantgarde" von Revolutionären den Machtkampf im destabilisierten Rußland für sich entschieden und die Macht erhalten. Hitler hat durch gewaltbereite Ausschaltung jedes Widerstandes seine Macht, die ihm in einer schwankenden parlamentarischen Demokratie übertragen worden war, rasch gefestigt und hat sie später mit allen Instrumenten des Terrors bis zum totalen Zusammenbruch des Reichs stabilisiert. Disziplinierung der politischen Gemeinschaft durch Furcht und Schrecken: Das Beispiel der Jakobinerherrschaft, die dieses Instrument unverblümt als Herrschaftsmittel einsetzte, hat Schule gemacht. Nach diesem Beispiel ist insbesondere im stalinistischen Rußland und im nationalsozialistischen Deutschland systematisch Terror angewandt worden.

Von früheren Staaten mit totalitären Tendenzen unterscheidet sich der moderne totalitäre Staat vor allem durch die planmäßig durchdachten organisatorischen Praktiken und die technischen Mittel, mit denen er seine Ziele durchzusetzen versteht.

Ein wichtiges Anliegen des totalitären Regimes ist es, die staatliche Bürokratie und die gesellschaftlichen Organisationen mit Agenten der politischen Gewalt zu durchsetzen und dadurch zu steuern und zu kontrollieren. Hierzu dient (nach dem Modell der beiden historisch wichtigsten Fälle) eine hierarchisch aufgebaute und straff disziplinierte Einheitspartei, die in ihren Gliederungen in alle wichtigen Bereiche der Staatsorganisation und des wirtschaftlichen, beruflichen und kulturellen Lebens hineinverflochten wird. Eine geheime Staatspolizei vervollständigt das System organisierter Durchdringung des Staatsapparates und der Gesellschaft mit Funktionären der politischen Gewalt.

Die Bürokratie wird, vor allem in ihren Personalabteilungen, mit zuverlässigen Parteifunktionären und Agenten durchsetzt und überwacht.

Wirtschaft und Arbeitsmarkt werden nach Methoden der Planwirtschaft zentral gelenkt und kontrolliert, wobei sich das Planziel am politischen Programm des Staates orientiert.

In Hörfunk, Fernsehen, gelenkter Massenpresse und Film verfügt der moderne totalitäre Staat über noch nie dagewesene technische Mittel zur weltanschaulichen Nivellierung. Der gewaltige Apparat der öffentlichen Information erhält nicht die Aufgabe, verschiedene politische und weltanschauliche Alternativen zu präsentieren und die Bürger zu selbständiger politischer Meinungsbildung anzuregen, sondern die Funktion, das Volk im Sinne der Staatsziele zu erziehen und geistig zu prägen (§ 28 I).

Die Staatspartei organisiert auch die „Freizeitgestaltung". Die Jugend wird nicht nur nach den Lehrplänen der Schulen im Geiste der offiziellen Ideologie erzogen, sondern auch in ihrer „Freizeit" von staatlichen Jugendorganisationen erfaßt und beeinflußt.

Widerstand wird schon im Entstehen durch ein engmaschiges Kontrollsystem erstickt, das im modernen totalitären Staat vor einer völlig willkürlichen Telefon- und Postüberwachung und vor der Verwendung von Spitzeln nicht zurückscheut, noch auch davor, politische Gegner zu Zehntausenden in Konzentrations- und Arbeitslagern verschwinden zu lassen. – Von vielen, die einem bestehenden Terrorregime ablehnend gegenüberstehen, wird die fortwährende Dissonanz zwischen dem staatlich geforderten Verhalten und ihren eigenen Überzeugungen auf Dauer schwer ertragen; nicht selten gibt die Psyche nach, die persönliche Vorstellungswelt wird dem durch Einschüchterung erzwungenen Verhalten angepaßt. Der psychische Mechanismus, welcher der „Gehirnwäsche" zugrunde liegt, wird auf solche Weise mit Breitenwirkung eingesetzt.

3. Strukturelle Vielfalt gegen Totalitarismus. In einem Zeitalter, in dem nicht nur überwältigende Mittel der Gewalt, sondern auch der Apparat einer perfekten Bürokratie, Techniken der Massenpsychologie und moderne Massenkommunikationsmittel zur Verfügung stehen, liegt die wichtigste Vorkehrung gegen den Totalitarismus darin, in Staat und Gesellschaft eine strukturelle Vielfalt zu erhalten und das Subsidiaritätsprinzip in weitestmöglichem Umfang zu verwirklichen.

Für den staatsorganisatorischen Bereich bedeutet dies vor allem die Forderung nach organisatorischer Gewaltenteilung und Gewaltenbalance (§ 31) und nach größtmöglicher Dezentralisation, insbesondere durch föderativen Staatsaufbau und Einrichtungen der Selbstverwaltung (§§ 17 I 3; 23 III).

Darüber hinaus gilt es, eine Privatsphäre durch Grundrechte zu gewährleisten (§ 32) und auch den gesellschaftlichen Bereich gegen zu weit gehende staatliche Ingerenzen abzusichern, insbesondere auch einen staatlichen Zugriff auf die Massenkommunikationsmittel zu verhindern und auch hier eine strukturelle Vielfalt zu erhalten (§ 28 IV 4).

Im gesellschaftlichen Bereich selbst müssen Vielfalt, Konkurrenz und Balancen der sozialen Gewalten erhalten bleiben, und sei es auch um den Preis, daß in einer solchen pluralistischen Gesellschaft politische und wirtschaftliche Mächte und weltanschauliche Einflußgruppen in einem unbequemen und auch nicht immer fairen Widerstreit stehen (§ 26 V 2).

Einer massiven Erosion unterlagen totalitäre Systeme in jüngerer Zeit durch die Globalisierung des wirtschaftlichen und technologischen Wettbewerbs und der Massenkommunikation: Die Planwirtschaften totalitärer Staaten können langfristig nicht mit der wirtschaftlichen Vitalität, der technologischen Innovationskraft und der Problemverarbeitungskapazität pluralistischer Systeme konkurrieren (§§ 3 III 1, 2a; 26 II 2). Auch sind die Apparate totalitärer Meinungslenkung durchlässig geworden: Dank des technischen Fortschritts der Massenkommunikation sind auch in totalitären Systemen Meinungsvielfalt und Kritik nicht mehr aufzuhalten.

II. Der liberalistische Staatstypus

Literatur: Wie zu §§ 30; 34; *F. A. v. Hayek, L. v. Mises,* in: HdSW VI, 591 ff.; *L. Gall* (Hg), Liberalismus, 1976, ³1985; *L. Gall, R. Koch* (Hg), Der europäische Liberalismus im 19. Jh., Texte zu seiner Entwicklung, 1981, 4 Bde; *R. Vierhaus, R. Walther,* in: GGb III (1982), 741 ff., 787 ff.; *V. Müller,* Staatstätigkeit in den Staatstheorien des 19. Jahrhunderts, 1991.
Zu 1: *A. Smith,* An Inquiry into the Nature and Causes of the Wealth of Nations, (engl. 1776, ⁵1789) dt. 1974; *I. Kant,* Grundlegung zur Metaphysik der Sitten, 1785; *ders.,* Über den Gemeinspruch ..., 1793, II; *W. v. Humboldt,* Ideen zu einem Versuch, die Grenzen der Wirksamkeit des Staates zu bestimmen, 1792; *J. G. Fichte,* Zurückforderung der Denkfreiheit ..., 1793; *J. St. Mill,* Principles of Political Economy, 1848; *ders.,* On Liberty, (engl. 1859) dt. 1945; *F. A. v. Hayek,* Die

Verfassung der Freiheit, (engl. 1960) dt. ³1991; *ders.*, Recht, Gesetz und Freiheit – eine Neufassung der liberalen Grundsätze der Gerechtigkeit und der politischen Ökonomie, 2003; *R. Nozick*, Anarchie, Staat, Utopia, (engl. 1974) dt. 1976; *D. Klippel*, Der Einfluß der Physiokraten ..., in: Der Staat 1984, 205 ff.; *Th. Würtenberger*, Staat und Glück, in: M. Rehbinder, M. Usteri (Hg), Glück als Ziel der Rechtspolitik, 2002, 233 ff.

Zu 2: Wie zu § 35; *F. Engels*, Die Lage der arbeitenden Klasse in England, 1845 (MEW 2, 225 ff.); *A. Rüstow*, Das Versagen des Wirtschaftsliberalismus, 1945, ²1950; *W. Eucken*, Grundsätze der Wirtschaftspolitik, 1952, ⁵1975, 30 ff.

Der totalitären Tendenz entgegengesetzt ist die zum Liberalismus. Die überwiegende Zahl der Staaten hat ihren Standort irgendwo zwischen dem Idealtypus des totalitären und dem des liberalen Staates.

Für das Verständnis dieser Polarität ist es wichtig, den liberalistischen Freiheitsbegriff nicht mit dem demokratischen zu verwechseln. Jener bezeichnet die Freiheit des status negativus, den vom Staat belassenen Spielraum individueller Betätigungsfreiheit. Dieser meint die Freiheit des status activus, die Freiheit der Teilhabe an der Bildung des Gemeinwillens (§ 34 I). Beide Freiheiten müssen nicht notwendig konvergieren. Die demokratische Majorität kann eine höchst unliberale Tyrannei ausüben. Die demokratische Freiheit ist, wenn sie sich nicht mit der liberalen verbindet, eine Herrschaft der Menge – oder derer, die sie manipulieren – ohne Freiheitsgarantie gegen die Menge (§ 30 I).

1. Argumente für die Freiheit. Der neuzeitliche Liberalismus ist ein Kind der Aufklärung, die das Individuum in den Mittelpunkt des sozialen Daseins rückte. Im 18. Jahrhundert trafen sich die philosophische Lehre von der moralischen Autonomie des Einzelnen, die politische Forderung nach individuellen Grund- und Freiheitsrechten und die nationalökonomische Theorie, daß sich durch wohlverstandene Wahrung der Eigeninteressen, die sich in freiem Wettbewerb begegnen, von selber ein wohleingespieltes Wirtschaftsleben entwickle. Diese Lehren vereinigten sich in der Tendenz, die Wirksamkeit des Staates zu beschränken:

Es kann schon nicht Sache staatlichen Zwanges sein, für die Moral der Untertanen zu sorgen; denn – so lautet eine Hauptthese der Ethik Immanuel Kants (1785) – Moralität ist eine Frage nicht äußerlich erzwungenen Verhaltens, sondern allein des guten Willens und der autonomen Gewissensentscheidung.

Der Staat soll auch nicht über den Glauben seiner Untertanen befinden. Für sein Seelenheil ist jeder selber verantwortlich. In den Glaubensstreitigkeiten des 16. und 17. Jahrhunderts rückte mit der Forderung, Gott mehr zu gehorchen als den Menschen, auch das Postulat unüberschreitbarer Schranken der Staatsgewalt in das allgemeine Bewußtsein. Glaubens- und Gewissensfreiheit wurden zu wichtigen Kristallisationspunkten für die Entstehung allgemeiner Grund- und Freiheitsrechte (§ 32 II).

Nicht nur Moral und Glauben, sondern auch die Sorge für das Glück der Bürger sollte diesen selbst überlassen bleiben. „The pursuit of happiness", von dem die Unabhängigkeitserklärung der Vereinigten Staaten sprach, sollte Individualrecht, nicht Staatsaufgabe sein. Für Kant (1793) hatte die Beförderung der Glückseligkeit allenfalls eine Hilfsfunktion für den eigentlichen, rechtlichen Zweck des Staates. Auf dieser Linie lag auch die Forderung des jungen Fichte an die Institution des Fürsten (1793): Von Gott „erwarten wir Glückseligkeit; von Dir die Beschützung unserer Rechte. Gütig sollst Du nicht gegen uns sein; Du sollst gerecht sein". In diese Richtung wies auch eine Schrift Wilhelm von Humboldts aus dem Jahre 1792, die den bezeichnenden Titel trug: „Ideen zu einem Versuch, die Grenzen der Wirksamkeit des Staates zu bestimmen". Hier stellte er den Bevormundungen durch den

Wohlfahrts- und Polizeistaat sein Humanitätsideal einer freien Entfaltung und Bildung der Persönlichkeit gegenüber. „Der Staat enthalte sich", so forderte er, „aller Sorgfalt für den positiven Wohlstand der Bürger, und gehe keinen Schritt weiter, als zu ihrer Sicherstellung gegen sich selbst und gegen auswärtige Feinde notwendig ist; zu keinem andern Endzwecke beschränke er ihre Freiheit" (III 7). Kurz, auch die Sorge für das Glück und die Wohlfahrt sollte der freien Selbstbestimmung der einzelnen Bürger überlassen sein.

Vor allem soll der Staat das Wirtschaftsleben nicht reglementieren, wie er es bisher unter dem Einfluß des Merkantilismus tat. Er soll den Bürgern Sicherheit und Eigentum gewährleisten und im übrigen der Initiative eines jeden freie Bahn geben. Die Tüchtigen werden sich durchsetzen und werden letzten Endes, indem sie ihre Ziele verfolgen, ganz von selber auch den allgemeinen Wohlstand heben. – In Mandevilles Bienenfabel (1714) erscheinen private Untugenden, vor allem Egoismus und Eitelkeit, geradezu als die Grundlagen des Gewerbefleißes und der Prosperität des Gemeinwesens. – Der private Egoismus führe, so meinten die Physiokraten, ganz von selber zu einem gesetzmäßigen Ablauf des Wirtschaftslebens und damit zu einer natürlichen Ordnung der Gesellschaft. Laissez faire, laissez passer, le monde va de lui-même, laßt den Dingen ihren freien Lauf, dann werden sich die Wirtschaft und das Gemeinschaftsleben in bester Harmonie entfalten (F. Quesnay, La physiocratie, 1767/68). – Adam Smith schrieb in seiner einflußreichen Untersuchung über die Natur und die Ursachen des Wohlstandes der Nationen (1776, IV 9): „Räumt man alle Begünstigungs- oder Beschränkungsmaßnahmen beiseite, so stellt sich von selbst das klare und einfache System der natürlichen Freiheit her. In ihm hat jedermann, solange er nicht die rechtlichen Schranken überschreitet, die vollkommene Freiheit, seine eigenen Interessen so, wie er es will, zu verfolgen und seine Arbeit und sein Kapital mit der Arbeit und dem Kapital anderer Menschen oder anderer sozialer Schichten in Wettbewerb zu bringen … Nach dem System der natürlichen Freiheit hat die Staatsgewalt nur noch drei Funktionen zu erfüllen, allerdings drei Pflichten, die von größter Bedeutung, aber einfach und dem gemeinen Menschenverstand faßlich sind: erstens die Pflicht, die Nation gegen Gewalttätigkeiten und Angriffe anderer unabhängiger Nationen zu schützen, zweitens die Pflicht, jedes Glied der eigenen Nation möglichst vor den unrechtmäßigen Übergriffen seiner Mitbürger zu bewahren, d.h. eine unparteiische Rechtspflege aufrechtzuerhalten, und drittens die Pflicht, bestimmte öffentliche Einrichtungen zu schaffen und zu unterhalten", deren Errichtung und Unterhalt von der privaten Initiative nicht erwartet werden kann. Zu den allgemeinen Grundfreiheiten der Menschen trat der Grundsatz der Gewerbefreiheit, insbesondere der gewerblichen Niederlassungsfreiheit, und eines Freihandels über die nationalen Grenzen hinweg.

Als die wesentlichen Regelungsmuster des sozialen Systems erscheinen aus liberalistischer Sicht Vertrag und Markt: Der Vertrag ist Ausdruck und Instrument der Privatautonomie. Durch ihn gestalten die Beteiligten selbst die Rechte und Pflichten, die sie betreffen. Dieses Regelungsmuster steht im Gegensatz zum „Verwaltetwerden": zur Fremdbestimmtheit dieser Rechtsbeziehungen durch eine übergeordnete Institution. – Markt bedeutet selbstbestimmten, also vertraglichen Güteraustausch auf Grund eigener Einschätzung des Güterwertes. Die alte Frage nach dem gerechten Preis und dem gerechten Lohn soll hier also von den Beteiligten selbst beantwortet werden: Auf dem freien Markt, so dachte man, werde sich jemand nur dann zu einem Austausch entschließen, wenn nach seiner eigenen Einschätzung die ihm angebotene Gegenleistung seiner eigenen Leistung wenigstens gleichwertig ist, und unter konkurrierenden Angeboten werde er nicht nur eine gleichwertige, sondern die jeweils ihm günstigste Gegenleistung ermitteln. Dieses marktwirtschaftliche Modell setzt aber voraus, daß den Beteiligten vollständige Informationen über die Marktsituation zur Verfügung stehen und daß sie zu rationalem Handeln fähig sind. Es verliert seine Überzeugungskraft, sobald jemand einen dringenden Bedarf nicht aus frei konkurrierenden Angeboten oder auf andere Weise decken kann und sich dadurch gezwungen sieht, ein alternativloses Angebot anzunehmen. Der freie Markt stellt sich als Gegenbild zur fremdbestimmten, typischerweise zentral verwalteten und planwirtschaftlichen Zuweisung von Leistungen und Leistungspflichten dar. – Marktwirtschaft soll auch einer Entbürokratisierung und einer Steigerung der Effizienz dienen, nicht zuletzt dank der Auslesefunktion des Wettbewerbs. Dieser zwingt insbesondere dazu, sich auf die jeweilige Nachfragesituation in ökonomisch vernünftiger Weise einzustellen, und nötigt auf diese Weise zu einer erhöhten Flexibilität und Innovationsbereitschaft. – In Begriffen der Systemtheorie ausgedrückt zielt die Forderung nach Privatautonomie und Marktwirtschaft also dahin, das soziale und insbesondere das wirtschaftliche Leben mit möglichst viel Selbstregelungskompetenz auszustatten und die staatlichen Regelungsaufgaben weitestmöglich einzuschränken (vgl. § 3 III 3).

2. Risiken der Freiheit. Es war ein großartiger Optimismus, der in diesen Thesen lag. Aber die optimistische Idee eines Staates, der die Persönlichkeit des Einzelnen, die Gesellschaft und die Wirtschaft nach ihren eigenen Gesetzen sich entwickeln läßt, scheiterte. Die Segnung einer sich ohne staatliche Intervention und ohne staatliche Schranken entwickelnden Wirtschaft entpuppte sich für die Tausenden von Arbeitern, die in das Getriebe der neu entstehenden Fabriken und Bergwerke geraten waren, als System menschenunwürdiger Ausbeutung. Unternehmer und Arbeiter waren zwar rechtlich frei, einen Arbeitsvertrag miteinander zu schließen oder zu kündigen, aber wirtschaftlich bestand diese Freiheit für den Arbeiter in der Alternative, unter oft unwürdigsten Bedingungen zu arbeiten oder zu verhungern. Noch im Jahre 1860 schrieb der Londoner Daily Telegraph: „Um 2, 3, 4 Uhr des Morgens werden Kinder von 9–10 Jahren ihren schmutzigen Betten entrissen und gezwungen, für die nackte Subsistenz bis 10, 11, 12 Uhr Nachts zu arbeiten, während ihre Glieder wegschwinden, ihre Gestalt zusammenschrumpft, ihre Gesichtszüge abstumpfen und ihr menschliches Wesen ganz und gar in einem steinähnlichen Torpor erstarrt, dessen bloßer Anblick schauderhaft ist … Was soll man denken von einer Stadt, die ein öffentliches Meeting abhält, um zu petitionieren, daß die Arbeitszeit für Männer täglich auf 18 Stunden beschränkt werden solle!“ (Beispiel aus K. Marx, Das Kapital, I Kap. 8). Die Gesellschaft, die der Scylla des alles reglementierenden Wohlfahrtsstaates zu entkommen suchte, war in die Charybdis eines schrankenlosen Liberalismus geraten. Nach den niederdrückenden Erfahrungen mit der sich selbst überlassenen kapitalistischen Wirtschaft des 19. Jahrhunderts karikierte der geistvolle Begründer des Allgemeinen Deutschen Arbeitervereins, Ferdinand Lassalle, den liberalen, bloß Schutz und Sicherheit gewährenden Staat als Nachtwächterstaat (Arbeiterprogramm 1862).

Der Staat begann, zunächst überaus zögernd, wieder regulierend in das soziale Leben einzugreifen, um den ärgsten Mißbräuchen der Freiheit zu begegnen. Welches Ausmaß diese angenommen hatten, spiegelt sich auch in den staatlichen Gegenmaßnahmen wieder. Das englische Fabrikgesetz von 1833 z.B., das nur für wenige Industriezweige galt, sah sich u.a. veranlaßt, Kinderarbeit für Kinder unter 9 Jahren zu verbieten und die tägliche Arbeitszeit für Jugendliche zwischen 13 und 18 Jahren auf 12 Stunden zu begrenzen (Stephenson/Marcham, 130 D). Ein preußisches Regulativ vom 9. 3. 1839 verbot, Kinder unter 9 Jahren zu regelmäßiger Arbeit in Fabriken und Berg-, Hütten- oder Pochwerken anzunehmen und begrenzte die tägliche Arbeitszeit Jugendlicher, die noch nicht 16 Jahre alt waren, auf 10 Stunden.

Aber nicht nur im Verhältnis zwischen Arbeitnehmern und Arbeitgebern ließ sich die Freiheit zur Bedrängung der Freiheit nützen. Wir finden auch in der Beziehung zwischen den Unternehmern selbst Beispiele einer Vernichtung liberaler Institutionen mit Hilfe liberaler Freiheiten: Allenthalben bildeten sich Kapital- und Unternehmenskonzentrationen und Kartelle. Sie bedienten sich der Vertragsfreiheit, eines frei verfügbaren Eigentums und der Mittel eines erforderlichenfalls auch ruinösen Wettbewerbs, um den liberalen Wettbewerb auszuschalten und den Markt- und Preismechanismus unwirksam zu machen.

III. Der „freiheitliche Sozialstaat"

Literatur: Wie zu § 35 IV; *A. Müller-Armack*, Wirtschaftslenkung und Marktwirtschaft, 1947, Neuausgabe 1990; *J. Starbatty*, Ordoliberalismus, in: O. Issing (Hg), Geschichte der Nationalökonomie, 1984, 187 ff.; *K. H. Fezer*, Homo Constitutionis, JuS 1991, S. 889; *A. Giddens*, Der dritte Weg, (engl. 1998) dt. 1999; *W. Kersting*, Theorien der sozialen Gerechtigkeit, 2000; *ders.*, Der liberale Liberalismus, 2006; *M. Evers*, Die institutionelle Ausgestaltung von Wirtschaftsordnungen, 2003.

Der „freiheitliche Sozialstaat" der westlichen Industriegesellschaften findet sich im Spannungsfeld liberaler und totalitärer Tendenzen.

Einerseits ist er Erbe eines liberalen Zeitalters, das jedem ein Höchstmaß an individueller und unternehmerischer Entfaltung lassen und die staatliche Wirksamkeit begrenzen und unter Kontrolle bringen wollte.

Andererseits hat sich gezeigt, daß, zumal in einer pluralistischen Industriegesellschaft, fortwährend staatliche Regulationen nötig sind: Diese müssen dem Egoismus und Entfaltungsdrang der Einzelnen Grenzen setzen, damit die Freiheit der einen nicht die Freiheit der anderen in einem unerträglichen Maße bedrängt. Sie müssen, zumal in dem Widerstreit organisierter Interessen, laufend dafür sorgen, daß ein angemessener Ausgleich zwischen den Bedürfnissen stattfindet und daß in den verschiedensten Bereichen faire Chancen für alle erhalten bleiben (§§ 26 V, VI; 27 II; 34 I 3). Sie haben zu intervenieren, wo die Marktwirtschaft auf dem Wege ist, die Bedingungen eines freien Marktes selbst zu gefährden oder der Volkswirtschaft oder der Umwelt erheblichen Schaden zuzufügen. Über bloß interventionistische Regelungen hinaus sind auch positive Leistungen staatlicher Daseinsvorsorge nötig, um wichtige Lebensbedürfnisse angemessen zu befriedigen.

In dem Pendeln der historischen Entwicklung zwischen Wohlfahrtsstaatlichkeit und Liberalismus wird – in fast idealtypischer Zuspitzung – das Risiko sichtbar, vor das der Staat fortwährend gestellt ist: zu wenig Freiheit zu gewähren und damit von sich aus ein elementares Bedürfnis zu ersticken, und zu viel Freiheit zu lassen und damit den Mißbrauchsmöglichkeiten, die immer nur allzu bereitwillig ergriffen werden, die Tür zu weit zu öffnen. Die Labilität freiheitlicher Staatsformen (§ 26 IV 5) ist nicht zuletzt darin begründet, daß die Freiheit immer wieder zu ihrem Mißbrauch verleitet und dieser Mißbrauch wieder zur Einschränkung der Freiheit zwingt. Darin hat schon Platon eine spezifische Gefahr gerade für die Demokratie gesehen: Die Unersättlichkeit in demjenigen Gute, das für die Demokratie das höchste ist, die Unersättlichkeit in der Freiheit, richtet die Demokratie zugrunde (§ 21 II 2; Cicero, De re publica, I 68). Je stärker in einem Volke persönliche Interessen oder Gruppeninteressen das Handeln bestimmen und je weniger diese Sonderinteressen der Bereitschaft zu einem gerechten Interessenausgleich freiwillig untergeordnet werden, desto unentbehrlicher wird das Reglement der Staatsgewalt.

So stellt sich die Aufgabe, ein sozialverträgliches Maß größtmöglicher Entfaltungsfreiheit institutionell zu gewährleisten. Dieser Aufgabe haben sich viele angenommen, insbesondere die „Kathedersozialisten" um Adolph Wagner, Gustav Schmoller und Lujo Brentano. Später waren es die Vertreter des Ordoliberalismus wie Walter Eucken, Franz Böhm und Alexander Rüstow, die in Deutschland der Politik der sozialen Marktwirtschaft den Weg bereitet haben. Ähnliche Ziele hatte der New-Deal-Liberalismus Franklin D. Roosevelts im Sinn. Heute, nach dem ökonomischen und menschlichen Scheitern des staatlich verwalteten Sozialismus, suchen viele nach einem „Dritten Weg" zwischen der umfassenden Bevormundung durch eine sozialistische Bürokratie und einem rüden, bindungslosen Liberalismus und greifen dabei weitgehend auf alte, letztlich aristotelische Gedanken zurück (§ 17 I 2). Auch all diese Theorien konnten aber zur Lösung der gestellten Aufgabe nur mehr oder minder brauchbare „Schlüsselbegriffe" bieten; diese lauten etwa: rechtsstaatliche Begrenzung und Dezentralisation der Staatsgewalt, weitgehende Selbstverwaltung und Privatautonomie, aber auch Sicherung des Wettbewerbs, Verhinderung einseitiger Verbands- und Medienmacht und sonstiger Konzentration gesellschaftlicher Macht, Vorsorgen für menschenwürdige Lebens- und Arbeitsbedingungen, auch für Bildungseinrichtungen, und Schutz vor unverschuldeter Not. Doch bleibt es eine nie endende Aufgabe, in den sich wandelnden Situationen immer wieder die rechte Mitte zu finden zwischen einer totalitären Bevormundung einerseits und einer zu großen Liberalisierung andererseits, welche die Selbstsucht und Zügellosigkeit der Einzelnen zu einem sozialen Mißstand werden läßt. Es gibt keine abstrakte Lösung dieses Dilemmas, die es entbehrlich machte, in der konkreten Politik immer wieder das rechte Maß zu suchen. Zwar können bestimmte Verfassungsinstitutionen der „Freiheit für alle" eine bessere oder schlechtere Chance geben. Aber man kann die optimale Regulation der Freiheit nicht schematisch durch eine Verfassungsautomatik ein für alle Male sicherstellen.

Es gehört zu den wesentlichen Zügen des modernen Industriestaates, in diese Antithetik verstrickt und durch sie strapaziert zu sein. Die eine Seite dieser Antithetik wird repräsentiert durch die Prinzipien der Rechtsstaatlichkeit (§§ 30 ff.), die andere vor allem durch die Tendenzen und Techniken rationaler Sozialgestaltung; diese haben eine wichtige institutionelle Komponente in der Bürokratisierung einer zunehmend verwalteten Welt (§§ 35 ff.). Freilich handelt es sich hier nur um eine idealtypische Gegenüberstellung: Die Prinzipien der Rechtsstaatlichkeit selbst haben im Sozialstaat einen Wandel erfahren und sind teilweise selbst zu Instrumenten sozialstaatlicher Regulation geworden (§ 34 I 3, II, III), während andererseits innerhalb der Regelungs- und Planungsproblematik die Grenzen rationaler Sozialgestaltung ein wichtiges Thema geworden sind (§§ 35 II, IV; 36 III; 37 IV 2).

1. Der Rechtsstaat

§ 30. Prinzipien der Rechtsstaatlichkeit

Literatur: *C. Schmitt* VL, 123 ff.; *E. Forsthoff,* Rechtsstaat im Wandel, 1964, ²1976; *ders.* (Hg), Rechtsstaatlichkeit und Sozialstaatlichkeit, 1968; *Stern,* § 20; *M. Tohitipur* (Hg), Der bürgerliche Rechtsstaat, 1978; *Ph. Kunig,* Das Rechtsstaatsprinzip, 1986; *Doehring* AStL, Rdn. 424 ff.; *R. Hofmann u. a.* (Hg), Rechtsstaatlichkeit in Europa, 1996; *E. Šarcević,* Der Rechtsstaat, 1996; *K. Sobota,* Das Prinzip Rechtsstaat, 1997.

I. Grundgedanken und Entwicklung des Rechts- und Verfassungsstaates

Literatur: *I. Kant,* Über den Gemeinspruch …, 1793, II; *R. v. Mohl,* Die Polizeiwissenschaft nach den Grundsätzen des Rechtsstaats, I, 1832, ³1866, §§ 3 ff.; *O. Bähr,* Der Rechtsstaat, 1864; *R. v. Gneist,* Der Rechtsstaat und die Verwaltungsgerichte in Deutschland, 1872, ²1879; *H. Conrad,* Rechtsstaatliche Bestrebungen im Absolutismus Preußens und Österreichs am Ende des 18. Jh., 1961; *Scheuner* St, 185 ff.; *D. Merten,* Rechtsstaatliche Anfänge im preußischen Absolutismus, DVBl. 1981, 701 ff.; *K. Stern,* Grundideen europäisch-amerikanischer Verfassungsstaatlichkeit, 1984; *Ch. Link,* Anfänge des Rechtsstaatsgedankens in der deutschen Staatsrechtslehre des 16.–18. Jh., in: R. Schnur (Hg), Die Rolle der Juristen bei der Entstehung des modernen Staates, 1986, 775 ff.; *Th. Würtenberger,* Zu den Wurzeln des Rechtsstaates in Deutschland, in: B. Rill (Hg), Fünfzig Jahre freiheitlich-demokratischer Rechtsstaat, 1999, 15 ff.; *H. Fenske,* Der moderne Verfassungsstaat, 2001; *D. Merten,* Rule of Law am Scheideweg von der nationalen zur internationalen Ebene, ZöR 2003, 1 ff.
  Zu 1: *W. Kägi,* in: Tohitipur, 1978, 127 ff.; *R. Pitschas,* Verwaltungsverantwortung und Verwaltungsverfahren, 1990, 441 ff.
  Zu 2: Wie zu §§ 31, 32; *D. Jesch,* Gesetz und Verwaltung, 1961; *F. Wieacker,* Geschichtliche Wurzeln des Prinzips der verhältnismäßigen Rechtsanwendung, in: F. f. R. Fischer, 1979, 867 ff.; *W. Rüfner,* Die Entwicklung der Verwaltungsgerichtsbarkeit, in: Deutsche Verwaltungsgeschichte, Bd. III, 1984, 909 ff.; *B. Remmert,* Verfassungs- und verwaltungsgeschichtliche Grundlagen des Übermaßverbotes, 1995; *G. Sydow,* Ursprung der modernen Verwaltungsgerichtsbarkeit, VerwArch 2001, 389 ff.

1. Grundgedanken. Als Instrumente, eine totalitäre Ausweitung und überhaupt eine unkontrollierte Ausübung der Staatsgewalt zu verhindern, dienen die Prinzipien der Rechtsstaatlichkeit. Sie sind Teil des Versuchs, die alte Frage zu beantworten, wie Ordnung und Freiheit zugleich verwirklicht werden können.

  Die Entstehung einer souveränen Staatsgewalt, also die Konsolidierung der politischen Gewalt im Staat, diente zwar der Herstellung geordneter politischer Zustände und der Sicherung des Rechtsfriedens; aber die Macht, die stark genug war, den Bürger zu schützen und das Recht zu gewährleisten, war auch stark genug, den Bürger zu bedrücken und willkürlich über das Recht zu verfügen (§ 9 I 1). Die Institutionen des modernen Rechts- und Verfassungsstaates entstanden zu einem guten Teil als Antwort auf die Herausforderung durch einen unumschränkten Absolutismus. So ist die Geschichte der Bürgerfreiheit eine Geschichte der Begrenzung und Kontrolle der Staatsgewalt. In England trafen die absolutistischen Ansprüche des Königs auf den energischen Widerstand des Parlaments, das seine altüberkommenen Rechte und unverzichtbare Freiheiten der Bürger bedroht sah. In diesen Auseinandersetzungen und später im Gefolge der nordamerikanischen Unabhängigkeitsbewegung und der Französischen Revolution bildeten sich Institutionen zur Sicherung dieser Rechte und Freiheiten heraus. In diesem historischen Prozeß entstand der Rechts- und Verfassungsstaat. Er erstrebt einen Kompromiß zwischen dem Bedürfnis nach einer homogenen Staatsgewalt, die stark genug ist, den Rechtsfrieden zu gewährleisten, und dem Bedürfnis, gleichwohl ein größtmögliches Maß an individuellen Freiheiten zu sichern, einem Mißbrauch der Staatsgewalt vorzubeugen und einer totalitären Ausweitung der Staatsgewalt Grenzen zu setzen. Dieses Bedürfnis besteht nicht nur gegenüber einem absoluten Monarchen, sondern nicht minder gegenüber dem Mehrheitsabsolutismus einer Demokratie: Auch eine Herrschaft der Majorität, die nicht durch Freiheitsrechte eingeschränkt ist, kann zur Tyrannei werden (§ 17 III 2).

  Um individuelle Freiheiten zu sichern und staatliche Willkür zu verhindern, mußte vor allem dafür gesorgt werden, daß das staatliche Handeln mit bestimmten Rollenverteilungen und nach gesicherten Spielregeln funktioniert: Durch eine geordnete Verteilung und Koordination der staatlichen Regelungsfunktionen mußte ein System der Gewaltenteilung und Gewaltenkontrolle hergestellt werden. Insbesondere war die Exekutive an Gesetz und Recht zu binden. Das staatliche Handeln mußte auch durch Verfahrensregeln (über die Gesetzgebung, über Verwaltungs- und Gerichtsverfahren) kontrollierbar gemacht und gegen Willkür gesichert werden. Auch waren gerichtliche und andere Kontrollverfahren zu schaffen, die darüber wachen, daß die Spielregeln des rechtlichen Regelungssystems eingehalten werden. Da all diese Vorkehrungen die Formen des staatlichen Handelns betreffen, bezeichnet man sie als Prinzipien der „formellen" Rechtsstaatlichkeit. Durch sie wird also die Entscheidungsfindung so institutionalisiert, daß Mißbräuchen von Entscheidungsmacht vorgebeugt wird und die Chancen verbessert werden, zu inhaltlich gerechten Entscheidungen zu gelangen.

Rechtsstaatlichkeit erschöpft sich aber nicht darin, die Formen staatlichen Handelns zu regeln. Ihr dienen auch Grundsätze „materieller" (d. h. inhaltsbezogener) Rechtsstaatlichkeit. Solche inhaltlichen Komponenten der Rechtsstaatlichkeit liegen insbesondere in den Grundrechtsgarantien. Diese Freiheits- und Gleichheitsgarantien erfahren zudem eine inhaltliche Anreicherung durch den Sozialstaatsgedanken und den darin enthaltenen Auftrag, soziale Gerechtigkeit zu verwirklichen, die realen Bedingungen für eine Persönlichkeitsentfaltung zu schaffen und eine Chancengleichheit für alle herzustellen (§ 34 I 1, II 3). Inhaltliche Komponenten der Rechtsstaatlichkeit liegen auch im Grundsatz der Verhältnismäßigkeit und im Übermaßverbot, die beide dahin tendieren, Freiheitsgebrauch und Interessenbefriedigung in einer Gemeinschaft zu optimieren (s. u. 2). Nicht zuletzt liegen inhaltliche Anforderungen an die Rechtsstaatlichkeit in dem Gebot, Regelungen zu treffen, die der Natur des Menschen und der Sachverhalte angemessen sind (Zippelius RPh, § 7).

2. Einzelne Grundsätze. Aus der Entwicklungsgeschichte des Rechtsstaates seien folgende Punkte hervorgehoben:

a) Das Modell des freiheitlichen Rechtsstaates ist in wichtigen Zügen jenem Verfassungssystem entnommen, das sich in England bis zum Ende des 17. Jahrhunderts entwickelt hatte. Eine frühe Gewährleistung individueller Freiheiten lag hier in dem Schutz gegen *willkürliche Verhaftungen.* Unvollkommen schon in Artikel 39 der Magna Carta von 1215 verbrieft, wurde diese Garantie später immer wieder abgesichert und ausgebaut, bis hin zur Habeas-Corpus-Akte von 1679 (§ 32 II). In diesen Garantien gegen willkürliche Verhaftung sah de Lolme (wie zu § 23, Buch 1, XIV) eine der Hauptstützen für jenes „Gefühl der Unabhängigkeit, das die Gesetze jedem Bürger in England geben". Durch sie sei der Exekutive ein Instrument der Gewalt aus den Händen genommen worden, mit dem sie das Volk seiner Führer berauben konnte und das vielleicht die gefährlichste Bedrohung der öffentlichen Freiheit darstelle.

b) Der Grundsatz, daß die Macht des Königs *rechtliche Schranken* habe, spielte eine wichtige Rolle in den Auseinandersetzungen des englischen Parlaments mit den beiden ersten Stuarts. Den von James I. und Charles I. erhobenen Souveränitätsansprüchen hielt Coke die These vom Supremat des Rechts entgegen. In dem später offen ausbrechenden Konflikt zwischen Regierung und Parlament kam der Gedanke rechtlicher Schranken der Herrschaftsgewalt in dramatischer Weise zum Ausdruck in dem Prozeß, den das Parlament dem Earl of Strafford machte. Hier fielen in der Anklagerede des John Pym (1641) die Worte: „Das Gesetz ist die Grenzlinie, das Maß zwischen der Prärogative des Königs und der Freiheit des Volkes. Solange sich diese beiden in ihrem eigenen Bereich bewegen, gewähren sie einander Unterstützung und Sicherheit ...; wenn jedoch ... die Prärogative des Königs die Freiheit des Volkes niederzwingt, verwandelt sie sich in Tyrannei; wenn die Freiheit die Prärogative untergräbt, entwickelt sie sich zur Gesetzlosigkeit." Hier erscheint das Prinzip des „Vorranges des Gesetzes" in einer frühen Fassung. – Der Gedanke einer rechtlichen Bindung und Beschränkung der monarchischen Gewalt setzte sich später in der konstitutionellen Bewegung durch; auf dem Kontinent geschah das unter der einschränkenden Prämisse, daß dem Monarchen weitgehende Souveränität zukomme; in der von ihm gegebenen Verfassungsurkunde werde daher nur eine rechtliche Selbstbindung seiner Befugnisse verbrieft (§ 21 I 2).

c) Eine noch grundsätzlichere Grenze der Staatsgewalt kam zutage, als die Independenten im englischen Bürgerkrieg des 17. Jahrhunderts dafür stritten, in religiösen Gewissensentscheidungen nicht von der Obrigkeit bevormundet zu werden. Daraus bildete sich ein früher Kristallisationspunkt für die Idee allgemeiner *Menschenrechte*, d.h. für den Gedanken, daß es eine unantastbare Individualsphäre gebe, über welche die Staatsgewalt prinzipiell nicht verfügen dürfe (§ 32 II). Da aber die Freiheitsansprüche der Menschen miteinander kollidieren, die Freiheiten des einen also auf Kosten von Freiheiten anderer gehen, war bei der Ausgestaltung und Begrenzung der grundrechtlich gesicherten Freiheiten auch auf deren Gemeinverträglichkeit zu achten, d.h. darauf, daß die Freiheiten aller gerecht gegeneinander abgegrenzt werden (§§ 33 II 2; 34 I 2, II 2).

d) In diesen Aufbruch moderner Rechts- und Verfassungsstaatlichkeit gehört ferner das Postulat einer Gewaltenhemmung durch *Gewaltenbalance*. Diese Forderung machte sich in England im Zusammenhang mit der Glorious Revolution (1688) geltend und setzte sich dann zunehmend auch auf dem Kontinent und vor allem auch bei Schaffung der nordamerikanischen Verfassung durch (§§ 23 II 2; 31; 42 I).

e) Von weitreichender Bedeutung wurde der Grundsatz, daß staatliches Handeln sich nach *allgemeinen Gesetzen* zu vollziehen hat. Unter den Vorvätern dieses Gedankens finden sich Platon, Marsilius und Althusius (Zippelius Gesch. Kap. 2c, 8b, 13b). Nach heutigem Verständnis bedeutet die Gesetzesbindung zum einen, daß Akte der vollziehenden Gewalt und der Gerichtsbarkeit nicht gegen Gesetze verstoßen dürfen; dies ist der schon genannte „Vorrang des Gesetzes". Zum andern bedeutet die Gesetzesbindung, daß bestimmte Akte der vollziehenden Gewalt und der Gerichtsbarkeit einer gesetzlichen Grundlage bedürfen. Nach traditioneller Ansicht, die in die konstitutionelle Monarchie zurückreicht, sollte dieser „Vorbehalt des Gesetzes" für Eingriffe in Freiheit und Eigentum gelten (§ 21 I 2). Nach heute herrschender Ansicht muß der reguläre Gesetzgeber alle wesentlichen normativen Entscheidungen selbst treffen (§ 31 II 3). Auf solche Weise werden vollziehende Gewalt und Rechtsprechung durch die Gesetzesbindung begrenzt und kontrollierbar.

Die Forderung, daß staatliches Handeln nach allgemeinen Gesetzen geschehe, erschien als ein Gebot der Vernunft, der Gleichbehandlung, der Demokratie und der Rechtssicherheit: Nach der Moralphilosophie Kants war die Allgemeinheit einer Verhaltensrichtlinie das Vernunftkriterium ihrer Richtigkeit. Auch eine Koexistenz individueller Freiheit sei vernünftigerweise nur nach allgemeinen Gesetzen möglich: „Recht ist die Einschränkung der Freiheit eines jeden auf die Bedingung ihrer Zusammenstimmung mit der Freiheit von jedermann, insofern diese nach einem allgemeinen Gesetze möglich ist" (Kant, 1793). – Solch allgemeine Gesetze können nur in Distanz zum Einzelfall und zu einem konkreten, interessenbestimmten Engagement beschlossen werden. Das geschieht, wenn bei der Gesetzgebung durch vorweggenommene, „abstrakte" Erwägungen darüber nachgedacht wird, wie über Interessenkonflikte bestimmter Art richtigerweise zu entscheiden ist. – Zudem dient es der Gleichbehandlung, wenn staatliches Handeln sich nach allgemeinen Normen vollzieht: Die Begrenzung der individuellen Freiheit nach allgemeinen Gesetzen ist wegen dieser Allgemeinheit auch eine für alle gleiche Begrenzung. – Die Gesetzmäßigkeit soll auch demokratische Legitimität des staatlichen Handelns vermitteln: weil dieses sich nach Gesetzen richtet, die vom Volk oder von der gewählten Volksvertretung beschlossen wurden. In dem demokratischen Beschluß über das Gesetz soll zugleich eine Gewähr der Gerechtigkeit liegen: Würden die für alle geltenden Gesetze von allen beschlossen, dann würden „alle über alle, mithin ein jeder über sich selbst" beschließen; sich selbst aber „kann niemand Unrecht tun" (Kant, aaO.; ders., Metaphysik der Sitten, I § 46; ähnlich Locke, Two Treatises, II § 143; Rousseau, Contrat social, II 4). Strenggenommen würde diese Rechtfertigung allerdings Einstimmigkeit des Gesetzesbeschlusses voraussetzen. – Schließlich dient es auch der Rechtssicherheit, nämlich der Voraussehbarkeit konkreter staatlicher Maßnahmen und deren Überprüfbarkeit, wenn diese auf Grund allgemeiner Gesetze getroffen werden.

f) Jeremias Bentham und andere erklärten es überhaupt geradezu für den Hauptzweck des Rechts, *Rechtssicherheit* und damit eine verläßliche Basis für Dispositionen zu schaffen (Bentham, Principles of the Civil Code, Teil I Kap. 7). Diese Richtschnur sollte auch für den Gesetzgeber selber gelten. Als wichtige Folgerung daraus ergab sich das Verbot rückwirkender Strafgesetze (nulla poena sine lege praevia) und sonstiger Gesetze, die rückwirkend Eingriffe vornehmen oder vorsehen, mit denen der Betroffene im Zeitpunkt seines Verhaltens bei verständiger Vorausschau nicht zu rechnen brauchte. Orientierungsgewißheit, Rechtssicherheit, erfordert also nicht nur, daß allgemein und verbindlich entschieden wird. Sie verlangt auch ein größtmögliches Maß an Kontinuität des Rechts (Zippelius RPh, § 23 IV); diese Forderung muß aber zu einem Ausgleich gebracht werden mit dem entgegenstehenden Bedürfnis, das Recht den sich stets wandelnden Verhältnissen anzupassen (§ 17 IV 2). Orientierungsgewißheit erfordert weiterhin Klarheit und Transparenz des Rechts: Klarheit der einzelnen Rechtsnormen und Übersichtlichkeit der Rechtsordnung insgesamt (Zippelius RPh, § 23 III). Die Forderung nach klaren, präzisen Bestimmungen gilt vor allem für Rechtsnormen, die zu Entscheidungen ermächtigen, welche die Freiheiten der Bürger berühren: damit solche Entscheidungen rechtlich nachprüfbar und für die Betroffenen voraussehbar sind. Diese Forderung findet eine Grenze aber schon daran, daß die meisten Rechtsbegriffe semantisch nicht exakt bestimmbar sind (Zippelius ML, § 9 II). Zudem würde das Streben nach allzu starrer normativer Präzision dem Bedürfnis nach Sachgerechtigkeit zuwiderlaufen; ist es doch prinzipiell unmöglich, für alle Wechselfälle des Lebens eine gerechte Entscheidung durch generelle Normen genau vorherzubestimmen (III 2). Daher räumen Gesetze den Behörden oft nicht nur Beurteilungs-, sondern auch Ermessens-(Handlungs-)spielräume ein, damit von Fall zu Fall nach sachgerechten Erwägungen entschieden werden kann (Zippelius RPh, § 24).

Wie sehr alles im Staate eine Frage des rechten Maßes ist, zeigt sich auch beim Streben nach Verrechtlichung (zusammenfassend: Zippelius RPh, § 30 III). Ein Übermaß an Verrechtlichung sozialer Beziehungen bedrängt nicht nur die Freiheit der Bürger (§§ 31 I 1; 35 IV). Es hat auch eine unzuträgliche Schematisierung von Lebensvorgängen im Gefolge. Das Streben nach Gesetzesstaatlichkeit, von Haus aus auch dazu bestimmt, der Rechtssicherheit zu dienen, kann sogar geradewegs zu Rechtsunsicherheit führen, wenn die Gesetze unkontrolliert zu wuchern beginnen:

Das Bemühen, alles und jedes bis ins Detail zu regeln, führt zur Normeninflation, die auch die Überschaubarkeit und damit die Verläßlichkeit des Rechts vermindert (Zippelius RPh, § 23 III). Ein nicht mehr voll überschaubares Recht wird auch zu einem nicht mehr voll beachteten Recht. Die ausufernde Gesetzesstaatlichkeit verliert sich zudem in Banalitäten (zu den Gründen s. u. § 35 IV 7).

g) Nach liberaler Auffassung darf die Freiheit der Einzelnen nur insoweit eingeschränkt werden, als vorrangige Zwecke der Gemeinschaft das erfordern. Jeder soll im Staate so frei wie möglich bleiben (§ 29 II). So bestimmte etwa Blackstone die bürgerliche Freiheit als „natural liberty so far restrained by human laws and no farther, as it is necessary and expedient for the general advantage of the public" (Commentaries, 1765, Buch 1 Kap. 1; ähnl. BVerfGE 19, 348f.). Diesen Gedanken entsprechen heute die Grundsätze der *Verhältnismäßigkeit* und des *Übermaßverbotes:* Der erste verlangt, daß Nachteil und Nutzen staatlicher Eingriffe in einem angemessenen Verhältnis zueinander stehen, daß nämlich der Nutzen eines Eingriffs den Nachteil überwiegt. Hierbei sind nicht nur abstrakt Gewicht und Zahl der gegeneinander abzuwägenden Interessen in Rechnung zu stellen, sondern auch der Grad der Wahrscheinlichkeit und die Intensität, mit der die Interessen gefördert oder beeinträchtigt werden; daß ein ungeeigneter Eingriff unnütz und daher nicht verhältnismäßig ist, versteht sich von selbst. Das Übermaßverbot verlangt, daß auch innerhalb des damit abgesteckten Rahmens das erforderliche Maß einer Freiheits- und Interessenbeeinträchtigung nicht überschritten wird: Stehen also verschiedene Eingriffe zur Wahl, von denen jeder für sich genommen in angemessenem Verhältnis zu dem erstrebten Nutzen stünde, so ist unter ihnen derjenige auszuwählen, der die entgegenstehenden Freiheiten und Interessen am wenigsten beeinträchtigt. Beide Grundsätze können zugleich als Ausdruck des Bestrebens gelten, Freiheitsgebrauch und Interessenbefriedigung in einer Gemeinschaft zu optimieren, wobei in den Abwägungen oft schwierige Gerechtigkeitsfragen – Fragen des Ranges und der Schutzwürdigkeit der kollidierenden Interessen und Freiheiten – mitzuentscheiden sind (Zippelius RPh, §§ 14 II; 20 III 4, 6).

h) Es ist auch ein altes „rechtsstaatliches" Anliegen der Staatstheorie, Kontrollinstanzen zu schaffen, die darüber wachen, daß die Staatsorgane ihre Befugnisse nicht überschreiten. Althusius wollte Ephoren zu Hütern einsetzen; sie sollten darauf achten, daß die Regierung sich in den Grenzen der ihr anvertrauten Amtsgewalt hält (Politica methodice digesta, ³1614, XVIII 48f., 65). Im modernen Rechtsstaat übernimmt oft ein oberster Gerichtshof die Rolle eines Hüters der Verfassung. Darüber hinaus soll aber ganz allgemein die Rechtmäßigkeit staatlichen Handelns einer *Kontrolle unabhängiger Gerichte* unterliegen: „Damit der ‚Rechtsstaat' zur Wahrheit werde, genügt es nicht, daß das öffentliche Recht durch Gesetze bestimmt sei, sondern es muß auch eine Rechtsprechung geben, welche das Recht für den concreten Fall feststellt und damit für dessen Wiederherstellung, wo es verletzt ist, eine unzweifelhafte Grundlage schafft" (Bähr 1864, 192). Da man aber mitunter mit guten Gründen verschiedener Meinung über die Rechtmäßigkeit von Entscheidungen sein kann, entsteht hier die Frage, wie weit die gerichtliche Kontrolle sich auch auf „vertretbare Entscheidungen" der übrigen Staatsgewalt erstrecken und in welchem Maße sie diese Entscheidungen respektieren solle (§ 42 II 4).

i) Der Rationalität und Kontrollierbarkeit von Entscheidungen dienen auch *Begründungspflichten.* Diese sollen willkürliche, d.h. nicht einsichtig begründbare Entscheidungen verhindern, auch erkennbar machen, daß die Bindungen an Verfassung, Gesetz und Recht eingehalten wurden, und gewährleisten, daß jeder, der von einer ihm ungünstigen Entscheidung betroffen wird, deren Gründe erfährt, damit er sich sachgemäß gegen sie verteidigen kann. Sie erleichtern es nicht nur den Kontrollinstanzen, eine Entscheidung daraufhin zu prüfen, ob sie auf nachvollziehbaren, einsichtigen Erwägungen beruht, sondern nötigen schon die Entscheidungsinstanzen zu einer Selbstkontrolle. Indem diese die Interessen- und Meinungskonflikte nach Vernunftgründen erwägen und entscheiden, nehmen sie ihnen die emotionale Aufladung, verbreitern sie die Konsensfähigkeit der Entscheidung und erleichtern es auch den Betroffenen, diese zu akzeptieren (vgl. Zippelius RPh, § 21 I 3); Begründungspflichten stehen also nicht nur im Dienste der Rechtsstaatlichkeit, sondern auch der demokratischen Legitimität, insbesondere der Akzeptanz und der Transparenz (§ 23 II 7) staatlicher Entscheidungen.

k) Alle diese Entwicklungslinien vereinigten sich zu der Gesamtkonzeption eines Rechtsstaates, der „das Recht zur Grundbedingung seines Daseins erhebe" und in dem „das Verhältnis zwischen Regierenden und Regierten nicht ein solches einseitiger Gewalt, sondern des Rechts sein" solle (Bähr 1864, 2). Das ist eine moderne Fassung des alten Platonischen Gedankens einer Herrschaft des Gesetzes, in welcher das Gesetz „selbst der unumschränkte Herrscher über die Regierenden ist und die Regierenden nur gefügige Diener des Gesetzes sind" (Gesetze, 715 C f.) – wobei man mitunter Platons Prämisse aus dem Auge verlor, daß „als Gesetz nur Gebote der Vernunft bezeichnet" sein sollten (714 A).

II. Rechtsstaatlichkeit als politisches Prinzip

Literatur: *C. Schmitt,* Der Begriff des Politischen, 1927/1932, Neudr. 1963, 68 ff.; *N. Luhmann,* Grundrechte als Institution, 1965, ²1974; *F. Schneider,* Die politische Komponente der Rechtsstaatsidee, PVS 1968, 330 ff.; *E.-W. Böckenförde,* Grundrechtstheorie und Grundrechtsinterpretation, NJW 1974, 1529 ff.; *W. Schmitt Glaeser,* in: HdStR, § 38; *Klein* Aufs., 60 ff.

Carl Schmitt war der Ansicht, die Grundsätze der liberalen Rechtsstaatlichkeit seien keine konstitutiven politischen Prinzipien. Sie enthielten „nur eine Reihe von Schranken und Kontrollen des Staates, ein System von Garantien der bürgerlichen Freiheit und der Relativierung staatlicher Macht. Der Staat selbst, der kontrolliert werden soll, wird in diesem System vorausgesetzt. Die Prinzipien der bürgerlichen Freiheit können wohl einen Staat modifizieren und temperieren, aber nicht aus sich heraus eine politische Form begründen". „Die Freiheit konstituiert nichts" (VL, 200).

Die rechtsstaatlichen Prinzipien haben indessen nicht nur eine negative, die Staatsgewalt beschränkende, sondern zugleich eine konstitutive Funktion. Sie gehören, nicht anders als etwa die demokratischen Strukturprinzipien, mit zu dem Bestand jener Normen, in deren Vollzug sich die lebendige politische Gemeinschaft bildet.

So sind politische Systeme, die nach rechtsstaatlich-demokratischen Verfassungsgrundsätzen oder aber radikaldemokratisch konstruiert sind, Staaten sehr verschiedenen Gepräges. Der gesamte politische Prozeß ist im Rechtsstaat anders institutionalisiert, als es dem radikaldemokratischen Modell entspräche: In diesem werden Entscheidungen unmittelbar durch lenkbare Mehrheiten der Bürger getroffen. Im Rechtsstaat hingegen sind die Entscheidungsprozesse durch eine Aufgliederung und Begrenzung der Entscheidungskompetenzen und durch Verfahrensregeln so geordnet, daß sie als kontrolliertes Geschehen ablaufen:

Vor allem sind im Rechtsstaat die Regelungsbefugnisse so verteilt, daß eine organisatorische Gewaltenteilung, Gewaltenverschränkung und Gewaltenkontrolle entsteht: Weitgehend vollzieht sich staatliches Handeln unter dem Vorbehalt des Gesetzes, d.h. in einem notwendigen Zusammenwirken von Gesetzgebung und Gesetzesanwendung, also von „programmierenden" und „programmierten" Entscheidungen. Durch den Vorrang des Gesetzes werden der vollziehenden Gewalt und der Gerichtsbarkeit Grenzen gesetzt. In weitem Umfang wird staatliches Handeln auf seine Gesetzmäßigkeit durch unabhängige Gerichte überprüft. Mit der „horizontalen" (funktionellen) Gewaltenteilung zwischen gesetzgebenden und gesetzesanwendenden Organen verbindet sich in Bundesstaaten eine „vertikale" Verteilung von Kompetenzen zwischen den Zentralorganen des Bundes und den Ländern. Auch darüber hinaus ist das politische System in Teilsysteme – in Landkreise, Gemeinden und andere Selbstverwaltungskörperschaften – gegliedert, um auch auf diese Weise Machtkonzentrationen entgegenzuwirken und Entscheidungsprozesse, soweit tunlich, in überschaubare Bereiche zu verlagern und ihnen dadurch ein „menschliches Maß" zu geben.

Auch die Grundrechte haben daran Anteil, das politische System zu formen: So verweist die „demokratisch-funktionale" Grundrechtstheorie auf den mit manchen Grundrechten verbundenen status activus, insbesondere darauf, daß durch Meinungs- und Pressefreiheit, Versammlungs- und Vereinigungsfreiheit nicht nur Freiräume gegenüber der politischen Gewalt, sondern auch eine Teilhabe am politischen Prozeß gewährleistet wird. Mit diesen Garantien soll insbesondere auch eine freie Bildung der öffentlichen Meinung und damit das „Vorfeld politischer Willensbildung" gesichert werden (§ 34 I 1). Selbst Gewissens- und Glaubensfreiheit, die auf den ersten Blick als bloße „Nichteinmischungsrechte" erscheinen mögen, gewährleisten zugleich, daß persönliche Entscheidungen sich auch in den politischen Bereich hinein entfalten können (§ 17 III 3).

Das „institutionelle" Grundrechtsdenken lenkt das Augenmerk darauf, daß bestimmte individuelle und soziale Wirkungsbereiche sich nach dem Programm der Grundrechte etablieren und in ihrem Bestand gewährleistet werden. Zu ihnen gehören die gesicherten Funktionsbereiche einer freien Presse und eines freien Wissenschafts- und Lehrbetriebs, auch das Zusammenspiel autonomer Tarifpartner, ferner eine (wenn auch nicht unbegrenzte) Selbststeuerung des Berufs- und Wirtschaftslebens, die sich unter dem Schutze von Vertragsfreiheit, Berufsfreiheit und Eigentumsgarantie vollzieht. Aus dieser Sicht stellt sich das politische Gemeinwesen als ein Wirkungszusammenhang zahlreicher Teilsysteme dar, deren Funktionsbereiche nicht zuletzt auch durch Grundrechte definiert und gewährleistet sind. Dieses Grundrechtsverständnis fügt sich in die Vorstellung, daß der Pluralismus ein konstitutives Strukturprinzip des politischen Gemeinwesens sei (§ 26 II). Ihm korrespondiert aber auch der Gedanke, daß es die Aufgabe des Rechts ist, Freiheiten nicht nur einseitig im Verhältnis zum Staat zu sichern, sondern auch im wechselseitigen Verhältnis der Bürger und der sozialen Teilsysteme abzugrenzen und zu gewährleisten (§§ 33 II; 34 I 2).

Auch die Entscheidungsverfahren sind rechtsstaatlich, und zwar durch Verfahrensgrundsätze, geprägt. Zu diesen gehört die Gewährleistung rechtlichen Gehörs und insgesamt eine „Waffengleichheit" für alle Beteiligten, ferner die Öffentlichkeit von Verfahren, damit jeder sich davon überzeugen kann, daß alles mit rechten Dingen zugeht. Distanz gegenüber einem interessegebundenen Engagement im Einzelfall wird nicht nur durch die Gesetzmäßigkeit staatlichen Handelns hergestellt, sondern auch durch „Rollendistanz": indem man Gerichtsentscheidungen und Verwaltungsakte Gerichten und Berufsbeamten überträgt, deren Unabhängigkeit von Parteien und Interessengruppen gesichert sein muß (§§ 27 II 3; 37 IV 4).

III. Grenzen der Legalisierbarkeit

Literatur: Wie zu § 21 II; *H. Ballreich u. a.,* Das Staatsnotrecht in Belgien, Frankreich, Großbritannien, Italien, den Niederlanden, der Schweiz und den Vereinigten Staaten, 1955; *E. Fraenkel* (Hg), Der Staatsnotstand, 1965; *K. Loewenstein,* Staatsrecht und Staatspraxis von Großbritannien, 1967, I, 61 ff., 502 ff., II, 374 ff.; *W. Birtles u. a.,* Die Zulässigkeit des Einsatzes staatlicher Gewalt in Ausnahmesituationen, 1976; *E.-W. Böckenförde,* Der verdrängte Ausnahmezustand, NJW 1978, 1881 ff.; *H. Oberreuter,* Notstand und Demokratie, 1978; *F. Koja,* Der Staatsnotstand als Rechtsbegriff, 1979; *Stern,* § 52 (Lit.); *Doehring* AStL, Rdn. 518 ff.

Zu 2: *R. v. Jhering,* Der Zweck im Recht, I 1877, ³1893; *J. Ziekow* (Hg), Handlungsspielräume der Verwaltung, 1999; *R. Zippelius,* Juristische Methodenlehre, ¹⁰2006, § 17.

1. Staatsnotrechte. *a) Grundsätzliches.* Schon die Betrachtung des pouvoir constituant hat gezeigt, daß es unmöglich ist, die ganze staatliche Existenz restlos in rechtliche Normen einzufangen, daß es auch Situationen gibt, in denen politische Gewalten verbindliche Entscheidungen treffen, ohne hierbei selbst an rechtliche Normen gebunden zu sein (§ 9 III 2). Hier soll es aber nicht weiter um jenes Errichten und Einreißen der verfassungsrechtlichen Fundamente gehen, sondern um die Frage, ob nicht für Ausnahmesituationen fortwährend ein Reservat für solche elementaren, rechtsungebundenen staatlichen Machtäußerungen erhalten bleibt, die in Existenzfragen der Nation in Gestalt eines „Staatsnotrechts" ans Licht treten.

Oft sind aber auch für solche Fälle wenigstens die Grundzüge eines Staatsnotrechts – insbesondere die Regeln darüber, wer es unter welchen Bedingungen ausübt – in der (geschriebenen oder ungeschriebenen) Verfassung des Staates verankert. In diesen Fällen haben die Notrechte für Ausnahmelagen ihre verfassungsrechtliche Grundlage. Auch hier bleibt es aber dabei, daß unvorhergesehene Notsituationen jedenfalls nicht zureichend durch generelle Normen vorweg erfaßbar sind, daß für sie also nicht alle Prinzipien der Rechtsstaatlichkeit – einschließlich eines ins Detail gehenden Vorbehalts des Gesetzes – beachtet werden können.

Wo das Verfassungsrecht keine Regeln über das Staatsnotrecht enthält, läßt sich immerhin die Auffassung vertreten, daß ein ungeschriebener Rechtfertigungs- und Ermächtigungsgrund für Notstandsbefugnisse bestehe: Dieser finde seine Begründung im Schutz höherrangiger Interessen, also im Grundsatz der Güterabwägung. In dieser Güterabwägung würden insbesondere die Aufgaben des Staates, Rechtsfrieden und Rechtssicherheit zu gewährleisten und eine freiheitliche demokratische Ordnung zu sichern, eine wichtige Rolle spielen. Auch hier wäre das Notstandsrecht also normativ begründet und eingebunden, befände sich also nicht in einem „rechtsfreien Raum".

b) Ausgestaltungen. In Großbritannien hat sich folgende Verfassungsgewohnheit herausgebildet: Wenn die (weitreichenden) spezifischen Befugnisse der Regierung nicht genügen, um einen ernsten Notstand zu beheben, trifft diese nach bester Einsicht die erforderlichen Maßnahmen. Diese können durch eine indemnity act des Parlaments nachträglich legalisiert werden. So verbindet man situationsgerechtes Handeln und Kontrolle. Diese Behandlung des Notstandsproblems fügt sich in den Kontext des englischen Rechtsdenkens: Schon dem Fallrechtsdenken liegt die Idee einer vollständigen Durchnormierung der Gemeinschaftsordnung fern – wie man auch sonst nicht glaubt, alle konkreten Situationen nach abstrakten Grundsätzen beherrschen zu können; auch existiert ein – begrenztes – Zutrauen, daß die Repräsentanten des Staates konkrete Probleme mit sachbezogener Vernunft bewältigen, ein Zutrauen, das aus der Selbstsicherheit einer langen, rechtsstaatlichen Tradition lebt.

Auf Staaten, in denen grundsätzlich ein lückenloser „Vorbehalt des Gesetzes" gilt, ist dieses Modell nicht einfach übertragbar. Dem Grundsatz, daß staatlichem Handeln in weitestmöglichem Ausmaß eine gesetzliche Grundlage zu geben ist, entspricht es, in der Verfassung selbst wenigstens in den Grundzügen Ermächtigung und Ermächtigungsgrenzen für den Fall des Notstands zu regeln, auch wenn man weiß, daß solche Notstandsregelungen wegen der Unvorhersehbarkeit und Unberechenbarkeit der Ausnahmelage dem regulären rechtsstaatlichen Bestimmtheitserfordernis (BVerfGE 8, 325) nicht genügen können. Wie sich schon im Fall der Diktatur gezeigt hat, muß aber den spezifischen Gefahren solcher Notrechte vorgebeugt werden (§ 21 II 1). Insbesondere muß für eine enge zeitliche Begrenzung des Notstandsrechts gesorgt werden; dieses darf jedenfalls nicht über die Beseitigung der konkreten Gefahrenlage hinausreichen. Ein besonderer Risikofaktor liegt auch in der Selbstermächtigung. Um ihm zu begegnen, kann man Notstandsbefugnisse von der vorausgehenden Ermächtigung einer anderen Instanz abhängig machen, etwa von der Ermächtigung des Parlaments oder eines Parlamentsausschusses. Als Kontrollmöglichkeit kommt auch eine nachfolgende Entlastung in Betracht, etwa durch eine parlamentarische oder verfassungsgerichtliche Entscheidung, welche die Rechtmäßigkeit der Maßnahme festzustellen (nicht rückwirkend zu schaffen) hätte.

Bei der Entscheidung für oder gegen eine Positivierung des Notstandsrechts wird sich immer die Frage stellen, ob sie den Rechtsstaat stärker gefährdet als schützt. Es fragt sich also, worin das größere Risiko liegt: darin, daß ein solches Staatsnotrecht zum Instrument einer Machtergreifung „von innen" werden kann, oder darin, daß ohne dieses Instrument erhebliche Gefährdungen „von außen" (insbesondere durch revolutionäre Kräfte) nicht wirksam abgewehrt werden können. Je stärker eine rechtsstaatlich-demokratische Verfassungstradition samt ihren vielfältigen Kontrollen eingewurzelt ist, desto geringer sind die Bedenken, ein solches Instrument zur Verfügung zu stellen, um unvorhergesehene, ernste Notlagen nach den Erfordernissen der Situation abzuwenden.

2. Handlungsspielräume im staatlichen Alltag. Auch die alltägliche Staatstätigkeit ist weitgehend nicht bloßer Gesetzesvollzug, sondern Handeln und Entscheiden in normativ vorgegebenen Spielräumen. Das gilt nicht nur für die Entscheidungen des Gesetzgebers selbst, denen durch die Verfassung weite Grenzen gezogen sind, sondern auch für das Handeln der Exekutive. Hier war man in Deutschland bestrebt, als Antwort auf die nationalsozialistische Willkürherrschaft das Verwaltungshandeln durch Gesetze streng zu binden und deren Einhaltung durch Gerichte zu kontrollieren (als hätte die Tyrannei sich nicht auch durch Gesetze und Richtersprüche verwirklicht). Inzwischen weiß man, daß auch an formaler Verrechtlichung zuviel des Guten geschehen kann: daß die normative Selbstverstrickung den Alltag unerträglich schematisieren, die Freiheit lähmen und sogar totalitäre Züge annehmen kann (§ 35 IV 2). Um dem zu begegnen, sind nicht nur ausreichende Spielräume zu schaffen, eigene Angelegenheiten „autonom" zu regeln (§ 31 I 1). Es ist auch der Exekutive ein angemessener Teil der Letztentscheidungskompetenz in Gestalt von Ermessens- und Beurteilungsspielräumen zu überlassen. Schon Jhering hat das Problem beschrieben: „Durch das Gesetz bindet die Staatsgewalt sich selber die Hände. Wieweit soll sie dies tun? Schlechthin? ... Das wäre, wie es scheint, der Rechtsstaat, wie er nicht vollendeter gedacht werden könnte. Nur eine einzige Eigenschaft würde ihm fehlen – die Lebensfähigkeit ... Ausschließliche Herrschaft des Gesetzes ist gleichbedeutend mit dem Verzicht der

Gesellschaft auf den freien Gebrauch ihrer Hände; mit gebundenen Händen würde sie sich der starren Notwendigkeit überliefern, hilflos gegenüberstehend allen Lagen und Anforderungen des Lebens, die im Gesetz nicht vorgesehen wären, oder für welche letzteres sich als unausreichend erwiese." Das Korrektiv für eine der Staatsgewalt zugebilligte Handlungsfreiheit müsse dann aber in der persönlichen Verantwortlichkeit der Amtsträger liegen (Jhering 1893, S. 420 ff.). Unter dieser Bedingung können in rechtsstaatlich vertretbarer Weise Spielräume für ein Verwaltungshandeln gewonnen werden, das sich den Besonderheiten der verschiedenen Situationen anpassen kann. Die Verantwortlichkeit der Amtswalter kann hier durch parlamentarische und andere demokratische Kontrollen, durch Dienstaufsicht und nicht zuletzt durch die „soziale Kontrolle" der Kollegenschaft ihren Ernst und ihr Gewicht erhalten. Das Zusammenspiel von Vertrauensvorschuß und persönlicher Verantwortung funktioniert problemlos auf dem Boden einer gewachsenen Verwaltungskultur, in welcher Urteilsfähigkeit und Augenmaß, Gerechtigkeitssinn und Unbestechlichkeit, Zivilcourage und Verantwortungsbereitschaft der Amtswalter einen angemessenen Rang haben. Je weniger entwickelt eine solche Verwaltungskultur ist, desto enger muß freilich das Netz gesetzlicher Gängelung und gerichtlicher Kontrollen sein, nach der immer noch gültigen Formel des Tacitus: „Corruptissima re publica plurimae leges" (Annalen III 27, 3).

§ 31. Gewaltenteilung

Literatur: Wie zu § 20 II; *Jellinek*, 595 ff.; *O. W. Kägi*, Zur Entstehung, Wandlung und Problematik des Gewaltenteilungsprinzips, 1937; *Th. Tsatsos*, Zur Geschichte und Kritik der Lehre von der Gewaltenteilung, 1968; *H. Rausch* (Hg), Zur heutigen Problematik der Gewaltenteilung, 1969; *Ermacora*, 610 ff.; *Herzog*, 228 ff.; *Stern*, § 36 (Lit.); *D. Merten* (Hg), Gewaltentrennung im Rechtsstaat, 1989; *Doehring* AStL, Rdn. 388 ff.; *D. Merten*, Montesquieus Gewaltenteilungslehre und deutsche Verfassungsstaatlichkeit, in: P. L. Weinacht (Hg), Montesquieu, 1999, 31 ff.; *A. v. Arnauld*, Gewaltenteilung jenseits der Gewaltentrennung, ZParl 2001, 678 ff.; *Ch. Möllers*, Gewaltengliederung, 2005.

I. Strukturelle Vielfalt und Funktionenteilung als umfassendes Programm

Literatur: Zu 2: Wie zu §§ 26 VI; 28 IV 4; *J. Becker*, Gewaltenteilung im Gruppenstaat, 1986.
Zu 3: Wie zu § 38; *E. Kaeber*, Die Idee des Europäischen Gleichgewichts in der publizist. Literatur v. 16. bis zur Mitte des 18. Jh., 1907; *E. v. Vietsch*, Das Europäische Gleichgewicht, 1942; *L. Dehio*, Gleichgewicht oder Hegemonie, 1948; *E. W. Gulick*, Europe's Classical Balance of Power, 1955; *H. Kissinger*, Memoiren, 1979, 29 f. 1136; *C. Schmitt*, Staat, Großraum, Nomos, 1995, 499 f., 521 f.

Eines der ältesten und zugleich aktuellsten Themen, ja vielleicht die praktisch wichtigste Frage der Staatstheorie überhaupt lautet, wie in einer mit hinreichender Ordnungsfunktion und Integrationskraft ausgestatteten Gemeinschaft gleichwohl eine gefährliche Konzentration von Macht und ein Übermaß an zentralisiertem Dirigismus verhindert werden können.

Die im folgenden zu behandelnde staatsorganisatorische Gewaltenteilung will durch eine geordnete Verteilung und Koordination der staatlichen Kompetenzen (Regelungsfunktionen) ein System gemäßigter und kontrollierter Machtausübung schaffen.

Das Programm einer Machtkontrolle reicht aber weit über die klassischen Themen der staatsorganisatorischen Gewaltenbalance hinaus. Politisch relevante Macht bildet sich in vielen Bereichen und tritt – innerhalb und außerhalb der Staatsorganisation – in immer neuen Gestalten auf (5). Daher stellt sich auch die Aufgabe ihrer Kontrolle und Beschränkung in vielen Bereichen und in immer neuer Weise: So geht es im innerstaatlichen Bereich nicht nur um eine Verteilung der rechtlichen Regelungsbefugnisse, sondern auch um eine Ausgewogenheit der sozialen Kräfte – insbesondere der Verbandsmacht und der Verfügung über die Massenmedien – und im internationalen Bereich um eine Verhütung von Hegemonien.

1. Verteilung der innerstaatlichen Regelungsfunktionen. Staatliche Regelungsmacht ist zunächst schon dadurch zu begrenzen, daß Kompetenzen innerhalb der zentralen Staatsorganisation aufgeteilt werden. Neben dieser können aber auch rechtlich selbständige Regelungssysteme geschaffen werden: in Bundesstaaten in Gestalt der Bundesländer, im übrigen in Gestalt von Selbstverwaltungskörperschaften. Sollen auf diese Weise wirkliche Gewichte und Balancen entstehen, dürfen die Selbstverwaltungskörperschaften nicht in finanzieller Abhängigkeit vom Staat gehalten und die Länder nicht zu Kostgängern des Bundes werden; es muß sich also Autonomie mit Autarkie verbinden (§ 39 I 3).

Rechtliche Kompetenz kann aber nicht nur föderativ aufgegliedert oder an öffentlichrechtliche Körperschaften und Anstalten delegiert werden. Sie kann auch in private Hand gelegt, etwa privaten Tarifpartnern und nicht zuletzt den einzelnen Bürgern selbst überlassen werden: So können die rechtsverbindlichen Interessenregelungen in weitem Umfang der Selbstgestaltung durch die beteiligten Interessenten vorbehalten werden. Das Selbstbestimmungsrecht der Bürger kann sich eben nicht nur durch demokratische Teilhabe an staatlichen Regelungsprozessen, sondern sehr viel unmittelbarer durch „Privatautonomie" verwirklichen. Wieviel Freiheit der Einzelne im Staate hat, bemißt sich somit auch danach, in welchem Maß die sozialen Lebensprozesse überhaupt einer staatlichen Regulierung unterworfen werden oder aber einer Selbstregelung durch Privatautonomie oder wenigstens durch „autonome" Körperschaften und Institutionen überlassen bleiben, also dem Recht, im Rahmen der staatlichen Gesetze eigene Angelegenheiten selbst zu ordnen. Individuelle Freiheit ist auch durch ein Übermaß staatlicher Regelung und Vorsorge bedroht, selbst wenn diese sich in einem gewaltenteiligen Staat in rechtsstaatlichen Formen und unter rechtsstaatlichen Kontrollen vollziehen (§ 35 IV 2). Es ist ein Gebot der Verhältnismäßigkeit und der Sinn des Übermaßverbotes, allen Bürgern so viel Freiheit wie möglich zu gewährleisten (§ 30 I 2); diese Grundsätze sind auch dann zu beachten, wenn entschieden wird, ob bestimmte Lebensverhältnisse überhaupt einer öffentlichrechtlichen Regelung unterworfen werden sollen. – Hier berührt sich das Prinzip innerstaatlicher Funktionenteilung und -begrenzung mit dem Grundrechtsgedanken: Nach institutionellem Grundrechtsverständnis sollen bestimmte individuelle und soziale Wirkungsbereiche in ihrem Bestand gewährleistet werden (§ 30 II).

So erscheint das politische Gemeinwesen insgesamt – unbeschadet der übergeordneten staatlichen Regelungsmacht (§§ 9 III 1; 27 II 1) – als ein Wirkungsgefüge von Teilsystemen verschiedener Ebenen unter einer zentralen Lenkung und Kontrolle. Den übergeordneten staatlichen Instanzen obliegt es hierbei, gemeinverträgliche Rahmenbedingungen festzulegen, innerhalb deren sich körperschaftliche und private Autonomie – diese unter marktwirtschaftlichen Bedingungen – entfalten kann (§§ 3 III 3; 29 II 1). Das richtige Verhältnis zwischen den verschiedenen Regelungsebenen zu finden, ist eine Optimierungsaufgabe. Sie ist grundsätzlich nach dem Subsidiaritätsprinzip (§ 17 I 3) zu lösen: Staatliche Regelungen oder auch Leistungsangebote sind für solche Fälle vorzuhalten, in denen körperschaftliche oder private Selbstregulierung und -versorgung nicht ebenso gut oder besser funktionieren.

2. Balancen im System der sozialen Gewalten. Innerhalb des Gefüges der rechtlichen Zuständigkeiten bringen sich die gesellschaftlichen Kräfte der pluralistischen Gesellschaft rechtlich zur Wirkung; sie füllen das Gehäuse der rechtlichen Kompetenzen mit Leben (§ 26 IV 1). Schon deshalb würde im pluralistischen Staat das Problem der Gewaltenbalance nur einseitig und unzureichend erfaßt, wenn man nur auf das Schema der rechtlichen Zuständigkeitsverteilung und nicht auch auf die Verteilung der gesellschaftlichen Kräfte blicken würde, die sich dieser Kompetenzen bedienen. Gegenüber einer formalen Betrachtung tritt der ältere und fundamentalere Gedanke einer Balance der realen Gewalten wieder in den Vordergrund: Sollen die gesellschaftlichen Interessen und Meinungen angemessen, d. h. im Verhältnis der tatsächlichen Interessen- und Meinungssituation zur Wirkung kommen, dann muß für Wettbewerb in der Wirtschaft (etwa durch ein Anti-Trust- und Kartellrecht) und für eine Ausgewogenheit der Verbands- und Medienmacht gesorgt werden (§§ 26 VI; 28 IV 4). Unausgewogenheit im Bereich der sozialen Gewalten birgt nicht nur das Risiko eines unausgewogenen Interessenausgleichs. Auf dem Gebiet der Massenkommunikation bedeutet sie auch die Gefahr einer Überrepräsentation partikulärer Meinungen, das Risiko einseitiger Manipulation der öffentlichen Meinung und damit eine Gefährdung der Demokratie.

3. Internationale Machtbalancen. Auch im internationalen Bereich, also jenseits der einzelstaatlichen Gemeinschaften, existiert ein Bedürfnis nach Machtbalance, um den einzelnen Staaten einen angemessenen Handlungs- und Entscheidungsspielraum zu erhalten. Der Gedanke einer ausgewogenen Verteilung der internationalen Macht findet sich schon bei Polybios (II 1). Als Prinzip des europäischen Gleichgewichts hat dieser Gedanke die europäische Außenpolitik beherrscht. Nach dem Zweiten Weltkrieg hatte sich die Weltherrschaft polarisiert und in den Händen zweier Großmächte konzentriert, die je in ihrer Einflußsphäre die Übermacht gewannen und hier in politischen Existenzfragen den Ausschlag zu geben vermochten. Eine Machtverschiebung zwischen den Blöcken ließ drohend sogar die Gefahr sichtbar werden, daß eine einzige Supermacht mit einem erdrückenden militärischen Potential alle anderen Staaten in Schach halten könnte. So stellte sich die außenpolitische Aufgabe, die Macht in der Welt wieder auf eine Mehrzahl von Staaten und Staatengruppierungen aufzuteilen (C. Schmitt; H. Kissinger). Ein solcher Polyzentrismus sollte den mittleren und kleineren Staaten eine Chance geben, nicht zum bloßen Objekt der Dispositionen einer Supermacht, auch nicht zum bloßen Verhandlungsobjekt eines Interessenausgleichs zwischen damals zwei weltbeherrschenden Mächten zu werden. Eine ausgewogene Konstellation mehrerer Machtblöcke schafft auch die Möglichkeit, daß gegen grobe Übergriffe einer der Mächte sich die Mehrzahl der übrigen zusammenschließt und dadurch ad hoc ein Übergewicht gegen den jeweiligen Störer bildet.

4. Einheit in der Vielfalt. Der gemeinsame Nenner, auf den in all diesen Fällen das Problem der Machtkontrolle zu bringen ist, lautet „strukturelle Vielfalt und Funktionenteilung". Wesentliche Möglichkeiten solcher strukturellen Vielfalt und Funktionenteilung sind mit den klassischen Begriffen der organisatorischen Gewaltenteilung, der Dezentralisation, des Föderalismus, der Selbstverwaltung, des Subsidiaritätsprinzips und, speziell für die sozialen Gewalten, mit den Begriffen der Dekonzentration und Konkurrenz bezeichnet.

Es dient der Bewahrung struktureller Vielfalt und Funktionenteilung, wenn Antagonismen, wie sie sich nicht nur in der Natur, sondern überall auch im staatlichen Leben bilden, in ausgewogener Weise erhalten werden. Gegenspieler nicht zu eliminieren, sondern sie nur in ihrer Wirksamkeit zu begrenzen, ist ein wichtiges Mittel, um Balancen zu schaffen, Konkurrenz zu erhalten und die Übermacht eines Teiles zu verhindern: dessen bedarf es im Verfassungssystem, im Bereich wirtschaftlicher Macht und in der Außenpolitik.

Bei allem Bemühen um Machtkontrolle müssen stets auch die Grenzen gesehen werden, die jeder Dekonzentration und Funktionenteilung gesetzt sind. Für den staatlichen Bereich ergeben sich diese Grenzen aus der Notwendigkeit einer gesamtgesellschaftlichen Ordnung, insbesondere aus den Bedürfnissen nach Rechtsfrieden, ausgewogenem Interessenausgleich, normativer Rechtseinheit, Konformität der Sachbehandlung und sachkundiger, wirksamer Bewältigung überregionaler Aufgaben (§§ 8 I; 14 I 3; 17 II; 27). Aber auch auf dem Felde der pluralistischen Kräfte kann nicht auf die koordinierende und integrierende Leistung der Verbände und Massenmedien verzichtet werden (§§ 26 II, VI 3; 28 IV). Und selbst in den internationalen Beziehungen wächst der Bedarf an Koordination (§ 40 I).

Die Suche nach dem anzustrebenden Modus und Maß der Dekonzentration stellt sich daher als ein Optimierungsproblem dar, das nur situationsbezogen gelöst werden kann. Von Fall zu Fall ist nach einem optimalen Kompromiß zwischen widerstreitenden Zielen zu suchen: zwischen dem Bedürfnis nach Diversifikation der Funktionen, Selbstorganisierung und Selbstverantwortung einerseits – und dem Bedürfnis nach Koordination, einheitlicher Regulierung und Gesamtverantwortung andererseits.

5. Grenzen der Machtkontrolle. Macht läßt sich ungern fassen. So nimmt auch politische Gewalt, gleich einem Proteus, immer neue Gestalten an, in denen sie sich einem Zugriff entzieht, mit dem sie sich bändigen ließe.

Wichtige, politisch relevante Machtprozesse vollziehen sich außerhalb des staatsorganschaftlichen Handelns im strengen Sinn und damit auch nicht unter den formalen Kontrollen, denen dieses unterliegt. Das gilt insbesondere für inner- und zwischenparteiliche Abläufe, einschließlich solcher „Koalitionsrunden", in denen Weichen für das Regierungshandeln gestellt werden (§ 41 III 1).

Es gilt auch für Machtprozesse, die sich innerhalb der sozialen Gewalten, einschließlich der meinungsbildenden Kräfte, abspielen, dann aber mittelbar in staatliches Handeln münden (§§ 26 III; 28 III; 31 I 2).

Innerhalb des staatlichen Ordnungsgefüges selbst findet der Einzelne sich in ein nicht mehr durchschaubares, allgegenwärtiges Geflecht von Normen, Steuern und Staatsleistungen verstrickt, die zwar im einzelnen rechtsstaatlichen Kontrollen unterliegen, aber im Ganzen, als bürokratisch-normative Gesamtbelastung des politischen Systems, einer Begrenzung schwer zugänglich sind (§ 35 IV 2, 7).

II. Insbesondere: Die Aufteilung der staatlichen Funktionen

Literatur: Zu 1: *M. Imboden*, Montesquieu und die Lehre von der Gewaltentrennung, 1959; *G. Krauss*, Die Gewaltengliederung bei Montesquieu, in: F. f. C. Schmitt, 1959, 103 ff.; *W. Jäger*, Politische Partei und parlamentarische Opposition, 1971; *M. Rostock*, Die Lehre von der Gewaltenteilung in der politischen Theorie von J. Locke, 1974; *ders.*, Die antike Theorie der Organisation staatlicher Macht, 1975, 237 ff., 306 ff.; *K. Kluxen*, Zur Balanceidee im 18. Jahrhundert, in: F. f. Th. Schieder, 1978, 41 ff.; *U. Lange*, Teilung und Trennung der Gewalten bei Montesquieu, in: Der Staat 1980, 213 ff.; *P.-L. Weinacht* (Hg), Montesquieu – 250 Jahre „Geist der Gesetze", 1999.
Zu 2: *Loewenstein* VL, 167 ff., 295 ff.; *G. Sturm*, Die Inkompatibilität, 1967; *K. Eichenberger*, Der Staat der Gegenwart, 1980, 127 ff.; *H. U. Meyn*, Kontrolle als Verfassungsprinzip, 1982.
Zu 3: *O. Küster*, Das Gewaltenproblem im modernen Staat, AöR 75 (1949), 397 ff.; *G. Zimmer*, Funktion – Kompetenz – Legitimation, 1979.

1. Zur Ideengeschichte. Aristoteles (Politik, 1298 ff.) unterschied drei Funktionsbereiche politischer Gemeinwesen: erstens die Aufgaben einer „beratenden und beschließenden Gewalt", nämlich die Beschlußfassung über Gesetze, auswärtige Beziehungen (Bündnisse, Krieg und Frieden) und über die Bestellung und Verantwortlichkeit von Magistraten, zweitens die den Magistraten zugewiesenen Beratungs- und Anordnungsaufgaben und drittens die Gerichtsbarkeit. Er legte die Zweckmäßigkeit einer solchen Funktionenteilung dar. Politische Stabilisierung suchte er aber nicht durch eine formale Organisation, sondern durch soziale Ausgewogenheit zu erreichen: Insbesondere sollten möglichst viele Bürger einen mittleren und ausreichenden Besitz haben, so daß weder die Reichen, noch die Armen, noch eine andere partikuläre Schicht die Gesamtheit beherrschen könnten (1295 b, 1297 a).

Einen stärkeren organisatorischen Bezug hatte das Programm einer Kontrolle und Mäßigung der Macht schon bei Platon (Gesetze, 691 ff.) und später bei Polybios (Historien, VI 3 und 10–18): Sie schlugen eine gemischte Regierungsform vor, um auf diese Weise die oberste Gewalt zu teilen und dadurch zu beschränken. Es sollen, schrieb Polybios (VI 10), die einzelnen Machtfaktoren so gegeneinander ausgewogen sein, „daß keiner ein Übergewicht erhält und den Ausschlag gibt, sondern daß sie im Gleichgewicht bleiben wie auf einer Waage, die widerstreitenden Kräfte sich gegenseitig aufheben und der Verfassungszustand dadurch lange erhalten bleibt". Selbst auf die Außenpolitik wollte er das Prinzip eines Gleichgewichts der Mächte angewendet wissen (I 83). – Auch Cicero wollte mit Blick auf die Freiheit der Völker und auf die Stabilität des Staatswesens einer Staatsform den Vorzug geben, die ausgewogen und gemäßigt ist (De re publica, I 69). – Machiavelli versprach sich von einer wechselseitigen Überwachung von „Fürsten-, Adels- und Volksherrschaft, in ein und demselben Staate vereinigt", eine größere Festigkeit des Staatswesens (s. o. § 20 II). – Althusius schlug eine „gegenseitige Beobachtung, Überwachung und Aufsicht" zwischen den Inhabern der Regierungsgewalt und einer zum Hüter der Verfassung bestimmten Behörde vor (Politica methodice digesta, XVIII 92; s. o. § 30 I 2). – Harrington (The Commonwealth of Oceana, 1656) empfahl, die soziale und politische Macht aufzuteilen: nicht nur durch eine Ausgewogenheit der Besitzverhältnisse, sondern auch durch eine Verteilung der staatlichen Kompetenzen: Ein Senat sollte die Gesetze vorschlagen, das Volk sollte sie beschließen und ein Magistrat sollte sie vollziehen. Durch solches Zusammenspiel verschiedener Kräfte sollte dem politischen System neben seiner Funktionsfähigkeit auch Kontrollierbarkeit und Stabilität gesichert werden (Zippelius Gesch, Kap. 10 b).

Grundsätzliche politische Bedeutung gewann der Gedanke der Gewaltenteilung seit John Locke (1632–1704), Henry Bolingbroke (1678–1751), Charles de Montesquieu (1689–1755) und David Hume (1711–1776). Er wurde jetzt zum Postulat einer Gewaltenbalance und damit zu einem wesentlichen Element der liberalen Rechtsstaatsidee (§ 30).

Dies fügte sich in die historische Situation. Schon Cosimo und Lorenzo di Medici hatten eine friedenstiftende Gleichgewichtspolitik im Verhältnis zwischen Florenz und Mailand, Venedig und Neapel verfolgt und auf diese Weise Italien eine blühende Stadtkultur gesichert, in der sich die Renaissance entfalten konnte. Seit dem 16. Jahrhundert war der Gedanke einer Balance weit verbreitet, im 17. Jahrhundert wurde er ein Modebegriff: Nach der Newtonschen Himmelsmechanik erhalten sich die Sonnensysteme in einem Gleichgewicht von Gravitations- und Zentrifugalkräften. In der Moralphilosophie operierte Shaftesbury mit einer Ausgewogenheit der Affekte. Im wirtschaftlichen Denken entstanden die Vorstellungen einer Handels-„Bilanz", eines Marktgleichgewichts und eines außenwirtschaftlichen Gleichgewichts. In der Außenpolitik entstand das Prinzip des europäischen Gleichgewichts. In der Innenpolitik entwickelten sich die Prinzipien einer organisatorischen und funktionellen Gewaltenbalance und die Idee einer inneren Balance des Parlaments durch eine freie Auseinandersetzung der dort vertretenen Meinungen, vor allem aber durch das Wechselspiel zwischen der Regierungspartei und der sie kontrollierenden und ablösenden Opposition (Bolingbroke).

In der Glorious Revolution (1688) war Jakob II. nicht zuletzt deshalb vom Thron verjagt worden, weil er in den Bereich der Legislative übergriff und durch exzessiven Gebrauch eines aus der königlichen Prärogative hergeleiteten Dispensationsrechts die staatskirchenrechtlichen Gesetze Englands weitgehend außer Wirksamkeit zu setzen versuchte. Nach der Revolution einigte man sich im Konventsparlament in der Declaration of Rights über die Bedingungen, unter denen Wilhelm III. und Maria von Oranien auf den englischen Thron berufen werden sollten (§ 41 I). Einer der wichtigsten Grundsätze war die Bestimmung: Der König, in dessen Hand die vollziehende Gewalt gelegt war, sollte die Gesetze achten und sie weder allgemein noch im Einzelfall suspendieren; auch sollte er die Rechtsprechung nicht einer von ihm eingesetzten Kommission übertragen dürfen. Die Act of Settlement (1701) festigte zusätzlich die Dritte Gewalt und bestimmte, daß die Bestallung der Richter „quam diu se bene gesserint" gelte, daß deren Besoldung gewährleistet sein solle und daß sie nur auf Grund einer Äußerung beider Häuser des Parlaments ihres Amtes enthoben werden könnten (Stephenson/Marcham, 120 H). Locke mißtraute auch der gesetzgebenden Gewalt und forderte ganz allgemein, gesetzgebende und vollziehende Gewalt voneinander zu trennen: „Bei der Schwäche der menschlichen Natur, die immer bereit ist, nach der Macht zu greifen, wäre es für diejenigen, die die Gesetze erlassen können, eine zu große Versuchung, auch die Macht zu haben, diese Gesetze zu vollziehen. Sie könnten dadurch sich selbst von dem Gehorsam gegen die Gesetze, die sie geben, ausnehmen und das Gesetz sowohl in seiner Gestaltung wie in seinem Vollzug ihrem eigenen privaten Vorteil anpassen und dahin gelangen, ein von der übrigen Gemeinschaft verschiedenes, dem Zweck der Gesellschaft und der Regierung widersprechendes Interesse zu verfolgen" (Two Treatises of Government, II § 143). Die allgemeine Abhilfe gegen eine Machtkonzentration im Staate lautet: „balancing the power of government by placing several parts of it in different hands" (II § 107).

Auch in den politischen Vorstellungen Bolingbrokes und Humes spielt der Gedanke eine wichtige Rolle, daß durch Gewaltenhemmung und Gewaltenkontrolle, durch ein Gleichgewicht der Kräfte eine freiheitliche Regierung gesichert werde (Jäger 1971, 119ff., 177ff.).

Montesquieu (De l'esprit des lois) hat sein Bild der Gewaltenteilung ebenfalls in England gewonnen. Freiheit ist nur unter einer gemäßigten Regierung gewährleistet, nur dann, wenn gesichert ist, daß die Macht nicht mißbraucht wird. Hier nimmt Montesquieu bei Locke den Faden auf, auch ihn beherrscht das Mißtrauen gegen den Machthaber. Es ist „eine ständige Erfahrung, daß jeder geneigt ist, die Gewalt, die er hat, zu mißbrauchen; er geht so weit, bis er Schranken findet. Ja selbst die Tugend hat Schranken nötig", schrieb er fünfundvierzig Jahre vor den Exzessen des politischen Moralisten Robespierre. „Um den Mißbrauch der Gewalt unmöglich zu machen, müssen die Dinge so geordnet werden, daß die eine Gewalt die andere im Zaume hält" (XI 4; vgl. auch V 14 a. E.). Es bedarf also der Pluralität der Gewalten, um die natürliche Neigung eines jeden, die Macht zu mißbrauchen, unter Kontrolle zu halten. Die Gewalten im Staat mit- und gegeneinander ins Spiel zu bringen, ist das Mittel, dem Volk die Freiheit zu erhalten.

Technisch ist diese Gewaltenbalance nach der Vorstellung Montesquieus (XI 6) dadurch erreichbar, daß man gesetzgebende Gewalt, ausführende Gewalt und richterliche Gewalt in die Hände verschiedener Organe legt. „Wenn in der selben Person oder in der gleichen behördlichen Körperschaft die gesetzgebende Gewalt mit der vollziehenden vereinigt ist, gibt es keine Freiheit; dann steht zu befürchten, daß der selbe Monarch oder der selbe Senat tyrannische Gesetze macht, um sie tyrannisch zu vollziehen. Auch besteht keine Freiheit, wenn die richterliche Gewalt nicht von der gesetzgebenden und von der vollziehenden Gewalt getrennt ist. Wäre sie mit der gesetzgebenden Gewalt verbunden, so wäre die Macht über Leben und Freiheit der Bürger eine willkürliche; denn der Richter wäre zugleich Gesetzgeber. Wäre sie mit der vollziehenden Gewalt verknüpft, so hätte der Richter die Macht eines Unterdrückers".

2. Schemata der Machtkontrolle. In der „klassischen" Gewaltenteilungslehre wird das politische Prinzip einer Gewaltenbeschränkung in ein Schema der Kompetenzenverteilung übersetzt: Staatsgewalt ist rechtlich strukturierte politische Gewalt (§ 8). So tritt die Aufteilung der Staatsgewalt im wesentlichen in der Verteilung der Kompetenzen – d. h. der Befugnisse zu rechtsverbindlichen generellen Regelungen und Einzelentscheidungen – zutage. Die Gewaltenteilungslehre unterscheidet die wichtigsten staatlichen Funktionsbereiche und die mit ihnen verbundenen Kompetenzen (s. u. III) und verlangt, für jeden dieser Funktionsbereiche eigene Organe zu schaffen. Jedes dieser Organe muß sich grundsätzlich auf diejenige Funktion beschränken, die ihm zugeordnet ist. Eine solche Aufteilung staatlicher Funktionen auf verschiedene Organe desselben Staates stellt die einzelnen Gewalten nicht in ein Verhältnis absoluter Selbständigkeit nebeneinander, sondern in ein Verhältnis rechtlich geregelter Koordination. So findet die Kompetenz der Gesetzgebungsorgane ihre Ergänzung in den Kompetenzen der Gerichte und der Exekutive, die gesetzesanwendend und gesetzesvollziehend Entscheidungen treffen. In diesem Zusammenspiel „programmierender" und „programmierter" Kompetenzen bleibt die rechtliche Einheit der Staatsgewalt erhalten (§ 9 III 3).

Letzten Endes kommt es darauf an, eine Machtkonzentration in den Händen ein und derselben Person zu verhindern. Darum verbindet sich mit der organisatorisch-funktionellen Gewaltengliederung die Forderung, daß nicht ein und dieselbe Person Ämter verschiedener Gewaltenbereiche in Personalunion innehaben darf. Erst diese Inkompatibilität sichert eine reale Aufteilung der Macht.

Die hier beschriebene „klassische" Gewaltenteilung ist nicht das einzig mögliche organisatorische Schema, das politisch wirksame Balancen und Kontrollen zu schaffen vermag. So bringt etwa die bundesstaatliche Kompetenzenverteilung eine föderative Gewaltenbalance zustande. Auch andere Kompetenzengliederungen und -verschränkungen haben die Wirkung einer Gewaltenbeschränkung und -kontrolle: Zu denken ist etwa an die Organisierung der Legislative nach dem Zweikammersystem, die Beteiligung von Parlament, Regierung und Staatsoberhaupt am Gesetzgebungsverfahren und andere Mitwirkungserfordernisse (§ 14 III). Dazu kommen Kontrollen, welche die Gerichtsbarkeit (insbesondere die Verfassungs- und die Verwaltungsgerichtsbarkeit) über die Akte der Staatsgewalt übt, und verschiedene aufsichtliche Kontrollen. Selbst die innere Strukturierung eines Staatsorgans nach dem Kollegialprinzip hat auch Kontrollfunktion.

Man hat versucht, die Vielfalt dieser Kontrollen zu schematisieren. So kann man etwa „horizontale" und „vertikale" Kontrollen unterscheiden. Horizontale Kontrollen bestehen teils zwischen verschiedenen Organen („Interorgankontrollen"; z. B. zwischen Regierung und Parlament), teils werden sie in den Organen selbst wirksam („Intraorgankontrollen"; z. B. durch die Kollegialstruktur eines Staatsorgans). Die vertikalen Kontrollen haben ihren Prototyp in der föderativen Ordnung (vgl. Loewenstein VL, 167 ff., 299 ff.).

3. Organadäquate Funktionenverteilung. Abgesehen von der Machtkontrolle, bringt die Zuweisung spezifischer Funktionen an eigens dafür eingerichtete Organe auch den Vorteil zweckdienlicher Spezialisierung: Struktur und Verfahren der verschiedenen Staatsorgane sollen auf die Aufgaben zugeschnitten sein, die gerade von ihnen wahrzunehmen sind (Küster 1949, 402 ff.): funktionsgerechte Ortganisation.

Dem korrespondiert andererseits die Forderung, daß die Staatsorgane sich auf die Funktionen beschränken sollen, für die sie eingerichtet wurden. Dieser Grundsatz „organadäquater Funktionenverteilung", wie ich ihn nennen möchte, dient insbesondere einer zweckdienlichen und rationellen Sacherledigung (so dann auch BVerfG 68, 86). Ganz abgesehen vom Prinzip der Gewaltenbalance wäre z. B. ein Parlament auch schon funktionell für Rechtsprechungsakte viel weniger geeignet als ein Gericht, weil Parlamentarier nicht die persönlichen Sicherungen richterlicher Unabhängigkeit genießen und auch nicht notwendigerweise die fachliche Befähigung zum Richteramt besitzen und weil das Parlament ein für Rechtsprechungsakte unnötig großes Gremium wäre. Andererseits ist z. B. das Parlament für die Ausübung rechtspolitischen Regelungsermessens geeigneter als ein Gericht: Es hat, zumal im Zusammenwirken mit der Ministerialbürokratie, für rechtspolitische Entscheidungen gewöhnlich breitere und bessere Informationsgrundlagen zur Verfügung als ein Gericht; es ist für das Aushandeln sozialer Kompromisse eingerichtet (§ 26 II 1); und es trifft seine Entscheidungen in der gebotenen Auseinandersetzung mit der öffentlichen Meinung und damit unter Rückbindung an demokratische Kontrollen, wie sie für politische Orientierungsprozesse, auch für die Wahl und Abgrenzung rechtspolitisch-legislatorischer Ziele, erforderlich sind (§§ 28 III 2; 41 III 1). Von Bedeutung ist das z. B. für die Frage, wo die verfassungsgerichtliche Überprüfung von Gesetzen ihre Grenze finden solle (§ 42 II 4).

Um organadäquate Funktionenteilung geht es insbesondere bei der Frage, welches staatliche Handeln dem „Vorbehalt des Gesetzes" unterliege. Nach heute herrschender Ansicht muß der reguläre Gesetzgeber alle wesentlichen normativen Entscheidungen selbst treffen und darf sie nicht einem ermächtigten Staatsorgan überlassen („Wesentlichkeitstheorie", BVerfGE 40, 248 ff.; 49, 126 f.). Andererseits muß nach dem Grundsatz der Gewaltenteilung den Organen der Regierung und Verwaltung (die gleichfalls eine demokratische Legitimation besitzen) eine angemessene Kompetenz zu situationsgerechten, eigenverantwortlichen Entscheidungen verbleiben (§ 30 III 2; BVerfGE 49, 124 ff.; 68, 86 f.). Es geht also darum, die Kompetenzen des Parlaments und der Exekutive sachgerecht gegeneinander abzugrenzen. Nach der Ansicht des Bundesverfassungsgerichts bedeutet das z. B., daß Regelungen, die für die Verwirklichung der Grundrechte wesentlich sind, als wesentlich normative Entscheidungen vom Gesetzgeber zu treffen sind, und zwar um so genauer, je fundamentaler das betroffene Grundrecht ist: um so enger müssen Beurteilungsspielräume, Verwaltungsermessen und prüfungsrechtliche Bewertungsspielräume bemessen sein. Andererseits muß etwa für Regierungshandlungen im Bereich der Außenpolitik oder für eine kommunale Entwicklungsplanung ein weiter Spielraum für eigenverantwortliches Entscheiden bleiben. Manches ist umstritten, so etwa die Frage, ob und in welchem Umfang der Vorbehalt des Gesetzes auch für leistungsgewährende Verwaltungstätigkeiten gelten solle (vgl. BVerfGE 40, 248 f.).

III. Die Unterscheidung von Regierung, Gesetzgebung, Verwaltung und Rechtsprechung

Literatur: *Scheuner* St, 455 ff.; *Wolff/Bachof/Stober,* § 20; *G. Kassimatis,* Der Bereich der Regierung, 1967; *O. Kimminich, P. Pernthaler,* Das Staatsoberhaupt in der parlamentarischen Demokratie, VVDStRL 25 (1967), 3 ff.; *W. Kaltefleiter,* Funktionen des Staatsoberhauptes in der parlamentarischen Demokratie, 1970; *W. Frotscher,* Regierung als Rechtsbegriff, 1975; *G. Müller,* Inhalt und Formen der Rechtssetzung als Problem der demokrat. Kompetenzordnung, 1979, 11 ff.; *Stern,* §§ 30 I, 37 I, 39, 41 I, III 3, 43 I 4; *D. Wilke,* in: HdStR, § 112; *F. Ossenbühl,* in: HdStR, § 100; *M. Schroeder,* in: HdStR, § 106; *J. Hartmann, U. Kempf,* Staatsoberhäupter in westlichen Demokratien, 1989.

Die „klassische" Gewaltenteilung geht von einer Unterscheidung der wichtigsten staatlichen Funktionsbereiche und der mit ihnen verbundenen Kompetenzen aus:

Es müssen die obersten Ziele der Staatstätigkeit laufend erarbeitet, überprüft, aufeinander abgestimmt und, soweit erforderlich, modifiziert werden. Auch müssen die politischen und juristischen Mittel zur Verwirklichung dieser Ziele erwogen und (z.B. in Gestalt von Gesetzentwürfen) bereitgestellt werden. Auf diese Weise werden vorgreifend künftige innen- und außenpolitische Ordnungsmodelle und Aktionspläne konzipiert (§ 36 II). All dies ist – über bloßen Gesetzesvollzug hinaus – Regierungsfunktion: als oberste leitende Tätigkeit des Staates, die sich also nicht bruchlos in das Schema „Gesetzgebung, Rechtsprechung und vollziehende Gewalt" fügt.

Sodann müssen zur Verwirklichung dieser Ziele allgemeinverbindliche Rechtsnormen erlassen werden, also generelle Regelungen, welche die betroffenen Personen und Sachverhalte der Gattung nach bezeichnen und für alle Betroffenen Rechtswirkungen haben. Das ist die Funktion der Gesetzgebung im materiellen Sinn.

Die Rechtsnormen müssen, soweit ihr Vollzug zum öffentlichen Zweck erhoben wurde, durch gesetzesvollziehende Verwaltung ausgeführt werden. Ferner muß durch Rechtspflege für die Fälle vorgesorgt werden, in denen Rechtsnormen zuwidergehandelt wird. Bedient man sich der Unterscheidung zwischen programmierenden und programmierten Entscheidungen, dann erscheinen – in positivistischer Vergröberung – gesetzesvollziehende Verwaltungsakte und Rechtsprechungsakte als Tätigkeiten, die durch Gesetze generell vorprogrammiert sind (II 2).

Den Unterschied zwischen gesetzesvollziehender Verwaltung und Rechtsprechung veranschaulicht man gelegentlich durch das Bild, die Rechtsprechung wende den Blick zurück auf eine schon geschaffene Rechtslage, die Verwaltung hingegen richte den Blick in die Zukunft, sie erfülle öffentliche Aufgaben und gestalte und regle hierbei konkrete rechtliche und tatsächliche Verhältnisse auf Grund und im Rahmen des bestehenden Rechts. Präziser erscheint folgende Abgrenzung: Als die typische Aufgabe der Rechtsprechung erscheint die Rechtsgewährleistungsfunktion: Die Rechtsprechung stellt um der Rechtsverwirklichung selbst willen fest, was Rechtens ist. Demgegenüber macht die Verwaltung, und zwar auch die streng gesetzesgebundene, „vollziehende" Verwaltung, vom Recht einen „instrumentellen" Gebrauch, indem sie zur Erfüllung öffentlicher Aufgaben rechtliche und tatsächliche Verhältnisse auf Grund und im Rahmen der Gesetze gestaltet und regelt, wenn möglich nach sachlicher Zweckmäßigkeit.

Um die Rechtsgewährleistungsfunktion näher zu bestimmen, ist auf früher Gesagtes zurückzugreifen (§ 8 I): In der durchorganisierten staatlichen Rechtsgemeinschaft funktioniert die Rechtsverwirklichung in organisierter, rechtlich normierter Weise: Rechtsnormen bestimmen nicht nur die „primäre" Verhaltensordnung, sondern („sekundäre") Normen regeln auch das Verfahren, in dem jene „primären" Normen durchgesetzt werden: In solchen Verfahren muß die bestehende Rechtspflicht oder die Zuwiderhandlung verbindlich festgestellt werden und es muß die Erfüllung der Rechtspflicht erzwungen oder für die Wiedergutmachung oder Bestrafung der Pflichtverletzung oder für die Aufhebung eines rechtswidrigen Aktes gesorgt werden. Dies ist die idealtypische Abgrenzung der Rechtsprechung. Sie deckt sich nicht ganz mit deren traditionellen Funktionen, die sich z.B. auch auf die regelnden Tätigkeiten in der freiwilligen Gerichtsbarkeit erstrecken. Ja schon dann, wenn spezialpräventive Erwägungen in eine richterliche Strafzumessung einbezogen werden, vermengen sich sanktionierende und lenkende Funktionen. Durch richterliche Rechtsfortbildung wirkt die Gerichtsbarkeit darüber hinaus auch in den Funktionsbereich der Legislative hinein (IV 1).

Die Verwaltung wird, ebenso wie die Regierung, herkömmlicherweise der Exekutive zugerechnet. Doch erschöpft der Begriff der „Exekutive", ebenso wie der gleichbedeutende Begriff der „vollziehenden Gewalt", weder den Funktionsbereich der Regierung, noch auch den der Verwaltung: Die staatsleitende Tätigkeit der Regierung, zu der etwa auch die Vorbereitung und Einbringung von Gesetzentwürfen gehört, ist offensichtlich nicht darauf beschränkt, Gesetze zu „vollziehen". Aber auch Verwaltung erschöpft sich nicht im bloßen „Vollzug" von Gesetzen, sofern man darunter eine bis ins einzelne gesetzlich definierte Tätigkeit versteht: Vielfach werden den Verwaltungsbehörden nur bestimmte Aufgaben zugewiesen, und es bleibt ihnen überlassen, diese mit gesetzlich erlaubten Mitteln in der Weise zu erfüllen, die ihnen als zweckmäßig erscheint. Beispiele bieten die Planung, der Bau und die Unterhaltung von öffentlichen Straßen und Wegen oder von Sportstätten, die konkreten wirtschaftspolitischen Maßnahmen der Wirtschaftsministerien oder die Tätigkeit der öffentlichen Bibliotheken und die Archivverwaltungen.

Verwaltungstätigkeit kann also in mehr oder weniger streng gebundener Form gesetzlich vorprogrammiert werden. Am starrsten geschieht das dort, wo unter bestimmten gesetzlichen Voraussetzungen ein bestimmtes Verwaltungshandeln zwingend vorgeschrieben wird, wo also das Gesetz die äußere Form eines strikten „Konditionalprogramms" („Wenn … dann") hat (vgl. Luhmann RS, 227ff.); doch gibt es auch hier, bei der Auslegung der Rechtsbegriffe, Spielräume. Die „Vorprogrammierung" kann dadurch gelockert werden, daß das Gesetz der Verwaltungsbehörde unter bestimmten gesetzlichen Voraussetzungen ein Entscheidungsermessen einräumt. Das geschieht dann, wenn der Gesetzgeber die zu regelnden Sachverhalte nicht in allen entscheidungserheblichen Einzelheiten voraussehen kann; er überträgt dann der Verwaltungsbehörde – für näher bestimmte Tatbestände, unter Festlegung eines bestimmten Regelungszwecks und genereller Ermessensgrenzen – die Befugnis, unter mehreren Entscheidungsalternativen so zu wählen, wie es die Umstände des Einzelfalles erfordern. Eine weitere Lockerung findet sich dort, wo das Gesetz der Verwaltung ohne Bindung an bestimmte Tatbestandsvoraussetzungen Aufgaben zuweist („Zweckprogramme"), etwa den Gemeinden die Aufgabe, Einrichtungen zu schaffen, die der Feuersicherheit oder der Erwachsenenbildung dienen. Gerade bei der Ausführung solcher „Zweckprogramme" erwachsen der Verwaltung auch Planungsaufgaben – etwa die Planung einer Stadtentwicklung –, die (mit bescheidenerer Zielsetzung) der Regierungstätigkeit ähneln können.

Die Funktion des Staatsoberhauptes parlamentarischer Demokratien schließlich fügt sich, wie die Funktion der Regierung, nicht glatt in das klassische Gewaltenteilungsschema. Im streng parlamentarischen System hat das Staatsoberhaupt den Staat darstellend zu repräsentieren und völkerrechtlich zu vertreten. Im normalen Ablauf der Staatsgeschäfte hat es ferner begrenzte Kontrollfunktionen: Das Staatsoberhaupt gibt wichtigen Staatsakten den zur Rechtsgültigkeit notwendigen Abschluß, es fertigt die vom Parlament beschlossenen Gesetze aus und unterzeichnet die Ratifikationsurkunden völkerrechtlicher Verträge; hierbei hat es sein Augenmerk darauf zu richten, ob die von ihm ausgefertigten Akte gemäß der Verfassung zustande gekommen sind. Mit der gleichen Obsorge hat es auch die Bestellung wichtiger Staatsorgane, die anderweitig schon maßgebend vorbereitet ist, zu vollziehen: In Großbritannien etwa hat es gemäß dem Ausgang der Wahlen den Prime Minister und nach dessen Vorschlag die übrigen Kabinettsmitglieder zu ernennen; in Deutschland hat es den von ihm vorgeschlagenen und vom Bundestag gewählten Bundeskanzler und auf dessen Vorschlag die Bundesminister zu ernennen. Darüber hinaus steht das Staatsoberhaupt als Reservegewalt für Krisensituationen zur Verfügung: In Deutschland z.B. entscheidet der Bundespräsident über die vorzeitige Auflösung des Bundestages, wenn es diesem in mehreren Wahlgängen nicht gelingt, mit absoluter Mehrheit einen Kanzler zu wählen, oder wenn der Bundestag dem amtierenden Kanzler nicht das erbetene Vertrauen ausspricht; in Großbritannien geschieht die vorzeitige Parlamentsauflösung auf Empfehlung des Prime Ministers durch königliche Proklamation, ohne daß der Krone selbst hierbei ein nennenswertes politisches Ermessen zustünde.

IV. Die Gewaltenteilung in der heutigen Staatswirklichkeit

Literatur: Wie zu §§ 41 III; 42 III; *W. Weber,* Spannungen und Kräfte, 1951, ³1970, 152 ff.; *Th. Stammen* (Hg), Strukturwandel der modernen Regierung, 1967; *H. D. Jarass,* Politik und Bürokratie als Elemente der Gewaltenteilung, 1975; *H. H. v. Arnim,* Grundfragen der Kontrolle von Gesetzgebung und Verwaltung, DÖV 1982, 917 ff.; *R. Zippelius,* Jurist. Methodenlehre, ¹⁰2006, § 13 (zum Richterrecht); *P. Häberle,* Monarchische Strukturen und Funktionen in europäischen Verfassungsstaaten, in: F.f.H. Schambeck, 1994, 683 ff.; *J. Isensee* (Hg), Gewaltenteilung heute, 2000.

1. Auflockerungen im System der Kompetenzen. In den westlichen Demokratien gilt die Gewaltenteilung als Grundsatz, ist aber nicht rigoros nach ihrem idealtypischen Modell durchgeführt. Streng wird im allgemeinen nur die Unabhängigkeit der Richter von Einmischungen der Exekutive gewahrt. Im übrigen schließt aber das Gewaltenteilungsschema gewisse Übergriffe über die grundsätzlichen Kompetenzgrenzen nicht aus, und zwar historisch gesehen von Anfang an nicht.

So sind in parlamentarischen Staaten die Regierung und die Verwaltung keineswegs frei von Einmischungen der Legislative. Im Gegenteil sichert der in vielen Verfassungen verbriefte Satz, daß die Regierung des Vertrauens des Parlaments bedarf, gerade einen Einfluß der gesetzgebenden Körperschaften auf Angelegenheiten der Exekutive. Strenger ist dagegen gerade in diesem Punkt die Gewaltenteilung in den Vereinigten Staaten von Amerika durchgeführt. In dieser wie in jener Staatsform erweist sich aber das Budgetrecht als goldener Zügel für die Exekutive: Da alle Haushaltmittel von der Legislative bewilligt werden müssen, kann diese jedenfalls von der finanziellen Seite her alle Schritte bemessen, welche die Regierung plant. Andererseits wirkt durch das sachliche Gewicht, das ein von einer fachkundigen Ministerialbürokratie ausgearbeiteter Gesetzesentwurf hat, die Regierung mit ihren Gesetzesinitiativen in den Entscheidungsbereich der Legislative hinüber.

Durchbrechungen des Gewaltenteilungsschemas kommen nicht nur in der Weise vor, daß eine Gewalt auf die andere einwirkt, wie bei der parlamentarischen Kontrolle, sondern auch dergestalt, daß die eine Gewalt selber Funktionen der anderen ausübt. Das geschieht z. B. dann, wenn die Exekutive durch eine Rechtsverordnung allgemeinverbindliches Recht setzt oder wenn Gerichte Verwaltungsfunktionen wahrnehmen, etwa dadurch, daß sie in Betreuungs- und Unterbringungssachen in Anwendung weitgehenden Ermessens lenkend und gestaltend tätig werden. Die rechtsprechende Gewalt hat durch Gesetzesauslegung und Lückenausfüllung auch teil an der Präzisierung und Ergänzung des Gesetzesrechts: Gesetzesauslegungen und „offene" Rechtsfortbildung können sich als ständige Rechtsprechung so weit verfestigen, daß sie die faktische Durchsetzungchance einer Legalinterpretation oder einer sonstigen Gesetzesnorm erreichen; aus den Grundsätzen der Gleichbehandlung und der Rechtssicherheit folgt zugleich eine Legitimitätsbindung an eine einmal eingeführte Praxis der Auslegung oder Lückenausfüllung. So wirkt die rechtsprechende Gewalt, trotz aller Vorbehalte (s. o. II 3), unvermeidlich in den Funktionsbereich der Legislative hinein.

Die klassische Abgrenzung zwischen den Bereichen der Legislative und der Exekutive wurde durch die Maßnahmegesetze verwischt: Der moderne Sozialstaat sah sich zunehmend veranlaßt, durch Gesetz auch konkrete Regulierungen im wirtschaftlichen und sozialen Leben vorzunehmen. So trat neben das klassische Gesetz, das wenigstens seiner Idee nach als dauernde Regelung gelten will, das interventionistische Gesetz, das für eine konkrete Situation eine Regelung trifft.

Trotz solcher Verschränkungen, Durchbrechungen und Grenzverwischungen wird aber der wesentliche Zweck der Gewaltenteilung erreicht, solange die unterschiedlichen Staatsorgane, aufs große Ganze gesehen, sich wechselseitig wirksam kontrollieren. Hierbei kann die Kontrollfunktion, die nach der idealtypischen Gewaltenteilung der Trennung der Aufgabenbereiche – Gesetzgebung, Verwaltung und Rechtsprechung – zukommen sollte, teilweise auch durch kooperative Praktiken erfüllt werden (s. o. II 2).

2. Der Einfluß der realen Machtfaktoren. Immer wieder ist hervorgetreten, daß sich das System der Staatsgewalt nicht zureichend mit bloßen Rechtsbegriffen beschreiben läßt, sondern daß auch die politischen Kräfte zu berücksichtigen sind, die sich der rechtlichen Kompetenzen bedienen (vor § 20), daß es insbesondere auch auf die sozialen und internationalen Kräfte ankommt, die im Gehäuse der rechtlichen Kompetenzen zur Geltung kommen (§§ 26 IV; 31 I 2). Zu ihnen gehören nicht zuletzt die Macht der Verbände und vor allem die Machtstrukturen der politischen Parteien, einschließlich etwa der Koalitionsrunden, in denen der politische Wille maßgeblich vorgeformt wird (I 5). Insbesondere ist zu beachten, daß in den parlamentarischen Demokratien die stärkste politische Partei oder Parteienkoalition die Mehrheit im Parlament und die Regierung stellt und beide Organe beherrscht. Dieser parteiliche „Übergriff" über Regierung und Parlamentsmehrheit hat dazu geführt, daß die parlamentarische Kontrolle faktisch weitgehend auf die Opposition übergegangen ist. Deren Wirkungschancen beruhen im wesentlichen darauf, daß sie mit ihrer Kritik und ihrem Angebot an Alternativen laufend mit der Regierungspartei um künftige Wählerstimmen konkurriert. Damit setzt sie eine zwar subtile, aber durchaus wirksame Kontrolle des Regierungshandelns ins Werk (§ 41 III 1).

Zu den Faktoren, welche das reale Spiel der politischen Kräfte bestimmen, gehört auch der Einfluß der Bürokratien. Durch ihn hat sich innerhalb der Exekutive eine etwas verborgene, aber faktisch wirksame Balance herausgebildet, deren Zäsur unterhalb der Kabinettsebene verläuft. Die Konfrontation zwischen einer parteipolitisch neutralen Bürokratie und der politischen Spitze, der Dialog zwischen dem letztlich entscheidungsberechtigten Minister und seinen Fachbeamten soll zu einer sachdienlichen Abklärung der Entscheidungen führen. Diese Rollentrennung wird aber durch die Politisierung der Bürokratie zunehmend gefährdet (§ 37 IV 1, 4).

§ 32. Grundrechte: Entstehung

Literatur: G. *Jellinek,* Die Erklärung der Menschen- und Bürgerrechte, 1895, [4]1927; R. *Schnur* (Hg), Zur Geschichte der Erklärung der Menschenrechte, 1964; G. *Oestreich,* Geschichte der Menschenrechte und Grundfreiheiten, 1968, [2]1978; F. *Ermacora,* Menschenrechte in der sich wandelnden Welt, I 1974, II 1983; G. *Birtsch* (Hg), Grund- und Freiheitsrechte im Wandel von Gesellschaft und Geschichte, 1981; *ders.* (Hg), Grund- und Freiheitsrechte von der ständischen zur spätbürgerlichen Gesellschaft, 1987; L. *Kühnhardt,* Die Universalität der Menschenrechte, 1987; *Stern,* §§ 59–63; *HdGR* I, §§ 1 ff.

I. Zur Vorgeschichte

Literatur: Jellinek AStL, 409 ff.; C. *Schmitt* VL, 44 ff.; R. *v. Keller,* Freiheitsgarantien für Person und Eigentum im MA., 1933; O. *Brunner,* Die Freiheitsrechte in der altständischen Gesellschaft, in: F. f. Th. Mayer, 1954, 293 ff.; *Krüger,* 824 ff.; *Zippelius* VSt, Kap. 3, 5 II 1.

Grundrechte haben vor allem die Funktion, einen Bereich individueller Freiheit vor dem Eindringen der Staatsgewalt und vor deren totalitärer Ausweitung zu bewahren. Doch darf nicht jeder Ansatz staatlicher Liberalität und Toleranz gegenüber individuellen Auffassungen und Interessen ohne weiteres als Entwicklungsstufe von Grundrechten verstanden werden. Dieser Vorbehalt gilt z. B. gegenüber der spätrömischen Toleranz in Religionssachen. Das Toleranzedikt des Kaisers Galerius vom Jahre 311 erscheint wie eine Kapitulation der politischen Gewalt vor der sich ausbreitenden und nicht mehr zu unterdrückenden christlichen Religion. In weitgehender Übereinstimmung mit diesem kaiserlichen Edikt hieß es dann zwei Jahre später im sogenannten Mailänder Toleranzedikt von 313, es möge sich jeder der Religion zuwenden, „die er für sich am geeignetsten hält"; nicht nur den Christen, sondern auch allen anderen sei also „um des Friedens unserer Zeit willen gleichermaßen die Freiheit gewährt, ihrem Glauben und Gottesdienst nachzukommen". Hier waren gleichsam die Worte Friedrichs II. von Preußen vorweggenommen, daß jeder nach seiner façon selig werden müsse. Grundlagen dieses Edikts waren wohl der weltanschauliche Relativismus einer aufgeklärten Spätkultur und Überlegungen der Staatsraison, wie sie im 18. Jahrhundert wiederkehrten. Von einer prinzipiell unantastbaren individuellen Berechtigung gegenüber dem Gemeinwesen und der Gewährleistung eines seitens der Herrschaftsgewalt unantastbaren Grundrechts im modernen Sinn konnte aber keine Rede sein. Darum standen auch keine grundsätzlichen individualrechtlichen Schranken entgegen, wenige Jahrzehnte später das Christentum selbst zur Staatsreligion zu erklären und damit zum antiken Etatismus in Religionsangelegenheiten zurückzukehren.

Wurzeln der modernen Auffassung individueller, gegen die Herrschaftsmacht gerichteter Freiheitsrechte liegen in spezifischen Individualrechten gegenüber der Königsgewalt. Bei der mittelalterlichen Erbhuldigung oder Krönung bestätigte der Herrscher die jura et libertates der Vasallen, die ihm als Gegenleistung den Lehenseid erneuerten. Auseinandersetzungen zwischen König und Vasallen wurden nicht selten in der Weise beigelegt, daß für die Zukunft ein bestimmter modus vivendi vereinbart wurde, zu dem auch die Verbriefung bestimmter Freiheiten gehörte, wie in dem berühmten Beispiel der Magna Carta Libertatum. Am Anfang der Entwicklung der Freiheitsrechte stand also das Modell: Der König hat bestimmte Herrscherrechte, die Stände haben gewisse, zum Teil in Freiheitsbriefen niedergelegte Freiheitsrechte. Diese Auffassung löste also die Herrschaft gleichsam in ein Bündel von Einzelrechten auf, denen wiederum einzelne Freiheitsrechte gegenüberstanden.

An die Stelle dieser Konzeption trat später eine andere, die für das Verständnis der Grundrechte im modernen Sinn von wesentlicher Bedeutung ist. Es entstand ein neuer Begriff des Staates und der Staatsgewalt. Aus dem mittelalterlichen Feudalstaat ging der moderne Territorialstaat hervor. Die Herrschergewalt wurde zur umfassenden Souveränität (§ 9). Dieser neue Begriff des Staates, für den die Souveränität wesentliches Merkmal war, setzte sich nicht nur in der Literatur, sondern im Absolutismus auch in der Staatswirklichkeit durch. Gerade das Entstehen einer umfassenden Staatsgewalt rief aber als Antithese die Forderung nach einer prinzipiellen, allen Menschen gegenüber zu respektierenden Einschränkung dieser Staatsgewalt hervor.

Diese praktische Herausforderung – dem umfassenden Herrschaftsanspruch der staatlichen Gewalten unangreifbare Individualrechte gegenüberzustellen – verband sich mit dem emanzipatorischen Individualismus der Aufklärung: Man postulierte die moralische Autonomie der Einzelnen und die Achtung ihrer Würde und Gewissensentscheidungen. Dem entsprang der Anspruch, das religiöse Gewissen der Einzelnen zu respektieren (II), und zugleich die Forderung, die politische Gewalt auf den Willen und Konsens der Bürger zu gründen (§ 17 III). So wurde im englischen Bürgerkrieg und in der Glorious Revolution gegen die absolutistischen Ansprüche des Herrschers für prinzipiell unantastbare Freiheiten der Einzelnen und zugleich für die Rechte des Parlaments gekämpft.

Die Idee, daß es unveräußerliche Menschenrechte gebe, die nicht der Verfügung der Staatsgewalt überliefert werden können, wurde naturrechtlich in Begriffen der Vertragstheorie gedacht. So lehrte John Locke, die Menschen seien von Natur aus frei und gleich. Der Staat entstehe durch ihren freiwilligen Zusammenschluß. Doch könne der Einzelne sich bei dieser Vergesellschaftung nicht seiner elementaren Grundfreiheiten begeben; diese seien für ihn also „unveräußerlich". Deshalb könnten sie auch nicht staatlicher Verfügung ausgeliefert sein und zögen so der Staatsgewalt unübersteigbare Grenzen (§ 33 I).

II. England

Literatur: *W. S. McKechnie,* Magna Carta, 1905, [2]1914 (Neudr. 1958); *C. Stephenson, F. G. Marcham,* Sources of English Constitutional History, 1937; *F. Thompson,* Magna Carta, 1948; *J. Bohatec,* England und die Geschichte der Menschen- und Bürgerrechte, 1956; *W. Hubatsch,* Die englischen Freiheitsrechte, 1962; *J. C. Holt,* Magna Carta, 1965 (Neudr. 1969); *K. Kluxen,* Die Entstehung des englischen Parlamentarismus, 1972; *W. F. Duker,* A Constitutional History of Habeas Corpus, 1980; *D. L. Kyriazis-Gouvelis,* Magna Carta, 1984; *D. Willoweit, U. Seif,* Europäische Verfassungsgeschichte, 2003, 3 ff., 215 ff.

Die englische Magna Carta Libertatum vom 15. Juni 1215 (Stephenson/Marcham, 44) ist das berühmteste Beispiel mittelalterlicher Freiheitsbriefe. Sie war nicht nur ein Grundstein für den englischen Parlamentarismus, sondern auch für die Entwicklung von Freiheitsrechten. Sie stellt keineswegs eine singuläre Erscheinung im europäischen Raum dar; bemerkenswert wird sie vor allem durch die, wenn auch gebrochene, so doch nie ganz abgebrochene Kontinuität der an sie anknüpfenden Entwicklung. Die Magna Carta wurde von weltlichen und geistlichen

Feudalherren dem König Johann ohne Land abgetrotzt, als dieser nach seinem unglücklichen Krieg gegen Philipp II. August von Frankreich in eine bedrängte Lage geraten war.

Am bekanntesten ist der Art. 39 dieser Carta geworden: „Kein freier Mann soll verhaftet oder eingekerkert oder um seinen Besitz gebracht oder geächtet oder verbannt oder sonst in irgendeiner Weise zugrunde gerichtet werden. Und wir werden nicht gegen ihn vorgehen oder gegen ihn vorgehen lassen, es sei denn auf Grund eines gesetzlichen Urteiles von Standesgenossen und gemäß dem Gesetze des Landes." „Freie" waren damals aber nur die Freisassen, nicht auch die große Masse der villains (vgl. Art. 20). Die Vorstellung ständischer Freiheitsrechte wurde damals grundsätzlich nicht verlassen, auch wenn mitunter Angehörigen nichtfeudaler Schichten eine Rechtssicherung gewährt wurde. Erst in den späteren Jahrhunderten wurde der Begriff des freien Mannes in einem weiteren Sinne interpretiert und auf alle Engländer angewandt (McKechnie 1958, 115, 118, 386).

Ein solcher Wandel der Auffassungen wurde erkennbar in der Petition of Right von 1628 (Stephenson/Marcham, 92 D), die in den schwelenden Auseinandersetzungen zwischen König und Parlament rechtliche Positionen festlegte. Karl I. hatte Untertanen verhaften lassen, weil sie sich der von ihm befohlenen Zwangsanleihe widersetzten. Auch unternahm er den Versuch, Schiffsgeld ohne Bewilligung des Parlaments zu erheben. Diese Vorfälle veranlaßten das Parlament, an den König eine Petition zu richten: Er möge zusichern, daß er die alten Rechte und Landesfreiheiten beachten werde. Formell handelte es sich hier also nicht um eine Grundrechtserklärung im modernen Sinn; vielmehr wurde vom König, nach älteren Vorbildern, eine confirmatio cartarum begehrt und von seiten des Königs, wenn auch widerwillig, gewährt. Doch machte sich der erwähnte Sinnwandel alter Freiheiten geltend, wenn jetzt, im Gewande bloßer Bestätigung, alte Rechte für alle Engländer in Anspruch genommen wurden.

In dem später offen ausbrechenden Konflikt zwischen König und Parlament begann sich auch die Forderung durchzusetzen, den Einzelnen in seiner religiösen Gewissensentscheidung nicht von Staats wegen zu bevormunden. Dies war die Antwort auf das autoritäre Kirchenregiment Karls I. und seines Erzbischofs Laud. Der Anspruch der Independenten auf Eigenständigkeit der Einzelnen und der Gemeinden in Religionsangelegenheiten bildete einen frühen Kristallisationspunkt für die Idee allgemeiner Menschenrechte, d. h. für den Gedanken, daß es eine unantastbare Individualsphäre gebe, über welche die Staatsgewalt prinzipiell nicht verfügen dürfe. So wurde die Forderung der Religionsfreiheit zu einem wichtigen Vehikel für den Durchbruch der Grundrechtsidee. In die gleiche Richtung wirkte die in jener Zeit sich verbreitende Vorstellung, daß politische Gemeinschaften und politische Gewalten ihren Ursprung in einem Gesellschaftsvertrag hätten: Durch ihn würden die Einzelnen sich der gemeinsam eingesetzten Obrigkeit unterstellen, aber nur unter Vorbehalt gewisser unveräußerlicher Freiheiten, deren sich niemand begeben könne. Tatsächlich machten sich die Leveller daran, einen Volksvertrag, das sogenannte Agreement of the People, zu entwerfen (1647), das dem englischen Volk zur Annahme vorgelegt werden und als Verfassung dienen sollte. In ihm hatte man auch vorgesehen, „that matters of religion and the ways of God's worship are not at all entrusted by us to any human power, because therein we cannot remit or exceed a tittle of what our consciences dictate to be the mind of God without wilful sin" (IV 1; deutscher Text bei Kluxen 1972, 26). Allerdings blieb dieses Agreement ein bloßer Entwurf, während ähnliche Bestimmungen in einigen nordamerikanischen Kolonien Gesetz wurden.

Aus dieser Epoche, in der sich im Ringen zwischen Königsmacht und Parlament der englische Verfassungsstaat bildete, stammt auch die Habeas-Corpus-Akte von 1679 (Stephenson/Marcham, 115 U), die Schutz vor willkürlichen Verhaftungen bot. Sie hatte einen unvollkommenen Vorläufer in dem erwähnten Art. 39 der Magna Carta, deren Rechtsgewährleistung schon im Laufe der Jahrhunderte auf alle Engländer ausgedehnt worden war. Wieder waren es konkrete Mißstände, die dazu führten, die Garantie gegen willkürliche Verhaftungen nunmehr in unmißverständlicher Weise zu formulieren: Sheriffs, Kerkermeister und andere Amtsträger hielten, wie es in der Präambel zur Habeas Corpus Akte hieß, Untertanen des Königs „zu ihrem großen Schaden und Verdruß im Gefängnis fest", statt sie dem Richter vorzuführen. Nun wurde verbrieft, daß jeder Gefangene auf Verlangen binnen drei Tagen persönlich dem Lordkanzler oder dem Lord-Großsiegelbewahrer oder dem Gericht vorzuführen sei und daß ihm dort die wahren Gründe seiner Gefangennahme zu bescheinigen seien.

Weitere rechtsstaatliche Konsequenzen wurden aus den Vorgängen gezogen, die zu der „Glorious Revolution" des Jahres 1688 geführt hatten. Die Bill of Rights (1689) enthielt, neben den noch zu behandelnden Garantien für das Parlament (§ 41 I), Rechtsgarantien für die Einzelnen: so das Recht der Untertanen, Bittschriften an den König zu richten, eine Garantie, die als Petitionsrecht in die modernen Verfassungen eingegangen ist; ferner das Recht der Untertanen protestantischen Glaubens, ihrer Stellung entsprechend und soweit das Gesetz es erlaubt, Waffen zu ihrer Verteidigung zu besitzen; sodann wurde die für das Funktionieren der Demokratie unverzichtbare Freiheit der Rede und des Debattierens für die parlamentarischen Verhandlungen gewährleistet; und es wurde garantiert, daß übermäßige Geldbußen und grausame und unübliche Strafen nicht verhängt werden dürften.

Diese Epoche der englischen Geschichte, in der die Idee allgemeiner Freiheitsrechte durchbrach, fand ihren philosophischen Interpreten in John Locke. In seinen kurz nach der Glorious Revolution erschienenen Two Treatises of Government entwickelte er nicht nur eine Theorie der Gewaltenteilung, sondern auch seine Lehre, daß den Menschen ursprüngliche und unveräußerliche Freiheiten zuständen (s. u. § 33 I).

III. Vereinigte Staaten von Nordamerika

Literatur: *G. Hägermann*, Die Erklärung der Menschen- und Bürgerrechte in den ersten amerikanischen Staatsverfassungen, 1910; *O. Vossler*, Die amerikanischen Revolutionsideale in ihrem Verhältnis zu den europäischen, 1929; *R. Pound*, The Development of Constitutional Guarantees of Liberty, 1957; *B. Schwartz*, The Great Rights of Mankind. A History of the American Bill of Rights, 1992; *H. Schambeck u. a.* (Hg), Dokumente zur Geschichte der Vereinigten Staaten von Amerika, 1993.
Zur Gegenwart: *W. Brugger*, Grundrechte und Verfassungsgerichtsbarkeit in den Vereinigten Staaten von Amerika, 1987.

Durch die Rechtsentwicklung in England und durch die naturrechtliche Lehre von den unveräußerlichen Menschenrechten (§ 33 I) waren die geistigen Grundlagen bereitet, um die wichtigsten Freiheiten als allgemeine Menschen- oder Bürgerrechte in einem Grundrechtskatalog zusammenzufassen und als positives Gesetz zu proklamieren. Das geschah, wiederum durch die Gunst der politischen Situation gefördert, zum erstenmal in den nordamerikanischen Kolonien. Viele Siedler waren von ausgeprägtem Unabhängigkeitssinn, zum großen Teil Nachfahren jener Puritaner, die um ihrer Glaubensfreiheit willen sich in Nordamerika eine neue Heimat gesucht hatten. Die Weite des dünn besiedelten Landes machte viele Beschränkungen der individuellen Freiheit mehr als sonst irgendwo überflüssig. Nirgends sonst wurde die zeitgenössische Staatsphilosophie in gleichem Maße aus der luftigen Sphäre der Spekulation in die politische Wirklichkeit hereingenommen. Der Amerikaner sieht – „im Mayflower Compact, in den Covenants von Connecticut – wirklich durch Vertrag Staaten entstehen, ihm ist in allen diesen Punkten das Naturrecht gar nicht Theorie und Literatur, sondern faßbare, sichtbare, lebendige Wirklichkeit" (Vossler, in: Schnur 1964, 180f.). Das Massachusetts Body of Liberties von 1641 enthielt bereits eine detaillierte Erklärung von Individualrechten. Später wurden in den „General Fundamentals" von (New) Plymouth aus dem Jahre 1671 die Gleichheit vor dem Gesetz und in der Rechtsprechung, die Achtung von Leib, Leben, Freiheit, gutem Namen und Besitztum, und die Glaubens-, Gewissens- und Kultusfreiheit für unverletzlich erklärt (Art. III ff.; Hatschek II, 133f.).

Eine geschichtlich bedeutsame Ausformung von Menschenrechten vollzog sich in den Auseinandersetzungen zwischen den Kolonisten und dem Mutterland um die Steuerpflicht. Nachdem die nordamerikanischen Kolonisten die Stempelsteuer verweigert hatten, ging der Streit darum, ob den Siedlern ohne ihre Zustimmung Lasten auferlegt werden könnten. In diesen Querelen beriefen sich die Kolonisten zunächst auf die Rechte, die ihnen als geborenen Engländern zustünden („no taxation without representation"), dann aber auch auf die naturrechtlichen allgemeinen Menschenrechte. So fallen in das Jahr der Unabhängigkeitserklärung auch wegbereitende Erklärungen der Menschenrechte.

Vorbildlich wurde die Bill of Rights of Virginia vom 12. Juni 1776, der ähnliche Erklärungen anderer Staaten der Union folgten. Art. 1 dieser Erklärung bestimmte: „Alle Menschen sind von Natur aus gleichermaßen frei und unabhängig und besitzen gewisse angeborene Rechte ... und zwar auf Genuß des Lebens und der Freiheit und dazu die Möglichkeit, Eigentum zu erwerben und zu besitzen und Glück und Sicherheit zu erstreben und zu erlangen." Dazu kamen Gewährleistungen der Pressefreiheit (Art. 12) und der freien Religionsausübung (Art. 16). In den Menschenrechtserklärungen der anderen Unionsstaaten kamen an neuen Rechten noch hinzu die Auswanderungsfreiheit, die Versammlungs- und die Petitionsfreiheit. Die von Jefferson ausgearbeitete Unabhängigkeitserklärung vom 4. Juli 1776 bezeichnete es als selbstverständliche Wahrheit, daß die Menschen mit unveräußerlichen Rechten ausgestattet sind. Sie begnügte sich aber mit dem kurzen Hinweis, daß zu diesen Rechten das Recht auf Leben, auf Freiheit und auf Streben nach Glück gehört. In der Bundesverfassung von 1787 war zunächst keine Erklärung der Grundrechte enthalten. Schon zwei Jahre später wurden aber vom Kongreß zehn Amendments, d.h. Zusatzartikel, verabschiedet, die eine Gewährleistung von Grundrechten enthielten. Diese Zusatzartikel traten im Jahre 1791, nach Ratifizierung durch Dreiviertel der Einzelstaaten (Art. V US-Verf.), in Kraft und sind seither Bestandteil der Verfassung. In der folgenden Zeit wurden sie durch weitere Amendments ergänzt, unter ihnen das 13. und das 14. Amendment, die den Schwarzen Bürgerrecht und Freiheit verliehen, Verfassungsnormen, hinter denen die geschichtliche Dramatik des nordamerikanischen Bürgerkriegs stand.

IV. Frankreich

Literatur: *W. Rees,* Die Erklärung der Menschen- und Bürgerrechte von 1789, 1912 (Neudr. 1968); *M. Duverger, L. Sfez,* Die staatsbürgerlichen Freiheitsrechte in Frankreich usw., in: K. A. Bettermann u.a. (Hg), Die Grundrechte, I 2, 1967, 543 ff.; *S.-J. Samwer,* Die französische Erklärung der Menschen- und Bürgerrechte von 1789/91, 1970; *J. Sandweg,* Rationales Naturrecht als revolutionäre Praxis, 1972.

Im vorrevolutionären Frankreich waren durch Rousseau demokratische Ideen und durch die Physiokraten die Forderung nach wirtschaftlicher Betätigungsfreiheit und insgesamt nach Zurückdrängung staatlicher Einmischung lebendig geworden (§ 29 II 1).

In Nordamerika war die Verbriefung solcher Freiheiten in Grundrechtskatalogen nur eine Kodifizierung von Grundsätzen, die in der Verfassungswirklichkeit schon weitgehend galten. In der ganz anderen verfassungsrechtlichen und politischen Situation des revolutionären Frankreich bedeutete die Erklärung der Menschen- und Bürgerrechte einen einschneidenden Wandel. Durch die Bill of Rights of Virginia angeregt, stellte Lafayette in der französischen Constituante den Antrag, ebenfalls eine Erklärung der Menschenrechte zu erlassen. An dem eingebrachten Entwurf hatte Jefferson mitgewirkt (Vossler, in: Schnur 1964, 193 ff.). Man debattierte heftig über die Fragen, ob „natürliche" Freiheiten überhaupt Gegenstand einer verfassungsrechtlichen Gewährleistung sein könnten oder ob diese nur „bürgerliche" Freiheiten garantieren könne, nämlich Freiheiten, sich im Rahmen der Gesetze zu entfalten. Man sah auch die Gefahr, die darin liegen kann, allgemeine Prinzipien der Freiheit absolut, also ohne positiv-rechtliche Begrenzung zu proklamieren (Sandweg 1972, 201 f., 210 f.). Vor allem aber wirkte noch der Gedanke Rousseaus: Der Wille des demokratischen Staates werde unter Teilhabe aller gebildet; er könne daher kein den Einzelnen zuwiderlaufendes Interesse haben; es bedürfe deshalb keiner Garantien zugunsten der Untertanen (Contrat social, I 7). Gedanken dieser Art haben auch später noch, unter radikal-demokratischen Verfassungen, eine Rolle gespielt. Das Ergebnis der Debatten in Frankreich war die „Déclaration des droits de l'homme et du citoyen" vom 26. August 1789. Nach ihr sollten die Menschen- und Bürgerrechte nur in den Grenzen gelten, die das von der volonté générale getragene Gesetz zog (Art. 4 ff.). So schien die Volksvertretung berufen, den Inhalt der Bürgerfreiheiten näher auszugestalten; die Grundrechte galten daher nach Maßgabe der Gesetze.

Historische Erfahrungen haben später gezeigt, daß es nötig ist, elementare Freiheitsbereiche auch der Regelungskompetenz des Gesetzgebers zu entziehen – selbst wenn dieser von der Mehrheit legitimiert ist. Grundrechte wirken dann insbesondere als Schutz der Minderheit vor mehrheitlicher Regelungsmacht. Wo man dem Gesetzgeber die Befugnis verlieh, ein Grundrecht zu beschränken, hat man diesen Vorbehalt nun spezifiziert und begrenzt (vgl. etwa Art. 1 Abs. 3, 19 Abs. 2 des Bonner Grundgesetzes).

Inhaltlich brachte die französische Erklärung vom 26. August 1789 gegenüber den amerikanischen Erklärungen wenig Neues. Die wichtigsten Bestimmungen waren: Die Menschen werden frei und gleich an Rechten geboren und bleiben es. Die gesellschaftlichen Unterschiede können nur auf den gemeinsamen Nutzen gegründet sein (Art. 1). Der Endzweck aller politischen Vereinigung ist die Erhaltung der natürlichen und unabdingbaren Menschenrechte. Diese Rechte sind: die Freiheit, das Eigentum, die Sicherheit, der Widerstand gegen Unterdrückung (Art. 2). Die Freiheit besteht darin, alles tun zu können, was einem anderen nicht schadet. Also hat die Ausübung der natürlichen Rechte jedes Menschen nur die Grenzen, die den übrigen Gliedern der Gesellschaft den Genuß dieser nämlichen Rechte sichern. Diese Grenzen können nur durch das Gesetz bestimmt werden (Art. 4). Dazu kamen vor allem Garantien der Bekenntnisfreiheit (Art. 10), der freien Meinungsäußerung (Art. 11) und des Eigentums (Art. 17). Diese Menschenrechtserklärung wurde in die Verfassung von 1791 aufgenommen, die dann zusätzlich noch die Freizügigkeit und die Versammlungsfreiheit gewährleistete. In der Republikanischen Verfassung von 1793 und in der Direktorialverfassung von 1795 wurden diese Grundrechtsgarantien mit gewissen Änderungen wiederholt. Sie wurden allerdings nach einer kurzen Periode echter Befreiung in den Jahren 1789 und 1790 zur leeren Fassade für die Gewaltherrschaft des Konvents und später des Direktoriums.

Die am 4. Juni 1814 von Ludwig XVIII. erlassene Charte constitutionelle gewährte an Stelle umfassender Menschen- und Bürgerrechtsgarantien nur noch knapp bemessene Freiheitsrechte. Nach ihrem Vorbild erkannten auch andere Monarchien solche einzelnen Rechte verfassungsmäßig an (§ 21 I 2).

Die Verfassung vom 27. 10. 1946 hat die Rechte und Freiheiten, die in der Erklärung von 1789 niedergelegt waren, bestätigt und ergänzt. Zu diesen Gewährleistungen hat sich auch die Verfassung vom 28. 9. 1958 in ihrer Präambel bekannt.

V. Deutschland

Literatur: *E. R. Huber*, Deutsche Verfassungsgeschichte seit 1789, II 1960, 773 ff., VI 1981, 94 ff.; *H. Scholler* (Hg), Die Grundrechtsdiskussion in der Paulskirche, 1973, ²1982; *W. v. Rimscha*, Die Grundrechte im süddeutschen Konstitutionalismus, 1973; *Scheuner* St, 633 ff.; *R. Wahl*, Rechtliche Wirkungen und Funktionen der Grundrechte im dt. Konstitutionalismus des 19. Jh., in: Der Staat 1979, 321 ff.; *J. D. Kühne*, Die Reichsverfassung der Paulskirche, 1985, ²1998; *M. Heckel*, Die Menschenrechte im Spiegel der reformatorischen Theologie, 1987; *D. Klippel*, Die Theorie der Freiheitsrechte am Ende des 18. Jahrhunderts in Deutschland, in: H. Mohnhaupt (Hg), Rechtsgeschichte in den beiden deutschen Staaten, 1991, 348 ff.; *K. Kröger*, Grundrechtsentwicklung in Deutschland – von ihren Anfängen bis zur Gegenwart, 1998; *Th. Würtenberger*, Grundrechtsschutz im ausgehenden 18. Jahrhundert, in: W. Gose, Th. Würtenberger (Hg), Zur Ideenrezeptionsgeschichte des Preußischen Allgemeinen Landrechts, 1999, 55 ff.; *R. Suppé*, Die Grund- und Menschenrechte in der deutschen Staatstheorie des 19. Jahrhunderts, 2004; *J. Hilker*, Grundrechte im deutschen Frühkonstitutionalismus, 2005; HdGR I, §§ 1 ff.

Ansätze des Gedankens unveräußerlicher Menschenrechte sind in der älteren deutschen Staatstheorie sehr viel schwieriger aufzuspüren als in der angelsächsischen Tradition. In den Bauernkriegen spielte der Gedanke eine Rolle, daß die Menschen von Natur aus gleich seien („Als Adam grub und Eva spann, wo war denn da der Edelmann?"). Pufendorf wollte, wenn auch noch halbherzig, die religiöse Freiheit dem staatlichen Verfügungsanspruch entziehen (De habitu religionis christianae ad vitam civilem, 1687, VIf., XLIVf.). Bei Christian Wolff erschienen die Menschen im Besitze angeborener Rechte auf Gleichheit, Freiheit und Sicherheit (s. u. § 33 I); diese stünden allerdings unter dem Vorbehalt, daß die politische Gemeinschaft bestimmen dürfe, auf welche Weise und mit welchen Mitteln das gemeine Beste zu erstreben sei. Die Religionsfreiheit wurde in der zweiten Hälfte des 18. Jahrhunderts durch staatliche Toleranz fortschreitend verwirklicht, wenn auch noch nicht als Menschenrecht garantiert. In dieser Zeit wurde auch der Schutz von Eigentum und Freiheit nicht nur in der Staatslehre gefordert, sondern auch durch Gesetze (wie das preußische Allgemeine Landrecht) und durch die Rechtsprechung in beträchtlichem Umfang gewährt, auch wenn dieser Schutz durch den Gemeinwohlvorbehalt begrenzt war und in bestimmten Fällen an die Stelle des Eigentumsrechts ein Entschädigungsanspruch trat.

Die Geschichte der verfassungsrechtlich verbrieften Grundrechte beginnt in Deutschland, von den erwähnten konstitutionellen Ansätzen (§ 21 I 2) abgesehen, im Revolutionsjahr 1848. Im Dezember 1848 verabschiedete die in der Frankfurter Paulskirche tagende deutsche Nationalversammlung eine Erklärung der „Grundrechte des deutschen Volkes"; diese wurde dann in die Verfassung vom 28. März 1849 als Abschnitt VI aufgenommen. Gegenstand dieser Rechtsgarantien waren vor allem: die Freizügigkeit im Reichsgebiet (§ 133 Abs. 1); die Gleichheit aller Deutschen vor dem Gesetze, unter Aufhebung aller Standesvorrechte (§ 137); die Freiheit der Person und der Habeas-Corpus-Grundsatz (§ 138); die Unverletzlichkeit der Wohnung und der Vorbehalt einer richterlichen Entscheidung für Haussuchungen und Beschlagnahmen von Briefen und Papieren (§§ 140, 141); die Gewährleistung des Briefgeheimnisses (§ 142 Abs. 1); die Freiheit der Meinungsäußerung (§ 143 Abs. 1); die Glaubens- und Gewissensfreiheit (§ 144); die Freiheit der Religionsausübung (§ 145); die Freiheit von Wissenschaft und Lehre (§ 152); die Freiheit der Berufswahl und der Wahl der Ausbildungsstätte (§ 158); die Versammlungsfreiheit (§ 161); die Vereinsfreiheit (§ 162); die Garantie des Eigentums (§ 164) und die Gewährleistung des gesetzlichen Richters (§ 175 Abs. 2).

Die Paulskirchenverfassung als ganzes ist nicht rechtswirksam geworden. Nachdem Friedrich Wilhelm IV. von Preußen die Wahl zum deutschen Kaiser abgelehnt hatte, begann die Nationalversammlung sich aufzulösen. Soweit ihre 1848 verabschiedeten Grundrechtsartikel in einzelnen Staaten für verbindlich erklärt worden waren, waren sie auf Grund eines Bundesbeschlusses vom 23. 8. 1851 außer Geltung zu setzen. Die Gedanken und Formulierungen des Grundrechtsabschnitts haben aber fortgewirkt, nicht nur in den Grundrechtsartikeln der späteren deutschen Verfassungen, sondern auch in anderen Gesetzen, wie etwa in den Verhaftungs-, Durchsuchungs- und Beschlagnahmevorschriften der Strafprozeßordnung, in den Vorschriften des Gerichtsverfassungsgesetzes über die Öffentlichkeit und Mündlichkeit des Gerichtsverfahrens oder in den Bestimmungen des Reichspreßgesetzes von 1874 (§ 1) und des Reichsvereinsgesetzes von 1908 (§ 1).

Die Bismarcksche Reichsverfassung vom 16. April 1871 enthielt keinen Grundrechtskatalog. Die wesentlichen Grundrechte waren aber, sei es durch Landesverfassungen, sei es durch einfache Gesetze, auch im Bismarckschen Reich zu einer (mitunter noch unvollkommenen) rechtlichen Wirkung gebracht. In den Verfassungsberatungen im Norddeutschen Reichstag von 1867 und im Deutschen Reichstag von 1871 hat man den Verzicht auf einen Grundrechtskatalog geradezu damit begründet, daß diese Grundrechte bereits Gemeingut geworden und in den einzelstaatlichen Verfassungen oder in besonderen Gesetzen festgelegt seien.

Die Weimarer Reichsverfassung vom 11. August 1919 setzte zum erstenmal für das gesamte Deutsche Reich ausdrücklich einen Katalog von Grundrechten in Kraft. Man knüpfte an die Grundrechtsbestimmungen von 1848 an. Freilich konnte man sich nicht mit ihrer bloßen Wiederholung begnügen. Manches erschien unter den veränderten Verhältnissen als „Museumsstück". Zudem stellten die Sozialisten die Forderung nach einer gründlichen Umgestaltung der wirtschaftlichen und sozialen Verhältnisse. In Reaktion auf dieses Begehren verlangten die bürgerlichen Parteien über die alten Grundrechte der Einzelpersonen hinaus jetzt auch die grundrechtliche Sicherung zahlreicher Institutionen, z.B. des Erbrechts, der Familie, der bevorzugten Rechtsstellung der Kirchen, des Religionsunterrichts in der Schule und des Berufsbeamtentums. Die Gegensätze wurden in der Weimarer Verfassung nicht völlig ausgetragen, die in so vielem ein Kompromiß war. In einigen Vorschriften wird aber jetzt ein neuer Gegenspieler eines liberalistisch verstandenen Grundrechtsgedankens deutlicher sichtbar: die immer mächtiger werdende Idee einer sozialen Bindung der Einzelnen. Das Eigentum, das am ehesten als das Domizilium des privaten Egoismus erscheint, ist zwar gewährleistet, aber mit dem Zusatz: „Eigentum verpflichtet. Sein Gebrauch soll zugleich Dienst sein für das Gemeine Beste" (Art. 153 Abs. 3). Das Reich kann durch Gesetz, unbeschadet der Entschädigung, in sinngemäßer Anwendung der für Enteignung geltenden Bestimmungen, für die Vergesellschaftung geeignete private wirtschaftliche Unternehmungen in Gemeineigentum überführen (Art. 156 Abs. 1 Satz 1). Hier und in zahlreichen anderen, allerdings weniger grundsätzlichen Bestimmungen kündigt sich gegenüber der Paulskirchenverfassung die Hinwendung zum Sozialstaat an. Auch die rechtliche Gleichbehandlung wird vorangebracht: Öffentlich-rechtliche Vorrechte oder Nachteile der Geburt oder des Standes sind aufzuheben. Adelsbezeichnungen gelten nur als Teil des Namens und dürfen nicht mehr verliehen werden. Männer und Frauen haben grundsätzlich dieselben staatsbürgerlichen Rechte und Pflichten (Art. 109 Abs. 1–3). Auch die Ehe beruht auf der Gleichberechtigung der beiden Geschlechter (Art. 119 Abs. 1). Den unehelichen Kindern sind durch Gesetz die gleichen Bedingungen für ihre leibliche, seelische und gesellschaftliche Entwicklung zu verschaffen wie den ehelichen Kindern (Art. 121).

Unter der nationalsozialistischen Diktatur wurde die Weimarer Verfassung nicht formell aufgehoben. Sie wurde aber durch die nationalsozialistische Gesetzgebung, die nach dem Ermächtigungsgesetz vom 24. 3. 1933 neben dem Reichstag auch der Reichsregierung zustand, vielfach durchbrochen. Die zeitgenössische Staatsrechtslehre bestritt die Vereinbarkeit der als individualistisch verrufenen Grundrechte mit dem neuen Staat (§ 29 I 2). Noch mehr entfernte sich die Praxis, mit der man gegenüber politischen Gegnern und Angehörigen anderer Rassen verfuhr, von den Grundrechtsbestimmungen der Weimarer Verfassung.

Noch unter dem Eindruck der nationalsozialistischen Herrschaft hat das Bonner Grundgesetz die Grundrechtsbestimmungen an den Anfang gestellt, um das besondere Gewicht dieser Vorschriften zu betonen. Werte, die gröblich verletzt, und Güter, die besonders entbehrt worden sind, steigen für das individuelle wie für das allgemeine Bewußtsein im Rang. Diese Aufwertung haben die Grundrechte nicht nur nach ihrer systematischen Stellung im Grundgesetz erfahren, sondern noch mehr durch ihre wachsende Bedeutung in der Verfassungswirklichkeit, vor allem durch ihre umfassende gerichtliche Gewährleistung (§ 34 I 1). Zugleich trat immer deutlicher ein Sinnwandel im Verständnis der Grundrechte zutage. Aus dem liberalistischen Staat ist ein Sozialstaat geworden, die liberalistisch verstandenen Freiheiten haben sich, in Anknüpfung an die schon im ersten Weltkrieg und in der Weimarer Zeit begonnene Entwicklung, zu sozial gebundenen Freiheiten gewandelt (§§ 34, 35 I).

VI. Internationaler Schutz von Menschenrechten

Literatur: Wie zu § 10 I 2; *Ipsen* VR, §§ 48 ff.; *Verdroß/Simma*, 820 ff.; *Geiger*, §§ 71 f.; *Doehring* VR, Rdn. 967 ff.; *Ch. Grabenwarter*, Europäische Menschenrechtskonvention, [4]2009; *P. J. Opitz*, Menschenrechte und Internationaler Menschenrechtsschutz im 20. Jahrhundert: Geschichte und Dokumente, 2002; *D. Ehlers* (Hg), Europäische Grundrechte und Grundfreiheiten, [3]2009.
  Dokumente: Menschenrechte – Ihr internationaler Schutz, dtv-Textausgabe, [5]2004; *F. Ermacora u. a.* (Hg), International Human Rights, 1993.

  Das Prinzip, daß allgemeine Menschenrechte, insbesondere Menschenwürde, Gleichheit vor dem Gesetz und elementare Freiheitsrechte, zu respektieren seien, gehört, wie auch das demokratische Prinzip, zu den weltweit anerkannten Kriterien legitimer Staatsgewalt, wenn auch beiden Prinzipien in weiten Teilen der heutigen Welt nur durch ein Lippenbekenntnis, nicht durch die staatliche Praxis gehuldigt wird. Immerhin liegt heute in der weltweiten Kenntnisnahme von Menschenrechtsverletzungen und in deren Mißbilligung durch die internationale öffentliche Meinung ein politischer Faktor, der auf eine Realisierung der Menschenrechte drängt. Dieser Druck ist von unterschiedlicher Wirksamkeit. In Staaten, die stärker unter dem Regime der öffentlichen Meinung stehen, kann er mehr ausrichten als in solchen Staaten, die sich mehr oder minder wirksam gegen den Einfluß der Weltmeinung abzuschirmen vermögen.

Das programmatische Engagement der Völkergemeinschaft für die Menschenrechte kam schon in der UNO-Satzung zum Ausdruck. Diese erklärte es als einen Zweck der Vereinten Nationen, „eine internationale Zusammenarbeit … bei der Förderung und Hebung der Achtung der Menschenrechte und Grundfreiheiten für alle ohne Unterschied der Rasse, des Geschlechts, der Sprache oder der Religion zu verwirklichen" (Art. 1 Nr. 3; Art. 55 Buchst. c). Überdies wurden die Mitgliedstaaten verpflichtet, „Gemeinschafts- und Einzelaktionen in Zusammenarbeit mit der Organisation einzuleiten", um diesen Zweck zu verwirklichen (Art. 55 Buchst. c, 56). Hierdurch wurde die innerstaatliche Verwirklichung der Menschenrechte zum Inhalt einer völkerrechtlichen Pflicht erhoben, die allerdings sogleich wieder durch das Nichteinmischungsgebot des Art. 2 Nr. 7 paralysiert wurde (dazu aber auch § 10 I 2).

Die von der Generalversammlung der UNO verkündete Allgemeine Erklärung der Menschenrechte vom 10. 12. 1948 verrät schon formal die Diskrepanz zwischen Wunsch und Wirklichkeit: Erging sie doch von vornherein als bloßes Programm ohne Rechtsverbindlichkeit. Neben einem ausgedehnten Katalog klassischer Freiheits- und Gleichheitsrechte enthält diese Erklärung auch „soziale Grundrechte" (dazu § 34 III), insbesondere ein „Recht auf soziale Sicherheit" und den Anspruch von jedermann darauf, „in den Genuß der für seine Würde und die freie Entfaltung seiner Persönlichkeit unentbehrlichen wirtschaftlichen, sozialen und kulturellen Rechte zu gelangen" (Art. 22), ferner ein „Recht auf Arbeit, auf freie Berufswahl, auf angemessene und befriedigende Arbeitsbedingungen sowie auf Schutz gegen Arbeitslosigkeit", ein „Recht auf angemessene und befriedigende Entlohnung, die ihm und seiner Familie eine der Menschenwürde entsprechende Existenz sichert und die, wenn nötig, durch andere soziale Schutzmaßnahmen zu ergänzen ist" (Art. 23), auch einen „Anspruch auf Erholung und Freizeit, auf eine vernünftige Begrenzung der Arbeitszeit und auf periodischen, bezahlten Urlaub" (Art. 24), einen „Anspruch auf eine Lebenshaltung, die seine und seiner Familie Gesundheit und Wohlbefinden, einschließlich Nahrung, Kleidung, Wohnung, ärztlicher Betreuung und der notwendigen Leistung der sozialen Fürsorge, gewährleistet", ein „Recht auf Sicherheit im Falle von Arbeitslosigkeit, Krankheit, Invalidität, Verwitwung, Alter und von anderweitigem Verlust der Unterhaltsmittel durch unverschuldete Umstände" (Art. 25) und ein „Recht auf Bildung" (Art. 26).

Auf Rechtsverbindlichkeit angelegt sind einige Konkretisierungen dieses umfangreichen Programms. Zu nennen sind hier drei von der UNO-Generalversammlung initiierte Übereinkommen: das internationale Übereinkommen gegen Rassendiskriminierung vom 7. 3. 1966, ferner der Pakt über bürgerliche und politische Rechte und der Pakt über wirtschaftliche, soziale und kulturelle Rechte, beide vom 19. 12. 1966. Die Unterzeichnerstaaten verpflichten sich darin, die vereinbarten Rechte zu gewähren und darüber dem zuständigen Organ der UNO zu berichten. Ferner kann wegen Verletzung des Übereinkommens gegen Rassendiskriminierung eine Staatenbeschwerde an ein Expertenkomitee erhoben werden (Art. 11); Vertragsstaaten können auch eine Individualbeschwerde zulassen (Art. 14). Wegen Verletzung des Paktes über bürgerliche und politische Rechte sind Staatenbeschwerde (Art. 41) und Individualbeschwerde (Fakultativprotokoll v. 19. 12. 1966) zu einem Menschenrechtskomitee als fakultative Rechtsbehelfe vorgesehen.

Auch auf regionaler Ebene finden sich Konkretisierungen des UNO-Programms, so für die Mitgliedstaaten des Europarates in der „Europäischen Konvention zum

Schutze der Menschenrechte und Grundfreiheiten" vom 4. 11. 1950 (in Kraft getreten 1953) und der ergänzend hierzu vereinbarten „Europäischen Sozialcharta" vom 18. 10. 1961 (in Kraft getreten 1965); ferner für die Mitgliedstaaten der Organisation Amerikanischer Staaten (OAS) in der „Amerikanischen Menschenrechtskonvention" vom 22. 11. 1969 (in Kraft getreten 1978); und für zahlreiche afrikanische Vertragsstaaten in der Banjul-„Charta der Menschenrechte und der Rechte der Völker" vom 26. 6. 1981 (in Kraft getreten 1986).

In der Europäischen Menschenrechtskonvention sichern sich die Vertragspartner zu, allen ihrer Herrschaftsgewalt unterstehenden Personen eine Reihe von Rechten und Freiheiten zu gewähren, die im großen und ganzen den klassischen Menschenrechten entsprechen (Art. 1–14). Um sicherzustellen, daß diese Verpflichtungen eingehalten werden, wurde ein Europäischer Gerichtshof für Menschenrechte errichtet (Art. 19; zu den Rechtswirkungen der Gerichtsentscheidungen: BVerfGE 111, 319ff.). Dieser kann wegen Verletzung der Konvention von jedem Vertragsstaat angerufen werden („Staatenbeschwerde", Art. 33), ferner von Personen, die sich in einem gewährleisteten Recht verletzt fühlen („Individualbeschwerde", Art. 34); doch müssen zuvor die innerstaatlichen Rechtsbehelfe erschöpft sein (Art. 35). In der Europäischen Sozialcharta verpflichten sich die Vertragsstaaten, bestimmte „soziale Grundrechte" zu gewährleisten, insbesondere ein Recht auf Arbeit, auf saubere und gesunde Arbeitsbedingungen, auf gerechten Lohn, Gesundheitsfürsorge und soziale Sicherheit. Ein Verfahren zur Durchsetzung dieser „Rechte" besteht allerdings aus einsichtigen Gründen nicht (hierzu § 34 III).

Die Europäische Union ist der Europäischen Menschenrechtskonvention beigetreten (Art. 6 Abs. 2 des Lissaboner Vertrages – EUV –). Deren Grundrechtsgarantien, die als „jus gentium Europäum" gemeinsamen Verfassungsgrundsätzen der Mitgliedstaaten entsprechen, sind als europäisches Gemeinschaftsrecht zu beachten (Art. 6 Abs. 3 EUV). Darüber hinaus haben im Dezember 2000 die Mitglieder des Europäischen Rates eine – auch vom Europäischen Parlament und der Kommission gebilligte – Grundrechtscharta unterzeichnet; sie wird jetzt von Art. 6 Abs. 1 EUV als gleichrangig anerkannt.

§ 33. Grundrechte: Geltungsprobleme

I. Die „vorstaatliche" Geltung

Literatur: G. Oestreich (wie zu § 32), 39ff., 47ff., 57ff.; *Ch. Link*, Naturrechtliche Grundlagen des Grundrechtsdenkens in der deutschen Staatsrechtslehre des 17. und 18. Jh., in: G. Birtsch (Hg), Grund- und Freiheitsrechte von der ständischen zur spätbürgerlichen Gesellschaft, 1987, 215ff.; *Stern*, § 59 III.

Die Idee „unveräußerlicher" Menschenrechte, die nicht der Verfügung der Staatsgewalt überliefert werden könnten, entstammt der Begriffswelt der Vertragstheorie (§ 15 II). Eine klassische Formulierung fand der Gedanke angeborener und unveräußerlicher Menschenrechte in der Lockeschen Theorie der Vergesellschaftung.

Locke (Two Treatises of Government) ging von der Hypothese eines Naturzustandes der Menschen aus. Er sei ein Zustand völliger Freiheit und Gleichheit (II § 4). Die Gesellschaft werde aus dem Bedürfnis des Schutzes von Leben, Freiheit und Eigentum der Einzelnen gegründet (II § 123). Sie entstehe durch freiwilligen Zusammenschluß (II §§ 95, 119). Die Staatsgewalt sei die Gesamtheit der

Befugnisse, welche die Einzelnen der Gemeinschaft übertragen, damit diese sie schütze.

Der Einzelne könne der Gesellschaft aber nicht die Verfügung über solche Güter einräumen, über die er selber nicht verfügen kann. Da die Staatsgewalt nichts anderes ist „als die vereinigte Gewalt aller Glieder der Gesellschaft, auf welche zugunsten der Person oder der Versammlung, die der Gesetzgeber ist, verzichtet wurde, so kann sie nicht größer sein als die Gewalt, welche die Einzelnen von Natur aus hatten, bevor sie in die Gesellschaft eintraten, und die sie zugunsten der Gemeinschaft aufgaben. Niemand kann einem anderen eine größere Gewalt übertragen, als er selbst besitzt, und niemand hat eine absolute, willkürliche Gewalt über sich oder einen anderen, sein eigenes Leben zu vernichten oder das Leben und das Eigentum eines anderen zu nehmen. Ein Mensch kann … sich nicht der willkürlichen Gewalt eines anderen unterwerfen; und da er im Naturzustand keine willkürliche Gewalt über das Leben, die Freiheit oder den Besitz eines anderen hat, sondern nur so viel, als das Naturrecht ihm zur Erhaltung seiner selbst und der übrigen Menschheit gegeben hat, so ist dies alles, was er zugunsten des Staates oder durch diesen zugunsten der legislativen Gewalt aufgibt oder aufgeben kann, so daß die Legislative nicht mehr haben kann als das" (II §§ 135, 23).

Auch sonst findet sich in der Naturrechtslehre der Gedanke, daß den Menschen ursprüngliche Rechte zukämen, die der Staat nicht völlig vertilgen dürfe. So lehrte etwa Christian Wolff, von Natur aus seien alle Menschen gleich (Institutiones juris naturae et gentium, 1752, § 70) und frei (§ 77) und im Besitze angeborener Menschenrechte (§ 74), nämlich der Rechte auf Gleichheit, Freiheit, Sicherheit und Notwehr und auf Bestrafung dessen, der einen verletzt hat (§ 95). An das natürliche Recht sei auch der Herrschende gebunden; daher sei man der Obrigkeit keinen Gehorsam schuldig, wenn sie befehlen sollte, was dem natürlichen Recht zuwider ist (§§ 42, 1079; Jus naturae, VIII, 1748, § 973). Wer in einer politischen Gemeinschaft lebe, nehme damit aber eine Beschränkung seiner angeborenen Rechte in Kauf: Diese dürften auch hier zwar nicht entzogen werden, wohl aber dürfe ihre Ausübung eingeschränkt werden (Jus naturae, I, 1740, § 64), so weit das zur Förderung des Gemeinwohls erforderlich sei (Institutiones, § 980).

Der Gedanke der Unveräußerlichkeit angeborener Rechte fand Eingang in die Grundrechtskodifikationen des 18. Jahrhunderts. So bestimmte Art. 1 der Bill of Rights of Virginia vom 12. Juni 1776: „Alle Menschen sind von Natur aus gleichermaßen frei und unabhängig und besitzen gewisse angeborene Rechte, deren sie, wenn sie den Status der Gesellschaft annehmen, ihre Nachkommenschaft durch keine Abmachung berauben oder entkleiden können …". Ähnlich formulierte Art. 2 der französischen Erklärung der Menschen- und Bürgerrechte vom 26. August 1789. Auch dem Bonner Grundgesetz (Art. 1 Abs. 2) liegt erkennbar die Auffassung zugrunde, daß es vorstaatliche „unverletzliche und unveräußerliche Menschenrechte" gebe, die nicht erst durch die Staatsgewalt geschaffen seien, sondern zu denen sich diese lediglich „bekennen" könne.

Aber in der These von der vorstaatlichen Geltung von Rechten ist die Mehrdeutigkeit des Geltungsbegriffs zu beachten (Zippelius RPh, § 6 V): „Vorstaatlich" kann zwar die moralische Verpflichtungskraft und die sozialethische Geltung einer Norm sein, nicht aber die Geltung (Wirksamkeit) als garantiertes Recht. Diese Art Geltung hängt davon ab, daß eine funktionierende Rechtsschutzorganisation die Durchsetzung der Norm gewährleistet. Rechtsgeltung in diesem Sinne ist also durch den Staat bedingt.

II. Die Drittwirkung der Grundrechte

Literatur: *H. Huber* Aufs, 139 ff.; *W. Leisner,* Grundrechte und Privatrecht, 1960; *H. C. Nipperdey,* Grundrechte und Privatrecht, 1961; *Stern,* § 76; *W. Rüfner,* in: HdStR, 1. Aufl., § 117; *M. Jestaedt, G. Britz,* Diskriminierungsschutz und Privatautonomie, VVdStRL 64 (2005), 330 ff., 360 ff.; *Zippelius/Würtenberger,* § 18 I 3 (Lit.).
Zu 2: *D. Merten,* Der Grundrechtsverzicht, in: F. f. W. Schmitt Glaeser, 2003, 53 ff.

1. Fragwürdigkeit bloßer Staatsgerichtetheit. In der Entstehungsgeschichte der Grundrechte stand das Bemühen im Vordergrund, Übergriffe der Staatsgewalt in private Bereiche abzuwehren und elementare private Freiheiten gegen den Staat abzusichern. Dem entspricht eine weitverbreitete Lehre, die Grundrechte würden sich nur gegen die Staatsgewalt richten. Sie gälten aber nicht im Verhältnis der Bürger untereinander, d. h. sie hätten keine „Drittwirkung". Für diese Auffassung einer bloßen Staatsgerichtetheit der Grundrechte könnte man anführen: Die Stellung der Bürger untereinander sei nicht in gleicher Weise schutzbedürftig wie die Stellung der Bürger gegenüber dem Staat: Dort herrsche grundsätzlich Gleichordnung und Privatautonomie, also die Selbstgestaltung der Rechtsbeziehungen, hier dagegen grundsätzlich die Überordnung der Staatsgewalt, die mit einseitiger Regelungsmacht gegenüber dem Bürger ausgestattet sei.

Die Lehre von der bloßen Staatsgerichtetheit der Grundrechte wurde aber fragwürdig, sobald man einsah, daß es neben dem Staat „soziale Gewalten" (Sinzheimer) gibt, die den Einzelnen mit einer faktisch überlegenen Regelungs- und Verfügungsmacht gegenübertreten. Sollen die Grundrechte elementare Freiheiten wirksam schützen, so müssen sie einer überlegenen Regelungs- oder Verfügungsmacht auch dann Grenzen ziehen, wenn diese von nichtstaatlichen, sozialen Gewalten ausgeht. Insbesondere muß in einer pluralistischen Gesellschaft der Einzelne durch Grundrechte auch gegen solche Verbände gesichert werden, die seine Freiheiten aus einer überlegenen Machtposition heraus gefährden. Zum Beispiel sollten die Grundrechte es verhindern, daß arbeitsmarktbeherrschende Verbände Vertragsbedingungen aufstellen, die den Einzelnen seiner Koalitionsfreiheit berauben; oder daß sie Angehörigen bestimmter Rassen den Weg zu irgendwelchen Berufen versperren (vgl. § 27 II 2). Auch der Grundsatz der Gleichbehandlung kann im privaten Bereich zur Wirkung zu bringen sein, wie im zuletzt genannten Beispiel oder auch dann, wenn Lohn- und Arbeitsbedingungen für Frauen in Tarifverträgen oder Betriebsvereinbarungen geregelt werden.

Aber nicht nur gegenüber sozialen Gewalten besteht ein Bedarf nach unmittelbar wirksamen Grundrechtsgarantien, sondern auch dort, wo sonst im privaten Bereich jemand der überlegenen Regelungsmacht eines anderen ausgesetzt ist: So kann z. B. das Grundrecht des Kindes auf Religionsfreiheit vom Erreichen eines bestimmten geistigen Entwicklungsgrades an den Vortritt vor dem Erziehungsrecht der Eltern verlangen.

Mehr noch: Es stellte sich die Frage, ob nicht die Grenzen individueller Grundfreiheiten grundsätzlich auch im Verhältnis der Bürger untereinander gewahrt werden müssen. Sollte nicht etwa der Pressefreiheit des einen eine Gewährleistung der Ehre und der Privat- und Intimsphäre der anderen korrespondieren? Muß nicht jeder gegen jeden einen Anspruch auf Achtung der Menschenwürde haben? Sind also nicht, allgemein gesprochen, die Freiheitsbereiche schon im wechselseitigen Interesse der Bürger selbst gegeneinander abzugrenzen?

2. Ansätze einer Lösung. Eine grundsätzliche Antwort auf diese Fragen läßt sich von folgendem Ansatz aus gewinnen: Schon in historischer Sicht erscheint die Lehre von der bloßen Staatsgerichtetheit der Grundrechte als fragwürdig. Steckt doch in der Grundrechtsidee der allgemeine Gedanke, daß es elementare individuelle Rechtspositionen gebe, die gegenüber jedermann unverfügbar seien (s. o. I). Und in der Tat geht die Freiheit des einen immer auch schon auf Kosten der Freiheit anderer Mitglieder einer Gemeinschaft. Abraham Lincoln wird das Wort zugeschrieben, den Freiheiten des Sklavenhalters korrespondiere die Unfreiheit der Sklaven. Kant hat ganz allgemein die Funktion des Rechts darin gesehen, Grundsätze aufzustellen, nach denen sich die Freiheit des einen mit der Freiheit der anderen vereinbaren läßt (s. u. § 34 I 2).

Die Aufgabe, den Freiheitsgebrauch zu regeln und hierbei auch die Freiheitsbereiche der Bürger gegeneinander abzugrenzen, fällt dem Staat zu. Die Staatsgewalt, die allzu einfach als alleiniger Bedränger der individuellen Freiheit gedacht war, stellt sich insbesondere auch als Regulator bürgerlicher Freiheit dar. Die Grundrechtsgarantien ziehen also nicht nur den staatlichen Regelungskompetenzen Grenzen, sondern stellen zugleich dem Staat die Aufgabe, durch Gesetze und deren Auslegung und Anwendung die Rechte der Einzelnen so gegeneinander abzugrenzen und zu sichern, daß die grundrechtlich verbürgten Freiheiten und Güter, wie Leben, Gesundheit, Ehre und Freiheit von Zwang, gewährleistet werden und zu größtmöglicher Entfaltung kommen (vgl. EGMR, U. v. 16. 11. 2004, 4143/02 Nr. 55).

Im Verhältnis der Menschen untereinander werden die Freiheitsgewährleistungen also weitgehend durch staatliche Gesetze und deren Anwendung vermittelt: So werden Leben, Gesundheit, Ehre und Freiheit von Zwang durch strafrechtliche und privatrechtliche Schutzgesetze gewährleistet. Hier bleiben die Grundrechtsgarantien hinter den Normen des einfachen Rechts gleichsam „latent". Auch bei der Auslegung der Gesetze sind die Wertentscheidungen und der Schutzauftrag der Grundrechte zur Wirkung zu bringen. So verstößt etwa ein Rechtsgeschäft „gegen die guten Sitten" (§ 138 BGB) und ist daher nichtig, wenn es die Menschenwürde des Vertragspartners verletzt. Wo aber eine solche „mittelbare" Drittwirkung unzureichend ausgestaltet ist, entspricht es der Einsicht in die Wechselbezüglichkeit bürgerlicher Freiheit, Grundrechten auch im Verhältnis zwischen den Bürgern unmittelbare Geltung zu verschaffen.

Dies wird sichtbar in der Verpflichtung der öffentlichen Gewalt, die Menschenwürde nicht nur zu achten, sondern auch zu schützen (Art. 1 Abs. 1 des Bonner Grundgesetzes). Demgemäß erklärte das Bundesverfassungsgericht, daß die Staatsgewalt schützend und abwehrend tätig werden müsse, falls die Würde des Menschen durch andere Menschen beeinträchtigt werde (BVerfGE 1, 104). Das schließt ein, daß jeder verpflichtet ist, Beeinträchtigungen der Würde anderer Menschen zu unterlassen, und daß die Einhaltung dieser Pflicht staatlich gewährleistet ist. Das bedeutet, daß die Pflicht eines jeden, jedermanns Würde zu achten, „staatlich garantiertes Recht" ist (Zippelius RPh, § 5 IV 1). Ausgebaut wurde dieser Gedanke in der Lehre vom allgemeinen Persönlichkeitsrecht. So vertrat der Bundesgerichtshof schon sehr früh die Ansicht, daß das Grundgesetz das Recht des Menschen auf Achtung seiner Würde und das Recht auf freie Entfaltung seiner Persönlichkeit „auch als privates, von jedermann zu achtendes Recht anerkennt" (BGHZ 24, 76ff.; dann auch BVerfGE 54, 153). Geht man diesen Weg weiter, so folgt, daß die Drittwirkung der Menschenwürdegarantie zum mindesten für den „Menschenwürdegehalt" aller Grundrechte gelte. In Wahrheit hat sich aber der ohnedies fragwürdige Gedanke einer bloßen Staatsgerichtetheit der Grundrechte – jedenfalls für die Freiheitsrechte – als Irrweg erwiesen.

In den Fragen der Drittwirkung ist aber auch dem Umstand Rechnung zu tragen, daß sich die Stellung des Bürgers zum Bürger wesentlich von der Stellung des Bürgers zum Staat unterscheidet: Dort herrscht grundsätzlich Gleichordnung und Privatautonomie, also die Selbstgestaltung der Rechtsbeziehungen, hier dagegen grundsätzlich die Überordnung einer mit einseitiger Regelungsmacht ausgestatteten Institution über den Bürger. Wo die staatliche Rechtsordnung dem Einzelnen die Befugnis einräumt, „privatautonom" über seine Rechte zu verfügen und Bindungen einzugehen, ist dieses Selbstbestimmungsrecht weitgehend zu respektieren und der Grundrechtsschutz im gleichen Maße zurückzuziehen: Wo der Einzelne frei an der Ausgestaltung seiner eigenen Rechtsbeziehungen mitwirkt, gebietet es gerade die Achtung seiner Privatautonomie und Würde, ihn grundsätzlich an den Bindungen festzuhalten, die er freiwillig eingegangen ist. Nur ein bevormundender Staat ließe es sich angelegen sein, die Bürger weitgehend vor sich selbst zu schützen. So muß sich z.B. jemand, ungeachtet des Grundrechts auf Meinungsfreiheit, beim Eintritt in einen weltanschaulich gebundenen Zeitungsverlag verpflichten können, in seinen Artikeln eine bestimmte Weltanschauung zu vertreten. Auch wenn jemand in einem freiwillig eingegangenen Vertrag eine gewisse Ungleichbehandlung akzeptiert hat, sollte darin eine zulässige privatautonome Vertragsgestaltung gesehen werden.

Das alles gilt nur unter der Bedingung, daß eine Bindung in freier Selbstbestimmung eingegangen wird. Wenn jedoch diese etwa durch die faktische Überlegenheit eines Vertragspartners eingeschränkt ist und dadurch die Gefahr besteht, daß die Interessenregelung zugunsten des potenten Vertragspartners in unbilliger Weise verschoben wird, kann es geboten sein, ein hierdurch gefährdetes Grundrecht auch bei privaten Verträgen zur Geltung zu bringen (BVerfGE 81, 254ff.; 89, 232ff.).

Wieder anders liegt es dort, wo ein Privater einseitig über ihm zustehende Rechte verfügt, ohne in schutzwürdige Freiheiten anderer einzugreifen; so kommt z.B. eine Drittwirkung des Gleichheitssatzes dann nicht zum Zuge, wenn eine Erbtante nur ihren Neffen und nicht auch ihren Nichten Geschenke und letztwillige Zuwendungen macht.

III. Grundrechtsbindung bei staatlichem Handeln in privatrechtlichen Formen

Literatur: Wolff/Bachof/Stober/Kluth, § 23 V; *D. Ehlers,* Verwaltung in Privatrechtsform, 1984, 212ff.; *H.U. Erichsen, D. Ehlers* (Hg), Allg. Verwaltungsrecht, [13]2006, § 2 IV 4; *Zippelius/Würtenberger,* § 18 I 2 (Lit.).

Wenn der Staat und Träger mittelbarer Staatsverwaltung der Sache nach öffentliche Aufgaben wahrnehmen, dürfen sie sich nicht durch eine „Flucht ins Privatrecht" (F. Fleiner) jenen grundrechtlichen Bindungen entziehen, die nach der Verfassung für die Erfüllung solcher Aufgaben gelten sollen. Wenn also Staat oder Gemeinden z.B. öffentliche Aufgaben der Daseinsvorsorge mit privatrechtlichen Mitteln wahrnehmen, müssen sie dem Grundsatz der Gleichbehandlung strikte unterworfen sein. Das muß insbesondere dort gelten, wo die öffentliche Hand über elementaren Lebensbedarf verfügt. Wenn der Staat aus einer Monopolstellung heraus handelt und die Gleichbehandlung ohnehin durch das einfache Recht (durch einen allgemeinen Abschlußzwang für Monopolbetriebe) hinreichend gesichert ist, kann die Frage der Grundrechtsbindung im Hintergrund bleiben.

Eine Grundrechtsbindung ist aber dann nicht gerechtfertigt, wenn die öffentliche Hand sich erwerbswirtschaftlich, unter gleichen Wettbewerbsbedingungen wie private Konkurrenzunternehmen in privatrechtlichen Formen am Rechtsverkehr beteiligt. Zum Beispiel muß eine staatliche oder kommunale Brauerei, die wie eine gleichgeordnete Privatperson am Geschäftsverkehr teilnimmt, die Freiheit haben, sich ihre Geschäftspartner auszusuchen. Es ginge über den spezifischen rechtsstaatlichen Zweck der Grundrechte hinaus, wollte man in diesem Beispiel der Brauerei nach dem Grundsatz der Gleichbehandlung einen Kontrahierungszwang mit allen zahlungsfähigen Gastwirten auferlegen. Auch hier dürfen aber die verfassungsrechtlichen Wertentscheidungen nicht mißachtet werden; verbietet z.B. ein Grundrecht die rassische oder religiöse Diskriminierung, so dürfen die Vertragspartner nicht nach rassischen oder religiösen Gesichtspunkten ausgewählt werden.

§ 34. Freiheit, Gleichheit, Brüderlichkeit

Literatur: Wie zu §§ 9 II; 35 III; *Herzog,* 372 ff.; w. Nachw. bei *Zippelius/Würtenberger,* § 17 I.

Die großen Parolen der Französischen Revolution „liberté, égalité, fraternité" sind zentrale Begriffe des Grundrechtsverständnisses geblieben. Noch heute teilt man die Grundrechte in „Freiheitsrechte" und „Gleichheitsrechte" ein. Die „fraternité" ist unter dem Namen der „Sozialstaatlichkeit" oder der „Solidarität" erst in unserer Zeit zu voller Entfaltung gelangt.

Sie hat hierbei auch das Verständnis von „Freiheit" und „Gleichheit" beeinflußt: Zunehmend ist bewußt geworden, daß „Freiheit" nicht nur formal begriffen werden darf, daß auch die materiellen, zumal die ökonomischen Bedingungen der Freiheitsentfaltung zu gewährleisten sind. Es ist einsichtig geworden, daß auch die „Gleichheit", wie die „Freiheit", eine „materielle" Komponente hat, daß das Gleichheitspostulat also nicht nur eine formalrechtliche Gleichstellung, sondern auch eine ausgewogene Verteilung der faktischen Chancen, zumal für den Zugang zu Beruf und Erwerb, aber auch eine Ausgewogenheit der Vermögensverteilung verlangt.

Aber nicht nur die „fraternité" steht im Zusammenhang mit „Freiheit" und „Gleichheit". Auch zwischen Freiheit und Gleichheit selbst bestehen Wechselbeziehungen: Zuviel Freiheit gefährdet die Gleichheit. Zuviel Egalisierung vernichtet die Freiheit. Andererseits ist ein gewisses Maß an Gleichheit, auch der realen Entfaltungschancen, unentbehrlich, um die Freiheit als allgemeine Freiheit auf Dauer zu erhalten. Bei näherem Zusehen zeigt sich also sehr rasch, daß hinter den scheinbar so einfachen Parolen subtile Wechselbeziehungen und vor allem auch Fragen des richtigen Maßes sich verbergen.

Auch wenn man eines der Elemente, die „Freiheit", herausgreift, hat man einen facettenreichen Begriff vor sich: „Freiheit" bedeutet nicht nur Freihaltung eines individuellen Entfaltungsspielraums von staatlichen Eingriffen, sondern auch Teilhabe an der Bildung des gemeinschaftlichen Willens. Sie bedeutet nicht nur Abwehr staatlicher Einmischung, sondern auch Abgrenzung und Absicherung der Freiheits- und Interessensphären zwischen den Mitgliedern der Gemeinschaft selbst.

I. Freiheit

Literatur: Zu 1: *G. Jellinek,* System der subjektiven öffentlichen Rechte, 1892, ²1905, 81 ff.; *ders.,* AStL., 418 ff.; *Radbruch,* 67 ff.; *D. P. Currie,* Positive und negative Grundrechte, AöR 111 (1986), 230 ff.
Zu 2: *J. J. Rousseau,* Du contrat social, 1762, Buch I Kap. 8; *J. G. Fichte,* Grundlage des Naturrechts, 1796; *I. Kant,* Über den Gemeinspruch, das mag in der Theorie richtig sein …, 1793; *ders.,* Metaphysik der Sitten, I. Teil, ²1798, Einl. i.d. Rechtslehre, §§ B, C; *O. Luchterhand,* Grundpflichten als Verfassungsproblem in Deutschland, 1988; *D. Merten u. a.,* Bürgerverantwortung im demokratischen Verfassungsstaat, VVDStRL 55 (1996), 7 ff.; *Th. I. Schmidt,* Grundpflichten, 1999.

Zu 3: *Fichte,* wie zu 2; *ders.,* Der geschloßne Handelsstaat, 1800; *L. v. Stein* GsB; *D. Suhr,* Entfaltung der Menschen durch die Menschen, 1976; *G. Stratenwerth,* Zum Prinzip des Sozialstaats, in: F. f. K. Eichenberger, 1982, 81 ff.; *St. Koslowski,* Vom socialen Staat zum Sozialstaat, in: Der Staat 1995, 221 ff.; *J. Rückert,* „Frei und sozial" als Rechtsprinzip, 2006.

1. Status negativus, status activus, status positivus. Schon Aristoteles (Politik, 1317b) hat gelehrt, daß die Freiheit der Bürger zwei verschiedene Komponenten habe: „Ein Bestandteil der Freiheit ist es, abwechselnd zu regieren und regiert zu werden. Das demokratische Recht besteht nämlich darin, daß alle der Zahl nach (nicht der Würde nach) gleichberechtigt sind, und ... so herrscht notwendig die Menge, und das, was die Mehrheit beschließt, ist endgültig und Rechtens ... Ein Zweites aber ist, daß man lebt, wie man will." Das ist eine frühe Gegenüberstellung von „demokratischer" und „liberaler" Freiheit.

Grundgedanke des liberalen Freiheitsbegriffes ist, daß (insbesondere) die Staatsgewalt eine bestimmte Sphäre individueller Freiheit nicht anzutasten und eine möglichst ungehinderte individuelle Betätigungsfreiheit zu gewähren habe. Der liberale Individualismus fordert einen grundrechtlichen Schutz vor Eingriffen in die Individualsphäre, insbesondere Grundrechte auf Leben, körperliche Unversehrtheit, Freiheit der Person, Freizügigkeit, Unverletzlichkeit der Wohnung, des Eigentums und des Erbrechts. Diese durch Abwehrrechte bestimmte Rechtsstellung des Einzelnen nannte Jellinek den negativen Status.

Demgegenüber entspricht dem demokratischen Freiheitsbegriff das Recht jedes Einzelnen auf Mitwirkung an der politischen Willensbildung der Gemeinschaft. In Anlehnung an Jellinek kann man die durch solche Mitwirkungsrechte bestimmte Rechtsstellung des Einzelnen als den aktiven Status bezeichnen. Jeder soll beteiligt sein an der Bildung des Gemeinwillens, dem er unterworfen ist. Dieser Freiheitsbegriff ist zwar bei Rousseau aus einem liberalistisch-individualistischen Motiv erwachsen: eine Gesellschaftsordnung zu finden, in der jeder nur sich selbst gehorcht, in der also ein Minimum heteronomen Zwanges und ein Maximum an Selbstbestimmung verwirklicht ist (§ 17 III). Aber in der Praxis kann dieser demokratische Freiheitsbegriff in eine Spannung zum liberalen treten; er birgt die Gefahr einer unliberalen Tyrannei der demokratischen Majorität (§ 17 III 2). Andererseits gibt es auch eine Konvergenz des demokratischen Freiheitsprinzips mit dem liberalen. Diese zeigt sich z. B. in solchen Grundrechten, die mit der individuellen Entfaltungsfreiheit zugleich das „Vorfeld" politischer Willensbildung sichern, wie vor allem die Meinungsfreiheit, die Pressefreiheit, die Versammlungs- und die Vereinigungsfreiheit (§ 30 II).

Die Freiheit hat, wie die Gleichheit (II 3), eine materielle Komponente: Die Menschen sind nur dann frei, wenn sie auch über die materiellen Bedingungen zur Entfaltung ihrer Persönlichkeit verfügen. So ergibt sich das sozialstaatliche Verfassungsziel, daß der Staat allen auch die realen Bedingungen zu ihrer Entfaltung verschaffe. Die Frage ist, ob dieser staatlichen Aufgabe auch Rechte der Einzelnen entsprechen, dahingehend, daß der Staat diese Bedingungen herstelle. Solche Ansprüche auf positive Leistungen des Staates werden unter dem Titel „sozialer Grundrechte" diskutiert. Begrifflich ist mit solchen Leistungsansprüchen jene Rechtsstellung bezeichnet, die Jellinek den „status positivus" nannte. Diesem entsprechen Rechte auf „positive Leistungen des Staates im individuellen Interesse". Möglicher Gegenstand solcher Ansprüche wären z. B. die staatliche Vorsorge für den elementaren Lebensbedarf, für allgemeine ärztliche Versorgung, angemessene Wohnungen, allgemein zugängliche Bildungseinrichtungen und Bildungsangebote, ausreichende und frei wählbare Arbeitsplätze und für eine Alters- und Invaliditätsversorgung. Angesichts solcher ausgedehnten Forderungen entstehen aber Zweifel, ob und inwieweit es realistisch und mit der Funktion der politischen Instanzen vereinbar sei, die Aufgabe des Staates, für soziale Gerechtigkeit und allgemeine Wohlfahrt zu sorgen, in einen justitiablen Katalog sozialer Grundrechte umzumünzen (hierzu III).

Vollwertig ist die Freiheit nur dann, wenn sie gesicherte Freiheit ist. Ihrer effektiven Gewährleistung dienen vor allem institutionelle und prozessuale Vorsorgen. Durch solche prozessuale Gewährleistung werden dem System der Freiheits- (wie der Gleichheits-)rechte gleichsam „Zähne eingesetzt" (Dürig). Zu diesem Zweck wird ein Rechtsweg zum Schutze der Freiheitsrechte eröffnet; dem in seinen Rechten Betroffenen wird ein Rechtsgewährleistungsanspruch eingeräumt. Das Bonner Grundgesetz gibt einen solchen Anspruch sogar in Gestalt eines formellen Grundrechts (Art. 19 Abs. 4 GG), und dies nicht nur zur Wahrung der Grundrechte, sondern für jeden Fall, in welchem jemand durch die öffentliche Gewalt in seinen Rechten verletzt worden ist. Auch dieser Anspruch gehört zum „status positivus" des Bürgers, richtet sich also auf ein bestimmtes Tätigwerden von Staatsorganen: Er gibt das Recht, von dem angegangenen Gericht eine ordnungsgemäße Prüfung, Behandlung und Verbescheidung des Rechtsschutzbegehrens zu verlangen.

2. Die Wechselbezüglichkeit von Freiheit und Bindung. Für eine Gemeinschaft gibt es kein unerschöpfliches Füllhorn der Freiheit; die individuelle Freiheit läßt sich nicht nach Belieben vermehren. Das Freiheitsproblem ist weitgehend (wenn auch nicht ausschließlich) ein Problem richtiger Verteilung der Freiheit. Das liegt ganz grundsätzlich daran, daß die individuellen Entfaltungsansprüche des einen sich immer an denen seiner Mitbürger stoßen. Die rechtlichen Freiheiten des einen stehen immer in Wechselbeziehungen zu den Freiheits- und Entfaltungsansprüchen der anderen Menschen, mit denen er in einer Rechtsgemeinschaft lebt. „Die Freiheit, deine Arme zu schwingen, endet dort, wo die Nase deines Mitbürgers beginnt", sagt ein amerikanischer Spruch.

Der rechtlich gesicherten Freiheit des einen korrespondiert notwendig die Bindung des anderen. Die Bindung aller ist der Preis für die gesicherten Freiheiten eines jeden. Wo auf bisher freiem Feld Grenzen errichtet werden, wird jedem sein Bereich gesichert, aber nur um den Preis, daß die Bewegungsfreiheit eines jeden eingeschränkt wird. Dies ist der zivilisatorische Akt, der das nackte Recht des Stärkeren ablöst. Die Wechselbezüglichkeit von gesicherter Freiheit und Bindung war übrigens auch dem Zeitalter des Individualismus geläufig. „Durch den Gesellschaftsvertrag", sagt Rousseau (Contrat social, I 8, 9), „verliert der Mensch seine natürliche Freiheit und das unbeschränkte Recht auf alles, was ihn reizt und er erreichen kann"; dafür gewinnt er die bürgerliche Freiheit und ein gesichertes Recht an seinem Besitz. Man muß also unterscheiden zwischen „der natürlichen Freiheit, die keine anderen Grenzen hat als die Kräfte des Individuums, und der bürgerlichen Freiheit, die durch den allgemeinen Willen beschränkt wird"; desgleichen zwischen einem Besitz, welcher bloße Wirkung der Gewalt oder der ersten Besitzergreifung ist, und einem rechtlich begründeten Eigentum.

Das Rechtsproblem der Freiheit liegt also von vornherein nicht darin, Freiheitsrechte für isolierte Individuen zu bestimmen, sondern darin, Grundsätze aufzustellen, nach denen die Freiheit eines jeden mit den Freiheiten der anderen vereinbar ist. So bestimmte die französische Erklärung der Menschen- und Bürgerrechte von 1789: „... die Ausübung der natürlichen Rechte jedes Menschen hat keine anderen

Grenzen als jene, die den übrigen Gliedern der Gesellschaft den Genuß der gleichen Rechte sichern" (Art. 4 Satz 1). Etwas umständlicher sagte es Kant: Recht sei „die Einschränkung der Freiheit eines jeden auf die Bedingung ihrer Zusammenstimmung mit der Freiheit von jedermann, in so fern diese nach einem allgemeinen Gesetze möglich ist" (1793, Abschn. II). Und auch bei Fichte erscheint es als die Grundaufgabe einer Gemeinschaftsordnung, „das Beisammenstehen der Freiheit mehrerer ... nach einer Regel" zu ermöglichen; es gehe mithin um eine Ordnung, in der „jedes freie Wesen es sich zum Gesetz mache, seine Freiheit durch den Begriff der Freiheit aller übrigen einzuschränken" (1796, § 8). Weil die Freiheit des einen auf Kosten des Entfaltungsspielraums der anderen geht, gilt es, die Freiheit gerecht zu verteilen.

Die Einsicht in die Wechselbezüglichkeit von Freiheit und verpflichtender Bindung, die Vorstellung also, daß die rechtliche Bindung der Preis für rechtlich gesicherte Freiheiten ist, mußte zu dem weiter reichenden Gedanken führen, daß den gesicherten Freiheiten von Staatsbürgern elementare *Bürgerpflichten* gegenüberstehen. Diesen Gedanken legte insbesondere die Lehre vom Gesellschaftsvertrag nahe, die ja die staatliche Gemeinschaft überhaupt aus Rechten und Pflichten konstruierte. Schon die Naturrechtslehren eines Grotius, Pufendorf, Thomasius und Christian Wolff enthielten umfängliche Lehren über die natürlichen Pflichten der Menschen (Zippelius Gesch, Kap. 15). Als Grundpflichten der Bürger erschienen hier vor allem die Pflichten, untereinander Frieden zu halten und den Gesetzen zu gehorchen, die aus gemeinschaftlich begründeter Autorität erlassen wurden. Später fügte z.B. die französische Verfassung vom 22. 8. 1795 einer Erklärung der Rechte auch eine Erklärung der Pflichten der Bürger hinzu. Zu diesen zählten: Pflichten gegenüber der Gemeinschaft als solcher, und zwar nicht nur die Pflicht zum Gesetzesgehorsam, sondern auch eine Pflicht, die Gemeinschaft zu verteidigen und ihr zu dienen; hinzu kamen Pflichten gegenüber den Mitbürgern, vor allem die Pflicht, anderen nichts zuzufügen, was man selbst nicht zugefügt haben wolle. Hier kam zum Ausdruck, daß ein Staat nur dann als freiheitliches Gemeinwesen existieren kann, wenn jeder die gleichen Freiheiten der anderen respektiert und wenn die Bürger ihre Gehorsamspflicht gegenüber den Gesetzen erfüllen, die gerade auch die Freiheiten der Bürger gegeneinander abzugrenzen haben. Auch in neuere Verfassungen fand die Idee der bürgerlichen Grundpflichten Eingang.

Solche Grundpflichten sollen also die Freiheiten der Mitbürger, zum andern aber auch sonstige Grundlagen einer wohlgeordneten und funktionsfähigen Gemeinschaft gewährleisten:

Dem einen dieser Zwecke dienen die Pflichten, Freiheit, Eigentum und andere Rechte Dritter unangetastet zu lassen. Die Wechselbezüglichkeit von Freiheit und Bindung im Verhältnis zwischen den Bürgern zeigt sich auch in der Beschränkung des eigenen Eigentumsrechts durch dessen „Sozialpflichtigkeit", insbesondere in der Pflicht zu sozialer Rücksichtnahme bei Ausübung des Eigentumsrechts. Und sie zeigt sich ganz allgemein darin, daß die Freiheit der Persönlichkeitsentfaltung durch eine Pflicht zu gemeinverträglichem Verhalten begrenzt wird.

Zu den Bürgerpflichten, deren eine wohlgeordnete, funktionsfähige Demokratie bedarf, gehört aber auch die demokratische Grundpflicht zur Anteilnahme an den öffentlichen Angelegenheiten – zum mindesten eine Loyalitätspflicht zur Teilnahme an den Wahlen und eine Bereitschaft, öffentliche Ämter zu übernehmen –, auch eine Pflicht zur Hilfe in Notfällen und bei der Abwehr gemeiner Gefahr und eine Pflicht der Eltern, ihre Kinder zu gemeinverträglichem Verhalten zu erziehen. Zum Katalog der traditionellen Grundpflichten gehört nicht zuletzt die

Pflicht, sich an den öffentlichen Lasten zu beteiligen. Heute vollziehen sich öffentliche Daseinsvorsorge und Wohlfahrtsfürsorge hauptsächlich mittels der aufgebrachten Steuern. So ist der soziale Gerechtigkeits- und Leistungsstaat notwendig zugleich ein „Steuerstaat", in dessen Pflichtengefüge die Einzelnen auch als Steuerzahler eingebunden sind.

3. Die Verteilung gemeinschaftsbedingter Entfaltungschancen. Schon das Problem der Freiheit würde verkürzt, wenn man deren Wechselbezüglichkeit nur als gegenseitige Begrenzung verstünde. Erst das Zusammenleben mit anderen hat die Fülle der Kulturen und Zivilisationen mit ihrem reichen Angebot an Entfaltungsmöglichkeiten hervorgebracht (§ 17 I 1). Erst in der Gemeinschaft und durch sie eröffnet sich den Einzelnen die Chance, Unternehmer oder Physiker, Schauspieler oder Philologe zu werden. Kurz, Urbanisierung und Zivilisation haben die Vielfalt wählbarer Handlungsräume und -alternativen vermehrt. So stellt sich das Freiheitsproblem vor allem auch als Aufgabe gerechter Verteilung gemeinschaftsbedingter Entfaltungschancen.

Der Staat hat daher auch den Auftrag, Freiheiten – auch die materiellen Bedingungen der Persönlichkeitsentfaltung – gerecht zu verteilen. Das Problem der gerechten Freiheitsverteilung in der Gemeinschaft läßt sich nicht durch bloße Freigabe des laissez faire lösen. Die staatliche Gewährleistung angemessener Freiheit kann nicht durch bloßes Unterlassen von Eingriffen, sondern nur durch ein hinzutretendes staatliches Handeln geschehen. So wies Fichte dem Staat die Aufgabe zu, nicht nur den Einzelnen in seinem Eigentum zu schützen, sondern auch die Güter richtig zu verteilen, also „jedem erst das Seinige zu geben, ihn in sein Eigentum erst einzusetzen" (vgl. Zippelius Gesch, Kap. 17a).

Schon hier wird ein Grundproblem der sozialen Gerechtigkeit sichtbar: der Zwiespalt zwischen den Idealtypen des Liberalismus und des Sozialismus. Jener erstrebt eine gleiche Verteilung der Chancen, durch persönliche Leistung etwas zu erwerben, insbesondere gleiche Bildungs- und Berufschancen für jeden. Der Sozialismus erstrebt darüber hinaus auch eine gleiche Verteilung des persönlich Erworbenen, insbesondere deshalb, weil das Erworbene oft nicht bloßer Ertrag persönlicher Leistung und persönlichen Verdienstes ist (II 3, 5). Die schwierige Lösung der damit zusammenhängenden Fragen hat der moderne Sozialstaat sich zu eigen gemacht (§ 35 IV).

Jedenfalls soviel steht bereits fest: Grundrechte, als bloße Abwehrrechte verstanden, sichern die menschliche Freiheit und Entfaltungsmöglichkeit nicht hinreichend. So entnimmt man ihnen auch einen verpflichtenden Verfassungsauftrag zu positiver staatlicher Wirksamkeit, welche die Einzelnen in die Lage versetzen soll, ihr Dasein in menschenwürdiger Weise zu gestalten. Auch in dieser Hinsicht geht die Freiheit des einen auf Kosten der Freiheiten anderer: Wenn der eine Leistungen empfängt, müssen andere die Mittel dafür aufbringen. Wo die einen durch die Sozialgebundenheit des Eigentums oder durch Mitwirkungsrechte gewinnen, verlieren andere durch eben diese Bindung. So bleibt die Aufgabe bestehen, einen optimalen und gerechten Kompromiß zwischen den Bedürfnissen aller nach persönlicher Entfaltungsmöglichkeit zu suchen. In dieser Frage nach den allgemeinen Grundsätzen, nach denen Freiheiten richtig abzugrenzen und zu verteilen seien, sammelt und spiegelt sich die unendliche Diskussion über die Gerechtigkeit.

Die Frage nach der angemessenen Verteilung realer Freiheit betrifft nicht zuletzt auch das Maß der anzustrebenden Egalisierung.

II. Gleichheit

Literatur: *Tocqueville* DA, 2 Tl., IV Kap. 3; *Krüger*, 530 ff.; *G. Dürig*, in: Maunz/ Dürig, Grundgesetz, Art. 3, Rdn. 120 ff., 156 ff.; *O. Dann*, Gleichheit und Gleichberechtigung, 1980; *W. Leisner*, Der Gleichheitsstaat, 1980; *ders.*, Staat, 1994, 39 ff.; *Zippelius* RuG, Kap. 26; *Zippelius/Würtenberger*, §§ 13 I, 23 (Lit.).
   Zu 3: Wie zu § 35 III; *Th. Ramm*, Die großen Sozialisten, I 1955, 138 f., 160 ff. (zu Babeuf); *U. Davy, P. Axer*, Soziale Gleichheit – Voraussetzung oder Aufgabe der Verfassung?, VVdStRL 68 (2009) 122 ff.
   Zu 4: *U. Steinvorth*, Gleiche Freiheit, 1999.
   Zu 5: Wie zu §§ 29 III, 35 IV; *Leibholz* StP, 66 ff., 88 f., 152 f.; *H. Laufer*, Freiheit und Gleichheit, in: F. f. W. Geiger, 1974, 337 ff.; *A. Leisner-Egensperger*, Vielfalt – ein Begriff des Öffentlichen Rechts, 2004, 174 ff.

Wie die Freiheit unterschiedliche Zielrichtungen hat, so wird auch mit dem Anspruch auf Gleichheit Verschiedenes erstrebt: gleiche Teilhabe an der Staatsgewalt, rechtliche Gleichbehandlung durch die Staatsgewalt, Angleichung der realen Lebensbedingungen und, damit verbunden, gleiche Freiheit.

1. Gleiche Teilhabe an der Staatsgewalt. Das gleiche Recht aller Bürger, durch Wahlen, Abstimmungen und Zugang zu allen öffentlichen Ämtern an der Staatsgewalt teilzuhaben, ist die Grundlage demokratischer Willensbildung. Die Vorstellung staatsbürgerlicher Gleichberechtigung war schon der Antike vertraut. Hingegen war im mittelalterlichen Weltbild hierarchisch gegliederter Ordnungen der Geburts- und Berufsstände und der kirchlichen Weihe- und Jurisdiktionsgewalten kein Platz für gleiche Mitwirkungsrechte aller – bis dann in einem großen Wandel der Ideen wesentlich erscheinende Unterschiede innerhalb des geistlichen und des weltlichen Standes wieder unwesentlich wurden; so trat neben die Lehre vom allgemeinen Priestertum die Vorstellung von der ursprünglichen politischen Gleichberechtigung aller Bürger (§ 17 III). Auf solche Weise prägte sich die je herrschende Geisteskultur (§ 7 II) auch in den Konkretisierungen des Gleichheitsgrundsatzes aus. Eine neuzeitliche Gestalt gewann der Gedanke ursprünglicher politischer Gleichberechtigung aller Bürger in der Lehre vom Herrschaftsvertrag, d. h. von der Konsensgrundlage staatlicher Herrschaft (Zippelius Gesch, Kap. 13, 14 a, 15 a, b, e). Dieser Gedanke beherrschte dann die erste Phase der Französischen Revolution als Forderung nach gleichberechtigter politischer Repräsentation des Dritten Standes und leitete damit eine neue Epoche der europäischen Verfassungsgeschichte ein.

Eine ethische Rechtfertigung findet die Idee, daß jeder Bürger gleichberechtigt an einer Gemeinschaftsordnung mitzuwirken habe, in der Vorstellung Kants, daß jeder eine dem anderen gleich zu achtende moralische Instanz sei (§ 16 I 3). Diese Idee verlieh der unaufhaltsam vordringenden Demokratie ihre Legitimität, motivierte die Gleichstellung aller Staatsbürger, verdrängte die einem allgemeinen und gleichen Wahlrecht entgegenstehenden Besitzqualifikationen und führte schließlich auch zur staatsbürgerlichen Gleichstellung der Geschlechter.

2. Rechtliche Gleichbehandlung durch die Staatsgewalt. Neben dem demokratischen Anspruch aller Bürger auf Teilhabe an der Staatsgewalt steht die Grundrechtsforderung, von Seiten der Staatsgewalt gleich wie die anderen behandelt zu werden. In den Gleichheitsideen der Antike berühren sich beide Forderungen. Ansätze bürgerlicher Rechtsgleichheit finden wir später in den Städten des Mittelalters. Der Anspruch auf Gleichachtung vor dem Recht wurzelt aber auch im Gedanken einer Gleichheit der Menschen vor Gott, die in vielen Darstellungen des Jüngsten Gerichts zum Ausdruck kam. Am Ende dieser Entwicklung stand der Verfassungsgrundsatz, daß jeder in gleicher Menschenwürde mit gleichen Rechten vor dem Forum des Rechts stehe, gleich ob er hoch oder niedrig geboren, Katholik oder Protestant, Jude oder Christ, Weißer oder Schwarzer, Mann oder Frau sei. Hinter jedem dieser Diskriminierungsverbote steht die historische Überwindung einer vorangegangenen Diskriminierung.

3. Die Angleichung der realen Lebensbedingungen. Die Herstellung von Rechtsgleichheit schloß in gewissem Umfang auch eine soziale Angleichung ein. Wenn mit dem Ruf nach égalité auch der nach fraternité erhoben wurde, so bedeutete das, daß aus Hochgeborenen Gleichgeborene werden sollten, wie auch die Beseitigung religiöser Diskriminierung, insbesondere die Judenemanzipation, und später die Gleichberechtigung von Mann und Frau eine soziale Gleichstellung einschlossen. Auch dies fügte sich in den großen Zug der historischen Entwicklung: Der Wille, die sozialen Schranken niederzureißen, der bereits zu Cromwells Zeit den Levellern ihren Namen verliehen hatte, rebellierte nun gegen das schicksalhafte Hineingeborensein in eine rechtlich fixierte soziale Rolle, in einen Adels-, Bürger- oder Bauernstand oder in das Ghetto einer verfemten Religionsgemeinschaft, aber auch gegen die starren Bindungen der Zünfte. In Deutschland setzte diese Bewegung sich etwa in den Stein-Hardenbergschen Reformen fort.

Der Ruf nach fraternité richtete sich aber nicht nur auf die Beseitigung rechtlich festgeschriebener sozialer Ungleichheiten und auf formale Gleichberechtigung. Im revolutionären Frankreich wurde aus den Mittel- und Unterschichten die Forderung laut, auch über eine formale Gleichheit vor dem Gesetz hinauszugelangen zu einer égalité de fait. Babeuf forderte „Wohlstand für alle, Unterricht für alle, Gleichheit, Freiheit und Glück für alle" (Ramm 1955, 162). Diese Ausgestaltung des Gleichheitsprinzips ließ sich insbesondere durch die Überlegung stützen, daß ungleichmäßige Anhäufung von Wohlstand oft nicht nur einem persönlichen Verdienst, sondern auch dem Glück, nicht selten auch der Rücksichtslosigkeit und vor allem der Mitwirkung anderer Menschen zuzuschreiben ist; selbst die persönliche Tüchtigkeit ist wenigstens zum Teil nur unverdientes Ergebnis einer ererbten, glücklichen Veranlagung, nur ein Glücksfall in der „genetischen Lotterie". So erschien es nur als gerecht, die fortune zu korrigieren.

Trotz verschiedener Anläufe zur Beseitigung von Standesunterschieden und religiöser Diskriminierung und mancher Bemühungen um sozialen Ausgleich scheiterte dann aber im 19. Jahrhundert die Verwirklichung einer „materiellen Gleichheit" – nicht nur an der konservativen Gegenströmung gegen den Gleichheitsidealismus, sondern vor allem auch an dem Wunsch, in Reaktion auf den Polizei- und Wohlfahrtsstaat nunmehr „die Grenzen der Wirksamkeit des Staates zu bestimmen" und so eng wie möglich zu ziehen (§ 29 II 1), bis dann aus dem Arbeiterelend die Einsicht erwuchs, daß auch hinter einer formalen Gleichberechtigung sich eine tiefgreifende soziale Ungleichheit verbergen kann. Die „majestätische Gleichheit des Gesetzes, das Reichen wie Armen verbietet, unter Brücken zu schlafen, auf den Straßen zu betteln und Brot zu stehlen", wurde zur Farce (A. France, Le lis rouge, 1894, Kap. 7). So erhob sich erneut die Forderung nach der égalité de fait und verwirklichte sich nun unter dem Namen der Sozialstaatlichkeit (§ 35 III).

Auch schon als faktisches Wirkungsschema drängt demokratische Mehrheitsherrschaft zu einer Angleichung der realen Lebensverhältnisse – freilich nur so weit, wie die Egalisierungsinteressen der Mehrheit reichen; sie wirkt also nicht notwendig einer Unterprivilegierung stabiler, etwa rassischer oder religiöser Minderheiten faktisch entgegen. Vom Mehrheitswillen und -interesse wird vor allem eine gleichmäßige Teilhabe an Gütern erstrebt und durch ein System von Steuern, Sozialabgaben und staatlichen Leistungen verwirklicht. Der heutige Staat der westlichen Industriegesellschaft steht als Steuer- und Leistungsstaat im Dienste der égalité de fait. Tocqueville (DA, 2. Tl., IV Kap. 3) schrieb der Gleichheit geradezu eine Tendenz zur Radikalisierung zu, weil der Anblick von Ungleichheiten um so unerträglicher sei, je seltener und damit augenfälliger diese würden.

4. Gleiche Freiheit. Die Fragen vertiefen sich, wenn man in Erwägung zieht, daß Gleichheit auch im Dienste allgemeiner Freiheit steht. Sollte es doch geradezu die Funktion des Rechts sein, die Freiheiten der Menschen „nach einem allgemeinen Gesetze" (s. o. I 2) und eben damit nach gleichem Maße gegeneinander abzugrenzen. Jedem sollte insbesondere eine gleiche Achtung seiner Menschenwürde gewährleistet sein.

Einen Freiheitsbezug hat aber auch die Forderung nach Angleichung der realen Lebensbedingungen und -chancen: Tatsächliche Entfaltungsfreiheit ist mitbedingt durch Bildung und Besitz, wie schon Lorenz von Stein bemerkt hat (GsB, IV 2, 3). Hierbei genügt es nicht, daß „Chancengleichheit" irgendwann einmal punktuell in der Generationenfolge bestanden hat. Um reale Freiheit als allgemeine Freiheit auf Dauer zu erhalten, muß auch eine ausgewogene reale Chancengleichheit kontinuierlich verwirklicht werden.

Gleiche Startbedingungen müssen zum mindesten für jeden Menschen, also für jede Generation, neu hergestellt werden, gerade auch aus der Sicht des konsequenten Liberalismus, der jedem den Lohn seiner eigenen Leistung und nicht den Lohn der Leistungen seiner Vorväter zukommen lassen will. Zur Herstellung solcher Chancengleichheit gehört es, daß Hilfen geboten werden, um ungünstige, milieubedingte Ausgangsbedingungen während einer angemessenen Anlaufzeit auf dem Bildungsweg auszugleichen, und daß die Chancen sozialen Aufstieges möglichst wenig auf vererbbaren Bedingungen beruhen (§ 22 II 2).

Ein eigenes Gesicht bekommt in der pluralistischen Gesellschaft das Problem der realen Freiheit und Gleichheit, die hier oft weniger durch individuelle Konkurrenten als durch Verbandsmacht und Massenmedien gefährdet werden. Hier geht es dann darum, Ungleichgewichten in der Repräsentanz der Interessen und Meinungen zu begegnen, womöglich auch institutionell zu gewährleisten, daß alle in Betracht kommenden Interessen und Meinungen ausgewogen zur Geltung kommen (§§ 26 V, VI; 28 IV 4).

5. Fragen des Maßes. Probleme der égalité de fait haben deutlich gemacht: Freiheit und Gleichheit stehen zueinander in einem Verhältnis der Spannung und zugleich wechselseitiger Angewiesenheit:

Dem liberalistischen Ideal von Freiheit und Gleichheit entspricht die Gleichheit der „Startbedingungen", die gleiche Freiheit zur persönlichen Entfaltung, auch die gleiche Freiheit zum Gütererwerb (4). Es ist dies freilich nur eine „Gleichheit des Starts beim Wettlauf, die sich schnell in Ungleichheit verwandelt" (Radbruch, 67), eine Ungleichheit, die nicht immer nur Ergebnis unterschiedlicher Leistung ist (3). Aus ungehemmter Freiheitsentfaltung kann aber nicht nur Ungleichheit, sondern auch Unfreiheit entstehen: Eine ungleiche Verteilung der Güter und anderer Machtpositionen kann anderen auch die Freiheit beschneiden. Und in der Tat haben es Einzelne und gesellschaftliche Mächte immer wieder verstanden, eine allzuwenig begrenzte Freiheit in Ungleichheit und Unfreiheit für andere umzumünzen (§§ 18 V; 29 II). Die Situation verhärtet sich, wenn freiheitsgefährdende Ungleichheit vererblich ist.

Andererseits ist auch eine rigorose und kontinuierliche Verwirklichung gleichmä-
ßiger Güterverteilung und Wohlfahrtsvorsorge unannehmbar. Sie würde den Staat
zum allgegenwärtigen Administrator der Gleichheit machen und die freie Entfaltung
der Persönlichkeit ersticken (§ 35 IV). – Selbst unter dem Gesichtspunkt der Gleichheit ist es unbefriedigend, wenn persönliche Leistung dem Einzelnen nicht mehr
zum Vorteil gereicht, sofern man davon ausgeht, daß an der höheren Leistung immerhin auch ein Verdienst beteiligt ist, das „seinen Lohn wert ist". Zwar soll jeder
gleiche Chancen erhalten (I 3); doch dann muß jeder zusehen, daß er seine Chancen
nützt; und es muß, wie Fichte sagt, „nur an ihm selbst liegen, wenn einer unange-
nehmer lebt" (Zippelius Gesch, Kap. 17 a). Kurz, es regt sich das Unbehagen an der
Gleichheit, wenn in ihrem Namen die Herausforderung persönlicher Tüchtigkeit
und die Belohnung persönlicher Leistung sehr beschnitten werden.

Eine extreme, kontinuierliche Gleichmacherei ist aber nicht nur unter den Aspekten der Angemessenheit und der Freiheit unannehmbar. Sie wäre auch sozial-
politisch unzweckmäßig; denn die Belohnung persönlicher Leistung nützt auch dem
Gemeinwohl. Mit einer allzu starken Nivellierung geht das wirksame Gefälle, die
antreibende Spannung verloren, die zu Leistungen anspornt. Wenn der Staat allzu
eilfertig all jene Ungleichheiten ausgleicht, die der Lohn persönlicher Tüchtigkeit
sind, nimmt er den wichtigsten Anreiz, sich auszuzeichnen, sich im Wettbewerb
hervorzutun und damit Leistungen zu erbringen, die auch den Mitbürgern nützen –
eine Einsicht, die sich auch marxistische Staaten zunehmend zu eigen machten (so
etwa Art. 13 und 14 der UdSSR-Verfassung von 1977). Ein egalisierendes Bildungs-
system schließlich, das die Unterschiede individueller Bildungsfähigkeit und Streb-
samkeit ignorierte, würde den nationalen Bildungsstandard nach unten nivellieren.

Auf solche Weise gewinnt in einer Epoche weit getriebener égalité der Satz Kants
wieder an Glanz, daß „die Ungleichheit unter Menschen (die) reiche Quelle so
vieles Bösen, aber auch alles Guten" sei (Zippelius RuG, 316). So notwendig es
im Gange der Geschichte war, die verkrusteten, rechtlich fixierten Ungleichheiten
zu beseitigen und auch den realen Ungleichheiten, die aus einem Übermaß der
Freiheit hervorgingen, Grenzen zu setzen, so dringlich ist es, auf der anderen Seite
die Charybdis radikaler Egalisierung zu meiden.

So laufen die subtilen Beziehungen – wechselseitiger Angewiesenheit aufeinander
und antagonistischer Spannung zueinander –, in denen Freiheit und Gleichheit
stehen, auf die Aufgabe hinaus, das rechte Maß zu finden: Unter dem einen Gesichtspunkt erscheint sie als Aufgabe, die Freiheit des einen gegen die Freiheiten der
anderen vernünftig abzugrenzen: eine Aufgabe, die im wesentlichen schon Kant auf-
gewiesen hat (I 2). Unter dem Aspekt der Gleichheit stellt sie sich als Aufgabe, das
richtige Maß der Gleichheit, insbesondere der égalité de fait zu finden, also als
Aufgabe der justitia distributiva. In beiden Fällen handelt es sich um die Frage der
Gerechtigkeit, die unter verschiedenen Aspekten gestellt und begrifflich angegan-
gen wird, in beiden Fällen geht es, nach einem noch älteren Verständnis der Gerechtigkeit, um die Aufgabe, das Gemeinwesen in die rechte Ordnung zu bringen
(Platon, Staat, 443 ff.), eine Aufgabe, die prinzipiell nicht schematisch ein für allemal lösbar, sondern im Wandel der historischen Situation fortwährend neu aufgegeben ist.

III. Übersetzbarkeit der sozialen Gerechtigkeit in einen Grundrechtskatalog?

Literatur: G. Brunner, Die Problematik der sozialen Grundrechte, 1971; *L. Wildhaber,* Soziale
Grundrechte, in: Gedenkschrift f. M. Imboden, 1972, 371 ff.; *J. P. Müller,* Soziale Grundrechte in
der Verfassung?, 1973, ²1981; *P. Badura,* Das Prinzip der sozialen Grundrechte usw., in: Der Staat

1975, 17ff.; *E. W. Böckenförde u. a.* (Hg) Soziale Grundrechte, 1981; *G. Corso,* Die sozialen Rechte in der ital. Verfassung, in: Der Staat, Beiheft 5, 1981, 29ff.; *P. Krause,* Die Entwicklung der sozialen Grundrechte, in: G. Birtsch (Hg), Grund- und Freiheitsrechte im Wandel, 1981, 402ff.; *J. Lücke,* Soziale Grundrechte als Staatszielbestimmungen und Gesetzgebungsaufträge, AöR 1982, 15ff.; *Stern,* §§ 21 V, 67; *D. Murswieck,* in: HdStR, § 112; *Th. Marauhn,* Rekonstruktion sozialer Grundrechte als Normkategorie, 2008; *Zippelius/Würtenberger,* §§ 13 I 4, 17 I 2c.

Man kann die Gerechtigkeit nicht kurzerhand in einen Katalog einfacher Grundrechtsprinzipien übersetzen. Entscheidungen über die Ausgestaltung der Gerechtigkeit haben immer auch eine gewichtige Komponente fortwährenden Wägens und Wählens. Vor allem gilt es immer wieder, in der sich wandelnden historischen und politischen Situation, zwischen verschiedenen Grundrechtsprinzipien zu vermitteln und einen optimalen Kompromiß zu finden, der die beteiligten Freiheiten zu größtmöglicher Entfaltung bringt. Die Frage der Gerechtigkeit stellt sich, auch angesichts eines Kataloges grundrechtlich verbürgter Freiheiten, immer wieder neu.

Gerade auch dort, wo die materiellen Grundlagen individueller Freiheitsentfaltung durch staatliches Handeln hergestellt werden sollen, läßt sich die soziale Gerechtigkeit nicht kurzerhand in einklagbare Ansprüche ausmünzen. Wenn etwa unter dem Titel sozialer Grundrechte eine rechtliche Verbürgung von Arbeitsplatz, angemessener Wohnung oder anderer sozialstaatlicher Leistungen verlangt wird, so wird hierbei oft übersehen, daß systemgerecht nur solche staatlichen Leistungen rechtlich verbürgt werden können, die staatlicher Verfügungsmacht unterliegen: Ein einklagbares Recht auf Wohnung setzt staatliche Wohnungsbewirtschaftung, ein einklagbares Recht auf einen Arbeitsplatz staatliche Dispositionsmacht über die Arbeitsplätze voraus. Wer solche Rechte verlangt, denkt also eine sozialistische Zentralverwaltungswirtschaft mit. In einer pluralistischen Demokratie hingegen unterliegt das Angebot von Arbeitsplätzen oder Wohnungen grundsätzlich nicht staatlicher Disposition, sondern wird nach den Gesetzen des Marktes bestimmt.

Systemkonform kann der Staat hier daher nur in begrenztem Umfang fördernd und lenkend einwirken. Art und Maß der Leistungen, die er beitragen kann, hängen zudem von dem jeweiligen Stand der gesellschaftlichen und wirtschaftlichen Entwicklung ab, vom Wandel der Bedürfnisse ebenso wie von den je verfügbaren Ressourcen. Gefordert ist also eine situationsabhängige Sozialpolitik, die sich nicht in ein starres Schema einklagbarer Ansprüche übersetzen läßt. Systemgerecht bleiben in einem marktwirtschaftlichen System auch verpflichtende Staatszielbestimmungen: als Aufträge – etwa durch Investitionshilfen oder Wohnungsbauförderung – nach Möglichkeit auf Vollbeschäftigung oder ein ausreichendes Angebot von Wohnungen hinzuwirken. Hier können auch Grundrechtsnormen mehr oder minder präzise Zielvorstellungen vorgeben. Im einzelnen müssen aber Wahlmöglichkeiten, zumal eine Wahl der Präferenzen und der einzusetzenden Mittel offengehalten werden und in die Kompetenz und Verantwortung von Legislative und Exekutive gestellt bleiben. Kurz, eine situationsbedingte Sozialpolitik läßt sich nicht durch ein starres Schema von Verfassungsrechtssätzen vollständig programmieren und nicht bis ins einzelne in ein System grundrechtlicher Ansprüche übersetzen. – Wo freilich der Sozialstaat Güter und Leistungen, etwa in Gestalt von Bildungseinrichtungen, zur Verfügung gestellt hat, bemißt sich das Recht der Einzelnen, daran teilzuhaben, nach dem Grundsatz angemessener Gleichbehandlung.

2. Der regelungsintensive Industriestaat

§ 35. Regelung und Vorsorge im modernen Staat

Literatur: Wie zu §§ 26 VI; 29 III; *H. G. Schachtschabel,* Wirtschaftspolit. Konzeptionen, 1967, ³1976; *E. J. Mestmäcker,* Die sichtbare Hand des Rechts, 1978; *v. Arnim* StL, 86–102, 465–481; *K. Stern, Ch. Watrin,* in: Bitburger Gespräche, 1984, 5 ff., 41 ff.; *H. H. v. Arnim, K. P. Sommermann* (Hg), Gemeinwohlgefährdung und Gemeinwohlsicherung, 2004.

I. Hauptmotive staatlicher Regelung und Vorsorge

Literatur: Zu 1: Wie zu § 29 II 2; *D. Meadows u. a.,* Die Grenzen des Wachstums, (engl. 1972) dt. 1972; *W. Berg,* Die Verwaltung des Mangels, in: Der Staat 1976, 1 ff.; *U. Di Fabio,* Risikoentscheidungen im Rechtsstaat, 1994; *R. Krengel,* Die Weltbevölkerung, 1994; *J. Schmid,* Weltbevölkerungswachstum: Die Bürde des 21. Jahrhunderts, APuZ 1996, B 24, S. 14 ff.; *ders.,* Der harte Faktor der Weltveränderung: Die demographischen Entwicklungen bis zum Jahre 2050, APuZ 1999, B 52, S. 12 ff.; *F. Schoch, H. H. Trute,* Öffentlich-rechtliche Rahmenbedingungen einer Informationsordnung, VVDStRL 57 (1998), 158 ff., 216 ff.
Zu 2: *H. J. Schellnhuber, B. Pilardeaux,* Den globalen Wandel durch globale Strukturpolitik gestalten, APuZ, 1999, B 52, S. 3 ff.

Innerhalb der Antithetik von Freiheitsgewährung und Regelungsbedarf (§ 29 III) ist nun auf den zweiten Aspekt einzugehen. Zunehmend ist ins Bewußtsein getreten, daß im modernen Industriestaat eine Regelung des ökonomischen und überhaupt des gesellschaftlichen Geschehens mit staatlichen Mitteln erforderlich ist.

1. Einzelaspekte. Schon die vom Liberalismus erhoffte Selbstregulierung der ökonomischen oder gar der gesamten gesellschaftlichen Prozesse funktioniert in der Industriegesellschaft nicht im erforderlichen Ausmaß: In der sich selbst überlassenen Gesellschaft bilden sich große Ungleichgewichte wirtschaftlicher Machtpositionen, die einen ausgewogenen, gerechten Interessenausgleich gefährden. Das Arbeiterelend des frühindustriellen Kapitalismus stellte das nur allzu deutlich vor Augen (§ 29 II 2). – Selbst der Marktmechanismus, das „freie Spiel der Kräfte" ist bedroht. Mit Hilfe liberaler Freiheiten spielen sich Prozesse der Unternehmenskonzentration ab, werden Kartelle gebildet und notfalls auch Mittel eines ruinösen Wettbewerbs eingesetzt, mit der Folge, daß der liberale Wettbewerb ausgeschaltet und der Marktmechanismus unwirksam wird. – Die im Jahre 1929 einsetzende Weltwirtschaftskrise und die Finanzkrise von 2008 zeigten in drastischer Weise auch die Unfähigkeit der Wirtschaft zu konjunktureller Selbststeuerung. Die Bank- und Währungskrisen machten auch in diesem Sektor die Unentbehrlichkeit einer Regulation und Kontrolle deutlich. – Mächtige Interessentengruppen und Verbände suchen einen oft überproportionalen Einfluß auch auf Regierung und Gesetzgebung zu gewinnen und setzen gelegentlich sogar politische Instanzen der Gefahr aus, erpreßt zu werden (§ 26 IV, V 2).
Nahm man diese historischen Erfahrungen zusammen, so mußte aus ihnen dem Staat die Aufgabe erwachsen, für eine ausreichende *Kontrolle* und Balance *der sozialen Gewalten* zu sorgen, Konzentrationsprozessen entgegenzuwirken, Mißbräuche von Machtpositionen abzuwehren und auf diese Weise wenigstens im großen und ganzen einen angemessenen Ausgleich zwischen widerstreitenden Interessen zu gewährleisten. Ferner ergab sich die Aufgabe, durch konjunktursteuernde *Wirtschaftspolitik* und durch Regelung und Überwachung des *Geld- und Kreditwesens* das Wirtschaftssystem vor Krisen und Schäden zu schützen.
Mittlerweile hat man gelernt, daß auch über diese Fälle hinaus der freie Markt grundsätzlich nicht ausreicht, manche Probleme zufriedenstellend zu lösen, weil er

zu einseitig darauf eingestellt ist, die kostengünstigsten Güterangebote zutage zu fördern. Andere Aufgaben der politischen Gemeinschaft – wie die Sorge für soziale Gerechtigkeit (dazu III) und kulturelle Aufgaben, den Schutz der natürlichen Umwelt und Vorsorgen gegen schwerwiegende Risiken – erfüllt der sich selbst überlassene Markt entweder gar nicht oder nur unzureichend. Er reagiert nur unzulänglich auf eine drohende Verknappung von Rohstoffen und vernachlässigt insgesamt die Interessen künftiger Generationen.

So ist als wichtige Aufgabe staatlicher Regulierungen auch die *„Verwaltung des Mangels"* hervorgetreten: Viele Güter und Leistungen sind prinzipiell nur begrenzt verfügbar: z. B. die Bodenschätze, der Fischreichtum der Meere, das städtebaulich erschließbare Siedlungsland, die natürlichen Erholungslandschaften, die Aufnahmekapazitäten der Gewässer für Abfälle, die Belastbarkeit des Luftraums mit Lärm und Abgasen, aber auch die Ausbildungskapazität der Hochschulen. In all diesen Fällen stellen sich Verteilungs- und Begrenzungsprobleme, die sich im „freien Spiel der Kräfte" nicht in befriedigender Weise lösen.

Daß es sich schlechthin verbietet, die Dinge einfach treiben zu lassen, tritt am eindrücklichsten heute durch bestimmte *Gefahren* apokalyptischen Ausmaßes vor Augen: Die moderne Technik hat nicht nur die Zerstörung der natürlichen Umwelt, sondern die Selbstvernichtung der Menschheit ganz akut in den Bereich des Möglichen gerückt. Auch unterhalb solcher Existenzgefährdungen bringt die *wissenschaftliche und technische Entwicklung* Risiken mit sich, die nach einer staatlichen Kontrolle verlangen. Dies gilt z. B. für die friedliche Nutzung von Atomenergie, die Verkehrstechnik, das Arzneimittelwesen und die Gentechnik. Zu den Fernwirkungen und Kehrseiten des medizinischen Fortschritts gehört das ungehemmte Anwachsen der Weltbevölkerung, das die Elendsquartiere der Welt vertausendfacht und (auch für die Umwelt und die lebensnotwendigen Ressourcen) zu einer Bedrohung unabsehbaren Ausmaßes geworden ist. Auch die rasche Entwicklung der Informationstechnik erfordert Kontrollen, um der Bildung von Monopolen und Oligopolen in der Massenkommunikation entgegenzuwirken, einem kriminellen oder sonst sozialschädlichen Mißbrauch der Kommunikationsnetze zu begegnen und einen Zugriff auf Daten dort zu verhindern, wo das zum Schutz des Persönlichkeitsrechts oder schwerwiegender öffentlicher Interessen erforderlich ist. Selbst die traditionelle Aufgabe der Gefahrenabwehr steht durch neue Formen einer international organisierten *Kriminalität* und des Terrorismus vor neuen Herausforderungen.

Die Anforderungen an den Staat erschöpfen sich aber nicht in bloß regulierenden Interventionen und vorbeugenden Gegensteuerungen gegen Gefahren. Es bedarf auch *positiver Vorsorgen.* In der Industriegesellschaft kann sich der Einzelne, anders als in der Agrargesellschaft, nicht selbst mit den Gütern des täglichen Bedarfs versorgen. Anders als der Bauer kann der Industriebürger nicht einmal den von ihm produzierten Abfall selbst beseitigen. Soweit die lebensnotwendige Fremdleistung, z. B. die Versorgung mit Wasser, Energie und öffentlichen Verkehrsmitteln, nicht anderweitig in angemessener Weise gewährleistet ist, muß sie durch staatliche Leistungen sichergestellt werden. Darüber hinaus erlegt das Prinzip der „Sozialstaatlichkeit" (z. B. in Art. 20 Abs. 1 GG) dem Industriestaat in weitem Ausmaß die Pflicht zu positiven Leistungen auf, etwa zu einer Siedlungsförderung, zur Bereitstellung von Bildungseinrichtungen, Krankenhäusern, Sportstätten, um nur wenige Beispiele zu nennen. (Daß dieser Staatszielbestimmung nicht ohne weiteres auch individuelle Leistungsansprüche entsprechen, wurde in anderem Zusammenhang schon gesagt, § 34 III.)

2. Gesamtaspekte. Vor allem die Einsicht in die Unentbehrlichkeit staatlicher Regulationen fügt sich in ein bestimmtes, grundsätzliches Verständnis von der Stellung des Menschen in der Welt: Die Gesellschaft insgesamt wie auch der Einzelne verfügen nicht über ausreichende, automatisch wirkende Regulative, die einen optimalen Zustand gewährleisten würden. Durch existentielle Selbstgefährdungen ist deutlicher als je sichtbar geworden, daß die Menschen die faktische Möglichkeit haben, zwischen unheilvollen und zuträglichen Alternativen zu wählen, und daß diese Wahl weder durch Instinkte noch durch soziale Mechanismen von selbst in lebenserhaltender oder gar optimaler Weise gesteuert wird.

Man weiß heute, daß diese Wahl nach Ziel- und Zweckmäßigkeitserwägungen getroffen werden muß, also auf Grund vernünftiger Überlegungen darüber, welches die erstrebenswerten Zustände und welches die bestgeeigneten Mittel zur Erreichung dieser Zustände seien. Es ist eine der bemerkenswertesten Erscheinungen unseres Zeitalters, daß der Mensch es unternommen hat, die politische und rechtliche Ordnung, in der er lebt, nach vernünftigen Einsichten weitgehend selber zu planen und zu gestalten, in sehr viel weiterem Ausmaß, als das vorher geschehen ist.

Die Vorstellung von der Machbarkeit der Lebensverhältnisse, von der Unvermeidlichkeit und der Last, über die Zukunft zu disponieren, ist zu einem beherrschenden und zunehmend auch beängstigenden Lebensgefühl unserer Zeit geworden. – Einen Vorgriff auf diese Bewußtseinshaltung finden wir schon in dem Impetus des Aufklärungszeitalters, die Staatsverfassung und damit die Gesellschaftsordnung nach vernünftigen Einsichten zu gestalten. So hat Hegel es als Errungenschaft der Französischen Revolution gefeiert, „daß der Mensch sich auf den Kopf, das ist auf den Gedanken stellt und die Wirklichkeit nach diesem erbaut" (Philosophie der Geschichte, IV 3, Kap. 3). – Auch die zunehmende Positivierung des Rechts mußte das Denken in die erwähnten Bahnen lenken. Denn je mehr sich das Recht als eine Ordnung präsentierte, die zur Disposition des Gesetzgebers steht, desto sichtbarer trat die Aufgabe einer Rechtspolitik hervor: nämlich die Aufgabe, die verbindlichen Koordinationsmuster menschlichen Zusammenlebens jeweils so zu entwerfen, wie es die Bedürfnisse und Einsichten der Gegenwart erfordern.

Heute gilt es bis in die Niederungen und Details des politischen Alltags hinein als Lebensprinzip des modernen Staates, die sozialen Strukturen nach vernünftigen Einsichten zu gestalten und planend und lenkend die allgemeine Wohlfahrt und die soziale Gerechtigkeit zu verwirklichen (III). Angesichts der weltweiten Verknappung und Verschmutzung des Süßwassers, der fortschreitenden Zerstörung fruchtbarer Böden, des massenhaften Aussterbens von Tier- und Pflanzenarten, der drohenden Klimaveränderungen und nicht zuletzt des bedrohlichen Anwachsens der Weltbevölkerung denkt man auch darüber nach, wie man den globalen Wandel durch eine globale Strukturpolitik gestalten kann: wie man die Siedlungsbewegungen und „Völkerwanderungen" kultur- und umweltverträglich steuern, die vorhandenen Ressourcen – insbesondere die nutzbaren Böden, die verfügbaren Energiequellen und das Wasser – optimal nutzen, den Waldreichtum und die Artenvielfalt vor Vernichtung bewahren und auch andere Fehlentwicklungen begrenzen kann. Vor allem gilt es auch, das Wachstum der Weltbevölkerung einzudämmen, in dem das Schlüsselproblem so vieler Probleme der modernen Welt liegt.

II. Utopische oder pragmatische Regelung?

Literatur: *K. R. Popper,* wie zu § 26 II 2; *ders.,* Das Elend des Historizismus, (engl. 1957) dt. ⁶1987; *H. Lübbe,* Technokratie. Politische und wirtschaftliche Schicksale einer philosophischen Idee, Allg. Ztschr. f. Philosophie, 2000, 119 ff.

Zu 1: Wie zu § 1 III; *H. Flohr,* Sozialphilosophie und Wissenschaftstheorie, in: Rechtstheorie 1972, 62 ff.; *B. Molitor,* Wissenschaft und Politik, 1977, 153 ff.; *H. Lübbe,* Politischer Moralismus, 1987; *J. Fest,* Der zerstörte Traum. Vom Ende des utopischen Zentralismus, 1991.
Zu 2: *R. Zippelius,* Die experimentierende Methode im Recht, 1991; *ders.,* Der Weg der Demokratie – ein Lernprozeß, NJW 1998, 1528 ff.; *ders.,* Entwicklungslinien in der Rechtsgeschichte, in: Festschr. f. Ch. Link, 2003, S. 865.

1. Utopische Wege. Die richtige Einsicht in die Unentbehrlichkeit vernünftig regulierender Steuerungen schlägt leicht in einen übertriebenen Planungswillen um. Besonders ausgeprägt geschieht das dort, wo man politische Gesamtkonzeptionen verwirklichen will, die sich auf eine dogmatisch vertretene, umfassende Weltanschauung (Ideologie) gründen. Solcher gesamtkonzeptionelle Dirigismus paßt in den Kontext utopischer Politik, die den Gesamtentwurf eines optimalen Gesellschaftssystems bieten und verwirklichen möchte (§ 1 III). Er paßt auch in den Kontext technokratischer Gesellschaftsmodelle (§ 25 III 2) und von Staatstheorien, welche die Struktur der Gesellschaft und deren Entwicklung aus einer umfassenden Konzeption heraus begreifen wollen, wie das der Marxismus tun wollte (§ 25 II). Solche Theorien werden bestrebt sein, Detailregelungen entweder in ihr Gesamtmodell der gewünschten Gesellschaftsordnung oder in ihr Gesamtkonzept gesellschaftlicher Entwicklung einzuordnen.

Nun können aber Gesamtkonzeptionen das gesellschaftlich-politische Geschehen in seiner Komplexität schon nicht angemessen beschreiben und erklären: Das politische und wirtschaftliche Geschehen einer staatlichen Gemeinschaft läßt sich nicht auf einfache Strukturen und einzelne Faktoren zurückführen (§ 25 II 7).

Auch behindert eine gesamtkonzeptionelle Politik Innovationsbereitschaft und Fehlerkorrekturen und beeinträchtigt damit die „Lernfähigkeit" des Gesamtsystems. Um dessen Entwicklungsfähigkeit lebendig zu erhalten, müssen seine Teile mit größtmöglicher Autonomie ausgestattet werden, d. h. mit der Kompetenz, Angelegenheiten, die sie betreffen, selbst zu regeln (§ 3 III 2): Es muß möglichst vielen so viel Spielraum zur Selbstentfaltung gelassen werden, wie mit den gleichberechtigten Entfaltungswünschen der anderen und der Funktionsfähigkeit des Gesamtsystems vereinbar ist (§ 26 II 2).

Zu diesen allgemeinen Erwägungen kommen die historischen Erfahrungen, die man etwa bei Robespierre, Stalin, Hitler und Pol Pot mit ideologisch geprägten „Programmpolitikern" sammeln konnte. Angesichts solcher Erfahrungen gelangte Popper (1987, S. VIII) zu dem „Resultat, daß die Idee einer utopischen sozialen Planung großen Stiles ein Irrlicht ist, das uns in einen Sumpf lockt. Die Hybris, die uns versuchen läßt, das Himmelreich auf Erden zu verwirklichen, verführt uns dazu, unsere gute Erde in eine Hölle zu verwandeln; eine Hölle, wie sie nur Menschen für ihre Mitmenschen verwirklichen können" (ähnlich schon A. Huxley, Eyeless in Gaza, 1936, Kap. 35). Eine utopische oder holistische Sozialtechnik, die die Gesellschaft als Ganzes „nach einem feststehenden Gesamtplan ummodeln" will, hat immer öffentlichen und totalitären Charakter (Popper 1987, S. 54, 63) und will auch die Menschen nach ihrem Bilde formen (S. 56).

2. Pragmatische Wege. Für Popper hingegen ist alle Planung und Regelung prinzipiell Stückwerk, nämlich der Versuch, die bestehenden Verhältnisse dort zu verbessern, wo Mängel sichtbar werden (1987, S. VIII), und zwar in Kenntnis dessen, „daß nur eine Minderheit sozialer Institutionen bewußt geplant wird, während die große Mehrzahl als ungeplantes Ergebnis menschlichen Handelns einfach ‚gewachsen' ist" (S. 52). Wer sich dieser Konzeption anschließt, verfolgt also Ziele begrenzter Reichweite, er verfolgt sie schrittweise und nach dem „Prinzip der dauernden Fehlerkorrektur", d.h. in dem ständigen Bemühen, die Folgen seiner Handlungen zu überwachen, um seine Handlungen beizeiten zu korrigieren (S. IX, 70). Er wird also „nur Schritt für Schritt vorgehen und die erwarteten Resultate stets sorgfältig mit den tatsächlich erreichten vergleichen, immer auf der Hut vor den bei jeder Reform unweigerlich auftretenden unerwünschten Nebenwirkungen. Er wird sich auch davor hüten, Reformen von solcher Komplexität und Tragweite zu unternehmen, daß es ihm unmöglich wird, Ursachen und Wirkungen zu entwirren und zu wissen, was er eigentlich tut" (S. 54).

Auch die Verfassungspraxis muß „experimentierend" verfahren (Zippelius RPh, § 11 III): Für Probleme, die das Leben stellt, muß kreativ nach Lösungen gesucht werden. Und die in Betracht gezogenen Lösungen müssen einer kritischen Prüfung standhalten: Insbesondere müssen sie mit den Tatsachen übereinstimmen. Sie müssen auch den schon beschriebenen Bedingungen der Akzeptanz (s.o. § 3 II 2) genügen. Sie müssen zurückstehen, wenn sich einfachere oder effizientere Problemlösungen (§ 3 IV) finden lassen. Nicht zuletzt müssen neu zu schaffende Regelungen in einem bestimmten, eingeschränkten Sinne „systemverträglich" sein: Sie müssen mit der bestehenden Rechtskultur in Einklang stehen. Auch ist darauf Rücksicht zu nehmen, daß die moderne Industriegesellschaft ein hochdifferenziertes Gebilde mit vielen wechselseitigen Abhängigkeiten ist: So darf der regelnde Eingriff in einen Teilbereich des Sozialgefüges sich auf andere Teilbereiche nicht dahingehend auswirken, daß die Gesamtnachteile schwerer wiegen als die Gesamtvorteile. Und auch sonst darf eine Regelung keine schädlichen Nebenwirkungen haben, die größer als der Nutzen sind oder das vermeidbare Maß übersteigen.

Es kommt also die allgemeine Einsicht zur Geltung, daß Entwicklungen sich durch experimentierende Lernprozesse vollziehen (Zippelius 1991). So finden sich auch in der politischen Geschichte, neben irrationalen Verläufen, Entwicklungsschritte, die Züge experimentierender Lernprozesse tragen. In ihnen wird insbesondere versucht, die bestehenden Rechts- und Verfassungsstrukturen dem Wandel der gesellschaftlichen Bedingungen, auch der kulturellen Leitvorstellungen, anzupassen und Fehlentwicklungen zu korrigieren. In solchen nicht endenden Lernprozessen befindet sich die Verfassungskultur einer offenen Gesellschaft und eines freiheitlichen Sozialstaates (Zippelius 1998). Nicht zuletzt gilt es, in der Industriegesellschaft das richtige Maß staatlicher Sorge für Wohlfahrt und soziale Gerechtigkeit und insgesamt für die Aufgaben zu finden, die der Staat sich regelnd zu eigen macht – ein Lernbedarf, auf den jetzt näher einzugehen ist.

III. Das sozialstaatliche Engagement im besonderen

Literatur: *Wolff/Bachof/Stober/Kluth*, § 18 III 4; *Stern*, § 21 (Lit.); *H.F. Zacher*, Was können wir über das Sozialstaatsprinzip wissen? in: F.f.H.P. Ipsen, 1977, 207 ff.; *ders.*, in: HdStR, § 28; *G.A. Ritter*, Der Sozialstaat, Entstehung und Entwicklung im internationalen Vergleich, 1989; *Haverkate* VL, 257 ff.; *H. Maier*, Historische Voraussetzungen des Sozialstaates in Deutschland, 2002; *B. Baron von Maydell u.a.* (Hg), Sozialrechtshandbuch, ³2003, Kap. 1–5.

Zu 2: *G. Hermes*, Staatliche Infrastrukturverantwortung, 1998, §§ 15 f.; *W. Hoffmann-Riem u.a.* (Hg), Grundlagen des Verwaltungsrechts, Bd. I 2006, §§ 12, 19.

1. Bereiche. Ein wichtiges Feld regelnden und leistenden Engagements des modernen Staates ist durch den Zweck der „Sozialstaatlichkeit" bezeichnet. Deren Hauptkomponenten sind Wohlfahrtsstaatlichkeit und Sorge für soziale Gerechtigkeit.

Der Zug zur *Wohlfahrtsstaatlichkeit* zeigte sich vor allem darin, daß die Daseinsvorsorge (Forsthoff) mehr und mehr zur Verwaltungsaufgabe wurde. Vorboten dafür waren einst die Kommunalisierung der örtlichen Versorgungs- und Verkehrsbetriebe und die Verstaatlichung von Post und Eisenbahn: Die Versorgung mit Wasser, Elektrizität, Gas und mit jedermann zugänglichen Verkehrs- und Nachrichtenmitteln erfordert oder erforderte ehedem aus technischen Gründen mehr oder minder zentrale Versorgungseinrichtungen; zugleich sind die Einzelnen, gerade in einer hochdifferenzierten Gesellschaft, in hohem Maße von der Versorgung mit diesen elementaren Bedarfsgütern abhängig. Der Forderung, solche Güter für alle zu sozialstaatlich angemessenen Bedingungen zur Verfügung zu halten, entsprach die Übernahme der Daseinsvorsorge durch öffentliche Leistungsträger.

Inzwischen hat sich das wohlfahrtsstaatliche Engagement – planend, regelnd und Leistungen anbietend – auf zahlreiche andere Bereiche ausgedehnt: auf die Sorge für Sozialversicherung und Arbeitsschutz, Arbeitsvermittlung, Familienförderung, Gesundheitspolitik, Siedlungsförderung, Städteplanung und überörtliche Raumplanung, Umweltschutz, Schulpolitik, Wissenschaftsförderung und anderes mehr. Auch die Hilfe bei Schicksalsschlägen und den Ausgleich sonstiger Lebensrisiken läßt der Sozialstaat sich angelegen sein, so z.B. Fürsorge für Flüchtlinge oder Blinde, Hilfe bei Naturkatastrophen und Mißernten, Ersatzleistungen für Opfer von Gewaltverbrechen.

Durch eine Konjunkturpolitik bemüht der Staat sich um Stabilität des Preisniveaus, hohen Beschäftigungsstand, außenwirtschaftliches Gleichgewicht und vorerst auch noch um ein stetiges und angemessenes Wirtschaftswachstum.

Die Sorge für *soziale Gerechtigkeit* überschneidet sich vielfach mit wohlfahrtsstaatlichen Vorkehrungen, so etwa im Bereich der Sozialversicherung oder des Arbeitsschutzes. Der Staat macht sich zunehmend zum Sachwalter der verteilenden Gerechtigkeit, der justitia distributiva. Ein altes und immer noch aktuelles Ziel ist hierbei, dafür zu sorgen, daß Reichtum und Armut nicht maßlos werden (Zippelius Gesch, Kap. 3 a).

2. Instrumente. Als Instrument, diesem zuletzt genannten Ziel näherzukommen, kann insbesondere das Steuerrecht dienen; zu denken ist etwa an die Progression der Einkommensteuersätze und an die Erbschaftssteuer. Hinzu kommen andere Möglichkeiten, eine breite Streuung des Volksvermögens zu fördern, indem man etwa Anreize bietet, Arbeitnehmer durch Investivlöhne am Produktionskapital zu beteiligen (§ 26 VI 3).

Wohlfahrtsstaatliche Zwecke können durch öffentliche Leistungsangebote – etwa durch eine kommunale Wasserversorgung, vom Staat betriebene Eisenbahnen, öffentliche Bildungseinrichtungen und Sportstätten – erfüllt werden. „Daseinsvorsorge" kann in weitem Umfang aber auch in privater Hand belassen oder in sie zurückgegeben werden (IV 5), sofern die Grundversorgung nicht dadurch gefährdet wird (§ 26 V 2). Staat und Kommunen können sich dann auf die Lenkung oder sogar nur auf eine Kontrolle privater Leistungen zurückziehen, um eine ausreichende und angemessene Versorgung zu gewährleisten. So haben sich Staaten selbst in schweren Krisenzeiten etwa mit einer bloßen Lenkung und Kontrolle der Lebensmittelversorgung begnügt. Kurz, an die Stelle staatlicher Erfüllungsverantwortung kann eine Gewährleistungsverantwortung treten. Diese greift dort regulierend ein (etwa durch Wettbewerbskontrollen oder Auflagen), wo der Markt nicht von selbst ein flächendeckendes Angebot zu angemessenen Bedingungen zur Verfügung stellt.

Selbst zur Lenkung und Kontrolle verwendet der Staat oft nicht unmittelbar verbindliche Anordnungen, sondern nur Anreize für „plankonformes" Verhalten und

Gegensteuerungen, die – wie Steuervergünstigungen, Steuernachteile und Angebote staatlicher Förderungsmittel – den Bürgern eine mehr oder minder große Entscheidungsfreiheit lassen. Der Wirtschaftsregulierung dient nicht zuletzt die staatliche Investitionspolitik: kurzfristige „Ankurbelungsinvestitionen", gezielte, langfristige Wachstumsinvestitionen; andererseits die Einschränkung staatlicher Investitionen und Investitionshilfen, um eine Hochkonjunktur zu dämpfen.

3. Risiken. Gelegentlich erscheint das Sozialstaatsprinzip als „Fata Morgana" (Zacher 1977) umfassender Vorsorge für eine optimale Persönlichkeitsentfaltung, für eine gerechte Güterverteilung und für eine weitestmögliche Aufhebung oder wenigstens Kontrolle gesellschaftlicher Abhängigkeiten. – Es bleibt eine Fata Morgana schon deshalb, weil institutionelle Vorkehrungen, die einer umfassenden Menschheitsbeglückung und -befreiung dienen, neue Abhängigkeiten schaffen (§§ 29 I; 35 IV). Auch über diesen Hoffnungen liegt die Skepsis Aldous Huxleys: Bei „seinen wieder und wieder unternommenen Versuchen, die Idee der Freiheit zu verwirklichen, tauscht der Mensch immerzu eine Form der Sklaverei für eine andere ein" (Eyeless in Gaza, 1936, Kap. 12).

In einer großen Vision hat schon Tocqueville die Gefahr eines die Bürger allseitig bevormundenden demokratischen Sozialstaates gezeichnet: „Ich erblicke eine Menge einander ähnlicher und gleichgestellter Menschen, die sich rastlos im Kreise drehen, um sich kleine und gewöhnliche Vergnügungen zu verschaffen, die ihr Gemüt ausfüllen. Jeder steht in seiner Vereinzelung dem Schicksal aller anderen fremd gegenüber: Seine Kinder und seine persönlichen Freunde verkörpern für ihn das ganze Menschengeschlecht; was die übrigen Mitbürger angeht, so steht er neben ihnen, aber er sieht sie nicht, er berührt sie, aber er fühlt sie nicht ... Über ihnen erhebt sich eine gewaltige, bevormundende Macht, die allein dafür sorgt, ihre Genüsse zu sichern und ihr Schicksal zu überwachen. Sie ist unumschränkt, ins einzelne gehend, vorsorglich und mild. Sie wäre der väterlichen Gewalt gleich, wenn sie wie diese das Ziel verfolgte, die Menschen auf das Reifealter vorzubereiten; statt dessen aber sucht sie bloß, sie unwiderruflich im Zustand der Kindheit festzuhalten; es ist ihr recht, daß die Bürger sich vergnügen, vorausgesetzt, daß sie nichts anderes im Sinne haben, als sich zu belustigen. Sie arbeitet gerne für deren Wohl; sie will aber dessen alleiniger Betreuer und einziger Richter sein; sie sorgt für ihre Sicherheit, ermißt und sichert ihren Bedarf, erleichtert ihre Vergnügungen, führt ihre wichtigsten Geschäfte, lenkt ihre Industrie, ordnet ihre Erbschaften, teilt ihren Nachlaß; könnte sie ihnen nicht auch die Sorge des Nachdenkens und die Mühe des Lebens ganz abnehmen?" (Tocqueville DA, 2. Tl., IV Kap. 6).

Es liegt nahe, daß bevormundende staatliche Betreuung auf Seiten der Bürger eine Mentalität hervorbringt, die Ortega y Gasset als Geisteshaltung der modernen „Massenmenschen" beschrieben hat: Diese glichen verwöhnten Kindern. Ihr Kennzeichen sei „die ungehemmte Ausdehnung [ihrer] Lebenswünsche ... und die grundsätzliche Undankbarkeit gegen alles, was [ihr] reibungsloses Dasein ermöglicht". Sie glaubten, alles zu dürfen und zu nichts verpflichtet zu sein, und meinten, die materielle und soziale Organisation, die ihre Ansprüche befriedigt, stehe ihnen zur Verfügung wie die Luft. „Da sie in den Vorteilen der Zivilisation nicht erstaunliche Erfindungen und Schöpfungen erblicken, die nur mit großer Mühe und Umsicht erhalten werden können, glauben sie, ihre Rolle beschränke sich darauf, sie mit lauter Stimme zu fordern, als wären sie angeborene Rechte" (Der „Aufstand der Massen", 1930, dt. 1956, S. 41 f.).

IV. Die Frage des Maßes staatlicher Regelung und Vorsorge

Literatur: Wie zu §§ 29 III, 34 II 5; *H. Geißler* (Hg), Verwaltete Bürger, 1978; *H. Klages,* Überlasteter Staat – verdrossene Bürger?, 1981; *E. K. Scheuch,* Die Bedrohung der individuellen Freiheit heute, in: F. f. M. Kriele, 1997, 1053 ff.; *E. Eichenhofer,* Sozialrecht und Sozialstaatlichkeit, JZ 2005, 209 ff.; *H. J. Hennecke,* Von der „Agenda 2010" zur „Agenda Merkel"?, APuZ 2005, B 32–33, S. 16 ff.
Zu 2: *B. Heck* (Hg), Weniger Staat – weniger Bürokratie, 1984; *D. Strempel* (Hg), Mehr Recht durch weniger Gesetze? 1987; *W. Leisner,* Der unsichtbare Staat, 1994, 112 ff., 225 ff., 229 ff.; *H. Laufer,* Der überregelte Staat, APuZ, 1987, B 15, S. 27 ff.
Zu 3: *W. Hildebrandt,* in: G. K. Kaltenbrunner (Hg), Kapitulation des Bürgers, 1977, 43 ff.; *E. Noelle-Neumann,* Politik und Glück, in: H. Baier (Hg), Freiheit und Sachzwang, 1977, 208 ff.
Zu 4: *Ph. Herder-Dorneich,* Der Sozialstaat in der Rationalitätenfalle, 1982, 12 ff., 23 ff.; *H. C. Recktenwald,* Über Geben und Nehmen im Kollektiv, 1987; *W. Harder,* Folgekosten der Sozialgesetze, 1988; *M. E. Streit,* Möglichkeiten des Wandels in Wirtschaft und Politik, in: M. E. Streit, R. Zippelius, Strukturwandel in Politik und Wirtschaft, 1996, 5 ff.; *H. Siebert,* Der Kobra-Effekt 2001, 2002.
Zu 5: *A. Benz,* Privatisierung und Deregulierung, Die Verwaltung 1995, 337 ff.; *J. Hengstschläger, L. Osterloh, H. Bauer, T. Jaag,* Privatisierung von Verwaltungsaufgaben, in: VVDStRL 54 (1995); *F. A. von Hayek,* Die Anmaßung von Wissen, 1996; *H. H. Trute,* Die Verwaltung und das Verwaltungsrecht zwischen gesellschaftlicher Selbstregulierung und staatlicher Steuerung, DVBl. 1996, S. 950 ff.; *M. Schmidt-Preuß, U. Di Fabio,* Verwaltung und Verwaltungsrecht zwischen gesellschaftlicher Selbstregulierung und staatlicher Steuerung, in: VVDStRL 56 (1997), 160 ff., 235 ff.; *Ch. Gramm,* Privatisierung und notwendige Staatsaufgaben, 2001; *T. Lämmerzahl,* Die Beteiligung Privater an der Erledigung öffentlicher Aufgaben, 2007; *Wolff/Bachof/Stober/Kluth,* vor § 90; *M. Burgi,* Privatisierung öffentlicher Aufgaben, DJT-Gutachten, 2008; *R. Stober,* Privatisierung öffentlicher Aufgaben, NJW 2008, 2301 ff.; *A. Ch. Thoma,* Regulierte Selbstregulierung im Ordnungsverwaltungsrecht, 2008; *K. Waechter,* Verwaltungsrecht im Gewährleistungsstaat, 2008.
Zu 6: *K.-H. Brodbeck,* Die fragwürdigen Grundlagen des Neoliberalismus, in: ZfPol 2001, 49 ff.

1. Das Dilemma des freiheitlichen Sozialstaates. Als Sozialstaat soll das Gemeinwesen für soziale Gerechtigkeit und allgemeine Wohlfahrt sorgen, insbesondere für eine angemessene Güterverteilung und für menschenwürdige Lebensbedingungen; zu diesen gehören z. B. angemessene Ausbildungs-, Arbeits- und Erholungsmöglichkeiten und eine menschenfreundliche Umwelt. Wo der Mechanismus des freien Marktes diese oder andere wirtschafts- oder sozialpolitischen Ziele verfehlt, gilt es, durch planmäßige staatliche Interventionen und Leistungen diese Ziele zu verwirklichen, also den Markt- und Preismechanismus durch andere Techniken zu korrigieren und zu ergänzen.

Als freiheitlicher Staat sieht er sich aber zugleich der Forderung gegenüber, der Persönlichkeitsentfaltung und auch der unternehmerischen Initiative einen größtmöglichen Spielraum zu lassen. Der aber wird durch ein Übermaß an Staatlichkeit eingeengt. Dieses entsteht nicht nur aus übertriebener Planungsgläubigkeit (II 1), sondern bereits dann, wenn der Staat zuviele Aufgaben zu perfekt in eigener Regie, zumal in zentral verwaltender Weise regeln und besorgen will. Spiegelbild und Maß eines übersteigerten staatlichen Engagements sind insbesondere die Dicke der Gesetzblätter, der Umfang der Bürokratien und ein ausuferndes Steuerrecht. Schon Tocqueville hat vor dem alles verwaltenden Staat gewarnt, der alle gängelt und lenkt, sich zum alleinigen Helfer in allen Nöten, zum nationalen Erzieher und Wohltäter macht (s. o. III 3; § 23 III 2). Der fürsorgliche demokratische Sozialstaat läßt es sich in weitem Umfang angelegen sein, den angeblich mündigen Bürger weitgehend vor sich selbst zu schützen; so macht er etwa Miet- und Arbeitsverhältnisse vorsorglich zu komplizierten Rechtsgebilden, die bis ins Detail staatlich geregelt sind, und läßt den Bürger Buße zahlen, wenn er sich in seinem Auto nicht angurtet. In ähnlicher Weise hatte auch der ältere Polizei- und Wohlfahrtsstaat durch eine Vielzahl von Regulativen, die je für sich als vernünftig erschienen, die Bürger an die Hand genommen. Damals hieß es aus dem Staatsverständnis des aufgeklärten Absolutismus: „Unsere Fürstliche Hofkammer ist die natürliche Vormünderin unserer Untertanen, ihr liegt es ob, dieselben vom Irrtum ab und auf die rechte Bahn zu weisen, sie sofort, auch gegen ihren Willen zu belehren, wie sie ihren eigenen Haushalt einrichten sollen" (Badische Hofkammerordnung von 1766, zit. nach Radbruch).

2. Zuviele Vorschriften. Heute bedrängt die fast uferlose Verstrickung der Einzelnen in ein Netz demokratisch beschlossener Vorschriften die persönliche Eigenverantwortung und Freiheit. Es beruhigt wenig, daß die Dinge heute nicht aus der Machtvollkommenheit eines Landesfürsten, sondern unter den Kautelen rechtsstaatlicher Demokratie geregelt werden und viele Regelungen, je für sich genommen, begründet erscheinen. Daß viele vernünftige Regelungen zusammengenommen ein unvernünftiges Ganzes ergeben, hat schon Tocqueville gesehen. Von ihm stammt das Bild einer alles besorgenden und alle betreuenden Demokratie, welche die Gesellschaft „mit einem Netz verwickelter, äußerst genauer und einheitlicher kleiner Vorschriften" überzieht, die den Willen der Bürger nicht brechen, aber ihn lenken, hemmen, niederdrücken und zermürben (DA, 2. Tl., IV Kap. 6). Erst allmählich tritt ins öffentliche Bewußtsein, daß nicht nur der autoritäre Staat, sondern auch der Rechtsstaat totalitäre Züge annehmen, d. h. dahin tendieren kann, das Leben einer Gemeinschaft umfassend zu reglementieren (§ 29 I). Ein Übermaß staatlicher Regelung und Vorsorge bedroht die Freiheit und Selbständigkeit der Einzelnen, es höhlt die individuellen Freiheitsrechte aus, erstickt die Privatinitiative und lähmt die Auslesefunktion des Wettbewerbs (§ 34 II 5). In einer nicht mehr überschaubaren Normenflut ertrinkt nicht nur die Rechtsstaatlichkeit (§ 30 I 2). Hier tritt die Staatsgewalt den Bürgern in einer insgesamt kaum noch faßbaren Gestalt gegenüber, gegen die – mangels eines greifbaren Adressaten – ein Aufbegehren, wie gegen andere Tyranneien, schwer möglich erscheint. Am Ende antworten die Bürger auf die umfassende Gängelung durch einen nur mehr „selektiven" Rechtsgehorsam.

Kurz: Jedes überflüssige Gesetz ist ein schlechtes Gesetz. Diese Einsicht verlangt eine sorgfältige Auswahl der Aufgaben, die in hoheitliche Regie genommen werden.

3. Zuwenig Selbstverantwortung. Zudem scheint eine totale Betreuung und Versorgung der Natur des Menschen ebenso zu widersprechen wie eine umfassende Lenkung. Auch wo der Leviathan die Züge einer Milchkuh annimmt (A. Gehlen), verbreitet er Bangigkeit. Von einer bestimmten Stufe staatlicher Daseinsvorsorge ab scheint der weitere Ausbau öffentlicher Fürsorge- und Versorgungsleistungen nicht mehr mit zunehmender Staatsbejahung, sondern eher mit einer Staatsverdrossenheit weiter Bevölkerungsteile einherzugehen. Das könnte bedeuten, daß die Ansprüche noch rascher wachsen als die Leistungen. Es ist aber wohl eher ein Indiz dafür, daß im Menschen ein mit der Selbstachtung eng verbundenes Bedürfnis nach Selbständigkeit und wenigstens begrenzter Autarkie steckt. Fast jeder genießt das Selbsterworbene mehr als das Zugeteilte. Man will innerhalb bestimmter Grenzen auch gefordert sein, für sich und seine Nächsten einzustehen und zu sorgen, und sucht die mit Risiken verbundene Chance, sich im Leben zu bewähren und vor anderen hervorzutun. Kurz, es widerspricht wohl der menschlichen Natur ebenso, total betreut, wie allseits gegängelt zu werden.

In welchem Maße ein Staat freiheitliche Züge trägt, hängt also nicht zuletzt auch davon ab, wieviel Selbstverantwortung und Risiko er seinen Bürgern zubilligt (§ 31 I 1). Bei der Forderung, die Rechte der Bürger zu stärken, denkt man mitunter nur daran, diese an staatlichen Regelungsprozessen partizipieren zu lassen, und vergißt dabei, daß das Selbstbestimmungsrecht des Bürgers sich sehr viel unmittelbarer und wirksamer durch Privatautonomie verwirklichen kann, also durch die Befugnis – und das Risiko –, sein Leben und insbesondere seine Rechtsbeziehungen in eigener Verantwortung zu gestalten (§ 29 II 1).

4. Die Ineffizienz des Wohlfahrtsstaates. Die Forderung nach Deregulierung wird dadurch verstärkt, daß nach bisherigen Erkenntnissen das Bruttosozialprodukt um so langsamer wächst, je höher der Anteil der Staatsausgaben an ihm ist. Jedenfalls gelte dies bei dem inzwischen erreichten Staatsanteil. Trifft das zu, dann wird eine entschiedene Verringerung des Staatsanteils zur Überlebensstrategie im internationalen Wettbewerb der Wirtschaftssysteme (M. Streit 1996).

Der feststellbare Wettbewerbsnachteil des Wohlfahrtsstaates hat mehrere Gründe: Ein Staat, der sich anschickt, das öffentliche Wohl zentral zu verwalten, belastet sich nicht nur mit einer aufgeblähten, kostspieligen und schwerfälligen Bürokratie. Er verzichtet in weitem Umfang auch darauf, die Fähigkeiten der Marktwirtschaft zu nutzen: Diese sieht die gesellschaftlichen Bedürfnisse nicht durch die Brille eines theoretischen Gesellschaftsentwurfs, sondern reagiert auf die – zentral gar nicht erfaßbare – Komplexität der individuellen Interessen realistisch und sensibel. Und sie tendiert dahin, diese Interessen zu einem von den Bürgern selbst bestimmten Ausgleich zu bringen. Sie regt das Eigeninteresse zu wirtschaftlicher Phantasie und Initiative an und eröffnet vielfältige Chancen für individuelle Entfaltungswünsche (§§ 3 II 2 a; 26 II 2).

Die Ineffizienz des Wohlfahrtsstaates hängt insbesondere damit zusammen, daß hier die steuernde Rationalität des Marktes fehlt. Auf diesem werden Güter nach dem Prinzip „Leistung für Gegenleistung" verteilt. Um in den Genuß einer fremden Leistung zu kommen, ist es hier für den Einzelnen rational, eine Gegenleistung zu erbringen. Anders verhält es sich bei Gütern, die durch kollektive Leistungen, insbesondere durch Steuern, finanziert und ohne gleichwertige individuelle Gegenleistung zur Verfügung gestellt werden. Hier erscheint es aus der Sicht des Einzelnen als ökonomisch rational (wenn auch nicht immer als anständig), soviel wie möglich von kollektiv finanzierten Leistungen zu profitieren. Das führt nicht selten zu sozialem Schmarotzertum und dazu, daß die Begünstigten über das sozial gerechtfertigte Maß hinaus von der Notwendigkeit befreit werden, ihre Probleme in eigener Verantwortung und Anstrengung zu lösen. Für diese Schwächen ist das System der Umverteilung um so anfälliger, je weniger es für die Bürger durchschaubar und kontrollierbar ist (vgl. § 3 III 2).

Wo der Staat steuernd eingreift – hier besteuernd, dort durch Sozialleistungen und Subventionen – ist es oft auch fraglich, ob der Ertrag den Aufwand lohnt. In einem fein gesponnenen Steuer- und Sozialleistungssystem wird ein beträchtlicher Teil der Steuern und Sozialabgaben durch den administrativen Apparat und seine Personalkosten aufgezehrt, die für die Erhebung und Verwaltung dieser Mittel eingesetzt werden. Auch leiden staatliche Subventionen und andere Steuerungen oft darunter, daß sie zu einer ganz anderen als der gewünschten Folge führen. Dieser „Kobra-Effekt" ist nach dem legendären Versuch benannt, in Indien die Zahl der Kobras dadurch zu vermindern, daß man für jeden abgelieferten Kobra-Kopf eine Prämie zahlte, was aber dazu führte, daß Kobras gezüchtet, statt gejagt wurden.

Hinzu kommen – nicht nur als volkswirtschaftlicher Posten, sondern auch als Strapazierung von Bürgerfreiheit – der Zeitaufwand und andere Bearbeitungskosten, die den Unternehmen und den privaten Haushalten für die Erfüllung der

Steuer- und Sozialgesetze erwachsen: wenn z.B. die Inhaber von Betrieben durch ein kompliziertes Steuerrecht, durch die „Mitverwaltung" von Lohnnebenkosten und durch ein bürokratisiertes Betriebsverfassungsrecht in Anspruch genommen werden oder wenn die Ärzteschaft bewogen wird, einen beträchtlichen Teil ihrer Kraft statt auf das Wohl ihrer Patienten auf die Erfüllung bürokratischer Vorschriften und auf eine virtuose Handhabung der Gebührenordnung zu verwenden.

5. Abhilfen. In dem Maße, wie der Sozialstaat in Vorschriften und Bürokratien zu ersticken droht (2), die Selbstverantwortung unterfordert (3) und insgesamt seine Ineffizienz enthüllt (4), muß sich das Staatsziel vom umfassend betreuenden und versorgenden Wohlfahrtsstaat zu einem liberalen Sozialstaat wandeln, der seine Aufgabe darin sieht, die Selbstverantwortung der Bürger zu beanspruchen und zu aktivieren; denn, wie Abraham Lincoln sagte: „Ihr könnt den Menschen nie auf Dauer helfen, wenn ihr für sie tut, was sie selber für sich tun sollten und könnten." So beteiligt man zweckmäßigerweise die Bürger z.B. an den Risiken, die mit Alter, Krankheit und Erwerbsunfähigkeit verbunden sind, und schafft Anreize für eine private Vorsorge, welche die staatliche Grundversorgung ergänzt.

Eine wichtige Alternative zu einer zentralistisch-bürokratischen Überregelung lautet: Steuerung der Selbststeuerung. Regelungs- und Vorsorgeaufgaben sind also, wie schon ausführlich dargelegt (§§ 3 III 2–4; 17 I 3; 23 III), in hohem Maße der Selbstverantwortung nachgeordneter und damit bürgernäherer Institutionen und nicht zuletzt der Privatautonomie zu überlassen. Übergeordnete staatliche Institutionen haben nicht mehr als notwendig zu koordinieren und richtungweisend und korrigierend auf ein erstrebtes Gesamtergebnis hinzuwirken.

Die Bürgernähe der Daseinsvorsorge sucht man insbesondere durch deren Privatisierung zu heben. Das scheint aber nur zu gelingen, wenn man Wettbewerb schafft (zur Rückkoppelung durch Wettbewerb: §§ 23 II 5; 28 IV 2): Daseinsvorsorge kann nicht nur dadurch gewährleistet werden, daß die öffentliche Hand selber die öffentliche Aufgabe erfüllt und die notwendigen Leistungen erbringt, wie im Falle der gemeindlichen Wasserversorgung. Der Staat kann stattdessen Leistungsangebote, etwa die Elektrizitätsversorgung oder die Telekommunikation, in private Hand legen und sich auf die Lenkung und Kontrolle der Versorgung zurückziehen (III 2). Durch solche Privatisierung soll die Daseinsvorsorge der Auslesefunktion des Wettbewerbs ausgesetzt werden und dadurch möglichst effizient, flexibel und unbürokratisch funktionieren (§ 29 II 1). Auch in diesem Fall behält der Staat die Zügel der Daseinsvorsorge in der Hand, beschränkt sich aber darauf, die Erfüllung der öffentlichen Aufgaben zu gewährleisten. Insbesondere bleibt er gefordert, regelnd einzugreifen, wenn die notwendige Grundversorgung auf marktwirtschaftlichem Wege nicht erreicht wird. So entsteht in diesem Bereich ein regulierter Markt – ohne daß daraus ein bürokratisierter Markt werden darf.

Eine weitere Stufe der „Privatisierung" wird dort erreicht, wo Aufgaben auch aus der lenkenden oder doch kontrollierenden staatlichen Gewährleistung und damit ganz aus der staatlichen Vorsorge entlassen und dem Markt überantwortet werden, auf dem die Handlungsfreiheit nur durch das allgemeine Privatrecht – und die begrenzte Grundrechtsbindung sozialer Gewalten (§§ 27 II 3; 33 II) – beschränkt ist.

6. Grenzen der Entstaatlichung. Bei dem notwendigen Abbau staatlicher Gängelung und fürsorglicher Bevormundung ist aber im Blick zu behalten, daß manche Aufgaben nicht immer zureichend erfüllt werden, wenn man sie dem freien Spiel der gesellschaftlichen Kräfte überläßt (s. o. I): So ist dafür zu sorgen, daß eine funktionierende Wettbewerbsordnung erhalten bleibt, daß sie weder durch Monopole oder Kartelle, noch durch einen unverhältnismäßigen Einfluß der Verbände (§ 26 V 2) beeinträchtigt wird und daß Freiheiten auch sonst nicht in freiheitzerstörender Weise mißbraucht werden (§ 29 III). Insbesondere dort, wo die Grundversorgung der Bürger gefährdet wird, stellt sich die Frage nach den Grenzen der Privatisierung (§ 26 V 2). Auch wo persönliche Sicherheit und soziale Gerechtigkeit zu gewährleisten sind, wo kulturelle Aufgaben zu erfüllen sind, wo es um den Schutz der natürlichen Umwelt, die Schonung begrenzter Ressourcen und um Vorsorgen gegen lebensbedrohende Risiken geht, bleibt der Staat gefordert. Regelnd und gewährleistend muß er insbesondere die elementaren Menschenrechte auch im zwischenmenschlichen Bereich zur Geltung bringen (§ 33 II 2). Kurz, die Entstaatlichung darf nicht radikalisiert werden:

Vielmehr soll das Gemeinwesen als ein Wirkungszusammenhang kooperierender Teilsysteme funktionieren; dabei ist fortwährend ein ausgewogenes Verhältnis zwischen einer Selbststeuerung der Teileinheiten und den koordinierenden zentralen Steuerungen anzustreben (§§ 3 III 3; 17 I 2). Tag für Tag muß der freiheitliche Sozialstaat in immer neuen Situationen von neuem das rechte Maß finden für seine Kontroll-, Schlichtungs- und Befriedungsfunktionen und für seine Gerechtigkeitsaufgaben: inmitten der Turbulenz individuellen und organisierten gesellschaftlichen Interessenstrebens, in dem sich Persönlichkeitsentfaltung und mitunter auch rücksichtsloser Egoismus vermengen (§ 26 V 2). Die Grenzen staatlicher Ingerenz zu finden, ist ein Optimierungsproblem, das mit Hilfe des Subsidiaritätsprinzips anzugehen ist: Hoheitliche Regelungen und staatliche Leistungsangebote sind für solche Fälle vorzubehalten, in denen private Selbstregulierung nicht ebenso gut oder besser funktioniert (§ 17 I 3).

Faßt man zusammen, so bleibt die Einsicht, daß die Lösung nicht in einem „Prinzip" oder in einer ein für allemal herstellbaren gesellschaftlichen Konstruktion liegt. Vielmehr ist es eine täglich neu herausgeforderte Aufgabe und Kunst, laufend ein optimales Verhältnis zu finden zwischen dem unentbehrlichen Anteil an staatlichem Reglement einerseits und „autonomer" Selbstregulierung und Selbstentfaltung andererseits. Die theoretische Betrachtung kann nur versuchen, die Zusammenhänge durchsichtiger zu machen. Aber sie kann nicht die Aufgabe einer klugen und phantasiebegabten Verwaltung lösen, für die wechselnden Situationen das richtige Maß und den einfachsten Weg staatlicher Regulierung zu finden. Immerhin zeigt das Beispiel der – politisch in hohem Maße dezentralisierten – Schweiz, in welcher Richtung nach einer Lösung zu suchen ist (§ 25 III 3).

7. Faktische Hindernisse. Dem Abbau überflüssiger Staatlichkeit stehen oft banale faktische Hindernisse im Wege.

Daß es zu einem Übermaß an Regelungen kommt, liegt zum Teil an einem nicht realisierbaren Bestreben, Gerechtigkeit umfassend durch Gesetze zu verwirklichen, auch an einer Neigung, auf gelegentliche Unbilligkeiten oder Mißstände mit subtilen gesetzlichen Regelungen zu reagieren, statt Spielräume für situationsgerechte Einzelfallentscheidungen zu schaffen (§ 30 III 2). Manches verleitet den Gesetzgeber zu entbehrlichen Regelungen: die Nachgiebigkeit gegenüber dem Drängen pluralistischer Kräfte (§§ 22 II 1; 23 II 3), die Rücksicht auf hochgehende Tagesmeinungen (§ 28 III 2) und das Bestreben von Politikern und Bürokraten, sich mit Gesetzesinitiativen hervorzutun.

Ein großes Hindernis verständiger Deregulierung ist nicht zuletzt der Selbstbehauptungswillen von Bürokratien, das Sträuben staatlicher und kommunaler Institutionen, durch Abbau von Regelungen und ihres Vollzuges sich selber überflüssig zu machen oder wenigstens eine Minderung des eigenen Gewichts hinzunehmen. Dieses organisierte Interesse hat bisher fast allen Versuchen einer Entbürokratisierung getrotzt und kann wohl nur durch das unerbittliche Diktat leerer Kassen in staatlichen und kommunalen Haushalten geschwächt werden. Nur so könnte der keineswegs scherzhafte Vorschlag Parkinsons Wirklichkeit werden, „daß die Anzahl der Beamten halbiert und in einigen Fällen ihr Gehalt erhöht wird ... Das bedeutet schnellere (und möglicherweise klügere) Entscheidungen zu niedrigeren Kosten. In einem kleineren Bereich wird es echte Persönlichkeiten und weniger Regeln geben. Eine weitere allgemeinere Reform ... sollte darin bestehen, daß jeder Ausschuß durch einen Mann ersetzt wird" (N.C. Parkinson, in: Geißler 1978, S. 97; ähnlich schon Ferdinand III., s.u. § 37 II 5).

§ 36. Planung als Instrument rationaler Sozialgestaltung

Literatur: Wie zu § 25 III; *K. Mannheim,* Mensch und Gesellschaft im Zeitalter des Umbaus, (engl. 1940) dt. 1958, Tl. IV ff.; *J.H. Kaiser, F. Ossenbühl, F. Rietdorf,* in: Verhandl. des 50. Dt. Juristentages, 1974; *C. Brünner,* Politische Planung im parlamentar. Regierungssystem, 1978; *W. Graf Vitzthum,* Parlament und Planung, 1978; *Th. Würtenberger,* Staatsrechtliche Probleme politischer Planung, 1979; *Stern,* § 40; *Th. Würtenberger,* Zukunftsperspektiven öffentlicher Planung, in: Die Fortbildung, 1981, 42 ff.; *N. Achterberg,* Die Verfassung als Sozialgestaltungsplan, in: F.f.H.U. Scupin, 1983, 300 ff.; *W. Hoppe,* in: HdStR, § 77; *Zippelius/Würtenberger,* § 46 X.

I. Begriff und grundsätzliche Funktion des Plans

Planen bedeutet, einen erwünschten Gegenstand oder Zustand in Gedanken zu entwerfen und Mittel und Methoden zu seiner Verwirklichung aufzuweisen. Ein Plan umfaßt also den Entwurf einer bestimmten Zielvorstellung und der Mittel und Methoden, mit denen man zu dem Ziel gelangt. In beiden Hinsichten kann Planung das Handeln „rationalisieren" und insbesondere durchschaubar machen: Die Zielvorstellungen selbst werden im planenden Denken präzisiert, insbesondere bei Zielkonflikten in ihrem relativen Gewicht näher bestimmt und gegeneinander abgegrenzt. Die Mittel und Methoden der Zielverwirklichung werden unter Zuhilfenahme von Erfahrungsgesetzen und Erfahrungsdaten so ausgewählt, daß das Ziel möglichst sicher, vollkommen, rasch und wenig aufwendig erreicht werden kann.

Pläne und generelle Normen scheinen grundsätzlich verschieden zu sein. Der Plan scheint darauf angelegt, sich selbst überflüssig zu machen, dadurch, daß sein Programm erledigt, sein Ziel erreicht wird, die Straße gebaut, die industrielle Entwicklung in Gang gebracht ist. Generelle Normen hingegen wollen als fortwährendes Handlungsregulativ gelten, das nicht im Augenblick seiner Verwirklichung gegenstandslos wird; daß man im Straßenverkehr rechts ausweichen und links überholen soll, hat sich nicht mit einmaliger Befolgung dieser Regel erledigt. Dennoch läßt sich die Unterscheidung von Plan und genereller Normierung nicht so rigoros durchführen, wie diese Gegenüberstellung es nahelegt. Wenn man das Leitbild eines bestimmten Gesellschaftszustandes, z.B. einer ausgewogenen Vermögensverteilung oder eines flüssigen und ungefährlichen Straßenverkehrs, aufstellt, so kann man das Modell dieses Zustandes als „Planziel" denken, das erst herbeizuführen und dann kontinuierlich zu erhalten ist. Generelle Normen (etwa des Einkommens-, und Erbschaftssteuerrechts oder des Straßenverkehrsrechts) erscheinen dann als Instrumente zur Erreichung dieses „Planzieles". Jenes Leitbild läßt sich aber auch unmittelbar selbst als normative Verhaltensrichtlinie vorstellen: als (allerdings sehr vages) Gebot, alles zu tun, was den vorgestellten Zustand herbeiführt und erhält.

Planung bedeutet Rationalitätsgewinn: Das Aufstellen umfassender und langfristiger Programme der Politik, in die sich eine Vielfalt detaillierter Gesetzesvorhaben und Einzelmaßnahmen einordnen läßt, kann die Durchsichtigkeit und die Kontinuität der Staatstätigkeit fördern und dient zugleich der Orientierungsgewißheit.

II. Die Verteilung der Planungsfunktionen im Staat

Literatur: *V. Busse,* Zur Gesetzgebungsarbeit der Bundesregierung – Politik, Kooperation und Planung heute, VerwArch 1996, 445 ff.
Zu 1: Wie zu § 37 IV 2.
Zu 2: *K. König* (Hg), Koordination und integrierte Planung in den Staatskanzleien, 1976; *H. Siedentopf* (Hg), Regierungspolitik und Koordination, 1976.
Zu 3: *E.-W. Böckenförde,* Planung zwischen Regierung und Parlament, in: Der Staat 1972, 429 ff.; *E. H. Ritter,* Theorie und Praxis parlamentarischer Planungsbeteiligung, in: Der Staat 1980, 413 ff.

Planung ist im modernen Staatswesen arbeitsteilig zu organisieren: Die politischen Zwecksetzungen und das sachverständige Durchdenken und Bereitstellen der Verwirklichungsmittel müssen geordnet ineinandergreifen. Insbesondere muß das ausgedehnte Sachwissen mobilisiert und koordiniert werden, das nötig ist, um die kompliziert gewordenen Lebensverhältnisse zu durchschauen und kundig zu lenken.

1. Zielwahl und Sachverstand. Idealtypisch gesehen, fällt die Auswahl der Ziele und deren gegenseitige Abwägung, Abgrenzung und programmatische Formulierung den politischen Instanzen zu. Die Partei- und Ministerialbürokratien haben ihren koordinierten Sachverstand beizusteuern (§ 37 IV): Sie haben schon für die Auswahl der politischen Ziele die sachlichen Informationsgrundlagen bereitzustellen; ferner die wirtschaftlichsten und wirksamsten juristischen und verwaltungstechnischen Instrumente zur Erreichung der Ziele zu erarbeiten; schließlich die positiven und negativen Neben- und Fernwirkungen des Programms soweit möglich offenzulegen, insbesondere zu untersuchen, ob seine Durchführung andere Bedürfnisse freisetzt, zumal solche, die im bisherigen Milieu eine latente Befriedigung fanden.

Selbstverständlich werden aber in der Praxis die Ziele und die Instrumente zu deren Verwirklichung nicht in idealtypischer Isoliertheit, sondern in einem Zusammenspiel von politischen und sachverständigen Erwägungen erarbeitet. Hierbei wird die Wahl des Zieles selbst oft mit Rücksicht auf die erforderlichen Mittel und auf deren Nebenwirkungen verändert. Je komplexer die Situation ist, desto abhängiger wird die Zielwahl vom Sachverstand, insbesondere von einer Situationskenntnis und von einer Kenntnis der Mittel und Folgen der Zielverwirklichung. An der Erarbeitung und am Vergleich verschiedener Entscheidungsalternativen hat der Sachverstand einen um so größeren Anteil, je verwickelter die Umstände der Entscheidung sind. So hat sich die Funktion der politischen Führung zunehmend von der einfachen „Zielwahl" zu einer Lenkung des Zielfindungsprozesses gewandelt.

2. Stufen der Konkretisierung, Koordinationsprobleme. Eine orientierende Funktion für die zukünftige Politik haben bereits die Parteiprogramme, die auf Parteitagen erarbeitet, neu interpretiert und revidiert werden.

Von diesen Grundsatzprogrammen maßgebend mitbestimmt sind auch die Wahlprogramme, wie sie von jeder Partei für die bevorstehende Legislaturperiode dargelegt und den Wählern präsentiert werden. Auf dieser Stufe findet eine wichtige

Rückkoppelung der politischen Zielfindungsprozesse an den mutmaßlichen Willen der Wählerschaft statt (§ 23 II 5).

Ferner war das vorgreifende Konzipieren künftiger innen- und außenpolitischer Ordnungsmodelle und Aktionsprogramme von jeher die charakteristische Funktion des Regierens, das eben keine bloße Verwaltung und Gesetzesvollziehung ist und sich nie recht in das klassische Gewaltenteilungsschema einfügen wollte (§ 31 III). Regierungsprogramme bilden vielfach die Grundlage außenpolitischer Aktivitäten und innenpolitischer Gesetzesvorhaben.

Umfassendere Pläne der Regierung lassen sich oft in Detailpläne gliedern. Die Verwirklichung eines nachgeordneten Detailplanes erscheint dann als Mittel, um den übergeordneten Plan zu realisieren. Ein wichtiges Gliederungsschema bildet auf der Regierungsebene das Ressortprinzip: Es werden hier Regelungs- und Planungskompetenzen nach Geschäftsbereichen, d.h. nach zweckorientierten Aufgabengebieten, auf die verschiedenen Ministerien verteilt.

Soll der Staat aber seiner Ordnungsfunktion gerecht werden, so müssen die in solcher Weise aufgeteilten Planungsleistungen laufend koordiniert und in einen Gesamtentwurf der Politik integriert werden. So finden sich auf der Regierungsebene mehrere Koordinationsmechanismen: Die vom Kabinettschef gegebenen Richtlinien der Politik bestimmen einen Planungsrahmen. Diese Richtlinien müssen im Laufe der Legislaturperiode immer wieder dem Wandel der Situation angepaßt werden. Die jeweilige Regierungspolitik ist wesentlich mitbestimmt durch vorangegangene Stufen politischer Zielbestimmung, wie sie im Parteiprogramm, im Wahlprogramm und im Regierungsprogramm zum Ausdruck gekommen sind. In Koalitionsregierungen geht der Präzisierung der Regierungspolitik auch eine Kompromißsuche in „Koalitionsrunden" voraus (§ 41 III 1). Oft setzt sich die Kompromißsuche auf Kabinettsebene fort: Ministerien, deren Geschäftsbereich von dem Vorhaben eines anderen Ministeriums betroffen sein kann, werden von diesem informiert und beteiligt. Darüber hinaus hat es sich als zweckmäßig erwiesen, innerhalb der Ministerien und auf der Ebene des Kabinettschefs besondere Planungsstäbe einzurichten. Diese sollen für eine abteilungs- und ressortübergreifende Koordinierung neuer Planungen schon im Entwicklungsstadium sorgen, mögliche Planungskonflikte frühzeitig erkennen und diesen durch konstruktive Lösungsvorschläge zuvorkommen. Über Meinungsverschiedenheiten zwischen mehreren Ministerien wird, wenn sie auf anderem Wege nicht ausräumbar sind, durch Kabinettsbeschluß verbindlich entschieden.

Wichtige Stufen zur Verwirklichung der Regierungsprogramme sind: die Erarbeitung von Gesetzentwürfen, die Vorbereitung und Anbahnung von Staatsverträgen und die Erstellung des Haushaltsplanes, den man geradezu „das ins Finanzielle übersetzte Regierungsprogramm" genannt hat (J. Heckel; BVerfGE 79, 328f.).

3. Regierung und Parlament. Zur Verwirklichung ihrer Ziele bedarf die Regierung der Mitwirkung des Parlaments. Dieses beschließt die Gesetze, ratifiziert die Staatsverträge und gibt hierdurch der Regierungspolitik erst ihre verbindliche Form. Es bewilligt die Haushaltsmittel und ermöglicht es erst hierdurch der Regierung finanziell, ihre Pläne zu verwirklichen. So möchte es scheinen, daß schon hierdurch das Parlament die Regierungspolitik voll unter Kontrolle hat.

Dem ist aber nicht so. Eine konsequente Regierungspolitik kann, wenn sie erst einmal in das Stadium einer Teilverwirklichung getreten ist, einen „Zugzwang" zur Folge haben: Planungen, die auf breiter Basis langfristige Konzeptionen entwerfen, können, wenn ihre Verwirklichung begonnen hat, zu einem Kontinuitätszwang führen. Dadurch kann die Freiheit, politisch über Zwecke zu disponieren, vor allem auch die Möglichkeit, Ziele zu ändern, faktisch beschränkt werden.

Wegen dieser Konsequenzen ist es grundsätzlich wünschenswert, daß die Regierung an grundlegenden Orientierungsprozessen der Politik frühzeitig auch das Parlament, insbesondere die Opposition beteiligt und solche Vorgänge damit wenigstens potentiell in das Licht der Öffentlichkeit rückt. Herkömmlicherweise geschieht das in großen Umrissen bereits durch die Regierungserklärungen. Konkrete Planungen legt die Regierung dem Parlament nicht selten auf Interpellationen hin dar.

Stärker formalisiert ist die Beteiligung des Parlaments, wenn im Zusammenhang mit dem Haushaltsgesetz konkrete Vorhaben der Regierung dargelegt werden, um die dafür vorgesehenen Haushaltsansätze zu begründen. Verschiedentlich fordert man eine noch weiter gehende formelle Beteiligung des Parlaments an einer Festlegung der Ziele und Mittel der Regierungspolitik durch „Programmgesetze". Das Streben nach solcher Formalisierung der Planung steht aber in Widerspruch zu dem Bedürfnis, die Politik möglichst flexibel zu halten.

III. Rationalisierbarkeit staatlichen Planens und Entscheidens?

Literatur: *N. Luhmann,* Die Knappheit der Zeit und die Vordringlichkeit des Befristeten, in: Die Verwaltung, 1968, 3 ff.; *C. Böhret,* Entscheidungshilfen für die Regierung, 1970; *F. H. Tenbruck,* Zur Kritik der planenden Vernunft, 1972; *W. Thieme,* Entscheidungen in der öffentlichen Verwaltung, 1981, §§ 4, 5 ff., 16 f.; *Ch. Kirchner,* Ökonomische Theorie des Rechts, 1997; *M. Fehling,* Kosten-Nutzen-Analysen als Maßstab für Verwaltungsentscheidungen, VerwArch 2004, 443 ff.; *J. F. Lindner,* Verfassungsrechtliche Rahmenbedingungen einer ökonomischen Theorie des Öffentlichen Rechts, JZ 2008, 957 ff. m. w. Nachw.

Mitunter werden große Hoffnungen auf die rationale Planbarkeit politischen und administrativen Handelns gesetzt. Sieht man genauer hin, bestätigen sich diese Erwartungen aus vielen Gründen nicht.

In rechtspolitischen Entscheidungen sind mehrere Komponenten in Betracht zu ziehen, die durch eine „Entscheidungsanalyse" bewußt gemacht werden können (Zippelius RPh, § 20 III 4): Staatliches Handeln hat viele Zwecke: Es soll nicht nur eine gesamtwirtschaftliche Nutzenmaximierung, sondern z. B. auch kulturelle Entwicklungen fördern, kulturelle Traditionen pflegen, Menschenwürde und elementare Freiheiten gewährleisten und konkurrierende Interessen zu einem gerechten Ausgleich bringen. Mit zu erwägen sind die Mittel, d. h. die Kausalitäten, die mehr oder minder wahrscheinlich zur Verwirklichung dieser Ziele führen können, und die denkbaren schädlichen Nebenwirkungen. In allen diesen Komponenten stößt das Bemühen um Rationalität auf Grenzen.

Schon bei der Zielwahl ist das der Fall, weil die möglichen Zwecke, die zu erwägen sind, einer Gewichtung bedürfen. Über diese werden oft Meinungsverschiedenheiten entstehen, die sich nicht rational ausräumen lassen, weil wir unterschiedliche Wertungsdispositionen haben, die sich auf weltanschauliche Voreingenommenheiten, persönlichen Erfahrungskontext und individuelle Veranlagungen gründen (Zippelius RPh, § 20 II). Die Relativität der individuellen Wertungen spiegelt sich auch im jeweiligen „Zeitgeist" wider: in den Präferenzen, die sich in einer Gemeinschaft häufen und dort vorherrschen; auch sie sind zeit- und situationsgebunden (Zippelius RPh, § 21 III).

Das Bemühen um Rationalität stößt aber nicht nur dann an Grenzen, wenn es darum geht, welche Ergebnisse des Handelns wünschbar oder nicht wünschbar sind, sondern auch dann, wenn die Wahrscheinlichkeit ihres Eintrittes abzuschätzen ist: Exakte Vorhersagen sind oft schon wegen der Vielfalt der mitwirkenden Kausalitäten unmöglich. Wo menschliches Handeln in die abzuschätzenden Geschehensabläufe eingreift, liegt auch darin ein Unsicherheitsfaktor; denn Handeln ist nicht streng determiniert; insbesondere ist menschliches Versagen nicht vorausberechenbar. Meist sind auch nicht alle Auswirkungen einer Maßnahme, insbesondere die Verflechtungen und Nebenwirkungen, mit denen bei Eingriffen in das soziale Gefüge zu rechnen ist, voll zu überblicken und können daher oft nur selektiv in Rechnung gestellt werden. Nicht selten ist bei Planungen eine Begrenztheit des Horizontes (d. h. die Selektivität der Aufmerksamkeit und der Erwägungen) geradezu institutionell vorgegeben, wenn planende Verwaltungen auf bestimmte Aufgaben eingestellt sind.

Dazu kommt die Zeitnot, die allem Analysieren Grenzen setzt. Diese Bedrängtheit des politisch Handelnden hat – etwas zugespitzt – schon Tocqueville (DA, 2. Tl., I Kap. 10) beschrieben: „Der handelnde Mensch muß sich oft mit einem Ungefähr begnügen, weil er, wollte er in jeder Einzelheit das Vollkommene anstreben, mit seinem Vorhaben nie fertig würde ... Die Lenkung der Welt erfolgt nicht durch weitläufige und gelehrte Beweisführungen. Da werden alle Angelegenheiten durch das rasche Erfassen einer einzelnen Tatsache entschieden, durch das tägliche Studium der wechselnden Leidenschaften der Menge, durch den Zufall des Augenblickes und durch die Geschicklichkeit in dessen Ergreifen." Heute gilt es als Binsenwahrheit der Soziologie, daß die Kapazität zu rationalem Planen und Entscheiden begrenzt ist durch die Beschränktheit der menschlichen Wahrnehmungsfähigkeit und durch die Knappheit der Zeit; auch diese wirkt selektiv „auf Sachziele, die man verfolgen, und Informationen, die man verwerten kann" (Luhmann RS, 350).

Diese Rationalitätsgrenzen verhindern es aber nicht, die verschiedenen relevanten Faktoren, einschließlich des Einflusses der Wertungen, in ein „rationales", etwa auf einen Mehrheitsentscheid hinauslaufendes Entscheidungsverfahren einzubeziehen.

Der Prozeß rationaler Sozialgestaltung ist vor allem in der Weise „offen", daß er eine immer wiederholte Vergewisserung darüber verlangt, in welchem Ausmaß die erstrebten Ziele mit den eingesetzten Mitteln inzwischen erreicht worden sind, auch darüber, ob sich mittlerweile geeignetere Mittel zur Erreichung dieser Ziele anbieten und ob sich vielleicht die der Planung zugrunde gelegten Ziele und Präferenzen selbst gewandelt haben.

§ 37. Die Rolle der Bürokratie

Literatur: *M. Weber* WuG; *ders.*, PolSchr, 308 ff.; *F. Morstein Marx*, Einführung in die Bürokratie, 1959; *R. Mayntz* (Hg), Bürokratische Organisation, 1968, ²1971; *H. Jacoby*, Die Bürokratisierung der Welt, 1969, ²1984; *R. Mayntz*, Soziologie der öffentlichen Verwaltung, 1978, ³1985; *G. Hillmann*, Aspekte der Bürokratiediskussion, VerwArch 77 (1986), 1 ff.

Sozialgeschichtlich gehört die Entstehung bürokratischer Strukturen in die Entwicklung des sich ausbreitenden Regimes der Funktionäre. Gründe und Problematik dieser Entwicklung wurden schon erörtert (§ 25 III). Im folgenden geht es um Stellung der Bürokratie in der Gegenwart.

I. Die Unentbehrlichkeit der Bürokratie

In allen modernen Organisationen, nicht nur der Staatsverwaltung – auf die wir uns hier beschränken –, sondern auch der Wirtschaft, der Parteien, der Verbände und der Massenkommunikationsmittel stellt sich die Aufgabe fachkundiger

Bewältigung komplizierter Sachverhalte. Das Instrument hierfür ist die Bürokratie, verstanden als organisatorische Zusammenfassung sachkundiger Fachleute. Bei Einrichtung einer Bürokratie geht es erstens um eine möglichst ökonomische horizontale und vertikale Aufteilung der Funktionen durch Geschäftsverteilungspläne und Kompetenzenordnungen; zweitens um die Gewährleistung wirksamer Koordination.

Die moderne Massenverwaltung habe, schrieb Max Weber, „nur die Wahl zwischen Bürokratisierung und Dilettantisierung". Die Effizienz bürokratischer Sacherledigung sei begründet durch Fachwissen, „Präzision, Schnelligkeit, Eindeutigkeit, Aktenkundigkeit, Kontinuierlichkeit, Diskretion, Einheitlichkeit, straffe Unterordnung, Ersparnisse an Reibungen, sachlichen und persönlichen Kosten" (M. Weber WuG, 128 f., 561 f.). Doch gibt es auch Vorbehalte:

II. Bürokratische Struktur und bürokratischer Verwaltungsstil

Literatur: *M. Wallerath*, Die Änderung der Verwaltungskultur als Reformziel, in: Die Verwaltung 2000, 351 ff.
Zu 1 und 2: Wie zu § 14 I, IV 1.
Zu 5: *F. Morstein Marx*, Freiheit und Bürokratie, ARSP 42 (1956), 351 ff.; *C. N. Parkinson*, Parkinsons Gesetz, (engl. 1957) dt. 1958; *C. H. Ule*, Parkinsons Gesetz und die deutsche Verwaltung, 1960; *H. Helmrich* (Hg), Entbürokratisierung, 1989, 293 ff.

1. Spezialisierung. Arbeitsteilige Erledigung der Geschäfte durch Fachleute führt zu einer Spezialisierung. Dieser verdankt die Bürokratie einerseits ihre große Effizienz in der sachkundigen Bearbeitung komplizierter Sachverhalte. Andererseits hat die Spezialisierung auch schwerwiegende Nachteile.

Vor allem birgt sie die Gefahren eines Perfektionismus im Detail, eines Ressortegoismus und einer Ressortblindheit: Belange, für die man Experte ist und mit denen man sich ständig befaßt, werden überbewertet, andere Interessen werden übersehen oder unterschätzt. Dieser Mangel läßt sich durch eine Mitbeteiligung (z. B. „Mitzeichnung") anderer Referate oder Behörden ausgleichen. Auf diese Weise vereinigt man auch die Sachkunde und Erfahrung verschiedener Fachleute. Andererseits ist diese Technik zeitraubend und aufwendig, also nur dort ökonomisch vertretbar, wo ein besonders hochwertiges und wohlabgewogenes Arbeitsergebnis erzielt werden soll, wie etwa bei der Erstellung eines Gesetzentwurfs.

Die Aufspaltung aller Staatsfunktionen in ein Schema von Sachgebieten birgt auch die Gefahr einer Vernachlässigung nicht „programmierter" öffentlicher Aufgaben und, damit zusammenhängend, die mangelnde Anpassungsfähigkeit an sich wandelnde Bedürfnisse, also eine Beharrungstendenz, welche die Bürokratie leicht als rückständig erscheinen läßt.

2. Koordination und „Formalisierung". Arbeitsteilige Erledigung komplizierter Aufgaben erfordert einerseits Spezialisierung, andererseits Koordination (Integration) der in Arbeitsteilung erfüllten Funktionen. Die Geschäftsverteilungsregelungen und Kompetenzenordnungen haben also die doppelte Aufgabe, Funktionen zu verteilen und sie in bestimmten Formen zu koordinieren.

Der Koordination behördlichen Handelns dient zunächst schon die Amtsführung „nach generellen, mehr oder minder festen und mehr oder minder erschöpfenden, erlernbaren Regeln" (M. Weber WuG, 552). Dies sind vor allem Rechtsvorschriften, die das behördliche Handeln generell und allgemeinverbindlich leiten. Zu den generellen Regeln gehören auch die nur verwaltungsintern verbindlichen Verwaltungsvorschriften; das sind generelle Weisungen für den Ermessensgebrauch und die Gesetzesauslegung, die in Ausübung der „Fachaufsicht" erlassen werden.

Als Instrumente zweckrationaler Steuerung und Koordination behördlichen Handelns wurden zunehmend auch Pläne und generelle Zielvorgaben von Bedeutung. Hierbei muß das richtige Maß zwischen normativen Vorgaben einerseits und eigenverantwortlichen Gestaltungsmöglichkeiten der Amtswalter andererseits gefunden werden, damit in rechtsstaatlich vertretbarer Weise Spielräume für ein Verwaltungshandeln gewonnen werden, das sich den Besonderheiten der verschiedenen Situationen anpassen (§ 30 III 2) und insbesondere ökonomisch zweckmäßige Lösungen wählen kann (§ 3 III 3).

Dazu kommen koordinierende Tätigkeiten, die erst im Einzelfall eingesetzt werden. Sie können entweder hierarchisch oder nach dem Prinzip der Selbstabstimmung funktionieren.

„Hierarchischer" Natur sind Aufsichtsrechte. Mit ihnen können verschiedene Befugnisse verbunden sein: das Recht, Einzelweisungen für die Ermessensausübung oder die Wahl einer Gesetzesauslegung zu erteilen (Fachaufsicht); oder auch nur das Recht, rechtswidriges Handeln nachgeordneter Amtswalter und Instanzen rechtsaufsichtlich zu beanstanden; ferner das Recht, die Entscheidung der Sache an sich zu ziehen; schließlich das Recht, auf ein Rechtsmittel hin eine Entscheidung zu überprüfen, sie aufzuheben und neu zu entscheiden (§ 14 I 2). Auch behördeninterne Leitungsbefugnisse und andere Aufsichtsrechte sind so zu gestalten, daß angemessene Spielräume und Anreize für ein eigenverantwortliches Handeln nachgeordneter Dienststellen und Mitarbeiter bestehen (§ 14 IV 1).

Koordination kann aber auch durch Selbstabstimmung der Beteiligten funktionieren. Ein Beispiel dafür bietet die Praxis der Ministerien, andere Ressorts an solchen Entscheidungen zu beteiligen, die deren Interessen berühren; Meinungsverschiedenheiten sind durch Verhandlungen auszuräumen; wo dieser Ausgleich mißlingt, kann die verbindliche Entscheidung durch Kabinettsbeschluß herbeigeführt werden (§ 41 II 2).

3. Berechenbarkeit und Unparteilichkeit. Die Amtsführung nach generellen und möglichst berechenbaren Regeln dient nicht nur einer formalen Koordination behördlichen Handelns. Die abstrakte Regelhaftigkeit erfüllt zudem die rechtsstaatliche Forderung nach Vorhersehbarkeit und Überprüfbarkeit staatlichen Handelns (§ 30 I). Sie kommt auch dem Bedürfnis nach „Rechtsgleichheit im persönlichen und sachlichen Sinn" entgegen. Sie fördert eine „sachliche" Erledigung, d.h. eine Erledigung „ohne Ansehen der Person" (§ 25 III 2). Damit verbindet sich die Aufgabe, Interessen, die sich widerstreiten, zu einem gerechten Ausgleich zu bringen (§§ 26 V 1; 27 II 1).

Neben der Gerichtsbarkeit kommt besonders der von einem geschulten Fachbeamtentum besetzten Bürokratie die Aufgabe zu, Repräsentant der Sachkunde und der Sachlichkeit zu sein und als „neutrale Gewalt" sine ira et studio zu wirken (§ 27 II 3). In ihren Verwaltungsentscheidungen und in den von ihr vorbereiteten Gesetzentwürfen hat vor allem auch sie für einen unparteiischen und gerechten Interessenausgleich zu sorgen. Demgemäß hat das Bundesverfassungsgericht das Berufsbeamtentum als eine Institution bezeichnet, „die, gegründet auf Sachwissen, fachliche Leistung und loyale Pflichterfüllung, eine stabile Verwaltung sichern und damit einen ausgleichenden Faktor gegenüber den das Staatsleben gestaltenden politischen Kräften darstellen soll" (BVerfGE 7, 162).

Freilich läßt sich die Bürokratie in der pluralistischen Gesellschaft nicht in dem Maße neutralisieren, wie es dem idealtypischen Modell der Trennung von Staat und Gesellschaft entspräche (§ 27 II 3). Einwirkungen pluralistischer Kräfte stören die

Unparteilichkeit der Bürokratie, sei es, daß sie Einfluß über die politisch besetzte Spitze der kommunalen Verwaltungen oder auch der staatlichen Ministerien ausüben, sei es, daß sie Personen, von denen sie sich eine besondere Förderung erwarten, in bürokratische Ämter schieben (§ 26 III). Neben solcher Ämterpatronage und einem ihr entsprechenden Beförderungsopportunismus kann aber auch das natürliche Engagement für den zu betreuenden Lebensbereich dazu führen, daß Beamte sich mit solchen Interessen identifizieren, die sie zu verwalten haben. Es besteht die Gefahr, daß auf die eine oder andere Weise die Staatsloyalität des Beamten z. B. in eine Partei-, Gewerkschafts- oder Kirchenloyalität verbogen wird.

4. Vertrauliche Sachbehandlung. Bürokratien neigen dazu, behördeninternes Wissen nicht an die Öffentlichkeit treten zu lassen. Diese Tendenz ist zum Teil sachlich bedingt und gerechtfertigt. Sie kommt oft schon dem Diskretionsinteresse betroffener Bürger entgegen. Vielfach liegt sie auch in einem dringenden öffentlichen Interesse. Pläne zur Landesverteidigung z. B. können nicht in der Öffentlichkeit ausgebreitet werden, diplomatische Fühlungnahmen nur selten in aller Öffentlichkeit angebahnt werden.

Aber über solche sachlichen Gründe hinaus fördert auch schon das Machtinteresse der Bürokratie die Neigung zu vertraulicher Behandlung von Amtswissen und Dienstwissen. Ihre „Überlegenheit des berufsmäßig Wissenden" sucht jede Bürokratie noch durch das Mittel der Geheimhaltung ihrer Kenntnisse und Absichten zu steigern" (M. Weber WuG, 572).

Die Tendenz zu vertraulicher Sachbehandlung gerät in einen unbestreitbaren Konflikt mit dem demokratischen Prinzip öffentlicher Kontrolle der Staatsgewalt, um so mehr, als die Bürokratie einen gewichtigen Faktor dieser öffentlichen Gewalt darstellt (§ 23 II 7).

5. Für und wider den bürokratischen Stil. Schon die bisherigen Überlegungen haben die Ambivalenz des bürokratischen Verwaltungsstils deutlich gemacht: Dem Vorzug der Spezialisierung, der Mobilisierung von Sachkunde im Detail, entspricht – jedenfalls idealtypisch – die „Ressortblindheit" des Bürokraten, also die dem Spezialisten eigentümliche Begrenztheit des Horizonts und die damit verbundene Einbuße an jenem „gesunden Menschenverstand", der den Überblick über die Vielfalt der je betroffenen Interessen behält und sie vernünftig gewichtet.

Der Regelgebundenheit, Gleichmäßigkeit und Sachlichkeit bürokratischen Handelns entspricht – wiederum idealtypisch – die Starrheit des Bürokraten, seine „Unpersönlichkeit" und seine Neigung zu schematischem Denken, das es verlernt hat, den Besonderheiten der Situation gerecht zu werden. Schon Max Weber hat gesehen, daß als Kehrseite der „Versachlichung" auch ein Stück „Entmenschlichung" zum Vorschein kommt, nämlich „die Ausschaltung von Liebe, Haß und allen rein persönlichen, überhaupt allen irrationalen, dem Kalkül sich entziehenden Empfindungselementen aus der Erledigung der Amtsgeschäfte" (WuG, 562f.).

Die vertrauliche Sachbehandlung dient nicht nur berechtigten Diskretionsinteressen, sondern auch dazu, bürokratische Macht aufzubauen und der öffentlichen Kontrolle zu entziehen.

Das Zerlegen umfänglicher Staatsaufgaben in Teilfunktionen und deren räderwerksgleiches Ineinandergreifen bringt also neben den erwähnten Vorteilen auch beträchtliche Nachteile mit sich. Hinter dem „geregelten Ablauf" der Amtsgeschäfte verbirgt sich mitunter bequeme Routine, Denkfaulheit, Mangel an wachem Situationsgefühl, an Initiative und an Verantwortungsbewußtsein. Mit der Aufsplitterung der Funktionen wird auch das Verantwortungsgefühl für das Gesamtergebnis aufgesplittert, insgesamt sogar verringert, wo jeder, geschoben und schiebend, sich durch das Gesamtsystem, in dem er funktioniert, entlastet fühlen kann – eine mitunter gefährliche Schwäche des bürokratischen Systems.

Dazu kommen ungefährlichere, aber lästige und teilweise auch kostspielige Negativposten des Bürokratismus: die Umständlichkeit und Langsamkeit des bürokratischen Geschäftsganges, die Enge des Bürokraten, der alle Quisquilien seines Sachgebietes für selbstverständlich und wichtig nimmt, und die Unlust, ausgetretene Pfade zu verlassen. In die Rubrik „lästig und kostspielig" gehört nicht zuletzt auch die „Introvertiertheit" der Bürokratien. Je größer diese werden, desto stärker tendieren sie gewöhnlich dahin, Selbstzweck zu werden. Das zeigt sich etwa an der Zunahme komplizierter Kooperationsmuster und unfruchtbarer Zuständigkeitsstreitigkeiten.

Unter den Negativposten ist nicht zuletzt das immer unerträglicher werdende Wachstum der Behörden zu nennen. Ein Grund dafür ist das Bestreben, die Rechts- und Verwaltungsstrukturen immer weiter zu verfeinern und immer mehr Probleme des gesellschaftlichen Lebens in staatliche Regie zu nehmen (§ 35 IV). Ein anderer Grund liegt darin, daß Behörden- und Abteilungsleiter nicht selten auf eine Vergrößerung des ihnen unterstellten Apparates drängen: zum Teil aus Unfähigkeit, dessen Arbeit zuchtvoll auf das Wesentliche zu beschränken, zum Teil aber auch deshalb, weil mit dem Anwachsen von Behörden und Behördenteilen die Beförderungschancen ihrer Leiter zu steigen pflegen.

Gerade das krebsartige Wuchern der Bürokratien, das mit einem Überhandnehmen staatlicher Regelungen, Vorsorgen und Interventionen verbunden ist, hat zum Bewußtsein gebracht, daß ein Übermaß an staatlicher Fürsorge und Gängelung die Freiheit auch dann in Bedrängnis bringt, wenn sie sich in rechtsstaatlichen Formen vollzieht (§§ 31 I; 35 IV). Das zunehmende Gewicht der Bürokratien im staatlichen Kräftespiel hat zudem dazu gedrängt, sie in einer Weise zu politisieren, die ihrer „neutralen" Funktion widerspricht (IV 4). Dies alles ließ es zu einer der großen politischen Forderungen unserer Tage werden, die Bürokratien auszulichten und ihre Wirksamkeit wieder auf ein verständiges Maß zu begrenzen (§ 25 III 3) – auch „dieweil die allzugroße Menge der Räthe nur zu mehrer Verlängerung der Raths-Geschäfften gereicht", wie es schon in der Reichshofratsordnung Ferdinands III. vom 15. 8. 1637 (Tit. 1 § 2) hieß (s. o. § 35 IV 7).

III. Personelle Komponenten

Literatur: *W. Weber*, Staats- und Selbstverwaltung in der Gegenwart, 1953, ²1967, 87 ff.; *K. Loewenstein*, Staatsrecht und Staatsverwaltung von Großbritannien, I 1967, 457 ff.; *W. Wiese*, Der Staatsdienst in der BRD, 1972, 147 ff.; *H. Hattenhauer*, Geschichte des deutschen Beamtentums, 1980, ²1993; *G. Püttner*, Verwaltungslehre, 1982, ⁴2007, § 12; *K. König*, Zur Reform des öffentlichen Dienstes: Berufszugang und Berufsweg, in: F. f. E. Melichar, 1983, 281 ff.; *W. Leisner*, Beamtentum, 1995; *S. Magiera*, *H. Siedentopf* (Hg), Das Recht des öffentlichen Dienstes in den Mitgliedstaaten der EG, 1994.
Zu 1: *N. T. Gönner*, Der Staatsdienst, 1808, §§ 58 ff.; *B. Wunder*, Privilegierung und Disziplinierung, 1978; *H. Lecheler*, Das Laufbahnprinzip, 1981; *H. Coing*, Ausbildung von Elitebeamten in Frankreich und Großbritannien, 1983; *W. A. Oechsler*, *N. Steinebach*, Leistung und Leistungsbegriff im höheren Dienst, 1983; *O. Rundel*, Die Führungsakademie des Landes Baden-Württemberg, DÖV 1994, 1031 ff.
Zu 2: *G. Sturm*, Die Inkompatibilität, 1967, 41 ff.; *P. Dagtoglou u. a.*, Verfassungspolitische Probleme einer Reform des öffentlichen Dienstrechts, 1973, 43 ff., 86 ff.; *G. Püttner*, Zur Neutralitätspflicht der Beamten, in: F. f. C. H. Ule, 1977, 383 ff.; *D. Merten*, Das Berufsbeamtentum als Element deutscher Rechtsstaatlichkeit, in: L. Lüder (Hg), Staat und Verwaltung, 1997, 145 ff.

Auswahl, Status und Pflichten der Amtsträger sollen der Leistungsfähigkeit und der Unparteilichkeit der Bürokratie dienen.

1. Gewährleistungen der Leistungsfähigkeit. Im Interesse der Leistungsfähigkeit der Bürokratie ist schon der Zugang zu ihren Ämtern grundsätzlich an den Nachweis einer fachlichen Qualifikation geknüpft. Innerhalb der Bürokratie gibt es Laufbahnen verschiedener Stufen; von Stufe zu Stufe gelten jeweils höhere Anforderungen an Ausbildung und Prüfung. Auch innerhalb der einzelnen Laufbahnen richten sich die Startbedingungen (Chancen, sich auszuzeichnen; Beförderungsaussichten) nach dem Qualifikationsnachweis, der in einer Prüfung unter Wettbewerbsbedingungen erworben worden ist. Das geschieht unter der oft bestätigten Annahme, daß in der Regel die Berufsleistung der Examensleistung entspricht, wenn das Prüfungssystem berufsangemessene Auswahlkriterien verwendet, wenn also die geforderte Prüfungsleistung der geforderten Berufsleistung möglichst gleicht.

Die Beförderung soll auf Grund der Ausbildung und der hinzugewonnenen fachlichen Erfahrung und Bewährung geschehen. Es bereitet aber Schwierigkeiten, auch den Aufstieg in die Spitzenpositionen der Bürokratie nach eindeutig überprüfbaren Kriterien der Eignung, Befähigung und Leistung zu reglementieren, schon weil es schwerlich gelingt, alle Eigenschaften, die für Führungspositionen nötig sind, durch „objektive" Anstellungsprüfungen mitzuerfassen. Zu denken ist hierbei nicht nur an intellektuelle Fähigkeiten, wie Einfallsreichtum, Urteilskraft und Augenmaß, sondern auch an charakterliche Qualitäten, wie Durchsetzungsvermögen und Kompromißbereitschaft, Courage und Takt. Zur Erfassung dieser und ähnlicher Eigenschaften bedarf es zusätzlicher Beurteilungen, die in einigermaßen neutraler Weise bürokratie-intern geschehen können und dann auf eine Kooptation bürokratischer Eliten hinauslaufen (§ 22 II 3).

Dieses Qualifikations- und Laufbahnsystem ist, bei allen Mängeln, das immer noch am besten funktionierende Modell zur personellen Auslese. Ämterpatronage unter unsachlichen, d.h. nicht auf fachlicher Qualifikation beruhenden Gesichtspunkten bleibt zwar faktisch in gewissem Umfang möglich (§ 26 III), erscheint aber als Regelwidrigkeit und stößt, wenn sie das Leistungsprinzip grob mißachtet, gewöhnlich auch auf den Widerstand einer standesbewußten Bürokratie.

Die Effizienz der Bürokratie verlangt ferner, daß die Bürokraten ihre Aufgaben als Hauptberuf wahrnehmen. Die Erfüllung öffentlicher Aufgaben im Nebenberuf funktioniert „normalerweise langsamer, weniger an Schemata gebunden und formloser, daher unpräziser, uneinheitlicher, weil nach oben unabhängiger, diskontinuierlicher und … oft faktisch sehr kostspielig" (M. Weber WuG, 562).

Einer wirksamen Sicherung bürokratischer Leistungsbereitschaft dient auch die innerdienstliche Disziplin, die durch ein eigenes Disziplinarrecht, durch das Berufsethos, vor allem aber durch Beförderungschancen wirksam gemacht wird.

2. Gewährleistungen der Unparteilichkeit. Die Funktion der Staatsorgane, für einen gerechten Ausgleich zu sorgen (II 3), spiegelt sich wider in der traditionellen Pflicht der Richter und Beamten zu Unbestechlichkeit und Unparteilichkeit, zumal in der Beamtenpflicht, dem ganzen Volke und nicht einer Partei zu dienen, die Aufgaben unparteiisch und gerecht zu erfüllen und bei der Amtsführung auf das Wohl der Allgemeinheit Bedacht zu nehmen.

Die Pflicht zur Sachlichkeit und Unparteilichkeit muß institutionell gesichert werden: vor allem dadurch, daß man die staatlichen Rollen weitestmöglich „herauslöst" und sie von den Einflüssen partikulärer Interessenten- und Meinungsgruppen möglichst unabhängig macht (§ 27 II 3). Eine solche „Institutionalisierung der Unabhängigkeit" ist für die Mitglieder der gesetzgebenden Körperschaften in der heutigen Verfassungswirklichkeit (trotz der verbalen Bekenntnisse zur auftragsfreien Repräsentation, § 24 III) schwerlich durchführbar. Um so dringlicher ist sie für die Bereiche der Bürokratie und der Gerichtsbarkeit.

Solcher Unabhängigkeit der Bürokraten dient es, wenn diese ihr Amt als Hauptberuf ausüben, für den sie eine angemessene Besoldung und Versorgung erhalten, die sie der Sorge für den eigenen Lebensbedarf enthebt, und neben dem sie keinen Beschäftigungen nachgehen dürfen, die Interessenbindungen mit sich bringen.

Eine wichtige Sicherung der Unabhängigkeit ist es auch, die Beamten auf Lebenszeit zu ernennen, so daß sie weder nach Ermessen aus ihrem Amt entfernt werden können, noch auch, wie die Wahlbeamten auf Zeit, ständig auf solche Gruppen Rücksicht nehmen müssen, die ihre Wiederbestellung beeinflussen können. Zugleich gewinnt man durch das Lebenszeitprinzip in der Bürokratie einen Faktor der Kontinuität und Stabilität, der im Wandel der Partei- und Parlamentsmehrheiten und im Wechsel der Kabinette ein Hort der Sachkunde und Diensterfahrung ist, langfristige Planungen auch über eine Legislaturperiode hinaus konsequent verwirklichen kann und gewährleistet, daß der Staat auch eine Folge von Kabinettskrisen übersteht, ohne desorganisiert zu werden. Diese rechtsstaatlichen und politischen Vorteile des Lebenszeitprinzips verlangen allerdings gewisse Einschränkungen des demokratischen Rigorismus: Es muß für einen bestimmten Sektor staatlicher Wirksamkeit die demokratische Forderung zurückgestellt werden, daß alle staatlichen Funktionäre jederzeit aus ihrem Amt abberufbar sein oder wenigstens einer periodischen Bestätigung in ihrem Amt bedürfen sollten.

Die Unabhängigkeit der Bürokraten setzt auch voraus, daß diese nach dem Leistungsprinzip ausgelesen werden. Dieses Prinzip dient also nicht nur der Effizienz, sondern – als „objektives", funktionsbezogenes Auswahlkriterium – auch einer Ausschaltung von Interessenteneinflüssen. Solange keine geeigneten institutionellen Vorkehrungen gefunden sind, die sicherstellen, daß die Bürokraten streng nach ihrer Eignung, Befähigung und fachlichen Leistung verwendet und befördert werden (vgl. Art. 33 Abs. 2 GG), bleibt für den Opportunismus ein weites Feld. Ohne solche Garantien ist auch der Lebenszeitbeamte nicht innerlich frei gegenüber der Zumutung eines parteilichen Handelns – oder jedenfalls erst dann, wenn er keine Beförderung mehr erhoffen kann und keine Versetzung mehr zu befürchten braucht.

Es ist aber schwierig, Verfahren zu finden, die eine Versachlichung der Bürokratenkarriere positiv gewährleisten. Um so dringlicher ist die negative Zielsetzung, sachfremde, korrumpierende Einflüsse, vor allem eine Ämterpatronage durch Parteien und Verbände (§ 26 III), zu unterbinden. Nicht nur im Interesse einer organisatorischen und sozialen Gewaltentrennung, sondern auch im Interesse der Unabhängigkeit der Beamten stellt sich also die Forderung nach hoher Inkompatibilität der Beamtenrolle mit Rollen in anderen staatlichen oder gesellschaftlichen Machtbereichen. Die traditionelle Gepflogenheit, niemanden in bürokratische Spitzenpositionen zu berufen, der nicht (neben anderen Qualifikationen) ein Spitzenexamen vorzuweisen hat, bringt immerhin einen objektivierenden Faktor in den Auswahlprozeß. Eine ähnliche Funktion hat die erwähnte Praxis, Beförderungen vorzugsweise auf Grund bürokratie-interner Beurteilungen vorzunehmen. Eine wirksame Abschirmung gegen sachfremde Einflüsse ist es auch, wenn es als unvereinbar mit der Stellung eines Spitzenbeamten gilt, sich in einer Partei oder sonstigen Einflußgruppe zu engagieren – so etwa in Großbritannien. Nur unter solchen

Voraussetzungen schwindet für die Beamten die Versuchung, mit einflußreichen Gruppen zu paktieren, um die eigenen Chancen zu verbessern. Nur so kann in diesem wichtigen Bereich die Funktion des Staates als „unparteiischer Gewalt" glaubwürdig zur Geltung kommen (§ 27 II 3).

In starkem Widerspruch zu all diesen Forderungen steht die vielerorts geübte Praxis, parteipolitisch engagierte Beamte in Spitzenstellungen der Bürokratie zu befördern. Auf wichtige Gründe dieser Erscheinung wird noch zurückzukommen sein (IV 4). Aber auch wenn man von dieser krassen Fehlentwicklung absieht, ist die von rein sachlichen Gesichtspunkten bestimmte Bürokratenkarriere selbstverständlich ein Idealtypus, dem sich die Verwaltungswirklichkeit immer nur annähern wird. In der Praxis läßt es sich nie ganz vermeiden, daß zwischen Mitgliedern der Bürokratie Beziehungen persönlicher Verbundenheit und Protektion entstehen und auf die Karriere Einfluß gewinnen.

IV. Bürokratie und politische Führung

Literatur: Zu 1 und 2: *R. Steinberg,* Faktoren bürokratischer Macht, in: Die Verwaltung, 1978, 309 ff.; *Th. Würtenberger,* Staatsrechtl. Probleme polit. Planung, 1979, 165 ff.; *G. Hirscher, K. R. Korte* (Hg), Information und Entscheidung, 2003; *K. R. Korte,* Information und Entscheidung, APuZ, 2003, B 43, S. 32 ff.
Zu 3: *M. Weber* WuG, 127, 833, 836 f.; *ders.,* PolSchr, 322 ff.
Zu 4: Wie zu III 2; *Th. Eschenburg,* Ämterpatronage, 1961; *B. Steinkemper,* Klassische und politische Bürokraten in der Ministerialverwaltung, 1974; *K. Dyson,* Die westdeutsche „Parteibuch"-Verwaltung, in: Die Verwaltung, 1979, 129 ff.; *G. Baum u. a.,* Politische Parteien und öffentlicher Dienst, 1982; *M. Wichmann,* Parteipolitische Patronage, 1986; *H. H. v. Arnim,* Staat ohne Diener, 1993, ²1995, 133 ff.; *B. Rüthers,* Demokratischer Rechtsstaat oder oligarchischer Richterstaat?, JZ 2002, 369 ff.; *E. K. Scheuch, W. Schmidt-Hieber,* in: H. H. v. Arnim (Hg), Korruption, 2003, 63 ff., 84 ff.

1. Die Macht des Sachverstandes und der etablierten Organisation. Im modernen Staat stellt die unvermeidliche Herrschaftsorganisation als solche ein starkes oligarchisch-elitäres Element dar (§ 22). Innerhalb dieser Herrschaftsorganisation ist die Bürokratie ein Machtfaktor, der seinerseits eine gewisse Eigenständigkeit gegenüber den politischen Organen besitzt. Durch Vorgabe von Informationen und Entscheidungsvorschlägen nimmt sie beträchtlichen Einfluß auf die Erwägungen und Entscheidungen von Regierung und Parlament.

Ihr Eigengewicht verdankt die Bürokratie erstens der Tatsache, daß sie ein fest etabliertes, koordiniertes, diszipliniertes, auch durch einen Corpsgeist zusammengehaltenes Gefüge von Trägern bürokratischer Rollen darstellt. Zweitens verdankt sie es ihrer Sachkunde, nämlich ihren Spezialkenntnissen, ihrer Vertrautheit mit den einschlägigen Rechtsvorschriften und ihrem über die bloße Fachkenntnis hinausreichenden „Dienstwissen", also den Kenntnissen, die durch spezifische Diensterfahrung erworben oder den dienstlichen Akten vorbehalten sind (M. Weber WuG, 129). Drittens trägt die Stabilität der Bürokratie in dem verhältnismäßig raschen Wechsel der politischen Funktionäre dazu bei, daß sie nicht bloß ein sachkundiges Instrument der Politiker ist, sondern ein beträchtliches Eigengewicht besitzt.

Der politische Behördenchef ist weitgehend der sachkundigen Beratung seines Ministeriums ausgeliefert, auch in seinen politischen Entscheidungen, mögen sie auf dem Gebiet der Außenpolitik, der Wirtschaftspolitik, der Finanzpolitik oder der Strategie zu fällen sein. Den geschulten und in der Verwaltung erfahrenen Beamten gegenüber befindet er sich „in der Lage des ‚Dilettanten' gegenüber dem ‚Fachmann'" (M. Weber WuG, 572).

Zu den Steuerungsmitteln der Bürokratie gehört es, die Arbeitskraft des politischen Behördenchefs in weitem Ausmaß zu beanspruchen, indem man ihm „anstehende Probleme" und Lösungsvorschläge vorlegt und dadurch seine Tätigkeit auf bestimmte Themen lenkt. Auch sonst wirken die Bürokraten als „Schleusenwärter" des Informationsflusses, der den Chef behördenintern erreicht und dessen Aufmerksamkeit in Anspruch nimmt. Insbesondere die Darstellung möglicher Vor- und Nachteile einer Maßnahme kann die Entscheidungen des Chefs nach den Wünschen der Bürokratie beeinflussen, zumal die Knappheit der Zeit diesen oft an eigenen Recherchen hindert. – Diese bürokratisch formalisierte Vorbereitung politischer Entscheidungen wird auf der Ebene der Regierungschefs ergänzt und teilweise verdrängt durch Beraterstäbe, die vom persönlichen Vertrauen des Regierungschefs getragen sind, in letzter Linie durch einen Stab seiner engsten Mitarbeiter, die ihm dann auch die bürokratisch erarbeiteten Entscheidungsgrundlagen „vermitteln" (vgl. § 42 II 2).

Einer Bürokratie bleiben auch beim Vollzug von Anordnungen noch Chancen, ihren Eigenwillen zur Geltung zu bringen: angefangen von einem erlaubten Ermessen, das sie in ihrem Sinn gebraucht, bis hin zur Obstruktion von Anweisungen der politischen Führung, etwa nach dem Spruche „Rußland ist groß und der Zar ist fern".

Im Bereich der Legislative verdankt die Bürokratie ihren Einfluß der Tatsache, daß sie präziser und sachverständiger funktioniert, als es ein politisches Gremium vermag. So übt die Ministerialbürokratie durch Vorbereitung der Gesetzentwürfe, die verfassungsrechtlich eine bloße Hilfsfunktion darstellt, praktisch einen ganz maßgeblichen Einfluß auf den Inhalt des künftigen Rechts aus, weil ein von Sachkunde getragener und juristisch durchdachter Gesetzentwurf ein sehr starkes sachliches Gewicht besitzt.

Die bürokratische Macht des Sachverstandes einerseits und der politische Gestaltungswille der politischen Instanzen andererseits bringen eine eigentümliche Gewaltenbalance zustande, deren Zäsur unterhalb der Kabinettsebene verläuft (§ 31 IV).

2. Grenzen des Sachverstandes. Grenzen des Sachverstandes liegen, idealtypisch gesehen, in seiner bloß instrumentalen Funktion. Er hat sachkundig herauszufinden, auf welche technische Weise sich vorgegebene Ziele erreichen lassen. Aber er besitzt keine spezifische Qualifikation, Entscheidungen darüber zu fällen, welche politischen Ziele angestrebt werden sollen. Diese Beschränktheit des bloßen Sachverstandes spiegelt sich darin wider, daß an der Spitze von Ministerien Politiker stehen, die ein andersartiges Engagement repräsentieren, als es dem instrumentalen Stil des bloßen sachverständigen Beraters entspricht: nämlich ein Engagement für politische Ziele, deren Wahl keine Frage bloßer Sachkunde ist.

Gerade weil der Sachverstand eine instrumentale Funktion hat, weil seine Stärke darin liegt, Mittel und Wege zu finden, um vorgegebene Zwecke zu verwirklichen, kann ein und dieselbe Bürokratie wirksam in den Dienst verschiedener politischer Zwecke und verschiedener Herrschaftssysteme gestellt werden. So funktioniert „ein rational geordnetes Beamtensystem ..., wenn der Feind das Gebiet besetzt, in dessen Hand unter Wechsel lediglich der obersten Spitzen tadellos weiter" (M. Weber WuG, 570 f.).

Dennoch sind Sachverstand und politische Entscheidung in der Praxis stärker miteinander verwoben, als es die idealtypische Gegenüberstellung nahelegt. In komplexen Entscheidungssituationen wird schon die Zielfindung selbst vom Sachverstand geleitet, insbesondere von einer Situationskenntnis und von einer Kenntnis der Mittel und Folgen der Entscheidung (§ 36 II 1). Auch ist die Funktion der Bürokratie, in Interessenkonflikten ein gerecht ausgleichender Faktor zu sein, keine Aufgabe bloß technischen Sachverstandes. Zudem erwachsen in der Bürokratie aus langjähriger Sacherfahrung führender Fachleute auch positive Zielvorstellungen, die dann etwa in ministerielle Gesetzesvorlagen und Verwaltungsmaßnahmen Eingang finden können. Es kommt sogar vor, daß die Bürokratie weitgehend die Lücke ausfüllt, die, etwa in einer Zeit fortdauernder Kabinettskrisen, durch ein Versagen der politischen Führung entsteht; ein Beispiel dafür bot die französische Vierte Republik.

Mit diesen Vorbehalten trifft es aber zu, daß der Berufsbeamte, idealtypisch gesehen, ein anderes Entscheidungsverhalten in den Entscheidungsprozeß einbringt als der Politiker. Seine Rolle ist es, Sachwissen beizutragen und für einen unparteiischen Interessenausgleich zu sorgen (II 3). Zugleich leidet aber die bürokratische Entscheidung nicht selten unter der Ressortblindheit der Spezialisten, unter liebgewordenen Routinen und unter Mangel an Situationsgefühl. Demgegenüber vollzieht sich die Entscheidung des Politikers meist weniger schematisch, oft mit besserem Gespür für die Situation und insbesondere für die Stimmung der Betroffenen und der öffentlichen Meinung. Aber häufig krankt sie an Einseitigkeiten anderer Art, parteipolitischen Voreingenommenheiten und Rücksichtnahmen auf einflußreiche Gruppen, und nicht zuletzt auch an mangelnder Vertrautheit mit den Realisierungsbedingungen.

3. Wechselseitige Angewiesenheit. Die Rolle des Politikers erwächst lebensvoll aus dem Prozeß demokratischer Kompromißsuche und Zielfindung: Aus den Auseinandersetzungen zwischen den in der Gesellschaft vorhandenen Kräften, Interessen und Ideen gehen auch die unterschiedlichen Zielvorstellungen der politischen Parteien hervor (§§ 3 III 4 b; 26 II 1, III). Die Politiker sind nicht zuletzt auch Repräsentanten politischer Programme, die mit ein Gegenstand der Wählerentscheidung sind (§ 23 II 5). So ist der Politiker demokratisch legitimiert, das von ihm repräsentierte politische Programm zu verfolgen und in diesem Sinne parteilich zu sein. Dieses verbleibende Element legitimer Parteilichkeit tritt aber in eine Spannung zu der Aufgabe, für einen nichtengagierten Interessenausgleich zu sorgen, wie das den staatlichen Institutionen zukommt (§ 27 II 1, 3).

Daher hat es einen guten Sinn, dem Politiker Institutionen zur Seite zu stellen, deren Qualifikation sich aus anderen Quellen – aus Fachkenntnis und Amtserfahrung – speist, Institutionen, die auch unabhängig von der Parteien Gunst und Hader sind und daher geeignet erscheinen, auf einen unbefangenen Interessenausgleich hinzuwirken. Diese Rolle hat der Verfassungsstaat der Gerichtsbarkeit und dem Berufsbeamtentum zugewiesen (II 3, III 2; § 27 II 3). – Andererseits müssen die Bürokraten auch mit der demokratischen Lebenswirklichkeit und Legitimationsgrundlage verbunden bleiben und darum durch die Zielsetzungen der politischen Instanzen herausgefordert werden.

Im System des Verfassungsstaates wirken also im Bereich von Regierung und Verwaltung zwei Institutionen zusammen: der Politiker, der sein durch die Mehrheit gebilligtes politisches Programm einbringt, und eine Beamtenschaft, die dazu beitragen soll, solche Programme fachkundig und unter Wahrung aller berücksichtigenswerten Interessen zu verwirklichen. Dies bringt eine Gewaltenteilung eigener Art hervor (1).

In loyalem Zusammenspiel wird aber solches Zusammenwirken, der Dialog zwischen dem letztlich entscheidungsberechtigten Minister und seinen Fachbeamten, in aller Regel einer sachlichen Klärung dienen. Das setzt voraus, daß der Minister den Willen zur Sachlichkeit mitbringt und daß er die oft erhebliche Mühe nicht scheut und die beträchtliche Führungspotenz hat, die nötig sind, um sein eigenes Urteil gegenüber dem bürokratischen Apparat zur Geltung zu bringen. Gerade die Konkurrenz unterschiedlicher Strukturprinzipien kann auch hier zu einer sachgerechten Entscheidung führen.

4. „Politische Bürokraten". Die Trennung von politischen und bürokratischen Rollen im Staat verwirklicht in einem wesentlichen Bereich die Forderung nach struktureller Vielfalt (§ 29 I 3). Sie ist eine wichtige Bedingung dafür, auf einem bedeutenden Sektor eine „reale Gewaltenbalance" zu erhalten. Sie dient aus den eben genannten Gründen einer sachlichen Abklärung staatlicher Entscheidungen. Und sie sorgt dafür, daß im staatlichen Entscheidungsprozeß ein „neutraler Faktor" erhalten bleibt (§ 27 II 3). All dem dient die Rollentrennung zwischen Bürokratie und politischer Führung.

Und all dies wird durch die „Politisierung der Bürokratie" gefährdet. Sie hat manche Gründe: Im Vordergrund steht das Machtinteresse der Parteien und Interessenverbände, die bestrebt sind, ihre Repräsentanten in Schlüsselpositionen zu bringen, um sich damit Einfluß auf Personal- und Sachentscheidungen der Behörden und Zugang zu wichtigen Informationen zu sichern (§ 26 III). Dieses Motiv wurde durch die zunehmende Bürokratisierung verstärkt. Die immer perfektere Durchreglementierung aller möglichen Lebensbereiche hat dem bürokratischen Apparat ein immer stärkeres Gewicht verschafft. Gesetzgebung wurde zunehmend zum Metier von Experten, die allein noch die normativen Verflechtungen der zu treffenden Regelung überblicken. Die Bürokratie droht dem Parlament über den Kopf zu wachsen (§ 41 III 2). Um den politischen Prozeß weiterhin zu beherrschen, konnten sich die Parteien veranlaßt sehen, diese wachsende Potenz der Bürokratie unter ihre Kontrolle zu bringen und zu diesem Zweck die Schlüsselstellungen der Bürokratie mit Parteimitgliedern zu durchsetzen. Hinzu kommen nachgeordnete Motive der Ämterpatronage: Sie dient auch der Versorgung und Belohnung treuer Gefolgsleute und damit mittelbar zugleich der Mitgliederwerbung.

Doch dieser Zugriff der Parteien auf die staatlichen Bürokratien korrumpiert die Institution einer unparteilichen, nach rein fachlichen Qualitäten ausgelesenen Beamtenschaft, beseitigt deren „Rollendistanz" und stört das beschriebene, aus mehreren Gründen wünschenswerte Wechselspiel zwischen politischen und fachmännischen Instanzen. Sie schafft deplazierte Vasallitäten, züchtet Opportunismus und führt insgesamt dazu, daß die repräsentative Demokratie zu einer von den politischen Parteien beherrschten Oligarchie wird, um so mehr dann, wenn der Zugriff der Parteien sich auch auf die Gerichtsbarkeit erstreckt (§ 23 II 3). Die parteipolitische „Innenkontrolle" funktioniert auch, anders als die parlamentarische Kontrolle, nicht in demokratischer Weise im Lichte der Öffentlichkeit und unter ausgewogener Beteiligung aller Parteien, sondern mit Hilfe einer größtmöglichen Hausmacht von Parteigängern, die sich zu parteipolitischem Wohlverhalten verpflichtet fühlen.

Diese Entwicklung ließe sich leichter rückgängig machen, wenn auch der genannte Anlaß schwände, der dazu drängt, die Bürokratie einer „Innenkontrolle" zu unterwerfen. Auch unter diesem Aspekt stellt sich die Aufgabe, die Wucherungen der Behörden zu beschneiden, das Regelungssystem wieder einfacher und übersichtlicher zu gestalten, die Bürokratien auszulichten und dadurch auch für politische Instanzen wieder kontrollierbarer zu machen (§ 25 III 3).

Kapitel IV. Der „föderative" Aspekt

§ 38. Das Programm einer Föderalisierung

Literatur: *P. J. Proudhon,* Du principe fédératif, 1863; ⁴1929, Kap. 5; *C. Frantz,* Der Föderalismus, 1879; *Loewenstein* VL, 295 ff., 474 ff.; *Ermacora,* 621 ff.; *E. Deuerlein,* Föderalismus, 1972; *Stern,* § 19; *Zippelius* RuG, Kap. 20; *Th. Würtenberger,* Zur Legitimation des Föderalismus, in: Rechtstheorie, Beiheft 16, 1997, 355 ff.
Probleme der Föderalisierung werden insbesondere auch in dem periodisch erscheinenden *Jahrbuch des Föderalismus* behandelt.

Leittypus des Föderalismus ist der Bundesstaat. Aber die Reichweite territorialer Gliederung erstreckt sich von der „demokratischen Dezentralisation" der Gliedstaaten in Regionen, Landkreise und Gemeinden auf der einen Seite bis zu den internationalen Zusammenschlüssen der Staaten auf der anderen: Durch alle diese Stufen hindurch sind größere politische Einheiten territorial in politische „Teilsysteme" gegliedert (§ 3 III 4).

Es entspricht einer altüberkommenen Forderung der Staatstheorie, politische Einheiten in „Teilsysteme" aufzugliedern und den nachgeordneten Einheiten ein Höchstmaß an Autonomie zur Regelung ihrer Angelegenheiten einzuräumen, wobei diese „Teilsysteme" nicht ausschließlich regional/föderativ definiert sein müssen. In der Verwirklichung dieses „Subsidiaritätsprinzips" hatte bereits Aristoteles die wichtigste Vorkehrung gegen den undifferenzierten, nivellierenden Staat gesehen. Später hat die katholische Sozialtheorie sich dieses Programm zu eigen gemacht (§ 17 I 3). In diese Vorstellung fügt sich auch das von Althusius entworfene Bild einer staatlichen Gemeinschaft, die sich als „symbiotische Universalgesellschaft" aus politischen Gemeinden, Provinzen und Regionen bilden sollte, welche ihrerseits aus Familien, kirchlichen und weltlichen Genossenschaften, Handwerkerzünften und Kaufmannsgilden bestünden (Zippelius Gesch, Kap. 13 b). Proudhon (1863, Tl. 2, VII) steigerte den föderativen Gedanken zur Utopie eines Verbandes kleinerer Gemeinschaften, die weitestmöglich über ihre Angelegenheiten selbst bestimmen sollten, um so die Unterdrückung der Bürger durch eine homogene und hierarchische, zentralisierte öffentliche Gewalt zu vermeiden. Und Constantin Frantz (1879, V) sah im Föderalismus „ein universales Entwickelungsprincip".

I. Moderne Erscheinungsformen

Literatur: *M. Bothe,* Die Entwicklung des Föderalismus in den angelsächsischen Staaten, JöR 31 (1982), 109 ff.; *H. Maier, R. Mayntz, J. Isensee, W. Graf Vitzthum,* Der Föderalismus vor den Anforderungen der Gegenwart, AöR 115 (1990), 212 ff.; *D. Bell,* Weltpolitik und Weltwirtschaft, in: Neue Zürcher Zeitung v. 5. 7. 1991; *A. v. Bogdandy,* Supranationaler Föderalismus als Wirklichkeit und Idee einer neuen Herrschaftsform, 1999; *K. G. Bretz,* Föderalismus und Regionalismus in Deutschland, Spanien und der EU, 2005; *K. v. Beyme,* Föderalismus und regionales Bewußtsein, 2007.

Seit dem Zweiten Weltkrieg setzt sich das Strukturprinzip abgestufter Kooperation territorialer Einheiten zunehmend durch und lockert auf diese Weise das überkommene System souveräner Einheitsstaaten auf: einerseits durch fortschreitende zwischenstaatliche Verflechtungen, auf die später zurückzukommen ist (§ 40 I, V), andererseits durch die innerstaatliche Stärkung regionaler Autonomie und kommunaler Selbstverwaltung. Denn für die Lösung der großen Probleme dieser Welt ist

der Nationalstaat zu klein und für die Lösung der kleinen Probleme ist er zu groß
(Daniel Bell). Gleichwohl bleiben die Staaten mit den ihnen verbleibenden Kompetenzen zu letztverbindlichen Entscheidungen unverzichtbare Bauelemente im politischen Ordnungsgefüge der Welt (§ 10 IV).

Wichtige Funktionen der Föderalisierung werden insbesondere im modernen
Regionalismus sichtbar. Dieser sollte zunächst einer rechtlichen Sicherung der ethnischen Eigenart völkischer Minderheiten dienen (§ 11 III 3), und nach wie vor
spiegelt sich in ihm das Bedürfnis, in einer Traditions- und Kulturgemeinschaft beheimatet zu sein und kulturelle Vielfalt und Eigenart gegenüber den egalisierenden
Kräften der modernen Zivilisation zu wahren. – Inzwischen gehen die Ziele des
Regionalismus aber weit über die Programmatik einer bloßen Ethnopolitik hinaus.
Der moderne Regionalismus mündet in die allgemeineren Programme des Subsidiaritätsprinzips und der kooperativen Konfliktsbereinigung (§§ 17 I 3; 3 III 4): Föderalisierung eignet sich dazu, nicht nur ethnische, sondern auch andere Spannungen
zwischen unterschiedlichen regionalen Lebensweisen und Interessen dadurch abzubauen, daß man den verschiedenen Regionen ein traditionsgerechtes Eigenleben
gewährleistet. Nicht zuletzt besteht das Ziel einer angemessenen wirtschaftlichen
und kulturellen Entwicklung der Regionen. Es sollen regionale politische, wirtschaftliche und kulturelle Schwerpunkte geschaffen werden. Es soll aber auch die
verbreitete regionale Ausbeutung beendet werden, die darin besteht, daß das im
ganzen Land erarbeitete Steueraufkommen zu Lasten der „Provinz" in weit über-
proportionalem Maße einer Zentralregion zufließt: etwa für Zwecke der Verkehrs-
erschließung, der Kulturförderung oder der medizinischen Versorgung.

Im Programm einer „Föderalisierung" bündeln sich Themen und Forderungen,
die unter verschiedenen Aspekten der Staatslehre bereits zu behandeln waren:

II. Schaffung überschaubarer Lebens- und Funktionsbereiche

Angesichts der zunehmenden Auflösung traditioneller, „beheimatender" Lebensgemeinschaften stellt sich die Forderung, in größtmöglichem Umfang dezentralisierte, überschaubare Lebens- und Funktionsbereiche zu erhalten und zu schaffen
und sie mit wenigstens begrenzter Autonomie und Autarkie auszustatten, d. h. mit
der Befugnis und der faktischen Möglichkeit, ihre Angelegenheiten selbst zu regeln
und zu besorgen (§ 39 I 3). Auf diese Weise sollen politische und administrative
Einheiten auf ein „menschliches Maß" zurückgeführt werden (§ 17 I 3). Diese Forderung stellt sich vor allem als Antwort darauf, daß der Staat es übernommen hat,
frei werdende (§ 7 III 3) und neu hinzugekommene Aufgaben in seine Regie zu
nehmen und sie durch eine immer weiter anschwellende, immer unpersönlicher
werdende Bürokratie zu besorgen (§§ 23 III; 25 III; 35 IV). Da man sich in bürger-
näheren Lebensbereichen stärker heimisch und zusammengehörig fühlt als in bür-
gerferneren, beheimatet auch das politische Gesamtsystem seine Bürger um so stärker, je mehr es das Eigenleben der kleineren Gemeinschaften kultiviert.

In die gleiche Richtung drängt auch die demokratische Forderung, durch eine
politische und demokratische Dezentralisation den Einzelnen einen größtmöglichen Anteil an der Bildung des gemeinschaftlichen Willens und an der Regelung
öffentlicher Aufgaben zu sichern: Die Chancen für demokratische Partizipation
und staatsbürgerliche Verantwortung des Einzelnen sind um so größer, je mehr
Entscheidungsgewalt auf niedrigeren organisatorischen Ebenen liegt (§ 23 III).

Nicht zuletzt stellt sich auch aus nationalökonomischer Sicht die Forderung, die
wirtschaftlichen Dispositionen der politischen Gemeinschaft durchsichtig zu gestal-

ten: Die Zusammenhänge zwischen Nutzen und Kosten, Empfängern und Zahlern öffentlicher Leistungen können in dezentralisierten Einheiten für die Betroffenen eher überschaubar und kalkulierbar gemacht werden. Diesen soll im „örtlichen Wirkungskreis" (IV 1) ein Höchstmaß an verantwortlicher Mitbestimmung über die Verteilung der öffentlichen Güter und Lasten zukommen (§§ 3 III 2; 35 IV 4).

III. Aufwertung von Minderheiten

Die Zurückführung politischer Einheiten auf ein menschliches Maß stärkt mit der Chance, daß die dort lebenden Bürger an den Entscheidungen der Gemeinschaft teilhaben, zugleich die Chance, in solchen Bereichen ethnische und insbesondere kulturelle Eigenarten zu erhalten und zu entfalten. So erstrebt der Regionalismus eine multizentrale Organisierung der Staaten vor allem nach ihrer ethnischen Gliederung, um auf diese Weise völkischen und kulturellen Minderheiten Entfaltungsraum und Eigenleben zu sichern. Auch in dieser Hinsicht sollen unnötige Majorisierungen vermieden und Konfliktpotentiale durch geeignete Strukturen abgebaut werden (s. o. I).

Darüber hinaus dient eine politische Dezentralisation auch der strukturellen Vielfalt der politischen Kräfte. Die bundesstaatliche Ordnung gibt Parteien, die im Gesamtstaat in der Minderheit sind, die Chance, in einzelnen Gliedstaaten die Mehrheit zu gewinnen und die Regierung zu bilden. In ähnlicher Weise gibt auch die kommunale Selbstverwaltung solchen Parteien, die im Staat insgesamt eine Minderheit bilden, eine Chance, in Gemeinden und Gemeindeverbänden die Mehrheit zu erringen und Verantwortung zu übernehmen. Auf diesem Wege werden politische Minderheiten auf eine für sie annehmbare und damit konfliktentschärfende Weise in die demokratische Gesamtordnung einbezogen.

IV. Systemtheoretische Aspekte

Literatur: *S. Kadelbach,* Autonomie und Bindung der Rechtssetzung in gestuften Rechtsordnungen, VVDStRL 66 (2007), 7 ff.

1. Abgestufte Konfliktsbereinigung. Es hat sich gezeigt, daß im Staat und in der Völkergemeinschaft die individuellen Interessen und Meinungen regelmäßig nicht „unvermittelt" zu gesamtgesellschaftlicher, politischer Wirkung kommen, sondern vororganisiert und vorverarbeitet werden. Als Einheiten solcher stufenweisen Bereinigung von Interessengegensätzen kommen neben den Interessenverbänden auch die regionalen Ebenen – von den Gemeinden, Landkreisen und Bezirken angefangen bis hinauf zu den internationalen Organisationen – in Betracht. Die staatliche und die internationale Interessenregelung vollzieht sich also in einem abgestuften Zusammenspiel von Teilsystemen verschiedener Ebenen (§ 3 III 4). Auf diese Weise kann das Gesamtsystem sachnah und flexibel auf regional verschiedene Bedürfnisse reagieren (§ 39 I 4).

So werden auch auf den verschiedenen territorialen Stufen kommunale, regionale, gliedstaatliche, nationale und supranationale Interessen geklärt, in Beziehung zueinander gesetzt und zu einem Kompromiß gebracht. Nach dem Prinzip des „örtlichen Wirkungskreises" soll hierbei jede territoriale Einheit jene Regelungen und Vorsorgen selbstverantwortlich treffen, die nur oder doch vorwiegend ihren eigenen Wirkungskreis angehen, die also keine vorrangigen überregionalen Interessen verletzen – weder durch ihre Auswirkungen, noch durch die beanspruchten Ressourcen – und denen auch kein vorrangiges Interesse an einheitlicher Rechtsgestaltung entgegensteht. Überregional erhebliche Interessen und Interessenkonflikte sollen auf derjenigen Ebene abgeklärt und zu einem Kompromiß gebracht werden, die der Reichweite dieser Interessen entspricht. Dieses Kooperationsmuster gilt nicht nur für die Verteilung der Kompetenzen zwischen Bund und Gliedstaaten. Es ist zweckmäßigerweise auch der Leitgedanke, nach welchem innerhalb der Gliedstaaten Selbstverwaltungsaufgaben den Gebietskörperschaften verschiedener Ebenen zugewiesen werden. Wo übernational verflochtene Aufgaben durch internationale Kooperation erledigt werden (§ 40 I), eignet sich dieses Muster auch für die Verteilung der Aufgaben zwischen den Einzelstaaten und den supranationalen Organisationen.

2. Machtkontrolle. Die Verteilung der Regelungsaufgaben und -befugnisse auf verschiedene regionale Ebenen wirkt zugleich einer Machtkonzentration bei Zentralinstanzen entgegen und bringt eine Machtverteilung mit sich. Insbesondere die bundesstaatliche Aufteilung der Kompetenzen zwischen den Zentralorganen des Gesamtstaates und den Gliedstaaten wurde gezielt als Instrument einer „föderativen Gewaltenbalance" eingesetzt (§ 31 II 2). Diese Funktion des föderativen Staatsaufbaues hat vor allem in der Diskussion um die US-Verfassung eine bedeutende Rolle gespielt (vgl. Federalist Nrn. 31, 51; s.u. § 42 I, II 5). Dort fand sich auch schon die Einsicht, daß die Zentralinstanzen des Bundes einerseits eines Gegengewichts in Gestalt der Gliedstaaten bedürfen, daß sie andererseits aber auch selbst eine Kontrolle gegen den Gruppenegoismus üben sollen, der sich in Gliedstaaten breitmacht (Federalist Nr. 10); nicht zuletzt kann im modernen Parteienstaat auf diese Weise ein Gegengewicht gegen parteipolitische Verkrustungen von Gliedstaaten gewonnen werden.

3. Optimierungsprobleme. Unbeschadet der vielfältigen Vorzüge politischer und administrativer Dezentralisation und struktureller Vielfalt hat sich aber herausgestellt, daß auch hier keine radikalen Lösungen erstrebenswert sind, sondern ein ausgewogener Kompromiß zwischen diesen Vorzügen und den Notwendigkeiten einer gesamtgesellschaftlichen Ordnung anzustreben ist. Diese dient insbesondere den Bedürfnissen nach normativer Rechtseinheit, nach einem Ausgleich überregionaler Interessen und einer Regelung überregionaler Konflikte. So stellen sich die Fragen der Föderalisierung als Optimierungsprobleme dar (näher hierzu §§ 17 I 3; 23 III; 39 I 4).

§ 39. Bundesstaaten und Staatenbünde

Literatur: *Jellinek,* 762 ff.; *C. Schmitt* VL, 363 ff.; *Loewenstein* VL, 295 ff., 474 ff.; *Ermacora,* 621 ff., 1159 ff.; *R. Koselleck,* in: GGb I (1972), 582 ff.; *Stern,* § 19.

I. Struktur und Funktionieren des Bundesstaates

Literatur: Wie zu § 14 I 3; *P. Lerche,* Föderalismus als nationales Ordnungsprinzip, in: VVDStRL 21 (1964), 66 ff.; *M. Bothe,* Die Kompetenzstruktur des modernen Bundesstaates in rechtsvergleichender Sicht, 1977; *Zippelius/Würtenberger,* § 14 (Lit).
Zu 1: Wie zu § 9 IV; *S. Brie,* Der Bundesstaat, 1874; *A. Hanebeck,* Der demokratische Bundesstaat des Grundgesetzes, 2004; *M. Jestaedt,* in: HdStR, § 29; *J. Isensee,* in: HdStR, §§ 126, 133.
Zu 2: *Ch. Starck* (Hg), Zusammenarbeit der Gliedstaaten im Bundesstaat, 1988; *W. Rudolf,* in: HdStR, § 141.
Zu 3 und 4: Wie zu § 3 IV; *R. C. Meier-Walser, G. Hirscher* (Hg), Krise und Reform des Föderalismus, 1999; *K. Kruis,* Finanzautonomie und Demokratie im Bundesstaat, DÖV 2003, 10 ff.; *U. Margedant,* Die Föderalismusdiskussion in Deutschland, APuZ 2003, B 29–30, S. 6 ff.;

H. P. Schneider, Föderale Finanzautonomie im internat. Vergleich, APuZ 50/2006, 31 ff.; *F. Eckardt, D. Buscher,* Reform der Finanzbeziehungen von Bund, Ländern und Kommunen, DÖV 2007, 89 ff.; *D. Merten* (Hg), Die Zukunft des Föderalismus in Deutschland und Europa, 2007; *Ch. Waldhoff, J. Hey,* Finanzautonomie und Finanzverflechtung in gestuften Rechtsordnungen, VVDStRL 66 (2007), 216 ff., 277 ff.; *H. H. v. Arnim,* in: HdStR, § 138; *R. Wendt,* in: HdStR, § 139.

1. Die Kompetenzenordnung im Bundesstaat. Einige frühe Beispiele von Bundesstaaten, die zu Modellfällen wurden, sind die Vereinigten Staaten von Nordamerika seit 1789, die Schweiz seit 1848, der Norddeutsche Bund seit 1867 und das Deutsche Reich seit 1871. Erste Ansätze einer Bundesstaatstheorie reichen noch weiter zurück. Ludolph Hugo hatte schon 1661 das Heilige Römische Reich Deutscher Nation, in der durch den Westfälischen Frieden von 1648 geschaffenen Gestalt, als ein „gemeinsames Staatswesen" bezeichnet, auf dessen einzelnen Territorien sich je „ein besonderes, jenem höheren untergeordnetes Staatswesen" befinde. Hier finden wir also bereits das Modell eines aus Staaten zusammengesetzten Staates. In ihm seien die Majestätsrechte zwischen dem Reich und den Territorialgewalten geteilt (Brie 1874, 16 ff.).

Montesquieu (EL, IX 1, 2) entwarf das Bild einer föderativen Republik: Deren Grundlage sei „eine Konvention, durch die mehrere politische Körperschaften übereinkommen, Glieder eines größeren Staates zu werden, den sie schaffen wollen. Es ist eine Gemeinschaft von Gemeinschaften, die sich als eine neue Gemeinschaft konstituieren". „Da er sich aus kleinen Republiken zusammensetzt, erfreut ein solcher Staat sich der guten inneren Regierung einer jeden, während er nach außen, durch die Macht der Vereinigung, alle Vorteile großer Monarchien besitzt." Montesquieu meinte, daß eine solche Föderation auf Dauer nur funktionsfähig sei, wenn sie aus Staaten gleicher Natur, am besten aus republikanischen Staaten bestehe (s. u. II).

Diese Überlegungen spielten bei den Vorbereitungen der Verfassung der Vereinigten Staaten von Nordamerika eine wichtige Rolle. Hier wurde die föderative Republik als „eine Vereinigung zweier oder mehrerer Staaten zu einem Staat" definiert (Federalist Nr. 9).

Auch nach heutigem Verständnis (vgl. § 9 IV) ist ein Bundesstaat eine Verbindung von Staaten derart, daß auch der organisierte Staatenverband selbst – der Bund – die Qualität eines Staates hat. Die Gesamtheit der Kompetenzen des Gesamtstaates wird teils von den Organen der Gliedstaaten, teils von den Zentralorganen des organisierten Staatenverbandes wahrgenommen. Die Kompetenzenverteilung ist so ausbalanciert, daß weder bei den Zentralorganen des Bundes noch bei den Länderorganen allein die Kompetenzenhoheit (die „Organsouveränität") liegt (§ 9 IV).

Dem Gewicht der Gliedstaaten und ihrer eigenen demokratischen Legitimation (§ 23 III) entspricht es, daß ihnen auch die Kompetenz zugestanden wird, sich selbst eine Verfassung zu geben. An der zentralen Willensbildung werden sie regelmäßig durch eine eigene Kammer – wie den Senat der USA oder den Bundesrat der Bundesrepublik Deutschland – beteiligt. Auch für eine ausreichende Haushalts- und Finanzautonomie der Gliedstaaten muß gesorgt sein. In modernen Bundesstaaten ist ferner eine verfassungsgerichtliche Entscheidung föderativer Streitigkeiten vorgesehen.

Die staatlichen Befugnisse werden regelmäßig nach Sachgebieten aufgeteilt: So werden den Zentralorganen des Bundes gewöhnlich die auswärtigen Angelegenheiten, den Gliedstaaten oft die Sorge für die öffentliche Ordnung und Sicherheit übertragen. Die Gesetzgebungskompetenz kann nach Gesetzgebungsmaterien teils den Zentral-, teils den Länderorganen zustehen. Die Gewichte der Gesetzgebungs- und der Verwaltungskompetenzen werden zweckmäßigerweise unterschiedlich gesetzt: In manchen Bereichen der Gesetzgebung spricht das Bedürfnis nach Rechtseinheit für ein hohes Maß an Zentralisation. Insbesondere Handel und Verkehr werden erleichtert, wenn für sie im ganzen Bundesgebiet gleiches Recht gilt. Demgegenüber geht es in der Verwaltung um die Regelung konkreter Sachverhalte. Diese kann eine dezentralisierte Verwaltung in der Regel sachgerechter und lebensnäher beurteilen als eine zentralisierte Verwaltung. Daher wird der Schwerpunkt der Verwaltungskompetenzen zweckmäßigerweise bei den Ländern liegen.

Daneben haben auch Schemata einer kooperativen Funktionenteilung an Bedeutung gewonnen (s. u. 2).

2. Zusammenwirken von Bund und Ländern. Die Funktionen der Zentralorgane des Bundes (Bundesorgane) und der Länderorgane ergänzen sich zu einer gesamtstaatlichen Wirksamkeit. Die politische Form des Bundesstaates ist ein sinnvoll gegliedertes Ganzes, dessen Teile zu fortwährender gemeinsamer Wirksamkeit koordiniert sind. Hierbei versucht man insbesondere, Erfordernisse zentraler Regelung – wie sie zumal im modernen Industriestaat unabweisbar sind – mit den Vorzügen einer föderativen Dezentralisation zu vereinen (§ 3 III 4).

Dabei können die Funktionen der Bundesorgane und der Länder stärker oder weniger stark miteinander verkoppelt sein. So sind sie in der Bundesrepublik Deutschland enger miteinander verknüpft, hingegen in den USA weitgehend voneinander „abgekoppelt": Bundesgesetze werden in Deutschland in der Regel durch die Länder ausgeführt, in den USA werden sie durch bundeseigene Behörden vollzogen. Das föderative Bundesorgan, das die regionalen Interessen vertreten soll, ist in Deutschland nach dem „Ratsprinzip" organisiert: Der deutsche Bundesrat besteht aus Mitgliedern der Regierungen der Länder, die sie bestellen und abberufen; die Ratsmitglieder bringen hier also den bereits staatlich organisierten Willen der Länder in die politische Willensbildung des Bundes ein. Im amerikanischen Senat hingegen sitzen nicht Repräsentanten der Länderstaatlichkeit, sondern Senatoren, die von den Bürgern der Gliedstaaten gewählt werden; hier wird also der Wille der Landesbürger unmittelbar auf Bundesebene zur Geltung gebracht; auch fehlt die organisatorische Verzahnung der Landesregierungen mit einem Bundesorgan.

Die Bundesrepublik Deutschland bietet manche Beispiele kooperativer Kompetenzverflechtungen zwischen Bundes- und Länderorganen: Ein schon genanntes Zusammenwirken findet sich dort, wo die Gesetzgebung (die „programmierenden" Entscheidungen) den Zentralorganen und der Gesetzesvollzug (die „programmierten" Entscheidungen) den Ländern zugewiesen ist (z. B. Art. 83 GG). Man kann auch zentrale Rahmenplanungen und -regelungen vorsehen, die sich darauf beschränken, die unumgänglichen einheitlichen Koordinationsmuster zu liefern, und kann den Ländern deren Ausfüllung und Ergänzung überlassen; ein Beispiel solcher Kompetenzenverteilung bot bis 2006 die Technik der Rahmengesetzgebung, bei welcher der Bund eine Materie nur in den Grundzügen regelte und es der Landesgesetzgebung überließ, das Nähere zu bestimmen. Beim Vollzug von Bundesgesetzen sind eine Steuerung der Landesverwaltung durch Bundesaufsicht und andere Weisen der Kooperation denkbar.

Kooperatives Schema in einem engeren Sinn kann man ein solches nennen, das einen „Verständigungszwang" mit sich bringt: d. h. die Notwendigkeit, sich gegenseitig aufeinander einzustellen und erforderlichenfalls Kompromisse einzugehen. Ein Beispiel dafür bietet die funktionale Beteiligung der Länder (und unter Umständen sogar der kommunalen Gebietskörperschaften) an zentralen Regelungsprozessen. In der Bundesrepublik Deutschland wirken die Länder insbesondere an der Bundesgesetzgebung durch den Bundesrat mit (Art. 50 GG); dessen Mitwirkungsrecht erfordert, besonders bei Zustimmungsgesetzen, eine wechselseitige Verständigung.

Kooperative Praktiken im engeren Sinn bringen manche Nachteile mit sich: Sie sind umständlich und oft kostspielig. Sie bergen die Gefahr, daß an die Stelle einer weitschauenden Politik die Suche nach bestandswahrenden Kompromissen auf der Basis eines „gemeinsamen Nenners" tritt. Wegen der Schwerfälligkeit des Verfahrens tendiert kooperative Politik auch zu einem Immobilismus, weil man nur ungern geneigt sein wird, einmal erreichte Einigungen wieder aufzugeben.

Kooperative Kompetenzverflechtungen führen oft auch dazu, daß die gegenseitige Abstimmung der Standpunkte der beteiligten Körperschaften durch Fachbürokratien geschieht, bei denen so die maßgebende Vorbereitung der Entscheidungen liegt. Der komplizierte Entscheidungsprozeß hat dann faktisch zur Folge, daß Steuerungsfunktionen zu den Bürokratien hin verlagert werden. Kurz, der kooperative Föderalismus tendiert dahin, zu einem „administrativen Föderalismus" zu werden.

Durch kooperative Politikverflechtung geht für die beteiligten Körperschaften nicht nur aus technischen, sondern auch aus grundsätzlichen Gründen Autonomie, also Selbstregelungssubstanz, verloren, sobald das Einstimmigkeitsprinzip verlassen wird und dadurch einzelne Länder majorisiert werden können.

Nicht zuletzt vermindert die kooperative Kompetenzenverflechtung die Durchsichtigkeit des Entscheidungsprozesses, insbesondere die Möglichkeit, eindeutig zu bestimmen, wer für eine Entscheidung verantwortlich ist. Dies erhöht die Anonymität und Apparathaftigkeit des politischen Prozesses. Der kooperative Föderalismus gerät also auch in einen Widerstreit zu der Forderung, klar abgegrenzte und überschaubare Entscheidungs- und Verantwortungsbereiche zu schaffen.

3. Die Finanzverfassung im Bundesstaat. Auch für die Verteilung der politischen Handlungsfähigkeit im Bundesstaat ist die Frage der Finanzen nervus rerum. In welchem Maße sich die Autonomie der Gliedstaaten verwirklichen läßt, hängt weitgehend vom Grad ihrer finanziellen Autarkie ab (keine Autonomie ohne Autarkie). Die Finanzverfassung stärkt oder schwächt also den Bund oder die Gliedstaaten, je nachdem, wie sie die Staatseinkünfte und die Gesetzgebungskompetenz über diese Einkünfte zwischen Bund und Gliedstaaten verteilt. Der Streit zwischen Zentralisten und Föderalisten geht also nicht zuletzt um diese Fragen.

Nach der deutschen Reichsverfassung von 1871 war das Reich „Kostgänger der Länder"; ihm standen zunächst nur die Einnahmen aus den Zöllen, den gemeinschaftlichen Verbrauchssteuern und dem Post- und Telegrafenwesen zu; der fehlende Finanzbedarf war aus Matrikularbeiträgen der Länder zu decken (Art. 70 RV). In der Weimarer Republik hingegen floß der überwiegende Teil der Steuereinkünfte dem Reich zu; die Länder waren weitgehend auf Finanzzuweisungen des Reiches angewiesen. Eine ausgewogene Verteilung der Finanzen hat beide Extreme zu meiden.

Bei der Frage nach der „Finanzierungsgerechtigkeit" und der angemessenen Autarkie ist davon auszugehen, daß die Aufgabenlast und die Ausgabenlast zusammenhängen, daß daher auch das Finanzaufkommen so zu verteilen ist, wie es der Ausgabenlast entspricht. Grundsätzlich sollen Bund und Gliedstaaten gesondert die Ausgaben tragen, die sich aus der Wahrnehmung der Aufgaben ergeben, die ihnen nach der föderativen Aufgabenverteilung zukommen. Diese ergibt sich in erster Linie aus der Verfassung selbst. Wenn der Bund neue Aufgaben für die Länder schafft oder deren Aufgaben ausweitet, ist es angemessen, auch die damit wachsende Ausgabenlast finanziell auszugleichen. Entsprechende Verteilungsgrundsätze wie zwischen Bund und Ländern sollten im Verhältnis zwischen den Länder und den kommunalen Gebietskörperschaften gelten.

Mit Blick auf die „Finanzierungsgerechtigkeit" sollte bereits der Zugang zu den wesentlichen Finanzquellen aufgeteilt werden. Dabei ist zu unterscheiden zwischen der Verteilung der Kompetenzen zur Steuergesetzgebung und der Verteilung der Steuererträge. Die Gesetzgebungskompetenz kann dem Bund auch für solche Steuern zugewiesen sein, deren Erträge den Gliedstaaten zufließen. Dafür kann das Interesse an Rechtseinheit sprechen. Andererseits widerspricht solche Zentralisierung der Gesetzgebungskompetenz aber der Forderung, die Gliedstaaten mit einer größtmöglichen demokratischen (und das heißt auch finanzpolitischen) Selbstbestimmung auszustatten (§§ 3 III 2; 23 III). Solche Regelungsautonomie wurde in hohem Maße z.B. in der Schweiz verwirklicht; der dadurch bewirkte Steuerwettbewerb hat sich als vorteilhaft erwiesen.

Die Erträge sind zweifach aufzuteilen: In vertikaler Ertragsverteilung ist zu bestimmen, welche Anteile am Steueraufkommen einerseits dem Bund und andererseits der Gesamtheit der Gliedstaaten zustehen. Sodann ist in horizontaler Ertragsverteilung zu bestimmen, wie der Anteil, der den Gliedstaaten insgesamt zusteht, zwischen diesen aufgeteilt wird. Diese horizontale Steuerverteilung nach dem gesetzlichen Verteilungsschlüssel wird in der Bundesrepublik Deutschland dann noch in der Weise ergänzt, daß finanzschwache Gliedstaaten Ausgleichsansprüche gegen finanzstarke Gliedstaaten erhalten – eine für die leistungsstarken Gliedstaaten sehr fühlbare Ausgestaltung der Bundestreue. Wo auch die hierdurch bewirkte Finanzausstattung noch korrekturbedürftig ist, kann der Bund leistungsschwachen Gliedstaaten Ergänzungszuweisungen zukommen lassen.

Bei dieser horizontalen Aufteilung des Steueraufkommens stehen die Forderungen nach Eigenverantwortlichkeit der Gliedstaaten einerseits und nach Gleichwertigkeit der Lebensverhältnisse im gesamten Bundesgebiet andererseits in einem Spannungsverhältnis zueinander: Ausgleichswürdig ist wohl unstreitig eine unabwendbare Benachteiligung einzelner Gliedstaaten. Im übrigen aber betonen Anhänger der Eigenverantwortung, daß jeder Gliedstaat in föderativer Selbstverantwortung die Früchte der von ihm betriebenen Wirtschafts- und Finanzpolitik und der Tüchtigkeit seiner Bürger ernten solle. Auch in dieser Hinsicht solle das Volk für sich und die von ihm gewählten Regierungen einstehen. Dies solle insbesondere den wirtschafts- und finanzpolitischen Wettbewerb zwischen den Gliedstaaten beleben (§ 3 IV). Freunde der „sozialen Hängematte" hingegen fordern, daß ohne Rücksicht auf die erbrachten Leistungen in den verschiedenen Gliedstaaten möglichst gleichwertige sozialstaatliche Bedingungen geschaffen und insbesondere die öffentlichen Leistungsangebote angeglichen werden.

Schon andernorts wurde festgestellt, daß die Föderalisierung und Dezentralisation der Finanzwirtschaft dazu beitragen, fiskalische Äquivalenz zu verwirklichen, die Zusammenhänge zwischen Nutzen und Kosten, zwischen Empfängern und Zahlern öffentlicher Leistungen für die Bürger durchsichtig zu machen und verantwortungsvoll mit kollektiv finanzierten Leistungen umzugehen (§§ 3 III 2; 35 IV 4; 38 II).

4. Vor- und Nachteile der föderativen Struktur. Die föderative Struktur eines Staates und die damit verbundene Eigenart des Verfassungsgeschehens bringt Vor- und Nachteile mit sich.

Die föderative Aufteilung der staatlichen Aufgaben und Kompetenzen bewirkt eine Gewaltenbalance und Gewaltenhemmung (§ 38 IV 2). Diese kann im Parteienstaat durch die Einschaltung politischer Parteien teils abgeschwächt, teils überhöht werden: So wird die Kontrolle, die das „Länderorgan" (z. B. der deutsche Bundesrat) auf Bundesebene ausüben soll, geschwächt, wenn im überwiegenden Teil der Länder die gleiche Partei an der Regierung ist wie im Bund; der Einfluß zentral gelenkter Parteien kann hier das Länderorgan dazu bringen, die Politik der Bundesregierung mitzutragen. Andererseits kann der Gegensatz der föderativen Gewalten parteipolitisch verschärft werden, wenn im überwiegenden Teil der Länder eine andere Partei an der Regierung ist als im Bund (s. u.). Dieser Abschwächungs- oder Verstärkungseffekt ergibt sich vor allem dort, wo das „Länderorgan" von den Landesparlamenten oder den Landesregierungen bestellt wird (wie in der Bundesrepublik Deutschland der Bundesrat). Eine andere Situation besteht z. B. in den USA, wo das Repräsentativorgan der Gliedstaaten, der Senat, unmittelbar vom Volk gewählt wird und überdies eine straff zentralisierte Parteiführung fehlt.

In vielen Fragen müssen die Zentralorgane des Bundes und die Länder sich immer von neuem aufeinander einstellen und verständigen. Dabei tragen die Länder dazu bei, „sachnah" auf die unterschiedlichen regionalen Bedürfnisse zu reagieren und sich diesen anzupassen.

Die föderative Gliederung stellt die einzelnen Gliedstaaten in einen fruchtbaren Wettbewerb um die leistungsfähigere Wirtschafts-, Finanz- und Schulpolitik, um die attraktivere Kulturpolitik und um die wirksamere Sicherheitspolitik. Nach der Idee eines „kompetitiven Föderalismus" sollen die Länder also in der Suche nach den besten Problemlösungen miteinander konkurrieren. Ein Vorteil liegt dabei auch schon in der Gewinnung begrenzter „Experimentierfelder". Die politische Dezentralisation bietet Chance und Anreiz, in örtlicher Begrenzung – und daher mit vermindertem Risiko für den Gesamtstaat – neue Ordnungsmodelle (z. B. im Hochschulbereich) zu erproben, Erfahrungen zu sammeln und zu allgemeiner Verwertung zur Verfügung zu stellen (§ 3 III 2, IV).

In personeller Hinsicht können die kleineren politischen Einheiten als „Schule der Politik" dienen, in welcher Politiker Verwaltungs- und Regierungserfahrung sammeln und in der sie selbst auf ihre Eignung geprüft werden können. Auf diese Weise bieten insbesondere Regierungsämter der Gliedstaaten und Spitzenpositionen der Kommunalverwaltungen ein geeignetes Rekrutierungsfeld für die hohen Staatsämter des Bundes.

Den Vorteilen einer föderativen Gliederung stehen Nachteile und Risiken gegenüber, die mit einer Dezentralisation der politischen Gewalt verbunden sind: Föderativer Partikularismus bedeutet eine Einbuße an demokratischer Gesamtverantwortung dort, wo Gliedstaaten Entscheidungen treffen, die legitime länderübergreifende Interessen beeinträchtigen und die eine übergreifende politische Entscheidung erfordern. Damit verbunden sind Gefahren für die (abstrakt-normative) Rechtseinheit und für die Konformität des Verwaltungshandelns; ferner Erschwernisse für die Wahrnehmung grenzüberschreitender Aufgaben, wie z. B. der Verbrechensverfolgung; schließlich bei Kompetenzaufspaltungen auch die Gefahr einer Zersplitterung der politischen Verantwortung (§§ 23 III; 31 II 2).

Zudem bereitet es in föderativen Systemen den Bürgern oft Schwierigkeiten, politische Verantwortung angemessen zuzuordnen. Der Bund ist nicht für Steuerungsdefizite verantwortlich, für die ihm die Steuerungskompetenz fehlt. Entsprechendes gilt für die Länder. Gleichwohl rechnen die Bürger „dem Bund" oder ihrem „Land" nicht selten Entscheidungen zu, für die diese gar nicht zuständig sind.

Um so mehr erschweren kooperative Praktiken es den Bürgern, politische Verantwortlichkeiten klar zuzurechnen. Hinzu kommen die schon genannten Nachteile kooperativer Entscheidungsprozesse (2): ihre Umständlichkeit und Kostspieligkeit und die Tendenz zur Bürokratisierung. Auch kann die politische Handlungsfähigkeit durch kooperative Verfahren erheblich geschwächt werden. Wenn etwa, wie in der Bundesrepublik Deutschland, Bundestag und Bundesrat bei der Gesetzgebung zusammenwirken, kann es zu einer parteipolitisch bedingten Blockade der Gesetzgebung kommen, wenn beide Organe von unterschiedlichen Parteimehrheiten beherrscht werden. Der Verfassungszweck, das parteipolitische Kräftespiel im Bundestag mit Hilfe des Bundesrates durch ein föderatives Kräftespiel zu ergänzen, wird auf diese Weise verfehlt, und statt der föderativen Kontrolle entsteht eine parteipolitisch motivierte Blockade. Der Bürger empfindet dann die Schwäche des Gesetzgebers, ohne stets auch deren strukturbedingten Gründe wahrzunehmen. So lag der Föderalismusreform von 2006 insbesondere die Forderung zugrunde, die Zustimmungsbedürftigkeit von Bundesgesetzen zu begrenzen und dafür die eigene Gesetzgebungskompetenz der Länder zu erweitern.

Von der zuletzt genannten Fehlentwicklung abgesehen, ist die Mühe föderativer Kompromißsuche keineswegs nur von Nachteil. Jene Mühe wird zu einem nicht geringen Teil dadurch aufgewogen, daß Konflikte nicht unterdrückt werden, sondern das Höchstmaß an erreichbarem Konsens erstrebt wird, so daß das Gesamtsystem und dessen Ergebnisse auf Dauer von den meisten akzeptiert werden können. Ein solches System erweist sich vielfach als lebenskräftiger und dauerhafter als der erzwungene Zusammenhalt partikulärer Kräfte in einem Einheitsstaat.

II. Staatenbünde und ihre Abgrenzung vom Bundesstaat

Als Beispiele von Staatenbünden pflegt man anzuführen: die Vereinigten Staaten von Nordamerika von 1781 bis zum Inkrafttreten der Bundesverfassung von 1787, die Schweiz von 1815 bis 1848, den Rheinbund von 1806 bis 1813 und den Deutschen Bund von 1815 bis 1866. In den meisten dieser Beispiele erscheint der Staatenbund als Vorstufe zu einem hernach entstandenen Bundesstaat, als die losere Verbindung, die der engeren weicht, als ein Zusammenschluß, der den Staaten ein größeres Maß an Eigenständigkeit läßt als der Bundesstaat.

Aus diesen historischen Erscheinungen ist der staatstheoretische Begriff des Staatenbundes gewonnen. Dieser „klassische" Staatenbund war eine Verbindung von Staaten, welche die Wahrnehmung gemeinsamer Zwecke – im wesentlichen den Schutz des Bundesgebietes nach außen und die Bewahrung des Friedens zwischen den verbündeten Staaten – auf gemeinsame Organe übertrugen. Er ließ die staatliche Selbständigkeit seiner Mitglieder, insbesondere ihre Souveränität – d.h. ihre oberste unabhängige Regelungsmacht – bestehen und übte keine unmittelbare Gewalt über deren Angehörige aus, so daß die innerstaatliche Durchführung von Bundesbeschlüssen den Gliedstaaten überlassen blieb. Zur Durchführung bündischer Verpflichtungen standen völkerrechtliche Zwangsmittel – äußerstenfalls als besonders geregeltes Instrument eine „Bundesexekution" – zur Verfügung.

In den supranationalen Gemeinschaften der Gegenwart (§ 40 I, V) wurde eine Integration verwirklicht, die in verschiedenen Hinsichten über jene des Staatenbundes des 19. Jahrhunderts hinausreicht: hinsichtlich des Umfangs der vergemeinschafteten Aufgaben, der Möglichkeit, innerstaatlich wirksame Rechtsakte zu setzen, des Gewichts der Gemeinschaftsorgane und insgesamt der wechselseitigen Abhängigkeiten der zusammengeschlossenen Staaten.

Schon mit dem „klassischen" Staatenbund war eine Stufe zwischenstaatlichen Zusammenschlusses erreicht, die sich mit rein völkerrechtlichen Begriffen nicht mehr angemessen erfassen läßt: Auch dieser Staatenbund stellte sich bereits als eine so enge, auf Dauer angelegte Verbindung von Staaten dar, daß er auch die Verfassungen der Gliedstaaten nicht unberührt ließ. Staatenbünde und Bundesstaaten setzen zwar nicht notwendig voraus, daß die Staatsform der Bundesländer im strengen Sinn homogen ist (vgl. Montesquieu EL, IX 2); dies zeigen die Beispiele des Deutschen Bundes und des Zweiten Deutschen Reiches. Ein funktionsfähiger Zusammenschluß von der Intensität eines Bundesstaates und auch schon eines Staatenbundes erfordert aber ein widerspruchsfreies Ineinandergreifen ihrer Regelungskompetenzen und eine Gemeinsamkeit der Rechtskultur und ihrer wesentlichen Verfahrens- und Entscheidungsgrundsätze, ferner Toleranz im Verhältnis zwischen unterschiedlich gestalteten Mitgliedstaaten und den Zentralorganen des Bundes. Diese Erfordernisse finden ihre Ausprägung typischerweise in einer mehr oder minder starken Angleichung wesentlicher Verfassungsgrundsätze und in der Einrichtung von Koordinierungs- und Schlichtungsorganen (vgl. Federalist, Nr. 43, 6).

Das politische Gewicht, das schon die Zugehörigkeit zu einem Staatenbund für die einzelstaatlichen Verfassungsordnungen hat, zeigt sich auch daran, daß vielfach diese Zugehörigkeit in den Verfassungen der Gliedstaaten verankert wird (vgl. z. B. § 1 der badischen Verfassung vom 22. 8. 1818, § 3 der württembergischen Verfassung vom 25. 9. 1819, Art. 1 der Verfassung von Hessen-Darmstadt vom 17. 12. 1820 und § 1 der sächsischen Verfassung vom 4. 9. 1831). Aber auch wo der Verfassungstext es nicht förmlich zum Ausdruck bringt, wird durch den Beitritt zu einem Staatenbund die Verfassung im materiellen Sinn („der konkrete Inhalt der fundamentalen politischen Entscheidungen über die gesamte Existenzweise des Staates") dadurch betroffen, daß der Staat dem politischen Gesamtsystem eines Staatenbundes eingefügt wird (C. Schmitt VL, 367).

Nicht jede Rückwirkung der Zugehörigkeit zu einem Bund auf die einzelstaatlichen Verfassungen, auch nicht jede Möglichkeit der Bundesorgane, innerstaatlich verbindliches Recht zu setzen, macht eine Staatenverbindung also schon zum Bundesstaat. Erst dann ist die Grenze zum Bundesstaat überschritten, wenn den Bundesorganen Kompetenzen in einem Maße zuwachsen, daß ein Dualismus von Entscheidungszentren entsteht, derart, daß weder die Gliedstaaten noch die Zentralorgane des Bundes über die umfassende Kompetenzenhoheit verfügen und in dieser Hinsicht für die Gliedstaaten auch faktisch ein „point of no return" erreicht ist (vgl. § 10 III). Das gleiche Kriterium, das schon dazu diente, den Bundesstaat vom Einheitsstaat zu unterscheiden (§ 9 IV), gestattet also, den Bundesstaat auch nach der anderen Seite, gegenüber Staatenverbindungen minderen Grades, abzugrenzen. In der Staatswirklichkeit läßt sich die Grenze nicht immer scharf ziehen; zwischen den Formen zwischenstaatlicher Integration gibt es fließende Übergänge (§ 40 V).

§ 40. Internationale Organisationen

Literatur: Wie zu § 10; *Dahm* II; *Ipsen* VR, §§ 31 ff., 44 ff., 60; *Berber* III, §§ 25 ff.; *Seidl-Hohenveldern/Loibl* IO; *Verdroß/Simma*, 69 ff.; *Th. Oppermann*, Europarecht, 1991, ³2005; *U. Andersen, W. Woyke* (Hg), Handwörterbuch internationaler Organisationen, ³2005; *F. Knipping u. a.* (Hg), Das System der Vereinten Nationen und seine Vorläufer, 1995; *E. Klein*, in: Graf Vitzthum (Hg), Völkerrecht, ³2004, 245 ff.; *Doehring* VR, Rdn. 196 ff.

I. Grundsätzliche Funktion und Rechtsstellung

Auch die internationalen Organisationen funktionieren nach einem „föderativen" Schema im weiteren Sinn: Eine Anzahl von Staaten, deren Interessen sich vielfältig berühren, stehen in einer institutionalisierten Ordnung, die einem Ausgleich ihrer Interessen in gegenseitiger Verständigung und Anpassung dient. Hier wird für den Interessenausgleich zwischen Staaten die Form der Einzelverträge verlassen und zu einer „kooperativen" Konfliktsbereinigung, Interessenregelung und Zielbestimmung (§ 3 III 4) übergegangen. Andererseits haben die internationalen Zusammenschlüsse die Schwelle zur Staatlichkeit noch nicht überschritten. So fehlen ihnen zahlreiche Eigenschaften, die zur föderativen Struktur eines Staates gehören. Insbesondere die Gewaltenbalance, die in der bundesstaatlichen Kompetenzenverteilung liegt, ist in den internationalen Organisationen nicht voll ausgebildet; auch hier entwickelt sich aber durch wirtschaftliche und verteidigungspolitische Interdependenzen ein nicht unerhebliches Maß gegenseitiger Kontrollen.

Anlaß für die Ausbreitung internationaler Organisationen war die beispiellose Intensivierung weltweiter wirtschaftlicher Verflechtungen und Abhängigkeiten, eine immense Verdichtung und Beschleunigung des internationalen Verkehrs und des Austausches von Informationen ökonomischer, militärischer, technischer, wissenschaftlicher und sonstiger Art. Es wurden Waffensysteme entwickelt, die über Kontinente hinweg ganze Teile der Menschheit vernichten können, und damit zusammenhängend entstanden weitgespannte Verteidigungssysteme und militärische Interdependenzen. Die Bildung von Staatengemeinschaften soll nicht nur die Kooperation in den Bereichen der Außen-, Sicherheits- und Wirtschaftspolitik erleichtern, sondern auch die Ungleichgewichte der internationalen Kräfteverhältnisse austarieren, die internationalen Machtbalancen stärken und zu einem Polyzentrismus der Weltmächte führen (hierzu § 31 I 3). Zugleich soll auf diese Weise die internationale Ausbreitung und Verwirklichung individueller Freiheitsgarantien vorangebracht werden (hierzu § 32 VI).

Mit völkerrechtlichen Vertragspflichten herkömmlicher Art war die Fülle der damit gestellten übernationalen Ordnungs- und Ausgleichsaufgaben nicht sachgemäß zu bewältigen. Man brauchte Institutionen zur gemeinsamen Wahrnehmung gemeinsamer, zur Koordinierung verschiedenartiger und zum Ausgleich widerstreitender Interessen. Solche Institutionen können der Präzisierung, Förderung und Verwirklichung gemeinschaftlicher Zwecke und einem föderativen Interessenausgleich dienen. Gegenüber dem klassischen Ausgleichs- und Regelungsschema der völkerrechtlichen Verträge haben diese „föderativen" Institutionen unbestreitbare Vorzüge: Es werden nicht mehr nur von Fall zu Fall Detailprobleme zwischen einzelnen Staaten verhandelt und geregelt. Vielmehr werden die Einzelfragen in umfassendere Sachzusammenhänge gestellt, deren kontinuierliche Planung und Regelung Aufgabe der internationalen Organisationen ist. Diese haben nicht nur einen bilateralen Interessenausgleich anzustreben, sondern eine multilaterale Koordinierung der Interessen aller beteiligten Staaten. Zudem bilden erst solche Institutionen die organisatorische Grundlage, auf der man auch für den internationalen Interessenausgleich das Einstimmigkeitsprinzip behutsam verlassen und zu dem kooperationsfreundlicheren Mehrheitsprinzip übergehen kann.

Zu den Hoffnungen, die man in das Entstehen supranationaler Organisationen setzt, zählt auch die: daß man ein Instrument zur organisierten Durchsetzung des Völkerrechts gewinne, das die kriegerische Selbsthilfe ablösen könnte (s. schon Kant, Zum ewigen Frieden, ²1796, 2. Definitivartikel). Man denkt also, trotz aller vorhandenen Unterschiede, an einen ähnlichen Vorgang, wie er sich bei der Verdrängung der Fehde abspielte: Hier verschwand die gewaltsame individuelle Selbsthilfe in den einzelnen Territorien in dem Maße, wie eine sich konsolidierende Staatsgewalt die Rechtsgewährleistung wirksam übernahm.

Für die Koordinierung und Wahrnehmung gemeinsamer Interessen bot es sich an, rechtlich selbständige internationale Organisationen zu schaffen, also Organisationen, die eigene Rechtspersönlichkeit, auch eigene Völkerrechtssubjektivität haben. Solche Organisationen empfehlen sich auch für Schlichtungsaufgaben, die sich von vornherein nicht einem Organ eines beteiligten Staates übertragen ließen.

Der rechtlichen Selbständigkeit der Organisationen entspricht es, daß diese eine eigene Rechtsordnung besitzen, nämlich ihr internes Staatengemeinschaftsrecht; dabei mag hier die Streitfrage offenbleiben, ob dieses Gemeinschaftsrecht nur ein Sonderrecht innerhalb des Völkerrechts oder ein vom Völkerrecht verschiedenes Recht sui generis ist. Primäres Gemeinschaftsrecht ist der Gründungsvertrag, sekundäres Gemeinschaftsrecht sind die ihm gemäß erlassenen Rechtsnormen, insbesondere auch zur Regelung der inneren Angelegenheiten der Gemeinschaft, etwa ein Beamtenstatut für die Beamten der Organisation.

Die eigene Rechtsfähigkeit einer Organisation zeigt sich auch daran, daß sie aus eigenem Recht von den Mitgliedstaaten verlangen kann, die Verpflichtungen aus dem Gemeinschaftsverhältnis zu erfüllen.

II. Aufgabengebiete

Literatur: Fischer Weltalmanach 2010, Sp. 609 ff.; *Ipsen* VR, §§ 31 ff.
Zu 2: *H. Flörkemeier,* Globalisierung ohne Grenzen? Die rationale Struktur des Welthandels, 2001; *R. Herzog,* Regionalisierung der Welt, in: F. f. W. Rudolf, 2001, 55 ff.

Die Fülle der gegenwärtig aktuellen Aufgaben spiegelt sich in der Mannigfaltigkeit der Organisationen wider:

1. Aufgabengebiete der UNO und globaler Spezialorganisationen. Der UNO selbst sind – um nur das Wichtigste zu nennen – unter anderem anvertraut: Maßnahmen zur Sicherung des Weltfriedens (Sicherheitsrat), zur Koordinierung wirtschaftlicher Interessen (Wirtschafts- und Sozialrat; regionale Wirtschaftskommissionen; UNCTAD = UN Conference on Trade and Development), zur Verhütung und Behebung sozialer Not (Flüchtlingshochkommissar; UNICEF = UN International Children's Emergency Fund), ferner die gerichtliche Beilegung internationaler Streitigkeiten (Internationaler Gerichtshof = ICJ = International Court of Justice).

Mit der UNO sind Spezialorganisationen verbunden; die Koordination ihrer Tätigkeit obliegt vorwiegend dem Wirtschafts- und Sozialrat der UNO (vgl. Art. 57 und 63 der UNO-Satzung). Die Aufgabengebiete dieser Spezialorganisationen umfassen: Währung und Finanzen, Wirtschaft, Verkehr und Nachrichtenübermittlung, Ernährung, Arbeit, Gesundheit, Wissenschaft und Bildung.

Der Internationale Währungsfonds (IMF = International Monetary Fund) soll für ein ausgewogenes Wachstum des Welthandels, für geordnete Währungsbeziehungen zwischen den Mitgliedern und für die Stabilität der Währungen sorgen. Die Weltbank, genauer die Internationale Bank für Wiederaufbau und Entwicklung (IBRD = International Bank for Reconstruction and Development), und ihre Schwesterorganisationen sollen Kredite für produktive Entwicklungshilfe und zur Behebung von Kriegsschäden gewähren.

Mit Verkehrsproblemen sind die Internationale Zivil-Luftfahrtorganisation (ICAO = International Civil Aviation Organization) und die Internationale Seeschiffahrtsorganisation (IMO = Intergovernmental Maritime Organization) befaßt; sie haben u. a. die technische Sicherheit der Luftfahrt und der Seeschiffahrt zu fördern. Der Weltpostverein (UPU = Universal Postal Union) hat den internationalen Brief- und Paketverkehr zu ermöglichen und zu erleichtern; der Internationale Fernmeldeverein (ITU = International Telecommunication Union) hat die entsprechende Funktion für den internationalen Fernsprech-, Telegraphie- und Funkverkehr.

Aufgabe der Ernährungs- und Landwirtschaftsorganisation (FAO = Food and Agriculture Organization) ist es, durch Studien und technische Hilfen beizutragen, daß der Nahrungsbedarf der Menschheit gedeckt werden kann.

Der Internationalen Arbeitsorganisation (ILO = International Labour Organization) ist der Schutz der Rechte, des Lebens und der Gesundheit von Arbeitnehmern anvertraut; zu diesem Zweck arbeitet sie u. a. internationale Arbeitsabkommen aus und empfiehlt sie den Mitgliedstaaten zur Ratifikation.

Die Weltgesundheitsorganisation (WHO = World Health Organization) hat durch Vorschriften und technische Hilfe für einen höchstmöglichen Gesundheitsstandard in der Welt, insbesondere auch für die Verhütung von Epidemien, für die Standardisierung von Heilmitteln und für die Vereinheitlichung von Gesundheitsvorschriften zu sorgen.

Die UNESCO (= United Nations Educational, Scientific and Cultural Organization) hat Wissenschaft und Kultur zu fördern, insbesondere das Analphabetentum zu bekämpfen, Kulturgut vor der Vernichtung zu bewahren, wissenschaftliche Forschungsergebnisse zu sichten und zu sammeln und durch Katalogisierungen zu erfassen und Kontakte zwischen Wissenschaftlern zu ermöglichen.

Einer weltweiten Versorgung mit meteorologischen Daten dient die Weltorganisation für Meteorologie (WMO = World Meteorological Organization).

Bestimmte Aufgaben sind außerhalb des UN-Systems „autonomen Organisationen" übertragen: Energiewirtschaftliche Funktionen hat die Internationale Atomenergieorganisation (IAEO = International Atomic Energy Organization), die ihren Mitgliedstaaten den Zugang zu spaltbarem Material für eine friedliche Nutzung der Atomenergie vermittelt und damit zusammenhängende Kontrollaufgaben übernimmt.

Die seit 1995 bestehende Welthandelsorganisation (WTO = World Trade Organization) bezweckt die Liberalisierung des Welthandels und dient als ständiges Forum für multilaterale Verhandlungen, die den Handel mit Waren, geistigem Eigentum und Dienstleistungen betreffen. Zu ihr gehört eine Stelle für Handelspolitik, die mit dem Internationalen Währungsfonds und der Weltbank zusammenarbeitet; ferner eine Schlichtungsstelle für integrierte Streitschlichtungsverfahren. Höchstes Organ ist eine Ministerkonferenz, die mindestens alle zwei Jahre tagt. Diese wählt einen Generalsekretär, der zusammen mit einem Allgemeinen Rat die laufenden Geschäfte führt.

2. Regionale Organisationen. In Gestalt regionaler Organisationen bilden sich Verdichtungsräume wirtschaftlichen, verteidigungspolitischen und kulturellen Zusammenwirkens, die oft schon durch ein gemeinsames historisches Schicksal und eine gemeinsame Vorstellungswelt vorgeformt sind. Auch darin werden Konturen einer Großraumpolitik und einer damit verbundenen polyzentrischen Gliederung der Welt (§ 31 I 3) sichtbar. In dieser gewinnen neben gefestigten Großräumen, wie den Vereinigten Staaten von Nordamerika, China, Rußland und Indien, regionale Organisationen zunehmend an Gewicht. Sie haben ihr Vorbild in der Europäischen Union. Einstweilen noch tastende Schritte in Richtung auf eine wirtschaftliche und politische Großregion finden sich im südamerikanischen MERCOSUR und in der Afrikanischen Union.

Es gibt daneben auch Formen mehr oder minder enger Kooperation, die mehrere Großregionen umfassen: so die NATO, die OSZE, die Gemeinschaft der ASEAN-Staaten und die APEC. Dabei spiegelt sich in der wachsenden Zahl der wirtschaftlichen Zusammenschlüsse und in der fortschreitenden Intensität der Zusammenarbeit die zunehmende Globalisierung der Weltwirtschaft wider.

Im einzelnen ergibt sich folgendes Bild: Die Europäische Union entstand durch den fortschreitenden Zusammenschluß europäischer Staaten – zunächst zu einer Montanunion (1951), dann zu einer Europäischen Atomgemeinschaft und Europäischen Wirtschaftgemeinschaft (durch die „Römischen Verträge“ von 1957), schließlich zu einer Europäischen Union (durch den Vertrag von Maastricht von 1992). Durch diesen Vertrag hat man sich auf die Vollendung einer Wirtschafts- und Währungsunion geeinigt. Einbezogen wurde nun auch ein Zusammenwirken in der Sozialpolitik, der beruflichen Bildung, dem Gesundheitswesen, der Kultur, in der Forschung und technischen Entwicklung und im Umweltschutz. Als weitere Pfeiler gemeinsamer europäischer Politik wurden vereinbart: eine Koordination der Außen- und Sicherheitspolitik und eine Zusammenarbeit in der Innen- und Rechtspolitik. Durch den Vertrag von Lissabon (in Kraft seit 2010) soll die Funktionsfähigkeit der Europäischen Union verbessert werden, insbesondere dadurch, daß für viele Entscheidungen das Einstimmigkeitsprinzip verlassen wird. Durch die zunehmende Ausstattung der Gemeinschaftsorgane mit Aufgaben und Kompetenzen wurde ein Stück des Weges zu einer umfassend organisierten Rechtsgemeinschaft zurückgelegt; insbesondere ist „eine neue öffentliche Gewalt entstanden, die gegenüber der Staatsgewalt der einzelnen Mitgliedstaaten selbständig und unabhängig ist“ (BVerfGE 22, 296). Gleichwohl hat auch die Europäische Union die Stufe der Staatlichkeit bisher nicht erreicht (V 2): Sie verfügt nicht über die Kompetenzenhoheit (§ 10 III), sondern kann nur im Rahmen der Ermächtigungen, die ihren Organen vertraglich zugewiesen wurden, rechtsverbindlich handeln (Prinzip der Einzelermächtigung).

Norwegen, Island, die Schweiz und Liechtenstein sind in einer europäischen Freihandelszone (EFTA) zusammengeschlossen. Für diese – ausgenommen die Schweiz – und die Europäische Union wurde ein gemeinsamer Europäischer Wirtschaftsraum (EWR) geschaffen. In ihm gelten grundsätzlich freier Verkehr von Waren, Dienstleistungen, Kapital und Personen. Auch werden Finanz- und Währungspolitik, Verbraucherschutz, Umwelt- und Sozialpolitik wechselseitig abgestimmt. Die Schweiz hat ihre Beziehungen zur EU gesondert geregelt.

Eine vielfältige Zusammenarbeit erstrebt auch die Gemeinschaft Unabhängiger Staaten (GUS), die 1991 im Zusammenhang mit der Auflösung der UdSSR als Gemeinschaft souveräner und gleichberechtigter Staaten gegründet wurde und der heute die meisten ehemaligen Sowjetrepubliken angehören. Ihre Struktur ist in einer Charta vom 22. 1. 1993 festgeschrieben. Zu ihren Zielen gehören: die Schaffung eines gemeinsamen Wirtschaftsraumes, die Koordinierung der Außenpolitik, die Zusammenarbeit bei der internationalen Friedenssicherung und die Bildung eines gemeinsamen militärisch-strategischen Raumes. Oberstes Koordinationsorgan ist der Rat der Staatsoberhäupter. Ihm nachgeordnet ist der Rat der Regierungschefs. Auf Grund der Beschlüsse, die diese Räte fassen, stimmen sich die anderen Organe, insbesondere der Rat der Außenminister und der Rat der Verteidigungsminister, aufeinander ab. Beschlüsse werden im Konsens gefaßt; erklärt aber ein Staat, daß er an einer Frage nicht interessiert ist, ist seine Stimme entbehrlich.

Eine über die wirtschaftliche Kooperation hinausreichende Zusammenarbeit erstrebt ferner die (über 50 Staaten umfassende) Afrikanischen Union (AU), deren Organisation sich weitgehend an das Vorbild der Europäischen Union anlehnt. Wichtigste Organe sind die Versammlung der Staats- und Regierungschefs, der Exekutivrat der Außenminister, das Komitee ständiger Repräsentanten, das aus Botschaftern der Mitgliedstaaten besteht und die Sitzungen des Exekutivrates vorbereitet, und das Panafrikanische Parlament.

Argentinien, Brasilien, Paraguay und Uruguay haben sich 1994 zu einem gemeinsamen Markt (MERCOSUR = Mercado Común del Cono Sur) zusammengeschlossen mit dem Ziel, Zollschranken zwischen den Vertragsstaaten abzubauen und die Volkswirtschaften zu koordinieren.

Einer zum Teil überregionalen wirtschaftlichen Zusammenarbeit und einem Abbau von Zollschranken zwischen den Mitgliedstaaten dienen die Nordamerikanische Freihandelszone (NAFTA = North American Free Trade Agreement), deren Mitglieder die USA, Kanada und Mexico sind, ferner die Gemeinschaft südostasiatischer Staaten (ASEAN = Association of South-East Asian Nations) und die locker strukturierte APEC (Asia-Pacific-Economic-Cooperation), der die ASEAN-Staaten und zahlreiche weitere Staaten des pazifischen Raumes, darunter die USA, Kanada und China, angehören, Staaten, die etwa die Hälfte der Weltproduktion und des Welthandels bestreiten.

Überregional angelegt ist auch die Organisation für wirtschaftliche Zusammenarbeit und Entwicklung (OECD = Organization for Economic Cooperation and Development), die eine Koordination der Wirtschafts- und Konjunkturpolitik und der Entwicklungshilfe bezweckt. Die ihr angegliederte Agentur für Kernenergie (NEA = Nuclear Energy Agency) dient der Koordination friedlicher Nutzung der Kernenergie.

Überregional angelegt sind nicht selten auch Organisationen, die der gemeinsamen Verteidigung oder der friedensichernden Zusammenarbeit dienen. Neben der strategischen Planung und der Organisierung gemeinsamer Verteidigung gegen Angriffe von außen können sie auch die Funktion haben, Streitigkeiten zwischen den verbündeten Staaten friedlich beizulegen, wie die älteste dieser Organisationen, die Organisation Amerikanischer Staaten (OAS).

Nach dem Zweiten Weltkrieg polarisierten sich die wichtigsten Verteidigungsorganisationen am west-östlichen Gegensatz. So wurde der im Jahre 1949 gegründeten NATO (North Atlantic Treaty Organization) im Jahre 1955 die östliche Organisation des Warschauer Paktes gegenübergestellt. Die Auflösung des Ostblocks und die Entschärfung des west-östlichen Gegensatzes führten im Jahre 1991 zur Auflösung des Warschauer Paktes und zu einer Neubestimmung der Aufgaben der NATO. Wie in einem Modell zeigte sich hier, wie ein Wandel der politischen Situation auf die beteiligten Institutionen zurückwirkt. Die NATO wurde vom Machtfaktor, der einst der Balance im bipolaren Kräfteverhältnis der beiden damals konkurrierenden Weltmächte diente, zu einem Instrument weltumspannender amerikanischer Ordnungspolitik. Dadurch, aber auch durch Einsatzaufträge der UNO können die beteiligten Länder nun in ferne Konflikte verstrickt werden. Damit harrt auch die aus uralter historischer Wurzel stammenden Wehrpflicht – die eigene Heimat zu verteidigen – einer neuen Begründung.

Als blockübergreifendes Gesprächsforum wurde 1973 die Konferenz über Sicherheit und Zusammenarbeit in Europa (KSZE) von fast allen europäischen Staaten gegründet und seither fortschreitend institutionalisiert. Seit 1995 bildet sie eine regionale Organisation im Sinne der UNO-Satzung (Art. 52) und führt jetzt den Namen „Organisation" (OSZE) statt wie bisher „Konferenz". Als Mitglieder gehören ihr heute insbesondere die Staaten Europas sowie Kanada und die USA an. Ihre Hauptziele sind die Gewährleistung politischer Stabilität und Sicherheit in ganz Europa und eine engere Zusammenarbeit auf den Gebieten der Wirtschaft, Wissenschaft und Kultur und des grenzüberschreitenden Umweltschutzes. Sie hat entscheidend zur Entschärfung des west-östlichen Gegensatzes beigetragen und einer Entwicklung der ehemaligen Ostblockstaaten zu pluralistischen, freiheitlichen Demokratien den Weg gebahnt. Abgesehen von den Gipfeltreffen der Staats- und Regierungschefs existieren als Organe der OSZE insbesondere der Rat der Außenminister (Ministerrat), der jährlich mindestens einmal zusammentritt, ferner ein „Ausschuß hoher Beamter", der den Ministerrat vertritt und ein „ständiger Rat" als Beratungs- und Entscheidungsgremium für laufende Geschäfte.

III. Mittel zur Erfüllung der Gemeinschaftsaufgaben

Als technische Mittel zu Präzisierung und Verfolgung der gemeinschaftlichen Zwecke können z.B. dienen: die Einberufung von Staatenkonferenzen, sachkundige Planungen (z.B. der Entwurf einer Verteidigungskonzeption, Studien über die Welternährung), die Ausarbeitung von Vertragsentwürfen und sonstigen Empfehlungen, der Erlaß rechtsverbindlicher Einzelentscheidungen (z.B. Beschlüsse der EU, Art. 288 Unterabs. IV AEU) und der Erlaß genereller Vorschriften, die in den Mitgliedstaaten innerstaatliche Verbindlichkeit haben (z.B. Verordnungen der EU, Art. 288 Unterabs. II AEU).

Auch an Sanktionen kommt ein breites Instrumentarium in Betracht: die Feststellung, daß ein Mitgliedstaat seine Verpflichtungen verletzt hat, u.U. verbunden mit der Befugnis, Pflichtverletzungen öffentlich bekanntzumachen, die Einholung des Gutachtens eines internationalen Gerichtshofs über solche Pflichtverletzungen (z.B. die Einholung eines Gutachtens des ICJ durch die UNO-Generalversammlung), die Suspendierung der Mitgliedschaftsrechte eines vertragsbrüchigen Staates (z.B. der Mitgliedschaftsrechte im Europarat), die Einstellung von Zahlungen und anderen Leistungen an das vertragsbrüchige Mitglied (z.B. von Leistungen der Internationalen Atomenergieorganisation) und der Ausschluß eines Mitglieds aus der Organisation (z.B. die Aufforderung zum Austritt aus dem Internationalen Währungsfonds); gegen eine Bedrohung oder einen Bruch des Weltfriedens können schließlich auf Entscheidung des Sicherheitsrates wirtschaftliche und andere nichtmilitärische und notfalls auch militärische Zwangsmaßnahmen, und zwar auch gegen ein Nichtmitglied der UNO, ergriffen werden.

Welche dieser Instrumente von Fall zu Fall einer Organisation zur Verfügung stehen, bemißt sich nach dem jeweiligen internen Staatengemeinschaftsrecht.

IV. Organisatorische Struktur

Es ist hier nur der Ort, allgemeine Strukturelemente anzugeben. Im einzelnen variiert der Aufbau je nach den sachlichen Aufgaben der Organisation: Zum Beispiel erfordern schon die Geschäftsbedürfnisse, zumal die Notwendigkeit raschen Reagierens auf dem Kapitalmarkt, für die Weltbank einen Aufbau mit hierarchisch-bürokratischen Zügen, insbesondere eine starke Rechtsstellung ihres Präsidenten. Einen anderen Aufbau verlangen solche Organisationen, die, wie die EG, immer wieder Kompromisse zwischen den einzelstaatlichen Interessen auszuhandeln haben und überdies fortschreitend zu einer politischen Integration führen sollen. In Organisationen mit vorwiegend unpolitisch-technischen Aufgaben, wie dem Weltpostverein, brauchen politische Mitspracherechte der beteiligten Staaten organisatorisch nicht im gleichen Maße zur Geltung zu kommen wie in Organisationen, die Entscheidungen mit starkem politischen Einschlag zu treffen haben. Die enge Bindung der organisatorischen Bestimmungen an die reale Funktion des Organs zeigt sich besonders am Sicherheitsrat: Eine vernünftige Rücksichtnahme auf die Durchsetzungschancen seiner weitreichenden Zwangsmittel hat einst dazu geführt, den (zur Zeit des Vertragsabschlusses) fünf größten Mächten (China, Frankreich, Großbritannien, UdSSR und USA) je einen ständigen Sitz im Sicherheitsrat zuzubilligen und Sachentscheidungen von ihrer Zustimmung abhängig zu machen, sofern sie nicht selber als Streitparteien betroffen sind (Art. 23 und 27 der UNO-Satzung). Dies erscheint als Ausdruck der realpolitischen Erwägung, daß insbesondere militärische Interventionen eher das Risiko einer Konfliktsverschärfung mit sich bringen, als daß sie dem Weltfrieden dienen, wenn sie nicht von allen Großmächten gebilligt werden. Der Grundgedanke dieser Regelung bleibt richtig, auch wenn inzwischen die Weltmacht neu aufgeteilt ist.

Im einzelnen verfügen die Organisationen über verschiedene Arten von Organen:

Ein mit Fachleuten besetztes bürokratisches Organ ist in allen Organisationen unentbehrlich. Beispiele bieten die Behörden des Generalsekretärs der UNO, des Generaldirektors der UNESCO, des Präsidenten der Weltbank und die Kommission der Europäischen Union. Es entspricht einer allgemeinen Erfahrungsregel, daß mit der zunehmenden Komplizierung der rechtlichen, wirtschaftlichen und wissenschaftlichen Situation der Einfluß der Bürokratien wächst, die wegen ihrer disziplinierten Koordination von Fach- und Dienstwissen ein optimales Instrument zur Bewältigung der technischen Seite politischer Aufgaben bilden (§ 37). Dieser Einfluß wird noch verstärkt durch die dauernde Präsenz der Bürokratie am Sitz der Organisation. Im einzelnen gehen die Kompetenzen der bürokratischen Organe verschieden weit. Sie reichen von den relativ bescheidenen Befugnissen des UNO-Generalsekretärs (u.a.: die anderen UNO-Organe auf Friedensbedrohungen aufmerksam zu machen, ihnen hierüber zu berichten, die provisorische Tagesordnung für die UNO-Generalversammlung aufzustellen) bis zu den einschneidenden Befugnissen der Kommission der Europäischen Union (u.a.: das Recht, auch innerstaatlich verbindliche Vorschriften und andere Rechtsakte vorzuschlagen, Art. 17 Abs. 2 der EUV).

Daneben bestehen Organe, welche die einzelnen Mitgliedstaaten und deren Auffassungen und Interessen repräsentieren, vor allem dort, wo es um die Bildung des politischen Willens der Organisation und um die Kontrolle des bürokratischen Organs geht:

In erster Linie bedarf es eines Organs, in dem die Mitgliedstaaten als solche (das heißt als organisierte politische Gemeinschaften) repräsentiert sind. Dieses Organ pflegt entweder aus Regierungsmitgliedern selbst oder aus anderen Funktionären dieser Staaten gebildet zu werden: Beispiele bieten die Generalversammlung der UNO, die Generalkonferenz der UNESCO und der Rat der Europäischen Union.

Auch hier finden sich, je nach den sachlichen Bedürfnissen, Modifikationen: In die internationale Arbeitskonferenz der ILO z. B. entsenden nicht nur die Regierungen, sondern auch die führenden Arbeitgeber- und Arbeitnehmerverbände Vertreter, damit die hier besonders wichtige Repräsentation von Partikularinteressen gewährleistet ist. – Es hat sich als zweckmäßig erwiesen, das Organ der Staatenvertreter mit möglichst ranghohen Repräsentanten zu besetzen; denn immer wieder müssen die internationalen Organisationen versuchen, zu föderativen Kompromissen zu gelangen; erfahrungsgemäß sind aber nachgeordnete Amtsträger, die sich ständig nach oben „rückversichern" müssen, unbeweglicher bei der Anbahnung von Kompromissen und beim Aufsuchen unkonventioneller Lösungen, als Inhaber hoher Kompetenz. Je ranghöher dieses Organ also besetzt ist, desto entscheidungsfreudiger und flexibler wird in der Regel die Organisation handeln. Man kann die Repräsentation der Mitgliedstaaten auch in mehrere Organe unterschiedlichen Ranges gliedern, um sich dem unterschiedlichen Gewicht der zu behandelnden Fragen anpassen zu können, wie dies etwa in der OSZE vorgesehen ist (II 2).

Gelegentlich findet sich ein quasiparlamentarisches Organ. Die Forderung hiernach entsteht vor allem in solchen Organisationen, die zu bestimmten Fragen auch Rechtsnormen mit unmittelbar innerstaatlicher Geltung erlassen und damit in den Funktionsbereich der staatlichen Gesetzgebungsorgane übergreifen können. Wo solche Normen nur durch einstimmigen Beschluß des Ministerorgans oder eines von diesem kontrollierten Organs erlassen werden können, sichert die innerstaatliche Ministerverantwortlichkeit wenigstens mittelbar, daß solche Normsetzungen nicht ganz der parlamentarischen Kontrolle entgleiten. Je stärker aber in den überstaatlichen Organen das Einstimmigkeitsprinzip durch das Mehrheitsprinzip verdrängt wird, desto mehr verliert auch diese mittelbare parlamentarische Kontrolle ihre Funktionsfähigkeit, und desto stärker wird das Bedürfnis, sie durch eine unmittelbare parlamentarische Kontrolle innerhalb der internationalen Organisationen selbst zu ersetzen. Weitreichende Ansätze hierzu finden sich für die Europäische Union im Europäischen Parlament. Dessen Mitglieder werden seit 1979 in allgemeiner, unmittelbarer Wahl von der Bevölkerung der Mitgliedstaaten gewählt. Die Befugnisse des Europäischen Parlaments stehen aber hinter denen eines staatlichen Parlaments zurück.

V. Stufen der Integration

Literatur: Wie zu §§ 8 II 2; 10 III; *Zippelius* VSt, Kap. 9 IV; *Ch. Seiler*, Der souveräne Verfassungsstaat zwischen demokratischer Rückbindung und überstaatlicher Einbindung, 2005.
Zu 2: *Th. Oppermann*, Europarecht, 1991, ⁴2009; *ders.*, Der Europäische Traum zur Jahrhundertwende, JZ 1999, 317 ff.; *ders.*, Eine Verfassung für die Europäische Union, DVBl. 2003, 1165 ff., 1234 ff.; *D. Vaubel*, Europa-Chauvinismus, 2001; *Th. Giegerich*, Europäische Verfassung und deutsche Verfassung im transnationalen Konstitutionalisierungsprozeß, 2003, insbes. S. 149 ff.; *P. Häberle*, Europäische Verfassungslehre, ⁵2008; *R. Sturm, H. Pehle*, Das neue deutsche Regierungssystem. Die Europäisierung von Institutionen, Entscheidungsprozessen und Politikfeldern in der BRD, ²2005; *St. Haack*, Verlust der Staatlichkeit, 2007; *J. Braun*, Wahn und Wirklichkeit, 2008, Kap. 7; *D. Murswiek*, Die heimliche Entwicklung des Unionsvertrages zur europäischen Oberverfassung, NVwZ 2009, 481 ff.

1. Grundsätzliches. Zwischen den verschiedenen Stufen zwischenstaatlicher Integration liegen keine scharfen Grenzen; es besteht ein Kontinuum, das von den lockeren Formen internationaler Organisationen über die engeren supranationalen Organisationen und die Staatenbünde bis zu den Bundesstaaten (§ 39 II) reicht.

Aus den internationalen Organisationen im weiteren Sinne lassen sich als spezifische Form die supranationalen Gemeinschaften herausheben; deren Hauptbeispiel bildet die Europäische Union. Man könnte erwägen, als vermeintlich exaktes, spezifisches Merkmal dieser Organisation die Tatsache zu nehmen, daß diese Gemeinschaft unmittelbar innerstaatlich verbindliche Anordnungen treffen kann. Dieses Kriterium allein wäre aber unzureichend, weil auch andere Organisationen, die insgesamt auf einer ganz anderen Integrationsstufe stehen als etwa die Europäische Union, jene Befugnis haben können; so hatte z. B. die durch die Pariser Kongreßakte von 1856 geschaffene Europäische Donaukommission auf dem schmalen Sektor ihres Aufgabengebietes ein selbständiges Verordnungsrecht, das unmittelbar Einzelpersonen erfassen konnte, und eine Strafgewalt über diese.

Die Unterscheidung der verschiedenen Integrationsstufen kann überhaupt schwerlich an Hand eines einzelnen, exakten Kriteriums getroffen werden. Sie ist Frage einer Gewichtung der erreichten Integration. An dieser haben mehrere Komponenten Anteil: Eine Rolle spielt nicht nur die Frage, wie die Entscheidungen der Gemeinschaftsorganisation wirken (ob als bloße Empfehlungen gegenüber den Mitgliedstaaten oder als verpflichtende Beschlüsse oder mit unmittelbar innerstaatlicher Verbindlichkeit). Es kommt auch auf die Zahl, Wichtigkeit und Dauerhaftigkeit der ihr übertragenen Funktionen an, ferner darauf, welche Durchsetzungsmöglichkeiten der Organisation zur Verfügung stehen. Diese Faktoren werden sich oft im Organisationsgrad, auch im Vorhandensein einer organisationseigenen Gerichtsbarkeit, widerspiegeln. Von Bedeutung ist auch der Grad der Selbständigkeit, den die Organisation gegenüber den Mitgliedern erreicht hat; Kriterien hierfür sind die Fragen, ob die Beschlüsse der Organisation der Einstimmigkeit bedürfen oder mit Mehrheit gefaßt werden können und ob und inwieweit supranationale Organe von den Weisungen der Mitgliedstaaten freigestellt sind. Für die Beurteilung der wirklichen Integrationskraft und der Entwicklungstendenzen einer Organisation sind darüber hinaus auch Realfaktoren in Betracht zu ziehen, vor allem wirtschaftliche und verteidigungspolitische Abhängigkeiten und Verflechtungen, ferner das Gefühl kultureller, insbesondere weltanschaulicher Zusammengehörigkeit, andererseits auch das Maß des nationalen Selbstbehauptungswillens in den Mitgliedsländern.

2. Insbesondere die Europäische Union. Als Typus für die Integrationsstufe supranationaler Gemeinschaften kann die Europäische Union gelten, die sich einerseits von internationalen Organisationen niedrigeren Organisationsgrades, andererseits von Bundesstaaten unterscheidet. Ihre Gemeinschaftsorgane können innerstaatlich verbindliches Recht erlassen, das Anwendungsvorrang vor dem Recht der Mitgliedstaaten hat. Der Funktionsbereich der Organisation erfaßt weite Gebiete, vor allem der Wirtschaftspolitik, der Wirtschaftsverwaltung, der Währungspolitik, der Außen- und Sicherheitspolitik und die Zusammenarbeit in den Bereichen der inneren Angelegenheiten und der Justiz (II 2). Anzahl, Gewicht und Dauerhaftigkeit der Aufgaben spiegeln sich in fest etablierten, großen Behörden, einschließlich eines organisationseigenen Gerichtshofs. In erheblichem Umfang sind Mehrheitsbeschlüsse von Gemeinschaftsorganen für alle Mitgliedstaaten verbindlich (wenn man auch im Rat nach Möglichkeit Kompromisse anstrebt, die für alle Beteiligten annehmbar sind). Es gibt maßgebende Organe, die von den Weisungen der Mitgliedstaaten freigestellt sind.

Manches drängt nach einer fortschreitenden Vereinheitlichung von Recht und Verwaltung: insbesondere die Intensivierung des Güter- und Leistungsaustausches, das überregionale Engagement von Industrie und Banken und die wachsende Mobilität von Eliten und Arbeitskräften. Gemeinsame rechtsstaatliche Grundsätze und Menschenrechtsgarantien werden insbesondere durch den Europäischen Gerichtshof zur Geltung gebracht. Auf wichtigen Sachgebieten wirken auch die Mitgliedstaaten selbst (wie einst die Länder im Deutschen Bund) aus eigener Kompetenz an einer fortschreitenden Angleichung des Rechts mit. Die wirtschaftlichen und verteidigungspolitischen Verflechtungen bewirken, daß im Verhältnis zwischen den Mitgliedstaaten „Außenpolitik" zunehmend zu „europäischer Innenpolitik" wird, die immer stärker in die inneren Angelegenheiten dieser Staaten eingreift. Sie bewirken darüber hinaus, daß die Mitgliedstaaten auch im außenpolitischen Verhältnis zu Drittländern fortschreitend zu einer Schicksalsgemeinschaft geworden sind. Nicht zuletzt drängt sozialistisches Engagement auf eine „Verstaatlichung" supranationaler Gemeinschaften, um auf dieser Ebene jene Möglichkeiten zur Administrierung von Wohlfahrtsstaatlichkeit zu gewinnen, die den Einzelstaaten durch die internationalen Mobilitäten schwinden.

Diesen zentripetalen stehen zentrifugale Kräfte gegenüber. Die Entwicklung der Europäischen Union zu einem europäischen Bundesstaat dürfte für die nähere Zukunft schon dadurch gehemmt werden, daß der nationale Selbstbehauptungswille der europäischen Völker der Integration Grenzen setzt. Dieser Selbstbehauptungswille ist gespeist aus der in Jahrhunderten gewachsenen eigenen Kultur, insbesondere der eigenen Sprache und den Besonderheiten der Traditionen und sozialen Strukturen. Es gilt, diese lebendige politische, wirtschaftliche und kulturelle Vielfalt zu erhalten, die ein weites Experimentierfeld für Wirtschaft, Wissenschaft und Bildung ist, dem Europa sein reiches Erbe verdankt.

Zudem sehen die Völker, wie ihr demokratisches Selbstbestimmungsrecht dort schwindet, wo eine supranationale Organisation Kompetenzen in Anspruch nimmt: In supranationalen Gemeinschaften stehen verbindliche Mehrheitsentscheidungen der Gemeinschaftsorgane nicht mehr voll unter der demokratischen Kontrolle jedes einzelnen Staatsvolkes (vgl. § 23 III 1). Auch erscheint es als schwierig, die Gemeinschaftsorgane einer vielsprachigen, multinationalen Völkergemeinschaft wirksam an eine hinreichend „ausdiskutierte" öffentliche Meinung zu binden, wie das dem Ideal einer lebendigen Demokratie entspräche.

Dazu kommt die Tendenz zur Bürokratisierung, die immer dort entsteht, wo Entscheidungen auf Zentralinstanzen verlagert werden, mit all den Nachteilen, die sich damit verbinden; zu diesen gehört insbesondere die Schematisierung des Entscheidens, die der konkreten Situation oft nicht gerecht wird, und die Entfremdung von den Bürgern (§§ 14 I 3; 37 II 5).

So empfinden die Völker Unmut über jede für unnötig gehaltene Ausweitung supranationaler Kompetenzen.

Dieser historisch-politischen Diagnose entspricht die Ansicht des Bundesverfassungsgerichts: „Jedes der Staatsvölker ist Ausgangspunkt für eine auf es selbst bezogene Staatsgewalt. Die Staaten bedürfen hinreichend bedeutsamer eigener Aufgabenfelder, auf denen sich das jeweilige Staatsvolk in einem von ihm legitimierten und gesteuerten Prozeß politischer Willensbildung entfalten und artikulieren kann, um so dem, was es – relativ homogen – geistig, sozial und politisch verbindet ..., rechtlichen Ausdruck zu geben" (BVerfGE 89, 186).

Es gilt also, einen lebensfähigen Kompromiß zu suchen in dem Bestreben, die Handlungsfähigkeit der Gemeinschaft zu verbessern und zugleich das politische Selbstbestimmungsrecht der Mitgliedstaaten in wichtigen Fragen zu respektieren. In Europa geht es darum, eine im großen Ganzen funktionsfähige föderative Balance zu bewahren: zwischen einer politischen Eigenständigkeit der Mitgliedstaaten einerseits und einem vielfältigen, institutionalisierten Zusammenwirken andererseits (vgl. § 10 IV): mit der Chance, daß rationale Kompromisse zwischen den beteiligten nationalen Interessen ausgehandelt werden, die von den beteiligten Nationen akzeptiert werden; dies erfordert, daß für sie – jedenfalls in der großen Linie – eine demokratische Legitimation auf nationaler Ebene eingeholt werden muß.

Nach diesen rechtspolitischen Überlegungen ist ein Blick auf die rechtliche Ausgestaltung der Europäischen Union zu richten. Eine wichtige Grundlage des Zusammenwirkens bildet die gemeinsame europäische Rechtskultur; zu ihr gehören vor allem die Prinzipien der Demokratie und der Rechts- und der Sozialstaatlichkeit (vgl. Art. 23 Abs. 1 des deutschen Grundgesetzes).

Unmittelbar demokratisch legitimiert ist das Europäische Parlament, das aus allgemeinen Volkswahlen hervorgeht. Die Mitglieder des Europäischen Rates, des Ministerrates und der europäischen Gerichte sind durch ihre Entsendestaaten demokratisch legitimiert. Der Präsident und die Mitglieder der Kommission erhalten eine mittelbare demokratische Legitimation durch die Regierungen der Mitgliedstaaten und durch die Zustimmung des Europäischen Parlaments.

Gleichwohl entsteht das Problem eines demokratischen Defizits. Denn in wichtigen Gemeinschaftsorganen, wie im Europäischen Parlament (Art. 14 Abs. 2 des Lissabonner Vertrages – EUV –), im Europäischen Rat (Art. 15 Abs. 2 EUV) und im Ministerrat (Art. 16 EUV), sind die volkreichen und die kleinen Staaten nicht im Verhältnis ihrer Bevölkerungszahl repräsentiert (vgl. BVerfG, U. v. 30. 6. 2009[1], Abs. 284 f.). Die Frage nach dem demokratischen Defizit geht davon aus, daß die Regierenden mit den Regierten identisch sein sollen (§ 17 III) und die demokratische Legitimität hoheitlicher Entscheidungen auf der Gleichgewichtigkeit der Stimmen der Regierten beruht (§§ 16 I 3; 34 II 1). Dem Grundgedanken nach müßte das für alle hoheitlichen Entscheidungen gelten, denen die Bürger unterworfen sind. Das Bundesverfassungsgericht ist aber der nicht unproblematischen Ansicht, es gelte dies nur für die Legitimation staatlicher Kompetenzen, nicht aber für die vertraglich begründeten Kompetenzen der Europäischen Union, und läßt es genügen, wenn die Mitgliedstaaten der Union „Herren der Verträge" bleiben, ihre staatliche Identität und demokratisch legitimierte Kompetenz-Kompetenz wahren, auf das europarechtliche Prinzip der begrenzten Einzelermächtigung achten und aus der Union austreten können (U. v. 30. 6. 2009, Abs. 231 ff.).

Wie in allen föderativen Gebilden zeigt sich auch die demokratische Ambivalenz (§ 23 III): Im gleichen Maße, wie sich die Kompetenzen der Gemeinschaftsorgane erweitern, schwindet für die Mitgliedstaaten ihr Selbstbestimmungsrecht. Andererseits entsteht ein „föderatives Defizit", sobald in den Entscheidungen der Gemeinschaftsorgane das Einstimmigkeitsprinzip verlassen wird. Insbesondere brächte ein „gleiches Stimmgewicht für jeden Unionsbürger" die Gefahr mit sich, daß kleine Staaten durch die Stimmkraft der volkreichen „an die Wand gedrückt" würden.

Majorisierungen der einen oder der anderen Art widersprechen politischer Klugheit. Denn ein politisches Gebilde, das in schwerwiegenden Fragen Majorisierungen von Nationen gestattet, droht früher oder später auseinander zu brechen. Darum werden in den Gesetzgebungsverfahren der USA und bei Volksentscheiden der Schweiz beide Majorisierungen vermieden (§ 23 III 1). Demgegenüber nimmt man in europäischen Entscheidungen ein begrenztes gesamtdemokratisches Defizit in Kauf, um die Entscheidungsfähigkeit der europäischen Organe zu stärken. Dies erhöht aber auch die Besorgnis, daß die Interessen der bevölkerungsreichen Staaten durch europäische Mehrheitsentscheidungen verkürzt werden. Die Versuche, dem

---

[1] NJW 2009, 2267 ff.

durch komplizierte Kompromisse zu begegnen (Art. 16, 31 EUV), vermögen nicht voll zu überzeugen.

Man entgeht dem Dilemma, wenn in Fragen, über die sich nicht alle einigen, die engere Zusammenarbeit und gemeinsame Regelungen den einigungsbereiten Mitgliedstaaten vorbehalten bleiben, wie das z.B. bei der Währungsunion und beim Schengener Abkommen über die Ersetzung der internen Grenzkontrollen durch Außenkontrollen geschehen ist.

Wichtiger Leitgedanke für die Ordnung der Kompetenzen hat das Subsidiaritätsprinzip zu sein (Art. 5 EUV). Was sich in den wesentlichen Auswirkungen auf die Mitgliedstaaten beschränkt und darüber hinaus alles, was die gesamteuropäischen Interessen nur in geringem Maße berührt, muß in der Kompetenz der Mitgliedstaaten verbleiben (§ 10 IV). Um das Subsidiaritätsprinzip wirksam zu machen, müssen die Mitgliedstaaten ihre Kompetenzen nachdrücklich wahrnehmen, dürfen ihre Verantwortung nicht auf supranationale Institutionen abschieben und hypertrophe Inanspruchnahmen von Kompetenzen durch supranationale Behörden nicht hinnehmen (§ 10 III). Soviel zur Demokratie.

Auch an rechtsstaatliche Grundsätze sind die Gemeinschaftsorgane gebunden: insbesondere an die Gesetzmäßigkeit der Verwaltung, den Grundsatz der Verhältnismäßigkeit, das Übermaßverbot und das Prinzip der Rechtssicherheit. Der Grundrechtsschutz reicht weit über die grundrechtsähnlichen „vier Freiheiten" des gemeinsamen Marktes (freier Warenverkehr, berufliche Freizügigkeit, Niederlassungsfreiheit und freier Dienstleistungsverkehr) hinaus (§ 32 a.E.) und wird, ebenso wie andere rechtsstaatliche Grundsätze, nicht zuletzt durch den Europäischen Gerichtshof zur Geltung gebracht.

Zu den sozialstaatlichen Grundsätzen gehören z.B. die Pflichten der Mitgliedstaaten, die Sicherheit und Gesundheit der Arbeitnehmer zu schützen, dafür zu sorgen, daß Männer und Frauen für gleiche Arbeit gleiches Entgelt erhalten, und die allgemeine und berufliche Bildung zu fördern.

Kapitel V. Wichtige Staatstypen der Gegenwart

§ 41. Die parlamentarische Demokratie

Literatur: Wie zu § 23; *W. Bagehot*, Die englische Verfassung, (engl. 1867) dt. 1971; *Loewenstein* VL, 81 ff., 467 ff.; *K. Kluxen* (Hg), Parlamentarismus, 1967, ⁵1980 (Lit.); *Scheuner* St, 317 ff.; *S. A. de Smith, R. Brazier*, Constitutional and Administrative Law, 1971, ⁸1998; *H. P. Schneider, W. Zeh* (Hg), Parlamentsrecht und Parlamentspraxis, 1989; *H. Händel, D. A. Gossel*, Großbritannien, ⁴2002; *P. Badura*, in: HdStR, § 25; *K. v. Beyme*, Die Parlamentarische Demokratie. Entstehung und Funktionsweise 1789–1999, ³1999.

Grundprinzip des parlamentarischen Regierungssystems ist, daß die Regierung vom Vertrauen der gewählten Volksvertreter getragen sein muß und dem Parlament laufend verantwortlich bleibt. Dadurch soll die demokratische Sensibilität (mit der etwa auf einen Popularitätsschwund des Regierungchefs reagiert werden kann) in höherem Maße verwirklicht werden als in nichtparlamentarischen Präsidialdemokratien. In diesen ist stattdessen (durch die unabhängigere Stellung der Regierung) das Prinzip der Gewaltenteilung stärker realisierbar. Der spezifisch demokratische Gehalt des parlamentarischen Systems ist freilich erst in der neueren Entwicklung deutlicher zutage getreten. Die frühen Wurzeln dieser Staatsform liegen anderswo.

I. Zur Geschichte des Parlamentarismus

Literatur: *Th. Smith*, De Republica Anglorum, (1565) 1583, ed. 1906; *W. Cobbett*, The Parliamentary History of England, 1806 ff.; *L. A. Warnkönig*, Französische Staatsgeschichte, 2. Aufl. 1875, Neudruck 1968, Bd. I, 336 ff., 434 ff., 586 ff., 406 ff., 529 ff.; *J. Hatschek*, Englische Verfassungsgeschichte, 1913, Neudruck 1978; *K. Loewenstein*, Der britische Parlamentarismus, 1964; *H. Schill*, Die Stellung des Richters in Frankreich, 1961; *G. Schmid*, Das Verhältnis von Parlament und Regierung im Zusammenspiel der staatlichen Machtverteilung, 1971; *K. Kluxen*, Die Entstehung des englischen Parlamentarismus, 1972; *H. Rausch* (Hg), Die geschichtlichen Grundlagen der modernen Volksvertretung, I 1980, II 1974; *G. O. Sayles*, The King's Parliament of England, 1974; *K. Bosl* (Hg), Der moderne Parlamentarismus und seine Grundlagen in der ständischen Repräsentation, 1977; *H. Boldt*, in: GGb IV, 649 ff.; *H. D. Loock, H. Schulze* (Hg), Parlamentarismus und Demokratie im Europa des 19. Jh., 1982; *K. Kluxen*, Geschichte und Problematik des Parlamentarismus, 1983.

Historisch hat sich der Parlamentarismus aus einem Gegensatz zwischen Regierung und Parlament entwickelt, aus dem Gedanken, die Regierung unter die Kontrolle eines Parlaments zu bringen.

Als frühe Vorläufer mittelalterlicher Parlamente Europas können die Versammlungen der großen Vasallen und Prälaten gelten: die Hoftage der fränkischen Könige; die curia regis der Capetinger in Frankreich; das angelsächsische witenagemot, der „Rat der Weisen", der den König zu beraten hatte. Beratungsgegenstände waren Regierungsgeschäfte und Rechtsprechungsaufgaben; beide Funktionen finden sich heute noch im englischen House of Lords vereinigt.

In Frankreich entwickelte sich die curia regis zu einem ständigen Gerichtshof. Im 13. Jahrhundert war das „Parlement du Roi" das Königsgericht in Paris. Dieses fällte seine Urteile auf Grund des Gewohnheitsrechts und solcher Königsgesetze, die es in sein Register eingetragen hatte. Die Registrierung bot dem Gericht eine Handhabe, Königsgesetze daraufhin zu überprüfen, ob sie in Einklang mit den anerkannten Grundsätzen von Recht und Gerechtigkeit stünden. Verneinte das Gericht dies, so konnte es die Eintragung einstweilen verweigern und an den König remonstrieren. Dieses Recht wurde aus der Funktion, den König zu beraten, hergeleitet. Wir finden hier also Ansätze eines „richterlichen Prüfungsrechts". Aus ihnen entwickelte sich aber keine voll wirksame Kontrolle, weil der König sich über solche Bedenken hinwegsetzen und die Registrierung erzwingen konnte.

Als lebenskräftiger erwies sich der Keim zu einer anderen Art von „Parlamentarismus", der sich von einer ständischen zu einer demokratischen Kontrolle der Regierung entfaltete. Ansätze zu einer solchen Entwicklung finden sich im mittelalterlichen Europa in großer Vielfalt, etwa im Reichstag des Heiligen Römischen Reichs und in den Landtagen der deutschen Territorien, auch in den erstmals 1302 von Philipp IV. einberufenen französischen Generalständen, in den niederländischen „Generalstaaten", den „Cortes" Portugals und der spanischen Königreiche, den dänischen und schwedischen Reichstagen, dem polnischen „Sejm" und ähnlichen Einrichtungen anderer Staaten. Voll ausgebildet hat sich die Entwicklung von einer ständischen zu einer demokratischen Kontrolle der Regierung in England; hier ist sie zu einem weltweit wirkenden Modell geworden. Man hat immer wieder betont, die Geschichte des englischen Parlamentarismus sei ein Ergebnis vielfältiger Zufälligkeiten. Gleichwohl lag eine innere Logik der Gesamtentwicklung im britischen Sinn für Maß und Spielregeln und insbesondere in der Abneigung gegen Übertreibungen. Sie hat bewirkt, daß der Kampf gegen die monarchische Gewalt nie dauerhaft darauf ausging, diese Gewalt ganz zu vernichten und sie beispielsweise durch einen Parlamentsabsolutismus zu ersetzen, sondern nur darauf, der Regierungsgewalt Grenzen zu setzen, die Übermacht eines Teiles zu verhindern, Konkurrenzen zu erhalten und auf diese Weise Balancen im Spiel der politischen Kräfte zu schaffen.

Im einzelnen können die Stufen dieser sehr komplexen Verfassungsentwicklung hier nur vereinfachend angedeutet werden. Nach der normannischen Eroberung trat als Beratungsorgan des Königs an die Stelle des angelsächsischen witenagemots die curia regis, die sich aus weltlichen Feudalherren und geistlichen Würdenträgern zusammensetzte. Mit diesen mußte der König verhandeln, um Zugeständnisse zu erreichen, die sich nicht schon aus den Lehnspflichten ergaben. So konnte der König Abgaben, die über bestehende Rechtspflichten hinausgingen, nur mit Zustimmung der Betroffenen erheben. Die Magna Carta vom Jahre 1215 spielte in der Entwicklung des Parlamentarismus insofern eine Rolle, als sie das Steuerbewilligungsrecht der Stände bestätigte: Um Schildgeld oder Hilfsgeld zu erheben, war die Zustimmung der Gesamtheit der betroffenen Vasallen erforderlich. Diese traten im Gemeinen Rat zusammen (Art. 12, 14). Bereits in den folgenden Jahrzehnten beanspruchten die Barone eine weitergehende Kontrolle der Regierung. Etwa um die Mitte des Jahrhunderts kam für die Versammlung der Großen der Name parliamentum auf.

Ein wichtiger Schritt in Richtung auf eine Demokratisierung und zugleich auf die Herausbildung politischer Gegengewichte war sodann die Erweiterung der parlamentarischen Basis. Schon in früheren Zeiten hatte der König bei Bedarf Vertreter bestimmter Bevölkerungsgruppen zur Anhörung geladen (s. Stephenson/Marcham, 46 E). Nach dem Aufstand von 1264 übernahm Simon Montfort, das Haupt der aufständischen Barone, die Regierungsgeschäfte und berief im Jahre 1265 auch Vertreter des niederen Landadels (der Gentry) und der Städte in das Parlament (aaO., 48 C). Nach der Wiederherstellung des Königtums folgte Eduard I. dem Beispiel Montforts und zog schon in das Parlament von 1268 auch Vertreter der Cities und Boroughs (aaO., 48 D). Diese bildeten ein gewisses Gegengewicht gegen die Lords; zugleich lagen hier Anfänge demokratischer Repräsentanz. Seit dem Model Parliament von 1295 wurde es üblich, Vertreter der Gentry und der Bürgerschaften mit ins Parlament zu berufen. In einer der Ladungen zu diesem Parlament stand – damals freilich nur als Leitidee – die römische Formel „quod omnes tangit ab omnibus approbetur" (Kluxen 1972, 8; zur Geschichte der Formel: Quaritsch, 162). Nach dem Statut von York (1322) sollten Angelegenheiten, die das Reich und das Volk betrafen, im Parlament verhandelt, abgestimmt und festgesetzt werden, und zwar durch den König mit Zustimmung der Prälaten, Earls, Barone und der Commons (Stephenson/Marcham, 58). 1327 übernahmen diese eine aktive Rolle im parlamentarischen Spiel, als sie durch eine kollektive Petition die Gesetzgebungsinitiative ergriffen. Im Zusammenhang damit begann sich die Zweiteilung des Parlaments herauszubilden: in das House of Lords und das House of Commons, dem zunächst die Gesetzesinitiative zuwuchs. Gewiß war der Einfluß der Commons anfangs gering; dennoch war es ein großer Schritt, daß auf diese Weise Repräsentanten breiterer Bevölkerungsschichten, anstatt Zuflucht zu Aufständen nehmen zu müssen, „ein gesetzliches und reguläres Mittel erlangt hatten, den Gang der Regierung zu beeinflussen". Die Schwäche der Rechtsstellung der Commons sollte auch „bald durch das Übergewicht ausgeglichen werden, welches das Volk notwendig erhält, wenn es in den Stand gesetzt wird, mit Methode und insbesondere in Übereinstimmung zu handeln" (de Lolme, wie zu § 23, Buch 1, Kap. II).

Rückgrat des parlamentarischen Einflusses blieb der Grundsatz, daß Steuern nur erhoben werden durften, wenn sie vom Parlament bewilligt waren. Dieser Grundsatz fand mehrfach eine Bestätigung und nähere Ausgestaltung, so durch eine confirmatio von 1297 und durch das Statut von 1340 (Stephenson/Marcham, 51 A, 62 B), wurde dann aber im Zeitalter des aufkommenden Absolutismus nicht immer strikte eingehalten. In einigermaßen verwickelter Weise entstand daneben das Gesetzgebungsrecht des Parlaments: zunächst als Mitwirkungsrecht an der Königsgesetzgebung, zeitweilig noch in Konkurrenz mit einer eigenständigen Verordnungsgewalt des Königs, zuletzt immer noch gehemmt durch das Recht des Königs, den parlamentarischen Gesetzesbeschluß zu Fall zu bringen, indem er seine Zustimmung verweigerte; dieses Recht wurde letztmals im Jahre 1707 durch Königin Anna ausgeübt und ist seither obsolet geworden. Schon unter Elisabeth I. gab der Staatssekretär Sir Thomas Smith einen Begriff von den sehr umfassenden Befugnissen des Parlaments. In seiner Definition spiegelt sich die bedeutende Rolle wider, die Heinrich VIII. dem Parlament zuwies, indem er es seinen Reformationsplänen dienstbar machte. Hier, bei der Abtrennung der englischen Kirche von Rom und bei der Regelung der damit zusammenhängenden Fragen wurde die parlamentarische Gesetzgebung in noch nicht dagewesener Weise zum Instrument der Politik. Sir Thomas zog folgendes Fazit: „Die höchste und absolute Gewalt im Königreich liegt beim Parlament ... Das Parlament hebt alte Gesetze auf, macht neue, gibt Anordnungen hinsichtlich geschehener und künftiger Dinge, ändert Rechte und Besitzstände von Privatpersonen, legitimiert Bastarde, etabliert Religionsformen, ändert Maße und Gewichte, bestimmt die Thronfolgeordnung, definiert zweifelhafte Rechte ... bestimmt Subsidien, Auflagen, Steuern und Lasten, erteilt Pardon und Absolution ... verurteilt oder spricht jene frei, die der König vor Gericht stellt" (1583, II 1).

In der Tudorzeit erschien das Parlament als Vertretung der Gesamtnation und nicht als bloße Versammlung von Vertretern einzelner Stände oder Bezirke, eine Auffassung, die sich schon früher angebahnt hatte (§ 24 III 1). Gerade daraus begründete Sir Thomas Smith die umfassende Kompetenz des Parlaments, weil eben dieses „die Gewalt des gesamten Reichs innehat und repräsentiert ... Denn jeder Engländer wird als darin anwesend gedacht, entweder in Person oder durch Stellvertreter oder Bevollmächtigte ... Und die Zustimmung des Parlaments wird als die Zustimmung von jedermann angesehen" (1583, II 1; vgl. auch Quaritsch, 437 ff.).

Wichtige Prägungen erhielt das parlamentarische System und insgesamt der Verfassungsstaat im England des 17. Jahrhunderts. Hier lagen die Geburtsstunden des neuzeitlichen Demokratieverständnisses, der Gewaltenteilung und der modernen Grundrechtsvorstellung. Das Spiel begann damit, daß Jakob I. und dann sein Sohn, Karl I., eine absolutistische Regierungsweise nach kontinentalem Vorbild durchzusetzen versuchten und dabei auf den energischen Widerstand des Parlaments stießen. Den Souveränitätsansprüchen Jakobs und Karls hielt der Chief Justice Sir Edward Coke die Rule of Law – die These vom Supremat des Rechts – entgegen. Nach heutigen Begriffen war das die These vom „Vorrang des Gesetzes", an welchem die Befugnisse der Exekutive eine strikte Grenze finden (§ 30 I 2). Zunächst rang das Parlament im Jahre 1628 durch die Petition of Right Karl I. die Zusicherung ab, daß er die alten Rechte und Landesfreiheiten beachten werde (§ 32 II).

Die fortdauernden Auseinandersetzungen zwischen König und Parlament führten zur Parlamentsauflösung (1629), anschließend zu einer elfjährigen Regierung ohne Parlament und schließlich, nach dem Konflikt des Königs mit dem im Jahre 1640 neu einberufenen Langen Parlament, zur puritanischen Revolution und in die englischen Bürgerkriege. Im Streit der Independenten gegen das autoritäre Kirchenregiment Karls und seines Erzbischofs Laud um die Glaubensfreiheit kam nun, über die Rule of Law hinaus, eine noch grundsätzlichere Grenze der Staatsgewalt in den Blick: Jetzt ging es darum, daß es individuelle Rechte gebe, auf welche die Staatsgewalt grundsätzlich keinen Zugriff habe (§ 32 II). Mit dieser Idee unantastbarer Menschenrechte verband sich eine zweite, nicht minder grundlegende Vorstellung: Die für den religiösen Bereich gewonnene Idee individueller Selbstverantwortung wurde nun auch auf das Gebiet der Politik übertragen mit der Folge, daß der Staat jetzt als das Ergebnis einer Übereinkunft von Individuen verstanden und damit säkularisiert wurde (§ 17 III). Beide Gedanken zugleich wurden im Agreement of the people von 1647 greifbar, einem Verfassungsentwurf der Leveller (der freilich ein bloßer Entwurf blieb): Zum einen war in diesem Agreement erklärt, daß die gewissensgeleitete religiöse Freiheit für jede weltliche Gewalt unantastbar sei (§ 32 II). Zum andern wollte man den Verfassungsentwurf dem Volk zur Annahme vorlegen, womit der Gedanke der Volkssouveränität und der Konsensgrundlage der staatlichen Herrschaft zum Ausdruck gebracht war.

Nach der Enthauptung Karls (1649) wurde England Republik (Stephenson/Marcham, 109). Nach den wenig ermutigenden Erfahrungen mit dem Absolutismus des Langen Parlaments und der anschließenden Diktatur Cromwells bestieg zwei Jahre nach dessen Tod der Sohn Karls I. als Karl II. den englischen Thron (1660). Trotz der Rückschläge, die der Parlamentarismus durch das taktische Geschick des Königs hinnehmen mußte, ging der Machtzuwachs, den das Parlament in der Revolutionszeit gewonnen hatte, nie mehr ganz verloren: Der Herrscher wußte nun, daß er unter einem Damoklesschwert regierte. Aus dieser Zeit stammt auch die Habeas Corpus Acte (§ 32 II).

Zu einer weiteren Ausformung des Verfassungsstaates führte die unblutige Glorreiche Revolution (1688). Jakob II. wurde nicht zuletzt deshalb vom Thron verjagt, weil er in den Bereich der Legislative eingriff und durch Dispense die staatskirchenrechtlichen Gesetze weitgehend außer Wirkung zu setzen suchte (§ 31 II 1). Im Verlauf der Revolution einigte sich eine irregulär gebildete parlamentarische Versammlung (convention) in der Declaration of Rights über die Bedingungen, unter denen der Schwiegersohn und die Tochter Jakobs, Wilhelm III. von Oranien und

Maria, den Thron besteigen sollten. Darin, daß die Thronbesteigung auf Grund eines Parlamentsbeschlusses geschah, wurde die Säkularisierung der Königswürde sichtbar. Über diese verfügte nun eine Versammlung, welche die Nation repräsentierte. Der König als Inhaber der Exekutivgewalt sollte hinfort die Gesetze achten und sie nicht ohne Zustimmung des Parlaments außer Kraft setzen oder ihre Vollziehung aussetzen (§ 31 II 1). Freie Wahlen zum Parlament und die Redefreiheit im Parlament sollten nicht beeinträchtigt werden. Der König sollte nicht ohne Zustimmung des Parlaments ein stehendes Heer halten. Und noch einmal wurde festgelegt, daß Abgaben zum Nutzen der Krone nur mit Zustimmung des Parlaments erhoben werden durften. Der Inhalt dieser Declaration wurde im Dezember 1689 als Bill of Rights zum Gesetz erhoben (Stephenson/Marcham, 120 A). Im Februar 1690 bildete sich das Konventsparlament durch eigene Entscheidung in das legale Parlament um.

In dieser Zeit wachsenden Einflusses und wachsender Aktivität des Parlaments liegen auch erste Anfänge des modernen politischen Parteienwesens. Im Parlament begannen sich zwei politische Richtungen herauszukristallisieren. Die konservative Richtung der Tories erhielt ihr Gepräge von den Vertretern der Staatskirche und des Großgrundbesitzes; sie wollte die ererbten Vorrechte des Königtums weitgehend bewahren. Die politischen Gegenspieler waren die Whigs, die vorwiegend aus Kreisen der „Rundköpfe" kamen, die im Bürgerkrieg als Anhänger des Parlaments gegen den König gekämpft hatten. Mit der fortschreitenden Demokratisierung der Wahlen, die freilich erst im 19. Jahrhundert stärker durchbrach und im 20. Jahrhundert abgeschlossen wurde (§ 24 I), mußten die Parteien schon im Hinblick auf den Wahlkampf sich in zunehmendem Maße organisieren und für die Wahlen ein politisches Programm formulieren, das dann für die kommende Legislaturperiode auch zur Grundlage des Regierungsprogramms wurde (§ 24 III 2).

In den Jahrzehnten, die auf die Glorious Revolution folgten, bildete sich die für den modernen Parlamentarismus charakteristische Form der Kabinettsregierung heraus. Aus der Gruppe der Kronberater wurde das innere Kabinett als engeres Gremium der führenden Regierungsmitglieder gebildet. Unter dem glanzlosen Hannoveraner Georg I. und unter Georg II. erhielt Sir Robert Walpole, der das besondere Vertrauen des Königs besaß, die Chance, die Gestalt des englischen Kabinetts zu formen, in dem er dann selber als der erste moderne „Prime Minister" fungierte.

Aus der engen Angewiesenheit der Regierung auf das Parlament, die sich aus dessen Gesetzgebungskompetenz und Budgetrecht ergab, entwickelte sich die Gepflogenheit, daß der König bei der Bildung des Kabinetts auf den Willen der Parlamentsmehrheit Rücksicht nahm und in der späteren Verfassungsentwicklung das Kabinett aus den Führern der Mehrheitspartei bildete. So führten die Wahlen von 1708 und 1710 zu einem Ministerwechsel, der durch die Parteigruppierungen im Parlament bedingt war.

In der ersten Hälfte des 18. Jahrhunderts entstand auch die Zweiteilung des Unterhauses in Anhänger der Regierung und Opposition. Dies war nicht zuletzt eine Reaktion darauf, daß Walpole den Zugang zu Ämtern und den Einfluß bei Hofe seinen Parteigängern vorbehielt. Durch diese Gliederung des Unterhauses wurde der parlamentarische Disput zu einer Pro- und Contra-Argumentation vorstrukturiert, die einem Plädieren im Rechtsstreit nicht unähnlich war und es den Wählern erleichterte, sich mit der einen oder anderen Auffassung zu identifizieren.

Der wachsende Einfluß des Parlaments auf den Fortbestand der Regierung zeigte sich deutlich bei der Ablösung Walpoles (1742, s. Stephenson/Marcham, 123 F).

1782 führte, vor dem Hintergrund des Verlustes der nordamerikanischen Kolonien, die im Unterhaus wachsende Gegnerschaft gegen den Prime Minister Lord North zu dessen Rücktritt (Kluxen 1972, 52 f.). Seither festigte sich das Bewußtsein, daß der Prime Minister und sein Kabinett in erster Linie dem Unterhaus verantwortlich seien. Hieraus entstand auch die Praxis des Mißtrauensvotums, das dann, seit dem Sturz des Kabinetts Melbourne im Jahre 1841 (s. Stephenson/Marcham, 132 B), in das Instrumentarium des parlamentarischen Verfahrens aufgenommen wurde. Das Ergebnis dieser Entwicklung war, daß die Kabinettsmitglieder zwar vom König ernannt und entlassen werden, tatsächlich aber nur solange in ihrer Stellung bleiben, wie sie das Vertrauen der Mehrheit im Unterhaus genießen. Sobald die Unterhausmehrheit nicht mehr hinter ihnen steht, sind sie gehalten, dem König ihren Rücktritt anzubieten, um ihren Gegnern, die nun von der Mehrheit des Hauses getragen werden, die Bahn freizugeben.

Aber die politische Erfindungsgabe der Engländer wußte einen Ausweg, die Regierung nicht ganz in die Hand des Parlaments zu geben: Das auf die Prärogative des Königs gegründete Recht der Parlamentsauflösung ließ sich, wenn die Regierung nicht vom Vertrauen der Unterhausmehrheit getragen war, zu einem Instrument der Demokratie ausmünzen: Das Unterhaus hatte seine Gewalt vom Volk. Die Regierung konnte daher, wenn das Parlament ihr keinen Rückhalt (mehr) bot, eine Parlamentsauflösung veranlassen und damit gegen das Parlament an das Volk appellieren. Ein Präzedenzfall wurde im Jahre 1784 geschaffen. Damals verhalf der König dem von der Parlamentsmehrheit abgelehnten Prime Minister William Pitt d. J. durch Parlamentsauflösung und Neuwahlen zu parlamentarischem Rückhalt (s. Stephenson/Marcham, 128 I). Nach der heute gefestigten Spielregel hat der Prime Minister, wenn er das Vertrauen des Parlaments verloren hat, die Wahl, entweder zurückzutreten oder dem Staatsoberhaupt vorzuschlagen, das Unterhaus aufzulösen und neue Wahlen auszuschreiben, damit das Volk durch Wahl von Anhängern oder von Gegnern des Kabinetts kundtun kann, ob es die Auffassung des Kabinetts oder die des bisherigen Parlaments teilt. Der Appell an das Volk bringt so einen Faktor unmittelbarer Demokratie in das politische Spiel.

Die Demokratisierung des Verfassungssystems vollendete sich erst im neunzehnten und zwanzigsten Jahrhundert. Die Grundsätze der allgemeinen und gleichen Wahl wurden nur schrittweise durch eine Reihe von Reformgesetzen verwirklicht (§ 24 I). Eine Demokratisierung des parlamentarischen Systems vollzog sich auch durch eine Gewichtsverlagerung zwischen Oberhaus und Unterhaus, genauer gesagt, durch die weitgehende Entmachtung des Oberhauses mittels der Parliament Act von 1911 (Stephenson/Marcham, 137 A). 1999 wurde das Oberhaus zu einem meritokratischen Organ umgestaltet (§ 14 III) und dadurch zu einer „offenen Elite" (§ 22 II 2).

II. Das organisatorische Grundmodell des parlamentarischen Systems

Literatur: Wie zu §§ 31 III, IV; 36 II 3; *N. Achterberg*, Parlamentsrecht, 1984; *Stern*, §§ 22 f., 31 IV (Lit.); *St. Marschall*, Parlamentarismus. Eine Einführung, 2005.
   Zu 1: *H. Wasser*, Parlamentarismuskritik vom Kaiserreich zur Bundesrepublik, 1974; *D. Tsatsos* (Hg), Die Vereinbarkeit von parlamentarischem Mandat und Regierungsamt in der Parteiendemokratie, 1996; *F. Esterbauer*, Volkswahl der Regierung?, in: H. H. v. Arnim (Hg), Direkte Demokratie, 2000, S. 161 ff.

Der Idee nach soll im parlamentarischen System das Parlament die Regierung kontrollieren. In der Verfassungswirklichkeit stellt jedoch die Partei (oder Parteienkoalition), die aus den Parlamentswahlen als stärkste hervorgegangen ist, die stärkste

Fraktion im Parlament und die Regierung. Dadurch rücken die Regierung und „ihre" Fraktion zu einer kooperativen Einheit zusammen, während die Ausübung der parlamentarischen Kontrollfunktionen weitgehend der Opposition überlassen bleibt (III 1). Innerhalb der Regierung hat der Ministerpräsident (Premierminister), der zugleich Führer oder wenigstens Führungsmitglied der „Regierungspartei" zu sein pflegt, eine herausgehobene Stellung.

Die Ausübung der staatsleitenden Funktionen im parlamentarischen System ist unter zwei Aspekten zu sehen: Einerseits ist das Zusammenwirken zwischen Regierung und Parlament, andererseits die „interne" Struktur der Regierung von Interesse.

1. Regierung und Parlament. Der Regierung sind außer der Leitung der Staatsverwaltung die spezifischen Regierungsfunktionen (§ 31 III), dem Parlament insbesondere die Gesetzgebungskompetenzen zugeordnet.

Im parlamentarischen System muß die Regierung vom Vertrauen des Parlaments getragen sein. Dies hat eine personelle und eine funktionelle Seite:

a) Personell spielt das Erfordernis des parlamentarischen Vertrauens schon bei der Regierungsbildung eine Rolle. Hier gibt es verschiedene Grade formeller Abhängigkeit: An dem einen Ende der Skala stünde etwa die Ernennung des Ministerpräsidenten und der (von ihm vorgeschlagenen) Minister durch das Staatsoberhaupt, unter konventioneller und faktischer Bindung an die Mehrheitsverhältnisse im Parlament, aber ohne dessen förmliche Zustimmung (Großbritannien). Am anderen Ende stünde die Wahl des Ministerpräsidenten und der (von ihm vorgeschlagenen) Minister durch das Parlament. Das Bonner Grundgesetz nimmt einen Mittelweg: Der Bundeskanzler wird auf Vorschlag des Bundespräsidenten vom Bundestag gewählt; die Minister werden (ohne weitere Zustimmung des Parlaments) auf Vorschlag des Bundeskanzlers vom Bundespräsidenten ernannt (Art. 63, 64 GG).

Das Kabinett wird also aus den Führern der Mehrheitspartei oder einer Parteienkoalition gebildet. Dadurch kommt zugleich die Wählerentscheidung für eine der konkurrierenden Regierungsmannschaften zur Geltung, die üblicherweise von den Parteien im voraus vorgestellt werden (§ 23 II 5). In aller Regel haben die Regierungsmitglieder zugleich als Abgeordnete einen Sitz im Parlament (anders jedoch z.B. Art. 23 Abs. 1 der französischen und Art. 57 Abs. 2 der niederländischen Verfassung). Die enge persönliche Verbindung zwischen Parlament und Regierung stärkt einerseits die politische Koordination der beiden Staatsorgane, andererseits widerspricht sie dem Gewaltenteilungsgrundsatz (§ 31 II 2).

Die Regierung bedarf auch weiterhin des persönlichen Vertrauens der Parlamentsmehrheit: Das Parlament kann durch ein Mißtrauensvotum die Regierung zum Rücktritt zwingen. (In einer solchen Vertrauenskrise kann allerdings die Regierung den Spieß umdrehen und die Auflösung des Parlaments veranlassen.) Als mögliche Adressaten eines Mißtrauensvotums kann die Verfassung entweder das gesamte Kabinett oder den Regierungschef oder auch die einzelnen Minister vorsehen. – Der Bonner Parlamentarismus ist darauf angelegt, dem Kanzler innerhalb des Kabinetts eine starke Position zu verleihen und zugleich seine Stellung gegenüber dem Parlament zu festigen. Die parlamentarische Verantwortung der Regierung ist nach den schlechten Erfahrungen im Vielparteienstaat der Weimarer Zeit so ausgestaltet worden, daß die Kontinuität der Regierungen nicht gefährdet wird. Der Bundestag kann deshalb nur dem Bundeskanzler das Mißtrauen aussprechen, und zwar nur dadurch, daß er mit der Mehrheit seiner Mitglieder zugleich einen neuen Bundeskanzler wählt (Art. 67 Abs. 1 GG). Die Stellung der bisherigen Regierung kann also nur dann erschüttert werden, wenn gewährleistet ist, daß diese sogleich von einer neuen Regierung abgelöst wird.

b) Auch in ihren einzelnen *Funktionen* ist die parlamentarische Regierung nicht nur parlamentarischen Kontrollen ausgesetzt, sondern auf eine Kooperation angewiesen.

Dem entspricht zunächst ein Recht des Parlaments auf Information, das durch Interpellationen ausgeübt werden kann.

Vor allem aber bedarf die Regierung einer Mitwirkung des Parlaments, um ihre Politik realisieren zu können. Hier handelt es sich um eine Angewiesenheit, die auch in nichtparlamentarischen Systemen, etwa in der Präsidialdemokratie der USA, besteht:

Wohl ist es Aufgabe der Regierung, für die jeweilige historisch-politische Situation die obersten Ziele der Staatstätigkeit zu erarbeiten, aufeinander abzustimmen, abzugrenzen, zu modifizieren, auch die politischen und juristischen Mittel zur Verwirklichung dieser Ziele zu erwägen und vorzubereiten, sei es z.B. in Gestalt von Gesetzesentwürfen oder durch Vorbereitung außenpolitischer Maßnahmen (§ 31 III). Der Beschluß der Gesetze, die Ratifizierung wichtiger Staatsverträge und die Entscheidung über Krieg und Frieden sind aber dem Parlament vorbehalten. Dieses gibt hierdurch der Regierungspolitik erst ihre verbindliche Form (vgl. z.B. Art. 59 Abs. 2, 77, 115a, 115l Abs. 2 und 3 des Bonner Grundgesetzes).

Dazu tritt die Kompetenz des Parlaments, über alle staatlichen Einnahmen und Ausgaben durch das Haushaltsgesetz zu beschließen. Hierdurch kann es von der finanziellen Seite her die Handlungsfähigkeit der Regierung bemessen und begrenzen.

Angesichts des faktischen Zugzwanges, den eine planmäßige Regierungspolitik mit sich bringen kann, macht sich zunehmend die Forderung geltend, das Parlament auch schon an den vorbereitenden Orientierungsprozessen der Politik zu beteiligen (§ 36 II 3).

c) Die ältere *Parlamentarismuskritik* lehnte vielfach aus autoritärem (auch aus marxistisch-autoritärem) Staatsverständnis grundsätzlich die repräsentative Demokratie des pluralistischen Parteienstaates ab (Wasser, S. 37ff., 79ff.). Über diese Fundamentalkritik ist die Geschichte durch das Scheitern der autoritären Systeme hinweggegangen.

Die jüngere Parlamentarismuskritik richtet sich darauf, das parlamentarische System dort zu verbessern, wo wirkliche oder vermeintliche Schwächen sichtbar werden. Ein wichtiges Augenmerk gilt hierbei der schon erörterten Frage nach dem geeignetsten Wahlsystem (§ 24 II). Als bedeutende, aber bisher ungelöste Aufgabe erscheint es ferner, die Arbeit des Parlaments von unwichtigen Fragen zu entlasten, sie auf die grundsätzlichen Entscheidungen zu konzentrieren und dadurch das Parlament stärker als bisher zum großen Forum für Debatten über die hohe Politik zu erheben (dazu III). Im Themenkatalog der Parlamentarismuskritik findet sich auch die Forderung, die parteipolitische Gängelung der Abgeordneten durch ihre Parteioberen zu lockern.

Speziell gegen die parlamentarische Ausgestaltung der repräsentativen Demokratie wendet man ein, daß eine vom Parlament gewählte (oder durch die Parlamentsmehrheit faktisch bestimmte) Regierung nur indirekt demokratisch legitimiert sei. Aus diesem Grund wird eine Direktwahl der Regierung gefordert. Nun ist aber bereits in den Parlamentswahlen – oft unter dem Motto „auf den Kanzler kommt es an" – eine erhebliche „personalplebiszitäre" Entscheidung für die von den Wählern gewünschte Regierung enthalten (§ 23 II 5). Dessen ungeachtet führt eine unmittelbare Wahl der Regierung oder des Regierungschefs zu einer Verselbständigung der demokratischen Legitimation der Regierung und damit zu einer größeren Eigenständigkeit der Regierung gegenüber dem Parlament, d. h. zu einer Annäherung an das Präsidialsystem.

2. Die interne Organisation der Regierung. Idealtypisch kann eine Regierung nach verschiedenen Prinzipien konstruiert sein: als monokratisches Organ (§ 14 IV 1), als Kollegialorgan (§ 14 IV 2) oder als arbeitsteilig funktionierendes Organ, in welchem jedes Regierungsmitglied ein ihm zugewiesenes Ressort (einen Geschäftsbereich) selbständig leitet („Ressortprinzip"). Monokratische Struktur hat die (nichtparlamentarische) Regierung des US-Präsidenten (§ 42 II 2). Vorwiegend nach dem Kollegialprinzip ist der Schweizer Bundesrat konstruiert; allerdings werden dessen Entscheide in Arbeitsteilung vorbereitet; auch können den Departementen und untergeordneten Amtsstellen bestimmte Geschäfte zur selbständigen Erledigung überwiesen werden (Art. 177 der Schweizerischen Bundesverfassung). Das reine Ressortprinzip schließlich weist ein so offensichtliches Defizit an Koordination auf, daß es als alleiniges Organisationsschema ungeeignet ist.

Das Bonner Grundgesetz hat sich für eine Kombination von „Kanzlerprinzip" (Entscheidungsbefugnis des Bundeskanzlers), Kollegialprinzip und Ressortprinzip entschieden (Art. 65 GG): Die Richtlinien der Politik werden vom Bundeskanzler allein bestimmt. Innerhalb des damit gesteckten Rahmens werden die Geschäfte der Bundesregierung nach dem Ressortprinzip, also in Arbeitsteilung, geführt; demnach leitet jeder Bundesminister seinen Geschäftsbereich selbständig und unter eigener Verantwortung. Das Kollegialprinzip kommt zur Geltung, wenn Meinungsverschiedenheiten zwischen den Bundesministern entstehen; über solche Differenzen entscheidet die Bundesregierung als Kollegium. Das Kollegialprinzip findet auch in anderen Fällen Anwendung, in denen das Grundgesetz einen Beschluß des Kabinetts vorsieht oder zuläßt (§ 15 der Geschäftsordnung der Bundesregierung).

III. Parlamentarismus in der modernen Verfassungswirklichkeit

Literatur: Scheuner St, 366 ff.; *A. Ruch,* Das Berufsparlament, 1976; *P. M. Huber,* in: HdStR, § 47; *Klein* Aufs., 201 ff., 304 ff.
  Zu 1: *W. Jäger,* Wer regiert die Deutschen? 1994, 70 ff.; *W. Schreckenberger,* Koalitionsgespräche und Koalitionsrunden, ZParl 1994, 329 ff.
  Zu 2: Wie zu § 37 IV; *M. Weber* PolSchr, 339 ff.; *B. Beutler,* Die Entlastung des britischen Parlaments im Rechtsetzungsverfahren, DÖV 1975, 85 ff.; *H. J. Quick,* Organisationsformen der wissenschaftlichen Beratung des Parlaments, 1976; *K. P. Sommermann,* Verordnungsermächtigung und Demokratieprinzip, JZ 1997, 434 ff.; *M. Schwarzmeier,* Parlamentarische Mitsteuerung, 2001; *W. Schwanengel,* Einwirkungen der Landesparlamente auf die Normsetzung der Exekutive, 2002.

1. Parlamentarische Kontrolle und Parteienherrschaft. Dem einfachen Leitbild einer Kontrolle der Regierung durch das Parlament steht heute die Tatsache gegenüber, daß im Parteienstaat Regierung und Parlamentsmehrheit stark miteinander verflochten sind. Sie bilden regelmäßig eine von einer Partei oder von einer Parteienkoalition beherrschte und durch Parteidisziplin zusammengehaltene Machteinheit, die einen wirksamen Gegensatz zwischen Parlament und Regierung oft schwer erkennen läßt (§ 31 IV 2). Der Führer der siegreichen Partei ist in der Regel zugleich Kabinettschef. Verfügt die Regierungspartei oder die Koalition über die Mehrheit der Abgeordnetensitze und herrscht in ihr Parteidisziplin, so scheint von der parlamentarischen Kontrolle in Wahrheit wenig übrigzubleiben, da ja die Opposition in diesen Fällen nicht die nötige Stimmenzahl hat, um ein Mißtrauensvotum des Parlaments zustande zu bringen. „Parliament is a fiction", lautet die la-konische Folgerung, die Lloyd George einmal gezogen haben soll.

Dennoch untersteht auch in solchen Fällen, in denen eine starke Regierungspartei im Parlament sitzt, die Regierung einer wirksamen Kontrolle. Schon die innerpar-teiliche Kontrolle – zumal durch unterschiedliche „Flügel" und „Richtungen" in-nerhalb der Führungsgruppe – kann, besonders in größeren Parteien, eine nicht zu unterschätzende Rolle spielen. Diese Art der Kontrolle hat in der Bundesrepublik schon wiederholt zur Ablösung des Kanzlers geführt; sie spricht vor allem auf einen Popularitätsschwund der Regierung an und aktualisiert auf diese Weise die gleich noch zu besprechende Bindung an die öffentliche Meinung. Aber auch im innerpar-teilichen Alltag wirken die Abgeordneten der Regierungsparteien etwa in den Ar-beitskreisen der Fraktionen auf die Regierungspolitik ein. Bei diesem „Sitzungs-zimmerparlamentarismus" (Leibholz StP, 299) vollzieht sich die parlamentarische Kontrolle weniger durch „Abrechnung", als vielmehr im Wege einer kooperativen Steuerung des Regierungshandelns.

Bei Koalitionsregierungen bilden sich weitere Machtschemata heraus: Aus der Notwendigkeit, koalitionsübergreifende Mehrheiten im Parlament zustande zu bringen, hat sich die Praxis entwickelt, über wichtige Fragen vorab in Koalitions-runden einen Konsens zu suchen. Dieser löst faktisch einen beträchtlichen Folge-zwang für Regierung und Fraktionen aus. Da solche Koalitionsrunden stark von den Parteiführungen dominiert werden, gewinnen diese auch auf diesem Wege eine Schlüsselrolle im politischen Entscheidungsprozeß. So konzentriert sich eine in-formelle, aber maßgebende Entscheidungsmacht bei einer kleinen Gruppe einfluß-reicher Politiker. Ein Mangel dieses Verfahrens liegt auch in seiner geringen Trans-parenz (§ 23 II 7 b).

Die äußerlich sichtbare Frontlinie des parlamentarischen Gegenspiels verläuft nicht zwischen der Regierung und dem gesamten Parlament, sondern zwischen je-ner und der parlamentarischen Opposition. Zu deren Gegenrolle gehört es, nicht nur die Mängel der Regierungspolitik offenzulegen und zu kritisieren, sondern auch positive Alternativen selbst zu entwickeln und vorzuschlagen.

Da die Opposition der eigentlich funktionsbereite Faktor der parlamentarischen Gewaltenkontrolle ist, sollten ihr bestimmte Informations- und Kontrollrechte auch ohne Rücksicht auf ihre Größe – insbesondere unabhängig von der Majorität – ein-geräumt sein. Zu denken ist etwa an das Interpellationsrecht, an einen Anspruch darauf, an langfristig wirkenden politischen Planungs- und Orientierungsprozessen verstärkt beteiligt zu werden (§ 36 II 3), sodann an ein der Oppositionsrolle voll angemessenes Rederecht, an das Recht, die Einsetzung von Untersuchungsaus-schüssen zu verlangen, oder schließlich an das Recht, eine verfassungsgerichtliche Überprüfung von Akten des Parlaments oder der Regierung herbeizuführen. Fer-ner sollte, nicht zuletzt im Interesse sachkundiger Beratung der Opposition, ein wissenschaftlicher Hilfsdienst für das Parlament bestehen, auch als Ausgleich dafür, daß die Regierungsparteien sich (über die Regierung) den Sachverstand der Ministe-rialbürokratie bevorzugt zunutze machen können.

Die Wirkungsmöglichkeiten der Opposition sind freilich begrenzt. Da sie im Parlament die Minderheit bildet, wird sie regelmäßig (wenn einfache Stimmen-mehrheit genügt) überstimmt werden können. Nur wenn zu einem Parlaments-beschluß eine qualifizierte Mehrheit erforderlich ist (wie in manchen Staaten zu einer Verfassungsänderung), wird die Stimmenzahl der Opposition oft ausreichen, wenigstens als „Sperrminorität" zu wirken und damit immerhin in den gravie-rendsten Entscheidungen eine unmittelbare Kontrolle auszuüben.

Der wichtigste Hebel der parlamentarischen Kontrolle liegt darin, daß die Opposition in der nächsten Parlamentswahl der Regierungspartei als gleichgeordneter Gegner gegenübertreten wird, um ebenso wie die Regierungspartei die Quittung für die abgelaufene Legislaturperiode zu empfangen. „Wahltag ist Zahltag", lautet der Trost für die im Parlament überstimmte Opposition. Im Hinblick auf die kommende Wahl muß die Regierung und muß die Opposition danach trachten, die öffentliche Meinung auf ihrer Seite zu halten oder für sich zu gewinnen. Dadurch ist die Regierung gezwungen, in ihren Handlungen dem mutmaßlichen Willen des Volkes entgegenzukommen und dieses durch ihre Gründe zu überzeugen, während die Opposition in der gleichen Zeit die Chance hat, bessere Alternativen zu entwickeln und für diese die öffentliche Meinung zu gewinnen (§ 23 II 5). Dank dieser Rückbindung des Regierungshandelns an die öffentliche Meinung kann die Opposition auch schon in der laufenden Legislaturperiode mittelbar die Regierung beeinflussen, wenn es ihr gelingt, ihren Vorstellungen eine breitere Wirkung zu verschaffen. In der parlamentarischen Auseinandersetzung zwischen Regierung und Opposition wirkt also nicht nur der Zählwert der im Einzelfall abgegebenen Stimmen, sondern auch die Überzeugungskraft der in der öffentlichen Debatte vorgebrachten Gründe. Diese werden auch dann vorgetragen, wenn man weiß, daß man den parlamentarischen Gegner nicht unmittelbar umstimmen wird. Man hält dann die Rede „zum Fenster hinaus". Mit ihr wird für die nächste Wahl um die öffentliche Meinung geworben. Das Recht, die besseren Alternativen vorzutragen, die Möglichkeit, zu reden, von der das Parlament seinen Namen hat, gewinnt dadurch einen realen Hintergrund.

Die Kontrolle des Parteienparlamentarismus vollzieht sich also nicht in der Weise, daß das Plenum als Ganzes in rationaler Argumentation eine Mehrheitsmeinung erarbeitet und an dieser das Verhalten der Regierung kritisch prüft. Vielmehr treten weitgehend vorgefertigte politische Alternativen im Plenum einander polemisch gegenüber: hier, seitens der Regierungspartei, Darstellung und Verteidigung der Regierungspolitik, dort, seitens der Opposition, Kritik und Gegenvorschläge. Diese Kontrolle funktioniert vor allem dadurch, daß am Ende der Legislaturperiode gleichsam als Pauschalabrechnung die nächsten Wahlen stehen; sie lebt also letzten Endes von der plebiszitären Komponente des Gesamtsystems (§ 23 II 5).

2. Bewältigung der Komplexität. Die Vermehrung und Komplizierung der Staatsaufgaben verlangt nach arbeitsteiliger Spezialisierung. Diese bildete sich zunächst in der Bürokratie heraus und verstärkte deren Gewicht. In Anpassung an diese Entwicklung bediente sich zunehmend auch das Parlament einer arbeitsteiligen Spezialisierung. Das führte dazu, daß sich ein großer Teil der parlamentarischen Arbeit in die Ausschüsse verlagerte. Dies diente auch einer Versachlichung der parlamentarischen Arbeit. So schrieb Max Weber (GesPolSchr, 343): Nur die „Schule intensiver Arbeit an den Realitäten der Verwaltung, welche der Politiker in den Kommissionen eines mächtigen Arbeitsparlamentes durchzumachen hat und in der er sich bewähren muß, machen eine solche Versammlung zu einer Auslesestätte nicht für bloße Demagogen, sondern für sachlich arbeitende Politiker". Andererseits sind solcher Spezialisierung aber Grenzen gesetzt, nicht nur durch die verhältnismäßig geringe Zahl von Parlamentsmitgliedern, sondern auch durch die Funktion des Parlaments:

Dieses soll in seinen Entscheidungen die vorhandenen Standpunkte und Interessen möglichst umfassend berücksichtigen. Die Arbeit in spezialisierten Ausschüssen birgt aber das Risiko, daß vorhandene Interessen und Standpunkte unterrepräsentiert werden. Eine dezentralisierte Sachbehandlung erschwert es auch, die Einzelmaßnahmen zu einer politischen Gesamtkonzeption zu integrieren. Diese Nachteile werden nicht dadurch ausgeräumt, daß die letzte Entscheidung beim Gesamtparlament liegt; denn diese pflegt faktisch durch die Vorentscheidungen der Ausschüsse präjudiziert zu sein.

Verlegt man die parlamentarische Arbeit zu weitgehend in Ausschüsse, so geht auch ihre Publizität zunehmend verloren (§ 23 II 7 b).

Ein zentrales Problem ist die Versorgung der Parlamentarier mit hinreichendem Sachwissen. „In einem Parlament, welches nur Kritik üben kann, ohne sich die Kenntnis der Tatsachen verschaffen zu können, … führen nur entweder kenntnislose Demagogie oder routinierte Impotenz (oder beide zusammen) das Wort" (M. Weber aaO., 342 f.). Wichtige, aber im ganzen nicht voll ausreichende Instrumente, die Parlamentarier mit der nötigen Sachkunde auszustatten, sind das Enqueterecht und die schon genannte Verlegung eines Großteils der parlamentarischen Arbeit in spezialisierte Ausschüsse. Um die Parlamentarier mit zusätzlicher sachkundiger Beratung zu versehen, ist man dazu übergegangen, ihnen einen eigenen Stab von Fachleuten zur Verfügung zu stellen. Auch dem sind aber Schranken gesetzt. Um mit der Sachkunde der Ministerialbürokratie konkurrieren zu können, müßte sich dieser Stab seinerseits zu einer umfangreichen Bürokratie auswachsen.

Der Rang der parlamentarischen Arbeit läßt sich am ehesten dann heben, wenn es gelingt, sie von unwichtigen Details zu entlasten und stärker auf die grundsätzlichen Entscheidungen zu konzentrieren. Auf dem Gebiet der Rechtssetzung kann man deshalb daran denken, wie in Frankreich (§ 43 II) die Verordnungskompetenzen der Exekutive weit zu fassen. Die wichtigsten Vorbehalte – die deutschem Prinzipiendenken entspringen, in Frankreich aber leichter genommen wurden – lauten: Eine Ausweitung der Verordnungskompetenzen der Regierung bedeute eine Aufweichung der Gewaltenteilung. Und sie erfordere eine Einschränkung der demokratischen Forderung, daß allgemeinverbindliche Normen von der Volksvertretung beschlossen werden sollten, also in einem Verfahren, das es der Opposition erlaubt, die kritischen Punkte coram populo zur Debatte zu stellen und sie in das Licht der Öffentlichkeit zu rücken. Um diese demokratische Kontrolle zu erhalten, kann z.B. eine Verfassung dem Parlament die Möglichkeit einräumen, Verordnungen, die auf Grund erweiterter Ermächtigungen erlassen werden, vor ihrer Publikation zu kassieren, und der Opposition das Recht einräumen, solche Kassation zu beantragen.

§ 42. Die Präsidialdemokratie der USA

Literatur: *A. Hamilton, J. Madison, J. Jay,* The Federalist, 1788; *K. Loewenstein,* Verfassungsrecht und Verfassungspraxis der Vereinigten Staaten, 1959; *E. Fraenkel,* Das amerikanische Regierungssystem, 1960, ⁴1981; *E. Hübner,* Das politische System der USA, 1989, ⁴2001; *W. Brugger,* Einführung in das öffentliche Recht der USA, 1993, ²2001; *ders.,* Demokratie, Freiheit, Gleichheit, 2002; *W. Gellner, M. Kleiber,* Das Regierungssystem der USA, 2006; *W. Jäger u. a.* (Hg), Regierungssystem der USA, ³2007.

I. E pluribus unum

Literatur: *R. A. Dahl,* Vorstufen zur Demokratie-Theorie, (engl. 1956) dt. 1976; *Loewenstein* VL, 109 ff., 367 ff.; *H. Steinberger,* Konzeption und Grenzen freiheitlicher Demokratie, 1974, 91 ff.

Die Präsidialdemokratie der USA verzichtet auf die Verantwortlichkeit der Regierung gegenüber der vom Volk gewählten gesetzgebenden Körperschaft, um dadurch das Prinzip der Gewaltenteilung und gegenseitigen Gewaltenhemmung um so stärker zur Geltung zu bringen. Als im Jahre 1787 eine Versammlung von 55 Delegierten nach Philadelphia berufen wurde, um der nordamerikanischen Konföderation eine neue Bundesverfassung zu geben, stand die Furcht vor einer allzu starken Machtkonzentration Pate. Das Rezept gegen eine solche Machtzusammenballung, sei es auch in der Hand einer gewählten Versammlung, sah man in einem vielverzweigten System der Gewaltenteilung und Gewaltenverschränkung, eingeschlossen die föderative Gewaltenbalance (Federalist, Nrn. 47f., 51). Nach den Worten Jeffersons ging es darum, eine Regierungsform zu finden, in der die Regierungsgewalten unter verschiedenen obrigkeitlichen Organen so aufgeteilt und ausgewogen werden sollten, daß keines seine gesetzmäßigen Schranken überschreiten könnte, ohne von den anderen wirksam gehemmt und in Schranken gehalten zu werden (Loewenstein VL, 110).

Das Zusammenspiel einer Vielzahl politischer Instanzen soll die Ausgewogenheit des politischen Prozesses erhalten und im Störungsfall wieder herstellen. Das labile Gleichgewicht der Machtverteilung bringt es mit sich, daß der Schwerpunkt politischer Entscheidungen, je nach dem Rückhalt in der öffentlichen Meinung, bald stärker beim Präsidenten oder beim Kongreß liegt; in gewissen, die Öffentlichkeit bewegenden Fragen können grundlegende Entscheidungen auch vom Supreme Court getragen sein. Die „organisierte Labilität" des politischen Systems soll nicht nur der Machtkontrolle dienen. In ihr sieht man auch den Grund für die Vitalität und Erneuerungskraft des Systems.

Ein wesentlicher Punkt des nordamerikanischen Verfassungsverständnisses ist die Vorstellung vom Kompromiß als politischer Lebensform (§ 26 II). Auf der Grundlage persönlicher Entfaltungsfreiheit, Meinungs- und Glaubensfreiheit sollen die individuellen Interessen sich organisieren und auf den verschiedenen Ebenen des Bundesstaates um die Durchsetzung ihrer Ziele konkurrieren. Hierbei wird der Interessenausgleich bisher nicht wesentlich durch zentralisierte Parteiorganisationen vorbereitet und vermittelt, sondern weitgehend direkt auf den verschiedenen Foren der bundesstaatlichen Organisation gesucht.

Diese starke „Partikularisierung" der Politik kann mitunter dazu führen, daß die Kompromisse kein ausgewogenes Resultat der berücksichtigenswerten Interessen sind, sondern unter einem unverhältnismäßig großen Einfluß partikulärer Kräfte zustande kommen oder scheitern (III 3). Sie kann sogar zu einem Defizit an gesamtstaatlicher Führung und gesamtstaatlich ausgewogenem Interessenausgleich führen, vor allem dann, wenn Teilinteressen durch übermächtige Interessentengruppen vertreten werden. Unter den gegebenen Umständen kommt es gelegentlich vor, daß Fehlentwicklungen erst das Ausmaß eines öffentlich diskutierten Mißstandes erreichen müssen, ehe die Selbstheilungskräfte des politischen Systems geweckt werden.

Hier tritt ein grundsätzliches Problem zutage, das (in teilweise abgemilderter Form) allen pluralistischen Demokratien gemeinsam ist: die Gefahr, daß die Politik unter das Regime von Sonderinteressen, zu Lasten eines ausgewogenen Interessenausgleichs gerät, insbesondere unter das Regime gegenwartsnaher Sonderinteressen, zu Lasten langfristiger, gemeinsamer Interessen (§ 26 V 2).

II. Das organisatorische Grundmodell

Literatur: *L. H. Tribe*, American Constitutional Law, ²1988; *W. Burnham*, Introduction to the Law and Legal System of the US, ³2002; *L. Fisher*, American Constitutional Law, 2007.

Zu 1: *U. Thaysen u. a.* (Hg), US-Kongreß und Deutscher Bundestag, 1988; *J. Semmler,* Das Amt des Speaker of the House of Representatives, 2002; *St. S. Smith u. a.,* The American Congress, ⁵2007.

Zu 2: *H. E. Folz,* Die US-Präsidentenwahl, 1991; *L. Helms,* Die historische Entwicklung und politische Bedeutung des Kabinetts im Regierungssystem der USA, PVS 1999, 65 ff.; *S. M. Milkis, M. Nelson,* The American Presidency, ⁵2007; *J. P. Pfiffner,* The Modern Presidency, 2007.

Zu 3: *J. Hartmann,* Präsident und Kongreß in den Ver. Staaten, JöR 1977, 459 ff.; *W. J. Keefe, M. S. Ogul,* The American Legislative Process: Congress and the States, ¹⁰2000; *W. Heun,* Das Budgetrecht im Regierungssystem der USA, 1989; *L. Helms,* Präsident und Kongreß in der legislativen Arena, ZParl 1999, 841 ff.

Zu 4: *L. Baum,* The Supreme Court, ⁹2007; *W. Brugger,* Grundrechte und Verfassungsgerichtsbarkeit in den Vereinigten Staaten von Amerika, 1987; *Ch. Starck,* Der demokratische Verfassungsstaat, 1995, 33 ff.; *Ch. Rau,* Selbst entwickelte Grenzen in der Rechtsprechung des US-Supreme Court und des Bundesverfassungsgerichts, 1996; *H. Schiwek,* Sozialmoral und Verfassungsrecht, 2000; *W. Brugger,* Kampf um die Verfassungsgerichtsbarkeit: 200 Jahre Marbury v. Madison, JuS 2003, 320 ff.; *W. Heun,* Die Geburt der Verfassungsgerichtsbarkeit – 200 Jahre Marbury v. Madison, in: Der Staat, 2003, 267 ff.; *Shu-Perng Hwang;* Verfassungsgerichtlicher Jurisdiktionsstaat? 2005.

Zu 5: *J. Annaheim,* Die Gliedstaaten im amerikanischen Bundesstaat, 1992; *Th. Lundmark,* Die Bedeutung der Gliedstaaten im amerikanischen Verfassungssystem, DÖV 1992, 417 ff.

Die Verfassungsväter glaubten, das angestrebte System der checks and balances (I) sei am besten in einer präsidentiellen Demokratie zu verwirklichen, in der die höchsten Staatsorgane, die gesetzgebende Körperschaft, der Präsident und die Gerichtsbarkeit, möglichst gleichrangig koordiniert sind.

1. Der Kongreß (Art. I US-Verf.). Die gesetzgebende Gewalt liegt in der Hand des Kongresses, der aus zwei Kammern besteht, dem Repräsentantenhaus und dem Senat. Das erste ist gedacht als Vertretung des gesamten Volkes, während der Senat als Vertretung der im Bundesstaat zusammengeschlossenen Einzelstaaten geschaffen wurde. Es handelt sich um ein echtes Zweikammersystem: Ein Gesetz kann von Mitgliedern des Kongresses eingebracht werden. Es bedarf der Zustimmung beider Häuser. Auf diese Weise sollte ein Mechanismus der Gewaltenhemmung auch innerhalb des Organs der Legislative selbst wirksam werden, dessen Machtfülle als besonders groß erschien. Bei Meinungsverschiedenheiten zwischen Repräsentantenhaus und Senat kann ein Vermittlungsausschuß (conference committee) einberufen werden. Für Verfassungsänderungen bedarf es eines besonderen Verfahrens (Art. V US-Verf.).

Die Mitglieder des Repräsentantenhauses werden vom Volk auf zwei Jahre gewählt, und zwar aus jedem Wahlkreis je ein Mitglied. – Die Senatoren wurden ursprünglich von den gesetzgebenden Körperschaften der Einzelstaaten bestimmt. Seit 1913 werden auch sie unmittelbar von der Bevölkerung jedes Einzelstaates für eine sechsjährige Amtszeit gewählt (XVII. Amendm.). Um eine größtmögliche Kontinuität in der Zusammensetzung des Senats und in der Führung seiner Amtsgeschäfte zu sichern, wird dieser alle zwei Jahre zu einem Drittel erneuert. Jeder Staat stellt ohne Rücksicht auf seine Einwohnerzahl zwei Senatoren, der Staat Alaska z.B. ebensoviele wie der Staat California, der etwa die vierundfünfzigfache Einwohnerzahl hat. Durch die schematische Durchführung des föderativen Prinzips werden also kleinere Staaten und ihre Sonderinteressen – gemessen an der Bevölkerungszahl – überrepräsentiert (vgl. § 23 III 1).

Das Prinzip der Gewaltenteilung zeigt sich auch in der strengen Durchführung des Grundsatzes der Inkompatibilität. Niemand, der ein Amt im Dienste der Vereinigten Staaten bekleidet, darf während seiner Amtsdauer Mitglied eines der Häuser des Kongresses sein (Art. I Abschn. 6 US-Verf.).

Einen sichtbaren Ausdruck findet die Trennung der Gewalten auch darin, daß im Kongreß, anders als in einem Parlament, keine Regierungsbank steht. Kleine Anfragen und Fragestunden, wie im Parlament, finden im Kongreß nicht statt. Deren Funktion wird aber weitgehend dadurch erfüllt, daß Angehörige der Exekutive, wie andere Bürger auch, vor Kongreßausschüsse geladen und dort befragt werden können.

2. Der Präsident (Art. II US-Verf.). Die vollziehende Gewalt liegt beim Präsidenten, der die Funktionen des Staatsoberhauptes, des Regierungschefs und des militärischen Befehlshabers in seiner Person vereinigt. Die amerikanische Regierung ist also kein Kollegialorgan mehrerer Minister, sondern hat monokratische Struktur. Die im „Kabinett" des Präsidenten zusammengefaßten Chefs der Departments werden vom Präsidenten mit Zustimmung des Senats berufen, können von ihm entlassen werden, unterstehen seiner Weisung und sind ihm verantwortlich. Diese „Secretaries" bringen vor allem die von ihrem Department repräsentierten Interessen im Zusammenspiel der politischen Kräfte zur Geltung, während die Funktion, den Präsidenten zu beraten, heute in weitem Umfang auf das „Executive Office of the President" (EOP) übergegangen ist. In ihm sind wichtige Beraterstäbe zusammengefaßt, die vom persönlichen Vertrauen des Präsidenten getragen sind, unter ihnen das National Security Council (NSC), das Office of Management and Budget (OMB), das Council of Economic Advises (CEA) und das White House Office, in dem die engsten Mitarbeiter des Präsidenten tätig sind.

Es entspricht der gewaltenteiligen Konzeption der Verfassung, daß eine parlamentarische Verantwortlichkeit des Präsidenten gegenüber dem Kongreß nicht besteht.

Die Eigenständigkeit der Gewalt des Präsidenten wird auch darin sichtbar, daß dieser sein Amt nicht aus der Hand der gesetzgebenden Körperschaft, sondern aus der eines Wahlmännergremiums empfängt. Dieses wird alle vier Jahre vom Volk eigens zu dem Zweck gewählt, den Präsidenten zu bestimmen.

Hierbei stellt jeder Einzelstaat ebensoviele Wahlmänner, wie er Senatoren und Repräsentanten in den Kongreß entsendet (Art. 2 Abschn. 1 Abs. 2 US-Verf.). Der bundesstaatliche Aufbau führt dazu, daß auch die Präsidentenwahlen kein einfaches Mehrheitsvotum der Gesamtbevölkerung sind: schon deshalb, weil die bevölkerungsschwachen Gliedstaaten durch Senatoren und damit auch durch Wahlmänner (gemessen an der Bevölkerungszahl) überrepräsentiert sind (II 1); aber auch deswegen, weil in jedem Staat die Partei, welche die Mehrheit der Stimmen der Wähler auf sich vereinigt, sämtliche Wahlmänner dieses Staates stellt.

Heute pflegt jede der politischen Parteien sich und ihre Wahlmänner durch eine Vor-Auswahl auf einen bestimmten Präsidentschaftskandidaten festzulegen. Diese Nomination geschieht durch Nominierungskonvente der Parteien. An sie halten sich herkömmlicherweise deren Wahlmänner bei der späteren Wahl des Präsidenten. Diese bleibt also zwar in der Form eine mittelbare Wahl; durch die vorherige Festlegung der Wahlmänner ist sie aber faktisch zu einer unmittelbaren Entscheidung des Volkes zwischen den Präsidentschaftskandidaten der konkurrierenden Parteien geworden. Das Verfahren der indirekten Wahl des Präsidenten erfüllt also heute nicht mehr jene Funktion, die ihm von den Verfassungsvätern zugedacht war: daß nach der Entscheidung der Wähler erst noch im Kreise der Wahlmänner darüber beraten werde, wer für das Präsidentenamt der Geeignetste sei (vgl. Federalist, Nrn. 64, 68). Doch dient sie jetzt dazu, der Präsidentenwahl subtile Auswahlprozesse vorzuschalten:

Zu den genannten Nominierungskonventen der Parteien werden die Delegierten in den Einzelstaaten auf unterschiedliche Weise bestellt: in den meisten Staaten durch Vorwahlen („primaries"), in anderen Staaten durch „caucuses", bei denen die Delegierten durch Parteikonvente verschiedener Ebenen durch Stufenwahl bestimmt werden. Die Vorwahlen vollziehen sich in manchen Staaten als „closed primaries", d. h. durch die Anhänger der jeweiligen Partei, in anderen als „open primaries", die den Charakter von Volkswahlen haben. In verschiedenen Staaten finden auch „presidential preference primaries" statt, in denen die Präferenzen für die verschiedenen Präsidentschaftskandidaten der Parteien ermittelt werden. Durch die „primaries" werden also auf verschiedenen Wegen Elemente unmittelbarer Demokratie in die Auswahl der Präsidentschaftskandidaten eingebracht (§ 22 II 3).

Erreicht in der Präsidentenwahl kein Kandidat die absolute Mehrheit, dann wählt das Repräsentantenhaus den Präsidenten, wobei die Auswahl aber auf die drei Kandidaten beschränkt ist, die im bisherigen Wahlverfahren die höchsten Stimmenzahlen erreicht haben. Bei dieser Wahl durch das Repräsentantenhaus wird nach Staaten abgestimmt, wobei die Vertretung jedes Staates eine Stimme hat (XII. Amendm.); es kann also vorkommen, daß ein Kandidat, der in der Volkswahl weniger Stimmen als andere bekam, in diesem Wahlgang die Stimmenmehrheit erhält.

Die Amtsperiode des Präsidenten beträgt vier Jahre. Niemand darf öfter als zweimal in das Amt des Präsidenten gewählt werden; wer als Vizepräsident für mehr als zwei Jahre in das Amt des Präsidenten nachgerückt ist oder dessen Geschäfte wahrgenommen hat, darf nur noch einmal für das Amt des Präsidenten gewählt werden (XXII. Amendm.).

Der Vizepräsident der Vereinigten Staaten wird in einem gleichen Verfahren wie der Präsident, im gleichen Wahlgang und als Angehöriger der gleichen Partei wie dieser gewählt. Er führt den Vorsitz im Senat. Er wird Nachfolger des Präsidenten, wenn dieser stirbt oder sonst vorzeitig aus seinem Amt scheidet; der Nachfolger eines vorzeitig aus dem Amt scheidenden Vizepräsidenten muß vom Präsidenten nominiert und von Senat und Repräsentantenhaus durch Mehrheitsbeschluß bestätigt werden (XXV. Amendm.).

3. Abhängigkeiten zwischen Regierung und Kongreß. Trotz der starken Eigenständigkeit von Regierung und Kongreß bestehen zwischen diesen Organen zahlreiche Interdependenzen, welche die amerikanische Verfassungsordnung als ein ausgeklügeltes System nicht nur gegenseitiger Gewaltenhemmung, sondern auch wechselseitiger Koordination und Gewaltenverschränkung erscheinen lassen.

So hat der Präsident seine Hand im Gesetzgebungsprozeß, und zwar dadurch, daß er ein Vetorecht gegen alle vom Kongreß beschlossenen Gesetze hat. Sein Veto kann nur mit der schwer erreichbaren Zweidrittelmehrheit beider Häuser überstimmt werden (Art. I Abschn. 7 US-Verf.). Durch das Vetorecht nimmt der Präsident heute in erheblich größerem Umfang an der Gesetzgebung teil, als es sich die Schöpfer der amerikanischen Verfassung vorgestellt hatten. Hat er doch mit zunehmender Häufigkeit sein Veto nicht nur gegen Gesetze eingelegt, die ihm verfassungsrechtlich bedenklich erschienen, sondern auch gegen solche, die ihm aus politischen Gründen unerwünscht waren. Ein Recht zur Gesetzesinitiative gibt die Verfassung dem Präsidenten nicht. Dieser Mangel wird aber weitgehend dadurch ausgeglichen, daß der Präsident in seinen Berichten über die Lage der Nation dem Kongreß solche Maßnahmen, die er für notwendig oder nützlich erachtet, zur Beratung empfiehlt (Art. II Abschn. 3 US-Verf.). Daneben hat sich auch die Praxis entwickelt, von der Regierung vorbereitete Gesetzentwürfe durch regierungsfreundliche Kongreßmitglieder im Kongreß einbringen zu lassen.

Andererseits übt auch der Kongreß Kontroll- und Mitspracherechte gegenüber der Exekutive aus. Er hat das Recht der Amtsanklage (Art. I Abschn. 3, Art. II Abschn. 4 US-Verf.), das im „Watergate-Skandal" eine Rolle spielte. Die Chefs der Departments bedürfen der Bestätigung durch den Senat, die freilich regelmäßig erteilt wird. Gewichtiger sind die Ratifikation internationaler Verträge (Art. II Abschn. 2 US-Verf.) und die Tätigkeit von Untersuchungsausschüssen (s.o. 1). Vor allem aber erweist sich das Budgetrecht (Art. I Abschn. 9 US-Verf.) auch hier als goldener Zügel des Verfassungsrechts.

4. Das Oberste Bundesgericht. Die richterliche Gewalt liegt beim Obersten Bundesgericht (dem Supreme Court) und den übrigen Gerichten. Politische Bedeutung gewann der Supreme Court, seit er die Zuständigkeit für sich in Anspruch nahm, Gesetze auf ihre Verfassungsmäßigkeit nachzuprüfen und sie im Falle ihrer Verfassungswidrigkeit für nicht anwendbar zu erklären (Loewenstein 1959, 418 ff.). Diese früh angelegte (Federalist Nr. 78) Entwicklung setzte sich unter dem Chief Justice Marshall durch, unter dessen Leitung erstmals im Jahre 1803 ein Bundesgesetz für verfassungswidrig erklärt wurde (Marbury v. Madison, 1 Cranch 137/1803). Jefferson war über diese Entwicklung durchaus nicht glücklich, weil er die Auffassung vertrat, wenn der Gerichtshof letzte Instanz in allen Verfassungsfragen sei, so führe das zur Despotie einer richterlichen Oligarchie. In der Tat stellt ein solches Prüfungsrecht die Gerichte als eigenen, gewichtigen Machtfaktor neben die gesetzgebende und die vollziehende Gewalt.

Voraussetzung für die Annahme eines richterlichen Prüfungsrechts ist die Vorstellung, daß die Verfassung Vorrang vor dem einfachen Gesetz habe und insbesondere nicht durch einfaches Gesetz geändert werden könne (§ 8 II). Hängt dann eine richterliche Entscheidung von einem Gesetz ab, das unzweifelhaft einer Verfassungsnorm widerspricht, so bleibt dem Richter nur die Wahl, entweder dem Gesetz oder der Verfassung den Gehorsam aufzusagen, und er kann vernünftigerweise gar nichts anderes tun, als die Verfassung zu befolgen.

Der Vorwurf, in der Ausübung des richterlichen Prüfungsrechts liege eine Machtusurpation, ist allenfalls dann berechtigt, wenn das Gericht in Zweifelsfällen seine Verfassungsinterpretation über diejenige des Gesetzgebers stellt. Um solche Zweifelsfälle handelt es sich dort, wo eine Verfassungsnorm der Auslegung einen Spielraum läßt, innerhalb dessen die eine Interpretation ebenso gut begründbar ist wie die andere. Das Gericht kann diesen Bereich vertretbarer Verfassungsauslegungen als Spielraum gesetzgeberischen Ermessens respektieren (judicial self-restraint). Es kann aber auch selbst eine der möglichen Auslegungen wählen, sie an die Stelle der gleichfalls vertretbaren – nicht durch allgemein überzeugende Gründe widerlegbaren – Verfassungsauslegung der Legislative setzen und, darauf gestützt, deren Gesetz für verfassungswidrig erklären. In diesem zweiten Fall usurpiert das Gericht tatsächlich ein Entscheidungsermessen, das im gewaltenteiligen Staat funktionsgerechter vom Gesetzgeber auszuüben wäre (§ 31 II 3).

Es gab Epochen in der Rechtsprechung des Supreme Court, in denen er im Gewande der Verfassungsauslegung eine bestimmte Rechtspolitik verfolgte und mit ihr die rechts- und sozialpolitischen Absichten des Gesetzgebers durchkreuzte. So verwarf das Gericht z.B. im Jahre 1857 die Sklavenbefreiungsregelung des Missouri-Kompromisses wegen Verstoßes gegen die Verfassungsgarantie des Eigentums (V. Amendm.; Dred Scott v. Sanford, 19 How. 393/1857). Im Jahre 1905 erklärte es

eine gesetzliche Arbeitszeitbeschränkung wegen Verstoßes gegen die Verfassungsgarantie von Freiheit und Eigentum für ungültig (XIV. Amendm.; Lochner v.
New York, 198 US 45/1905). Und es hinderte noch die New-Deal-Gesetzgebung
F. D. Roosevelts in dessen erster Amtszeit. Erst dann setzte sich eine, zunächst sehr
extreme, Praxis des judicial self-restraint durch.

Der Supreme Court ist durch seine maßgebende Praxis der Verfassungsauslegung
zu einem wesentlichen Organ der Fortbildung des Verfassungsrechts geworden, in
einem Maße, daß man ihn scherzhaft als eine permanente Kommission für Verfassungsänderung bezeichnet hat. Auf diese Weise hat die amerikanische Verfassungspraxis einen Weg gefunden, die Verfassung in behutsamer Weise den sich wandelnden sozialen und politischen Gegebenheiten anzupassen, ohne immer das überaus
schwerfällige Verfahren einer förmlichen Verfassungsänderung (Art. V US-Verf.) in
Gang setzen zu müssen.

5. Die föderative Gewaltenbalance. Zu der vom Prinzip der Gewaltenbalance
bestimmten Kompetenzverteilung unter den Bundesorganen tritt der föderative
Staatsaufbau, der seinerseits ein kompliziertes System eines Machtausgleichs zwischen dem Bund und den Gliedstaaten einschließt. Das horizontale System der
checks and balances zwischen den Bundesorganen wird so durch die vertikale Gewaltenteilung zwischen dem Bund und den Gliedstaaten ergänzt.

Das Kompetenzenschema der Bundesverfassung überträgt einige Gesetzge-
bungs-, Verwaltungs- und Rechtsprechungszuständigkeiten des Gesamtstaates auf
Bundesorgane (Art. I Abschn. 8; Art. II, Art. III Abschn. 2 US-Verf.) und überläßt
die verbleibenden Befugnisse den Gliedstaaten (X. Amendm.). So könnte es scheinen, daß das Hauptgewicht der staatlichen Funktionen bei den Einzelstaaten liege.
Dagegen spricht aber schon die Verfügungsmacht des Bundes in auswärtigen Angelegenheiten (vgl. Art. I Abschn. 10 US-Verf.) und die Tatsache, daß der Präsident
den militärischen Oberbefehl über alle Streitkräfte hat (Art. II Abschn. 2 US-Verf.).
Zudem hat sich in der Verfassungswirklichkeit der Schwerpunkt der staatlichen
Gewalt zum Bund hin verschoben (s. u. III 1).

III. Die checks and balances in der modernen Verfassungswirklichkeit

Literatur: *P. E. Quint*, Gewaltenteilung und Verfassungsauslegung in den USA, DÖV 1987, 568 ff.;
D. P. Currie, Die Gewaltenteilung in den USA, Jurist. Arbeitsblätter 1991, S. 261 ff.
Zu 1: *P. Hay, R. D. Rotunda*, The United States Federal System, 1982; *H. H. Trute*, Zur Ent-
wicklung des Föderalismus in den Vereinigten Staaten von Amerika, ZaöRV 1989, 191 ff.;
K. H. Millgramm, Föderalismus in den Vereinigten Staaten, Jurist. Ausbildung, 1992, S. 17 ff.;
A. B. Gunlicks, Föderative Systeme im Vergleich: Die USA und Deutschland, in: H. H. v. Arnim
u. a. (Hg), Föderalismus – Hält er noch, was er verspricht, 2000, S. 41 ff.
Zu 2: *H. D. Jarass*, Kontrolle der Verwaltung durch das Parlament in den USA, in: Die Verwal-
tung, 1976, 94 ff.; *H. J. Mengel*, Die Funktion der parlamentarischen Anhörung im Gesetz-
gebungsprozeß, DÖV 1983, 226 ff.; ; *Ch. J. Deering, St. S. Smith*, Comittees in Congress, ³1997.
Zu 3: *L. W. Milbrath*, The Washington Lobbyists, Neudr. 1976; *W. Leidhold*, Das amerikanische
Parteiensystem zwischen Erosion und Erneuerung, ZfPol. 1990, 361 ff.; *F. J. Sorauf, P. A. Beck*,
Party Politics in America, 1992; *L. Helms*, Parteiorganisationen und parlamentarische Parteien in
der amerikanischen Präsidialdemokratie, in: ders. (Hg), Parteien und Fraktionen, 1999, 307 ff.;
A. J. Cigler, B. A. Loomis, Interest Group Politics, ⁷2007; *M. J. Hetherington, W. J. Keefe*, Parties,
Politics and Public Policy in America, ¹⁰2007.

Die politische und soziale Situation in den Vereinigten Staaten hat sich seit dem
Inkrafttreten der US-Verfassung weitgehend geändert. Dies hat in dem ausgeklügel-
ten System einer horizontalen und vertikalen Gewaltenbalance zu erheblichen Ge-
wichtsverlagerungen geführt. Besonders wichtige Gründe hierfür waren das Auf-

kommen des modernen Parteienwesens und das Anwachsen der wirtschaftlichen und sozialen Aufgaben des Staates. Das Bedürfnis nach effizienter Erledigung dieser Aufgaben brachte einer sachkundigen und koordinierten Bürokratie einen Zuwachs an Funktionen und Einfluß. Das bedeutete im Verhältnis zwischen Kongreß und Regierung einen Zug zur Stärkung der Exekutive. Zugleich zeigte sich im Verhältnis zwischen Bund und Gliedstaaten eine lang anhaltende Tendenz zur Stärkung der Zentralgewalt.

1. Stärkung der Zentralgewalt. Aufs große Ganze gesehen ließ sich seit dem Erlaß der US-Verfassung eine zunehmende Stärkung der Bundesgewalt erkennen. Eine frühe Etappe dieser Entwicklung war bereits die bundesfreundliche Rechtsprechung des Supreme Court unter John Marshall, welche die „Necessary and Proper Clause" und den Begriff der „implied powers" (Art. I Abschn. 8 Abs. 18 US-Verf.) zum Werkzeug für eine Ausweitung der Bundeskompetenzen machte: Hiernach kann der Bund Gesetze erlassen, die notwendig und zweckdienlich sind, um Zuständigkeiten ausüben zu können, die Bundesorganen durch die Verfassung übertragen wurden. Auch eine weite Auslegung der „Commerce Clause" – die dem Kongreß das Recht gibt, den Handel mit fremden Nationen und zwischen den einzelnen Staaten zu regeln (Art. I Abschn. 8 Abs. 3 US-Verf.) – und die Welfare Clause (Art. I Abschn. 8 Abs. 1 US-Verf.) dienten als Instrumente zur Stärkung der Bundesgewalt. Hierbei bietet die Welfare Clause dem Bund einen Anknüpfungspunkt, seine politischen Zwecke insbesondere durch steuerliche Maßnahmen zu verfolgen: nicht nur durch die unmittelbare hemmende oder fördernde Wirkung, die Steuern und Steuerbefreiungen im wirtschaftlichen und politischen Bereich haben, sondern auch dadurch, daß auf diese Weise finanzielle Mittel erschlossen werden, die als solche zur Stärkung der Bundesgewalt eingesetzt werden können. So dienen großangelegte Subventionierungsprogramme dem Bund zur Verwirklichung überregionaler Ziele; an seine Mittelzuweisungen kann er Auflagen knüpfen, die ihm die Befugnis geben, die Verwendung der Mittel durch Weisungen und Aufsichtsrechte zu lenken und zu kontrollieren; damit verschaffen sie ihm ohne Rücksicht auf seine Gesetzgebungszuständigkeiten faktische Regelungsmöglichkeiten. – Das Regime des Bundesrechts wurde insbesondere dadurch gefestigt und erweitert, daß der Supreme Court das Recht in Anspruch nimmt, Gesetze und Gerichtsurteile der Einzelstaaten (auf Grund des Art. VI Abs. 2 US-Verf.) auf ihre Vereinbarkeit mit Bundesverfassung und Bundesgesetzen zu prüfen. – Nicht zuletzt wirkten politische Faktoren an der Stärkung der Zentralgewalt mit. So bedeutete der Ausgang des Sezessionskrieges machtpolitisch eine Festigung der Bundesgewalt. Die beiden Weltkriege haben das nationale Zusammengehörigkeitsgefühl gestärkt. Von besonderem Gewicht wurde sodann im industriellen Zeitalter die Zunahme überregionaler wirtschaftlicher und sozialer Probleme, die nach gesamtstaatlichen Lösungen verlangten. So drängten etwa die großen Gewerkschaften auf eine bundeseinheitliche Regelung der Arbeitsbedingungen.

Wie in anderen Bundesstaaten, spielen auch in den USA kooperative Verflechtungen zwischen Bund und Ländern eine bedeutende Rolle (§ 39 I 2, 4). Auch der moderne amerikanische Föderalismus wird durch eine Interdependenz und Kooperation zwischen Bundesorganen und Gliedstaaten gekennzeichnet. Eine solche findet insbesondere in den Fällen statt, in denen regionale Vorhaben mit Hilfe von Bundeszuschüssen finanziert werden. Traditionellerweise vollzieht sich in den Vereinigten Staaten eine Verflechtung regionaler Interessen und Wünsche mit der Bundespolitik faktisch auch schon dadurch, daß die Kandidaten für Senat und Repräsentantenhaus von stark dezentralisierten und regional eingebundenen Parteiorganisationen aufgestellt werden. Hierdurch bleiben die Kongreßabgeordneten in hohem Maße an die besonderen Interessen ihrer Region gebunden und müssen diese Interessen überzeugend in die Bundespolitik einbringen, wenn sie sich die Chancen einer Wiederwahl erhalten wollen (vgl. auch 3).

2. Kongreß und Exekutive. Auch der Kongreß sieht sich mit einer ihm zahlenmäßig weit überlegenen, hoch spezialisierten, fachkundigen Bürokratie der Exekutive konfrontiert (vgl. § 41 III 2). Will er ihr gegenüber seine gesetzgeberischen und budgetären Kontrollinstrumente einigermaßen wirksam und sachgerecht einsetzen, muß er sich eine ausreichende fachliche Kompetenz sichern. Zu diesem Zweck hat der Kongreß Arbeitstechniken entwickelt, die es ihm erleichtern, zu einem sachkundigen Urteil zu gelangen.

Senat und Repräsentantenhaus haben eine größere Anzahl ständiger Ausschüsse, deren Aufgabengebiete weitgehend auf die ihnen entsprechenden Departments der Regierung abgestimmt sind. So gibt es in jedem der beiden Häuser z. B. je einen Ausschuß für Ausgabenbewilligungen, Streitkräfte, auswärtige Angelegenheiten, innere Angelegenheiten, Justiz usw. Daneben können für bestimmte Aufgaben nichtständige Sonderausschüsse gebildet werden; zu ihnen zählen auch die Vermittlungsausschüsse (conference committees), deren Funktion es ist, zwischen Senat und Repräsentantenhaus bei Meinungsverschiedenheiten über den Inhalt von Gesetzen zu vermitteln. Bei der Auswahl der Ausschußmitglieder spielen neben dem Parteienproporz vor allem die Gesichtspunkte der Kontinuität und der Seniorität, der Qualifikation und der spezifischen Interessen der Ausschußmitglieder eine Rolle. Ein großer Teil der Arbeit wird auf noch stärker spezialisierte Unterausschüsse weiterübertragen. Auch hier lassen sich freilich die Hauptnachteile solcher Spezialisierung nicht ausräumen: daß bestimmte Interessen unterrepräsentiert werden und daß durch die dezentralisierte Sachbehandlung die Integration der Einzelmaßnahmen zu einer politischen Gesamtkonzeption erschwert wird (§ 41 III 2).

Um sich für seine Entscheidungen, etwa zu einem Gesetzesentwurf, sachliche Grundlagen zu verschaffen, veranstaltet der einzelne Ausschuß oder Unterausschuß Anhörungen (hearings). In ihnen werden, ähnlich wie in einer Gerichtsverhandlung, die Standpunkte von Interessenten, Gegeninteressenten und unparteiischen Sachverständigen vorgetragen und erörtert. Das ist zugleich ein Weg, um die zu einem Gesetz vorgebrachten Interessentenstandpunkte in das Licht der öffentlichen Kontrolle zu rücken. Bedeutende Informationshilfen sind vor allem auch die von den Stäben der großen Interessentengruppen erarbeiteten, oft umfangreichen Studien zur Gesetzesmaterie.

Damit die Mitglieder des Repräsentantenhauses und des Senats nicht nur auf die Sachkunde der Verwaltungsbürokratie angewiesen und deren Informationsmonopol ausgeliefert sind, steht ihnen ein eigener Stab von Fachleuten zur Verfügung. Die Kongreßbibliothek stellt den Abgeordneten Material zusammen und beamtete Fachleute des Kongresses beraten dessen Mitglieder in Fragen der Gesetzgebung. Nach 1945 wurden die Expertenstäbe des Kongresses ausgebaut, deren Aufgabe es ist, über die einschlägigen Tatsachen und Argumente zu informieren, nicht aber von sich aus Empfehlungen zu unterbreiten. So leistet der zentrale „Legislative Reference Service" durch Gutachten und Zusammenstellung von Tatsachen Hilfsdienste für die Gesetzgebungstätigkeit. Daneben hat jeder ständige Ausschuß das Recht, mehrere qualifizierte „Assistenten" zu beschäftigen, welche die Ausschußtätigkeit sachverständig unterstützen.

3. Die Rolle der Parteien. In parlamentarischen Demokratien findet sich regelmäßig die Tendenz, daß Regierung und Parlamentsmehrheit zu einer von einer Partei oder Parteienkoalition beherrschten Machteinheit verschmelzen, so daß die organisatorische Gewaltenbalance weitgehend wirkungslos wird (§ 41 III 1). Auch in der amerikanischen Präsidialdemokratie erleichtern die politischen Parteien es zwar, Initiativen der Regierung in den Kongreß zu tragen und andererseits politische Einflüsse des Kongresses gegenüber der Regierung geltend zu machen. Doch koordinieren hier die Parteien die Aktivitäten von Regierung und Volksvertretung längst nicht in gleicher Straffheit wie in den parlamentarischen Demokratien. So läuft bei Beschlüssen des Kongresses die Linie zwischen den Zustimmenden und den Ablehnenden oft quer durch die Parteien. Nicht selten findet der Präsident ablehnende Stimmen in den Reihen der eigenen und Zustimmung in den Reihen der gegnerischen Partei („cross voting"). Diese Praktiken sind sowohl in Besonderheiten der Verfassungsstruktur als auch in der Parteiorganisation begründet: Eine Verfassungsordnung, in der sich Regierung und gesetzgebendes Organ in größerer Selbständigkeit gegenüberstehen und die Regierung nicht ängstlich darauf bedacht sein muß, fortwährend vom Vertrauen einer Parlamentsmehrheit getragen zu sein, kann sich mit einer weniger straffen Parteiorganisation und einem geringeren Maß an Parteidisziplin begnügen.

Der Schwerpunkt der nordamerikanischen Parteiorganisation liegt bei den lokalen und den einzelstaatlichen Parteiverbänden. Auf dem Wege über diese Parteiorganisationen und durch sonstige Beeinflussung der Wahlen bestimmen Interessentengruppen Nominierung und Wahl der Kongreßabgeordneten weitgehend mit. Das spiegelt sich dann wider in der massiven Einflußnahme der Interessentenverbände auf die von ihnen unterstützten Kongreßmitglieder und in den Standpunkten, die diese Abgeordneten im Kongreß vertreten. Mit Blick auf eine Wiederwahl suchen sich Kongreßmitglieder oft eher an den Interessen der sie stützenden Gruppe als an einer nationalen Parteilinie zu orientieren. So kommt es, daß partikuläre Interessen und Standpunkte im Kongreß eine starke Vertretung finden.

Die beiden großen Parteien bieten unter diesen Umständen innerhalb und außerhalb des Kongresses mitunter das Bild bloßer Sammelbecken für Vertreter der verschiedenartigsten Interessen, die sich von Fall zu Fall auch über die Parteigrenzen hinweg in Abstimmungen zusammenfinden.

Das Fehlen starker Zentralorgane der Parteien und einer daraus folgenden Parteidisziplin ersparte dem Land bisher eine Parteienoligarchie westeuropäischer Art. Es sichert den einzelnen Kongreßmitgliedern eine relativ große Freiheit von einer Bindung an eine grundsätzliche Parteilinie. Das trägt einerseits dazu bei, die Gewaltenbalance zwischen dem Präsidenten und dem Kongreß wirksam zu erhalten. – Andererseits bedeutet diese Parteienstruktur einen Verzicht auf die Funktion der großen zentralisierten Parteien, zwischen den verschiedenen in ihren Reihen vorkommenden Interessen und Standpunkten zu vermitteln, einen Kompromiß zwischen ihnen zu suchen und sie womöglich einer politischen Gesamtkonzeption ein- oder auch unterzuordnen.

Gegen Ende der siebziger Jahre zeigte sich in den Vereinigten Staaten die Tendenz zu einer stärkeren Zentralisierung des Parteienwesens, insbesondere zu einer Institutionalisierung der nationalen Parteikomitees, einem Ausbau der nationalen Parteibüros und zu einer engeren Verflechtung zwischen den zentralen und den regionalen Einrichtungen. Diese Bewegung zu einer stärkeren Nationalisierung des Parteienwesens kann die Parteien motivieren, vermehrt nach politischen Gesamtkonzeptionen auf Bundesebene zu suchen und diese dann auch koordiniert für oder gegen die Politik des Präsidenten einzusetzen.

§ 43. Parlamentsgebundene Präsidialsysteme

Literatur: *H. Bahro, E. Veser,* Das semipräsidentielle System, ZParl 1995, 471 ff.; *W. Steffani,* Semi-Präsidentialismus, ZParl 1995, 621 ff.; *S. v. Steinsdorff,* Die Verfassungsgenese der Zweiten Russischen und der Fünften Französischen Republik, ZParl 1995, 486 ff.; *W. Ismayr* (Hg), Die politischen Systeme Osteuropas, 2002, 355 ff. (Rußland), 447 ff. (Ukraine).

Eine bemerkenswerte Verbindung von Elementen parlamentarischer und präsidentieller Demokratie stellen solche Verfassungen dar, die ihre Vorbilder in der einstmaligen Weimarer Verfassung von 1919 (WV) und in der nah verwandten de Gaulle'schen Verfassung von 1958 (FV) finden. In Anlehnung an sie wurde – mit gewissen Modifikationen – auch die Wirksamkeit der obersten Staatsorgane nach der russischen Verfassung vom 12. 12. 1993 (Kap. 4–6) geregelt.

I. Die Staatsorganisation nach der Weimarer Verfassung

Literatur: *G. Anschütz,* Die Verfassung des Deutschen Reichs, 1921, ¹⁴1933; *E. R. Huber,* Deutsche Verfassungsgeschichte, Bd. VII, 1984; *K. Kröger,* Einführung in die jüngere deutsche Verfassungsgeschichte, 1988, § 18.

Die Grundzüge der Staatsorganisation nach der Weimarer Verfassung lassen sich wie folgt umreißen:

Die Exekutivgewalt war zwischen einem durch Volkswahl legitimierten Reichspräsidenten (Art. 41 WV) und einer Regierung geteilt. Der Reichspräsident, als das Staatsoberhaupt, hatte das Reich völkerrechtlich zu vertreten (Art. 45 WV). Innenpolitisch oblag ihm insbesondere die Ernennung und die Entlassung des Reichskanzlers; die übrigen Mitglieder der Regierung ernannte und entließ der Reichspräsident auf Vorschlag des Reichskanzlers (Art. 53 WV). Dieser leitete die Tätigkeit der Regierung (Art. 55 f. WV). Der Reichspräsident konnte aber (ohne Stimmrecht) an den Sitzungen der Reichsregierung teilnehmen und den Vorsitz führen. Die Reichsregierung hatte die spezifischen Regierungsfunktionen (§ 31 III) zu erfüllen, die Reichsverwaltung zu leiten und die Reichsaufsicht über die Länder auszuüben (Art. 15, 77 WV).

Die Regierung bedurfte des Vertrauens nicht nur des Reichspräsidenten, sondern auch des Reichstages – der direkt vom Volk gewählten Vertretungskörperschaft (Art. 20 WV). Darin lag die „parlamentarische" Komponente des Regierungssystems. Adressat eines – zum Rücktritt zwingenden – Mißtrauensvotums konnte der Kanzler und jeder Minister sein (Art. 54 WV). Der Reichspräsident hatte jedoch die Möglichkeit, die Volksvertretung aufzulösen (Art. 25 WV), und konnte von diesem Recht insbesondere dann Gebrauch machen, wenn einer Regierung seines Vertrauens ein Mißtrauensvotum drohte. So konnte in Krisenzeiten statt des Vertrauens des Parlaments das Vertrauen des Präsidenten vorübergehend insgesamt zur Grundlage der Regierungsgewalt werden.

Reguläres Gesetzgebungsorgan war der Reichstag (Art. 68 Abs. 2 WV). Neben ihm bestand als „föderatives" Organ der Reichsrat, dem Mitglieder (oder Bevollmächtigte) der Landesregierungen und der preußischen Provinzialverwaltungen angehörten („Ratsprinzip", Art. 60 ff. WV). Der Reichsrat konnte gegen ein vom Reichstag beschlossenes Gesetz Einspruch einlegen; dieser konnte aber – je nach dem Zwischenentscheid des Reichspräsidenten – durch Volksentscheid oder mit Zweidrittelmehrheit des Reichstages überwunden werden (Art. 74 WV).

Das Parlament hatte außer seiner regulären Gesetzgebungskompetenz auch das Recht, den Haushaltsplan festzustellen (Art. 85 Abs. 2 WV).

Die Gesetzesvorlagen wurden aus der Mitte des Reichstages oder (so meistens) von der Reichsregierung eingebracht; diese mußte sich zuvor bemühen, zu ihren Gesetzesvorlagen die Zustimmung des Reichsrats zu erlangen (Art. 68 Abs. 1, 69 WV). An Gesetzentwürfen mit grundlegendem sozial- und wirtschaftspolitischen Inhalt wirkte ein Reichswirtschaftsrat als berufsständische Vertretung begutachtend mit (Art. 165 Abs. 4 WV).

Auch eine Volksgesetzgebung war vorgesehen (Art. 73–76 WV). Bis zum Jahre 1932 wurde aber nur in sieben Fällen ein Verfahren der Volksgesetzgebung in Gang gesetzt, jedesmal ohne praktischen Enderfolg. Anders unter dem demagogischen Einfluß des nationalsozialistischen Regimes. Hier wurde bereits das Gesetz über das Oberhaupt des Deutschen Reichs vom 1. 8. 1934 (RGBl. I S. 84) in einer Volksbefragung (vom 19. 8. 1934) von 84% der Wahlberechtigten gebilligt; es war das Gesetz, das dem Reichskanzler Hitler zusätzlich die beträchtlichen Befugnisse des Reichspräsidenten übertrug.

Neben dem regulären Gesetzgebungsrecht des Parlaments und neben der Volksgesetzgebung bestanden beträchtliche Rechtssetzungskompetenzen der Exekutive. Diese konnte durch Gesetz zum Erlaß von Rechtsverordnungen ermächtigt werden. Darüber hinaus bestand für die Fälle des – weit ausgelegten – Art. 48 Abs. 2 WV ein weitreichendes Notmaßnahme- und Notverordnungsrecht des Reichspräsidenten.

Dem Reichspräsidenten oblag es, die Gesetze auszufertigen und zu verkünden (Art. 70 WV), die Reichsbeamten und die Offiziere zu ernennen und zu entlassen (Art. 46 WV), den Oberbefehl über die Streitkräfte zu führen (Art. 47 WV) und den Staat völkerrechtlich zu vertreten (Art. 45 WV).

Als unabhängiges verfassungsrechtliches Kontrollorgan bestand ein Staatsgerichtshof (Art. 108 WV).

II. Die Staatsorganisation nach der de Gaulle'schen Verfassung

Literatur: *R. Grote,* Das Regierungssystem der V. französischen Republik, 1995; *G. Burdeau, L. Hamon, M. Troper,* Droit constitutionnel et institutions politiques, [26]1999; *D. G. Lavroff,* Le droit constitutionnel de la Vᵉ République, [31]1999; *L. Favoreu u.a.,* Droit constitutionnel, [32]2000; *U. Kempf,* Das politische System Frankreichs, [4]2007; *H. J. Sonnenberger, Ch. Autexier,* Einführung in das französische Recht, [3]2000, Kap. 1; *C. D. Classen,* Parlamentarismus in der V. Republik Frankreichs, DÖV 2004, 269ff.; *H. J. Tümmers,* Das politische System Frankreichs, 2006.

Ähnlich wie im Weimarer System ist auch hier die Exekutivgewalt zwischen einem durch Volkswahl legitimierten Staatspräsidenten (Art. 7 FV) und einer Regierung geteilt. Auch hier fungiert der Staatspräsident als Staatsoberhaupt. Er ernennt den Regierungschef; er entläßt ihn dann, wenn dieser ihm den Rücktritt anbietet; die übrigen Mitglieder der Regierung ernennt und entläßt der Präsident auf Vorschlag des Premierministers (Art. 8 FV). Dieser leitet (mit etwas anderen Modalitäten als der Reichskanzler der WV) die Regierung (Art. 21 FV). Den Vorsitz im Ministerrat führt grundsätzlich der Staatspräsident (Art. 9, 21 Abs. 4 FV).

Das französische Parlament besteht aus der Nationalversammlung und dem Senat. Die Abgeordneten der Nationalversammlung werden unmittelbar vom Volk gewählt. Die Senatoren repräsentieren die Gebietskörperschaften der Republik und werden in mittelbarer Wahl gewählt ("Senatsprinzip", Art. 24 FV).

Auch die französische Regierung muß außer vom Vertrauen des Staatspräsidenten vom Vertrauen der direkt gewählten Volksvertretung (der Nationalversammlung) getragen sein. Adressat eines – zum Rücktritt verpflichtenden – Tadelsantrags kann (anders als unter der WV) nur die Regierung sein; auch muß ein solcher Antrag von der Mehrheit der Mitglieder der Nationalversammlung angenommen werden (Art. 49f. FV); in beiden Bedingungen liegt – im Vergleich zum Weimarer System – ein stabilisierendes Element. Der französische Staatspräsident kann die Volksvertretung auflösen (Art. 12 FV) und kann von diesem Recht insbesondere Gebrauch machen, um von einer Regierung seines Vertrauens einen Tadelsantrag abzuwenden; auch hier kann also in Krisenzeiten das Vertrauen des Präsidenten anstelle des Vertrauens des Parlaments zur Grundlage der Regierungsgewalt werden.

Auf dem Gebiet der Rechtssetzung ist zu unterscheiden zwischen den „organischen Gesetzen", den Parlamentsgesetzen und den sonstigen Rechtsnormen. Die organischen Gesetze sind als solche in der Verfassung vorgesehen; sie vervollständigen – wie etwa ein Gesetz über die Modalitäten der Abgeordnetenwahl – die Verfassungsordnung und werden in einem besonderen Verfahren beschlossen (Art. 46 FV). Im übrigen sind dem Parlament nur bestimmte Gesetzgebungsmaterien vorbehalten (Art. 34 FV). Andere Gegenstände werden durch Verordnung geregelt (Art. 37 FV).

Sind im regulären parlamentarischen Gesetzgebungsverfahren Meinungsverschiedenheiten zwischen den beiden Kammern nicht ausräumbar, so hat die Nationalversammlung, sofern die Regierung das wünscht, ein definitives Beschlußrecht (Art. 45 FV); in diesem Punkte ist also die Stellung einer von der ersten Kammer unterstützten Regierung vergleichsweise stärker als im Weimarer System. Insbesondere kann eine von der Regierungsmehrheit getragene Politik nicht durch die zweite Kammer blockiert werden.

Außer der materiellen Gesetzgebungskompetenz steht dem Parlament das Budgetrecht zu (Art. 47 Abs. 1 FV).

Ein Wirtschafts- und Sozialrat nimmt im Gesetzgebungsprozeß eine ähnliche Funktion wahr (Art. 69 FV), wie sie der Reichswirtschaftsrat unter der Weimarer Verfassung hatte.

Unter bestimmten Voraussetzungen – insbesondere für Verfassungsänderungen – ist für Gesetzgebungsakte ein Volksentscheid vorgesehen (Art. 11, 89 FV).

Gegenstände, die nicht dem Parlament zugewiesen oder einem Volksentscheid vorbehalten sind, werden durch Verordnung geregelt (Art. 37 Abs. 1 FV). Selbst über Gegenstände, die normalerweise durch Gesetz zu regeln sind, kann der Ministerrat auf Grund gesetzlicher Ermächtigung und nach Stellungnahme des Staatsrates gesetzesvertretende Verordnungen beschließen (Art. 38 FV). Diese und sonstige im Ministerrat beschlossene Verordnungen werden vom Staatspräsidenten ausgefertigt (Art. 13 Abs. 1 FV), andere Verordnungen vom Premierminister (Art. 21 Abs. 1 Satz 3 FV). Darüber hinaus verfügt der Staatspräsident für Ausnahmelagen über weitgehende Notstandskompetenzen (Art. 16 FV).

Dem Staatspräsidenten obliegt – wie im Weimarer System – die Verkündung der Gesetze (Art. 10 FV), die Ernennung und Entlassung der Beamten und Offiziere (Art. 13 Abs. 2 FV), er führt den Oberbefehl über die Streitkräfte (Art. 15 FV) und vertritt den Staat völkerrechtlich (Art. 14, 52 FV).

Ein Verfassungsrat übt die Funktion eines unabhängigen verfassungsrechtlichen Kontrollorgans aus (Art. 56ff. FV).

III. Wesentliche Strukturunterschiede

Das System der Weimarer Verfassung ist gescheitert; die mit ihr nahe verwandte de Gaulle'sche Verfassung hat sich über Jahrzehnte hinweg bewährt. So stellt sich die Frage nach solchen Systemunterschieden, die für die unterschiedliche Funktionsfähigkeit der beiden Verfassungsordnungen verantwortlich sein können.

Erwähnt wurde schon, daß in Frankreich ein Mißtrauensvotum gegen die Regierung erschwert und die gesetzgeberische Durchsetzung der Regierungspolitik gegenüber der zweiten Kammer erleichtert wurde.

Ein Unterschied liegt auch darin, daß nach der französischen Verfassung Regierungsmitglieder kein parlamentarisches Mandat ausüben dürfen (Art. 23 FV). Dadurch wird das Prinzip der Gewaltenteilung strenger verwirklicht, als das unter der Weimarer Verfassung der Fall war.

Aber dies sind Unterschiede, die schwerlich über Bewährung und Scheitern eines Verfassungssystems entscheiden konnten. Sieht man von den verschiedenen historischen Bedingungen ab, unter denen beide Systeme ihre Probe zu bestehen hatten, so drängt sich als wichtigster systemimmanenter Unterschied das Wahlsystem auf.

In der Weimarer Republik führte ein rigoroses Verhältniswahlrecht zu einer Parteienzersplitterung, die im Parlament die Bildung regierungstragender Mehrheiten erschwerte und schließlich unmöglich machte. Der Funktionsschwäche des Reichstags folgte eine Entscheidungsschwäche und eine hohe Instabilität der Regierungen. Ein gleicher Zusammenhang war später auch in der französischen Vierten Republik – vor dem Erlaß der de Gaulle'schen Verfassung – zu beobachten. In der Weimarer Republik führte er dazu, daß der Schwerpunkt der Staatsleitung sich notgedrungen immer stärker zum Reichspräsidenten als dem voll funktionsfähig gebliebenen Staatsorgan hin verschob.

Demgegenüber werden heute die Abgeordneten der französischen Nationalversammlung in Einerwahlkreisen mit absoluter Mehrheit bestimmt. Wird diese nicht erreicht, folgt ein zweiter Wahlgang, in welchem gewählt ist, wer die meisten Stimmen erreicht; an ihm nehmen aber nur Kandidaten teil, die bei der ersten Wahl die Stimmen von mindestens 12,5% der Wahlberechtigten erhalten haben (Gesetz v. 19. 7. 1976). Auf diese Weise wird für funktionsfähige Mehrheiten in der Nationalversammlung und damit für eine hinreichende parlamentarische Grundlage der Regierungsarbeit gesorgt. Zugleich wird verhindert, daß das Gewicht der politischen Kräfte sich im gleichen Maße wie in der Weimarer Republik zum Präsidenten hin verschiebt, und wird eine immer noch annehmbare Balance im System der politischen Gewalten gewährleistet.

§ 44. Die Räterepublik der UdSSR

Literatur: Wie zu § 25 II; *L. Schapiro,* Partei und Staat in der Sowjetunion, (engl. 1965) dt. 1965; *G. Brunner,* Polit. Soziologie der UdSSR, 1977; *J. F. Hough, M. Fainsod,* How the Soviet Union is governed, 1979; *B. Meissner,* Partei, Staat und Nation in der Sowjetunion, 1985.

Die Räterepublik – die aus der Perspektive der marxistischen Weltanschauung von einer staatstragenden Partei gelenkt wird – ist das Konstruktionsmodell, nach dem das staatliche Leben der Sowjetunion und ihrer Satellitenstaaten sich bis zum Ende der achtziger Jahre gestaltet hat und das dem China Mao Tse Tungs als Vorbild diente. So bildete sie im zwanzigsten Jahrhundert einen wesentlichen Faktor der Weltpolitik. Insbesondere zu Zwecken eines „Modellvergleichs" bleibt es interessant, sich Struktur und Funktionsweise dieses politischen Systems zu vergegenwärtigen.

I. Die Rätedemokratie

Literatur: MEW 17, 339 ff.; LAW II, 352 ff.; *O. Anweiler,* Die Rätebewegung in Rußland 1905–1921, 1958; *U. Bermbach* (Hg), Theorie und Praxis der direkten Demokratie, 1973; *P. Kevenhörster,* Das Rätesystem als Instrument zur Kontrolle politischer und wirtschaftlicher Macht, 1974.

1. Das Leitbild. Nach dem Modell der Räterepublik soll an der Basis (in den Betrieben oder Wohngemeinschaften) die Bevölkerung selbst in Vollversammlungen ihre Angelegenheiten in größtmöglichem Umfang selbst verwalten. Soweit es unvermeidlich ist, öffentliche Aufgaben zu delegieren, sollen diese auf Delegiertenversammlungen (Räte = Sowjets) übertragen werden. Die Delegierten sollen vom Volk gewählt werden, ein auftragsgebundenes Mandat haben, laufend der Kontrolle der Wähler unterliegen und jederzeit durch diese abberufbar sein. Soweit es zur Wahrnehmung überörtlicher Aufgaben nötig ist, werden höhere organisatorische Einheiten gebildet, deren Funktionen wiederum einer Delegiertenversammlung anvertraut werden.

Auf den höheren Organisationsstufen soll jeweils ein Rat, also eine Delegiertenversammlung, das höchste Organ sein. Nach der Parole „Alle Macht den Räten" vereinigen diese gesetzgebende und vollziehende Gewalt. Zu deren Ausübung können sie Vollzugsorgane bestellen, die aber von ihnen abhängig bleiben sollen. Auch die Gerichte werden entweder unmittelbar von den Bürgern oder von den Räten befristet gewählt und sind auch schon vor Ablauf ihrer Amtszeit abberufbar. Die hierdurch bedingte Einbuße an rechtsstaatlichen Sicherungen (nämlich an Gewaltenteilung und an persönlicher Unabhängigkeit der Richter) soll durch den Gewinn an demokratischer Kontrolle aller Staatsfunktionäre aufgewogen werden.

Dieser demokratischen Kontrolle allen staatlichen Handelns dienen die befristete Wahl, das imperative Mandat und die jederzeitige Abberufbarkeit der Delegierten, ferner die befristete Bestellung, demokratische Verantwortlichkeit und Abberufbarkeit der übrigen Amtsträger. Einer Verfestigung von Amts- und Machtpositionen soll dadurch vorgebeugt werden, daß die Amtsinhaber in kürzeren Intervallen wechseln, mithin eine „Ämterrotation" stattfindet.

Durch das Zusammenspiel dieser verschiedenen organisatorischen Techniken soll den niedrigeren Verwaltungseinheiten ein Höchstmaß an Autonomie gewährt werden (demokratische Dezentralisation) und allen Bürgern eine größtmögliche demokratische Partizipation und Kontrolle eingeräumt werden.

2. Rätedemokratie und „westliche" Demokratien. Ein Vergleich der Rätedemokratie mit den traditionellen gewaltenteiligen repräsentativen Demokratien ergibt einige Übereinstimmungen und wesentliche Unterschiede.

Ein hohes Maß an demokratischer Dezentralisation wird in beiden Systemen erstrebt (§ 23 III). Auch in der Rätedemokratie sind hier aber Grenzen gesetzt; nicht zuletzt mußten wegen der vielfältigen Interdependenzen einer Industriegesellschaft, und erst recht einer planwirtschaftlich gelenkten Industriegesellschaft, zentralistische „Durchgriffsmöglichkeiten" geschaffen werden.

Imperatives Mandat und jederzeitige Abberufbarkeit der Delegierten bedeuten in der politischen Wirklichkeit des Parteienstaates weniger eine Kontrolle durch die Wähler als eine Kontrolle durch die Partei, welche die Wahl und Abberufung der

Delegierten organisiert; in einem Einparteienstaat läuft dies auf eine Kontrolle durch die „staatstragende" Partei hinaus.

An den Willen des Volkes können Repräsentanten statt durch imperatives Mandat wirksamer dadurch gebunden werden, daß man dem Volk am Wahltag die Alternative anbietet, die bisherige Regierung und ihr Programm zu bestätigen oder sie durch eine andere Regierung und deren Programm zu ersetzen. Unter diesen Umständen sind Regieren und Opponieren immer zugleich auch ein Werben um künftige Wählerstimmen; dadurch sind die Repräsentanten auch zwischen den Wahlterminen genötigt, die Akzeptanz ihres Handelns laufend zu prüfen (§§ 23 II 5; 41 III 1). Eine solche „Rückkoppelung durch Konkurrenz" erfordert aber ein Mehrparteiensystem (§ 23 II 5). Dieses ist grundsätzlich auch mit dem Rätesystem vereinbar, d.h. mit einem System, das rechtsetzende und oberste vollziehende Gewalt in der Hand einer gewählten Versammlung vereinigt. In westlichen Demokratien wird dies dort praktiziert, wo auf kommunaler Ebene eine konsequente „Ratsverfassung" eingeführt ist.

Gegenüber einem Rätemodell, das den ganzen Staat beherrscht, bleibt aber auch im Mehrparteienstaat ein Vorbehalt: In ihm kommt die Gewaltenbalance und damit ein wesentlicher Faktor der Rechtsstaatlichkeit zu kurz (§ 30 I 1).

Die Erwartung, das Rätesystem werde einer Verfestigung von Amts- und Machtpositionen eher entgehen als eine repräsentative Demokratie westlichen Musters, wurde durch die historische Erfahrung nicht bestätigt.

II. Das „klassische" Sowjetregime

Literatur: *M. Fincke,* Handbuch der Sowjetverfassung, 1983.

Zu 5: *B. Lewytzkyj,* Die Kommunistische Partei der Sowjetunion, 1967; *K. Westen,* Die KPdSU und der Sowjetstaat, 1968; *B. Meissner,* Das Verhältnis von Partei und Staat im Sowjetsystem, 1982.

Zu 6: *B. Meissner,* Der Entscheidungsprozeß in der Kreml-Führung und die Rolle der Parteibürokratie, Osteuropa 1975, 86 ff.; 165 ff.; *M. Voslensky,* Nomenklatura, 1980, ³1980, Abschn. VII.

Das „klassische" Modell des Sowjetregimes stellte sich nach der revidierten Verfassung von 1977 – die im wesentlichen den traditionellen Bestand übernahm – und nach dem Parteistatut von 1961 wie folgt dar:

1. Die Ebenen der Staatsorganisation. Es ließen sich folgende Ebenen der Staatsorganisation unterscheiden (vgl. Art. 70, 76, 79, 82, 86, 89, 145): erstens der Bund, zweitens die Gliedstaaten (die Unionsrepubliken), drittens ländliche Rayons und Städte (große Städte sind in mehrere Stadtbezirke eingeteilt), viertens Siedlungen und ländliche Ortschaften. Soweit die Größe der Unionsrepubliken oder die Rücksichtnahme auf nationale Besonderheiten eine organisatorische Zwischenstufe zwischen den Unionsrepubliken und der Ebene der Rayons verlangte, hat man eine zusätzliche Verwaltungsebene geschaffen: in Gestalt von Autonomen Republiken, Gebieten (Oblasti), Regionen (Kraj) oder Autonomen Gebieten. Manchen Gebieten oder Regionen waren als zusätzliche Verwaltungsebene (gleichfalls zur Rücksichtnahme auf nationale Besonderheiten) Autonome Bezirke unterstellt.

2. Die Räte und ihre Vollzugsorgane. Auf allen diesen Ebenen der Staatsorganisation galt das Rätesystem. Formell war demnach das oberste Organ für jede der genannten organisatorischen Einheiten ein Rat (Sowjet) von Deputierten (Art. 89, 108, 137, 143, 145), die von den Wählern nach den Grundsätzen der allgemeinen, gleichen, direkten und geheimen Wahl bestimmt werden sollten (Art. 95 ff.). Formell übten die Volksvertretungen nicht nur die gesetzgebende Gewalt aus (Art. 108,

137, 143, 148). In ihren Händen lag auch die Bestellung und Abberufung der Vollzugs- und Kontrollorgane (s. u.), die Kontrolle über sie (Art. 130, 139, 150) und die Wahl der Richter.

Bis zur Verfassungsreform von 1988 war auf Unionsebene formell höchstes Staatsorgan der Oberste Sowjet der UdSSR – ein vielköpfiges und dadurch schwerfälliges Gremium mit etwa 1500 Mitgliedern, das aus zwei Kammern, dem Unionssowjet und dem Nationalitätensowjet, bestand (Art. 108, 109). Es trat nur verhältnismäßig selten, im Durchschnitt zweimal im Jahr (Art. 112), und dann gewöhnlich nur für wenige Tage zusammen und pflegte über viele Jahre hin seine Beschlüsse einstimmig zu fassen.

Der Oberste Sowjet der UdSSR bestellte ein Präsidium, einen Ministerrat und dessen Vorsitzenden (Art. 129). Das Präsidium übte im diplomatischen Verkehr die Funktionen eines Staatsoberhauptes aus, bildete den Verteidigungsrat und ernannte das Oberkommando der Streitkräfte; es nahm zwischen den Tagungen des Obersten Sowjets wichtige Befugnisse dieses Gremiums wahr, konnte insbesondere Gesetze ändern, Anordnungen beschließen, auf Empfehlung des Ministerrates Ministerien bilden und auflösen und auf Vorschlag des Vorsitzenden des Ministerrates Minister ernennen und entlassen (Art. 121–123).

Der Ministerrat, der über den Apparat der staatlichen Bürokratie verfügte, übte die Funktionen der Exekutive aus, zu denen in der UdSSR auch die Wirtschaftsplanung und die Lenkung und Kontrolle von Industrie, Landwirtschaft und sonstigen Produktionszweigen gehörte (Art. 16, 131); er betätigte sich durch Erlaß von Verordnungen auch als rechtsetzendes Organ (Art. 133).

In Anlehnung an dieses Schema wurden auch in den Unionsrepubliken und den Autonomen Republiken Oberste Sowjets, Präsidien der Obersten Sowjets und Ministerräte bestellt (Art. 137, 138, 139, 143, 144). Die Sowjets der nachgeordneten Ebenen bestellten ein Exekutivkomitee (Art. 149).

3. Gerichte und Staatsanwaltschaft. Die Gliederung der Gerichtsbarkeit folgte dem allgemeinen Organisationsschema. Errichtet wurden also: das Oberste Gericht der UdSSR, die Obersten Gerichte der Unionsrepubliken, die Obersten Gerichte der Autonomen Republiken, die Regions-, Gebiets- und Stadtgerichte, die Gerichte der Autonomen Gebiete, die Gerichte der Autonomen Bezirke und die Volksgerichte der Rayons und Städte (Art. 151). Die Richter der Volksgerichte wurden – nach dem Verfassungsmodell von 1977 – von den Bürgern der Rayons oder der Städte auf die Dauer von fünf Jahren gewählt. Die Beisitzer dieser Gerichte wurden in Bürgerversammlungen in offener Abstimmung für zweieinhalb Jahre gewählt. Die Richter der übergeordneten Gerichte wurden für jede organisatorische Ebene von den dazugehörigen Sowjets auf fünf Jahre gewählt. Alle Richter und Volksbeisitzer waren den Wählern oder den Organen, von denen sie gewählt wurden, verantwortlich und konnten von diesen in dem gesetzlich vorgeschriebenen Verfahren abberufen werden (Art. 152), ungeachtet der durch Art. 155 gewährleisteten richterlichen Unabhängigkeit.

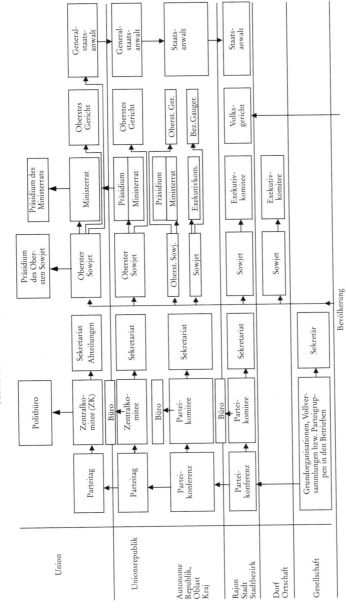

Aufbau von Partei und Staat bis 1988

Quelle: Das Parlament, 37. Jahrg., Nr. 12, v. 12. 3. 1986

Einen eigenen Zweig der Staatsorganisation bildete eine Staatsanwaltschaft, die nicht nur Straftaten zu verfolgen, sondern auch ganz allgemein darüber zu wachen hatte, daß Staatsorgane und Bürger die Gesetze einhielten, genauer, daß „alle Ministerien, staatlichen Komitees und Ämter, Betriebe, Dienststellen und Organisationen, vollziehenden und verfügenden Organe der örtlichen Sowjets der Volksdeputierten, Kollektivwirtschaften, genossenschaftlichen und sonstigen gesellschaftlichen Organisationen, Funktionäre und Bürger" die Gesetze genau und in gleicher Weise einhielten (Art. 164). Diese Aufsicht beschränkte sich auf die Gesetzmäßigkeitskontrolle, erstreckte sich also nicht auf Fragen der Zweckmäßigkeit. Die Parteiorgane unterlagen nicht dieser Rechtmäßigkeitskontrolle der Staatsanwaltschaft, wohl aber der Aufsicht des Komitees für Parteikontrolle und seiner Untergliederungen (s. u.). Darin, daß die Staatsanwaltschaft auch auf Beschwerde einzelner Bürger hin behördliche Akte überprüfen konnte, lag ein gewisser Ersatz für das fehlende verwaltungsgerichtliche Verfahren. – Die Staatsanwaltschaft war zentralistisch organisiert. Die Staatsanwälte waren von allen örtlichen Organen unabhängig und unterstanden nur dem Generalstaatsanwalt (Art. 168). Dieser wurde vom Obersten Sowjet der UdSSR berufen und war ihm verantwortlich und rechenschaftspflichtig. Er ernannte seinerseits die Staatsanwälte der Unionsrepubliken, Autonomen Republiken, Regionen, Gebiete und Autonomen Gebiete. Die ihnen nachgeordneten Staatsanwälte wurden von den Staatsanwälten der Unionsrepubliken berufen, bedurften aber der Bestätigung durch den Generalstaatsanwalt (Art. 165, 166).

4. Vertikale Verflechtungen. Die horizontale Schichtung der Staatsorganisation war von vertikalen Durchgriffsmöglichkeiten durchschnitten, die der Verwirklichung des „demokratischen Zentralismus" (Art. 3) dienten und in ähnlicher Form auch in anderen Bundesstaaten vorkommen: Die Unions-Republik-Ministerien der Gliedstaaten und die Vollzugsorgane der nachgeordneten Verwaltungsebenen waren nicht nur ihrem Sowjet, sondern nach dem „Grundsatz der zweifachen Unterordnung" zugleich dem Vollzugsorgan der nächsthöheren organisatorischen Ebene verantwortlich (Art. 139, 142, 150). Koordinierend wirkten auch die Bundesgesetze – die in allen Mitgliedstaaten galten und deren Recht vorgingen (Art. 74) – desgleichen die Verordnungen und Verfügungen, wie sie auch der Ministerrat der Union mit Wirkung für das Bundesgebiet erlassen konnte (Art. 121, 133). Auch war der Ministerrat der Union befugt, in Fragen, die in die Bundeskompetenz fielen, die Durchführung von Verordnungen und Verfügungen der Ministerräte der Gliedstaaten auszusetzen (Art. 134). Der Ministerrat jeder Unionsrepublik wiederum hatte das Recht, die Durchführung von Verordnungen und Verfügungen der Ministerräte der Autonomen Republiken auszusetzen und Beschlüsse und Verfügungen der Exekutiven nachgeordneter Verwaltungsebenen aufzuheben (Art. 141).

Andererseits kamen föderative Faktoren dadurch ins Spiel, daß den Gliedstaaten eine Mitwirkung im Bund gewährleistet war, insbesondere dadurch, daß sie in obersten Bundesorganen repräsentiert waren (Art. 77): so im Nationalitätensowjet (Art. 110) und im Präsidium des Obersten Sowjets der Union (Art. 120); dem Ministerrat der Union gehörten die Vorsitzenden der Ministerräte der Unionsrepubliken von Amts wegen an (Art. 129).

5. Die Verbindung von Räte- und Einparteiensystem. Der Sowjetstaat erhielt sein Gepräge durch die Verknüpfung des Rätesystems mit einem Einparteiensystem. Art. 6 Abs. 1 Satz 1 der UdSSR-Verfassung von 1977 bestimmte: „Die führende und lenkende Kraft der sowjetischen Gesellschaft, der Kern ihres politischen Systems, der staatlichen und gesellschaftlichen Organisation ist die Kommunistische Partei der Sowjetunion".

Dem entsprachen die traditionelle Organisationsform und Funktion der staatstragenden Partei, wie sie noch im Parteistatut von 1961 in der vom 27. Parteitag der KPdSU von 1986 bestätigten Fassung festgelegt waren.

a) Die Parteiorgane. Auf allen Ebenen der Staatsorganisation bestanden Parteiorgane zur Lenkung und Überwachung der Staatsorgane. Auf der Unterstufe war die Partei allerdings nicht territorial, sondern nach beruflicher und betrieblicher Zusammengehörigkeit in Basisorganisationen gegliedert (Art. 20, 52 ff. PSt). Auf den höheren Ebenen bestand eine regionale Gliederung: in Stadtbezirks-, Rayons-, Stadt-, Bezirks-, Gebiets-, Regions- und Republikorganisationen. Dabei waren die Parteiorganisationen höherer Ebene allen Parteiorganisationen, aus denen sie sich zusammensetzten, übergeordnet (Art. 20, 41 ff. PSt).

Wie in der Staatsorganisation, so waren auch in der Parteiorganisation für jede Ebene Versammlungen der Mitglieder oder der Delegierten formell die höchsten Organe (Art. 22 PSt): der Parteitag der KPdSU (Art. 31 PSt) mit etwa 5000 Delegierten, die Parteitage der Unionsrepubliken, die Regions- und Gebietskonferenzen (Art. 43 PSt) und die Bezirks-, Stadt-, Rayons- und Stadtbezirkskonferenzen der regionalen Parteiorganisationen; höchstes Organ der Basisorganisationen waren die Mitgliederversammlungen (Art. 54 PSt).

Der Parteitag, die Konferenz oder die Mitgliederversammlung bestellte ein Vollzugsorgan, das die laufende Arbeit der Parteiorganisation leitete (Art. 23 PSt): Auf der obersten Ebene wählte der Parteitag ein Zentralkomitee (Art. 33 PSt), das zuletzt aus etwa 300 Vollmitgliedern und 150 Kandidaten bestand. In ihm waren nicht nur hauptamtliche Parteifunktionäre versammelt, sondern auch solche Parteimitglieder, die den Staatsapparat, die Armee und die verschiedenen gesellschaftlichen Gruppen und Organisationen (Wirtschaft, Wissenschaft, Kultur usw.) repräsentierten. Die weit überwiegende Mehrheit der Delegierten waren Spitzenfunktionäre der Partei oder des Staatsapparates. Das Zentralkomitee bestellte seinerseits das Politbüro, dem regelmäßig etwa ein Dutzend Vollmitglieder und einige Kandidaten angehörten, es bestellte ferner die Spitzenfunktionäre des ZK-Sekretariats, d. h. den Generalsekretär der KPdSU und etwa zehn Sekretäre, und außerdem das Komitee für Parteikontrolle (Art. 38 f. PSt).

Das Zentralkomitee und die von diesem bestellten Zentralorgane nahmen zwischen den Parteitagen (die gewöhnlich nur alle fünf Jahre einmal stattfanden) die Parteiaufgaben wahr (Art. 35 PSt). Das Zentralkomitee selber wurde aber nur in größeren Zeitabständen (mindestens alle sechs Monate) zusammengerufen (Art. 37 PSt).

In der Zwischenzeit hatten das Politbüro und das Sekretariat auch formell das Heft in der Hand. Das Politbüro übte in dieser Zeit die höchste Parteigewalt aus und traf die grundsätzlichen politischen Entscheidungen. Das Sekretariat – der führende bürokratische Apparat der Partei – hatte die laufenden Arbeiten zu leiten, insbesondere die Kader auszulesen und die Vollzugskontrolle zu organisieren (Art. 38 PSt). Der Generalsekretär konnte die Besetzung der hohen Parteiämter lenken und hatte dadurch eine außerordentlich starke Position. Das Sekretariat war in Fachabteilungen gegliedert; ein Teil von ihnen war für die Parteiorgane der nachgeordneten Parteiorganisation verantwortlich, ein anderer Teil war bedeutenden Zweigen der Staatsverwaltung koordiniert. – Das Politbüro und das Sekretariat waren personell eng miteinander verflochten: Der Generalsekretär war herkömmlicherweise zugleich Vorsitzender des Politbüros; auch waren einige der Sekretäre zugleich Mitglieder dieses Gremiums. – Das Komitee für Parteikontrolle überwachte die Parteidisziplin (Art. 39 PSt).

b) Der demokratische Zentralismus. Die Partei war straff organisiert und ideologisch ausgerichtet. „Unumstößliches Lebensgesetz der KPdSU ist ihre ideologische und organisatorische Einheit, die monolithische Geschlossenheit ihrer Reihen, die hohe bewußte Disziplin aller Kommunisten. Jede Erscheinung von Fraktionsgeist und Gruppenbildung ist unvereinbar mit der marxistisch-leninistischen Parteilichkeit, mit der Zugehörigkeit zur Partei" (Präambel PSt). Dieser Tendenz zu innerer Geschlossenheit entsprach es, daß die Parteiorganisation, anders als die staatliche, auch formell nicht föderativ, sondern zentralistisch aufgebaut war.

Leitendes Prinzip des organisatorischen Aufbaus der Partei war der demokratische Zentralismus; dieser bedeutete: a) Wählbarkeit aller leitenden Organe der Partei von unten bis oben; b) regelmäßige Rechenschaftslegung der Parteiorgane vor ihren Parteiorganisationen und vor den übergeordneten Organen; c) straffe Parteidisziplin und Unterordnung der Minderheit unter die Mehrheit; d) unbedingte Verbindlichkeit der Beschlüsse der höheren Organe für die untergeordneten; e) Kollektivität in der Arbeit aller Organisationen und leitenden Organe der Partei und persönliche Verantwortung jedes Kommunisten für die Erfüllung seiner Pflichten und Parteiaufträge (Art. 19 PSt). Dem organisatorischen Grundbegriff des demokratischen Zentralismus entsprechend fand sich durchgängig eine Polarität von demokratischen und zentralistischen Strukturelementen.

Diese Polarität zeigte sich z. B. in dem innerparteilichen Wahlsystem. Die Mitglieder der Parteikonferenzen und Parteitage und die übrigen Parteiorgane wurden in geheimer Abstimmung gewählt (Art. 24 PSt). Diesen demokratischen Komponenten standen zentralistische Steuerungsmöglichkeiten gegenüber. Das Zentralkomitee der KPdSU und vor allem das Parteisekretariat hatte die leitenden Kader auszulesen (Art. 35, 38 PSt). Es war die Pflicht aller Parteimitglieder, die Linie der Partei bei der Auswahl der Kader nach ihrer politischen, fachlichen und ideologischen Eignung durchzusetzen (Art. 2 Buchst. j PSt). Einer zentralen Kontrolle unterlag insbesondere die Wahl der Parteisekretäre der Bezirke, Städte, Rayons und Stadtbezirke; sie bedurfte der Bestätigung durch die höhere Parteiorganisation (Art. 49 PSt). Die Parteisekretäre wiederum hatten eine Schlüsselrolle in ihren regionalen Parteiorganisationen und konnten dort insbesondere die Aufstellung der Kandidaten für die Delegiertenwahlen beeinflussen.

Ein Zusammenspiel demokratischer Techniken und zentraler Steuerungen fand sich nicht nur bei der Wahl der Parteiorgane, sondern auch in der laufenden Tätigkeit dieser Organe. Demokratische Ansätze lagen darin, daß jedem Parteimitglied ein Recht zugestanden war, auf Parteiversammlungen usw. „offen seine Meinung zu äußern, bis die Organisation einen Beschluß gefaßt hat" (Art. 3 Buchst. b PSt). Diskussionen waren so durchzuführen, „daß die freie Meinungsäußerung der Parteimitglieder gesichert", aber „die Möglichkeit von Versuchen einer Bildung fraktioneller Gruppierungen und der Spaltung der Partei ausgeschlossen" war (Art. 26 Buchst. b PSt). Einer zentralen Überwachung der Parteidisziplin dienten die Organe für Parteikontrolle (Art. 39, 45 PSt).

c) Der Einfluß der Partei auf die Staatsorgane. Für die Übermittlung des Parteieinflusses auf Gesellschaft und Staat hatten sich bestimmte Schemata herausgebildet: die sogenannten Transmissionen. Eine sehr wichtige Einwirkungsmöglichkeit lag im Recht der Partei, die personelle Besetzung von Staatsorganen zu lenken: Ihr und bestimmten von ihr kontrollierten Organisationen war es vorbehalten, die Kandidaten für die Wahlen zu den Sowjets aufzustellen und so dafür zu sorgen, daß diese mit linientreuen Mitgliedern besetzt wurden; vielfach wurde überhaupt nur ein Kandidat zur „Wahl", d.h. zur Akklamation gestellt. Der Einfluß der Partei auf die Besetzung sonstiger Staatsämter war dadurch gesichert, daß die bedeutenderen staatlichen Funktionäre nach der Nomenklatura der Partei ernannt wurden. Als Transmissionen wirkten nicht zuletzt auch Personalunionen zwischen Schlüsselämtern der Partei und des Staates.

Diese personellen Komponenten des Parteieinflusses wurden durch funktionelle ergänzt: Parteiorgane konnten ihre Direktiven unmittelbar an Staatsorgane richten und konnten diese kontrollieren (Art. 35, 60 PSt). Zu dieser „Außenlenkung" trat eine „Innenlenkung" in den Kollegialorganen: Gehörten einem solchen – nicht parteilichen – Organ drei oder mehr Parteimitglieder an, so bildeten sie eine Parteigruppe; diese unterstand parteilichen Weisungen und hatte dem Parteistandpunkt innerhalb des Kollegialorgans Geltung zu verschaffen (Art. 42 Buchst. c, 61, 62 PSt).

6. Die Machtkonzentration in der Verfassungswirklichkeit des Einparteienstaates. Im „klassischen" Sowjetstaat verbanden sich zwei Verfassungsprinzipien, die beide die Tendenz förderten, die höchste Gewalt im Staat in den Händen kleiner Gremien zu konzentrieren: das Konventsprinzip und das Einparteiensystem.

Nach dem Konventsprinzip liegt die oberste staatliche Gewalt in Händen einer Versammlung. In der UdSSR war das lange Zeit der Oberste Sowjet, konzipiert als ein schwerfälliges, vielköpfiges Gremium von etwa 1500 Mitgliedern, das im Durchschnitt nur zweimal im Jahr für wenige Tage zusammentrat und dessen Beschlüsse einstimmig zu ergehen pflegten. Schon diese äußeren Umstände zeigen an, daß die wesentlichen Entscheidungsprozesse an anderen Stellen – in der Staatsorganisation im Präsidium des Obersten Sowjets und im Ministerrat – ablaufen mußten; dies entsprach der Erfahrungsregel, daß die Entscheidungen größerer Versammlungen faktisch in die Hände von Ausschüssen und Exekutivorganen überzugehen pflegen (§ 2 III 3).

Die Tendenz zur Machtkonzentration wurde vor allem auch durch das Einparteiensystem gefördert: Die Kommunistische Partei konnte traditionellerweise die Aufstellung der Kandidaten für die Sowjets lenken und dadurch gewährleisten, daß diese sich aus linientreuen Funktionären zusammensetzten. Die Partei war ihrerseits so aufgebaut, daß die maßgebenden Entscheidungen in den Händen weniger Persönlichkeiten lagen: Formell oberstes Parteiorgan war der Parteikongreß, der etwa 5000 Delegierte umfaßte und gewöhnlich nur alle fünf Jahre einmal zusammentrat. Es entsprach wiederum dem Konventsprinzip, daß sich die eigentliche Parteiführung bei dem vom Kongreß gewählten Zentralkomitee und den von diesem bestellten Gremien – dem Politbüro und dem Sekretariat des Zentralkomitees – sammelte; je nach der wechselnden Kräfteverteilung konnte sich die Entscheidungsmacht stärker bei diesen Gremien, d.h. bei einer Führungsgruppe von 20 bis 30 Mann konzentrieren oder stärker zum Zentralkomitee hin verlagern.

Durch Personalunionen wurde die Parteiführung mit dem Präsidium des Obersten Sowjets und dem Ministerrat, vor allem mit dessen Präsidium eng verflochten. So ballte sich dann die höchste Entscheidungsbefugnis bei einer kleinen Gruppe hoher Funktionäre, wenn nicht sogar, wie zu Stalins Zeit, bei einem einzigen Mann. Besondere Schlüsselstellungen waren hierbei lange Zeit das Amt des Generalsekretärs (oder Ersten Sekretärs) des Zentralkomitees und das Amt des Vorsitzenden des Ministerrates; Stalin und Chruschtschow haben beide Ämter in ihrer Person vereinigt.

Nach dem Tode Stalins wurden erste Vorsorgen gegen die Wiederkehr einer Ein-mann-Diktatur getroffen. Zunächst kamen kollektive Führungspraktiken stärker zur Geltung, wie das schon Art. 19e und Art. 27 des Parteistatuts von 1961 forder-ten. Dies waren indessen nur Schritte zur Oligarchie, nicht schon zur Demokratie.

Erst Michael Gorbatschow gab als Generalsekretär der KPdSU den Anstoß zu einschneidenden Verfassungsreformen. Diese zielten zum einen auf eine funktions-fähige Rollenverteilung in der Staatsleitung, insbesondere auf die Schaffung eines handlungsfähigen Obersten Sowjets und auch darüber hinaus auf eine kontrollierte Ausübung der Staatsgewalt, nicht zuletzt auf ein Abrücken von der Einparteien-herrschaft und eine stärkere Bindung der Repräsentativorgane an eine Vielfalt de-mokratischer Kräfte. Die anfangs noch von ihm maßgebend gesteuerten Reformen entwickelten im weiteren Verlauf immer stärker ihre Eigengesetzlichkeit und revo-lutionierten (§ 19 I 1) zunehmend das Staatssystem der Sowjetunion. Dem Zerfall der alten Machtstrukturen folgte eine Auflösung des Sowjetimperiums: die „Entko-lonialisierung" eines riesigen, territorial zusammenhängenden Kolonialreiches.

Stichwortverzeichnis

Die Zahlen bezeichnen die Paragraphen und ihre Untergliederungen. Die Hauptstellen sind in Kursivdruck angegeben.

365

Stichwortverzeichnis

Vom selben Verfasser

Geschichte der Staatsideen
10., neu bearbeitete Auflage. 2003
214 Seiten. Kartoniert € 12,90
ISBN 978-3-406-49494-9
(Beck'sche Reihe, Band 72)

Kleine Deutsche Verfassungsgeschichte
Vom frühen Mittelalter bis
zur Gegenwart
7., neu bearbeitete Auflage. 2006
201 Seiten. Kartoniert € 9,90
ISBN 978-3-406-47638-9
(Beck'sche Reihe, Band 1041)

Rechtsphilosophie
5., neu bearbeitete Auflage. 2007
XIV, 211 Seiten. Kartoniert € 19,50
ISBN 978-3-406-55438-4
(Juristische Kurzlehrbücher)

Das Wesen des Rechts
Eine Einführung in
die Rechtsphilosophie
5., völlig neu bearbeitete Auflage. 1997
133 Seiten. Kartoniert € 8,50
ISBN 978-3-406-42020-7
(Beck'sche Reihe, Band 1220)

Juristische Methodenlehre
10., neu bearbeitete Auflage. 2006
XI, 116 Seiten. Kartoniert € 13,90
ISBN 978-3-406-55210-6
(JuS-Schriftenreihe, Band 93)

Deutsches Staatsrecht
neu bearbeitet von Th. Würtenberger
32. Auflage. 2008
XXXIII, 658 Seiten. Kartoniert € 25,–
ISBN 978-3-406-51865-2
(Juristische Kurzlehrbücher)